D0883022

VIVIR Y MORIR EN USA

Lo mejor de la Serie Noir de Akashic Books

Johnny Temple, editor

LA PUERTA NEGRA   OCEANO

VIVIR Y MORIR EN USA
Lo mejor de la Serie Noir de Akashic Books
Johnny Temple, editor

Megan Abbott • Lawrence Block • Kate Braverman
Joseph Bruchac • Jerome Charyn • Lee Child
Michael Connelly • Jeffery Deaver • Barbara
DeMarco-Barrett • Elyssa East • Maggie Estep
Jonathan Safran Foer • J. Malcolm Garcia • James
W. Hall • Pete Hamill • Karen Karbo • Bharti
Kirchner • William Kent Krueger • Dennis Lehane
Laura Lippman • Tim McLoughlin • Joyce Carol
Oates • John O'Brien • T. Jefferson Parker • George
Pelecanos • Pir Rothenberg • S. J. Rozan • Lisa
Sandlin • Julie Smith • Domenic Stansberry • Luis
Alberto Urrea • Don Winslow

LA PUERTA NEGRA   OCEANO

Editor de la colección: Martín Solares
Fotografía de portada: Giorgio Fochesato/iStockphoto.com
Diseño de portada: Diego Álvarez y Roxana Deneb

VIVIR Y MORIR EN USA

Título original: Best of USA Noir

© 2013, Akashic Books

Publicado originalmente en inglés por Akashic Books, New York
(www.akashicbooks.com)

Las páginas 555 y 556 son una continuación de esta página de créditos.

D.R. © 2014, Editorial Océano de México, S. A. de C. V.
Blvd. Manuel Ávila Camacho 76, piso 10
Col. Lomas de Chapultepec
Miguel Hidalgo, C.P. 11000, México, D.F.
Tel. (55) 9178 5100 • info@oceano.com.mx

Primera edición: 2014

ISBN: 978-607-735-449-9
Depósito legal: B-17205-2014

*Quedan rigurosamente prohibidas, sin la autorización
escrita del editor, bajo las sanciones establecidas en las leyes,
la reproducción parcial o total de esta obra por cualquier medio
o procedimiento, comprendidos la reprografía y el tratamiento
informático, y la distribución de ejemplares de ella mediante
alquiler o préstamo público. ¿Necesitas reproducir una parte
de esta obra? Solicita el permiso en info@cempro.org.mx*

Hecho en México / Impreso en España
Made in Mexico / Printed in Spain

9003914010914

Lo mejor de Akashic Noir, traducido por:

Orfa Alarcón • Geney Beltrán Félix • Luis Jorge Boone • Raquel Castro
Alberto Chimal • Augusto Cruz • Yussel Dardón • Álvaro Enrigue
Daniel Espartaco • Bernardo Fernández, *Bef* • Luis Carlos Fuentes
Iris García Cuevas • Julián Herbert • Yuri Herrera • Daniel Krauze
Rafael Lemus • Gilma Luque • Alain Paul Mallard • Fernanda Melchor
Jaime Mesa • David Miklos • Luis Muñoz Oliveira • Guadalupe Nettel
Ignacio Padilla • Abril Posas • Juan José Rodríguez
César Silva Márquez • Miguel Tapia Alcaraz • Magali Velasco
Carlos Velázquez • Juan Pablo Villalobos • Jorge Volpi

ESTADOS UNIDOS
DE AMÉRICA

Seattle

Portland

Twin Cities

Kansas City

San Francisco

Las Vegas

Los Ángeles

Orange County

San Diego

Phoenix

Beaumont

OCÉANO PACÍFICO

MÉXICO

CANADÁ

Chicago

Detroit

Buffalo

Adirondacks

Boston

Cape Cod

Nueva Jersey Long Island

Pittsburgh Philadelphia

Nueva York

Baltimore

DC

Richmond

Nueva Orleans

OCÉANO ATLÁNTICO

Miami

GOLFO DE MÉXICO

ESCRITORES FUGITIVOS
POR JOHNNY TEMPLE

UN SÁBADO, DURANTE MIS PRIMEROS AÑOS EN LA EDITORIAL, UNO DE
nuestros autores me llamó para invitarme a su casa *a fumar*. Decliné la
invitación con la mayor cortesía, pues ya tenía otros planes.

–Pero Johnny –insistió el autor–, tengo algo de veras bueno para
fumar.

Ese comentario despertó mi curiosidad, así que resolví pasar a echar
un vistazo, pero al llegar me desconcertó la presencia de una prostituta
desquiciada y de su cliente casi desnudo en la puerta. El autor se acercó y
me instó a entrar; me invitó a tomar asiento en un sofá maloliente y dijo
a los otros invitados que yo no iba a causarles problemas. Un momento
después, el cliente de la prostituta sacó una pipa de crack a fin de reanu-
dar la fiesta que mi llegada había interrumpido. Como no esperaba ese
tipo de material, después de unos cuantos minutos (en total sobriedad)
me disculpé lo mejor que pude. Mientras volvía a casa me pregunté qué
curioso razonamiento habría llevado a este autor a concluir que no estaría mal invitar a su editor a una fiesta donde se fumaba crack.

Quizá no fue apropiado, pero sin duda fue *noir*.

Desde el inicio, el alma y el corazón de Akashic Books consistieron
en relatos oscuros, provocadores y bien escritos, de la pluma de autores
emergentes. Aprendí pronto que los escritos producidos fuera de la corriente principal coinciden, casi por necesidad, con las atmósferas y el
espíritu del género *noir*, y las suelen escribir narradores cuyas circunstancias de vida a menudo los sitúan en ambientes vulnerables al crimen.

Mi interés por la narrativa *noir* creció gracias a que desde mi primera
juventud estuve expuesto al crimen urbano. Nací y me crie en Washington
D. C., y he vivido en Brooklyn desde 1990. En las décadas de los setenta

y los ochenta, cuando los crímenes violentos provocados por las drogas avasallaban D. C., mi madre mantenía amistad con algunos policías, gracias a su trabajo como defensora de oficio que casi siempre ganaba sus casos. Y también con algunos de sus clientes, sobre todo el legendario ladrón de bancos Lester LT Irby (uno de los autores incluidos en *Noir DC*), quien desde mis quince años ha sido uno de mis mejores amigos, a pesar de que estuvo preso desde principios de la década de los setenta y apenas ha recuperado su libertad. Para complicar aún más la relación de mi familia con el sistema de justicia criminal, mi padre presentaba ruidosas demandas contra la policía, gracias a su puesto de director legal de la American Civil Liberties Union para Washington D. C.

Mis padres solían trabajar horas extra. Cuando mi hermana Kathy tenía nueve años y yo siete, éramos niños cuyos padres no estaban en casa, y nos aficionamos a vagabundear, a explorar y, en ocasiones, a violar ciertas leyes. Aunque un arresto por robar en una tienda me ayudó a frenar mis tendencias delincuenciales, nunca abandoné mi interés por el crimen. Al terminar la universidad me dediqué a trabajar con adolescentes y obtuve una maestría en trabajo social; me especialicé en los adolescentes que delinquen.

A lo largo de la década de los noventa mi relación con los bajos fondos urbanos se expandió, pues pasaba mucho tiempo en húmedos centros nocturnos frecuentados por degenerados y marginales. Me desempeñaba como bajista de una banda de rock llamada Girls Against Boys, que viajaba mucho por Estados Unidos y Europa. En 1996 las largas horas que no me encontraba sobre el escenario me llevaron a publicar libros como pasatiempo, en compañía de mis amigos Bobby y Mark Sullivan.

El primer libro que publicamos fue *The Fuck-Up*, de Arthur Nersesian, una oscura narración bien construida sobre los desposeídos. Unos años después, *Heart of the Old Country* de Tim McLoughlin resultó uno de nuestros primeros éxitos comerciales. El libro fue encomiado por su clásico estilo *noir* y el homenaje que rendía a la gente del sur de Brooklyn. Aunque en la actualidad Brooklyn está repleto de autores publicados, Tim es uno de los pocos que nació y se crio en la ciudad. En sus cinco décadas de vida, nunca se ha ausentado de la villa durante más de cinco semanas, y es, en mi experiencia, el mejor y más completo conocedor del barrio.

En 2003, inspirado por la mezcolanza gloriosa e inigualable de culturas de Brooklyn, Tim y yo nos lanzamos a explorar en forma de libro el mayor distrito municipal de Nueva York, con la finalidad de construir ficciones que resultaran auténticas para los residentes de la localidad. A pesar de los flagrantes defectos de su villa nativa, Tim siente amor por ella, y el concepto de trabajar con Akashic para retratar sus panoramas humanos en toda su amplitud lo sedujo sin ninguna dificultad.

Propuso una serie de libros, cada uno de ellos centrado en un vecindario concreto: Bay Ridge, Williamsburg, Park Slope, Fort Greene, Bed-Stuy o Canarsie. La idea era estupenda, pero si publicar un solo libro es muy difícil, qué decir de comprometerse a publicar toda una serie. Después de considerar diversas posibilidades, a Tim se le ocurrió la idea de publicar una antología de ficción organizada a partir de los barrios, y representar cada uno de ellos por medio de un autor distinto. Buscábamos una gran diversidad de estilos, así que nos concentramos en el género *noir* en su sentido más amplio: relatos de luchas trágicas e intensas sin posibilidad de ser ganadas, personajes caídos sin el menor asomo de redención.

La sabiduría popular opina que las antologías literarias son un fracaso comercial, pero la idea era demasiado buena para abandonarla: era una excusa perfecta para explorar toda la ciudad, y empezamos a solicitar relatos. Probamos diversos títulos para el libro pero al final lo titulamos *Brooklyn Noir*. El volumen se armó de manera hermosa, y fue un éxito sorprendente para Akashic, con muchas reimpresiones y premios. (Véase el anexo al final de este libro, donde aparece la lista de los premios otorgados a los cuentos publicados originalmente como parte de nuestra Serie Noir.)

Luego de ver casi todas las ciudades norteamericanas, grandes y chicas, por la ventanilla de las camionetas y autobuses que abordé durante las giras, he llegado a sentir un profundo afecto por sus diversas maneras de pensar. Resultó fácil para mí aprovechar el modelo de *Brooklyn Noir* —retratos de rincones oscuros en ambientes urbanos, mediante narraciones breves organizadas a partir de los vecindarios existentes— y extenderlo a otras ciudades. No tardaron en aparecer *Chicago Noir, San Francisco Noir* y *London Noir* (la primera de nuestras abundantes publicaciones sobre ciudades extranjeras). Seleccionar al editor adecuado para la curaduría de cada volumen ha sido una decisión crucial al elaborar estos libros. Un gran desafío que aceptamos felizmente, pues a menudo los escritores se enamoran de las ciudades en donde viven, y a muchos de ellos les atraen los aspectos más rudos de sus paisajes urbanos. El apoyo generoso de superhéroes literarios como George Pelecanos, Laura Lippman,

Dennis Lehane y Joyce Carol Oates, quienes han sido compiladores de volúmenes de nuestra serie, ha resultado un factor clave.

La Serie Noir comprende ya cincuenta y nueve libros, cuarenta de los cuales se ocupan de ciudades norteamericanas. En el momento de redactar estas líneas, tenemos un total de 787 autores que han aportado 917 relatos a la serie, contribuyendo a mantener a Akashic a flote en tiempos de malestar económico. Publicando entre seis y ocho nuevos volúmenes de la Serie Noir cada año hemos creado un mercado estable para el cuento, que en épocas recientes ha enfrentado una disminución de su añeja popularidad. Este compromiso de Akashic con el género ha sido recompensado por los muchos autores –ya sean de gran estatura o gran marginalidad– que nos han permitido publicar su obra en la serie a cambio de estipendios nominales.

Debo mucho en particular a los sesenta y siete compiladores que en conjunto han mantenido una alta norma de calidad editorial para esta serie. Sin un control de calidad riguroso, ésta no habría podido llegar a las alturas alcanzadas. Y la Serie Noir no existiría de no ser por mi incansable y devoto (aunque a veces irreverente) equipo, coordinado por Johanna Ingalls, Ibrahim Ahmad y Aaron Petrovich.

El presente volumen contiene una selección de los relatos publicados en nuestras colecciones ubicadas en Estados Unidos. Sin embargo, *Vivir y morir en USA* se limita a rascar la superficie; cada volumen particular ofrece muchas joyas de gran calidad.

Cuando me dispuse a elaborar *Vivir y morir en USA* me encontré muy gratificado por las respuestas positivas que de inmediato obtuve de cada uno de los autores con quienes hice contacto. El único autor de la lista original de invitaciones que no fue incluido en el presente libro es uno a quien no me fue posible localizar: su editorial me informó que el escritor "literalmente se había dado a la fuga". Si bien me desilusiona no poder incluir su relato, las circunstancias de esta omisión no podrían ser más fieles al espíritu de la Serie Noir.

Además, una parte de mí –la parte *noir*– espera recibir en cualquier momento una llamada de aquel autor para invitarme de nuevo a fumar con él.

Brooklyn, N. Y.
Mayo de 2013

I. La sombra de la justicia

RESCATE ANIMAL
POR DENNIS LEHANE
Dorchester, Boston
TRADUCCIÓN DE ORFA ALARCÓN

BOB LO ENCONTRÓ EN UN BOTE DE BASURA.

Fue justo después del Día de Acción de Gracias; el vecindario estaba en silencio, reposando la resaca. A veces, después de atender la barra de El Primo Marv, Bob salía a caminar por las calles. Era enorme y fofo; el vello le crecía en los lugares más insospechados y le cubría el cuerpo desde la adolescencia. A sus veintitantos peleó contra el vello con un cortaúñas que portaba en el bolsillo de su abrigo, y se afeitaba dos veces al día. También peleó contra el sobrepeso, pero durante todos esos años de lucha, ninguna chica jamás mostró interés en él —no sin una paga de por medio. Después de un tiempo se rindió. Vivió a solas en la misma casa en la que creció, pero cuando parecía que ésta iba a tragárselo entre todos esos olores, recuerdos y muebles viejos, Bob hizo varios intentos por huir —participó en programas sociales de la iglesia, en campamentos y en un horrible programa de intercambio diseñado por un servicio de citas— que sólo abrieron más la herida, y lo dejaron parchado durante semanas y maldiciéndose a sí mismo por haber guardado esperanzas.

Así que siguió andando por esas calles y, cuando tenía suerte, a veces olvidaba que las personas también vivían de otras maneras. Esa noche, parado en la acera, sintió el cielo gris sobre él y el frío en sus dedos y cerró sus ojos ante la puesta del sol.

Solía hacerlo. Tenía la costumbre. Le gustaba.

Incluso podías disfrutarlo, si dejabas de pelear contra ello.

Lo escuchó mientras aún tenía los ojos cerrados —un lamento cansado, acompañado de rasguños filosos y distantes y otros ruidos metálicos. Abrió los ojos. A unos cinco metros de él, sobre la acera, un gran bote metálico agitaba ligeramente su pesada tapa bajo la deslumbrante luz amarilla de los faroles, y algo lo raspaba desde adentro. Se detuvo y oyó de nuevo ese lamento, el sonido de una criatura que está a un solo respiro de decidir si es muy difícil tomar el siguiente. Alzó la tapa.

Tuvo que remover algunas cosas para alcanzarlo —una tostadora y cinco gruesos tomos de la *Sección amarilla*, el más viejo era del año 2000. El perro —o era muy pequeño o era un cachorro— estaba en el fondo, con la cabeza aplastada contra el abdomen cuando la luz lo alcanzó. Exhaló de golpe un gemido muy suave y tensó su cuerpo aún más, luego cerró los ojos hasta que tomaron la forma de un par de cortes de navaja. Era una cosa raquítica. Bob podía ver sus costillas. Podía ver una costra de sangre seca en su oreja. No tenía collar. Era café, con el hocico blanco y sus patas parecían demasiado grandes para su cuerpo.

Dejó escapar un gemido agudo cuando Bob se agachó sobre él y luego de hundirle los dedos en la nuca lo levantó de entre su propio excremento. Bob no sabía mucho de perros, pero no le quedó duda de que se trataba de un boxer. Definitivamente era un cachorro, sus enormes ojos café se abrieron y lo miraron cuando Bob lo sostuvo a la altura de su rostro.

Muy cerca de ahí, Bob lo sabía, dos personas hacían el amor. Un hombre y una mujer. Enredados. Detrás de alguna de aquellas cortinas anaranjadas e iluminadas que se veían a lo largo de la calle. Bob podía percibirlos allá, desnudos y bendecidos. Y él estaba ahí, de pie en el frío, con un perro a punto de morir que lo observaba. La acera congelada centelleaba como mármol flamante y el viento era tan oscuro y gris como el fango.

—¿Qué estás haciendo ahí?

Bob se dio media vuelta. Examinó la acera en ambas direcciones.

—Estoy acá arriba. Y tú estás revisando mi basura.

Ella estaba de pie en la terraza del tercer piso, la más cercana a él. Encendió la luz de la terraza y Bob notó sus escalofríos, sus pies descalzos. Extendió los dedos dentro de uno de los bolsillos de la sudadera y sacó una cajetilla de cigarros. Miró a Bob mientras tomaba uno.

—Encontré un perro.

Bob levantó al animal.

—¿Un qué?

—Un perro. Un cachorro. Creo que es un boxer.

Ella tosió y expelió algo de humo.

—¿Alguien tiró un perro en mi bote?

—Sí... y está sangrando —dijo Bob al tiempo que daba un paso hacia las escaleras, pero ella retrocedió.

—¿A quién conoces que yo pudiera conocer?

Una chica de ciudad no baja fácilmente la guardia ante un extraño.

—No lo sé —dijo Bob—, ¿conoces a Francie Hedges?

Ella negó con la cabeza.

—¿Conoces a los Sullivan?

Eso tampoco sirvió de nada. No por ahí, donde agitas un árbol y cae un Sullivan... seguido de otros seis.

—Conozco un montón.

Eso no los llevaba a ninguna parte y mientras miraba a Bob el cachorro se estremeció peor que la chica.

—Oye, ¿vives en este vecindario? —preguntó ella.

—En el que sigue, en el de Santa Teresa.

—¿Vas a la iglesia?

—La mayoría de los domingos.

—¿Entonces conoces al Padre Pete?

—¿A Pete Regan? Claro —dijo Bob.

Ella marcó su teléfono celular.

—¿Cómo te llamas?

—Bob —dijo él—. Bob Saginowski.

Bob esperó mientras la chica se alejaba del área iluminada con el celular al oído y los dedos presionados unos contra otros. Miró intensamente al cachorro y éste le devolvió la mirada. Parecía preguntarse cómo había llegado ahí. Bob le tocó la nariz con el dedo índice y el perrito hizo parpadear sus enormes ojos. Por un momento, Bob no pudo recordar sus culpas.

—Me llamo Nadia —dijo la chica mientras volvía al área iluminada—. Tráelo aquí, Bob. Pete te manda saludos.

Lo bañaron en el fregadero de Nadia, lo secaron y lo llevaron a la mesa de la cocina.

Nadia era bajita. Los nudos de la línea roja de una cicatriz le cruzaban la base de la garganta, una línea que hacía pensar en la sonrisa de un payaso de circo ebrio. Tenía una cara pequeña y redonda como una luna, marcada por cicatrices de varicela, y ojos saltones como pendientes.

Hombros caídos que se disolvían en los brazos. Codos que hacían pensar en latas de cervezas aplastadas. Un rizo de cabello rubio en cada lado de su cara.

—No es un boxer.

Echó un vistazo rápido a la cara de Bob antes de regresar el cachorro a la mesa de la cocina.

—Es un Staffordshire terrier americano.

Bob comprendió que se suponía que él debía concluir algo por el tono de la chica, pero no supo de qué se trataba, así que se quedó en silencio.

Ella lo miró rápidamente de nuevo cuando el silencio se prolongó.

—Un pit bull.

—¿Eso es un pit bull?

Ella alzó la cabeza del cachorro y le limpió la herida otra vez. Que alguien lo había golpeado, le dijo la chica. Tal vez lo habían golpeado hasta dejarlo inconsciente, y asumieron que estaba muerto o agonizante.

—¿Por qué? —dijo Bob.

Ella lo miró, sus ojos redondos se hicieron aún más redondos y se abrieron un poco más.

—Sólo porque sí —se encogió de hombros y revisó al perro de nuevo—. Una vez trabajé en Rescate Animal. ¿Ubicas ese lugar, en Shawmut? Trabajé como técnica veterinaria. Después decidí que eso no era lo mío. Esta raza es muy exigente…

—¿Qué?

—Es muy difícil darlos en adopción… —dijo ella— o encontrarles un hogar.

—No sé nada de perros. Nunca he tenido uno. Vivo solo. Nada más iba pasando junto al bote —Bob descubrió que se embrollaba, sentía la urgente necesidad de explicarse a sí mismo, de explicar su vida—. Simplemente yo no…

Podía escuchar el viento afuera, negro y estruendoso. La lluvia o pequeños granizos escupidos contra las ventanas.

Nadia levantó la pata trasera izquierda del perro —las otras tres eran color café, pero ésa era blanca con manchas color durazno. Entonces soltó la pata como si ésta tuviera algo que pudiera contagiarla. Examinó de nuevo la herida de la cabeza y miró de cerca la oreja derecha. Le faltaba un pedazo de la punta, y Bob no se había dado cuenta.

—Bueno —dijo ella—, él va a vivir y tú vas a necesitar una caja, croquetas y esas cosas.

—No —dijo Bob—, no entiendes.

Ella giró la cabeza, lo miró y dijo que entendía perfectamente.

—Yo no puedo. Yo sólo lo encontré. Iba a dejarlo ahí.

—¿Para que lo golpearan? ¿Para dejarlo morir?

—No, no. Iba a llamar a las autoridades.

—Eso hubiera hecho Rescate Animal —dijo ella—. Pero primero le dan al dueño siete días para reclamarlo…

—¿Al chico que lo golpeó? ¿Le dan una segunda oportunidad?

Ella ladeó la cabeza y arrugó la frente.

—Si el dueño no lo recoge —tomó la oreja del cachorro, la miró por dentro— es probable que este amigo sea puesto en adopción. Pero… es difícil encontrarle un hogar… Con los pit bulls… ¿Quieres saber qué es lo más frecuente? —miró a Bob—. Lo más frecuente es que eso no ocurra y sean sacrificados.

Bob sintió que una oleada de tristeza crecía dentro de ella, una oleada que lo avergonzó de inmediato. No supo cómo, pero él le había causado ese dolor. Él había robado algo de su mundo y él era el causante de esa tristeza.

—Yo… —volvió a comenzar—. Es que…

Ella le lanzó una mirada veloz.

—¿Perdón?

Bob miró al cachorro. Sus ojos se habían cerrado después de un largo día dentro del bote, y de quien le hizo la herida. Por lo menos el perrillo había dejado de temblar.

—Puedes llevártelo. Dijiste que trabajabas en eso —dijo Bob—. Tú…

Ella negó con la cabeza.

—Mi papá vive conmigo. El domingo llega de Foxwoods. ¿Y si encuentra al perro en la casa? ¡Le daría una alergia! —ella inclinó su pulgar—. El cachorro iría directo al bote.

—¿Puedes guardarlo hasta el domingo por la mañana? —Bob no estaba seguro de cómo había dejado salir esas palabras de su boca: no recordaba haber formulado la frase, ni siquiera haberla pensado.

Ella lo miró con atención:

—¿No lo estás diciendo sólo por decir? Porque te voy a chingar si no lo has recogido el domingo a mediodía, lo mando de regreso a la calle.

—Nos vemos el domingo, entonces —Bob dijo esas palabras animado por la convicción que sentía en ese momento—. Definitivamente, el domingo.

—¿De veras? —ella sonrió, y fue una sonrisa espectacular, y Bob vio que la cara detrás de las marcas de la varicela era tan espectacular como la sonrisa. Un rostro que anhelaba ser visto. Ella tocó la nariz del perrito con el índice.

—¡Perfecto! —Bob pensó que iba a enloquecer. Se sentía ligero como una hostia. Perfecto.

Le contó a Marv lo que le había sucedido. Bob era barman en El Primo Marv de miércoles a domingo, de doce a diez. Por costumbre, mucha gente lo llamaba "primo", quizá por alguna cosa que había pasado en la escuela, aunque nadie recordaba qué. Pero da la casualidad que Marv de verdad era primo de Bob, por el lado materno.

A finales de los ochenta e inicios de los noventa el primo Marv dirigió una pandilla. La integraron principalmente chicos interesados en realizar préstamos y en el cobro de los mismos, pero Marv nunca rechazó ninguna propuesta de negocio porque creía, desde el fondo de su alma, que aquellos que dejaban de evolucionar eran siempre los primeros en caer cuando cambiaban los tiempos. Como les pasó a los dinosaurios, le dijo a Bob, cuando el hombre de las cavernas inventó las flechas. Imagínate a los cavernícolas, dijo Marv, disparando, y a todos los tiranosaurios bien jodidos, cayendo a los pozos y convirtiéndose en petróleo: una tragedia que se pudo evitar.

La pandilla de Marv nunca fue la más pensante ni la más inteligente ni la más exitosa de todas las que operaban en el barrio —ni de lejos—, pero estaba ahí. Otras pandillas se la pasaban mordiéndoles los talones, pero la de Marv, excepto por una muy evidente excepción, nunca estuvo a favor de la violencia. Muy pronto tuvieron que decidir entre rendirse ante las pandillas más pesadas o combatirlas. Prefirieron la primera opción.

El bar de Marv pronto se convirtió en poca cosa. En el orden del nuevo mundo —una mezcla no muy definida de chicos pesados chechenos, italianos e irlandeses— nadie quería ser capturado con suficiente mercancía o suficiente dinero en caso de caer en manos de los federales. Así que trabajaban lejos de sus oficinas y de sus casas, siempre estaban en movimiento. Cada dos o tres semanas se repartían cargas en El Primo Marv y en otros establecimientos. Te sentabas a esperar una noche, dos a lo máximo, antes de que el chofer de un camión de cervezas te mostrara la contraseña semanal y acarreara todo de vuelta con un montacargas, como si fuera un montón de barriles vacíos. El resto de los ingresos de El Primo Marv provenía de que era una fachada, una de las mejores en la ciudad, pero una fachada al fin y al cabo, lo cual equivalía a ser un empleado del correo en el mundo honrado —si sigues trabajando en eso después de los treinta, eso será lo único que siempre harás. Para Bob, eso era un alivio —a él le gustaba ser barman y odió aquella vez que tuvieron problemas. Marv, sin embargo, seguía esperando la época dorada en que caería dinero a montones y podría alejarse de todo eso. Muchas veces había pretendido ser feliz. Bob sabía que las cosas que perseguían a Marv eran las mismas que lo perseguían él —las mismas cosas de mierda que quería dejar atrás. Esas cosas podrían burlarse de ti si tus ambiciones no satisfechas se acumulaban al por mayor: un hombre exitoso podría esconder su pasado, un fracasado seguiría sentado en él.

Esa mañana, Marv se había hundido en su tristeza y la había iluminado con un Camel cada vez que el anterior se desvanecía, por eso Bob intentó animarlo y le contó su aventura con el perro. Marv no encontró interesante el asunto y Bob se descubrió a sí mismo repitiendo muchas veces: "Tendrías que haber estado ahí", y al final prefirió quedarse callado.

Marv confesó:

—Se rumora que nos van a dar la carga del Súper Bowl.

—No jodas.

Si eso era verdad (si y sólo si era verdad), aquello sería enorme. Ellos ganaban una comisión —la mitad del uno por ciento de la carga. ¿La carga del Súper Bowl? Sería como la mitad del uno por ciento de las ganancias de Exxon.

La cicatriz de Nadia relampagueó en el cerebro de Bob, su color rojizo, su forma que hacía pensar en una cuerda.

—¿Crees que nos enviarían chicos extra para la seguridad?

Marv levantó los ojos con fastidio.

—¿Por qué habrían de hacerlo? ¿Crees que hay gente dispuesta a robar a los cocos chechenianos?

—Chechenos —lo corrigió Bob.

—Pero son de Chechenia.

Bob se encogió de hombros.

—Es como si llamaras a la gente de Irlanda "irlandianos".

Marv lo miró con desaprobación.

—Como sea. ¿Entonces qué significa todo el trabajo duro que hemos hecho? Nos lo hemos ganado. Como hizo Toyota: haciendo amigos e influyendo en la gente.

Bob se quedó callado. Si conseguían quedarse con la carga para el Súper Bowl, sería sólo porque alguien había descubierto que los Federales no los consideraban lo suficientemente importantes como para vigilarlos. Pero en las fantasías de Marv, su pandilla (dispersa hace mucho entre trabajos decentes, la cárcel o peor, Connecticut) podría volver a sus días de gloria, aunque aquellos días hubieran durado tanto como un reloj Swatch. A Marv nunca se le había ocurrido que un día ellos podrían venir a arrebatarle todo lo que él tenía —la posibilidad de servirles de fachada, el dinero, la mercancía que mantenía escondida y a salvo, vaya, incluso el bar mismo— sólo porque estaban hartos de que fuera a mendigarles. Bob estaba tan harto de oírlo hablar de "sus conocidos" y de sus sueños, que debía resistir la tentación de alcanzar la nueve milímetros que escondían bajo la barra, y ceder a la tentación de darse un tiro. No lo decía en serio —salvo a veces. Bueno, Marv podía sacar de quicio a cualquiera.

Un chico de casi treinta pero de cabello canoso y de barbita de chivo también blanca pegó su cabeza a la barra. Un tornillo plateado le atravesaba la oreja y vestía como la mayoría de los chicos de estos días —de la chingada: pantalones deshilachados, playera descuidada y una sudadera descolorida bajo un abrigo arrugado de lana. No había pedido nada de la barra, sólo había estirado su cabeza tras ella. El frío del día se desparramaba en la banqueta detrás de él.

—¿Qué deseas? —le preguntó Bob.

El chico negó con la cabeza, se quedó pegado contra la penumbra de la barra como si ésta fuera una bola de cristal.

—¿Te molesta si cierro la puerta? —Marv no volteó para ver la respuesta—. Hace frío afuera.

—¿Tienes una cerveza Zima? —los ojos del chico recorrieron el bar de arriba a abajo, de izquierda a derecha.

Marv miró hacia arriba.

—¿Quién chingados seríamos si sirviéramos eso? ¿Crees que le servimos a las niñas?

El chico levantó una mano disculpándose.

–Lo siento.

Salió y el calor volvió al lugar cuando se cerró la puerta.

–¿Conoces a ese muchacho? –preguntó Marv.

Bob negó con la cabeza.

–Lo he visto por ahí pero no sé dónde.

–Es un pinche loco. Vive en el vecindario de al lado, probablemente por eso no lo conoces. Tú eres de la vieja escuela, Bob, si alguien no fue al catecismo contigo es como si no existiera.

Bob no podía rebatir eso. En su infancia, su parroquia era su país. Todo lo que necesitaba o hubiera necesitado saber se encontraba ahí. Ahora que la Arquidiócesis había cerrado algunas parroquias por acusaciones de abuso infantil, Bob no podía ignorar el hecho de que aquellos días en que todo era dominado por la iglesia, ahora empequeñecida, se habían ido. Él era el clásico chico de mitad de generación en una generación ya completa, donde los más adelantados eran más grandes y más grises, ya tenían tos de fumador, iban a una revisión con el médico por primera vez y nunca volvían.

–¿Ese muchacho? –Marv golpeó a Bob con sus ojos café–. Dicen que fue él quien mató a Richie Whelan aquel día.

–¿Dicen? ¿Quiénes?

–Ellos.

–Bueno, ¿y?

Se sentaron y guardaron silencio por un rato. Una pelusilla de nieve cayó detrás de la ventana, empujada por el canto agudo de la brisa. Los letreros de las calles y los cristales de las ventanas se agitaban, y Bob pensó en cómo el invierno perdía cualquier significado el día de tu último paseo en trineo. O algún significado debía tener, pero triste. Miró las áreas del bar que no estaban iluminadas. Las sombras se convertían en camas de hospital, viudos sin trabajo que compraban tarjetas de felicitación, sillas de ruedas vacías. El viento lanzó un pequeño y nítido aullido.

–Ese perro que te decía –dijo Bob–. Tiene las patas del tamaño de su cabeza. Tres son café y sólo una es blanca con pequeñas manchas color durazno. Y…

–¿Esa cosa cocina? –preguntó Marv–. ¿Limpia la casa? Es decir: es sólo un pinche perro.

—Sí, pero fue como... —Bob dejó caer sus manos. No sabía cómo explicarlo—. Es como lo que sientes cuando tienes un gran día. Es como cuando los Patriots ganan y tú te adueñas de la victoria... O que alguien te cocina un bistec justo en el término que quieres, o, o simplemente te sientes *bien*. Como... —Bob se descubrió a sí mismo agitando las manos de nuevo— estar bien.

Marv asintió, le regaló una sonrisa tiesa y volvió a revisar los resultados de las apuestas.

El domingo por la mañana Nadia trajo el perro al carro de Bob luego de que él aguardara frente a su casa. Se lo pasó por la ventanilla y se despidió de ambos agitando la mano.

Bob miró al perro en el asiento y el miedo se apoderó de él: ¿qué comía? ¿Cuándo comía? ¿Qué debía hacer para entrenarlo? ¿Cuánto tardaba eso? Él había tenido varios días para pensar en todo eso —¿por qué sólo le ocurrían a él esas cosas?

Pisó el freno y se echó en reversa unos metros. Nadia tenía un pie sobre el primer escalón y retrocedió. Bob bajó la ventanilla del copiloto y se estiró sobre el asiento en dirección de ella.

—No sé qué hacer con él —dijo—. No tengo idea.

En la tienda para mascotas, Nadia escogió distintos juguetes para masticar, le dijo a Bob que iba a necesitarlos si quería conservar su sofá. Zapatos, le dijo ella a él, mantén tus zapatos escondidos de ahora en adelante en un estante alto. Compraron vitaminas —¡para un perro!— y una bolsa de croquetas para cachorro que ella le recomendó, diciéndole que lo más importante era seguir comprando la misma marca. Cambia la dieta de un perro, le advirtió Nadia, y tendrás montones de diarrea en el piso.

Compraron una rejita para guardar al perro cuando Bob estuviera en el trabajo. Consiguieron un contenedor de agua para la reja y un libro para entrenar perros escrito por unos monjes que en la portada lucían muy rudos y muy sonrientes y no como verdaderos religiosos. Cuando el cajero tomó todo, Bob sintió un terremoto que estremecía todo su cuerpo y llegaba hasta su cartera. Su garganta hirvió de calor. Sintió la cabeza llena de gas. Y sólo hasta que el terremoto se fue y su garganta volvió a enfriarse y su cabeza se despejó y entregó su tarjeta de crédito al cajero, sólo entonces se dio cuenta, durante la repentina desaparición del sentimiento, de que el sentimiento había sido: por un momento –o tal vez incluso por una sucesión de momentos, y nadie tenía la fuerza suficiente para señalar la causa– Bob había sido feliz.

–Pues, gracias –dijo ella luego de que él la llevara hasta la puerta de su casa.

–¿Qué? No. Gracias a ti. Por favor. En serio. Este... Gracias.

Ella agregó:

–Este pequeñín es un buen muchacho. Te hará sentir muy orgulloso, Bob.

Miró de nuevo al cachorro, dormido en el regazo de ella, roncando ligeramente.

–¿Es lo que hacen? ¿Dormir todo el día?

–La mayoría de las veces. Luego corren en círculos como locos durante aproximadamente veinte minutos. Entonces duermen algo más. Y cagan. Bob, oye, eso debes recordarlo: cagan y orinan como locos. No te enojes con ellos. No saben hacer nada mejor. Lee el libro de los monjes. Toma tiempo, pero ellos averiguan lo suficientemente pronto lo que no deben hacer en tu casa.

–¿Qué tanto es "lo suficientemente pronto"? ¿Dos meses?

Ella meneó la cabeza.

–Tal vez tres. Hay que ser paciente, Bob.

–Hay que ser paciente –repitió.

–Y tú también –le dijo ella al cachorro, levantándolo de su regazo. Éste se despertó y de inmediato se dedicó a olfatear y a bufar. No quería que ella se fuera.

–Ustedes *dos*: cuídense.

Salió del auto y agitó su mano para despedirse de Bob mientras se retiraba. Entonces entró a su casa.

El cachorro estaba parado sobre sus patas traseras, apoyado contra la ventanilla como si Nadia pudiera reaparecer. Volteó a mirar sobre su hombro a Bob. Bob casi podía compartir su sensación de abandono, porque también lamentaba su ausencia. Estaba seguro de que ambos la extrañaban, él y el perro abandonado. Estaba seguro de que el mundo era muy duro.

—¿Cuál es tu nombre? —le preguntó al perro—. ¿Cómo vamos a llamarte?

El cachorro volteó su cabeza a lo lejos, como si con eso pudiera traer de vuelta a la chica.

Lo primero que hizo fue cagarse en el comedor.

Bob no se había dado cuenta, hasta que el perro comenzó a olfatear y a restregar la nariz en la alfombra. Entonces miró a Bob con lo que parecía una expresión de vergüenza.

Bob trató de adelantarse a la situación, como si pudiera evitarla o empujar la mierda hacia adentro, y el cachorro corrió a esconderse, dejando gotas en el piso de madera que se escurrieron hasta la cocina.

Bob le dijo:

—No, no, todo está bien —aunque no era cierto. La mayoría de las cosas en la casa habían sido de su madre, esa casa que no había sido alterada desde que ella la compró en los cincuenta. Y eso era mierda. Excremento. En la casa de su madre. En su alfombra, en su piso.

En los segundos que le tomó a Bob llegar a la cocina, el cachorro dejó un charco de orina en el linóleo. Bob casi se resbala con él. El perro estaba sentado y repegado contra el refrigerador, mirándolo, tenso por si tenía que atacar, tratando de no temblar.

Y eso detuvo a Bob. Lo paró incluso sabiendo la cantidad de excremento que el perro había dejado en la alfombra, y lo difícil que iba a ser retirar eso.

Bob se apoyó en el piso sobre sus piernas y codos. Sintió el repentino regreso de aquello que sintió la primera vez que lo cargó, cuando lo sacó de entre la basura; algo que, él asumió, lo había unido a Nadia. Una conexión. Él sospechó que ellos podrían haber estado unidos por algo más si hubieran tenido la oportunidad.

Le dijo:

—Oye —apenas como un murmullo—. Oye, no tengas miedo. Muy, muy lentamente, extendió su mano, y el cachorro se repegó más contra el refrigerador. Bob mantuvo su mano cerca, y se la presentó gentilmente, mostrando la palma del lado de la cara del animal. Los ruidos que hizo confirmaron que estaba más tranquilo. Le sonrió.

—Todo está bien —repitió, una y otra vez.

Lo llamó Cassius porque lo había confundido con un boxer y le gustaba el sonido de esa palabra. Lo hacía pensar en las legiones romanas, sus mandíbulas marcadas, el honor.

Nadia lo llamaba Cash. A veces llegaba después del trabajo y ella y Bob salían a caminar. Él supo algunas cosas, un poco acerca de Nadia —el perro había sido encontrado muy cerca de su casa, y su falta de sorpresa o interés al respecto no había pasado desapercibido para Bob— pero había algo acerca de ella, de cualquier forma, ¿quién en este planeta no es extraño? Con gran frecuencia, Nadia llegaba a ayudarle con el perro y Bob, que no sabía mucho acerca de la amistad, tomó lo que pudo.

Le enseñaron a Cassius cómo sentarse y acostarse y a dar la pata y a girar sobre sí mismo. Bob leyó completo el libro de los monjes y siguió todas las instrucciones. El perro fue vacunado contra la rabia y se le retiró todo el cartílago dañado de su oreja. Sólo es una contusión, dijo el veterinario, sólo una contusión profunda. Y creció muy rápido.

Las semanas pasaron sin que Cassius volviera a hacer de las suyas en la alfombra, pero Bob no estaba seguro de si había logrado amaestrarlo o no, hasta que el domingo del Súper Bowl Cassius puso una pata contra la puerta trasera. Bob lo dejó salir y corrió a llamar a Nadia. Se sentía tan orgulloso que casi se puso a cantar un *yodeling* y pensó que el timbre de la puerta era en realidad el ruido de la tetera sobre la lumbre, mientras aún buscaba el teléfono.

Un chico delgado estaba sentado en el primer escalón frente a su puerta. No era un flaco debilucho, sino uno de esos chicos delgados que son muy fuertes. Como si hubiera quemado toda su grasa desde dentro para sobrevivir. Tenía los ojos de un azul pálido, casi grises. Su cabello plateado estaba cortado muy al ras y usaba una barbita de chivo muy cerrada alrededor de los labios y la barbilla. A Bob le tomó un segundo reconocerlo: era el chico que había pegado la cabeza a la barra del bar cinco semanas antes para pedir una Zima.

El muchacho sonrió y extendió su mano.

—¿Señor Saginowski?

Bob estrechó su mano.

—¿Sí?

—¿Bob Saginowski? —el hombre estrechó la gran mano de Bob con su pequeña mano, y Bob notó su enorme fuerza en ese apretón.

—¿Dígame?

—Soy Eric Deeds, Bob —el chico le soltó la mano—. Creo que tienes a mi perro.

Una vez que hubieron entrado a la cocina, Eric Deeds dijo:

—Hey, ahí está. Ése es mi chico —agregó—. Cómo ha crecido —y concluyó—: ya alcanzó su tamaño ideal.

Cassius saltó al regazo de Eric Deeds, tan pronto como éste, sin ser invitado, tomó asiento en la mesa de la cocina y se dio dos palmadas en el interior del muslo. A Bob no le gustaba que Eric actuara con tanta confianza en su casa, tenía los malos modales de los policías y los choferes —si quería entrar, entraba.

—Bob —dijo Eric Deeds—, necesito que me lo devuelvas.

Eric tenía a Cassius en el regazo y ya le estaba rascando la pancita. Bob sintió una punzada de envidia cuando Cassius le ofreció la pata izquierda, incluso sintió un lacerante escalofrío —que estuvo a punto de paralizarlo— a lo largo de la piel. Eric Deeds le rascaba la barbilla a Cassius. El perro mantuvo sus orejas y su cola presionados contra su cuerpo. Lo disfrutaba tanto que los ojos se le iban hacia la parte de atrás de las cuencas.

—Um… —Bob se acercó y levantó a Cassius del regazo de Eric. Se dejó caer en su sillón y se rascó detrás de las orejas—. Cash es mío.

Las cosas estaban así: Bob había levantado al cachorro del regazo de Eric sin ningún aviso, Eric lo había mirado por un segundo como diciendo: "¿Qué chingados fue eso?". Su frente se arrugó y eso le dio a sus ojos un elemento de sorpresa, que no esperaba encontrar. En ese momento parecía muy cruel, el tipo de persona que, si sentía lástima de sí mismo, sería capaz de cagarse sobre el mundo entero.

—¿Cash? —preguntó.

Bob asintió mientras Cassius levantaba las orejas de su cabeza y le lamía la muñeca.

—Es el diminutivo de Cassius, su nombre. ¿Tú cómo lo llamabas?

—Lo llamaba "Perro" la mayoría de las veces. A veces "Sabueso".

Eric Deeds miró alrededor de la cocina, hasta las viejas lámparas fluorescentes circulares del techo, algo que se remontaba a la madre de Bob, vaya. El padre de Bob, justo antes de su primer infarto, estaba obsesionado con los paneles de revestimiento de pared, y recubrió la cocina, la sala y el comedor: hubiera revestido el baño si hubiera sabido cómo hacerlo.

—Tú lo golpeaste –dijo Bob.

Eric metió la mano en el bolsillo de su camisa. Sacó un cigarrillo y lo puso en su boca. Lo encendió, apagó el cerillo y lo tiró en la mesa de la cocina de Bob.

—No puedes fumar aquí.

Eric elevó a Bob a su nivel con una mirada larga y siguió fumando.

—¿Lo golpeé?

—Ajá.

—Ah. ¿Y qué? –Eric sacudió la ceniza en el suelo–. Me voy a llevar el perro, Bob.

Bob se puso de pie con toda su altura. Apretó a Cassius, que se retorcía un poco en sus brazos y le daba mordiditas en la palma de la mano. Si dependía de él, decidió Bob, dejaría caer su uno ochenta de estatura y sus ciento treinta kilos sobre Eric Deeds, que no podía pesar más de cincuenta kilos. No en ese momento, pero si Eric tomaba a Cassius entonces…

Eric Deeds lanzó una bocanada de humo hacia el techo.

—Te vi esa noche. Me sentía mal, tú sabes, es mi temperamento. Así que regresé a ver si el sabueso estaba realmente muerto o no y vi cómo lo sacabas de la basura.

—Creo que deberías irte –Bob sacó el teléfono de su bolsillo y lo abrió–. Estoy marcando al 911.

Eric asintió.

—He estado en prisión, Bob, en hospitales psiquiátricos. He estado en muchos lugares. Y volveré a ir, eso no me molesta, aunque dudo que me persigan por chingarme a un perro. Lo que quiero decir es que, tarde o temprano, tienes que ir a trabajar o retirarte a dormir.

—¿Cuál es tu problema?

Eric extendió sus manos y le mostró las palmas.

—Más o menos, todo. Y tú te llevaste a mi perro.

—Trataste de matarlo.

Eric dijo:

—Nah –y sacudió su cabeza como si creyera lo que estaba diciendo.

—No tendrás a este perro.

—Lo necesito.

—No.

—Amo a ese perro.

—No.

–Diez mil.

–¿Qué?

Eric asintió.

–Necesito diez grandes. Para esta noche. Ése es el precio.

A Bob le dio una risita nerviosa.

–¿Quién tiene diez mil dólares?

–Puedes conseguirlos.

–¿Cómo es posible que yo…?

–Oye, hay una caja fuerte en la oficina de El Primo Marv. Ustedes tienen un bar que esconde material interesante, ¿no crees que medio vecindario no lo sabe? Ése podría ser un buen lugar para buscar mi dinero.

Bob meneó la cabeza.

–No hay manera. Todo el dinero que se obtiene durante el día se deposita en una ranura en el bar y termina en la caja fuerte de la oficina, que tiene una alarma…

–Ya lo sé –Eric regresó al sofá, con una mano estirada a lo largo del respaldo–. Las cosas se apagan a las dos de la madrugada, en caso de que en el último minuto alguien decida pagar alguna cuenta de sepa la chingada, pero algo grande. Tú tienes noventa segundos para abrir y cerrar o se accionan dos alarmas silenciosas, que no van precisamente a la estación de policía o a la de la compañía de seguridad. Imagínate.

Eric le dio una chupada a su cigarro.

–No soy ambicioso, Bob, sólo necesito el dinero de las apuestas para algo. No quiero todo lo que está en la caja, sólo diez grandes. Dame los diez grandes y desaparezco.

–Eso es ridículo.

–Así que es ridículo.

–No sólo te metes en la vida de alguien y…

–Así es la vida: alguien como yo viene de lejos cuando no estás atento.

Bob puso a Cassius en el piso pero se aseguró de que no se moviera al otro lado de la mesa. No necesitaba preocuparse de ello –Cassius no se movió una pulgada, se sentó ahí como un poste de cemento, los ojos puestos en Bob.

Eric Deeds dijo:

–Te estás preguntando qué opciones tienes, pero son opciones para personas normales en circunstancias normales. Necesito mis diez grandes esta noche. Si no me los consigues venderé por tu perro. Fui yo quien lo registró. Tú no lo hiciste porque no podrías. Cuando lo tenga se me va a olvidar darle de comer por un tiempo. Un día, cuando comience a ladrar muy fuerte, voy a estrellar su cabeza en una roca o algo. Mírame a los ojos y dime si te estoy mintiendo, Bob.

Cuando se fue, Bob bajó al sótano. Lo evitaba cada vez que podía, aunque el piso era blanco, tan blanco como él era capaz de dejarlo, más blanco de lo que había sido nunca en su existencia. Abrió un armario que estaba sobre un viejo lavadero hundido que su padre había utilizado a menudo después de su obsesión por recubrirlo todo. Sacó del estante una vieja lata de cacahuates de color amarillo y café. Extrajo quince mil dólares de su interior. Puso diez mil en su bolsillo y regresó los otros cinco a la lata. Sentado en el suelo color blanco, miró una vez más a su alrededor, miró el tanque negro de aceite en la pared, miró las bombillas.

Cuando hubo vuelto arriba, le dio a Cassius un montón de dulces, le rascó las orejas y la pancita. Le aseguró al animal que él valía diez mil dólares.

Bob estuvo empinado en el bar casi una hora entre las once y medianoche. Miró a través de un hueco repentino que se abrió entre la multitud y vio a Eric sentado en la mesa tambaleante bajo el espejo de Narragansett. El Súper Bowl había acabado hacía una hora pero la gente, ebria hasta el culo, aún pululaba por ahí. Eric tenía un brazo extendido sobre la mesa, Bob lo siguió con la mirada y vio que estaba conectado con algo. Un brazo. El brazo de Nadia. El rostro de Nadia le devolvía una expresión ilegible a Eric. ¿Estaba aterrorizada? ¿O era algo más?

Bob, que estaba llenando un vaso con hielo, sintió como si estuviera arrancando los cubos de su propio pecho, vertiéndolos en su estómago y contra la base de su espina dorsal. Después de todo, ¿qué era lo que sabía de Nadia? La conoció el día que encontró al perro moribundo en el bote de basura afuera de su casa. Sabía que Eric Deeds había llegado a su vida sólo después de que Bob la había conocido a ella. Hasta el momento sólo sabía su segundo nombre, aquello podía ser una verdad a medias.

Cuando tenía veintiocho años, Bob entró a la recámara de su madre a fin de despertarla para la misa dominical. La sacudió pero ella no manoteó, tal como hacía siempre. Entonces la volteó hacia él y su cara estaba apretada y tiesa, sus ojos también, y su piel tenía el color del ladrillo gris. En algún momento de la noche, después del programa de Matlock y las noticias de las diez, ella se había ido a la cama y despertó con el puño de Dios alrededor de su corazón. Probablemente no había tenido suficiente aire en los pulmones para gritar. Sola, en la oscuridad de su cuarto, sujetando con fuerza las sábanas, aquel primer apretón, su rostro apretado, sus ojos apretados, fue la terrible revelación de que, incluso para ti, todo termina. Y justo en ese momento.

Parado junto a ella aquella mañana, imaginando el último movimiento de su corazón, el último solitario deseo que su cerebro había sido capaz de producir, Bob sintió la pérdida como ninguna que hubiera conocido o esperara conocer de nuevo.

Hasta esta noche. Hasta ahora. Hasta que entendió lo que significaba esa mirada en el rostro de Nadia.

Como a la 1:50 la multitud se fue. Sólo Eric, Nadia y una vieja y severa alcohólica funcional llamada Millie, quien deambulaba afuera del centro de reunión para llegar a la calle Perla a la 1:55 en punto.

Eric, que la última hora había estado viniendo a la barra por tragos de Powers, se quitó de la mesa y jaló a Nadia para que se sentara junto a él. La instaló en un banco y finalmente Bob halló en su rostro una buena mirada, vio algo que él todavía no podía identificar –pero que definitivamente no era emoción o altivez o la amarga sonrisa del vencedor. Tal vez era algo peor que todo eso: desesperación.

Eric le sonrió a Bob mostrando todos sus dientes y le habló suavemente a través de ellos.

—¿Cuándo se larga esa 'ñora?

—Dame un par de minutos.

—¿Dónde está Marv?

—No puedo llamarlo.

—¿Por qué no?

—Porque alguien tiene que asumir la culpa por esto, e imagino que lo mejor es que sea yo.

—Qué noble eres…

—¿Cómo la conociste?

Encorvado, Eric miró a Nadia en el banco contiguo. Y se inclinó sobre la barra.

—Crecimos en la misma cuadra.

—¿Él te hizo esa cicatriz?

Nadia lo miró.

—¿Él fue?

—Ella sola se hizo esa cicatriz —dijo Eric Deeds.

—¿Tú te la hiciste? —le preguntó Bob.

Nadia miró al techo del bar.

—Estaba muy drogada.

—Bob —dijo Eric—, si tú me chingas, incluso en lo más mínimo, no importa cuánto me tarde, voy a regresar por ella. Y si tienes algún plan, como Eric-no-volverá-por-aquí... no digo que tú seas ese tipo de persona, pero Marv podría serlo. Si tus ideas van por esa línea, Bob, el socio que me ayudó a matar a Richie Whalen se encargará de ustedes dos.

Eric se sentó otra vez mientras la vieja Millie dejaba la misma propina que acostumbraba dejar desde que lanzaron el Sputnik —un cuarto de dólar— y bajaba de su banco. Ella le habló a Bob con una voz rasposa hecha de una parte de cuerdas vocales y nueve partes de Virginia Slims Ultra Light 100.

—Ya me voy.

—Cuídate, Millie.

Ella lo alejó con un gesto de la mano y con un "Sí, sí, sí", y abrió la puerta.

Bob cerró y regresó tras la barra del bar. Comenzó a limpiarla. Cuando llegó a los codos de Eric, le dijo:

—Disculpa.

—Sácame la vuelta.

Bob se vio obligado a hacer un semicírculo con el trapo alrededor de los codos de Eric.

—¿Quién es tu socio? —preguntó Bob.

—No sería una amenaza si supieras quién es, ¿o sí, Bob?

—¿Dices que es quien te ayudó a matar a Richie Whalen?

—Eso dice el rumor, Bob —dijo Eric.

—Más que un rumor —Bob pasó el trapo frente a Nadia y vio las marcas rojas en sus muñecas, donde Eric la había apretado. Se preguntó si tendría otras marcas en sitios que él no podía ver.

–Bien, entonces es más que un rumor, Bob. Ahí lo tienes.

–Ahí tienes qué.

–Ahí lo *tienes* –Eric arrugó la frente–. ¿Qué hora es, Bob?

Bob había colocado diez mil dólares sobre la barra.

–No tienes que llamarme por mi nombre todo el tiempo.

–Veré qué puedo hacer respecto a eso, Bob –Eric recorrió con el dedo los billetes–. ¿Qué es esto?

–Son los diez grandes que querías por Cash.

Eric frunció los labios.

–De todas maneras, veamos la caja fuerte.

–¿Estás seguro? –dijo Bob–. Yo estoy feliz de comprártelo por diez grandes.

–¿Y cuánto por Nadia?

–¿Eh?

–¿Cuánto por Nadia?

Bob examinó esta nueva y sorpresiva situación y se sirvió un trago de vodka. Lo alzó frente a Eric Deeds y se lo bebió.

–¿Sabías que Marv tuvo problemas con drogas hace unos diez años?

–No sabía eso, Bob.

Bob se encogió de hombros, le sirvió a cada uno un trago de vodka.

–Sí, a Marv le gustaba la coca demasiado pero él no le gustaba a ella.

Eric se tomó el trago de Nadia.

–Van a dar las 2, Bob.

–En ese entonces era un tiburón prestamista. Quiero decir, él proporcionaba algo de protección, pero sobre todo era un tiburón. Había un chico. Le debía a Marv un chingo de dinero. Era un caso perdido con los perros y el basquetbol. Era el tipo de chico que nunca podría pagar todo lo que debía.

Eric se tomó su propio trago.

–Es la una cincuenta y siete, Bob.

–Sin embargo, ¿cómo estuvo? Este chico lanzó una apuesta muy oportuna en el Mohegan y ganó veintidós grandes. Lo cual era un poco más de lo que le debía a Marv.

–Y supongo que no quiso pagarle a Marv lo que le debía, así que tú y Marv se fueron muy duro contra él y se supone que debo aprender de la historia…

–No, no es así. El le *pagó* a Marv. Le pagó cada centavo. Aunque lo que el chico no sabía, era que Marv también había estado estafando, por culpa de su afición a la coca. Y el dinero de este chico le caería como maná del cielo siempre y cuando nadie supiera que era de ese chico. ¿Entiendes lo que estoy diciendo?

–Bob, falta un pinche minuto para las dos –había sudor sobre los labios de Eric.

–¿Pero no entiendes lo que te estoy diciendo? –preguntó Bob–. ¿No entiendes a dónde voy?

Eric miró la puerta para asegurarse de que se hallaba cerrada.

–Ok, entiendo: este chico debía ser estafado.

–Tenía que ser asesinado.

Por el rabillo del ojo, Eric le lanzó una mirada veloz.

–Ok, asesinado.

Bob podía sentir que los ojos de Nadia se habían detenido sobre él de repente, y su cabeza se había inclinado un poco.

–De esta manera, él no hubiera podido contar que ya le había pagado a Marv y nadie más podría hacerlo tampoco. Marv utilizó el dinero para cubrir todas sus deudas y limpió su acto, fue como si nunca hubiera sucedido. Eso fue lo que hicimos.

–Lo que hiciste… –Eric apenas había puesto atención en la conversación, pero una alarma en el interior de su cabeza comenzó a sonar, y miró en dirección de Bob.

–Lo matamos en mi sótano –dijo Bob–. ¿Sabes cómo se llamaba?

–¿Cómo podría saberlo, Bob?

–Claro que puedes. Era Richie Whelan.

Bob metió la mano debajo de la barra y empuñó su nueve milímetros. No se había dado cuenta de que el seguro estaba puesto, así que cuando apretó el gatillo nada sucedió. Eric movió su cabeza tan rápido como pudo y se apartó de la barra, pero Bob quitó el seguro con el pulgar y le disparó a Eric justo debajo de la garganta. El disparo sonó como el revestimiento de aluminio cuando es arrancado de una casa. Nadia gritó. No fue un grito largo, pero fue agudo y sincero. Eric hizo mucho estrépito al caer de su banco y, para cuando Bob rodeó la barra, Eric ya se estaba yendo, aunque no se había ido del todo. El ventilador de techo lanzaba rebanadas delgadas de sombra sobre su rostro. Sus mejillas se hinchaban hacia dentro y hacia fuera, como si tratara de tomar aire y de besar a alguien al mismo tiempo.

—Lo siento por ti, muchacho —dijo Bob—. Pero tenías que entrar a mi casa vestido como un pordiosero. Dijiste cosas terribles sobre las mujeres. Lastimaste a un perro inofensivo. Me cansé de verte, imbécil.

Eric lo miró. Por unos instantes se reflejó un gran dolor en su rostro, como si tuviera acidez estomacal. Parecía encabronado. Frustrado. La expresión se congeló en su rostro como si se lo hubieran cosido, y entonces dejó de habitar ese cuerpo. Simplemente se fue. Sólo dejó mierda y muerte tras de sí.

Bob lo arrastró a la nevera.

Cuando regresó, empujando el trapeador y la cubeta por delante, Nadia seguía sentada en su banco. Su boca era un poco más amplia de lo habitual y no podía despegar los ojos de la parte del piso donde se hallaba la sangre, pero por lo demás parecía perfectamente normal.

—Él habría regresado —dijo Bob—. Una vez que alguien te arrebata algo, ¿te deja en paz? Ellos no sienten gratitud, sólo sienten como si les debieras más.

Empapó el trapeador en la cubeta, lo escurrió un poco y lo pasó sobre la mancha de sangre.

—No tiene sentido, ¿verdad? Pero eso es lo que hacen. Llámalo como quieras. Y ya no puedes detenerlos una vez que empiezan.

Ella dijo:

—Él… Le disparaste… Te lo chingaste. No te importó… Quiero decir, ¿por qué lo hiciste?

Bob movió el trapeador sobre el piso.

—Le pegó a mi perro.

Los chechenos se hicieron cargo del cuerpo después de una discusión con los italianos y los irlandeses. Le dijeron que podría comer gratis en varios restaurantes durante los siguientes dos meses, y le regalaron cuatro boletos para el juego de los Celtics. No eran de la primera fila, pero eran muy buenos.

Bob nunca mencionó a Nadia. Sólo dijo que Eric se había presentado al final de la noche, agitando un arma, y que intentó abrir la caja fuerte. Que lo dejó gritar y amenazar, y que cuando surgió la oportunidad le disparó. Que eso era todo. Fin de Eric, fin de la historia.

Nadia llegó a visitarlo pocos días después. Bob abrió la puerta y ella se quedó de pie en los escalones de la entrada. Era un luminoso día de invierno que convertía todo en nitidez y claridad alrededor de ella. Nadia le mostró una bolsa de golosinas para perro.

—Crema de cacahuate —dijo, y su sonrisa brilló y sus ojos se pusieron un poco acuosos—. Con un toque de melaza.

Bob abrió por completo la puerta y retrocedió para dejarla entrar.

—Yo quiero creer —dijo Nadia— que todo tiene un propósito. Incluso si éste es que vas a matarme en cuanto cierre los ojos.

—¿Yo? ¿Qué? Oh, no —dijo Bob—. Claro que no.

—Estaría bien, porque simplemente no puedo soportar esto sola. Ni un día más.

—Me pasa lo mismo —Bob cerró los ojos—. Exactamente lo mismo.

Permanecieron en silencio durante un largo rato. Luego él abrió los ojos y miró con atención el techo de su dormitorio.

—¿Por qué?

—¿Eh?

—¿Por qué haces esto? ¿Por qué estás aquí conmigo?

Ella le pasó la mano sobre el pecho y eso le provocó un escalofrío. En toda su vida, nunca había esperado sentir una caricia como ésa sobre su piel desnuda.

—Porque me gustas. Porque eres bueno con Cassius.

—¿No será porque me tienes miedo?

—No estoy segura. Tal vez. Pero más bien es por la otra razón.

Bob no podría asegurar que ella le estaba mintiendo. ¿Quién puede decir cuando alguien miente? En serio. Cada día te encuentras con gente y la mitad de ellos, si no es que más, podrían estar mintiéndote. ¿Por qué?

¿Por qué no?

Nadie puede asegurar quién dice la verdad y quién miente. Si eso fuera posible, los detectores de mentiras nunca se habrían inventado. De repente llega alguien que te mira a la cara y te dice: *Te estoy diciendo la verdad.* O bien: *Lo prometo.* O bien: *Te amo.*

¿Y qué puede uno decirles? ¿Demuéstramelo?

—Necesita salir a caminar.

—¿Eh?

—Cassius. No ha salido en todo el día.

—Voy por la correa.

En el parque, el cielo de febrero pendía sobre ellos como una lona. El clima había estado casi templado por algunos días. El hielo se derretía en el río pero pequeñas lajas del mismo se aferraban a las oscuras orillas de la ribera.

Él no sabía qué creer. Cassius caminaba delante de ellos, tirando un poco de la correa, tan orgulloso, tan satisfecho, tan distinto de cuando era aquel tembloroso montón de piel que Bob había sacado del bote hacía dos meses y medio.

¡Dos meses y medio! Vaya. Las cosas pueden cambiar en un segundo. Te das la vuelta una mañana y estás en un mundo completamente nuevo. Gira hacia el sol, se estira y bosteza. Gira hacia la noche. En unas pocas horas más, gira de nuevo hacia el sol. Un nuevo mundo cada día.

Cuando llegaron al centro del parque, él le soltó la correa a Cassius y metió la mano en su propio abrigo para sacar una pelota de tenis. Cassius alzó la cabeza y resopló con fuerza. Incluso pateó la tierra. Bob lanzó la pelota y el perro fue por ella. Bob imaginó que la pelota tomaba una dirección equivocada. Un rechinido de llantas, el golpe del metal contra el perro. O que Cassius, al verse libre de repente, simplemente se iba corriendo.

¿Pero qué podría hacer?

No puedes controlar esas cosas.

EL INFORMANTE ENCUBIERTO
POR GEORGE PELECANOS
Park View, NW, Washington, D. C.
TRADUCCIÓN DE JAIME MESA

ESTABA EN EL ÁREA DE ESPERA DE LA SALA DE EMERGENCIAS DEL
Hospital de Veteranos en la calle North Capitol, acompañando a mi padre, cuando el detective Tony Barnes regresó mi llamada al celular. Mi
padre había acomodado su cabeza en el travesaño de su andadera, e iba a
pasar un buen rato antes de que alguien viniera y mencionara su nombre.
Caminé hacia afuera con el teléfono y prendí un cigarrillo.

–¿Cómo estás, Verdon? –dijo Barnes.

–Tengo que hablarle de Rico Jennings.

–Hazlo.

–No por teléfono –no iba a dar ningún dato a Barnes sin sentir algo
de su dinero en mi mano.

–¿Cuándo puedo verte?

–Mi viejo se puso malo. Todavía estoy en eso, así que... que sea a las
9:00. Ya sabe dónde.

Barnes colgó. Fumé mi cigarrillo hasta llegar al filtro y regresé adentro.

Mi padre se estaba quejando cuando me senté junto a él. Maldita
ésta y maldita aquélla, decía por lo bajo. Ya llevábamos varias horas acá.
Una chica de trasero levantado, que se movía dentro de unos pantalones
autoajustables, registró nuestros datos en cuanto llegamos, y luego una
enfermera coreana le tomó los signos vitales a mi padre dentro del que
llamó "el cuarto de triado", le hizo preguntas a propósito de su historial
y si tenía sangre en su excremento y cosas de ese tipo. Pero no habíamos
visto a un doctor todavía.

La mayoría de los hombres en la sala de espera tenía cincuenta años
o más. Unos cuantos requerían andaderas y muchos llevaban basto-
nes; un tipo tenía un tanque de oxígeno a su lado, con una manguera

transparente que salía de su nariz. Cada uno de ellos usaba una gorra. Hacía frío en la calle, aunque también era por mantener el estilo.

Todos lucían incómodos y ninguno de los que trabajaban en el hospital parecía estar apurado por remediarlo. Los guardias de seguridad te taladraban con la mirada cuando atravesabas las puertas, lo que más o menos te decía de inmediato qué tipo de experiencia tendrías una vez que estuvieras dentro. Intenté ir a la cafetería por algo de comer, pero nada de lo que tenían me apetecía y algunas cosas se veían bien pinche sucias. He estado en hospitales para blancos, como el Sibley, en la parte alta de la ciudad, y sé que allá no tratan a su gente de la misma manera que a estos veteranos. Sólo digo que la cosa aquí es una pinche desgracia.

Pero sí atendieron a mi padre, eventualmente.

En la sala de emergencia, un enfermero blanco llamado Matthew, un tipo pelirrojo con antebrazos de Popeye, lo conectó a una de esas máquinas para el corazón, luego pinchó una vena en su brazo y llenó tres ampolletas de sangre. El viejo se había quejado de sentirse mareado esa mañana. Su mente está bien, pero ya no puede ir a ningún lado sin su andadera, ni siquiera al baño.

Lo observé mientras yacía en la cama, sus amplios hombros y la dureza de sus manos. Incluso a los sesenta años, incluso después de su ataque, es más fuerte que yo. Sé que nunca me sentiré a su nivel. Él, siendo un veterano de Vietnam y un tipo con la reputación de no aceptar pendejadas de nadie en la calle. Y yo… bueno, yo sigo siendo yo.

—El doctor va a revisar tu sangre, Leon —dijo Matthew. Supongo que no sabía que en nuestro barrio cualquiera más joven que mi padre lo llamaría "Señor Leon" o "Señor Coates". En cuanto Matthew se retiró, comenzó a cantar un himno de iglesia.

Mi padre volteó los ojos.

—Apuesto a que preferirías que la chica coreana te cuidara, Viejo —dije, con una sonrisa conspiradora.

—Esa muchacha es de Filipinas —dijo mi padre, amargamente. Siempre corrigiéndome por cualquier pendejada.

—Lo que sea.

Mi padre se quejó de todo durante la siguiente hora. Lo escuché, y al veterano junky del compartimento de junto, que suplicaba que alguien le quitara el dolor, y las arcadas de otro fulano al que le estaban metiendo un tubo al estómago por la garganta. Entonces un doctor indio, llamado

Singh, abrió la cortina y entró a nuestro compartimento. Le dijo a mi padre que no había nada en su sangre ni en el electrocardiograma que indicara una razón para estar alarmados.

—¿Entonces toda esta mierda fue para nada? —dijo mi padre, como si estuviera decepcionado de no estar enfermo.

—Vaya a casa y descanse —dijo el doctor Singh, de un modo optimista. Olía a esos restaurantes de su gente, pero era buena persona.

Matthew regresó, vistió a mi padre con su ropa de calle, y llenó los formularios de salida.

—El Señor te ama, Leon —dijo Matthew, antes de que se fuera a atender a otra persona.

—Aléjame de este pendejo —dijo mi padre. Tomé una silla de ruedas de recepción.

Manejé el Buick de mi padre hasta su casa, en la cuadra 700 de la calle Quebec, no muy lejos del hospital, en Park View. Llevó un poco de tiempo subirlo por las escaleras de su casa adosada. Para cuando puso pie en el pórtico de ladrillo y concreto, ya le hacía falta el aliento. Ya no salía mucho, y esto era el porqué.

Dentro, mi madre, Martina Coates, lo ayudó a acomodarse en su propia silla de ruedas, enfrente de su televisor, donde pasa la mayor parte del día, mientras se encuentra despierto. Ella lo cuida todo el día y apenas duerme por la noche a fin de evitar que se caiga de la cama. Lo ducha y hasta le lava el culo. Mi madre es una mujer de iglesia que cree que su recompensa se le dará en el cielo. Es por ella que todavía tengo permiso de vivir en la casa de mi padre.

La televisión tenía el volumen muy alto, como a él le gusta desde su ataque. Mira viejos partidos en ese programa de repeticiones en ESPN.

—¡Franco Harris! —grité, apuntando la pantalla—. Era un animal.

Mi padre ni siquiera volvió la cabeza. Habría visto algo de ese viejo partido de los Steelers con él si me lo hubiera pedido, pero no lo hizo, así que subí a mi cuarto.

Es el cuarto de mi hermano mayor también. La cama de James está en el muro opuesto, y los trofeos de futbol y basquetbol que obtuvo desde que era un niño hasta la preparatoria siguen en su cómoda. Le fue bien después de estudiar leyes en Howard, bastante bien, de hecho. Vive allá por Crestwood, al oeste de la 16, con su bonita esposa mulata y sus dos hijos de piel clara. No viene mucho por este barrio, aunque no está a más de quince minutos. Él no habría llevado a mi padre al Hospital de Veteranos tampoco, ni habría esperado todo el día en ese lugar. Habría dicho que estaba muy ocupado, que no podía salir "del despacho". De todas formas, mi padre presume a James con sus amigos. No tiene razones para presumirme a mí.

Me puse algo más caliente, y coloqué mis cigarros y cerillos en mi abrigo. Dejé mi celular en el cuarto, pues tenía que recargar la batería. Cuando bajé, mi madre preguntó a dónde iba.

—Hay un asunto en el que estoy trabajando —dije lo suficientemente fuerte para que mi padre escuchara. Medio roncó y se rio por lo bajo. Bien pudo haberse animado y decir "Patrañas", pero no tuvo que hacerlo. Quería contarle más, pero habría sido incorrecto. Si iba a trabajar encubierto no quería que nadie ubicara a mis padres.

Cerré mi abrigo y dejé la casa.

Había comenzado a nevar un poco. Las ráfagas giraban en los conos de luz que salían de las lámparas de calle. Caminé hacia Licores Giant en Georgia y compré una pinta de Popov, y le di golpes al vodka mientras regresaba a Quebec. Crucé Warder y seguí hacia Park Lane. Las casas se pusieron un poco más lindas a medida que la vista mejoraba. Al otro lado de Park estaban los terrenos del Hogar del Soldado, rodeados por una reja de acero negro, con puntas de lanza en la parte alta. Estaba oscuro, y las nubes bloqueaban cualquier luz de la Luna, aunque ahí la presentía. De niño había pescado con caña en muchas ocasiones, y perseguí a los gansos que tenían ahí también. Ahora había tres filas de alambre de púas, amarrados en la parte de arriba de las rejas, para mantener lejos a los chicos y los jóvenes que gustaban tumbarse con sus novias sobre ese pasto suave.

Sondra y yo solíamos saltar esa reja por las tardes, un verano antes de que abandonara la secundaria Roosevelt. Llevaba un poco de hierba, una botella de vino de taparrosca y mi Walkman, y nos íbamos hasta el otro lado de aquel lago a pasarla bien. La dejaba escuchar los audífonos mientras fumaba mi churro. Había hecho mix-tapes con las canciones que le gustaban, como Bobby Brown y Tone-Loc. Le contaba de los autos que iba a manejar, y los trajes hechos a la medida que vestiría una vez que encontrara un buen trabajo. Ella me veía como si me creyera. Sondra tenía unos bonitos ojos café.

Se casó con un abogado de lesiones personales con oficina en Shepherd Park. Viven en una casa en P. G. County, en uno de esos cotos que tienen una entrada con vigilante. La vi una vez, cuando vino al barrio a visitar a su madre, quien aún vive en Luray. Apuraba a sus hijos para entrar a la casa, como si se fueran a enfermar por respirar este aire de Park View. Me vio caminando por la calle y miró a otra parte, como si no me hubiera reconocido. No fue ella quien cortó. Ella puede reescribir la historia en su mente si así lo desea, pero su esposo elegante nunca tendrá lo que yo, yo fui el primero con quien se acostó.

Caminé en el callejón que va de norte a sur entre Princeton y Quebec. Mi reloj, la imitación de Rolex que compré en la calle por diez dólares, marcaba las 9:05. El detective Barnes estaba retrasado. Abrí la tapa del Popov y le di un trago. Quemó sabroso. Lo tapé de nuevo y encendí un cigarrillo.

—Psst. Oye, tú.

Miré sobre mi hombro, de donde provenía el sonido. Un niño se inclinó en el borde de uno de esos pórticos de segundo piso, hechos de madera, que recorrían el callejón. Detrás de él había una puerta sin cortinas en su ventana. Una llanta de bicicleta se asomaba detrás del niño. Los chicos ponen sus bicis en los pórticos por aquí, para que no se las roben.

—¿Qué quieres? —le dije.

—Nada que tú tengas —respondió. Lucía como de doce, alto y flaco, con pelo trenzado bajo un gorro negro.

—Entonces mete tu angosto trasero a tu casa.

—Tú eres el que anda vagando.

—Estoy en lo mío, eso es lo que hago. ¿Qué no tienes tarea o algo?

—La hice en el salón.

—¿A dónde vas, a MacFarland Middle?

—Sí.

—También fui ahí.

—¿Y?

Casi sonrió. Tenía boca floja, pero también corazón.

—¿Qué haces aquí? —dijo el chico.

—Esperando a alguien.

Fue entonces cuando el auto camuflado del detective Barnes pasó lento. Me vio, pero siguió. Sabría que se detendría más adelante en la calle.

—Bueno, hombrecito —dije al tiempo que apagaba mi cigarrillo y guardaba el alcohol en la bolsa de la chamarra. Podía sentir los ojos del niño sobre mí a medida que me alejaba por el callejón.

Me deslicé en el asiento trasero del camuflado de Barnes, un Crown Vic azul medianoche. Medio me acosté en el asiento con la cabeza contra la puerta, bajo la línea de la ventana para que nadie de afuera pudiera verme. Como cada vez que paseo con Barnes.

Dio vuelta a la derecha en Park Place y se dirigió al sur. Yo no necesitaba ver por la ventana para saber a dónde iba. Maneja hacia la avenida Michigan, se va hacia el este hasta pasar el Hospital Infantil, luego sigue por North Capitol y Catholic U, hasta Brookland y más allá. Eventualmente da la vuelta y regresa por el mismo camino.

—¿Estás bien tapado, Verdon?

—Eso intento.

Barnes era un tipo de hombros anchos con cara de guapo, tenía una voz profunda. Le sentaban bien los trajes Hugo Boss y los abrigos de casimir. Como muchos policías, tenía un bigote espeso.

—Entonces —dije— Rico Jennings.

—Nada de mi lado —dijo Barnes, encogiéndose de hombros—. ¿Y tú?

No le contesté. Era el baile que hacíamos. Sus ojos fueron al retrovisor y se encontraron con los míos. Sostuvo un billete de a veinte sobre el asiento y lo tomé.

—Creo que ustedes tomaron el camino equivocado —dije.

—¿Qué quieres decir?

—Supe que andan arrestando a la gente en las esquinas de Morton y checando por allá en la calle 8.

—Yo digo que es muy buen comienzo, tomando en cuenta el historial de Rico.

—Pero no fue un asunto de drogas.

—El chico estaba metido. Tenía antecedentes juveniles por posesión y distribución.

—Por eso le llaman *ante*cedentes. Eso era antes de que se reformara. Mire, fui a la primaria con su madre. Conozco a Rico desde que era un niño.

—¿Qué es lo que sabes?

–Rico estuvo jugando pesado por un tiempo, pero lo superó. Se metió a una cosa como de Hermano Mayor en la iglesia de mi madre, y le dio la espalda a su pasado. Digo, el tipo estaba en el programa de UA en Roosevelt. Ubicación Avanzada, ya sabe, donde tienen adultos, maestros y la madre, acompañándote en cada paso que das. Iba camino a la universidad.

–¿Entonces por qué le pusieron tres en el pecho?

–Según oí, por una chica.

Le estaba contando un poco de la verdad. Cuando todo saliera a la luz, después, no habría sospechado que sabía más.

Barnes dio una vuelta en U, lo cual me sacudió un poco. Íbamos de regreso a Park View.

–Continúa –dijo Barnes.

–Es lo que intento, Rico tenía debilidad por las damas.

–Quién no.

–Era más que eso. Rico se tropezaba con las nalgas de todas las chicas. Se dice que había estado manoseándose con esta cosita, que resultó ser propiedad de otro chico. Rico lo sabía, pero no podía estarse quieto. Por eso se lo echaron.

–¿Quién?

–¿Eh?

–¿Tienes el nombre del asesino?

–Nah –la sangre subió a mis orejas y las calentó. Pasaba siempre que me ponía nervioso.

–¿Qué tal el nombre de la novia?

Negué con la cabeza.

–Hablaría con la madre de Rico si fuera usted. Uno pensaría que ella sabría algo de las chicas que su hijo se ligaba, ¿no?

–Lo pensaría, sí –dijo Barnes.

–Sólo digo que yo empezaría con ella.

–Gracias por el consejo.

–Sólo digo.

Barnes suspiró.

–Mira, ya hablé con la madre. He hablado con los vecinos y amigos de Rico. Hemos revisado su habitación también. No encontramos cartas de amor, ni siquiera la foto de una sola chica.

Yo tenía la foto de su novia porque Leticia, la tía de Rico, y yo fuimos a la habitación del muchacho durante el velorio, mientras su madre estaba abajo, en la sala, llorando y haciendo chingadera y media con sus amigos de la iglesia. Encontré la foto de la chica, Flora Lewis, en los cajones de su cómoda, bajo sus calcetines y su ropa interior. Era de esas fotos de centro comercial que las muchachas gustan hacerse para darle a sus novios. Flora estaba sentada sobre un cubo, con columnas y chingadera y media a su alrededor, contra un fondo que parecía un juego de rayos láser cruzando un cielo azul. Flora llevaba pantalones ajustados y una playera de tirantes delgados, y había dejado que uno de ellos cayera de su hombro para mostrar un poco de sus pequeñas tetas. Todas las chicas intentan lucir como putas ahora, en mi opinión. En la parte de atrás de la foto había una nota de su puño y letra que decía: *¿Qué tal, te gusto así? Xxoo, Flora.* Leticia reconoció a Flora de inmediato, incluso sin ver el nombre impreso por atrás.

—Los casquillos que se encontraron en la escena fueron de una nueve —dijo Barnes, regresándome de mis pensamientos—. Pasamos las marcas por el IBIS y no hay coincidencias.

—¿Y testigos?

—¿Bromeas? No había ni uno, y aunque hubiera uno.

—Siempre hay alguien que sabe algo —dije, mientras sentía que el carro desaceleraba y se acercaba a una parada.

—Pues bueno —Barnes empujó la transmisión y detuvo el auto por completo—. Atrapé un doble resfriado en Columbia Heights esta mañana. Así que en verdad quiero aclarar esto de Jennings.

—Iré a preguntar por ahí —dije—. Pero investigar es caro, tratar de hacer conversación con otros en los bares, invitarles cervezas y todo eso para que aflojen la boca…

Barnes me pasó otro de veinte sobre el asiento sin decir una palabra. Lo tomé. El billete estaba mojado por alguna razón, y flácido como un muerto. Lo puse en el bolsillo de mi abrigo.

—Iré a preguntar —dije, como si no me hubiera escuchado la primera vez.

—Sé que lo harás, Verdon. Eres un buen informante. El mejor que he tenido.

No sé si lo dijo en serio o no, pero me hizo sentir culpable, con el plan que tenía de engañarlo. Pero tenía que preocuparme por mí mismo para variar. El asesino sería atrapado, eso era lo que importaba. Y yo me forraría de lana.

—¿Qué tal sus hijos, detective?

—Están bien. Esperan jugar con el abuelo Warner otra vez.

—Mmh —dije.

Como todos los policías de homicidios, era divorciado. Aun así, sabía que amaba a sus hijos.

Eso fue todo. Sentí que era tiempo de irme.

—Me pondré en contacto más tarde, ¿oyó?

Barnes dijo:

—Bien.

Me levanté del asiento, medio miré alrededor, y salí del Crown Vic. Le di un trago a la botella de Popov mientras iba a la casa de mi padre. Caminé por la cuadra con la cabeza gacha.

En mi cuarto, encontré mi lata de película bajo las playeras de la cómoda. Espolvoreé un poco de hierba en un papel ancho, forjé un churro tan apretado como un cigarrillo, y lo metí en la caja de mis Newports. El vodka me había levantado un poco, y estaba listo para ir más arriba.

Di un vistazo al espejo de mi cómoda. Faltaba uno de mis dientes frontales de cuando un fulano por el Black Hole, que dijo que no le gustaba cómo me veía, me lo tiró de un golpe. Había algo de gris en mi barba y en mi cabello. Mis ojos se veían deslavados. Incluso bajo mi abrigo abultado, me veía plano y había perdido peso. Parecía uno de esos anormales que te dan lástima o que ridiculizas en la calle. Pero, mierda, no había nada que pudiera hacer esa noche para remediarlo.

Fui al cuarto de mi madre, con cuidado de pisar suavemente. Ella estaba ahí, en su cama, viendo pero no viendo televisión en su pantalla a color de 30 pulgadas, dejando que la acompañara, con el sonido bajo para poder escuchar a mi padre si la llamaba desde el primer piso.

Abajo en la sala, la televisión todavía transmitía, a volumen alto, una película en blanco y negro de la pelea de Liston-Clay, de la que mi padre hablaba con frecuencia. Se la estaba perdiendo. Sus párpados no estaban cerrados del todo, y lo blanco se le alcanzaba a ver.

Además de su pecho, que se movía un poco, lucía como si estuviera muerto.

Llegará un día en que el tiempo simplemente te joderá.

Recuerdo esa noche con mi padre, allá por el '74. Tenía rato de haber regresado de la guerra, y estaba trabajando para la Oficina de Impresiones del Gobierno en ese entonces. Estábamos en el campo de beisbol, en Princeton, junto a la primaria Park View. Debo de haber tenido seis o siete. La sombra de mi padre era larga y derecha, y el sol lanzaba un color cálido y dorado sobre el campo verde. Todavía vestía su ropa de trabajo, con las mangas enrolladas hasta sus codos. Estaba en su absoluto natural y su pecho llenaba la tela de su camisa. Me lanzaba una pequeña pelota de futbol, una de esas k-2 que me había comprado, y me decía que corriera hacia él después de cacharla, para ver si podía romper su entrada. No iba a derribarme realmente, sólo quería que me involucrara en el juego. Pero no corría hacia él. Creo que no quería lastimarme, fuera como fuera. Eventualmente, se enojó, perdió la paciencia y dijo que era hora de ir a casa. Creo que ese día se rindió conmigo. Al menos eso es lo que me parece ahora.

Quería ir a su silla de ruedas, no tanto para abrazarlo ni nada así de dramático, pero tal vez sí para darle una palmada en el hombro. Aunque si se despertaba me preguntaría qué sucedía, que por qué estaba tocándolo y todo eso. Así que no me le acerqué. Tenía que encontrarme con Leticia para esto que estábamos haciendo, de todas formas. Pisé con cuidado sobre el plástico transparente que mi madre tenía en la alfombra, y cerré la puerta en silencio al salir de la casa.

En el camino para ver a Leticia ahuequé un cerillo contra la nieve y encendí el churro. Le di un golpe profundo y lo retuve en los pulmones. Mientras caminaba hacia el sur seguí fumando de manera regular.

Mi cabeza comenzaba a sonreír a medida que me acerqué a la casa donde Leticia se quedaba, en Otis Place. Mojé mis dedos en la nieve y apreté la brasa del cigarro para apagarlo. Quería guardar algo para Leti. Íbamos a celebrar.

La chica, Flora, había presenciado el asesinato de Rico Jennings. Lo sabía porque nosotros, Leticia y yo, la encontramos y la obligamos a contarnos lo que sabía. Bueno, Leticia lo hizo. Puede ser una mujer de miedo cuando se lo propone. Le cayó con todo a Flora, directo a la cara y la empujó a un callejón. Flora lloró y habló. Estaba caminando con Rico esa noche, de regreso a Otis, cerca de la primaria, cuando este tipo, Marquise Roberts, se acercó a ellos en un Caprice negro. Marquise y su banda salieron del auto y rodearon a Rico, le metieron unos golpes y todo lo que quisieron como si nada. Flora dijo que parecía que eso era todo lo que iban a hacer. Entonces Marquise sacó una automática y le metió tres a Rico, una mientras Rico estaba de pie y dos más mientras Marquise se inclinaba sobre él. Flora dijo que Marquise sonreía mientras tiraba del gatillo.

—Ya no hay dudas, ¿verdad? —dijo Marquise, mirando a Flora—. Eres mía.

Marquise y los otros se metieron al auto y se fueron, y Flora corrió a su casa. Rico estaba muerto, explicó. No iba a ayudarle en nada si se quedaba en la escena.

Flora dijo que nunca hablaría con la policía. Leticia le dijo que no tendría que hacerlo, que como tía de Rico sólo necesitaba saber.

Ahora tenemos un asesino y una testigo. Pude haber ido directo con el detective Barnes, pero sabía de esa línea de pistas anónimas en el Distrito, la cosa esa de los resuelvecrímenes. Decidimos que Leticia llamaría y obtendría un número asignado, así como le hacen, y eventualmente recogería los mil dólares de recompensa, que nos repartiríamos. Flora entraría al sistema de protección a testigos, en el que la mudarían lejos, al noreste o algo así, para que no la lastimaran ni estuviera muy lejos de su familia, y Leticia y yo obtendríamos quinientos cada uno. No era mucho, pero era más de lo que había tenido en mi bolsillo de una sola vez. Más importante era que, un día, cuando Marquise fuera arrestado y sus muchachos cayeran, como siempre pasa, podría ir con mi madre y padre y decirles que yo, Verdon Coates, había resuelto un homicidio. Y habría valido la espera, sólo para ver el orgullo en la cara de mi padre.

Llegué al bloque de casas en Otis donde Leticia se hospedaba. Era en la cuadra número 600, en esos viejos lugares de tiro bajo que pintaron de gris. Ella vivía en el primer piso.

Dentro del pasillo comunal, fui a su puerta. Toqué y me quité la gorra tejida y le sacudí la nieve, esperando a que saliera. La puerta se abrió, pero apenas una rendija. Se detuvo hasta que la cadena del seguro se tensó. Leticia me miró sobre la cadena. Podía ver caminos de suciedad en la parte de la cara que me mostraba, había llorado hacía poco. Era una mujer de apariencia dura, siempre lo había sido, incluso de joven. Nunca la había visto tan alterada.

—¿No me vas a dejar entrar?

—No.

—¿Qué te pasa, morra?

—No quiero verte y no vas a entrar.

—Traigo un buen cigarro, Leticia.

—Lárgate, Verdon.

Escuché el bajo de un rap, proveniente de otro departamento. Detrás de éste, una mujer y un hombre tenían una pelea.

—¿Qué pasó? —dije—. ¿Por qué estabas llorando?

—Marquise vino —dijo Leticia—. Marquise me hizo llorar.

Sentí un hueco en el estómago. Traté de que no se notara en mi rostro.

—Así es —dijo Leticia—. Flora debió contarle que habló con nosotros. No fue difícil para él encontrar a la tía de Rico.

—¿Te amenazó?

—No lo hizo directamente. De hecho, estuvo sonriendo todo el tiempo que habló conmigo —el labio de Leticia tembló—. Llegamos a un acuerdo, Verdon.

—¿Qué dijo?

—Dijo que Flora estaba equivocada. Que no estaba ahí la noche que mataron a Rico, y que lo juraría en la corte. Y que si yo pensaba diferente, también estaba equivocada.

—¿Estás diciendo que estás equivocada, Leticia?

—Así es. He estado equivocada en todo este asunto.

—Leticia…

—No quiero que me maten por quinientos dólares, Verdon.

—Ni yo.

—Entonces mejor vete por un tiempo.

—¿Por qué haría eso?

Leticia no respondió.

—¿Me entregaste, Leticia?

Leticia desvió sus ojos de los míos.

—Flora —dijo, casi en un suspiro—. Le contó de un tipo flaco, más viejo, que estuvo en el callejón el día que la interrogué a la mala.

—¿Me *entregaste*?

Leticia negó lentamente con la cabeza y cerró la puerta. Fue un chasquido suave.

No toqué la puerta ni nada de eso. Me quedé ahí como un estúpido por un tiempo, escuchando el bajo y la pelea que seguía entre la mujer y el hombre. Luego salí del edificio.

Caía una nieve muy espesa. No podía ir a casa, así que caminé hacia la avenida.

Me había terminado el resto de mi vodka, y dejé la botella en la banqueta cuando llegué a Georgia. Una patrulla del Tercer Distrito estaba estacionada en la esquina, con dos oficiales dentro, bebiendo café en vasos de papel. Era tarde, y con la nieve y el frío no había mucha gente en la calle. La Lavandería Primavera, que antes era un Roy Rogers o una madre así, estaba atiborrada de hombres y mujeres, sólo esperando, huyendo del clima. Podía ver sus siluetas detrás del vidrio manchado de nicotina, muchas de ellas apenas moviéndose bajo las luces tenues.

A esta hora de la noche, muchas de las tiendas habían cerrado. Tenía hambre, pero los Mariscos de Morgan habían estado clausurados por un año ya, y el Para Hambres, que tiene esos sándwiches de pescado deliciosos, estaba apagado. Lo que necesitaba era una cerveza, pero Giant también había cerrado sus puertas. Pude haber ido al bar de chicas entre Newton y Otis, pero me había ido mal en ese sitio demasiadas veces.

Crucé al lado oeste de Georgia y caminé al sur. Rebasé a un enano en un abrigo de ante verde que estaba ahí como siempre, bajo el toldo de Dollar General. Trabajé ahí un par de días, metiendo madres en los anaqueles.

Los negocios de aquí eran como un listado de mis derrotas personales. La carnicería Murray, el autolavado, el antro de Checks Cashed, todos me habían dado una oportunidad. En todos esos lugares duré muy poco.

Me acerqué al almacén G.A., por la Irving. Un par de jóvenes caminaron hacia mí, ocultos detrás de las capuchas de sus abrigos North Face, de rostro duro, luego sonriendo mientras me miraban.

—Oye, flaco —dijo uno de ellos—, ¿de dónde sacaste ese abrigo chingón? ¿De *Baby* GAP?

Él y su amigo se rieron.

No contesté nada. Compré este abrigo South Pole de un fulano, no buscaba nada más. No iba a lucir un North Face. En el barrio te apuntan con una pistola en el hocico por uno de ésos.

El almacén estaba atiborrado y espeso por el humo de los cigarrillos. Me topé con unos tipos que conocía y vi a un hombre, Robert Taylor, en donde tenían el vino. Tomaba una botella de la repisa. Estaba a la mitad de los treinta, pero se veía de cincuenta y cinco.

—Robo —dije.

—Verdon.

Hicimos una cosa hombro-con-hombro y nos dimos palmadas en la espalda. Lo conozco desde la primaria. Como yo, ha visto mejores días. Lucía un poco deprimido en ese momento. Sostuvo una botella de fortificado, la giró para que pudiera ver la etiqueta, como hacen los meseros en los restaurantes de clase alta.

—Me serviría una probadita —dijo Robert—. Solamente que estoy un poco tronado esta noche.

—Déjamelo a mí, Robo.

—Mira, te lo regreso cuando me paguen.

—No pasa nada.

Tomé una botella de Night Train para mí y me fui a la parte de enfrente del almacén. Robert me jaló de la manga de mi abrigo y me apretó. Sus ojos, generalmente llenos de juego, estaban serios.

—Verdon.

—¿Qué?

—He estado aquí unas horas, para no mojarme y así. Hay mucha actividad esta noche. Sólo estando de pie, uno escucha cosas.

—Di lo que escuchaste.

—Unos tipos estuvieron aquí hace rato, buscándote.

Sentí el hueco en mi estómago.

—Tres jóvenes —dijo Roberto—. Uno de ellos tenía cosas plateadas en sus dientes. Te estaban describiendo, tu complexión y así, y ese sombrero que siempre traes.

Se refería a mi gorra tejida, con el logo de los Bullets, de las dos manos en lugar de la doble l, yendo por el rebote. La había usado todo el invierno. La usé el día que hablamos con Flora en el callejón.

—¿Alguien les dijo quién soy?

Robert asintió, tristemente.

—No puedo mentirte. Un pendejo dijo tu nombre.

—Mierda.

—No les dije *nada* a esos chicos, Verdon.

—Vámonos, *wey*. Larguémonos de aquí.

Fuimos a la caja. Usé el veinte húmedo que Barnes me dio para pagar las dos botellas y un paquete nuevo de cigarrillos. Mientras el tarado detrás del plexiglás embolsaba mis madres y me entregaba el cambio, agarré un boleto de lotería instantánea rascado y rayé el contador de rascadas, volteé el boleto y escribí en los bordes blancos. Lo que escribí fue: *Marquise Roberts mató a Rico Jennings*. Y: *Flora Lewis estuvo ahí*.

Deslicé el boleto en el bolsillo de mis pantalones y tomé mi cambio. Robert Taylor y yo salimos de la tienda.

En la banqueta cubierta de nieve le di a Robert su botella de fortificado. Sabía que se iría al oeste hacia Columbia Heights, donde vive con una mujer horrible y sus hijos.

–Gracias, Verdon.

–No es nada.

–¿Qué piensas? ¿Los Skins la van a hacer el próximo año?

–Tienen al entrenador Gibbs. Un par de receptores con buenas manos, y les va a ir bien.

–Sin duda –Robert levantó su mentón.

–Cuídate, ¿oíste?

Se fue por su lado. Crucé avenida Georgia, quitándome del camino de un Ford que estaba rebasando en la calle. Pensé en deshacerme de mi gorro de los Bullets, en caso de que Marquise y sus amigos me encontraran, pero le tenía cariño, y no podía dejarlo ir.

Destapé la botella de Night Train sin dejar de caminar, le di varios golpes profundos y sentí que mi pecho se iba poniendo tibio. Al dirigirme hacia Otis vi unos dólares en monedas raspadas, descendiendo a través de la luz de las lámparas de la calle. La nieve cubría los techos de los autos estacionados y se acumulaba en las ramas de los árboles. No había nadie en la calle. Me detuve a encender el resto de mi churro. Lo prendí y le di el golpe mientras caminaba colina arriba.

Había planeado ir a casa un poco más tarde y entrar por la puerta del callejón, cuando creyera que era seguro. Pero por ahora, necesitaba pensar. Dejar que el camino a seguir llegara como un amigo y me dijera qué hacer.

Me paré en el lado este de Park Lane, con mi mano en la cerca que rodea el Hogar del Soldado, mirando hacia la oscuridad. Me había fumado todo el cigarro y el vino. Estaba tranquilo, no oía nada que no fuera el siseo de la nieve. Y "Get Up", esa vieja rola de Salt-N-Pepa, que se escuchaba dentro de mi cabeza. A Sondra le gustaba. La bailaba, con mis audífonos puestos, junto al lago. Con los gansos corriendo por ahí en los veranos.

—Sondra —suspiré. Y luego me reí un poco y dije—: estoy volando.

Me volví y me puse de nuevo en camino, tropezando un poco al subir la banqueta. Cuando llegué a Quebec, vi un auto que venía por Park Lane, deslizándose un poco, corriendo muy rápido. Era de color oscuro y tenía esas luces de Chevy con las lámparas rectangulares para la niebla a los lados. Toqué mis bolsillos, sabiendo que no traía mi celular.

Me agazapé en el callejón de Quebec. Levanté la vista hacia el pórtico volado con la llanta de bicicleta recargada, donde hacía rato había estado aquel niño. Vi una luz detrás de la ventana. Agarré un puñado de nieve, la apreté hasta formar una pelota, y la lancé contra la ventana. Esperé. El niño abrió las cortinas y puso su cara contra el vidrio, sus manos rodeando sus ojos para que pudiera ver.

—¡Hombrecito! —grité, parado junto al pórtico—. ¡Ayúdame!

Me miró con ojos helados y se hizo para atrás. Supe que me había reconocido. Pero supongo que había visto que caminaba hacia el auto camuflado de la policía y me tomó por un soplón. En su joven mente, eso era probablemente lo peor que un hombre podía ser. Detrás de la ventana, todo se oscureció. Al mismo tiempo, unas luces barrieron el callejón y un auto llegó con ellas. El carro era oscuro, y era un Caprice.

Me volví y temblé.

Corrí como desesperado para salir del callejón, mis viejas Timbs luchaban para no caer en la nieve. Mientras corría, tiré botes de basura para que bloquearan el camino del Caprice. No miré hacia atrás. Oí a los tipos en el auto, gritándome y eso, y los escuché maldecir cuando tuvieron que desacelerar. Pronto estuve fuera del callejón, en Princeton Place, corriendo sin problemas.

Bajé por Princeton, corté a la izquierda en Warder, corrí por el frente de la primaria, y giré a la derecha en Otis. Había un callejón detrás del campo de pelota, con la forma de una т. Sería difícil para ellos navegar ahí atrás. No podían sorprenderme ni nada.

Caminé hacia el callejón. Allá adelante unos perros comenzaron a ladrar. Los vecinos preferían este tipo de animales por seguridad, mezcla de pastor y rottweilers con cabezas tan grandes como ganado. Muchos de ellos estaban dentro, por el clima, pero no todos. Había algunos que se quedaban afuera todo el tiempo y eran muy ruidosos. Una vez que uno empezaba, ladraban hasta volverse locos. Pronto dejarían saber a Marquise dónde estaba.

Vi el Caprice manejar muy lento por Otis, con sus luces apagadas, y sentí que mis orejas se ponían calientes. Me puse en cuclillas, apretujado contra una reja de metal detrás de la casa de alguien. Mi estómago se volteó y tuve uno de esos eructos que anuncian el vómito. Algo salió, y me lo tragué.

No me importaba si era seguro o no; necesitaba llevar mi culo a casa. Nadie podría lastimarme ahí. En mi cama, en la misma donde siempre dormía, cerca de las cosas de mi hermano James. Con mi madre y mi padre al fondo del pasillo.

Escuché a un chico llamarme por mi nombre. Luego otro, desde otro sitio, hizo lo mismo. Podía oír la risa en sus voces. Me estremecí un poco y me mordí el labio.

Usa el alfabeto si te pierdes. Es lo que mi padre me decía cuando era un niño. Otis, Princeton, Quebec… Estaba a tres calles.

Volví a la T del callejón y caminé por la pendiente. Los perros estaban fuera de sus casillas, gruñendo y ladrando; vi a un chico de abrigo grueso, con la capucha puesta. Me estaba esperando.

Giré y corrí por donde vine. Incluso con el ruido de los perros podía escuchar mis propios jadeos y mis intentos por recuperar aliento. Rodeé la T y llegué de vuelta a Otis, donde corté y me dirigí al campo de beisbol. Podía cruzarlo y llegar a Princeton. Una vez ahí, estaría a una cuadra de mi hogar.

Pisé el campo. Caminé de manera regular, tratando de calmarme. No escuché coches ni nada. Sólo la nieve crujiendo bajo mis pies.

Y entonces un joven se apareció en el límite del campo. Vestía un abrigo abultado con una gorra o capucha. Su mano estaba dentro del abrigo, y su sonrisa no era la sonrisa de un amigo. Había cubiertas plateadas en sus dientes.

Le di la espalda. La orina bajó caliente por mi muslo. Mis rodillas temblaban, pero logré mover mis piernas.

La noche destelló. Sentí un piquete, como el de una abeja, en la parte superior de mi espalda.

Me tropecé pero me mantuve en pie. Miré mi sangre, que dibujaba puntos en la nieve. Di un par de pasos y cerré los ojos.

Cuando los abrí, el campo había reverdecido. Se había puesto de color dorado, como en verano, cuando llega la noche. Algo de Gamble and Huff salía de las ventanas abiertas de un auto. Mi padre estaba de pie ante mí, como siempre, su pecho llenando la tela de su camisa. Tenía las mangas enrolladas hasta los codos y sus brazos estaban estirados.

No estaba asustado ni arrepentido. Había hecho lo correcto. Tenía el billete de lotería en mi bolsillo. El detective Barnes, o alguien como él, lo encontraría en la mañana. Cuando me encontraran.

Pero primero tenía que hablar con mi padre. Caminé hacia donde él me estaba esperando. Y sabía exactamente lo que le iba a decir: No soy el vago imbécil que siempre has creído. He estado trabajando con la policía durante mucho, mucho tiempo. De hecho, resolví un homicidio.

Soy un informante encubierto, viejo. Mírame.

LA FIRMA DE LIBROS
POR PETE HAMILL
Park Slope, Brooklyn
TRADUCCIÓN DE DAVID MIKLOS

CARMODY SALIÓ DEL SUBTERRÁNEO ANTES DEL ANOCHECER Y SUS anteojos se nublaron ante el frío súbito. Los alzó de su nariz y, mientras los sostenía para que se enfriaran, vio su propia cara sonreírle desde un cartel verde pálido pegado a la pared. Allí estaba él, en una fotografía de hacía seis años, junto a las palabras "Lectura" y "Firma de libros" y la fecha y el lugar, y se detuvo un momento, mientras el fuerte viento lo hizo temblar. Lo del subterráneo había sido su idea. El editor podría haberlo mandado en limusina a Brooklyn, pero él quería llegar al viejo vecindario como solía hacer, hace tanto tiempo. Era muy probable que no volviera a hacerlo así.

Las escaleras del subterráneo le parecieron más empinadas que en su recuerdo y sintió punzadas en las rodillas, cosa que nunca le ocurría en California. Pequeñas y filosas agujas de dolor, como rumores de mortalidad. No sentía este dolor después de jugar tenis, ni siquiera después de caminar velozmente por las calles de Malibú. Pero el dolor estaba allí y ahora, y el clima no lo atenuaba. El viento soplaba feroz desde el puerto, allá en la oscuridad a su derecha, y se puso sus anteojos y usó ambas manos enguantadas para afianzar su sombrero de fieltro a la frente. Su reloj le dio a entender que tenía más de media hora para llegar a la librería. Así había esperado que fuera. Tendría tiempo para una visita, pero no mucho tiempo. Cruzó la calle y le dio la espalda al sitio en el que la librería lo esperaba, y llegó a la avenida en la que alguna vez fue joven.

Su propia cara avejentada lo miró desde los carteles en su andar, algunos pegados a las paredes, otros al interior de los aparadores de las tiendas. De algún modo, pensó, parecían anuncios de "Se busca". Sintió un súbito... ¿cuál era la palabra? No miedo. De ningún modo pánico.

Inquietud. Tal era la palabra. Una inquietud en el estómago. El tensar y destensar de los músculos, una liberación indeseada de fluidos o ácidos, todos esos mensajes secretos que en California eran curados por las playas y la espuma del mar y un trago de Melox. Se obligó a parar. Esto no era un drama. Tan sólo se trataba de un viaje a través de algunas de las calles en las que había vivido pero que no había visto en décadas. Después de diecisiete novelas, ésta sería su primera firma de libros en el barrio que lo había hecho quien ahora era. Pero los carteles dejaban claro que, aquí, en esta vecindad, su apariencia era la gran cosa. Eso atraería a mucha gente. Y Carmody sintió aprehensión, nervios y un relleno de inquietud.

—¿Qué se siente volver a Brooklyn? —le había preguntado Charlie Rose la noche anterior, en un pequeño y oscuro estudio de televisión de Park Avenue.

—No lo sé —dijo Carmody y soltó una risita—. Tan sólo espero que no me avienten libros. En especial mis propios libros.

Y quiso añadir: "Nunca me he ido, en realidad". O para ser más preciso: "Esas calles nunca me han dejado".

Los edificios eran tal y como Carmody los recordaba. Parecían viejos edificios de departamentos, con escaleras de emergencia en las fachadas, pero a Carmody le brindaban tranquilidad. No se trataba de una de esas vecindades de Nueva York desoladas por el tiempo y los incendios provocados y el deterioro. En la costa de California, había visto fotografías de los terrenos en escombros de Brownsville y el este de Nueva York. Aquí en el viejo barrio no había terrenos vacíos. Si acaso, los edificios lucían mejor ahora, recién pintados y con vidrios relucientes en las puertas al nivel de la banqueta, en vez de aluminio clavado y pintado de gris. Sabía por el *New York Times* que el barrio había sido aburguesado, que muchas de las viejas familias se habían ido para ser reemplazadas por gente joven que pagaba rentas más altas. Algo de eso era triste, decía el diario, pero aun así, el lugar lucía mejor. De niño había caminado muchas veces por esas calles en noches como ésta, cuando la mayoría de la gente se refugiaba del calador frío en el incierto calor de los departamentos. Noches de nieve apilada y tranvías varados. Ahora veía las luces en muchos de esos viejos departamentos y sombras moverse como fantasmas detrás de las persianas y las cortinas corridas. Se asomó por una calle que llevaba al puerto, advirtió algunos restos tercos de nieve vieja, negros entre los coches estacionados, y vio en la distancia una delgada línea escarlata allí adonde el sol se posaba en Nueva Jersey. En esta cuesta elevada, el viento del puerto convertía la nieve vieja en hierro. Pero la astilla de sol era la misma. El día perecía. Pronto sería de noche.

Si los edificios eran los mismos, las tiendas ubicadas a lo largo de la avenida eran todas diferentes. El bar de Fitzgerald había desaparecido, allí adonde su padre bebía casi siempre, y lo mismo había ocurrido con la ferretería de Sussman y la tienda de verduras y frutas de Fischetti y la carnicería Freedom y la farmacia. ¿Cómo se llamaba aquella botica? Allí. En esa esquina. Una tienda de artículos de arte. ¡Una tienda de artículos de arte! Moloff's. La farmacia se llamaba Moloff's y al lado había una repostería. "La nuestra", le decían. Y ahora había una tienda de computadoras adonde antes había un taller de reparación de televisiones. Y una lavandería en donde antes los hombres se reunían en el bar de Rattigan a cantar viejas canciones. Todo desaparecido. Incluso la vieja fábrica de relojes había dado pie a un condominio.

Nada de esto sorprendió a Carmody. Sabía que todas habrían desaparecido. Nada dura. Los matrimonios no duran. Los equipos de beisbol no duran. ¿Por qué habrían de durar las tiendas? ¿No era tal el punto en cada uno de sus diecisiete libros? Los críticos nunca repararon en ello, pero eso lo tenía sin cuidado. Esas novelas no eran literatura, aun para Carmody. En las entrevistas diría que escribía para los lectores, no para los críticos. Y a sí mismo se decía: "No soy Stendhal o Hemingway o Faulkner". Lo supo desde el principio. Esas novelas eran el trabajo que realizó a partir de los cuarenta, cuando alcanzó la edad límite para ser guionista. Trabajó en la cima de su talento, sin duda, y aplicó su conocimiento fílmico para crear argumentos que mantuvieran a los lectores pegados a las páginas. Pero él sabía que se trataba de productos comerciales, novelas sobre industrias y su funcionamiento, sus personajes urdidos de chismes y perfiles de revistas como *Fortune* y *Business Week*. Había comenzado con la industria automotriz, luego la televisiva, la azucarera, la de armas. En cada una de ellas lo viejo era destruido por lo nuevo, las viejas familias dominantes decaían y se colapsaban, nuevos hombres y mujeres más despiadados ocupaban su sitio. La nueva era sobre la industria alimentaria, de las granjas de California a los platillos servidos en cenas en Nueva

York y Los Ángeles. Como las demás, no aspiraba a ser leída como arte. Eso sería pretencioso. Pero eran buenos ejemplos del oficio, tan honestos como sillas bien hechas. En cada una de ellas, él lo sabía, la investigación era el sucedáneo de la imaginación, el arte y el recuerdo. Tres investigadores distintos habían realizado fichas para esta última, la nueva, la novela que firmaría aquí, esta noche, en la librería Barnes & Noble ubicada cinco cuadras detrás de él. Esperaba que nadie en la audiencia le preguntara por qué en ninguna ocasión había escrito sobre Brooklyn.

Eso sí, nunca había negado su origen. Había un perfil en la revista *People* de 1984, el año en el que su novela sobre la industria del juego alcanzó el número uno en la lista de mejores vendidas del *New York Times*, para permanecer allí durante 17 semanas. Le habían hecho un retrato en la terraza de la casa de Malibú con el Pacífico tendido detrás de él, y recurrieron a una vieja fotografía de un diario de la preparatoria que lo mostraba en pantalones arremangados y playera, como si fuera un aprendiz de mafioso o una variante de la figura de James Dean. El artículo hacía mención de su par de exesposas (ahora había una tercera mujer que recibía sus cheques de manutención), pero el reportero también era de Brooklyn y estaba más intrigado por el rufián de Brooklyn transformado en autor de best sellers.

–Te fuiste al oeste en 1957 –dijo el reportero–. Igual que los Dodgers.

–Cuando ellos se fueron, yo hice lo mismo, porque se trataba del final de Brooklyn tal y como yo lo había conocido –dijo Carmody–. Pensé que me vengaría en Los Ángeles, obligándola a darme una vida decente.

Eso, por supuesto, era una mentira. Una de tantas. No dejó Brooklyn por los Dodgers. Dejó Brooklyn por Molly Murlane.

Ahora estaba parado al otro lado de la calle del edificio en el que ambos habían vivido. En ese entonces, la entrada se hallaba entre una carnicería y una tienda de frutas, hoy convertidas en juguetería y tienda de celulares. Molly vivía en el primer piso, a la izquierda. Carmody en el último piso, a la derecha. Ella era tres años menor que Carmody y él no le prestó mucha atención sino hasta que regresó del ejército en 1954. Una vieja historia: ella había florecido. Y una cosa llevó a la otra.

Recordaba la cara dura, infeliz y amenazadora de su padre cuando fue a pedirle permiso para llevarla al cine. Patty Murlane, el poli. Y la forma en la que lucía en su uniforme cuando salía a su turno de 4 a 12, el revólver a la cintura, el cambio de su andar encorvado en una pose erguida y fanfarrona. Y lo horrorizado que se había mostrado Patty Mulrane cuando Carmody le dijo que estaba usando su estipendio militar para convertirse en escritor.

—¿Escritor? ¿Qué demonios es eso? Yo también soy escritor: escribo infracciones. Ja, ja. Escritor… ¿Cómo puedes ganarte la vida así? ¿Por qué no mejor ser abogado? ¿Doctor? ¿Por qué no, como lo llaman ahora, ser criminólogo? De menos podrías llegar a ser teniente…

Al papá le gustaban su whisky Fleischmann y su cerveza y recurría a los Dodgers como sustituto de una conversación. La mamá era una mujer borrosa, ensombrecida, que hablaba muy poco. Aquel verano, Molly era la más chica de tres hermanos y la única que aún vivía con sus padres. Su hermano Frankie era bombero y vivía con su mujer en Bay Ridge. Había otro hermano… ¿Cómo se llamaba? Sean. Seannie. Cara chata, ojos sumidos y un cuerpo de tinaco. Carmody apenas lo recordaba. Hubo algún problema, algo en relación con un robo, por lo cual nunca pudo seguir los pasos de su padre en la policía. Seannie se mudó a Florida, adonde se decía que era pescador en los Cayos. Cada domingo por la mañana, padre, madre e hija iban juntos a misa.

Ahora, en esta noche helada, décadas después, la inquietud de Carmody regresó pronta. Ay, Molly, mi Molly-O… Las escaleras de emergencia aún alcanzaban el tercer piso en el que los Carmody vivían. Pero el edificio lucía mejor, como todos los de la avenida. En el último piso de la derecha en esta noche helada, las persianas estaban abatidas y Carmody pudo ver las paredes pintadas de ocre, la luz cálida que manaba de lámparas de mesa. Tuvo un sobresalto. En su recuerdo, el departamento de los Carmody era siempre frío, las ventanas enmarcadas de hielo en el invierno, él y sus hermanas trazando dibujos con sus uñas en la luz fría y azulada de una lámpara fluorescente colocada en el techo. Su padre también era frío, un hombre amargado y retraído, resentido con el mundo y con la juventud de su prole. Su madre era una bebedora y su propio y helado resentimiento sólo se aliviaba con ocasionales explosiones de ira. Negaban con la cabeza o gruñían cuando Carmody les relataba sus ambiciones, y su madre dijo alguna vez, con su voz barrida:

—¿Y tú quién te crees que eres?

Un sábado por la tarde, en el departamento de los Mulrane, él y Molly se encontraban solos, sus papás habían ido a ver a Frankie y a su bebé. Molly, orgullosa, le mostró el uniforme de invierno de su padre, enfundado en el plástico de la lavandería Kent, así como las medallas que había obtenido y su otro revólver, un Smith and Wesson niquelado calibre .38, aceitado y dispuesto en su caja de fieltro. Ella le contó del libro de A. J. Cronin que estaba leyendo y él le dijo que tendría que leer a F. Scott Fitzgerald. Ella le hizo un emparedado de jamón y queso suizo a la hora del almuerzo. Bebieron té con leche, muy azucarado. Y luego, por vez primera, se acostaron en su pequeño cuarto, cuya ventana daba a la escalera de emergencia. Ella agonizaba, murmuraba oraciones, las manos y brazos en un movimiento inquieto que protegía sus pechos y su cabellera, temblando de miedo y deseo.

–Abrázame fuerte –suspiró–. Nunca me abandones.

Él nunca había escrito al respecto, ni cómo al final de su primer año de universidad, al tiempo que ella se graduaba de St. Joseph, él rentó un cuarto cercano a la New York University para alejarse de sus padres y de los de ella, y cómo ella lo visitaría después de su turno de trabajo como archivista en Metropolitan Life para fundirse el uno con la otra. Él aún regresaba a Brooklyn. Aún visitaba la casa de hielo de sus padres. Aún pedía permiso en la casa de los Mulrane para llevar a Molly a ver una película al Sanders o al RKO de Prospect. Estaba aprendiendo a actuar. Pero la pequeña habitación se había convertido en su sitio, su guarida de mafiosos, el lugar secreto al que asistían a pecar.

Ahora, en esta noche helada, Carmody miró las ventanas oscurecidas del primer piso a la izquierda, pensando en quién viviría allí, ahora, y en si los huesos de Molly descansarían bajo la tierra fría de algún lugar de Brooklyn. Aún podía escucharla, su voz temblorosa y vacilante:

–Somos pecadores, ¿verdad?

Podía escucharla decir:

–¿En qué nos hemos convertido?

Podía escuchar el sentido común y el acento de Brooklyn en sus palabras:

–¿Adónde vamos? –dijo ella–. Nunca me dejes, por favor.

Pudo ver el lunar en la parte interna de su muslo izquierdo. Pudo ver la pelusa en su nuca.

–Miren nada más –dijo una voz masculina y ronca detrás de él–. Pero si es Buddy Carmody.

Carmody se dio la vuelta y vio a un hombre fornido que fumaba un cigarrillo bajo el umbral de un edificio. Llevaba puestos una ajustada chamarra para esquiar y pantalones de mezclilla, pero su cabeza estaba descubierta. No podía verse su cara en la luz oscura, pero la voz le sonó a Carmody como venida de aquel entonces. Nadie le había dicho Buddy en 46 años.

–¿Qué pues? –dijo Carmody y vio al hombre dejar el umbral del edificio. La cara del hombre estaba hinchada y llena de arrugas, y Carmody intentó pelar la carne para ver quién la habitaba cuando ambos eran jóvenes.

–¿No pudiste evitar el viejo barrio, verdad, Buddy?

Su inquietud comenzó a hervir, sumada a una corriente delgada de miedo que nació de su estómago.

–Ha pasado mucho tiempo –dijo Carmody–. Recuérdame quién eres, ¿cómo te llamas?

–¿Te cae que no te acuerdas de mí, Buddy? ¿Cómo pudiste olvidar mi nombre?

–Ya te dije, ha pasado mucho tiempo.

–Y sí, a muchos se les olvida todo.

–Edad avanzada y el rollo –dijo Carmody y fingió una sonrisa, volvió la vista a la izquierda, hacia las ventanas oscurecidas, tiendas, la calle vacía. Se imaginó corriendo.

–Pero no todos olvidan –dijo el hombre.

Echó la colilla de su cigarrillo debajo de un coche estacionado.

–A mi hermana no se le olvidó.

Ay.

Ay, Dios.

–Eres Seannie –dijo Carmody en voz muy baja–. ¿Verdad? Seannie Mulrane.

–Ah, te acordaste.

–¿Cómo estás, Seannie?

Pudo ver los ojos sumidos de Seannie, tan parecidos a los ojos de su padre el policía: quietos, sin un dejo de sorpresa. Se acercó tanto que Carmody pudo oler el whisky en su aliento.

–¿Que cómo estoy? Mmm. Estoy… No tan bien como tú, Buddy, chamaco. Te seguimos la pista, sabes. Los libros, las series o eso que pasó la NBC. Te va muy bien.

Carmody retrocedió un paso, lo más sutilmente posible, y pensó en el modo de largarse de allí. Deseó que una patrulla apareciera en la esquina. Tembló, sintió un viento negro y de negación empujarlo, acorralarlo, un viento discreto y concentrado en él y que parecía proceder de la arrugada frente de Seannie Mulrane. Trató de mostrarse casual, se dio la vuelta y miró el edificio en el que había sido joven, el departamento oscuro del primer piso a la izquierda, el cálido en el último a la derecha.

—Nunca te superó, pendejo.

Carmody se encogió de hombros.

—Eso ocurrió hace mucho tiempo, Seannie —dijo, y trató de no menospreciarlo.

—Recuerdo el primer mes después de que tronaron —dijo Seannie—. Ella no paraba de llorar. Lloraba todo el día. Lloraba toda la noche. Renunció a su trabajo porque no podía trabajar y llorar al mismo tiempo. Comenzaba a comer y, chin, lloraba de nuevo. Un millón de putas lágrimas, Buddy. Las vi. Estuve allí, de regreso de los Cayos, y mi papá quería encontrarte y meterte un balazo en la cabeza. Y Molly, la pobre Molly… Le rompiste el puto corazón, Buddy.

Carmody permaneció en silencio. Otras emociones se sumaron a su torrente. Riachuelos de arrepentimiento. Remordimiento. Errores imperdonables. Su estómago se alzó, cayó y se alzó de nuevo.

—¿Y ese primer mes? Eso no fue más que el comienzo. Al final del segundo mes de que la cortaste, le dijo a Mamá que estaba preñada.

—No…

—Sí.

—No lo sabía, Seannie. Te juro que…

—No mientas, Buddy. ¿Eres un mentiroso profesional, cierto? Todos esos libros son mentiras, ¿verdad? No me mientas a mí.

—No lo sabía, Seannie.

—Di la verdad: te rajaste porque ella estaba embarazada.

No: no había sido por eso. En realidad no sabía por qué había sido. Miró su reloj. Faltaban diez minutos para la firma de libros. Sintió un dolor creciente en la espalda.

—Tuvo al bebé en algún lugar de Nueva Jersey —dijo Seannie—. Con monjas católicas o así. Y lo dejó. Un niño. Un hijo. Luego regresó a casa y se metió en su cuarto. Iba a misa todas las mañanas, supongo que para pedirle a Dios que la perdonara. Pero nunca volvió al cine con un tipo, nunca tuvo otra cita. Permanecía en su cuarto, como otra puta monja. Vio a mi madre morir, y la enterró; vio a mi padre morir, y lo enterró, y vio cómo nos casamos mi Mary y yo y nos mudamos aquí, justo enfrente, para vivir allá arriba. Venía a visitarla a diario, intentaba hablar con ella, pero no pasaba de "¿Quieres un té, Seannie, o un café?".

Seannie se movió un poco y colocó su masa entre Carmody y el sendero que llevaba a la Barnes & Noble.

—Una vez le dije a ella, le dije: "¿Por qué no te vienes con Mary y conmigo a Florida? Te va gustar, podemos irnos todos allá. Es hermoso", le dije. "Palmeras y el mar. Te encantará." Y es que tenía que sacarla de ese puto cuarto. Ella me miró como si yo le hubiera dicho: "Vámonos a Marte".

Seannie hizo una pausa, temblaba de coraje y remembranza, encendió otro cigarrillo.

—Sólo en una ocasión ella se soltó hablando, tal vez porque hablaba la ginebra. Y me dijo, encabronada: "No quiero ver a nadie, ¿me entiendes, Seannie? No quiero ver a gente tomada de la mano. No quiero ver a niños jugando beisbol. ¿Me entiendes?" —le dio una larga fumada a su Camel—. "Quiero estar aquí", me dijo ella, "cuando Buddy regrese".

Carmody miró la banqueta y los zapatos negros y rasgados de Seannie, escuchó la voz de ella: "Cuando Buddy regrese". Vio la pelusa en su nuca. Pensó: "Aquí estoy, regresé".

—Entonces te esperó, Buddy. Año tras año en ese puto y oscuro departamento. Todo era como cuando habían tronado. El cuarto de Mamá, el cuarto de Papá, el cuarto de ella. La misma ropa. No estuvo bien lo que le hiciste, Buddy. Era una chica hermosa.

—Sí que lo era.

—Y dulce.

—Sí.

—No estuvo bien. A ti te fue de perlas y ella tuvo que haber estado allí contigo.

Carmody se dio la vuelta.

—¿Y cómo fue que ella...? ¿Cuándo es que ella...?

—¿Murió? No se murió, Buddy. Ella sigue aquí. Al otro lado de la calle. Esperándote, pendejo.

Carmody se dio la vuelta entonces, se tambaleó hacia la esquina, con dirección a la librería. No corrió, pero sus piernas dieron varias zancadas. Pensando: "Está viva. Molly Murlane está viva". Tenía la certeza de que ella se había ido, casado con alguien, un poli o un bombero o un vendedor de coches, se había establecido en la seguridad de Bay Ridge o algún otro suburbio alejado y verde. Un lugar sin memoria. Sin fantasmas. Estaba cierto de que ella había vivido un buen rato, se había casado, tenido hijos, luego muerto. Como todos. Y ahora sabía que la única cría que ella había tenido era suya, un hijo, y ahora él se fugaba, temeroso de mirar atrás.

Sintió la manada salvaje a su espalda, los aullidos inundar las calles silenciosas. Los había escuchado seguido en los últimos años, en las playas al anochecer, en demasiados sueños. Las voces de mujeres, sin palabras pero llenas de acusaciones: esposas, y novias, y acostones en pueblos universitarios; mujeres de su propia edad y mujeres que aún no eran mujeres; mujeres desechadas, mujeres usadas, mujeres lastimadas que lo perseguían en un páramo en medio de la niebla, desde bosques de árboles sin hojas, sus ojos amarillos, sus ropas andrajos remendados. Si pudieran hablar, sus palabras contarían mentiras, engaños, hurtos, promesas rotas. Pudo ver muchas de sus caras mientras avanzaba, recordando algunos de sus nombres, y sabía que al frente de todas ellas, la líder de la manada, se encontraba Molly Murlane.

Al cruzar una calle, se resbaló con una cresta de hielo negro y se pegó con el cofre de un coche estacionado. Entonces vio hacia atrás. No había nadie allí.

Hizo una pausa, respiró fuerte, profundamente.

Y ahora la firma de libros le provocó otro tipo de miedo. ¿Quién más estaría allí, conocedor de la verdad? ¿Removiendo las cenizas del pasado? ¿Qué otro pecado dragaría alguien? ¿Quién más se aparecería para ajustar cuentas?

Se apuró, las visiones salvajes desvanecidas. Respiraba con pesadez, como le ocurría después de un mal sueño. Un taxi avanzó por la avenida, la luz del techo encendida, como si buscara un pasajero que llevar a Manhattan. Carmody pensó: "Tengo que irme". Tomar ese taxi. Llamar a la tienda. Decirse súbitamente enfermo. Irse nomás. Pero alguien llamaría a Rush y Malloy del *Daily News* o a la página seis del *Post* para acusar el plantón. Chico de Brooklyn se raja. Toda esa basura. No.

Y entonces una mujer de mejillas rosadas le sonrió. La gerente de la
librería.

—Ay, señor Carmody: pensamos que se había perdido.

—No en este barrio —dijo él. Y sonrío, como dictaba el guion.

—Tiene una gran audiencia esperándolo.

—Vamos.

—Hay agua en el atril, muchas plumas, todo lo que necesita.

Mientras subían al segundo piso, Carmody se quitó el sombrero y los
guantes y el abrigo y la gerente se los pasó a un asistente. Se vio en un espejo, su saco de tweed y el suéter negro de cuello redondo. Parecía un
escritor, sí. No un poli o un bombero o incluso un maestro. Un escritor.
Vio un espacio con alrededor de cien personas sentadas en sillas plegables, flanqueados por muros de libros, más gente en los pasillos entre los
libreros, otro grupo de gente en la parte trasera. Sí: una gran audiencia.

Se paró con humildad detrás del atril mientras la gerente lo presentaba. Escuchó las palabras "uno de los hijos de Brooklyn…" y le sonaron
extrañas. Nunca se pensaba así, y tal hecho rara vez se mencionaba en las
firmas de libros a lo largo y ancho de todo el país. Esta misma tienda era
un signo de un Brooklyn distinto. Nada permanece. Todo cambia. En su
Brooklyn no había librerías. Encontró sus primeros libros en la rama de
la biblioteca pública de su vecindario, o en la gran rama en Grand Army
Plaza. Durante los días lluviosos del verano pasaba muchas horas entre
sus pilas de libros. Pero las librerías —donde podías comprar y adueñarte
de un libro— se encontraban abajo, en Pearl Street, debajo de las vías
elevadas del El o al otro lado del río en la Cuarta Avenida. En su mente apareció *Bomba, el chico de la jungla y la catarata gigante*. El primer
libro que terminó. ¿Cuántos años tenía yo? Once. Sí. Me costó una moneda de cinco centavos en Pearl Street. Ese año no tuve malos sueños.

Durante la introducción, se asomó a las caras en pos de hostilidad.
Pero las caras también eran distintas. La mayoría estaban en sus treintas,
delgadas y serias, o listas para ser críticas, o cubiertas por las máscaras de
aprendices de escritor competitivos. Había visto dichas caras en miles
de otras librerías en todo Estados Unidos. Alrededor de una docena de
negros estaban espaciados en los asientos, algunos de pie en los costados. Vio algunos hombres barrigones con seis o siete ejemplares de sus

libros: coleccionistas que buscaban autógrafos para venderlos en eBay o algún sitio para fanáticos en la red. No vio ninguna de las caras de antes. Aquellas caras aún marcadas por Galway o Sicilia o Ucrania. No vio las máscaras regordetas y caídas que cubrían las caras de hombres como Seannie Mulrane.

Su novela más reciente y cinco de las viejas ediciones de bolsillo estaban apiladas en una mesa a la izquierda del atril, listas para ser firmadas, y Carmody comenzó a relajarse. Pensó: "Es sólo otra firma de libros". Pensó: "Podría estar en Denver o en Houston o en Berkeley".

Por fin comenzó a leer, se quitó los anteojos porque veía bien de cerca y enfocó las palabras impresas en las páginas. Sus palabras. Sus páginas. Leyó del primer capítulo del libro, que siempre estaba diseñado a manera de anzuelo. Describió a su héroe, llevado a los misterios de un grandioso restaurante de Manhattan por un viejo amigo de la universidad, que era uno de los dueños, sin dejar de asomarse a la audiencia, con el ánimo de no sonar como el profesor Carmody. La gerente estaba en lo correcto: era una gran audiencia. Escuchaban. Se reían de los chascarrillos del héroe. Carmody disfrutó la retroalimentación. También disfrutó el aplauso cuando terminó de leer. Acabó, el anzuelo lanzado. La gerente explicó que Carmody respondería algunas preguntas y después firmaría libros.

Se tensó de nuevo. Y pensó: "¿Por qué corrí hace tantos años? ¿Por qué le hice eso a Molly Mulrane?".

"Corrí para escaparme", pensó.

Para eso corren todos. Por eso las mujeres corren de los hombres. Las mujeres han corrido de mí también. Para escapar.

La gente se movió de las sillas plegables, pero Carmody permaneció inmóvil. Corrí porque sentí una cuerda tensarse en mi vida. Porque Molly Mulrane era demasiado amable. Demasiado común y corriente. Demasiado segura. Corrí porque ella no me dejó de otra. Ella tenía un guion y yo no. Ellos se comprometerían y él obtendría su título de licenciado y tal vez una plaza de maestro y se casarían y tendrían hijos y tal vez se mudarían a Long Island o al otro lado en Jersey y después... Corrí porque quería algo más. Quería ser Hemingway en Pamplona o en un café de la Ribera Izquierda. Quería hacer mucho dinero en las películas, así como hicieran Faulkner o Irwin Shaw, y luego retirarme a Italia o al sur de Francia. Quería riesgos. No quería seguridad. Entonces corrí. Como un cabrón temeroso y descorazonado.

La primera pregunta la hizo un hombre barbado entrado en los cuarenta, el típico que escribía reseñas negativas para garantizar su permanencia en el trabajo.

—¿Cree que si se hubiera quedado en Brooklyn hubiera sido un mejor escritor? —le preguntó el hombre barbado.

Carmody sonrió ante el insulto implícito, el tono condescendiente.

—Tal vez —respondió—. Pero uno nunca lo sabe con certeza. Es probable que nunca hubiera escrito. Nada del aire de Brooklyn o del agua de Brooklyn hace a los escritores, de ser así tendríamos un par de millones de escritores aquí...

Una mujer de veintitantos se incorporó.

—¿Escribe en un procesador de palabras, en manuscrito o en máquina de escribir?

Así era en todas partes y Carmody se relajó ante la familiaridad. Pronto le preguntarían cómo hacerse de un agente o cómo se le ocurrían las ideas y cómo protegerlas cuando comenzaba a circular un manuscrito. ¿Podría leer el manuscrito de mi novela y decirme qué está mal allí? Las preguntas se manifestaron y él las respondió de la manera más educada posible. Atraía a gente así y sabía por qué: era un hombre de éxito y había miles de aspirantes a escritor que pensaban que había acuerdos secretos, llaves privadas, códigos especiales que abrirían las puertas de las empinadas cuestas de las listas de best sellers. Él intentaba decirles que, como en la vida, todo era una lotería. Casi ninguno le creía.

Entonces la gerente se paró ante el micrófono y sonrió y dijo que el señor Carmody pasaría a firmar libros.

—Debido a la gran concurrencia —dijo la gerente—, el señor Carmody no podrá dedicar personalmente cada libro. De ser así, muchos de ustedes tendrían que esperar largamente.

Carmody le agradeció a todos por venir en una noche tan gélida y se hizo un aplauso cálido y sonoro. Se sentó a la mesa y sorbió agua de una botella de Poland Spring.

Firmó los primeros tres libros en la portadilla y, entonces, una mujer llamada Peggy Williams sonrió y le dijo:

—¿Podría hacer una excepción? No fuimos juntos a la escuela, pero fuimos a la misma escuela con veinte años de diferencia. ¿Podría dejar registro de ello?

Así lo hizo y la fila se detuvo. Alguien quería que mencionara a los

Dodgers. Otro a Coney Island. Un hombre quería la referencia al beisbol callejero, aunque era demasiado joven para haber sido parte de ese juego de verano.

—Es para mi padre —explicó.

Había afecto en estas personas hacia este lugar, este barrio que ahora era su barrio. Pero Carmody comenzó a sentir algo más en ese espacio, algo que era incapaz de ver.

—Seguro te crees la gran caca —dijo una mujer de cincuenta y tantos. Tenía pintura embadurnada en los cachetes pálidos—. Llevo casi una hora en la fila.

—Lo siento —dijo él y trató de sonar alivianado—. Es casi tan terrible como la Oficina de Vehículos Motorizados.

Ella no se rio.

—Podrías firmar los libros sin más —dijo ella—. Ignorar los caprichos.

—Eso es lo que algunos quieren —dijo él—. Los caprichos.

—¿Y tú tienes que dárselos? No me digas.

Pergeñó su nombre en la portadilla y le devolvió el libro sin dejar de sonreír.

—Espera un momento —dijo ella y sostuvo el libro ante él como si fuera un citatorio—. Esperé mucho tiempo. Ponle "Para Gerry", con G, "que esperó en la fila durante más de una hora".

Ella también se rio, de pronto, y él hizo lo que se le pedía. Los siguientes tres nada más querían su firma y un par quería que pusiera "Feliz Navidad" y después llegó un coleccionista y Carmody firmó seis primeras ediciones. Ahora estaba agotado, la cabeza rellena de imágenes de Molly Mulrane y la cara de Seannie y las heridas que había provocado tanto tiempo atrás. Allá afuera en algún lugar. Y la fila aún era larga, más allá de la mesa, fundida con la audiencia que, sin sus anteojos puestos, se había convertido en un manchón multicolor, como una biblioteca.

La mujer vino desde uno de los pasillos laterales, moviéndose con cautela y de manera distraída hacia el inicio de la fila. Carmody vio cómo le susurraba algo a alguien en la fila, un hombre joven que le hizo espacio con la deferencia reservada a los mayores. No llevaba sombrero, y tenía el pelo blanco de su fleco cortado de manera infantil sobre la frente arrugada. Vestía un abrigo corto, falda negra, medias negras, zapatos varoniles. El abrigo estaba abierto y mostraba un suéter rosa oscuro. Sus ojos eran pálidos.

Dios santo.

Estaba a dos metros de él, detrás de un par de hombres jóvenes y un coleccionista. Una bolsa de cuero gastado colgaba de su hombro. Una bolsa tan vieja que Carmody recordó haberla comprado en una tienda del Village, a un costado de la Librería de la Calle Octava. La recordó cuando era nueva y él también.

Miró por encima de los otros y descubrió que ella no lo veía. Contemplaba los libreros o el techo o el piso. Su cara tenía una blancura interior. El color de los fantasmas. Firmó un libro, luego otro. Y la muchacha a la que alguna vez amó comenzó a acercársele, la dulce y bonita muchacha que no le pedía nada más que la amara de vuelta. Y sintió una gran descarga de tristeza. Hacia ella. Hacia él mismo. Hacia el niño perdido. Sintió como si las lágrimas fueran a escapar de cada poro de su cuerpo. Escuchó el susurro de alguien que aúlla. Los libros frente a él convertidos en ladrillos insignificantes.

Entonces ella estaba allí. Y Carmody se incorporó despacioso y se inclinó para abrazarla con la mesa de por medio.

—Ay, Molly —susurró—. Ay, Molly, lo siento mucho, pero tanto.

Ella sonrió y las arrugas que enmarcaban su boca parecieron desvanecerse, en un instante Carmody se imaginó llevándosela consigo, reparándola en el sol de California, recreándolo todo, escribiendo un nuevo final. Reescribiendo su propia vida. Comenzó a darle la vuelta a la mesa.

—Molly —dijo—. Molly, mi amor.

Entonces la mano de ella se metió en la bolsa y él supo lo que ahora agarraba. Una herencia de su padre. Un recuerdo de hace mucho.

"Sí", pensó. "Libérame, Molly. Sí. Dame tu regalo niquelado. Hazlo."

La mano salió de la bolsa agarrada a lo que él esperaba.

CORRE Y BESA A PAPÁ
POR JOYCE CAROL OATES
Kittatinny Mountains
TRADUCCIÓN DE YURI HERRERA

—¡SALUDA A PAPÁ! CORRE Y BESA A PAPÁ.

Se había alejado del lago menos de una hora pero con su nueva familia cada partida y cada retorno marcaban una suerte de celebración alocada. No quiso pensar en que era lo opuesto a lo que sucedía antes de que él llegara a sus vidas. El Papá que se va, y el Papá que nunca regresa.

—¡Hola, cariño! ¡Ven acá!

Puso una rodilla en el suelo para recibir al niño que corría hacia él por un abrazo. Un beso húmedo en la frente para Kevin.

La pequeña dudaba. Sólo cuando su madre la empujó por los hombros pequeñitos con más firmeza se lanzó hacia sus brazos, los ojos súbitamente azules, con un gritito agudo como el de un ratón al ser apretado. Él rio. Le maravillaba el calor de aquel pequeño cuerpo. Halagado y profundamente emocionado, besó la delicada piel de sus sienes donde, apenas reparaba en ello, palpitaba una pálida vena azul.

—¿Qué se le dice a Papá cuando vuelve?

La madre aplaudió para convertir el regreso en un juego. También para ella esta nueva familia era tan nueva, que sobrellevaba mejor los fines de semana en el Lago Paraquarry si parecían un juego.

—¡Saluda a Papá! ¡Dale un beso a Papá!

Obediente, la niña exclamó algo que sonó como "Hola, Papi, beso-beso para Papi".

Y una pequeña boquita de pez parada para besar en la mejilla a Papá.

Reno había manejado hasta el poblado de Paraquarry Falls sólo para traer algunas provisiones: papel higiénico, baterías para la linterna, repelente de mosquitos, ratoneras, un galón de leche, una pala flamante para reemplazar la pala oxidada que había en el campamento. Y aunque ni a él ni a la madre les gustaba que se aficionaran a los alimentos azucarados, también trajo pequeños yogures de frutas dulces para los niños porque no había mucho de donde escoger en la tienda.

En su fase de nuevo papá, los regalos inesperados eran la divisa del amor.

—¿Quién quiere ayudar a cavar a Papá?

Los dos niños gritaron "¡Yo!", emocionados ante la perspectiva de trabajar con Papá en la espectacular terraza con vista al lago.

Y ayudaron a Papá a excavar en la vieja terraza de ladrillos derruidos, que el dueño anterior había dejado enmarañada de hierbas, guijarros y vidrios rotos. O al menos intentaron ayudarlo por un rato. Evidentemente este trabajo era demasiado duro para un niño de siete años con palas y rastrillos de juguete, aún más para una de cuatro; el suave aire de junio era demasiado húmedo para ejercitarse. Y había mosquitos y zancudos a pesar del repelente. Así eran las montañas Kittatinny al este de la laguna Delaware a principios de junio, la estación de la fecundidad delirante. Tan sólo inhalar el aire era inhalar los aromas de la vida que florece.

—¡Oh, Papá!

Devra respingó ante algo que desenterró del suelo, perdió el equilibrio y cayó de sentón con un quejido. Reno vio que sólo era un escarabajo iridiscente que se retorcía, y le dijo que no tuviera miedo:

—Viven en la tierra, cariño, tienen que hacer su trabajo especial de escarabajo en la tierra.

—¡Como los gusanos! —dijo Kevin—. Tienen "trabajo" en la tierra.

El pequeño había aprendido de Reno la ciencia simple, la ciencia de la tierra. Qué gratificante escuchar tus palabras repetidas con orgullo infantil.

Reno sabía por la madre que su ahora ausente padre se comportaba con frecuencia de manera "impredecible" con los niños, así que Reno se aseguraba de hablar con delicadeza en su presencia, ser amable y sereno, predecible. ¡Qué placer, el ser predecible!

Aun así, Devra estaba asustada. Dejó caer su palita en el polvo. Reno advirtió que la niña ya había tenido suficiente de ayudar a Papá en la terraza. "Cariño, ve a ver qué está haciendo Mamá. No necesitas cavar más por ahora."

Kevin se quedó con Papá y resopló en son de burla. Su hermana era tan *miedosa*.

Reno era un padre de nuevo. La paternidad le había sido devuelta. Un don que quizá no había merecido verdaderamente la primera vez, pero que en esta ocasión se esforzaría en ganar.

Esta vez tenía cuarenta y siete años de edad. Él, a quien le había costado mucho percibirse como algo distinto a *un joven*, a *un niño*.

¡Y este nuevo matrimonio! Esta hermosa nueva familia, pequeña y vulnerable como un ratón tembloroso en la mano. Estaba decidido a protegerla con su vida. Nunca *jamás* permitiría que esta familia se le escurriera como la anterior: dos niños desapareciendo rápidamente de la memoria de Reno, como una imagen atisbada por el espejo retrovisor de un vehículo en movimiento.

"¡Venga al Lago Paraquarry! Se enamorará del Lago Paraquarry." El nombre mismo le parecía hermoso, seductor, como el río Delaware a la altura de la laguna, donde se ensanchaba, destellando y parpadeando como hoja de aluminio. Cuando era niño, recorría la ruta de los Apalaches en esta área del noreste de Pensilvania y el noroeste de Nueva Jersey, a través del río en el sendero al norte del arroyo Dunfield Creek y el estanque Sunfish, y hacia el Lago Paraquarry, que era el más singular de los lagos de Kittatinny Ridge, escarpado de rocas como un encaje de piedra y densamente poblado de madera: fresnos, olmos, abedules y arces que se encendían de rojo en otoño.

Así que los cortejó con historias de excursiones de su infancia, paseos en canoa por el río y en el Lago Paraquarry, campamentos a lo largo de las montañas Kittatinny donde alguna vez, miles de años atrás, reposaba un glaciar como una inmensa garra sobre la tierra.

Les contó de los indios Lenni Lenape que habitaron esta parte del país ¡por miles de años! Mucho más que su propia estirpe.

De niño nunca encontró puntas de flecha en el Lago Paraquarry ni en ninguna otra parte, pero recordaba que otros sí, y le habló con emoción de ellas a Kevin como para reclutarlo en la búsqueda, pero no llegó a sugerir que podrían descubrir huesos indios que a veces asomaban a la superficie del lago Paraquarry, entre el esquisto rojo y las rocas ordinarias y el polvo.

De esta manera y de otras cortejó a la nueva esposa Marlena, quien era una década más joven que él; y al nuevo hijo, Kevin; y a la nueva hija, quien se había ganado su corazón desde la primera vez que la vio, la pequeña Devra de clarísimo cabello rubio y delgado como la seda del algodoncillo.

La familia que otro hombre había perdido. O que quizás había *expulsado*, como había dicho Marlena con su radiante y valiente voz, determinada a no parecer herida ni humillada.

Difícilmente podría decirse que Reno había expulsado a su propia familia, alegara lo que alegara su exesposa. Si acaso, Reno había sido expulsado por ella. Aun así le dijo a Marlena, en las primeras etapas de la relación: "Fue mi culpa, creo. Era demasiado joven. Cuando nos casamos apenas al salir de la universidad éramos demasiado jóvenes. Se dice que si 'cohabitas' antes de casarte, a la larga no hay ninguna diferencia si se quedan juntos o se divorcian. Nuestro problema fue que no teníamos idea de lo que significaba o significa 'cohabitación'. Fuimos siempre dos personas separadas y luego mi carrera despegó".

Despegó no era la forma de hablar habitual de Reno. Ni era su costumbre hablar tanto y tan apasionadamente. Pero cuando conocía a una mujer que pensaba podría importarle de verdad, se sentía obligado a explicarle: debía haber algún problema con su personalidad, algún defecto, de otro modo ¿por qué estaba solo, solterón?, ¿por qué se había convertido en un padre cuyos hijos habían crecido sin él, y aparentemente sin ninguna necesidad de tenerlo?

Al momento del divorcio, Reno le hizo demasiadas concesiones a su esposa por su deseo cargado de culpa de ser generoso; aunque la ruptura había sido una decisión tanto de él como de su esposa, renunció a muchas de sus propiedades en común y aceptó que sus derechos de visita a los niños fueran limitados severamente. Aún no entendía un simple hecho de las relaciones humanas, que con cuanto más desprendimiento des, más fácilmente te quitarán las cosas como si estuvieras obligado a darlas.

Su esposa le había pedido que accediera a que ella y los niños se mudaran a Oregon, donde tenía familiares. Reno no quiso oponerse.

Después de unos cuantos años ella se volvió a mudar, con un nuevo esposo, a Sacramento. Reno había sido excluido de algún modo de estas mudanzas sinuosas. Demasiadas esquinas se habían doblado y el padre había sido dejado atrás, excepto por los pagos de manutención que debía seguir enviando. Trataba de no sentirse como un idiota. Trataba de seguir siendo un caballero, aún mucho tiempo después de preguntarse por qué lo hacía.

–¡El lago Paraquarry! ¡Les encantará el lago Paraquarry!

La nueva esposa estaba segura: sí, ella amaría el lago Paraquarry. Se reía del entusiasmo infantil de Reno y le apretaba el brazo.

Kevin y Devra estaban emocionados. Su nuevo padre, su nuevo *Papá* –mucho más simpático que el otro, el viejo Papá–, desplegaba fotografías sobre la mesa como si jugara cartas.

–Claro está –dijo el nuevo Papá, mostrando una nueva arruga entre los ojos–, esta cabaña en las fotos no es en la que nos quedaremos. Ésta es la que…

Reno se quedó callado de golpe. Sentía como si una espina se le hubiera atorado en la garganta. "Ésta es la que perdí" no era algo apropiado para decir a los nuevos niños y la nueva esposa, que lo escuchaban absortos, los dedos de la nueva esposa reposando con ternura en su brazo.

Estas fotografías habían sido escogidas. No iba a mostrarles fotos de la esposa previa y los hijos previos –¡pero claro que "previos" no era una palabra apropiada!– a la nueva familia.

¡Once años había invertido en la familia previa! Lo enfermaba, sólo un poco, levemente, pensar en tanta energía y tantas emociones perdidas.

Aunque ya había un distanciamiento entre Reno y su exesposa, que se exacerbaba cuando se hallaban cerca físicamente, él insistía en traer a su familia al lago Paraquarry los fines de semana durante buena parte del año, y en quedarse ahí al menos seis semanas cada verano; cuando Reno no podía liberarse del trabajo manejaba hasta allá el fin de semana. Pues el "campamento" en el lago Paraquarry, como lo llamaba, era esencial para su felicidad.

No porque fuera un lugar muy sofisticado: no lo era. Varios acres de bosques de pino y árboles de hoja caduca y cien pies frente al lago. *Eso* era lo que hacía especial el lugar. Tiempo después, en la ruptura, el campamento del lago Paraquarry fue vendido. La esposa de Reno había terminado por odiar el lugar y no tenía el menor interés en comprárselo, ni le habría vendido su mitad a él. El campamento había sido entregado a extraños por la amargura de la mujer.

Habían pasado nueve años ya y Reno no había visto el lugar en mucho tiempo. Ocasionalmente manejó a lo largo del río Delaware y tierra adentro hacia el lago y pasó cerca del campamento varias veces, pero la emoción lo sobrepasaba al observarlo desde la carretera; la nostalgia no era buena para él, ni era, quería creer, típica de él. Era mucho mejor pensar, y decirle a la gente en su nueva vida, que había sido fundamentalmente una separación amigable y un divorcio amistoso. Somos gente civilizada, ¡los niños antes que nada!

¿Era eso lo que la gente decía en esas circunstancias? Siempre esperabas escuchar eso: ¡los niños antes que nada!

Ahora tenía un nuevo campamento. Una nueva "cabaña" –de estructura piramidal, por cierto–, la clase de cosa que Reno siempre había despreciado; pero la vivienda era atractiva, "moderna", y estaba en condiciones razonablemente buenas, con un mirador de secuoya y puertas corredizas de cristal con vista al lago, y un barranco de rosas silvestres en la parte trasera. El vecino más próximo estaba incómodamente cerca, sólo a unas yardas de distancia, pero separado por matorrales y una valla también de secuoya que el dueño anterior había improvisado.

También improvisaron a fin de suspender la estructura piramidal sobre una caída en la tierra rocosa, sosteniéndola con postes de madera; si se entraba por atrás se ingresaba directamente a la casa, pero si se entraba por el frente, esto es, de cara al lago, tenías que subir por un tramo de escalones endebles de madera, y sujetar un barandal igualmente endeble. La propiedad había pertenecido a media docena de personas luego de su dueño original en los años cincuenta. A Reno le intrigaba la frecuencia con que había cambiado de propietario. No era típico del área de la Laguna, donde la gente volvía verano tras verano a lo largo de toda su vida.

A los niños les encantó el campamento Paraquarry. Abrazaron a su nuevo Papá con felicidad, le agradecieron, y la nueva esposa, quien había murmurado que ella no era el tipo de mujer que gusta de la vida al aire libre, concedió que era verdaderamente bonito, "y con una vista hermosa". Reno no iba a decirle a Marlena que la vista desde su hogar anterior había sido mucho más amplia y más hermosa.

Marlena lo besó, muy feliz. Reno la había salvado tanto como ella lo salvó a él. ¿De qué? Ninguno podría decirlo.

El lago Paraquarry no era un lago grande: diez kilómetros de circun-
ferencia. Su orilla era notoriamente irregular y en su mayor parte estaba
bordeada por troncos de madera; llegar era inaccesible, salvo en bote.
En los mapas el lago tenía una forma de L pero eso no podía distinguirse
desde la orilla, ni siquiera en bote, tendrías que sobrevolar en un pequeño avión para verla, como hizo Reno muchos años atrás.

–Llevemos a los chicos a volar alguna vez. Sólo para que sepan cómo
se ve el lago desde el aire.

Reno lo dijo con tanto entusiasmo que la nueva esposa no quiso de-
sanimarlo. Sonrió aprobatoriamente. "Sí, qué buena idea… Algún día."

La sutil ambigüedad del *algún día*. Reno intuía lo que esto significaba. En este nuevo matrimonio debía recordar con frecuencia que, aunque su nueva esposa fuera joven y estuviese en sus treintas, él ya no lo
era tanto. Ambos estaban en buena condición física. Él demostró ser más
fuerte que ella, podía hacer caminatas más largas, en terreno difícil, pero
esencialmente no había gran diferencia, y para algunas cosas, como cui-
dar a los niños por ejemplo, ella tenía más energía que él. Hoy había
quedado claro que su nueva esposa tenía mejor condición física, pues
Reno se había quedado sin aliento, incluso se sintió agotado, en el sendero Shawagunik, a pesar de que se hallaba tan cerca, algo que veinte años
antes ni siquiera le habría parecido exigente.

Reno disfrutaba hacer reparaciones en el campamento: la estructura
piramidal necesitaba volverse a pintar, y un nuevo techo y nuevas ventanas. El mirador estaba podrido en algunas partes, la escalera del frente
debía ser renovada. A diferencia del campamento anterior de Reno, que
tenía varios acres de superficie, el nuevo campamento apenas si medía
más de un acre, y buena parte de la propiedad era rocosa e inaccesible:
árboles caídos, madera podrida, el detritus de los años.

Reno se impuso el propósito a largo plazo de limpiar la propiedad y
otro más, a corto plazo, de construir una terraza de adoquines junto a
las escaleras, donde la tierra era más rocosa y estaba cubierta de hierba;
alguna vez hubo una terraza o sendero de ladrillo improvisado que ahora se encontraba interrumpido. Los rastros que indicaban la presencia
de los inquilinos anteriores, o más bien la negligencia de los mismos, le
molestaban tanto a Reno como si su bien amada propiedad hubiera sido
estropeada a propósito por ellos.

Durante el invierno, en su casa en East Orange, Reno había estudiado las fotos que tomó del nuevo campamento. Incansable, hizo bocetos del mirador de secuoya que planeaba reconstruir y extender y del porche cubierto que planeaba añadir. Marlena sugirió instalar un segundo baño, con tina y regadera. Y un porche con mosquitero que podría ser transformado en uno con vidrio durante las épocas de frío. Reno construiría o mandaría construir una cochera, una nueva chimenea de piedra, una parrilla en el mirador. Y la terraza a nivel del suelo que planeaba construir él mismo con adoquines de una tienda de jardinería cercana, una vez que escarbara y removiera los viejos ladrillos rotos semienterrados en la tierra.

Reno entendía que el entusiasmo de su nueva esposa por el lago Paraquarry y la Laguna Delaware era limitado. Marlena accedía a sus deseos, la mayoría de las veces por lo menos, mientras no le exigiera demasiado. Su sonrisa cargada de energía se desvanecía rápidamente, los ojos rebosantes de amor se tornaban llorosos, pues los divorcios son devastadores, Reno lo sabía. Los niños se emocionaban con mucha mayor facilidad ante la perspectiva de volver al lago; pero eran niños, eran impresionables. Y el mal clima en lo que era esencialmente una instalación al aire libre –pues su razón de ser era estar al aire libre– sería algo nuevo para ellos. Reno sabía que no debía cometer con esta nueva familia el error que había cometido con la primera, insistir en que su esposa y los niños no sólo lo acompañaran al lago Paraquarry sino que lo disfrutaran ostensiblemente.

Quizá se equivocó al intentar con tanto ahínco que su esposa y los pequeños fueran felices. Quizás es un error tratar de asegurar la felicidad ajena.

Su hija asistía a una universidad estatal en Sacramento, su especialidad era algo llamado "Artes de la comunicación". Su hijo había fracasado en Cal Tech y se inscribió en San Francisco en una escuela de "Artes de la computación". La esposa hacía mucho que había sido excluida de la vida de Reno y él en verdad rara vez pensaba en ellos, quienes a su vez al parecer casi nunca pensaban en él.

Pero la hija. La hija de Reno. *Oh, hola, Papá. Hola. Maldición, lo siento, voy de salida.*

Reno había dejado de llamarla. A ambos chicos, pues ellos nunca lo llamaban. Ni siquiera para agradecerle los regalos de cumpleaños. Sus correos electrónicos eran groseramente breves, mecánicos.

Los años de manutención ya habían pasado. Ambos eran mayores de dieciocho. También los años de pensión conyugal, ahora que la exesposa se había vuelto a casar. Cuántos miles de dólares había... Pero en fin, Reno entendía, por supuesto.

¡Pero los nuevos niños! ¡Esta nueva familia!

Las emociones fluyeron dentro de Reno al visualizar a su nueva familia como el viento que rizaba la superficie del lago Paraquarry. Adoptaría a los niños pronto. Kevin y Devra adoraban a su nuevo Papá, que era tan amable, gracioso, paciente y –sí– predecible. Nunca, ni una sola vez, les había alzado la voz.

En especial la pequeña Devra lo cautivaba. Él la miraba con fascinación, la niña era tan pequeña, sus costillas diminutas, su clavícula, sus muñecas. Después del baño, su finísimo cabello tan rubio plegándose como plumas en su cráneo delicado.

–Te quiero, los quiero a todos, los quiero tanto.

Era una declaración que hacía a la nueva esposa sólo en la oscuridad del dormitorio. En su abrazo, cuando los dedos fuertes de ella se aferraban a su espalda, y él hundía su propia cara ardiente, que a él mismo le parecía la cara de un hurón hambriento y voraz, en el cuello de ella.

Había un nuevo Reno emergiendo en el lago Paraquarry, en el nuevo campamento. Era un trabajo arduo pero emocionante y satisfactorio. Cortar su propia madera y apilarla junto a la chimenea. Los viejos músculos se estaban reacomodando en sus hombros, en sus brazos y muslos. Perfeccionaba sus golpes con el hacha y aprendía a anticipar el rebote de la herramienta al golpear la madera, que se suponía era equivalente al retroceso de una escopeta contra el hombro; si no estabas preparado, el shock bajaba por tu espina dorsal como una descarga eléctrica.

Cuando trabajaba al aire libre usaba los guantes que Marlena le dio. "Tus manos se sienten callosas y arrugadas." Cuando la acariciaba, quería decir. Marlena era una mujer tímida y no solía hablar de cuando hacían el amor, pero Reno quería creer que significaba mucho para ella, tanto como para él, después de años de celibato absurdo. Se emocionaba también cuando iban de compras juntos, al centro comercial, a las tiendas de segunda mano, cuando escogían sillas Adirondack, un sofá de piel negra, un sofá de ratán, alfombras tejidas a mano, los morillos para la chimenea. Era conmovedor para Reno estar en presencia de esta mujer atractiva que tan amorosamente pedía su opinión, en especial cuando él nunca antes se había ocupado de amueblar una casa.

Incluso visitó los muelles en el área, comparó los precios de los botes, de las lanchas a motor. A decir verdad, estaba un poco asustado del lago, de su desempeño como marinero en él. Un bote de remos era una cosa, pero inclusive en una canoa se sentía inseguro si había otro pasajero. No quería tomar riesgos con su nueva familia, vulnerable como una criatura pequeña acunada en la palma de su mano.

En los primeros días tibios de junio, una piscina inflable para los niños, pues no había playa, sólo una orilla rocosa y con arena comprimida como el cemento. Y rocas filosas en las partes bajas. Pero una piscina inflable, con menos de medio metro de agua, estaba bien. El pequeño Kevin chapoteaba con alegría. Y Devra usaba un traje de baño de Spandex amarillo y arrugado que se ajustaba a su cuerpo como una segunda piel. Reno trataba de no quedársele viendo a la pequeña, su cabello casi blanco de tan rubio, sus enormes ojos azules; pensaba en lo extraño que era aquello, lo extraño que debía parecerle a Marlena que la niña de un padre que él no conocía hubiera suplantado en la memoria de Reno el recuerdo de su propia hija a esa misma edad. Pues la hija de Reno debía haber sido también hermosa, adorable, pero él no lograba evocarla. Era escalofriante cómo algunas partes de su vida le estaban vedadas, como habitaciones en una casa tapiada, de la cual una vez que hubieras salido no había vuelta atrás. Cuando se despertaba en la noche con el corazón palpitándole con fuerza, recuperaba su respiración mientras pensaba *Pero tengo a mi nueva familia. Mi nueva vida.*

Algunas veces había un olor intenso entre los árboles de arriba del lago, una peste a zorrillo o a algo que estaba muerto y que se pudría. No era la descomposición de la composta que Marlena había dispuesto y que exudaba un olor placentero casi siempre, sino algo fétido y oscuro. Los senos nasales de Reno comenzaban a dolerle, sus ojos lagrimeaban y al estornudar lo invadía el pánico súbito a haber adquirido una alergia a algo en el lago Paraquarry.

Ese fin de semana Kevin se lastimó mientras corría por la orilla rocosa, tal como su madre le había advertido que no hiciera. Se cayó y se torció un tobillo. Y a la pequeña Devra le picaron avispas salidas de quién sabe dónde. O para ser precisos, de un panal en la tierra que Reno agitó con su pala.

¡Gritos! Gritos agudos que desgarraban el corazón de Reno. Si tan sólo las avispas amarillas lo hubieran picado a él, Reno podría haber aprovechado la ocasión para dar algunos consejos a los niños.

Tras aliviar a dos niños llorosos en una sola tarde, Marlena dijo con remordimiento: "El campamento puede ser traicionero". Lo dijo de manera juguetona, pero había seriedad debajo del juego, incluso una leve advertencia, Reno lo sabía.

Se pasó el trago amargo y prometió que no sucedería otra vez.

La tarde cálida y húmeda de junio oscurecía y Reno seguía escarbando, "excavando" en las ruinas de la vieja terraza. El proyecto había resultado ser más laborioso y más lento de lo que había anticipado, pues la tierra debajo de la casa parcialmente elevada era una especie de subsuelo rocoso, de una textura similar a la del fertilizante. Había ladrillos semienterrados y desmoronándose por todas partes; también pedazos de concreto descascarado y clavos oxidados, vidrio roto entre pequeños fragmentos de esquisto. Los dueños anteriores simplemente habían arrojado ahí sus deshechos desde hacía décadas, probablemente. Generaciones. Reno esperaba que esa gente tan descuidada no hubiera tirado nada tóxico.

La estructura piramidal había sido construida en 1957, así de vieja era. Tiempo después se hicieron renovaciones, añadidos, las puertas corredizas de cristal, los tragaluces. Un techo más sólido. Una o dos habitaciones adicionales. Para los estándares locales la propiedad no había sido muy cara; pero, claro, el mercado de propiedades junto al lago en esta parte de Nueva Jersey permaneció deprimido por varios años.

La nueva esposa y los niños estaban abajo, junto a la orilla, en el muelle de los vecinos. Reno oía voces, música de radio. Marlena hablaba con otra madre joven, los niños jugaban. A Reno le gustaba oír sus voces alegres aunque no entendiera qué decían. Desde el lugar en el que estaba no podría haber distinguido con claridad cuál de las pequeñas figuras era Kevin y cuál era Devra.

¡Qué normal parecía todo eso! Pronto, Papá podría dejar de trabajar por el resto del día, sacar una cerveza del refrigerador, y reunirse con su pequeña familia en el muelle. Qué normal era ser esposo otra vez, padre y propietario, aquí, en el Lago Paraquarry.

De todos los milagros, ninguno es más abrumador que lo *normal*. Ser normal, volverse normal. Este don, aparentemente tan ordinario, que cualquiera puede recibir con tan sólo desearlo.

Y también la risa de los niños. Un don aún más exquisito.

Reno desenterró una gran roca que había estado escarbando y rascando con creciente frustración. Y debajo de ella, o a su lado, algo que parecía un barril hecho de pedazos de madera rotos y podridos. Dentro de él, lo que podrían ser los fragmentos de una urna.

Esta urna tenía algo especial. Reno parecía saberlo. El material era una especie de barro rojo y oscuro, grueso y barnizado, con inscripciones que parecían jeroglíficos. Aunque se hallaban rotas y cubiertas de polvo, las piezas irradiaban una especie de belleza opaca. Entera, la urna debió tener unos tres pies de altura.

¿Era un artefacto indio? A Reno le emocionaba creerlo así. Los restos de la cultura Lenni Lenape usualmente se encontraban en pequeños pedazos, casi imposibles de reconocer por alguien que no fuera un especialista.

Curioso, Reno escarbó alrededor de la urna con la flamante pala. Había depositado residuos en varias cajas de cartón que llevaría luego al vertedero local. Estaba cansado, le dolían los músculos, y ahora percibía un dolor nuevo y agudo entre los omóplatos, pero aun así se sentía bien. En el muelle de los vecinos, cuando le preguntaban cómo estaba, respondía: "¡Muy bien! Pero sediento".

El vecino de al lado era un hombre taciturno, más o menos de la edad de Reno. Y su esposa tenía una personalidad extrovertida y una enorme sonrisa. Para ellos, Marlena y Reno debían ser una pareja. No había señal de que fueran casi extraños el uno para el otro, o de que estuvieran desesperados por hacer que funcionara su matrimonio.

Desde junio Reno había empezado a broncearse, parecía nativo de la región más que un visitante de la ciudad, pensaba. Con su camiseta, sus shorts caqui, sus tenis enlodados. Aún no cumplía cincuenta, le faltaban dos años. Su padre había muerto a los cincuenta y tres de un ataque al corazón, pero Reno cuidaba de su salud. Se hacía revisiones anuales, no tenía nada de que preocuparse. Adoptaría a los niños de la mujer, eso estaba decidido. Los convertiría en suyos: Kevin, Devra. No podría haberles encontrado nombres más apropiados. Hermosos nombres para niños hermosos.

La propiedad en Paraquarry fue una excelente inversión. Su trabajo iba bien. Su trabajo no iba tan mal. Su trabajo no estaba en peligro aún. No había perdido tanto dinero a fin de cuentas durante la crisis económica. Estaba lejos de desesperarse como lo hicieron muchos de sus amigos. No quería pensar más allá de eso.

Una víbora se deslizaba entre los residuos. Reno se quedó frío, estupefacto. Le arrojó un pedazo de concreto. Luego se reprendió a sí mismo: *No seas ridículo, una culebra como ésta es inofensiva.*

Había algo atorado entre los fragmentos de la urna. ¿Ropa? ¿Tela podrida?

Reno aplicó su peso sobre la pala y cavó con urgencia. Le vino a la cabeza la imagen de la pala rebanando lombrices en la tierra. Sudaba. Se detuvo para observar más de cerca, aunque una voz por dentro le decía: *No, quizá no sea una buena idea.*

Oh, Dios. ¿Era un hueso? ¿Era plástico? No, era un hueso. ¿Un hueso de animal? Estaba cubierto de tierra, y sin embargo se veía blanco. ¿Un hueso humano? Pero tan pequeño que debía ser el hueso de un niño. Quizás el antebrazo de un niño.

Lo recogió con sus manos enguantadas. No pesaba nada, como si estuviera hecho de unicel.

Lo es... De verdad lo es.

Aturdido, Reno metió las manos entre la cerámica rota y echó a un lado puñados de tierra. Había más huesos. Pequeños huesos de costilla rotos, y un cráneo... ¡un cráneo!

Era un pequeño cráneo, por supuesto. Tan pequeño que podía caber en su mano.

No era un cráneo de animal, sino de niño. Reno parecía saberlo, *el cráneo de una pequeña niña.*

¡Era increíble! El cerebro de Reno estaba en blanco, no pudo pensar por un largo rato. Se le erizaron los vellos de la nuca y se preguntó si alguien lo estaría observando.

Una tumba improvisada a cuatro metros y medio de la base de su casa. ¿Y cuándo habría sido enterrado este pequeño cuerpo? ¿Hacía veinte años, hacía diez años? Por la apariencia de los huesos, la ropa podrida y la urna rota, el entierro no parecía reciente.

No eran huesos indios, por supuesto. Estarían mucho más viejos, rotos, opacos y lacerados por el tiempo.

Le tembló la mano. Los pequeños dientes se veían desnudos, en una sonrisa de absoluto terror. La pequeña quijada estaba caída, las cuencas de los ojos eran desproporcionadamente grandes. Por supuesto, el cráneo estaba roto, no era un cráneo perfecto. Tal vez se había fracturado durante el entierro, con el golpe de la pala del asesino. El esqueleto reposaba en pedazos. ¿El cuerpo había sido desmembrado? Reno susurraba para sí palabras de consuelo. *Oh Dios. Ayúdame. ¡Dios, Dios!* Conforme su sorpresa se desvanecía Reno se asustaba de verdad. Pensaba que ésos podrían ser los huesos de su hija, su primera hija; la pequeña había muerto, su muerte había sido accidental, pero él y su madre la habían enterrado de prisa.

Pero no, era ridículo. Ésta era otra época, no esa época.

Su hija estaba viva. En algún lugar de California, una muchacha viva. Ésta era otra parte del campamento. Ésta era otra parte del lago Paraquarry. Ésta era otra época en la vida de un padre.

Su hija estaba viva. En algún lugar de California, una muchacha vivía. Él no podía ser culpado de nada. Nunca la lastimó. Ella viviría cuando él ya se hubiera ido.

Le llegaron risas y voces desde la orilla del lago. Reno puso una mano arriba de sus ojos para verlos. ¿Qué hacían? ¿Esperaban que Papá se les uniera?

Seguía arrodillado en la tierra, removiéndola y arrojándola. Entre la cerámica rota, los huesos y la tela podrida y descolorida por el agua sucia, brilló algo, un pequeño collar de cuentas de vidrio.

Reno lo desenredó de entre un amasijo de huesos pequeños… ¿Vértebras? ¿Los restos del cuello de la niña? Le horrorizaba pensar que el esqueleto de la niña podría haber sido destrozado con una pala o un hacha. ¡Un hacha! Para que cupiera en la urna. Para acelerar la descomposición.

—¡Pequeña! ¡Pobre pequeña!

Reno estaba debilitado por la impresión, asqueado. Su corazón palpitaba con demasiada fuerza. ¡No quería morir como había muerto su padre! Debía respirar profundo, relajarse. Sostuvo las cuentas de vidrio contra la luz. Asombrosamente, la cadena estaba intacta. Era una cadena metálica, delgada y deslustrada. Puso el pequeño collar en el bolsillo de sus pantaloncillos caqui. Cubrió apresuradamente los huesos con tierra y escombro. Recogió los pedazos de la urna y los echó en la caja de cartón. Y las tablas del barril. Pensó luego que también debería echar los huesos, ponerlos en la caja debajo del escombro y llevar la caja al vertedero esa tarde. Antes de cualquier otra cosa. Antes de lavarse rápidamente, tomar una cerveza y unirse a Marlena y los niños frente al lago. Se desharía de los huesos de la niña en el vertedero.

No. Ahí alguien los encontraría. No era una buena idea.

Cubrió frenéticamente los huesos. Después, más calmado, aplanó la tierra gruesa sobre el escombro. Afortunadamente había un hoyo de tamaño considerable, un hoyo siniestro y profundo que parecía una grieta en la tierra. Reno pondría losas sobre la tumba, había comprado dos docenas de losas en una tienda de jardinería sobre la autopista. Los niños podrían ayudarlo. No sería un trabajo tan difícil una vez que la tierra estuviera preparada. De la misma manera que colocaron ladrillos sobre la tumba de la niña años atrás, ahora Reno colocaría losas sobre ella. Pues no podía reportar este terrible descubrimiento, ¿no es cierto? Si llamaba a la policía de Paraquarry, si reportaba el esqueleto de la niña a las autoridades del condado, ¿cuáles serían las consecuencias?

Su mente se quedó en blanco. No podía pensar. No podía soportar las consecuencias. No ahora, en su nueva vida. Aturdido, comenzó a poner sus herramientas de trabajo al lado, por debajo de la saliente del mirador de secuoya. La nueva pala ya no se veía tan reluciente. Entonces, temblando, subió rápidamente las escaleras, para ir a lavarse las manos en la cocina. Qué alivio, ver a su familia allá abajo, en la orilla con los vecinos; la nueva esposa, los niños. Nadie interrumpió a Reno mientras enjuagaba el pequeño collar de cuentas de vidrio en el lavabo de la cocina, en las torpes, enormes manos de Papá.

Lavó con cuidado las cuentas, que debajo de la tierra eran azules, de un azul asombrosamente claro, como astillas de cielo. Era asombroso: que la pequeña cadena no se hubiera roto en la tierra podría interpretarse como una señal.

No quedaba ni una partícula de tierra en las cuentas de vidrio cuando Reno terminó de lavarlas y las secó con una toalla de papel en la barra de la cocina.

—¡Mira! ¿Qué tenemos aquí? ¿Para quién será?

Reno dejó oscilar el collar de cuentas frente a Devra. La pequeña lo observaba, parpadeando. Era la hora de la cena, Papá había preparado hamburguesas al aire libre en el mirador y ahora sacaba el pequeño collar de cuentas de vidrio azules de su bolsillo, como si lo acabara de descubrir. Marlena rio. Estaba encantada. Ésta era la clase de pequeñas sorpresas que apreciaba.

No por ella, sino por los niños. En este caso, por Devra. Era un buen momento, un momento cálido. Kevin no reaccionó con celos, sólo con curiosidad, pues Papá dijo que había encontrado el collar en un *lugar secreto* y supo de inmediato para quién debía ser.

Devra tomó con timidez el collarcito de los dedos de Papá. ¿Qué se dice, Devra? *Oh, Papá, gracias.* Devra hablaba con tal suavidad que Reno tuvo que ahuecar la mano junto a su oído. "Habla más fuerte, Devra. Papá no puede oírte." Marlena ayudó a la niña a deslizar el collar por encima de su cabeza. "¡Gracias, Papá!" Y alzó su pequeña boquita de pez para darle un beso en la mejilla.

Las cuentas de vidrio brillaban alrededor del esbelto cuello de la niña y resplandecían. Mientras duró ese verano en el lago Paraquarry, Reno se dijo que nunca había visto nada tan hermoso.

ESCORIA
POR JEROME CHARYN
Claremont/Concourse, The Bronx
TRADUCCIÓN DE JUAN PABLO VILLALOBOS

PRUDENCE HABÍA ESCAPADO DE LA GRANJA PARA MUJERES EN MILLED-
GEVILLE y se había ido de parranda criminal. Asesinó a seis hombres y
a una mujer, robó nueve McDonald's y siete Home Depots en diferentes
estados. Usaba una pañoleta recogida debajo de los ojos y cargaba una
Colt plateada que era más una reliquia que una buena y confiable pistola. La Colt le había explotado en la cara durante uno de los asaltos al
McDonald's, pero aun así se las había arreglado para agarrar el dinero, y
su propia terquedad le impediría conseguirse un arma nueva.

Una cosa no ocurrió por terquedad: nunca había trabajado con un
socio, hombre o mujer. Las mujeres eran más confiables que los hombres. Ellas no se robarían tu dinero ni esperarían que practicaras hazañas
sexuales con sus amigos. Pero las mujeres podían ser igual de insoportables. Se había hartado de ellas en la granja, en donde leyeron su diario y
tomaron prestados sus libros. A Pru no le gustaba que otros dedotes ma-
nosearan su biblioteca personal. Los lectores eran como peregrinos que
tenían que ir cada uno en su propio peregrinaje. Pru era una peregrina,
o al menos eso era lo que imaginaba. Leía desde la mañana hasta la noche siempre que no estaba afuera, ingeniándoselas para conseguir efectivo. Una de sus madres adoptivas era una lectora incansable y Prudence
se había ido directo a sus estanterías, libro tras libro: biografías, biblias,
novelas, un libro sobre cómo construir terrarios, una historia de la fotografía, una historia de la danza y la *Guía de cine* de Leonard Maltin, que
era su favorito, porque podía leer los minirresúmenes de las películas sin
tener que preocuparse por las películas en sí. Sin embargo, había perdido
su biblioteca al fugarse de la cárcel y le fastidiaba vivir sin libros.

La policía había descubierto sus tácticas y su fotografía estaba pegada en la pared de las oficinas de correo, supermercados y tiendas de conveniencia. Podrían haberla atrapado en un Home Depot en las afueras de Savannah si no hubiera visto a un policía estatal que jugaba nerviosamente con su sombrero mientras se quedaba mirando la foto de su rostro en la pared.

Pru debía desaparecer o no sobreviviría a su próxima excursión al Home Depot o al McDonald's. Y ningún libro podía ayudarla ahora. No había una guía de viaje capaz de llevarla a una tierra de nadie en la que estuviera a salvo. Sin embargo, Emma Mae, su compañera de celda en Milledgeville, le había contado del Bronx, un lugar donde la policía nunca patrulla los McDonald's. Además, no había asesinado una sola alma a quinientos kilómetros de Manhattan o el Bronx. Pru no era un perro rabioso, como decían los boletines. Tuvo que dispararle al gerente nocturno del McDonald's porque eso paralizaría a los clientes e iba a disuadir a cualquiera que pensara en perseguirla.

Se subió a un autobús Greyhound vistiendo lentes oscuros y una chamarra de leñador masculina después de cortarse el pelo en el espejo de un baño público. Llevaba dos meses prófuga. El crimen no era tan buen negocio. Asesinaba gente y encima tenía que vivir con lo puesto.

No podía recordar cómo había aterrizado en el Bronx. Subió las escaleras de una estación de metro, vio una sinagoga que había sido transformada en una iglesia pentecostal, luego un edificio que en su pared trasera tenía un mural dibujado de un paraíso con cocodrilos, palmeras y una niña pequeña. Emma Mae le había dicho que el Bronx estaba lleno de latinas y negros fornidos; los únicos blancos que vivían allí eran marginados y gente del campo que se vio obligada a mudarse. Pru podría esconderse entre ellos, hacerse prácticamente invisible en una *kasba* en la que no le importaba a nadie.

Emma Mae le había dado una dirección, una calle llamada Marcy Place, donde vivía el primo de un primo, un predicador que tocaba el pandero y estafaba escoria como Prudence y Emma. Estaba justo en la puerta cuando Pru llegó, un tipo con pinta de anémico vestido de negro, con un mechón blanco de zorrillo en el pelo, aunque no tenía ojos de zorrillo; sus ojos eran limpios como cristales verde pálido y alumbraron hacia Pru. La hipnotizó sin decir una sola sílaba. Se rio de su disfraz, y esa risa pareció romper el hechizo.

—Prudence Miller —dijo—, ¿eres un hombre o una chica?

Su voz era aflautada, mucho menos potente que sus ojos.

Emma Mae le habría contado sobre su peregrinaje al Bronx. Sin embargo, Pru todavía no entendía qué significaba ser el primo de un primo. Su nombre era Omar Kaplan. Sería el apodo de un apodo, dado que Omar no podía ser un nombre cristiano. Ella sabía todo sobre Omar Khayyam, el filósofo y poeta persa que había escrito el *Rubaiyat*, el poema de amor más largo de la historia, aunque no había leído ni una línea. Y este Omar debía ser tanto un filósofo como un farsante —su departamento, que quedaba frente a un muro de ladrillos, estaba forrado de libros. Tenía todos los clásicos de la Biblioteca Moderna, como *Anna Karenina* y *Los hermanos Karamazov*, libros que Pru había descubierto en librerías de viejo de pueblos con campus universitario.

—Te mantendrás lejos del McDonald's —dijo con su voz aflautada— y más te vale que no tengas una pistola.

—¿Entonces cómo voy a ganarme el sustento, señor Omar Kaplan? No tengo ni un dólar.

—Considéralo un retiro religioso, pero sin armas. Yo voy a financiarte todo lo que necesites.

Pru rio amargamente, pero mantuvo esa risa atrapada en su garganta. Omar Kaplan planeaba convertirla en su esclava, quería escribir su propio *Rubaiyat* en las partes más suaves de su carne. Esperó que se le echara encima. Pero él no la tocó ni le robó la pistola. Ella dormía con la Colt plateada debajo de la almohada, en un catre cerca de la cocina, mientras Omar se quedaba con la habitación sólo para él, que estaba oscura como una caverna. Emergía de ella, vestido de negro, como un Satanás con ojos verdes penetrantes, listo para adular a cualquier marginado que deambulara por el Bronx. Abandonaba el departamento a las 7 de la mañana y no volvía antes de las 9 de la noche. Pero siempre había comida en el refrigerador, comida más sofisticada de la que ella había probado jamás: filetes de salmón, cerveza belga, alcachofas, fresas de Israel, una rueda pequeña de queso suizo con números azules estampados en la corteza.

Él se ponía más parlanchín cuando regresaba de sus movidas. Apagaba las luces y encendía una vela, y comían salmón juntos, bebían cerveza belga. Hacía sonar su pandero de vez en cuando y cantaba canciones cristianas. Quizás era la cerveza belga lo que le soltaba la lengua.

—Prudence, ¿alguna vez has sentido algún remordimiento por matar a esos gerentes nocturnos?

—No que yo sepa —respondía ella.

—¿Sus rostros no aparecen en tus sueños para cazarte?

—Nunca sueño —respondía ella.

—¿Alguna vez has pensado en todos los huérfanos y viudas que has creado?

—Yo soy huérfana —respondía ella—, quizá sólo estoy ampliando la franquicia.

—Pru, la hacedora de huérfanos.

—Algo así —respondía ella.

—¿Encenderías una vela conmigo por sus almas perdidas?

A ella no le importaba. Alumbró la vela, mientras Satanás arrugaba los ojos y murmuraba algo. Luego se fue a su habitación y cerró la puerta. Eso la irritó. Se habría sentido más cómoda si él hubiera intentado desnudarla. Habría dormido con Satanás, le habría dejado marcas en el cuello.

Ella daba largos paseos por el Bronx con su pistola plateada. Buscaba réplicas de sí misma, vagabundas de piel rosada. Pero lo único que encontraba eran latinas con carriolas, ancianas de color afuera de un salón de belleza, hombres latinos y negros en una cancha de basquetbol. No iba a ponerse una máscara de pañoleta y asaltar a hombres y niños que jugaban a la pelota.

La esquina que más le gustaba era la de Sheridan Avenue con la East 169th, porque era un valle con colinas en tres costados, con tiendas latinas y otros locales derruidos, una barbería sin barbero, edificios de departamentos con patios estropeados y rejas de acero podridas. El Bronx era una *kasba*, tal como Emma Mae había dicho, y Pru podía explorar las colinas que se levantaban alrededor de ella y que parecían servirle como una especie de escudo protector. Podía olvidarse de Satanás y de las pistolas plateadas.

Regresó a Marcy Place. Era mucho más tarde de las 9 y Omar Kaplan no había vuelto. Decidió poner la mesa, preparar una comida de fresas, queso suizo y cerveza belga. Encendió una vela, mientras esperaba a Omar. Se sintió inquieta y decidió leer un libro. Sacó *Sister Carrie* de la estantería —un papelito doblado cayó, una especie de separador improvisado. Pero este separador tenía su rostro y una lista de sus crímenes.

Tenía un encabezado negro: SE BUSCA VIVA O MUERTA. Como el título de una canción macabra. Había palabras garabateadas en la parte de abajo. *Peligrosa y demente.* Luego garabatos al otro lado. *Una verdadera ganga. McDonald's debería regalarnos mil Egg McMuffins por esta pinche vieja.* Luego una firma que podría haber sido la joroba de un camello. Las letras en la joroba deletreaban O-M-A-R.

No debía quedarse ni un minuto más. Sin embargo, tenía que desenredar la lógica del asunto. Emma Mae le había dado un beso de Judas, la había vendido a algún superpolicía. ¿Por qué Satanás no la había arrestado en el mismo instante en que abrió la puerta? Estaba jugando con ella como un amaestrador de animales que le señalaría el camino al McDonald's, donde otros superpolicías la estarían esperando con cámaras de circuito cerrado de televisión. Querían filmarla en la escena del crimen, para que pudiera representar una procesión profana que sería retransmitida en las noticias de las seis.

Una llave giró en la cerradura. Pru tomó su Colt plateada. Omar apareció con unos lentes oscuros que ocultaban sus ojos. No estaba vestido como un predicador de baja ralea. Vestía una corbata de seda y un traje espigado. Ni siquiera se sorprendió de ver la pistola apuntando a su rostro. Sonrió y no iba a rogarle que no disparara. Debió ser fácil. Él no podría hechizarla sin sus ojos verde pálido.

—Escoria —dijo ella—. ¿Emma Mae es tu hermana?

—Tengo muchas hermanas —dijo él, sin dejar de sonreír.

—Y tú eres un superpolicía y un sabelotodo.

—¿Yo? Yo soy lo más bajo de lo más bajo. Un mercenario esclavo de diez agencias diferentes, un infiltrado en el Bronx. ¿Por qué no te escapaste? Te di una oportunidad. Te dejé notas en la mitad de mis libros, cien pinches pistas.

—Porque soy la señorita Egg McMuffin. Asalto McDonald's. Y no tengo ningún lugar al cual escapar. Predicador, toca tu pandero y canta tu última canción.

Alcanzó a entrever la pistola de cañón corto que surgió de la funda que no había visto. Ni siquiera escuchó el disparo. Sintió un golpe en el pecho y voló contra el muro con sangre en los ojos. Y fue en ese momento cuando tuvo una visión de los gerentes nocturnos detrás de toda la sangre. Seis hombres y una mujer vistiendo baberos de McDonald's, aunque ella no recordaba que los usaran entonces. Tenían las cuencas oculares sin la complicación líquida propia de los ojos. Pero Pru aún era implacable con los gerentes. Volvería a dispararles otra vez. Suspiró una vez más antes de que los gerentes desaparecieran y cayó en los brazos de Omar Kaplan como una niña adormilada.

II. Valores americanos

FANTÁSTICA ALICIA
POR MAGGIE ESTEP
Aqueduct Racetrack, Queens
TRADUCCIÓN DE GUADALUPE NETTEL Y ANA MARIMÓN

INTENTÉ LIBRARME DEL GRAN ZOPENCO DURANTE DIECISIETE SEMANAS, pero él simplemente siguió rondando por mi casa. Tocaba el timbre, yo me asomaba por la ventana y lo veía parado en la escalinata de entrada, con el aspecto de un cachorro al que le hubieran dado innumerables puntapiés. Para qué necesitaba otro cachorro vapuleado, no tengo la menor idea; había acogido a una pequeña perra mestiza, de color blanco y con manchas marrones, que mi primo Jeremy encontró preñada y vagando a lo largo de un parador de casas rodantes en Kentucky. Mi primo Jeremy no podía quedarse con ella, de modo que me llamó y se las arregló para que la recibiera. Tras pedirle a un veterinario que le hiciera un aborto y le pusiera la vacuna antirrábica, Jeremy consiguió que un amigo suyo –un individuo estrafalario que se desplaza de manera rutinaria entre Kentucky y Queens, transportando cigarros de mala calidad– me trajera al animal. El amigo estrafalario detuvo su camioneta afuera de mi casa una noche, justo antes de las doce, y la perra bajó del vehículo, apestando a cigarro y parpadeando frente a mí, totalmente confundida y acobardada, como si le hubiesen dado coces. No es que piense que el amigo estrafalario de mi primo Jeremy realmente la pateó. Aquí el punto es que yo ya tenía una cachorra medrosa. ¿Por qué debía liarme con un tipo de apariencia similar?

No lo necesitaba. Sin embargo, tocaba el timbre y yo lo dejaba pasar y, aun si llevaba puesta la inmunda bata de baño de mi padre muerto y no me había duchado en cinco días, él afirmaba: "Te ves fantástica, Alicia". Sabía que era sincero, que percibía algo fantástico en mi cabello castaño y lacio, y en mi cara hinchada, y en los granos que comenzaron a salirme, de pronto, a los treinta y seis años. Era embarazoso. Los granos, el hecho de que consintiera que el gran zopenco viniera a hurgar con el hocico mis carnes mugrientas y la pequeña perra sentada en el borde de la cama, observando cómo Clayton, el gran zopenco, y yo hacíamos lo que hacíamos.

Mi vida era un desastre. Por eso juré terminar con Clayton. Lo juré un martes a las siete de la mañana, cuando desperté con una sensación de claridad inusitada. Abrí los ojos y contemplé un tenue rayo de sol invernal deslizándose a través de las ventanas de la casa que mi padre muerto me había heredado. Candy, la perra paria, estaba sentada en el borde de la cama, aguardando cortésmente que despertara porque así ocurre con los animales callejeros: su gratitud por haber sido recogidos es tal que se adaptan con deferencia a tus horarios y necesidades. Entonces, Candy estaba en el borde de la cama y el sol entraba por las ventanas de la casa de mi padre muerto, situada en la Calle 47 del condado de Queens, en Nueva York. Y yo experimentaba lucidez. Quién sabe por qué. Eso me pasaba, sencillamente. Y sentí que debía reactivarme. Ducharme más a menudo. Dejar de fumar tanto. Volver a hacer yoga y kick boxing. Dejar de dilapidar las modestas ganancias que obtenía como una modesta apostadora. Revitalizarme. Y el primer paso en esa empresa consistía en deshacerme del gran zopenco, Clayton. De cualquier forma, ¿quién ha oído de un tipo llamado Clayton que no tenga noventa y siete años?

Me metí en la ducha y me restregué con fuerza; luego me lavé el pelo grasiento y repugnante. Saqué prendas limpias del armario en vez de revolver la enorme pila amontonada en el canasto de la ropa sucia, como había hecho durante semanas. Me puse unos jeans negros y un suéter de color verde difuso. Me miré en el espejo. El cabello, todavía algo mojado, se veía bien y la hinchazón facial había disminuido. Incluso mis granos eran menos visibles. Tenía un aspecto ligeramente vital.

Tomé mi abrigo del gancho, le puse la correa a Candy y emprendí una caminata a lo largo del Río Este, cerca de los rascacielos con vista a Manhattan. Mi padre muerto amaba Long Island City. Se mudó aquí en los ochenta, cuando se trataba de una zona predominantemente industrial, para vivir con una prostituta ebria, justo después de que mi mamá lo corriera a patadas. Mucho después de que la prostituta lo abandonara —todas las mujeres lo abandonaban—, decidió permanecer en el barrio y finalmente compró una diminuta casa de dos plantas con armazón de madera, que me dejó a mí, su única hija, cuando el cáncer lo abatió el año pasado, a los cincuenta y nueve años. Me gusta el barrio. Es apacible y hay lugares donde uno puede comprar tacos.

"Te ves bien, *mami*"*, dijo un sujeto español mientras Candy y yo pasábamos por la gasolinera.

Nunca comprendí eso del *mami*. Suena como si dijeran *mommy*. Sé que lo que quieren decir es *mamá sexy* y que para ellos se trata de un halago, pero aun así me parece repulsivo.

Ignoré al tipo.

En tanto Candy olfateaba cosas y orinaba y trataba de comer basura tirada en la acera, me fumé algunos Marlboros y clavé los ojos en el centro de Manhattan. Se veía elegante a la distancia.

El aire estaba tan frío que casi se antojaba impoluto, y comencé a preguntarme cómo me quitaría a Clayton de encima. Lo había intentado tantas veces… Había logrado acordar con él que no me llamaría más. Pero luego, sin que hubiesen transcurrido dos días, Clayton tocaría el timbre. Y yo le permitiría entrar. Él me miraría con esos ojos marrones enormes e imbéciles y comentaría que tengo una apariencia estupenda. "Alicia, eres fantástica", dijo en tantas ocasiones que empecé a pensar en mí misma como en la Fantástica Alicia, pese a que no habría nada fantástico en mí hasta que me librara de él. Cuando finalmente cerrara la boca y parara de hablar de mis fantásticos atributos, yo iniciaría la cantaleta que había ensayado durante diecisiete semanas: "Esto ya no funciona para mí, Clayton." Entonces lo percibiría herido y sus brazos colgarían, largos, a los costados de su cuerpo, y yo me vería obligada a tocarlo, y una vez que lo hubiese tocado, iríamos en línea recta a la cama. El sexo era bastante bueno, todo lo bueno que puede ser cuando uno se siente atraído hacia alguien pese a que no exista nada de nada en común, o precisamente por eso. Y el hecho de que el sexo fuese bueno me haría considerar la idea de conservar a Clayton de manera permanente, y supongo que aquél era mi error. Él divisaría esa minúscula idea en mi mirada y se aferraría a ella y se sentiría *involucrado* en términos sentimentales, y su *involucramiento* lo convertiría en un amante prodigioso, y yo me había vuelto tan adicta a la química sexual que le respondería "por supuesto" –como narcotizada– cuando él preguntara si podía pasar la noche conmigo, y a la mañana siguiente de nueva cuenta le diría

---

* En español en el original. (N. de las T.)

"por supuesto" –como narcotizada– cuando él preguntara si podía llamarme más tarde.

Pero en el instante en que uno ya tuvo suficiente, no hay marcha atrás. No quiero que Clayton se convenza de que lo nuestro durará toda la eternidad y envejeceremos juntos.

Actualmente Clayton vive en un estacionamiento. En su camioneta. Lo descubrí aquella primera noche, cuando, tras ligármelo en la taquería y dar un paseo cerca del agua –gozando de su candidez y su forma de andar a largos pasos–, lo traje a casa y le chupé la verga en el vestíbulo, y le pedí que me cogiera por detrás en la cocina, y luego lo conduje a mi cuarto, donde nos recostamos en silencio durante un rato, hasta que tuvo otra erección y resolví, en ese punto, ponerme unas pantimedias y exhortarlo a romper la tela de la entrepierna y cogerme a través del agujero. Después de eso, justo en el momento en que ideaba alguna forma educada de pedirle que se fuera, él se apoyó en un codo y me confesó cuánto le gustaba. "Realmente me gustas. Digo, *realmente* me gustas", afirmó mientras me miraba con esos ojos gigantescos como lunas, y aunque yo sólo deseaba leer un libro e irme a dormir, no tuve corazón para echarlo.

Pasó toda la noche balbuceando, relatándome su infortunio: su madre tiene Alzheimer y su padre está preso por falsificación, y su esposa se fue con un plomero, y lo despidieron de su trabajo en una ebanistería, y vive en su camioneta, en un estacionamiento, y se baña en la YMCA.

–Tengo que largarme pronto de Queens –dijo.

–¿Y adónde irás?

–Florida. No me gusta mucho el frío. Me cala los huesos.

–Claro. Florida –dije. Había estado allí. En Gulfstream Park, Calder Race Course y Tampa Bay Downs. Pero no se lo conté. Simplemente dije "Claro, Florida", como dando a entender que no me oponía a Florida; sin embargo, para qué le hice pensar que tenía alguna afición por Florida –lo cual posiblemente lo llevaría a especular que querría irme a vivir ahí con él–, no sé. Creo que deseaba ser afable.

–En una casa rodante me las arreglaría muy bien; es todo lo que necesito. Me gustan las casas rodantes –dijo.

–Qué bueno –dije. Y a continuación fingí que dormía.

Eso ocurrió hace diecisiete semanas. Y aún no me lo he quitado de encima. Candy y yo caminamos más de media hora y luego nos dirigimos de regreso a casa, pasando nuevamente por la gasolinera, donde el idiota sintió la urgencia de repetir "Te ves bien, mami", y yo me detuve, y lo escudriñé, y busqué palabras para explicarle con exactitud cuán repulsivo es que te llamen *mami* y cómo esa expresión hace que me lo imagine cogiéndose a su propia madre, sin duda una matrona dominicana con interminables pliegues de carne ancestral. Pero no encontré palabras y el tipo empezó a sonreír, creyendo, quizá, que en efecto me había excitado. De modo que seguí mi recorrido.

Una vez en casa, le di a Candy las sobras de la noche anterior y me senté en la cocina con mi computadora, el *Daily Racing Form** y mis cuadernos. Me puse a trabajar en los datos de la carrera que tendría lugar al día siguiente en el Acueducto.** Sin importar todos los planes que hiciera para cambiar mi vida en las próximas semanas, debía trabajar. El programa del evento no era muy copioso que digamos, incluso para un miércoles en pleno febrero, así que calculé que no ganaría dinero a raudales, como para tirarlo por la ventana. No obstante estaría alerta. Tomaría notas. Aguzaría el oído. Disfrutaría mi trabajo. Siempre lo hago.

Transcurrieron varias horas y mi estómago gruñía de hambre y eché un vistazo en el refrigerador. Algo de lechuga moribunda, un poco de jugo de naranja y un huevo. Pensé en hervir el huevo; hay días en los que nada me apetece más que un huevo duro, pero decidí que no era una de esas ocasiones. La alternativa era ir a la taquería y solicitar comida para llevar. Sujeté la correa de Candy a su collar, me puse el abrigo, y justo enfilaba hacia la puerta cuando sonó el teléfono. Lo atendí.

—Hola, Alicia —profirió la voz débil de Clayton.

Lancé un gemido.

—¿Qué pasa? ¿Te duele algo?

—Algo así.

—¿Qué quieres decir? ¿Qué te duele? Voy ahora mismo.

—No, no, Clayton, no vengas. Lo que me consterna es que no aceptes un *no* por respuesta.

—¿Un *no* acerca de qué?

—Acerca de continuar como hasta ahora —contesté. Hubo un silencio de muerte.

—¿Dónde estás? —pregunté.

---

* Periódico que ofrece información general y estadísticas para los apostadores hípicos. (N. de las T.)
** Hipódromo ubicado en South Ozone Park, Queens, Nueva York. (N. de las T.)

–En el estacionamiento.

–Clayton –dije–, sé que piensas que eres un tipo agradable, pero no es agradable en absoluto que merodees por mi casa cuando te he pedido reiteradamente que no lo hagas. Es un acoso obsesivo.

Hubo otro silencio.

–Necesito paz y serenidad –agregué.

Tras varios minutos inquirió:

–¿Ya no te gusta la forma en que te acaricio?

–La vida consiste en mucho más que contacto físico.

–Ah –murmuró–, cómo podría saberlo, si nunca me dejas hacer nada contigo que no sea ir a tu casa y cogerte.

Clayton jamás había pronunciado la palabra *coger*. Clayton se había criado en cierta clase de entorno familiar religioso. No era alguien religioso, pero evitaba los términos soeces.

–Mi vida es cualquier cosa menos extraordinaria. Clayton. Visito el hipódromo. Hago mis apuestas y tomo notas. Hablo con otros apostadores. Vuelvo a casa y preparo la cena o voy a la taquería. Saco a pasear a mi perra. Eso es todo. Mi vida es anodina, Clayton; no hay nada que descubrir.

–Entonces déjame ir contigo.

–¿Ir adónde?

–Al hipódromo.

–Te estoy pidiendo que no me llames más y que te esfumes de mi vida. ¿Por qué querría llevarte al hipódromo?

–Sólo déjame compartir una pequeña parte de tu vida. Me lo merezco. Piénsalo como una pensión alimenticia.

Consideré que no tenía ninguna obligación con él. Pero de todos modos accedí. Al menos logré que colgara el teléfono.

Fui a la taquería con la perra. Regresé a casa, cené y le di la mitad de la comida a Candy.

Le había dicho a Clayton que nos encontráramos a la mañana siguiente, a las once. Tomaríamos el metro. Se ofreció a manejar, pero yo desconfiaba de su monstruosa camioneta, que seguro podría averiarse en el camino. Tocó el timbre, bajé las escaleras y lo vi lleno de esperanza. Como si el hecho de citarnos a plena luz del día significara que la boda y los hijos eran inminentes. No es que él fantaseara con esas cosas, pero se trataba de esa clase de tipo, la clase de tipo que, al parecer, atraigo demasiado a menudo, la clase de tipo que anhela acurrucarse y procrear. Se presume que millones de mujeres buscan exactamente esa clase de hombres, de manera que no entiendo por qué todos vienen a mi puerta. Sospecho que les gusta el desafío. No en vano son hombres.

—Hola, Alicia —sonrió radiante—; te ves fantástica.

—Gracias —dije. Había recobrado, *efectivamente*, la presencia de ánimo y llevaba puesta una falda negra, ajustada, hasta la rodilla y un suéter mullido del mismo color, que exhibía un hombro (siempre y cuando me quitara el abrigo, algo que no planeaba hacer; probablemente, si Clayton atisbaba un fragmento de mi piel tendría ideas erróneas).

—Hago esto porque tú me lo pediste —afirmé mientras nos encaminábamos hacia el tren G—, pero espero que entiendas que éste es mi trabajo y no puedes interferir o preguntar demasiado.

Miré hacia el frente. De ese modo no tendría que entrever ningún indicio de congoja en sus ojos. Era una de sus tretas: la mirada afligida, la mirada de cachorro magullado, que, maldita sea, me generaba un hastío indescriptible.

—Muy bien— dijo Clayton.

Bajamos a la estación y esperamos hasta el infinito, como sucede invariablemente con el tren G, y durante todo ese tiempo Clayton me auscultó de tal manera que supuse que me transformaría en piedra.

Por fin arribó el tren, que nos trasladó hasta la parada Hoyt-Schermerhorn, en Brooklyn, donde transbordamos al tren A, ciertamente más eficaz. Me produjo alivio ir camino del Acueducto. No mucha gente ama en verdad el Acueducto, pero yo sí. Belmont es espléndido y amplio, y Saratoga es majestuoso si uno tolera las multitudes, pero yo amo el Acueducto. El Acueducto se traduce en entrenadores que se derrumban en las bancas debido a una mala racha, depravados, fanáticos enloquecidos, borrachos que intercambian pronósticos y unos cuantos apostadores, veteranos y profesionales, discretamente concentrados en su negocio. Mi sitio ideal.

Treinta minutos más tarde, el tren lanzó un suspiro en la parada del Acueducto y descendimos, nosotros y un aluvión de hombres blancos de mediana edad, encorvados, algunos rastafaris ligeramente más jóvenes y un sujeto bien vestido, trajeado, con aspecto de empresario o de alguien que simula serlo.

—Oh, es lindo —mintió Clayton en tanto emergíamos del pequeño túnel bajo la vía férrea.

La estructura se asemeja al plató de una película setentera de zombis, con sus colores desteñidos y lúgubres, y aviones destinados al JFK volando tan bajo que pareciera que van a aterrizar sobre un caballo.

—Subiremos al restaurante y pediremos unos omelettes —dije una vez que nos internamos en las instalaciones—. El café es horrible, pero los omelettes están bien.

—De acuerdo —apuntó Clayton.

Ascendimos por la escalera mecánica hasta la cima, y cuando llegamos a las enormes puertas de cristal del Equestris Restaurant, Manny, el *maître d'*, me dio la bienvenida y nos ofreció una mesa con una vista estupenda de la línea de meta.

Entonces Clayton comenzó a hacer preguntas. Nunca fue un tipo precisamente inquisitivo, o un tipo que destacara en lo verbal, pero de pronto quiso conocer la historia del Acueducto y mi historia en el Acueducto, y qué otras cosas había hecho para ganarme la vida, y qué opinaba mi familia de mi actividad como apostadora profesional, etcétera, etcétera.

—Te lo advertí, tengo que trabajar. No vamos a jugar el juego de las veinte preguntas. Aquí hay un ejemplar del *Racing Form* —dije, y le entregué una copia extra que había impreso—. Estudia el material y déjame pensar.

El pobre inspeccionó el periódico, pero obviamente ignoraba cómo leerlo. De repente olvido que la gente no sabe nada de este asunto. Al parecer, siempre estuve familiarizada con el tema. Faltaría más, si venía aquí de niña, cuando mi primo Jeremy aún vivía en Queens y me cuidaba mientras mi padre trabajaba en una construcción. He apostado desde los nueve años y desde el primer día he sido razonablemente hábil en el manejo del dinero y los riesgos. Saqué provecho la primera vez, cuando Jeremy apostó por mí, y aunque posteriormente sufrí incontables y dolorosas pérdidas, en general fui tirando. Durante un breve periodo, después de graduarme en el Hunter College, tuve un empleo como maestra sustituta, pero lo odiaba. De modo que me dediqué a apostar y complementé mis exiguas ganancias con la renta de un departamento situado en el jardín de mi casa. No mucha gente puede vivir de las apuestas más de un par de años. Sin embargo, por algún motivo yo lo he conseguido. Seguramente porque no soportaría hacer otra cosa.

Estaba a punto de compadecerme de Clayton y enseñarle cómo leer el *Racing Form* cuando apareció el Gran Fred y se sentó en una de las sillas vacías que había en nuestra mesa.

–¿Viste que ese pedazo de mierda que Pletcher entrenó va a competir en la quinta carrera? –indagó Fred. El Gran Fred, que como mucho pesa cincuenta kilos, tiene pocas pulgas. No mostró interés en que le presentara a Clayton; probablemente ni siquiera notó su presencia. Sólo buscaba una confirmación de que el potro entrenado por Todd Pletcher era un pedazo de mierda, pese a tener un costo de 2.4 millones en la subasta de potros de Keeneland y haber ganado las tres carreras en las que compitió.

–Indudablemente –respondí, asintiendo con circunspección–. Su resultado será 1-9.

–Es un parásito –declaró Fred.

–Sí. Bueno. No lo desecharía en un *pick 6.**

–Yo lo dejo fuera.

–Vale –dije.

–No ha enfrentado un carajo y jamás ha dado dos vueltas. Y además está ese lindo caballito de Nick que es un relevista.

–Bien –dije.

–Le apuesto al caballo de Nick. Ése es el que elijo entre todos.

–Yo no desecharía al caballo de Pletcher.

–Que se vaya al carajo –alegó Fred. Se puso de pie y partió, enfurecido, hacia el otro extremo del restaurante, donde lo vi tomar asiento junto a ciertos individuos del *Daily Race Form*.

–¿Un amigo tuyo? –preguntó Clayton.

Asentí.

–El Gran Fred. Es un buen tipo.

–¿Lo es?

–Seguro.

Intuí que Clayton pretendía llegar a algún lado con esa interrogante. Deseaba saber por qué un extraño hombrecito que se sentó a la mesa y comenzó a imprecar caballos era, desde mi perspectiva, un buen tipo. Otra razón por la que debía librarme de Clayton.

---

* Apuesta que consiste en seleccionar caballos que finalicen en el primer lugar de seis carreras consecutivas. (N. de las T.)

Uno de los meseros se aproximó y tomó nuestra orden de omelettes. Puesto que ya había tramado la mayoría de mis apuestas, hice una pausa de diez minutos y le di a Clayton una clase introductoria y somera para que pudiera leer información sobre el desempeño previo de los caballos. Subrayaba con mi dedo la línea de carrera de uno de los caballos, inclinada a su lado, cuando Clayton me besó una oreja.

—Te amo, Alicia —dijo.

—Dios mío, Clayton —repliqué—. ¿Qué carajo...?

Clayton adoptó su talante de cachorro maltrecho.

—Te traje aquí porque me pareció una forma grata de pasar nuestro último día juntos, pero, la puta madre, ¿por qué tienes que ser tan ridículo?

—No quiero que esto termine. Eres todo lo que tengo.

—No me tienes.

—¿Qué significa eso?

—Clayton, no hay futuro. *No más** —afirmé.

—¿No quién?

—*No más* —repetí—. En español.

—¿Eres española?

—No, Clayton, no soy española. Mierda, ¿podrías dejarme trabajar?

—¿Todo está bien por aquí?

Alcé la vista y observé a Vito acercándose a la mesa. Vito es un hombre bajo, fornido y peludo. Es algo así como un mafioso de poca monta, o un aspirante a mafioso, que posee algunos caballos baratos y se considera un apostador talentoso.

—Todo está bien —contesté, mirando a Vito con el ceño fruncido. Por mucho que Clayton me estuviese sacando de quicio, aquello no le incumbía. Pero así suelen actuar los sujetos como Vito en el hipódromo: dado que soy una mujer presentable de menos de ochenta años, una auténtica rareza en el Acueducto, estos tipos asumen una actitud protectora. El gesto pudo haberme resultado vagamente reconfortante si Vito no fuese tan adulón.

Vito crispó su frente cejijunta. Sudaba profusamente, pese a que estaba fresco en el interior del restaurante.

—Soy Vito —dijo, extendiéndole la mano a Clayton de manera agresiva—. Y tú eres...

---

* En español en el original. (N. de las T.)

—Clayton —respondió mi inminente exadorador, y estrechó la garra pringosa de Vito con vacilación.

—Aquí todos velamos por Alicia —enunció Vito.

"Vete a la mierda, Vito", pensé, pero no dije nada. Podría llegar el momento en que lo necesitara.

—Oh —expresó Clayton, aturdido—, qué bueno; yo también velo por ella.

Vito contrajo los ojos, de por sí minúsculos, paseó la mirada de mí a Clayton y viceversa, y dio la media vuelta.

—Nos vemos —dije mientras el hombre rollizo se marchaba del restaurante, presumiblemente para ir al área con vista al recinto donde se exhiben los caballos y manifestar de modo locuaz sus opiniones sobre los contendientes de la primera carrera.

Se sucedieron un par de carreras. Hice un lindo y pequeño negocio con una yegua procedente de Philadelphia Park. Entrenada por una desconocida y conducida por un oscuro aprendiz de jockey, sólo había corrido en Philadelphia Park, de manera que, pese a tener un número considerable de buenas ejecuciones en su haber, el marcador del hipódromo la ignoró y ella se descarrió al alcanzar un resultado de 14-1. Aposté doscientos dólares en esa yegua y la coloqué por encima de varios caballos —cuya elección habría sido más lógica— en una exacta.* Salí bien parada, lo cual me distendió un poco y redujo en alguna medida la exasperación que me provocó Clayton, tan virulenta que no había podido probar mi omelette y había comenzado a fantasear con pedirle a Vito que se deshiciera de él. No me refiero a que *se deshiciera* de él —no deseaba verlo muerto ni nada por el estilo—, sino que simplemente le diera un susto. Pero eso habría implicado pedirle un favor a Vito, y no me interesaba establecer esa clase de dinámica con esa clase de individuo.

La quinta carrera tuvo lugar, y observé atentamente la trayectoria del potro favorito del Gran Fred. El caballo entrenado por Todd Pletcher, que Fred detestaba y que en efecto abandonó el combate cuando obtuvo 1-9, irrumpió, alerta, en el sexto carril y se posicionó grácilmente justo detrás de un dudoso competidor que marcó el paso arrancando a toda velocidad. Gang of Seven,** el caballo que le gustaba al Gran Fred, se situó en la retaguardia de la tropilla, aguardando su oportunidad. Con un cuarto

---

* Apuesta que consiste en seleccionar dos caballos que deberán llegar en primero y segundo lugar en una misma carrera. (N. de las T.)
** Significa "Pandilla de siete". (N. de las T.)

de milla por delante, Gang of Seven comenzó a acelerar, emparejándose cabeza a cabeza con cuatro caballos. Fue derrotando a sus oponentes y se colocó a escasa distancia del caballo de Pletcher. Gang of Seven y el caballo de Pletcher se batieron en duelo hasta el último segundo, y al parecer ambas narices llegaron a la línea de meta simultáneamente.

—Demasiado reñido para dar un fallo —proclamó el anunciador del hipódromo. Unos minutos más tarde se expuso la foto y quedó claro que el caballo de Pletcher había vencido al predilecto de Fred por un pelo.

—¡Soy un perfecto idiota! —le oí vociferar a Fred cuatro mesas más allá. Lo vi levantarse y escapar furibundo del restaurante, probablemente para acudir al patio trasero, fumar un cigarro tras otro y llamar por teléfono a veinte de sus amigos cercanos, también apostadores, con el objeto de anunciarles su estupidez.

—El tipo tiene un problema —dijo Clayton.

—No, no tiene ningún problema —repliqué, fastidiada. Ciertamente, al Gran Fred le costaba manejar la ira; sin embargo, el sujeto era, en el fondo, un ser humano muy decente.

Me puse de pie y me marché. Clayton me clavó la vista con esos ojos descomunales como platos.

Descendí al sector donde se exhiben los caballos. Tenía la esperanza de que Clayton no me escoltara. Hallé a Vito contemplando el prado desde un ventanal, con su enorme barriga presionada contra el vidrio. En tanto buscaba un sitio lo más alejado posible de Vito, estiré el cuello para verificar que Clayton no me hubiese seguido. Me había seguido. Lo vi deambulando torpemente cerca de las ventanillas de apuestas, oteando a derecha e izquierda. Me descubriría en cualquier momento.

Entonces hice algo un poco loco.

—Vito —dije, aproximándome a él por la espalda.

—¿Eh? —se dio vuelta.

—Un favor...

Sus diminutos ojos negros brillaron.

—Lo que sea, nena —ronroneó.

Ya me estaba arrepintiendo de lo que haría.

—¿Le darías un susto al tipo que me acompañaba en la mesa? ¿Podrías ponerlo nervioso? ¿Lograr que se largue?

Los diminutos ojos de Vito se agrandaron, como si alguien hubiese puesto un trozo sangrante de filete mignon frente a él.

—¿Hablas en serio? —inquirió, acercándose a mí.

Vacilé por un instante. Luego recordé las declaraciones amorosas de Clayton.

—Absolutamente en serio.

—Por supuesto. ¿Dónde está el tipo?

Eché un vistazo hacia atrás y no divisé a Clayton.

—Anda por aquí. Investiguemos.

Vito se desplazaba pesadamente a mi lado. Exploramos la zona de las ventanillas de apuestas en la planta baja, pero no había rastro de Clayton. A continuación miré hacia fuera y lo distinguí parado junto a una banca vacía, encorvado, aterido y desorientado bajo el cielo gris perla.

—Ahí —señalé.

—Lo que tú ordenes, nena —dijo Vito. Sin más palabras, enfiló hacia el objetivo. Lo vi abordar a Clayton. Vi que Clayton ladeó la cabeza a derecha e izquierda como un perro turbado. Pensé en Candy. Esa misma tarde volvería a casa, me reencontraría con ella y quizá, gracias a Vito, no tendría que preocuparme de que el gran zopenco se apareciera con sus grandes ojos y sus vacuas declaraciones. Candy y yo gozaríamos de paz y silencio.

Ahora Clayton y Vito retornaban y caminaban juntos. Pasaron no muy lejos de donde me encontraba. ¿Adónde lo llevaba Vito? Imaginé que emitiría un par de frases intimidantes y asunto concluido. Pero aparentemente se dirigían a algún lugar.

Los seguí a corta distancia. En ese punto, no me importó en absoluto que Clayton advirtiera mi presencia. Bajaron por la escalera mecánica y salieron por la puerta principal. Vito usaba únicamente una camisa delgada con botones en el cuello, y no parecía registrar la dentellada de la brisa de febrero. Clayton se envolvió en su abrigo hasta taparse las orejas.

Se encaminaron hacia el andén del metro. Vi que Clayton sacaba su MetroCard y atravesaba el torniquete. Luego le prestó la tarjeta a Vito, que avanzó detrás.

¿Qué carajo estaba ocurriendo?

Me detuve y permanecí en medio de la rampa de acceso a los torniquetes. Los dos hombres se hallaban como a un metro, pero me daban la espalda. No había nadie más en el andén.

Comenzaron a hablar a gritos. No pude escuchar lo que decían. Había mucho viento y un enorme avión surcaba el cielo con su vientre casi rozando la ciudad. Después se oyó el ruido de un tren aproximándose y vislumbré una imagen borrosa. Un cuerpo cayó sobre los rieles en el instante en que el tren arribó. Me preparé para escuchar el chirrido de los frenos. Nada. El tren invadió la estación. Las puertas se abrieron y se cerraron. Nadie subió o bajó de los vagones. El tren se retiró. Sólo quedaba un hombre en el andén. Contemplaba los rieles.

Sentí mis dedos entumecidos.

Caminé lentamente hacia el andén. Encontré mi MetroCard en el abrigo. Deslicé la tarjeta y atravesé el torniquete. Caminé hasta la orilla y observé los rieles. Había un brazo separado del resto del cuerpo. Había sangre fluyendo del hombro. La cabeza se había torcido hasta formar un ángulo imposible, que nadie había visto jamás. No comprendí cómo el conductor del tren pudo ignorar aquello. La Autoridad Metropolitana del Transporte ha presentado orgullosamente su nuevo sistema, "Operación de trenes con una persona", que sólo requiere de un ser humano para controlar el tren en su totalidad. Tal vez es insuficiente para vigilar a los cuerpos que caen en las vías.

Sentí náuseas. Iba a perder la conciencia pero él me sujetó y colocó sus manos en la parte baja de mi espalda.

—Me hablaba de ti —comentó Clayton, mientras miraba el cuerpo enorme y machacado de Vito—. Dijo que le harías una felación a cambio de que se deshiciera de mí. Sólo trataba de molestarme, pero me pareció irrespetuoso hacia ti. Quise darle un susto, pero cayó a las vías.

Clayton hablaba con toda calma.

—Dijo cosas infames sobre ti, Alicia —añadió, alzando un poco la voz.

—Bueno —murmuré—, eso no fue muy amable de su parte, ¿no crees?

Clayton sonrió.

En realidad era un tipo atractivo.

CUANDO ESTO ERA BAY RIDGE
POR TIM MCLOUGHLIN
Sunset Park, Brooklyn
TRADUCCIÓN DE ALAIN-PAUL MALLARD

DE PIE EN LA IGLESIA DURANTE EL FUNERAL DE MI PADRE PENSÉ EN LA vez que me arrestaron la noche de mis diecisiete años. Fue en el depósito de trenes de Avenue X, en Coney Island. Yo y Pancho y un chavito llamado Freddie andábamos trabajando en una pieza de tres vagones, la más ambiciosa que había yo intentado hasta el momento, y nos estaba tomando mucho más tiempo del que era juicioso pasarse metido ilegalmente en un terreno de la ciudad. Dos policías de Tránsito con pastores alemanes nos pescaron a la mitad del segundo vagón. Solté mi lata de spray y salí disparado, y estaba a unos sesenta metros sobre la zanja que luego se convierte en la línea IRT hacia el Bronx cuando vi la mano. Era humana, de adulto, y cortada limpiamente, como de manera quirúrgica, en la muñeca. Lo primero que pensé es que, sin reloj, se veía desnuda. Ahogué un grito al tratar de jalar aire y me di media vuelta, y regresé corriendo hacia los agentes y sus perros.

Ya en la Comisaría 60, nos condujeron a los tres a una pequeña celda. Allí estuvimos horas sentados, luego la puerta se abrió y me llevaron fuera. Mi padre estaba esperando en la sala principal, frente al mostrador.

El sargento de guardia, de mediana edad, negro, la cara aburrida, levantó apenas la vista.

–¿Ése?

–Ése –le hizo eco mi padre. Sonaba vencido.

–Buenas noches –dijo el sargento.

Mi padre me agarró del brazo y me llevó fuera de la comisaría. Mientras cruzábamos la puerta y salíamos a la noche húmeda se volvió hacia mí y dijo:

–Éste fue tu único pase de cortesía. Ya no volverá a pasar.

—¿En cuánto salió? —pregunté. Mi padre se había jubilado del Departamento de Policía unos años antes, y yo sabía que había salido caro.

Sacudió la cabeza.

—Fue la última vez.

Lo seguí hasta su auto.

—Tengo a dos amigos ahí dentro.

—Que se jodan esos *spics*.* Son la mitad de tu problema.

—¿Cuál es la otra mitad?

—Que no tienes sentido común —dijo, aumentando la escala y el volumen de su voz. Para cuando se convirtió en grito sonaba como un niño atravesando la pubertad—. ¿Qué carajos crees que haces ahí afuera? Escondiéndote en la oscuridad con negros y con *spics*. Escribiendo en los trenes como un maleante. ¿Es todo lo que sabes hacer?

—No escribo. Dibujo. Son imágenes.

—Es la misma mierda. Dañar la propiedad ajena, portarte como un vago. ¿Adónde piensas que te va a llevar eso?

—No sé. No he pensado en ello. También tú te aventaste un rato sin rumbo, cuando saliste del servicio militar. Me lo contaste. Vagaste dos años.

—Siempre trabajé.

—Medio tiempo. Para pagarte las cervezas. Andabas de arrimado.

—No necesitaba más que para pagarme las cervezas.

—Quizá yo tampoco necesito nada más.

Meneó lentamente la cabeza y entrecerró los ojos como si buscara una respuesta detrás del parabrisas sucio. "Era distinto. Fue hace ya mucho tiempo. Cuando esto era Bay Ridge. Podías vivir así, entonces."

Cuando esto era Bay Ridge. Era magistral, mi padre. No dijo *cuando era blanco*, o *cuando era irlandés*, ni el relativamente inocuo *cuando era más seguro*. No. Cuando esto era Bay Ridge. Como si fuera cuestión de geografía. Como si de un modo u otro la placa tectónica bajo Sunset Park se hubiera desplazado, moviéndolo a otro lado.

Le conté que había visto la mano.

—¿Les dijiste, a los oficiales?

—No.

---

* Término derogatorio para referirse a personas de origen latino. Según la etimología vernácula, vendría del argot policial administrativo y sería el acrónimo, en los formularios de policía, de *Spanish Person In Custody*. persona de origen hispano bajo custodia. (N. del T.)

–¿A la gente con la que andabas?

–No.

–Entonces no te preocupes. Hay pedazos de cuerpos por toda la ciudad. Vi suficientes en mis días como para reunir un equipo de beisbol –condujo en silencio durante unos minutos y luego asintió con la cabeza un par de veces, como si estuviera de acuerdo con una voz que yo no alcanzaba a oír–. Vas a ir a la universidad, ¿sabes? –dijo.

De esto me acordé en el funeral. Al volver de la balaustrada del altar, luego de recibir la comunión, Pancho pasó junto a mí. Había perdido bastante peso desde la última vez que lo vi y no podía saber si estaba enfermo o si sólo eran las drogas. El traje negro, así como le colgaba, enfatizaba lo enjuto de su cuerpo. Me guiñó el ojo mientras, rodeando el ataúd, pasó frente a mi reclinatorio y me lanzó la sonrisa traviesa que –a los dieciséis– metía a todas las chicas a su cama y convencía a todos los tipos de aceptar los albures más idiotas y arriesgados.

En el bolsillo de mi camisa traía una fotografía de mi padre con una mujer que no era mi madre. La fecha detrás era de hacía cinco años. Se tomaban mutuamente por la cintura y sonreían para el fotógrafo. Al llegar al cementerio saqué la foto de mi bolsillo y la miré por quincuagésima vez desde que la descubrí. No tenía ninguna pista. La mujer era joven para estar con mi padre, pero no era una muchacha. De cuarenta, años más años menos. Busqué en la expresión de mi padre evidencias de que estaba interpretando mal su abrazo, pero no pude conjurar la ingenuidad necesaria. Su reserva no era que digamos una cara de póquer. No la tenía agarrada como a una amiga, como a la chica de un amigo, o como al premio de una fiesta de jubilación o de despedida de soltero; la abrazaba como a algo de su propiedad. Como cogía sus herramientas. Como abrazaba a mi madre. La foto había sido tomada antes de la muerte de mi madre. Volví a guardarla.

Me exasperaba que fuera machacón y predecible, que planeara meticulosamente hasta lo más insignificante. Por lo que pudiera acordarme, era la primera vez que algo en la vida de mi padre me daba curiosidad.

Caminé del cementerio de Greenwood directamente al Olsen's Bar, el abrevadero de mi padre, sintiendo que aunque no me apeteciera debía hablar con los hombres que casi casi allí vivían. Fuera del velorio de la noche previa, llevaba años sin verlos. Todos eran irlandeses. Entre ellos, los irlandeses eran acaso los más irlandeses, pero también los noruegos y los daneses eran irlandeses, tal como los puertorriqueños más viejos. Habían desarrollado con los años la estereotípica mirada de desdén, la quijada cuadrada lista a desafiar lo que fuera que trajera el día. Para un hombre, tenían ese rasgo extraño del bebedor gaélico cuyo rostro, a partir de la mediana edad, se parece cada vez más a un pezón de mujer.

La puerta del bar estaba abierta con una calza y el olor fresco y húmedo de cerveza rancia me envolvió antes de entrar. Un olor que siempre me hace recordar a los Boy Scouts. Las reuniones eran los jueves por la noche en el sótano de la iglesia luterana Bethany. Cuando terminábamos, tenía que pasar frente al Olsen's de camino a casa y por lo regular me asomaba para ver a mi padre. Él me pagaba un par de cervezas –lo que a los trece podía aguantar– y se iba conmigo en cosa de una hora para que pudiéramos ir andando juntos a la casa.

Mirando hacia fuera, desde el interior: imaginen una embajada en un país extranjero. Un país verdaderamente extranjero. No un aliado europeo, sino un estado fundamentalista perpetuamente al borde de la guerra. Un enclave de ésos de "rellenen los costales de arena y aguarden el ataque aéreo". Así era el Olsen's, un hogar para el más terco de los republicanos, para los dinosaurios blancos de Sunset Park. Una rocola llena de Kristy McColl y los Clancy Brothers, volantes pegados con tachuelas en los muros descarapelados, anunciando clases de baile tradicional, cursos de gaélico, la carrera conmemorativa para recaudar fondos y crear una beca en homenaje a algún policía recientemente asesinado. A tres cuadras de la puerta podías asistir a una pelea de gallos, comprar crack o levantar una puta de la calle, pero en el Olsen's siempre era 1965.

Al entrar al bar por primera vez en varios años hallé las estrechas dimensiones y la tenue luz más opresivas y menos misteriosas de lo que recordaba. La hilera de rostros ascéticos y la manera en que las conversaciones se disolvieron en cuanto entré me hicieron pensar en el legendario muro azul de silencio del departamento de policía. No es coincidencia que la fuerza de policía haya sido históricamente, sobre todo, irlandesa. A los hombres del Olsen's les costaría revelar su código postal a un extraño, y no estaba yo seguro de que supieran siquiera por qué.

La superficie de la barra estaba más pandeada de lo que me acordaba. Los espejos se habían oxidado y el piso de mosaico estaba roto por trechos y reparado con trozos irregulares de linóleo verde. Era un bar de barrio en un barrio en el que aún no se celebraba la existencia de este tipo de establecimientos. De haber estado por mis rumbos en el East Village, hacía mucho que habría alcanzado estatus de monumento cultural. Llevaba cinco años viviendo en Manhattan y no me había adaptado aún a la gran cantidad de gente que se mudaba para acá de otras partes del país y pasaba por alto el espectáculo de la ciudad sólo por profesarle reverencia a lo mundano. Una de mis colegas de trabajo, trasplantada, me comentó que la cafetería de mi esquina era *auténtica*. Sí: servían café, así que quizás estaba en lo cierto.

Me instalé en un banco vacío a mitad de la barra ondulada y pedí una cerveza. Era extraño, pero me sentía nervioso por estar ahí sin mi padre, como un niño al que están a punto de atrapar haciendo una maldad. Todo el mundo me conocía. Marty, el cantinero algo encorvado, fue el primero en acercarse y romper el hielo. Hablaba alrededor del enorme y húmedo cabo de un puro, como siempre. Y, como siempre, parecía constantemente molesto por la presencia de ese objeto en su boca; como si nunca antes hubiera fumado uno y se sorprendiera de estar mascándolo.

"Daniel. Es bueno verte. Lamento tu pérdida."

Tendió una mano y, cuando hice lo mismo, se aferró a la mía con las suyas y la tuvo apretada unos instantes. Debe haber sido alguna señal, porque las demás reliquias del lugar convergieron tambaleantes hacia mí como la tropa del teatro de un asilo de ancianos que hubieran decidido interpretar *La noche de los muertos vivientes*. Me estrecharon la mano, dieron abrazos tiesos y torpes, y me ofrecieron condolencias ininteligibles. Frank Sánchez, uno de los amigos más cercanos de mi padre, me apretó distraído la nuca hasta que hice una mueca. Les agradecí como mejor pude y acepté sus ofrecimientos de pagarme las bebidas.

Alguien –no sé quién– pensó que sería una buena idea que me tomara un Jameson's Irish, que había sido el whisky de mi padre. Nunca me he considerado un gran bebedor. Me echaba un par de cervezas los viernes por la noche, y me emborrachaba quizá dos veces al año. Casi nunca bebía licores fuertes, pero la tripulación era insistente, me estaban siguiendo trago a trago, y pagaban ellos. Era el tipo de situación en que mi padre hubiera sido inflexible.

Empecé varias veces el gesto de buscar la foto en el bolsillo y me detuve. Finalmente la saqué y se la mostré al cantinero.

–¿Quién es, Marty? –pregunté–. ¿Alguna idea?

La manera como fingió escrutarla me hizo saber que había reconocido a la mujer de inmediato. Miró la foto con un asombro estudiado, como si también le costara identificar a mi padre.

—¿Y de dónde diablos sacaste algo así? —preguntó.

—La hallé en el sótano, en el taller de mi padre.

—Ah. Entonces te la topaste por accidente.

El desprecio en su voz cortó limpiamente la bruma luminosa de mi whisky, y me dejó tan sobrio como cuando entré. Sabía, y si él sabía todos ellos sabían. Y se había llegado al acuerdo de no decirme nada.

—No fue un accidente —mentí—. Mi padre me dijo dónde estaba, me pidió que la fuera a buscar.

Cruzamos la mirada unos instantes.

—¿Y qué dijo al respecto? —Marty preguntó—. ¿No hubo instrucciones o sugerencias?

—Me pidió que la cuidara —dije sereno—. Que viera que todo estuviera bien.

Asintió.

—Tiene sentido —dijo—. Para ello lo mejor es dejar en paz a los muertos, ¿no crees? Olvídalo, hijo, déjalo así —me vertió otra bebida, torpemente, como las otras, y continuó pasando la jerga sobre la barra, como si dos o tres trapazos pudieran eliminar el hedor mohoso de mil tragos rebasados.

Me bebí el vaso de un tirón, y el efecto me volvió de golpe. No había llevado la cuenta, pero me percaté de que llevaba bastante más de lo acostumbrado y comenzaba a sentirme mareado. A los demás hombres en la pieza los veía iguales que cuando entré, iguales que cuando tenía doce años. En el espejo manchado de humo tras la barra vi a Frank Sánchez mirándome un par de bancos más allá. Me pescó viéndolo e hizo un gesto para que fuera a hablar con él.

—Siéntate, Danny —dijo cuando llegué. Estaba bebiendo cerveza con whisky. Sin preguntar, pidió otra ronda para cada uno—. ¿De qué hablabas con Marty?

Le pasé a Frank la foto.

—Le preguntaba quién es la mujer.

La miró y la puso sobre la barra.

—¿Ah, sí? ¿Y qué dijo?

—Dijo que no le mueva.

Frank bufó.

—La respuesta típica de un asno —dijo—. No responde nunca una pregunta directa, pero da todo tipo de consejos sobre lo que debes hacer.

A media distancia en la oscuridad del bar hubiera dicho que Frank Sánchez no había cambiado mucho con los años, pero ahora lo tenía cerca, y lo había visto apenas anoche bajo la luz fluorescente —que no perdona nada— de la funeraria. Había sido delgado y apuesto cuando yo era un chico, con el cabello negro y brillante peinado todo para atrás, y los rasgos y la complexión de un indio de Hollywood en una película de John Wayne. Había engordado, aunque gordo todavía no estaba. Sus cachetes, de un moreno rojizo, estaban iluminados por un mapa carretero de capilares rotas que parecía requisito de ingreso para ser miembro de número en el Olsen's. Su cabello era aún impactante por lo negro, pero ahora con un falso brillo a la Jerry Lewis y dejando entrever, por atrás, bastante cuero cabelludo. Era un detective de homicidios, retirado. La suya había sido una de las primeras familias hispánicas en el barrio. Supe que se había mudado a Fort Lee, Nueva Jersey, hacía un tiempo, aunque mi padre decía que igual estaba en el Olsen's todos los días.

Frank recogió la foto y la miró de nuevo, y luego miró las dos hileras de botellas desordenadas tras la barra. Los huecos de las que más se servía eran como dientes chimuelos.

—Somos iguales —me dijo—. Tú y yo.

—¿Iguales cómo?

—Miramos desde afuera, buscando siempre que nos dejen entrar.

—Jamás me importó un carajo estar aquí "dentro", Frank.

Me devolvió la foto.

—Ahora te importa.

Entonces se levantó. Caminó un tanto tieso hacia el fondo, al baño de hombres. Un par de minutos más tarde, Marty apareció a mi costado, me llenó el vaso al ras y cambió el de Frank.

—Hay algo chistoso en Francis —dijo Marty—. Es un *spic* que siempre ha odiado a los *spics*. Así que se muda de un barrio de *spics* a uno de blancos, y le toca mirar cómo se vuelve *spic*. Así que ahora tiene que subirse al coche cada día, y manejar de regreso a su viejo barrio de puros *spics*, sólo para poder beber con blancos. Eso lo ha vuelto amargo. Y —asintió en dirección de los vasos— esta noche trae sus copas encima. No te lo tomes muy en serio.

Marty dejó de hablar y se alejó por la barra cuando Frank regresó.

—¿Qué te dijo Darby O'Gill?[*] —preguntó.

—Que estabas borracho —dije— y que no te gustaban los *spics*.

Frank abrió al máximo los ojos.

—Así que nos sale con grandes revelaciones, ¿no? ¡Hey, Martin —gritó—, la próxima vez que me pare a mear dile que mataron a Kennedy! —vació su whisky, bebió un traguito de cerveza y volvió a centrar su atención en mí—. Escucha. Hace tiempo, cuando llegué a ese puesto, y te hablo de años, casi no había *spades*[**] en el departamento; y menos aún *spics*. Yo era el único *spic* en mi precinto. El único en Brooklyn, que yo sepa. Trabajaba en el precinto 71, Crown Heights. Me aventé cinco años allá, pero esto debió ser en mi primer año, o por ahí.

"Estaba sentado arriba en el cuarto de brigada pasando a máquina reportes de asistencia. Máquinas mecánicas, en ese entonces. Y era bueno —cincuenta o sesenta palabras por minuto, y eso que el inglés no es mi lengua materna, no lo olvides. Me aprendí los formularios, ¿ves? La clave es saberse los formularios, saber dónde enchufar los putos números. Podrás teclear doscientas palabras por minuto, pero si no te sabes los formularios, todas las malditas casillas, ahí te estás sentado todo el día.

"Así que estoy pasando a máquina estos reportes —el único uniformado en un cuarto lleno de detectives, el único *spic* en un cuarto lleno de *harps*—[***] cuando traen al borracho.

Frank hizo una pausa para ordenar otro trago y Marty me trajo también uno. Tenía hambre y vaya que necesitaba salir a tomar aire, pero quería oír la historia de Frank. Y sí, quería saber en qué pensaba él que éramos parecidos, y esperaba que hablara de la foto. Alzó el rostro hacia el cielorraso, abrió la boca como un niño que busca atrapar agua de lluvia, y se vertió suavemente el alcohol en la garganta.

—Tienes que recordar —continuó— que por aquel entonces Crown Heights era mayoritariamente blanco: civiles blancos, truhanes blancos. El borracho es sólo un fulano más que agarró un pedo tremendo. Pero qué hijo de puta tan latoso. Y escandaloso, el cabrón.

"El tipo que lo trajo es también un policía de uniforme, casi novato, como yo. Lo avienta a la celda y se sienta ante el escritorio junto al mío

---

[*] Referencia socarrona al personaje principal de una cinta de Disney con tema irlandés, *Darby O'Gill and the Little People* (1958). Frank trata al cantinero de irlandés caricaturesco. (N. del T.)
[**] Negros. Término derogatorio. (N. del T.)
[***] Irlandeses, término derogatorio. Literalmente, arpas. (N. del T.)

para pasar su reporte. Nada más que este tipo no sabe escribir a máquina, a leguas se ve que se va a pasar ahí todo el día. Le toma diez minutos poner la hoja derecha en la puta máquina de escribir. Y todo el rato el maldito borracho está gritando a todo pulmón desde el fondo del cuarto de brigada. Se ve que los agentes se están molestando. Todos le dicen que se calle, pero él sigue dándole, más que nada insultando al pobre pendejo que lo trajo, que está todavía batallando con su reporte, los dedos negros por la cinta.

"Y el otro dale que dale: "Tu mamá se la chupa a los marineros… A tu vieja se la cogen los perros… Todos ustedes son putos, todos y cada uno". Y así. En serio, nada más no para. Como si no se cansara nunca.

"Así que el tipo que lo encerró lo saca de la jaula y lo lleva al otro lado de la pieza. Allá en el rincón hay uno de esos tubos para el vapor, el tubo vertical, solo, sin radiador ni nada. Caliente como su puta madre. Así que le esposa las manos alrededor del tubo, y el borracho ahora tiene que pararse así —Frank formó un aro amplio con los brazos, como si estuviera abrazando a una gorda invisible— y si no, se quema. Y nomás de estar así de cerca del calor, ¿ves?, está del carajo. Así que el uniformado se aleja, pensando que ya con eso va a callar al mierda ese, pero la cosa se pone peor.

"Bueno, todos los detectives están encabronados con el uniformado porque no puso al borracho fuera de combate antes de ingresarlo, como cualquier tipo con un año en la calle habría sabido hacer. El pobre pendejo está todavía mecanografiando su papeleo como a una palabra por hora, y el otro idiota sigue dándole: "Tu hija coge con negros. Ora que salga me paso a buscar a tu esposa, una vez más". Entonces mira directo al uniformado, y el uniformado le aguanta la mirada. Sus ojos se traban un instante. Y el borracho sale con esto: "¿Qué se siente saber que todos en este cuarto piensan que eres un pendejo?". Y el borracho se calla, y le sonríe.

Marty regresó entonces, y aunque sentía yo que apenas aguantaba, no me atreví a rehusarle el trago. Frank se quedó callado mientras Marty servía. Cuando terminó, lo miró fijamente hasta que se alejó.

—Después —prosiguió en voz baja— todo fue como en cámara lenta. Como si estuviera pasando bajo el agua. El uniformado se levanta, saca su pistola y le apunta al borracho. El borracho no deja nunca de sonreír. Y entonces el azul jala el gatillo, le dispara en plena cara. La cabeza del borracho como que explota, y todo él gira alrededor del tubo de vapor una vez, la vuelta completa, antes de desplomarse.

"Por un segundo todo se detiene. No hay otra cosa que el eco y el humo y sangre por la pared y en la ventana trasera. Enseguida el tiempo vuelve a acelerarse. El sargento de detectives, un duendecito irlandés llegado del otro lado del océano —a alguien debe haber sobornado para pasar el límite de altura— salta sobre su escritorio y agarra una macana. Aterriza junto al uniformado, que sostiene todavía la pistola con el brazo tendido, y le aporrea cinco o seis veces el antebrazo, duro y seguido, *pas-pas-pas*. La pistola cae con el primer golpe pero el duende no para hasta que el hueso se quiebra. Todos lo oímos tronar.

"El uniformado esconde el brazo y aúlla, y el sargento arroja la macana y le grita: "A la próxima... a la próxima, es la cabeza lo que te voy a romper antes de que puedas dispararle. Ahora apártalo del tubo antes de que le aparezcan quemaduras en el cuerpo". Y sale en tromba de la sala.

Frank se bebió el vaso que tenía enfrente y se terminó su cerveza. Yo no me moví. Me miró y sonrió.

—Todo el cuarto de brigada —dijo— se puso en acción de un salto. Unos le quitaron las esposas al borracho; yo ayudé a sacar al uniformado. Lo llevé al hospital. Un par de tipos agarraron trapos y una cubeta y limpiaron. Ahora, piensa en esto —dijo Frank acercándose a mí y volviendo a bajar la voz—. Soy el único *spic* ahí. El otro único uniformado. Habrán sido como diez detectives. Pero el sargento no tuvo que decirle a nadie cuál era el plan, o que mantuvieran la boca cerrada, o ninguna puta cosa. Y ni un solo instante alguien se preocupó de que yo hubiera visto todo, aun siendo yo un *spic*. Todos sabíamos que pudo haber sido cualquiera de nosotros. Es lo más "desde dentro" que me he sentido jamás. El Departamento hoy es un puto chiste. Acción afirmativa, capacitación sobre diversidad cultural. ¿Y qué tenemos? Nadie confía en nadie. Tipos temerosos de confiar hasta en su pareja —estaba hablando casi para sí mismo y para entonces las palabras se le barrían.

Sentí náuseas. Es un chiste, pensé. Un policía inventándose su historia de guerra.

—Frank, el tipo ¿se murió?

—¿Quién?

—El borracho. El hombre al que le dispararon.

Frank pareció confuso, algo molesto.

—Por supuesto que se murió.

—¿Se murió de inmediato?

–¿Y yo cómo carajos sé? Lo arrastraron fuera de la sala en menos de un minuto.

–¿A un hospital?

–Era un mundo mejor, es todo lo que estoy diciendo. Un mundo mejor. Y siempre tienes que quedarte dentro, nunca a la deriva, Danny. Si te apartas, nadie va a entrar al quite por ti.

Dios mío, ¿hablaba con acento irlandés? Su voz había ciertamente recogido la cantilena que tenía la generación de mi padre. Ese acento a medias que los hijos de inmigrantes pescan en el gueto. Tenía que largarme de ahí. Unos minutos más, me temí, y yo mismo empezaría a hablar en tiru-liru-liru como uno de estos hijos de puta.

Me incorporé, acaso demasiado rápido, y me aferré a la barra para estabilizarme.

–¿Y la foto qué, Frank?

Me la pasó.

–Martin tiene razón –dijo con lentitud–, no le muevas. ¿Qué te importa quién fue?

–¿Quién *fue*? Pregunté quién *es*. ¿Está muerta, Frank? ¿Es lo que quiso decir Marty con dejar en paz a los muertos?

–Martin... Marty quiso decir...

–Aquí estoy, Francis –dijo Marty– y puedo hablar por mí mismo –se volvió hacia mí–. A Francis se le pasaron las jarras –dijo–. Dormirá la siesta un rato en la cabina de atrás y estará fresco como una lechuga para manejar a casa.

–¿Así es como pasó, Frank? ¿Así fue?

Frank sonreía a su trago y miraba con ojos soñadores su mundo mejor.

–La memoria, ¿a quién le pertenece? –dijo.

–Buenas noches, Daniel –dijo Marty–. Qué bueno que viniste.

No le respondí, sólo me volví y salí lentamente. Uno o dos tipos me hicieron una seña mientras iba de salida. Los demás, o no se percataron o no les importó.

Volví a sacar la foto del bolsillo cuando estuve afuera, una acción que ya se sentía como un ritual, como hacer el signo de la cruz. Esta vez no la miré, sino que comencé a desgarrarla en tiras, a lo largo. Luego me puse a caminar, agachándome en las esquinas de Fourth Avenue para echar cada tira en una alcantarilla distinta.

Me había dicho que se había roto el brazo en un accidente de tráfico, por perseguir a dos chicos negros que acababan de asaltar una joyería.

Mientras soltaba las tiras por entre las rejas del drenaje, pensé en la mano en el túnel del metro, y en esa aseveración de mi padre de que sin duda había muchos cuerpos en trozos, dispersos por los rumbos menos frecuentadas de la ciudad. Brazos, piernas, cabezas, torsos; y quizás estos pedacitos de foto se abrirían camino hasta unas manos incorpóreas. Una docena de manos, o muchas más, cada una aferrada a una tira de la foto en el cieno húmedo bajo la calle. Recobrando una historia, un pasado, el que perdieron al verse desmembradas, llegando a conclusiones a las que yo nunca llegaría.

LOCO POR TI
POR BARBARA DeMarco-Barrett
Costa Mesa, condado de Orange, California
Traducción de Iris García Cuevas

CUANDO ME MUDÉ AL DEPARTAMENTO DE LEVI EN EL MOTEL ADAPTADO de la avenida Placentia, la "i" en el anuncio de neón azul del Placent_a Arms estaba quemada. Me preocupó que fuera un presagio, una metida de pata de feng shui. Me hizo pensar endemoniadamente en la placenta, el parto, toda la porquería completa —lo cual no es bueno si el espectáculo de la sangre te provoca desmayos. Me he acostumbrado a tantas cosas y pensé que podría acostumbrarme al anuncio, si es que primero no abandonaba a Levi o terminaba loca. Pero no me acostumbré y ahí seguía. Llevaba tres meses y mi aprensión iba en aumento.

El Arms, un descarapelado edificio color aguamarina y con forma de U, era bastante limpio, pero el departamento de Levi, arrinconado en el segundo piso, en la esquina de la derecha, se volvía más pequeño y opaco cada día. Igual que Westside Costa Mesa, primero un idílico pastizal ganadero, luego un paraíso agrícola. Ahora, lo único que crecía salvajemente era la población de migrantes ilegales, las viviendas de interés social y las pandillas de latinos. Tan diferente al lugar de donde yo venía. Si hablara el idioma sería distinto, o si fuera morena. Pero era rubia, la única gringa en nuestra unidad habitacional.

Saqué al balcón una silla plegable y encendí un cigarro forjado a mano, el único tabaco que podía permitirme en esos días. Justo debajo, en el patio del Arms, había una piscina cuadrada que había visto mejores tiempos. Niñitos lastimeros con padres perdedores —¿por qué si no vivirían en el Placent_a Arms?— se sumergían en sus turbias profundidades. Incluso las tórtolas que vivían sobre el naranjo enano adyacente parecían hartas de la piscina, pero en ese entonces el Sur de California estaba sumido en una sequía omnipresente y la piscina era mejor que nada, creo.

Aunque puedes hacerte creer más o menos cualquier cosa si tu vida depende de ello.

En la noche, después de uno o dos tragos, si mirabas las luces debajo del agua, toda azul y tropical, era muy fácil engañarte a ti misma e imaginar que estabas en un exuberante complejo turístico del condado de Orange y eras parte de la gente bonita. La ensoñación nunca duraba demasiado, sin embargo, porque nunca faltaba el vecino borracho o cualquier otro, que desafinaba —Barry Manilow, Aerosmith, pop latino— recordándote que *no* estabas en la elegante Newport Beach, que es la ciudad siguiente, ni en Laguna Beach, justo bajando la costa, sino en la adorable Costa Miseria.

Mi hermana Leonora, enfermera, salió de su casa en el este para trabajar con un cirujano plástico —las prestaciones incluían descuentos en las *reparaciones*— y yo la seguí cuando dejé mi trabajo como maestra por culpa de Levi.

Levi tenía dieciséis años cuando nos conocimos, diecisiete cuando empezamos a pasar tiempo juntos —detrás del escenario, en el campo de futbol, en los coches. Yo era su maestra de teatro, tenía treinta y tres, pero era *tragaños*. Mis amigos apodaron *estupro* al hermoso y terso muchachito con ojos verdes como espuma marina y unos abdominales para morir por ellos. Lo deseaba, pero cuando mi a-punto-de-ser-exmarido nos sorprendió en el coche, en el estacionamiento del Bob's Big Boy, y amenazó con hacer que me despidieran, decidí que necesitaba más mi trabajo de lo que necesitaba a Levi, me resigné y me mudé aquí. Había visto qué pasaba con otros profesores que cruzaron la línea y olvidaron que eran maestros y no adolescentes.

Un año más tarde, cuando Levi cumplió los dieciocho, abandonó la escuela y me localizó. Ya era mayor de edad, pero seguía siendo demasiado joven para mí. Yo vivía todavía con Leonora y sus tres perros, sustituyendo docentes de un lado a otro de Costa Miseria. El viaje a través del condado terminó con mi carcacha y dejé que mi licencia de conducir expirara. Ninguno de los mejores distritos escolares parecía tener una oportunidad para mí y yo no quería un trabajo de tiempo completo en cualquier escuela. Levi ya había alquilado el apartamento amueblado en el Arms y yo planeaba pasar con él unos cuantos días, pensando que eso ayudaría a sacarlo de mi sistema. Pero él me hizo sentir culpable de su mudanza, dijo que nunca habría venido si no fuera por mí.

—Mimi, el tipo es un perdedor —dijo Leonora—. Puedes encontrar algo mejor.

Pero yo era adicta al cuerpo de Levi, a su piel sedosa, y estaba cansada de ser una más en la manada de Leonora.

Me gruñó el estómago. Forjé otro cigarro y miré el reloj. Cinco en punto. Levi estaría pronto en casa. Entré a preparar cualquier cosa para la cena.

Levi hacía trabajos de mantenimiento. Diez billetes la hora, a veces más. No era lo que él pensaba que valía, pero con eso pagaba el alquiler y la cerveza. Me contó historias sobre las casas de la gente rica donde pasaba sus días —cepillando las paredes de un cuarto infantil con pintura de diseño o colocando el recubrimiento a una bañera de hidromasaje. Describió cómo, en una casa, la piscina al aire libre estaba conectada al interior a través de una cueva artificial con piedras de imitación que tenías que cruzar nadando. Así es el condado de Orange.

Otro cliente tenía dos casas, una junto a otra, en una vivían y la otra era la "casa de juegos" de los niños. ¡Casa de juegos! Mientras la gente sin hogar hacía cola en los comedores de la iglesia y vivía en parques y callejones alrededor de la ciudad. La vida era verdaderamente injusta. Sentí un poco de envidia. Algunas personas en el condado de Orange tenían demasiado, mientras otras endemoniadamente poco.

En el lado oeste, todos —los latinos, los héroes de la clase obrera, incluso los perros— eran, en su mayoría, deslucidos. Hubo artistas que añadieron color, supongo, pero leía todos los días la nota roja en el *Daily Pilot*, y gran parte de los crímenes en la costa del condado de Orange ocurrieron a la vuelta de donde yo vivía. Aquí estaban las fábricas, los talleres mecánicos, las taquerías y las lavanderías, también los malvivientes, pero en el lado este que bordeaba Newport Beach era donde estaba el dinero de verdad, donde estaba la vida del condado de Orange que me había imaginado, la que fantaseaba con habitar. Había estado en Disneylandia, pero nunca entendí por qué la llamaban el Lugar más Feliz del Planeta, no con todos esos niños gritones y turistas de piernas azuladas con cámaras erectas estrangulando sus cuellos. Pero una casa en el lado este, eso sí me alegraría el día, todos los días.

Levi llegó de instalar estantes en lo que dijo que le pareció la cocina de un programa de tele: encimeras de mármol —no granito—, estufa Viking, un refrigerador del tamaño de nuestro baño. Le daba vueltas a la idea de que el dueño no tenía ni siquiera una esposa. Yo estaba frente a la estufa, revolviendo el arroz Arborio, añadiendo caldo de verduras cada cierto tiempo, para hacer risotto. Lo que pagas en un restaurante cuando pides risotto no son los ingredientes, sino el tiempo que tarda un tristemente mal pagado empleado para que el arroz se infle parejo. Los bísquets, que había amasado con mi rodillo de mármol –mi más preciado implemento de cocina– y cocido en el horno tamaño-casa-de-muñecas de una estufa a la que sólo le servían tres quemadores, se enfriaban en el estante.

Levi se dio cuenta de que estaba deprimida, así que me besó con fuerza la mejilla y me abrazó por la espalda. Después de un día entre niños que tratan a los maestros sustitutos como mierda de perro, el contacto de Levi era el cielo. Deslizó su mano por debajo de mi falda y encontró mi punto débil. Quise ahuyentarlo –no puedes descuidar el risotto ni un minuto–, pero una vez que Levi toma un camino ya nada lo detiene.

A Levi le gustaba procurarme placer, o tal vez sabía que eso era lo mejor que él podía darme, así que se puso de rodillas y hundió el rostro *ahí* abajo, casi enloquezco, pero me mantuve revolviendo el arroz hasta que ya no pude soportarlo. Dejé la cuchara con estrépito en el mostrador y me dejé caer en el linóleo blanco y aguamarina. Arrastré a Levi conmigo. No nos llevó mucho tiempo, que es otra cosa que me gustaba de Levi –él no era uno de esos tipos que necesitan demorarse hasta volverlo incómodo.

Terminamos y me lavé las manos antes de volver a mi risotto, pero era demasiado tarde. La olla de arroz era un amasijo pegajoso. Lo tiré al fregadero. Levi destapó dos cervezas y ordenó una pizza. Mientras esperábamos, salimos a la terraza. Bebimos nuestras cervezas y observamos la piscina, donde un salvavidas rosa flotaba solitario.

–Checa esto, Mimi –dijo–. La casa donde estuve tiene también una cochera para tres coches. ¡Tres malditos coches! Y ahí sólo vive un tipo, con sus hijos.

–¿Dónde está la mujer? –le pregunté, tomando un trago.

Sacudió la cabeza.

–Murió de un cáncer o algo, y no hace mucho tiempo. Hay piezas de arte por todo el jodido lugar y platos caros apilados en un armario monstruoso del tamaño de la pared de nuestra sala. Sus mocosos tienen esos pequeños carros motorizados que conducen por el vecindario. Viven al final de la calle, un callejón sin salida. La vieja alcurnia de Costa Mesa, parece. Allí la gente tiene muchos fondos. Más de lo que necesitan.

–Algunas personas acaparan la suerte.

–Nos merecemos ese tipo de vida –dijo.

–Todo el mundo piensa que la merece.

–Pero nosotros *realmente* la merecemos. Su jodida mucama sabe más de sus cosas y de lo que tiene que él mismo. Tiene tantas porquerías que no extrañaría nada un par de cosas si desaparecieran.

–Odio cuando dices estupideces –le dije–. ¿Crees que puedes despacharte tú solo y ya? ¿Es lo que estás diciendo?

Levi se encogió de hombros, tomó un trago largo de la botella, se quitó sus botas de cowboy de cuero rojo y las colocó en el umbral de nuestro departamento. Se quitó la camiseta. Seguía siendo el chico pulcro, una belleza. Tenía el pelo castaño ensortijado con rayos rubios y en el rostro la cantidad justa de barba. Sus dientes eran blancos-blancos y sus pies descalzos eran perfectos. Podría ser un modelo de lo guapo que era. Los pies y los dientes, siempre digo, tienen que ser superiores. Su físico me hizo pasar por alto que él no era el foco más brillante de la habitación.

–Shepard necesita una niñera para sus hijos, casi de inmediato –dijo Levi–. Alguien lo suficientemente inteligente como para dar clases. Difundió un anuncio, pero dice que no puede encontrar la persona adecuada.

–Soy maestra –le recordé–, no niñera.

–Pero *podrías* ser niñera… por un tiempo. Entonces ambos estaríamos allí.

–¿Crees que él anda buscando que un jodido albañil y la vieja de su novia trabajen para él? Por favor.

–No me digas albañil –espetó.

–Eso es lo que eres, nene.

Parecía herido.

–Yo aspiro a más.

–Claro que sí –le dije–. Es sólo que no me gusta a dónde vas con esto.

Le acaricié el pecho y le hice cosquillas en los pezones, eso siempre lo ponía de buen humor.

–Le agradarías a Shepard, Mimi. Le hablé de ti. Parece solitario. Quiero decir, ¿quién no lo estaría si su esposa muere y lo deja con niños pequeños? Pero cuando él vea a alguien tan joven y bonita como tú, el día le parecerá mucho más brillante. ¿No quieres alegrarle a un viudo el día?

—No soy tan joven.

—Tú eres la cosa más sexy que hay —dijo, pasando sus dedos por mi clavícula—. Allí podríamos trabajar juntos.

—¿Y luego?

—¿Quién sabe? Pero te mereces algo mejor que esto —dijo, dibujando con las manos un arco sobre él, con la voz a punto de apagarse—. ¿Crees que todos los malditos ricos en esta ciudad trabajan para tener lo que tienen? Muchos de ellos tienen dinero acumulado por sus familias. Herencias. Cuentas bancarias que les fueron legadas. O tienen grandiosos empleos, empresas que mueven el culo por ellos. Nosotros no tuvimos esa suerte. Mierda, ¡Shepard tiene una maldita biblioteca! Es viejo, Mimi, pero tiene dinero.

—Levi, me estás asustando.

—No tengas miedo, nena. ¿Qué tal si sólo te lo presento?

Me tomó de los hombros y me miró con sus ojos de agua marina.

—Vamos, Mimi. Siempre y cuando no te guste *mucho*, ¿y por qué te gustaría? Ni siquiera se parece a mí. Podría ser divertido.

—Estafar a tu patrón... divertido, ¿eh?

Él se encogió de hombros.

—Como te dije, sería mejor que esto.

Dirigimos de nuevo la atención a la piscina y al salvavidas rosa que flotaba cuando el repartidor de pizza entró silbando al patio, parecía un camarero sosteniendo una charola con esa caja plana en equilibrio sobre sus dedos.

—Necesitaríamos un plan —le dije, mientras el chico de la pizza miraba hacia arriba, al tiempo que chasqueaba los dedos de la otra mano como si estuviéramos en algún musical de Hollywood, y nos dirigimos a la escalera de cemento.

—Mimi, lo tengo todo planeado —respondió Levi, mientras sacaba un billete de veinte de su bolsillo.

La apestosa economía había hecho que incluso aquí, en el glorioso condado de Orange, los trabajos de maestro sustituto escasearan cada vez más, así que al día siguiente, en el almuerzo, estaba en el balcón con un cigarro revisando los clasificados. Un pastel de cereza se enfriaba en la barra. Tenía que hacer algo pronto para mejorar mi situación financiera.

La camioneta de Levi se estacionó bruscamente. Me lanzó un sándwich de mortadela vegetariana –pan blanco de Trader Joe's, mostaza Dijon y cuatro rebanadas de carne vegetal– y dijo que me llevaría a casa de Shepard, a diez minutos de camino.

Subí a la camioneta, una enorme devoradora de gasolina, en la que casi es necesario usar una escalera para entrar. Al cruzarnos con latinas de trenzas oscuras hasta la cintura que empujaban carritos de supermercado e indigentes con mochilas hechas jirones, me dijo:

–Mmm, por cierto, Shepard piensa que eres mi hermana mayor, así que disimúlalo bien.

–¿Perdón?

–Creo que la idea de que seas mi novia no va a gustarle.

–A veces me sorprendes muy cabrón.

Asintió con la cabeza, manteniendo los ojos fijos en el camino.

–Se me acaba de ocurrir. ¿No te parece ingenioso?

–Sí, claro. Un verdadero genio se pone a trabajar en tu cabeza.

Mientras tanto, cruzábamos Newport Boulevard dejando atrás el lado no-tan-bueno de la ciudad para entrar a la parte adinerada y exuberante, donde robustos eucaliptos se balanceaban con la brisa del océano, donde Costa Miseria desemboca en Pedazo de Cielo, California, con sus lindos chalets, sus palmeras, rosales, bugambilias magenta, y sus Jaguares, BMW e híbridos.

Nos detuvimos frente a la casa de su jefe. Un tipo alto y fornido, con pantalón caqui y camisa polo, con el cabello corto y canoso, deambulaba frente al garaje. Tenía el abdomen abultado y llevaba unos conservadores zapatos beige.

–Me debes la vida –dije al abrir la puerta, mientras el señor republicano del condado de Orange se aproximaba a nosotros.

–¿Es una promesa? –respondió, al tiempo que yo descendía del auto.

Probablemente el tipo fue un bombón en sus tiempos, era guapo a medias, pero para nada era mi tipo. Extendió la mano.

–Tú debes ser la hermana de Levi –dijo dándome un cálido apretón–. Nunca mencionó que fueras tan linda.

–Ha olvidado tomarse su ginkgo biloba –repliqué, mientras trataba de disimular, pero la verdad estaba cautivada. Y cuesta mucho cautivarme.

Levi se rio como si yo fuera la hermana mayor más graciosa del universo.

—Los dejo para que se conozcan —dijo Levi—. La cerca de atrás me llama.

Shepard levantó su pulgar en señal de aprobación y dijo:

—¿Entramos?

La mirada de Shepard era amistosa, me sonreía al tiempo que apretaba el botón del garaje eléctrico.

—Ahora los niños están en la escuela, pero te mostraré la casa para que vayas conociendo el lugar donde podrías pasar gran parte de tu tiempo.

Forcé una sonrisa tratando de parecer interesada.

—La escuela se termina mañana. Necesito a alguien que pueda ser maestra y niñera al mismo tiempo. Alguien que ocasionalmente duerma en la casa, cuando yo tenga que salir de la ciudad.

Tenía los dientes frontales separados, eran blancos y uniformes. Una vez tuve un novio con una abertura entre los dientes, la cual me gustaba sentir con la lengua.

—Tu hermano me dijo que eres maestra.

¿Hermano? Entonces lo recordé.

—Lo era, en el este —comencé a decir—, daba clases de teatro e inglés. He sido maestra sustituta desde que estoy aquí. En estos días no hay mucho trabajo para maestros sin antigüedad.

—Qué mal —dijo él, tocándome el hombro para dirigirme a la sala. Debió advertir que mi mirada recayó en el piano de cola porque preguntó:

—¿Tocas?

—Solía hacerlo.

—Es como andar en bicicleta, ¿no crees? Adelante... —señaló con la cabeza el piano.

—Ah, no, quizás otro día.

Ser capaz de tocar el piano impresiona a la gente, pero a mí no. Se puede aprender lo que sea si uno realmente se lo propone.

—Tu hermano me dijo que te gusta la repostería.

—Estoy obsesionada con los pays.

Cuando hay dinero extra, casi añadí.

—Pues aquí podrás hornear cuando quieras. No recuerdo la última vez que un pay salió de ese horno. Sólo dame una lista; compraré todo lo que necesites.

Si fuera posible enamorarse de una casa, yo habría estado enamorada —y mucho—, especialmente de la cocina. Con esa cocina podría hacer un millón de pays y nunca aburrirme.

–¿Gustas algo? ¿Café? ¿Refresco? –me preguntó, colocando un vaso en el dispensador de hielos del refrigerador. Apretó un botón. El hielo cayó haciendo tintinear el vaso.

–¿Coca de dieta?

–Seguro –dijo tomando una del refrigerador. Se dirigió hacia el gabinete.

–Sin vaso –dije, así que arrancó una toalla de papel y limpió la lata antes de entregármela. Nadie había hecho eso antes, y juro que después de eso él se veía diferente. Encantador.

Hablamos de mi experiencia y sus necesidades. Una hora después, cuando los niños volvieron, él los recibió con unos enormes abrazos de oso y me los presentó.

–Bella y Dante, ella es Mimi. Tal vez nos eche una mano. ¿Quieren mostrarle sus cuartos?

Los niños me observaron como si fuera un mueble recién comprado. Bella me tomó de la mano.

–Mi cuarto primero –dijo.

Su pequeño hermano tomó la delantera haciendo correr su patrulla de Hot Wheels por la pared.

Me enseñaron sus habitaciones y me gustaron. Levi se tocó la frente como si acabara de recordar algo y dijo que tenía que dejarnos por un momento; cuando volvió, a las 5 de la tarde, se veía alterado y extraño y me urgía a que nos fuéramos.

En cuanto bajamos la banqueta y nos dirigimos al camellón en medio de la calle, Levi dijo:

–No está mal, ¿no es cierto?

–No está mal –respondí, y casi añado: *Está más que bien*–. Y tú eres un infame.

Nunca me sentí tan distante de Levi, pero el parecía no darse cuenta.

–¿Te contó a lo que se dedica para ganarse la vida? Creo que es constructor o algo así.

–Algo así –respondí.

–Maestro en hacer billetes.

–El negocio de la construcción se está hundiendo.

–¿Él te dijo eso? No le creas –replicó, doblando en una calle llena de casas que sobresalían por encima de las bardas elevadas y detuvo la camioneta. Se escurrió sobre mí, me tomó en sus brazos y me besó el cuello.

Siempre me derretía. Los mejores amantes son invariablemente los muchachos estúpidos y lindos. De los de veras listos hay que cuidarse, pues no falta quien te rompa el corazón con una palabra aguda.

—Vamos, nena, no te enojes. Es una manera de salir adelante.

—Pero sus hijos no eran maleducados. Eran dulces.

Sacó una manta debajo de su asiento. Nos cubrió con ella mientras me inmovilizaba a besos, y dijo:

—Después de esto, iremos a comer. Estoy hambriento.

Nos sentamos uno frente al otro en el Wahoo's Fish Tacos, un lugar popular en Placentia, calle abajo de donde vivíamos. El exterior estaba cubierto de un turquesa descarapelado. Con pegatinas surf encima de las ventanas. El menú ofrecía platos mexicanos que no eran gourmet, pero sí bastante buenos, con un precio accesible para los artistas, las personas con ingresos limitados y los ricos nativos del condado de Orange que deseaban sentir que se estaban saliendo con la suya. Mientras hablaba sobre lo que haríamos con el dinero —una camioneta nueva para él, una cocina para mí— se podría pensar que yo era un pez hambriento, por la manera en que lo animaba. Debo haber estado más allá del hastío. Avanzaríamos lenta y sencillamente, averiguando cosas, y cuando tuviéramos todas las piezas, intentaríamos salirnos con la nuestra, dijo. Pero yo tenía un mal presentimiento.

Levi adquirió la costumbre de quedarse despierto hasta tarde, a fin de averiguar adónde debíamos escapar una vez que obtuviéramos un poco de lo mucho que Shepard tenía y que Levi le daría al amigo de un amigo, el cual dividiría las ganancias. Con sólo investigar un poco me enteré de que Shepard poseía pinturas y antigüedades que valían miles. Tenía una litografía de Chagall, *El artista con una cabra*, #1026, que valía treinta mil dólares. Incluso los frívolos y simplones dibujos de delfines de Wyland, el sobrevalorado artista de Laguna Beach, que se alineaban en el pasillo, podíamos venderlos por tres mil dólares cada uno. La idea de Levi era que dejáramos Costa Miseria por México. Nadie puede encontrarte allí, decía.

A una semana en mi nuevo papel de nana, cuando Levi y yo terminábamos la jornada y me despedía de los niños, Shepard me dijo:

—Los niños van a irse con su tía. ¿Por qué no te llevo a cenar para agradecerte que vinieras a nuestro rescate?

Levi no perdió el tiempo.

—Adelante, hermanita —dijo—. Suena divertido.

¿Hermanita?

Le eché un ojo a lo que llevaba puesto: pantalones vaqueros, un suéter púrpura, unos Converse rojos.

—No estoy muy bien vestida que digamos.

—Te verías hermosa en un saco de harina —dijo Shepard.

Levi me guiñó un ojo. Me encogí de hombros.

—En ese caso está bien.

Levi se fue lo más rápido posible con un gesto indiferente.

—Probemos algo antes de irnos —dijo Shepard—. Elige lo que quieras de la cava y nos encontraremos en la piscina.

La cava era un armario adaptado de la cocina con suelo de pizarra y un termostato que decía cincuenta y tres grados. Elegí un Tondonia 1987 porque me gustó el nombre. Él llevó nuestros vasos al patio trasero que daba a la piscina, un millón de veces mejor que la del Arms.

—Podría acostumbrarme a esto —le dije, después de que brindamos.

—Espero que lo hagas —contestó, el sonido de su voz era meloso y cálido, como el vino.

Pronto, Shepard y yo estábamos en su Jaguar cruzando por Newport Boulevard rumbo a La Habana, un restaurante cubano en un centro comercial funky al aire libre, con una cascada de tambos metálicos y hipsters tatuados y perforados. La Habana estaba oscuro, iluminado sólo con velas. Apenas podías ver quién estaba a tu lado, pero el camarero pudo ver lo suficiente para reconocer a Shepard y mostrarse impresionado: vaya diferencia la de salir con alguien a quien la gente aprecia.

Shepard pidió una botella de tinto Barolo, que según me explicó, era el rey de los vinos. Brindamos y me dijo que pidiera cualquier cosa que le hiciera cosquillas a mi fantasía. Ésas fueron sus palabras. Durante la cena, pidió una segunda botella y de postre compartimos un flan cubano. Fue entonces cuando nuestros dedos se rozaron.

—Estamos encantados de que vinieras a trabajar con nosotros, Mimi. A los niños les agradas.

—Son adorables —le dije.

—En realidad, para ser honesto, yo soy el que se encuentra más feliz.

Me acarició el brazo y se centró en él como si fuera un gran tesoro.

—Tienes una piel preciosa.

−Esta luz haría que cualquiera se viera bien −le dije, mientras me sentía culpable por lo mucho que disfrutaba de sus atenciones. Entonces me dije: *Qué demonios, fue Levi el que me metió en esto*, y cedí. Justo entonces fue cuando sentí que me relajaba, que me sentía atraída por Shepard. Por eso cuando llevó mi mano a sus labios, se lo permití. Salimos del restaurante y volvimos a su Jaguar, su brazo enlazando mis hombros. Abrió la puerta del copiloto y me deslicé en ese asiento de cuero suave como la mantequilla, que se reclinaba al rozar un botón. Él entró y bajó las ventanas. Volvió a besarme y lo besé también, tocando con la lengua la abertura entre sus dientes. El vino estaba actuando por mí, siempre he sido una borracha fácil. Su mano halló camino debajo de mi suéter y después en mis jeans. Me presioné contra sus dedos y en poco tiempo me estremecí. ¿A quién le importaba si era un conservador demasiado robusto? Tenía el toque de un ángel y me gustó lo dulce y considerado que era. Tan distinto de cualquiera con quien yo hubiera salido antes. Tal vez los chicos mayores con dinero podían darse el lujo de ser pacientes y considerados.

−¿Y tú?

Le pregunté mientras respiraba sobre su cuello y lo acariciaba por debajo del cinturón.

−Hay tiempo para eso −dijo, al tiempo que retiraba mi mano suavemente y la besaba.

Cuando llegué a casa, Levi quería saber a dónde fuimos y que hicimos. Ya no estaba nada tranquilo al respecto. No le conté todo y lo distraje con sexo. Eso siempre funciona. Me dije que debía mantener a mi republicano del condado de Orange en secreto.

Sin embargo las cosas habían cambiado y Levi lo sabía. Ahora, cuando llegábamos al trabajo por la mañana, no había duda del brillo en los ojos de Shepard, que nunca se iba sin tomarse primero un café conmigo antes. En ocasiones, cuando todo el mundo estaba fuera, aprovechábamos para meternos mano.

−Le gustas al maldito −me dijo Levi una semana después y sus ojos relampagueaban. Estábamos en su camioneta, en un semáforo.

−¿De qué estás hablando?

−Me ha estado preguntando todo sobre ti: está enamorado.

—No puede ser —le dije, mientras deseaba secretamente que así fuera.

—Eso podría ser bueno para nosotros —frunció el ceño.

—¿Qué quieres decir?

—Mierda, ¿qué podría ser mejor para nosotros qué él quisiera casarse contigo?

—¿Disculpa?

—Eso no cambiaría las cosas entre tú y yo. Nadie es tan bueno para ti como yo. No podrías irte con alguien tan viejo. Y si lo intentas, te mato.

Se carcajeó y agregó:

—Sólo tendrías que vivir con él por un tiempo. Eso nos ayudaría a realizar nuestro plan.

—Tonterías —le dije mientras cruzábamos Newport Boulevard y Pedazo de Cielo se convirtió en Costa Miseria, con sus casas de empeño y sus bares de mala muerte. Sin embargo esa noche, después de que Levi volvió de hacer quién sabe qué —él nunca me contaba ciertas cosas—, fui a la terraza y me fumé un cigarro. Mientras el agua turbia mal iluminada llamaba mi atención, los sonidos del edificio se acercaban —la tele, un vecino que cantaba desafinado, niños gritando—, mi propia versión de una vieja canción de los Animals giraba sin fin en mi cabeza: *Tengo que salir de este lugar, aunque sea lo último que haga*.

Al día siguiente, después de que su hermana recogiera a sus hijos para pasar una noche fuera, Shepard me dijo:

—Quisiera llevarte a la Feria. Nunca has estado en la Feria del condado de Orange, ¿verdad?

—Umh, no —le respondí. Yo había salido de un pueblo en el que "mierda" era la expresión favorita, y no tenía ganas de volver.

—Entonces debes dejar que te lleve.

—Las ferias son para los republicanos.

—¡Bah! —resopló. Ese día usaba una camisa polo turquesa con un pequeño cocodrilo sobre el pecho izquierdo.

—¿No deberías llevar a tus hijos?

—Ellos ya han ido, y voy a ir con ellos antes de que termine. Esta noche seremos sólo tú y yo. ¿Qué te parece?

Le dije que sí. Le dije que sí a todos: a Levi y a sus planes, y ahora, a Shepard.

Fui a refrescarme.

Levi llamó de su otro trabajo mientras yo aún estaba en el baño. Shepard ya no tenía más trabajos para él. Le dije que trabajaría hasta tarde. Para entonces ya estaba pasando cada vez más y más tiempo en casa de Shepard y cada vez menos en nuestro mal ejemplo de hogar —lo cual molestaba a Levi. Lo sabía porque cuando él hablaba de Shepard ya no mencionaba su nombre. Sólo cosas como: "¿El hijo de puta te dijo algo interesante?". O: "¿Qué le pasa al hijo de puta?". Encontré un paquetito de polvo blanco entre las cosas de Levi. Su piel se estaba manchando y estaba perdiendo peso. Lo negó, juró que lo había conseguido para un amigo, pero estaba de mal humor, pesimista. Entonces yo sólo quería escaparme con Shepard, ir a algún lugar donde Levi no pudiera encontrarme.

Shepard y yo caminamos de la mano a su polvoriento Jaguar azul y momentos después nos deslizábamos por Broadway hacia Newport y hasta Del Mar, su mano en mi rodilla, mi mano en su muslo, hasta que el cielo oscuro se iluminó de rojo con las luces de los juegos y las carpas. La rueda de la fortuna giró perezosamente, su colorido, su alegría provisional —como la mía, sospechaba. Esta felicidad no duraría —no podía, enamorarme de un republicano del condado de Orange no era parte del plan. Además, Levi nunca me dejaría quedarme con Shepard. Tuve el impulso de confesar y contarle lo que Levi estaba planeando en su contra, pero no supe cómo decírselo sin que sencillamente me despidiera y me echara de su casa.

Nos estacionamos y caminamos hacia las luces, hacia las tazas locas y la montaña rusa con las luces de neón color púrpura cortando la oscuridad del cielo. Había adolescentes desenfrenados por todos lados, apretando peluches baratos y comiendo algodones de azúcar. Shepard compró manzanas recubiertas de caramelo, pastelitos fritos y elotes tostados. Conseguimos pulseras y bebimos cerveza de barril.

Eran casi las 11 y los visitantes de la feria se derramaban a través de las puertas, probablemente para ser los primeros en brincar a la autopista. Shepard y yo nos movíamos contra la corriente, en dirección al área del ganado, más allá de Hércules, el caballo gigante, el establo de la llama y el corral de las razas porcinas. Me dijo que había venido a la feria desde que era un niño. Paseamos por la feria. Mi teléfono sonó, era Levi, pero lo ignoré, no sin temor. Levi decía que siempre podía saber dónde me encontraba, gracias al localizador GPS de mi teléfono y los arreglos que le había hecho. Los teléfonos celulares no te hacen más libre —te vuelven localizable, y eso no me gustaba ni tantito: Levi tenía ese dominio sobre mí.

Las parejas permanecían en las sombras y las sombras me asustaban. Me preocupaba que Levi pudiera estar escondido en ellas. Últimamente todo lo ponía de nervios y sospechaba de todos. Le había gritado al vecino de al lado que dejara de cantar tan mal. Incluso había perforado el salvavidas rosa que flotaba en la piscina porque ya no le gustaba verlo flotando allí.

Shepard me llevó a las gradas de metal que se hallaban alrededor del rodeo. Me levantó, puso su rostro frente al mío y me besó.

—Me haces muy feliz —dijo.

Este hombre alto y corpulento se había convertido en alguien importante para mí. Sacó del bolsillo una pequeña caja azul turquesa claro y la abrió. Un diamante solitario.

Tomó el anillo de la caja y lo deslizó en mi dedo.

—Lo harás, ¿no? —dijo—. ¿Te casarás conmigo?

Cuando llegué a casa a medianoche, Levi estaba inclinado sobre la barandilla del balcón, fumando con uno de sus amigos perdedores de los bajos fondos. Me había quitado el anillo y lo había escondido en el fondo de mi estuche de tampones.

La luz del agua bañaba a Levi y a su amigo, cuyo nombre no podía recordar. Les di un saludo a medias. Levi asintió y me dedicó su fría sonrisa de lagartija.

—¿Dónde has estado? —me preguntó luego de arrojar la colilla en la piscina. Para entonces su amigo se había ido.

—Tuve que quedarme con los niños hasta que Shepard regresó a la casa.

Tomé un cigarrillo del paquete que Levi había olvidado sobre el piso de cemento.

—Vete a la mierda —me dijo.

Lo miré por una eternidad. Con él siempre era mejor decir menos que más.

—¿Dónde está el anillo? —me reclamó.

—¿Cuál anillo?

—Mimi, esto sólo funcionará si eres sincera conmigo sobre ese hijo de puta.

Iba a entrar en el departamento pero me sujetó del brazo.

—Voy a decirle todo acerca de ti, Mimi. No se suponía que te enamoraras de ese idiota. Tú me quieres, ¿recuerdas?

Me solté de su garra y corrí adentro. Me serví un vaso de agua mientras trataba de pensar.

Pero Levi corrió tras de mí.

—¡Carajo!, no te alejes de mí, Mimi.

—Hago lo que se me da la gana.

—Vete a la mierda.

Me atrajo hacia él, apretó su boca contra la mía y me acarició el pecho.

—Vamos, nena, ¿qué nos está pasando?

Me liberé.

—Déjame en paz, idiota.

—Yo soy tu dueño —dijo—. Te he seguido hasta aquí para encontrarte y reclamarte y ahora eres mía.

—Las drogas te han vuelto loco.

—Loco por ti —me sujetó con una mano y empezó a desabrocharse la hebilla del cinturón con la otra.

Nunca había estado con un hombre por la fuerza y no estaba lista para hacerlo entonces. Traté de alejarlo, pero su apretón en el brazo sólo se hizo más fuerte.

—Antes te gustaba hacerlo conmigo —dijo—, ¿o es que el señor condado de Orange hijo de puta es mejor que yo, Mimi?

Su rostro estaba tenso, era una máscara de Halloween.

—Él no te querrá cuando le diga quién eres realmente, cuando le diga todo lo que tramaste. Te quitará el anillo y luego ¿qué vas a hacer?

—¿Lo que *yo* tramé?

Metió la mano en mis pantalones y me lastimó, fue entonces cuando algo se rompió entre nosotros. Mi preciado rodillo de mármol estaba en el mostrador detrás de mí, en el lugar de siempre. Lo busqué a tientas con la mano libre y casi lo tenía, pero se escabulló. Mi mano se posó en el martillo de Levi. Lo jalé y lo estrellé contra su cráneo con tanta fuerza como pude. Sus ojos verdes como espuma de mar se abrieron tanto que parecía verme por primera vez. Luego se desplomó en el linóleo. Un hilo de sangre salía de su oreja.

—Levi —me quedé sin aliento—. ¡Mierda!

La forma en que sus ojos miraban la sala sin pestañear le daba una apariencia tranquila que nunca le había visto.

Traté de pensar. ¿Debo empacar mis cosas, incluyendo mi rodillo de repostería, y partir? Consideré limpiar mis huellas digitales por todo el departamento, pero no sería capaz de deshacerme de cada pequeño cabello, cada pequeña célula mía que se había desprendido. Del ADN. Podrían relacionarme fácilmente con Levi, incluso aunque no tuviera un coche o una licencia de conducir en el estado de California. Incluso a pesar de que mi nombre no aparecía en el contrato mensual o en las facturas; de que todavía recibía mi correo en casa de Leonora. Para la mayoría de los residentes latinos, debía parecerme a cualquier otra gringa. Pero había hablado con Levi desde mi teléfono celular todo el tiempo. Incluso podrían vincularme con él a través de Shepard. Ellos visitarían al expatrón de Levi y me encontrarían allí, disfrutando de mi nueva vida.

No, no podía irme simplemente.

Bajé las persianas y cerré la puerta. Limpié las huellas dactilares del martillo para después colocarlo cerca de Levi. Encendí la ducha tan caliente como pude soportarla, me quité la ropa y me metí. Eso me calmaría y me ayudaría a pensar.

A medida que el agua hirviendo escurría por mi cara vino a mí lo que diría y haría: *Llegué a casa, Levi estaba aquí con uno de sus socios en el tráfico de drogas, me di una ducha y oí algo. Cuando salí de la ducha, encontré a mi novio en el suelo.*

Cerré la llave, me envolví en una toalla, me metí en mi papel. Corrí a la cocina, como si hubiera oído algo malo, y encontré a Levi tirado en el suelo. Me agaché para ver lo que estaba mal. El agua que escurría de mí se mezcló con la sangre de Levi. Corrí gritando del departamento a la terraza. Cuando empecé a bajar las escaleras se me cayó la toalla y la dejé. Era una loca desnuda. Los residentes —hombres en ropa interior y camisetas y mujeres en camisones— emergieron de sus pocilgas.

—¡Llamen a la policía!

Me salía bien el papel de histérica. Alguien le había hecho algo a mi pobre novio.

Las mujeres hablaban en español entre ellas. Más de una vez escuché la palabra "loco". Una mujer baja y morena con dientes de oro me envolvió en una manta mexicana, me acarició el pelo mojado y me susurró en español. Las sirenas se acercaban. Una multitud se había reunido alrededor de nosotros y arriba, junto a la puerta del apartamento.

Habría una investigación, pero después de un tiempo sería exonerada.

Nadie nos vio luchar. No recibiría una indemnización de ninguna compañía de seguros. ¿Por qué iba a matar a mi novio? Las autoridades buscarían al delincuente que lo hizo, o no. Probablemente no. ¿A quién le interesa la muerte de otro drogadicto? A la primera oportunidad llamaría a Shepard y le contaría en detalle lo que para entonces habría escuchado en las noticias. Le diría que Levi me obligó a decir que era su hermana, que me había amenazado y nunca había querido que me enamorara de él. Le recordaría a Shepard que lo amaba, cada centímetro de su cuerpo. Shepard creía en mí, nunca pensaría que yo podría hacer algo como esto.

Sabía ser paciente. Shepard y un Pedazo de Cielo en California eventualmente serían míos, y en poco tiempo el anillo volvería a mi dedo.

ZARIGÜEYA
POR KAREN KARBO
SE Twenty-Eighth Avenue, Portland
TRADUCCIÓN DE ABRIL POSAS

CHARLOTTE ESTÁ DESPARRAMADA EN EL PISO DEL BAÑO DE MI apartamento en Southeast Ankeny, el que renté porque pensé que le gustaría. Viejo pero artístico, con calefacción incrustada a la fuerza y mala cañería. Techos altos, escaleras crujientes, muros cubiertos de grueso y afilado cemento. El recibidor huele a humedad y a melón pasado. La pareja de abajo tiene una bandera pirata clavada en la ventana de enfrente; la casera tiene 23 años y camina por su departamento en tanga roja y playera. El edificio tiene forma de v, así que puedo verla fácilmente por sus ventanas. Tiene un pequeño balcón de hierro forjado donde cultiva flores anaranjadas en macetas verdes de plástico.

Desde que Charlotte me engañó con el crítico de cine, he hecho prácticamente lo que se me ha antojado. Tengo rienda suelta. Bombardeo el país y estoy saqueando las tiendas. Justo ahora diría que revuelvo mis metáforas. Eso es lo que saqué de estar casado con Charlotte. Ahora sé lo que son las metáforas revueltas, y cómo es posible sentir que alguien te arranca el corazón directamente del pecho, como en *Indiana Jones y el Templo de la Perdición*, para luego pisotearlo.

Dejo caer la tapa del retrete –¡bang!– y me siento. Es posible que Charlotte no esté muerta. Es sólo el tipo de cosas que fingiría para hacerme sentir mal. Como todas las chicas, es una reina del drama. Miro su cabeza, inclinada como si intentara recargar su oído en el hombro. La sangre chorrea de una fosa nasal perfectamente redonda. Por lo que puedo ver, no hay sangre que salga de sus oídos. Lo más seguro es que esté aturdida.

Charlotte pensó que estaba en su derecho de tener un amorío con el crítico de cine porque ocasionalmente me reunía con Lorna, mi exesposa, la madre de mi hijo. Muy de vez en cuando, después de que llevara a

Ray Jr. al zoológico o al Malibu Grand Prix, lo regresaba al apartamento de Lorna y cogíamos por los viejos tiempos. Era como repasar un álbum de fotos. Asociarte con alguien después de que estuviste casado no es lo mismo que encontrarte con un crítico de cine en el bar de Esparza's, donde compartes un tazón de plástico lleno de papas fritas con salsa picante y escuchas a Patsy Cline y comentas los armadillos disecados que cuelgan del techo y luego compartes una orden de tacos de avestruz, todo esto mientras hablas de pendejadas artísticas.

El crítico de cine tiene más cabello que yo.

Una vez en que Charlotte se negó a mostrarme respeto, cuando le pregunté si estaba o no enamorada del crítico de cine, me vi obligado a lanzarla contra un librero, para que supiera que no teníamos una de nuestras peleas de siempre. Ésta era en serio.

Dije:

—Lo del crítico de cine es un pasatiempo, ¿cierto? No hay nada ahí, ¿verdad? Contéstame. Sí o no.

Ella dijo:

—Él es más bien un *reseñador* de cine.

Se lastimó su espalda con la esquina de una repisa. No estuvo tan mal. ¿Qué es un pequeño moretón? Ella es ruda. Esquía y cabalga y toma clases de kick boxing. La mayoría de los libros de los estantes superiores le llovieron sobre cabeza y cuello. Eran ediciones de bolsillo. Aun así, se quejó con cualquiera que la escuchara: su horda de amigos comprensivos, su terapeuta, su abogado especializado en divorcios, y por supuesto, con el crítico de cine amante de los tacos de avestruz. Charlotte jamás habría tocado un taco de avestruz cuando estaba conmigo. Ahora el avestruz es la nueva carne blanca.

Charlotte yace en el piso de mi baño, apretada entre la tubería de agua caliente y el retrete. ¿Lo correcto es *yace* o *llace*? Charlotte lo sabría. Tiene una maestría y una suscripción al *New York Times*. La tubería de agua caliente distribuye a todo el edificio, y por qué pasa por mi apartamento, no lo sé. De noche, está lo suficientemente caliente como para provocarte ampollas. Charlotte la golpeó cuando cayó, lo que hizo que su cuerpo se torciera, lo que hizo que perdiera el equilibrio y estrellara su cabeza en el borde de la bañera. Miro su cabeza. Su cabello rizado se está soltando de su liga. No parece que esté respirando. Miro sus tetas. Me pregunto si todavía usa varillas.

Es posible que esté aguantando la respiración para encabronarme, para castigarme por irme a Praga.

Actuó como si yo hubiera planeado todo. Eso es lo que Charlotte nunca entendió. Soy un tipo sencillo. Tomo la vida como va llegando. Cuando mencioné que me iba a Praga sólo estaba hablando, llenando el aire con mis palabras. Debería saber cómo es si se está cogiendo a un crítico de cine.

Fue durante la última semana de agosto. Las hojas colgaban exhaustas de los árboles. Todavía vivía por Northeast Sandy. Nos vimos en la escuela Kennedy para cenar. El crítico de cine estaba en el festival de Sundance. Le dije que para la próxima que nos viéramos, él debía estar en la ciudad, para que ella me demostrara que aún teníamos esperanzas.

—No creo que haya esperanza para nosotros —dijo.

—¿Entonces por qué estás aquí?

—Yo misma me lo pregunto —ordenó un gin tonic.

—¿Eso es lo que él bebe, gin tonic? ¿Tanqueray y agua quina?

—A veces, en verano, he tomado gin tonic —dijo—. Caray.

Mentía. Era una mentirosa.

Ella me había amado. Ahora prefería las peleas. Como la del gin tonic. Puse mantequilla a un pedazo de pan y lo dejé frente a ella. Cruzó los brazos y miró por la ventana hacia el estacionamiento. Un tipo de playera roja a cuadros empujaba un carrito de compras lleno de botellas vacías. Pude notar que le urgía largarse de ahí. La parte de atrás de mi cuello se calentó, como siempre que me hacía encabronar.

De pronto, le dije que tenía algo qué contarle. Me miró, pero lo hizo por educación. Era tan educada. Me habían despedido de la compañía de control de plagas de Foster Road y ahora trabajaba en un sitio que hacía grapas, ganchos, tornillos y perillas. También hacían una linda manija de bronce para cajones. La semana anterior, en la sala de descanso, uno de los maquinistas hablaba de renunciar y mudarse a Praga, y entonces la chica de RH, quien jamás le había dirigido una mirada al tipo, estaba prácticamente sobre su regazo. Dijo que siempre había querido ir a Praga.

—Me voy a Praga —dije.

—¿A Praga? ¿Qué hay en Praga?

—Es algo que siempre quise hacer.

—¿Siempre? —sus ojos verdes estaban sobre mí. Se inclinó hacia delante y se apoyó en sus pálidos antebrazos. Podía oler su perfume de toronja, algo llamado Happy, que le había regalado en Navidad. Aquí era donde debió haber dicho, *Ray, no mames*. Aquí es donde su maestría le falló, donde todos sus libros y sus altaneras páginas izquierdosas fueron insuficientes.

¿Ya había mencionado que trabajaba en I&D* en Intel, diseñando cosas de las que no tenía permiso de hablar? Algo que tenía que ver con microchips y biología. Cuando la conocí, no sabía lo que era I&D. Usaba palabras como *entusiástico* sólo para hacerme sentir estúpido. ¿Quién era el estúpido ahora? Así es, me largo a Praga. El único lugar extraño al que había viajado antes era Ensenada.

–¿Esto es por tu trabajo? ¿Como cuando te enviaron a Chelyabinsk?

–Seguro –dije–. Es un viaje de negocios.

Había olvidado que le conté a Charlotte de un viaje de negocios que hice a Chelyabinsk.

El año pasado, Donnie, un tipo de la compañía de perillas, encontró una increíble y extremadamente atractiva esposa rusa en Internet. Su nombre era Olga, pero le gustaba que le dijeran Tootsie. Era una gran tipa. En una ocasión, Donnie sorprendió a Tootsie al regalarle una suscripción a *Self* y cayó sobre sus rodillas, llorando de gratitud. Enredó sus manos alrededor de los tobillos de Donnie y recargó su frente sobre sus zapatos. Luego le dio la mejor mamada que jamás había recibido, a la que le siguió una escala a la cocina para prepararle un asado.

Donnie me dio el nombre del sitio de donde sacó a su esposa y pensé ¿*Por qué no?* Charlotte ya no me amaba. Estaba por ahí bebiendo gin tonics con el crítico de cine. Así que una noche después del trabajo, luego de unas cuantas cervezas, escribí la altura, peso, color de cabello y ojos de Charlotte, y me salió Agnessa Fedoseeva.

Decía estudiar una carrera llamada "esteticista", pero esperaba encontrar a un hombre grande y fuerte al que pudiera amar y besar con entusiasmo. Estaba ansiosa por saber si era un hombre grande y fuerte. Quería saber cuántas televisiones de pantalla plana tenía. Me mandó un video donde aparecía enfundada en un breve camisón rojo, blanco y azul y tacones, bailando en su sala con luces de bengala brillando en cada mano.

Cargué el viaje a Chelyabinsk a la tarjeta de crédito y le dije a Charlotte que me enviaban allá de la empresa de perillas, a instalar una nueva fábrica.

---

* Siglas de Investigación y Desarrollo. En inglés: Research and Development (R&D). (N. de la T.)

–¿Pero por qué te mandan a ti? –Charlotte quiso saber–. Creo que es genial. Es muy emocionante y muy bueno para ti. Necesitas sentir el polvo del mundo en tus pies. Pero tú no hablas ruso.

–Están impresionados con mi ética de trabajo.

–Pues sí trabajas duro –dijo Charlotte–. Cuando tienes trabajo.

Estoy harto de ver a Charlotte yaciendo o llaciendo en el piso del baño, haciéndose la desmayada, aprovechándose de la situación, esforzándose para hacerme sentir como el malo del cuento.

Recorro el largo pasillo hacia la cocina. Me siento a la mesa sin encender la luz. Afuera, las luces de la calle brillan al reflejarse en la nieve, pintando las habitaciones que dan al exterior con una extraña luz de acuario. Miro por la ventana a la marquesina del cine Laurelhurst. Proyectan *Alien* y *Meatballs*. Charlotte pensaría que es gracioso. Agnessa no hablaba inglés, pero se reiría de todas formas.

Charlotte saldrá del baño eventualmente. Por ser tan lista, es muy predecible. Así es como funciona. Si me paro sobre ella para averiguar si está muerta, se hará la muerta a propósito, sólo para encabronarme. Pero si le doy la espalda y me voy del cuarto, saldrá caminando a ver qué pasa.

La parte de atrás de mi cuello se siente caliente. Nada de esto habría pasado si hubiera dejado el asunto de Praga en paz. Solamente era algo que dije para atraer su atención. Luego me di cuenta de que decía que me mudaba en septiembre, la primera semana, y estaría allá, al menos, por seis meses.

–¿Seis meses? –dijo, con ojos grandes.

–Tal vez un año.

Pensé que lo olvidaría. Que se iría a casa con el crítico de cine y abrirían una botella de merlot y discutirían las primeras películas de Martin Scorsese.

Charlotte comenzó a enviarme correos. ¿Dónde viviría en Praga? ¿Sabía que Praga se asentó en el siglo cuatro? El castillo de Praga es el castillo más grande del mundo. Había también un muro entero de grafiti dedicado a John Lennon. Definitivamente tenía que ir al museo del asesinato de Heydrich. Me envió ligas a páginas de internet, y guías que encargó en Amazon. Me dio libros de escritores checoslovacos. ¿Quién carajos es Kafka? Y firmaba sus correos con "besos y abrazos".

Agnessa leía novelas rosas. Le encantaban los peluches. Tenía 31 y todavía vivía con su madre, que necesitaba nuevos dientes y una operación. Le mandé una tarjeta para llamadas internacionales y me marcaba cada noche. Me confesó que tenía otros dos hombres que querían casarse con ella, uno vivía en Indiana y tenía cuatro televisores de pantalla plana, y el otro estaba en Florida y tenía tres. ¿Sabía cuánto me quería, que todavía estaba interesada en mí a pesar de que sólo tenía una televisión?

Charlotte y yo comenzamos a vernos los miércoles para tomar café en un lugar donde servían pasteles rancios y tenían demasiados periódicos gratuitos. De vez en cuando sacaba a Ray Jr. de la escuela y lo llevaba conmigo, sólo para recordarle a Charlotte el buen padre que podía ser. Ser un buen padre soltero es mejor que tener un cachorro de pit bull cuando se trata de atraer mujeres. Hacía beber su jugo de naranja a Ray y lo ponía a estudiar su vocabulario. Charlotte decía que en verdad iba a extrañarme.

Un día la convencí de acompañarme a Hawthorne a comprarle regalos a la familia que me recibiría en Praga, antes de que encontrara mi propio apartamento.

—¿Para quién estamos comprando esto exactamente? —preguntó. Fisgoneamos por una tienda atestada que vendía diarios caros, aceite para masajes y tarjetas divertidas. Había comenzado a llover. La tienda olía a perro mojado y pachulí.

—Hay una treintañera que vive en casa, una chica que ama los peluches.

—¿Ella es... —Charlotte me miró, entrecerrando un ojo como acostumbra. Podía sentir mi pulso en la frente. Iba a preguntarme si tenía algo con esta chica, si de alguna manera iba a Praga a verla. La pregunta se podía leer en toda su cara. Detrás de ella, una mujer intentaba alcanzar el estante de las tarjetas. Sólo la miré. *Anda, pregúntame*. Esperé—. ...es retrasada mental o algo así?

Pensé en Agnessa y en su chispeante manera de danzar en su sala.

—Es posible —dije.

Charlotte eligió una crema para manos que olía a pay de manzana y un panda de peluche.

Se los envié a Agnessa, a quien le encantaban los regalos. Amaba a Agnessa por ser tan fácil de complacer. Gasté cheques enteros para enviarle champú, calcetines, Levi's y una de esas bolsas de malla en las que las chicas meten su ropa interior antes de que vaya a la lavadora. También le mandé Happy. Que se joda Charlotte.

Le di aviso a los departamentos de Northeast Sandy. Le dije a la casera que me iba a Praga. Elaine era una chica con gatos que trabajaba en una librería y tenía un altero de libros sobre Wicca junto a su cama. Creía en los poderes de los cristales y en Match.com. Inicié una relación con Elaine. Una de conveniencia. Ella se sentía sola y le gustaba ayudarme a describir qué tan mala era Charlotte, qué tan puta e hipócrita. Elaine se ofreció a ponerle un hechizo. Le dije que se detuviera; no estaba buscando un compromiso. Cuando le conté a Elaine que me iba a Praga, sonrió con malicia:

—¿Praga, Minnesota?

—Eh, no —dije.

—¿A dónde vas realmente?

—Encontré un nuevo lugar en Southeast Ankeny, frente al bar yuppie.

—El Noble Rot, donde el vino es alimento.

Cuando Charlotte me corrió, dijo que podría llevarme lo que quisiera, así que lo hice. Las ollas y sartenes de acero inoxidable, pesadas, que nos dieron como regalo de bodas. Todos los DVD que vimos juntos y, qué diablos, el reproductor de DVD. Los libros que le decía a la gente que eran sus favoritos. El edredón de franela de las rosas. Un suéter negro que olía a Happy, y un par de pantaletas, pescadas de la canasta de ropa sucia. Nuestro álbum de bodas, y del congelador, la cubierta de nuestro pastel de boda. Parecía un sombrero envuelto en papel de cera.

Elaine apareció una tarde de sábado para ayudarme a empacar. Llevó algunas cajas vacías de la librería y empezó en la cocina. Las únicas cosas en el congelador eran unas cuantas charolas de plástico para hielo, un par de vasos cerveceros fríos —un truco que Charlotte me enseñó— y la cubierta del maldito pastel de bodas congelado. Elaine dijo que debería tirarlo, que no sabía por qué me aferraba a él. Dije:

—Soy un buen tipo, tengo una cualidad sentimental de un kilómetro de ancho. Demándame si quieres.

Charlotte me llevó a un restaurante de comida americana el día previo a mi partida. Antes de verla me topé con el auto promocional de Extremo El Payaso, estacionado cerca del Starbucks de Burnside. El auto parece un templo maya sobre ruedas, con cientos de cabezas esculpidas en los costados y algo así como el altar de una pirámide que se eleva desde el techo. Es bien sabido que el avistamiento de un auto promocional es de buena suerte. Soy más suertudo que la mayoría, pero mientras pasaba toqué una de las bocas abiertas de las cabezas sobre la cajuela. Las hojas de los maples estaban rojas y doradas. Me pregunté cómo estaría el clima en Praga, a pesar de que no iría para allá.

Charlotte me llevó a Esparza's. Estoy seguro de que disfrutó la ironía de llevar a su ex al mismo restaurante donde lo traicionó con otro, pero yo también me guardaba mi propia carcajada final –mi nueva casa estaba justo al otro lado del estacionamiento. Podía ver mi nueva cocina en el segundo piso. Podía ver mi caja de ollas y sartenes sobre la mesa.

Podía estar en I&D también. Podía tener mis propios proyectos secretos.

Después de que ordenamos margaritas, sacó un morral rojo de gamuza. Sus manos temblaban mientras lo abría. Sacó su anillo de compromiso, el que compramos juntos, el que técnicamente pagó ella, pues entonces yo estaba entre trabajos. Yo diría que cualquier cosa menor a un solo quilate apenas valía la pena, y ella estaría de acuerdo, pero ahí estaba ella y me lo entregó y dijo que quería que lo tuviera, que lo llevara a Praga, que lo guardara en un sitio seguro y que pensara en ella.

"Simplemente estoy muy orgullosa de ti, de que hayas dado este gran paso. Lamento que lo nuestro no funcionara. En verdad. Pero esto es mejor. Realmente vas a conocer el mundo."

Lloró. Su rímel se corrió. Hice una broma añeja, acerca de que necesitaba comprar otra marca de rímel, una que no se le corriera cada vez que llorara. Todas las camisas que tengo tienen una mancha negra y borrosa en el hombro. Definitivamente me la pude haber cogido, pero no había adónde llevarla. Mi vuelo salía en la mañana, y le había dicho que dormiría en el sofá de Elaine. Me gustaba aventar el nombre de Elaine aquí y allá, sólo para asegurarme de que me ponía atención.

Pasó una semana, luego dos. Fui a trabajar a la fábrica de perillas, donde mi labor era el control de calidad. Me sentaba en un banco alto dentro de un cuarto sin ventanas, asegurándome que nuestros soportes de muro tuvieran la cantidad correcta de orificios para tornillos. De noche bebía cerveza Czechvar y jugaba World of Warcraft y le echaba un ojo al estacionamiento de Esparza's Tex Mex, en caso de que Charlotte y el crítico de cine aparecieran.

No le conté a Agnessa que me iría a Praga, aunque sí le di mi nueva dirección y teléfono en Southeast Ankeny. Agnessa estaba impaciente.

Sus otros pretendientes empezaban a tirarle cuerdas al corazón. Se le estaba acabando el Happy.

Una noche fría el servidor de internet se colapsó y no pude ingresar a WoW, así que llamé a Agnessa y le dije que debería solicitar una visa de prometida. Qué diablos. Había visto el auto de Extremo el Payaso otra vez aquel día, estacionado en el Wild Oats. Suertudo yo y suertuda Agnessa. Pensé en traerla a Portland. Sacarla de Chelyabinsk, donde a su familia no le importaba comer pan mohoso con mantequilla rancia. Me gustaba la idea de salvar a Agnessa de su vida difícil. Una visa de prometida duraba noventa días. Me imaginé que entonces podría decidir si regresarla o no.

—¡Oh, Ray! —respiró—. Gracias, te amo, gracias.

—Conseguiremos la visa de prometida y nos daremos una oportunidad. Mandemos el compromiso al carajo. Hagamos una prueba de manejo.

—¿Ray? Ray... Yo... Eh... Yo... —podía escuchar sus húmedos jadeos de confusión.

—Intentémoslo, como colegiales —le dije.

Humo y espejos, humo y espejos. Admito que engañé a Agnessa, pero lo superará. Y en verdad soy un buen tipo. Para enmendar las cosas, le compré una caja negra de terciopelo en Fred Meyer's, y le mandé el diamante de Charlotte por Federal Express. Agnessa llamó cuando recibió el anillo y lloró. Más le vale. Ese anillo le costó a Charlotte cuatro mil. Me mandó otro video de luces de bengala y un chocolate ruso. En el video, presume el anillo y manda un beso a la cámara.

Praga está adelantada ocho horas a Portland, o tal vez nueve. Envié un correo a Charlotte a la una de la mañana para que pensara que le escribía a primera hora del día, cuando llegaba a la fábrica de perillas. La fábrica estaba en un suburbio de Praga. Le dije que tuve que tomar un autobús para llegar, junto a los otros trabajadores. Que incluso caminé por el puente Carlos. Que vi el famoso reloj astronómico (Wikipedia tiene una buena foto) y que descubrí un bar genial llamado El Payaso y el Bardo, donde el barman admiró mi tatuaje y me sirvió sopa de eneldo, cortesía de la casa.

Charlotte comenzó a escribir *Con amor, C,* al final de sus correos.

Una noche lluviosa después del trabajo fui a Holman's, a la vuelta de mi departamento. Las bocas de tormenta estaban tapadas con hojas que parecían hojuelas de maíz aguadas. Mis Vans se empaparon. Ordené un sándwich de carne gratinada y una Bud Light. Una mujer a unas mesas de distancia llevaba Happy. Lo distinguí sobre el desinfectante barato y las cebollas asadas. Qué diablos. Usé mi tarjeta telefónica para llamar a Charlotte desde el teléfono de paga.

Me contestó al primer timbre. Le dije que le estaba hablando desde El Payaso y el Bardo.

—Ray, ¿estás bien?

Me encantaba esa preocupación en su voz. Le dije que estaba bien, asegurándome de que no sonara bien en lo absoluto. Quería que pensara que tal vez estaba intoxicado. Que tal vez un trabajador en el autobús me golpeó por ser americano. Que tal vez moría de soledad. Cualquier cosa podía pasar en Praga.

—Son las 3:30 de la mañana. Creí que no tenías teléfono en tu piso.

—Te he extrañado —dije. Un rugido salió del bar. Noche de lunes de futbol americano en la televisión—. Estoy en El Payaso y el Bardo. Están viendo futbol. Ya sabes, soccer.

No entendía qué estaba haciendo en un bar a las 3:30 de la mañana. Le dije que no podía dormir.

—¿Y entonces qué, has estado caminando por las calles?

—Tenía hambre.

Hubo una larga pausa, como si nunca hubiera escuchado cosa más ridícula en su vida. Me cubrí la boca para no reírme. Luego todo salió mal. Fue el comienzo del cómo me encuentro en este momento, con ella yaciendo inconsciente en el piso de mi baño.

—¿Es una mujer? —preguntó—. ¿La de la discapacidad para aprender? ¿Es por lo que estás fuera tan tarde? ¿Estuviste con ella?

—¿De qué estás hablando? —¿de qué estaba hablando?

—La mujer a la que le enviaste la crema.

Olvidé que le había dicho que Agnessa vivía en Praga.

Mientras más negaba que veía a Agnessa durante mi estancia en Praga, más pensaba Charlotte que le mentía. Le dije:

—No la he visto. Además, somos amigos intocables.

Charlotte se puso como una pinche loca cuando dije eso. Pero era cierto. Soy un buen hombre. No miento a menos que tenga que hacerlo.

Cuando estaba en Chelyabinsk, Agnessa apenas me dejó sostener su brazo cuando cruzamos la calle. Donnie dijo que así son las rusas. Hasta que no reciban el diamante de la victoria, no hay esperanza de acción alguna.

—No he visto a Ag en meses —dije—. Es una amiga. Me recuerda a ti. Tiene el mismo sentido del humor, pero no tan cortante. Y contéstame esto, ¿por qué las mujeres eslavas son o tan bajas como son de anchas, o supermodelos?

—¿Es supermodelo?

—Generalmente son las muy viejas las que son chaparras y gordas. Las que barren las calles.

—Ray, sólo dime. ¿Hay algo entre tú y esta mujer o no?

—¿Sabías que preparan sándwiches de carne gratinada en El Payaso y el Bardo? Rarísimo, ¿no?

Charlotte me colgó. Pagué mi sándwich a medio comer y me fui a casa. Si dejaba las luces apagadas podría sentarme en la sala y beber una cerveza mientras veía a mi casera pintarse las uñas vestida sólo con una playera y su tanga roja. Charlotte me había dado una idea. Tan pronto como saliera la visa de prometida de Agnessa, le diría a Charlotte que mi trabajo en Praga estaba terminado. Le diría que vendría a casa con mi amiga Agnessa, quien deseaba empezar una nueva vida en Estados Unidos. Por supuesto, se quedaría conmigo hasta que encontrara un lugar para ella. Charlotte se volvería loca. Tal vez Agnessa y yo podríamos salir con Charlotte y el crítico de cine. Sería divertido.

Mis llamadas a Charlotte comenzaron a irse al buzón de voz, mis correos no eran respondidos. Mi casera puso cortinas. Llevé a Ray Jr. a ver una película sobre arrecifes de coral al IMAX. Vomitó en mi regazo. Probé suerte con Lorna, pero ella agitó la mano frente a su nariz y me dijo que me fuera a casa. Había un mensaje de voz de Agnessa, preguntando si había hecho su reservación de avión. Sin noticias de Charlotte luego de dos semanas completas.

Decidí que era momento de regresar a casa.

La calefacción está funcionando. Afuera, grandes copos de nieve alborotados explotan desde el cielo. Desde mi ventana puedo ver la calle nevada hacia el Noble Rot, donde el vino es alimento. Una vez que Charlotte deje de hacerse la zarigüeya y se levante del piso del baño puedo llevarla ahí. Que vea que no hay resentimientos. Ella piensa que soy del tipo vengativo, controlador, pero no me ha entendido.

Hacerse la zarigüeya. Siento ganas de reír. Así fue como nos conocimos, como se enamoró de mí. Todavía estaba en la compañía de control de plagas en Foster Road. Una mañana de primavera llamó bastante histérica. Había una zarigüeya muerta en sus tulipanes. Algunos de nosotros estábamos en la sala de descanso, agitando la máquina de golosinas para ver si podíamos liberar una bolsa de Doritos medio atorada. El supervisor llegó y se le ocurrió que deberíamos decidirlo sacando pajillas. Charlotte vivía en Lake Oswego, donde las damas no tienen nada mejor que hacer que practicar yoga, arreglarse las uñas y coquetear con los trabajadores. A veces hasta podías tener suerte.

Charlotte llegó a la puerta vistiendo pantaloncillos aguados y una playera de la Universidad de Michigan. Lentes para leer en su cabeza y una pluma y un montón de hojas en la mano. Esmalte color verde menta en las uñas de los pies. Sostuvo la puerta trasera mientras me dejaba entrar.

—La habría aventado a la basura, pero no la recogen hasta el próximo miércoles. No me pareció muy, no sé, higiénico.

Pero cuando llegamos al jardín donde los tulipanes crecían, sólo había algunos tallos aplastados, un pétalo o dos esparcidos por ahí.

—Estaba justo aquí —dijo, luego giró sobre su talón y me agitó pegándome en el brazo. Soltó una gran y fuerte carcajada—. Estaba haciéndose la zarigüeya. Dios mío.

Me ofreció una cerveza por la molestia, y le dije que las zarigüeyas no se hacen realmente las muertas, sino que se asustan tanto que caen en coma. Luego, después de unas horas, se reaniman y siguen su camino. Charlotte pensó que era fascinante. Me hizo sentarme a la mesa de su cocina para contarle más.

Pocas mujeres me han mirado de esa manera.

Esta noche llegó a mi departamento sin invitación. Le había mandado un correo dos días antes diciéndole que llegaba de Praga, por si le interesaba. No le dije donde vivía. Pensé que se lo haría saber la siguiente semana, después de que Agnessa llegara de Chelyabinsk.

—¡Hola! —se quitó la nieve de sus rojas botas vaqueras antes de entrar. Caminó por la habitación que da al exterior. Tocó los DVD apilados encima de la televisión, levantó la botella vacía de Czechvar que estaba sobre el escritorio junto a la computadora. Revisó un montón de correo que estaba al final de la mesa a un lado del sillón.

—Te acomodaste de inmediato aquí, ¿verdad?

—Es bueno verte —dije. Era bueno verla. No llevaba perfume alguno.

—Elaine me dio tu nueva dirección —dijo—. ¿Qué tal el *jet lag*?

Le pregunté:

—¿Quién? —pero yo sabía quién. Elaine era la única persona que sabía que me había cambiado a Southeast Ankeny—. Soñé contigo anoche —no sabía adónde iba con eso, pero a las chicas siempre les gusta escuchar que tuviste un sueño con ellas.

—Vine por mi anillo —dijo. Estaba en un humor de ésos. Bueno.

—Por qué no te sientas y lo traigo.

Soltó el cabello de su liga y lo volvió a amarrar sobre su cabeza. No se sentó.

Me tomé mi tiempo. Caminé el largo pasillo hacia mi habitación. Me senté sobre la cama en la oscuridad. Se me ocurrió que Agnessa iba a necesitar dónde poner su ropa. No tenía un buró, pero en su lugar usaría los dos estantes superiores del armario. Caminé el pasillo de regreso. Charlotte no estaba. Desde la cocina pude escuchar abrirse la puerta del congelador, luego la sonora risa de Charlotte. ¡Ja!

Me quedé de pie a la mitad de mi habitación principal, mirando el poster que había tomado de nuestra vieja casa, blanco y negro, de una joven pareja besándose en una calle de París. Tenía un nombre en francés.

—Esto no era algo que quería contarte por teléfono, pero una noche alguien entró a mi piso de Praga y se robó tu anillo —dije hacia la cocina. Me alegraba no tener que mirarla a los ojos—. Se llevaron mi cartera. Y mi pasaporte.

Regresó a la sala sosteniendo la cubierta congelada de nuestro pastel de boda.

—No lo puedo creer.

—Es nuestro pastel de boda —dije.

—Sí, ya sé lo que es. ¿Cómo es que todavía lo tienes?

—Dijiste que podía llevarme lo que quisiera.

—¿Qué hiciste con él los dos meses que estuviste en Praga?

—Tengo una cualidad sentimental de un kilómetro de ancho. Demándame si quieres.

Comenzó a mover la cabeza. Movió la cabeza y se rio. Rio y lloró hasta que se le corrió el rímel. "Primero pensé que Elaine era la loca, ¡pero eres tú! No le creí cuando dijo que no te habías ido a Praga. Era imposible. Nadie está así de loco. Dijo que si no le creía, que revisara el congelador."

—Elaine está loca —dije—. Además es una bruja.

—Detente, Ray, detente.

—Quería ponerte un hechizo pero no se lo permití.

—Perdiste la razón.

—Los tipos entraron a mi piso una noche que estaba fuera con Agnessa —dije—. Querías la verdad y ésta es la verdad. Estoy enamorado de Agnessa.

—¿La chica que vive con sus padres y le gustan los peluches? —puso la cubierta del pastel de boda en la mesa para que pudiera cruzar las manos sobre su pecho como acostumbra y dejó caer su cabeza, para carcajearse mejor desde sus entrañas. Tuvo suerte de que no la estrangulara ahí, en ese momento.

Le dije que había caminado por el puente Carlos con Agnessa, y que admiré el reloj astronómico con Agnessa, y que en realidad la familia de Agnessa era dueña de El Payaso y el Bardo.

Ella sólo contestó:

—Por Dios, Ray, ¿podrías ser más patético?

La miré. No debió decir eso.

—Es una pregunta retórica, por cierto.

Caminó por el pasillo hacia el baño por un pañuelo de papel para limpiar sus ojos. La seguí, y cuando se volvió la agarré del cuello y le di una buena sacudida. Agarrar a una mujer por el brazo es para perdedores. Te avientan la mano y chillan, "¡No me toques!", y actúan como si fueras un abusador de cuarta. Sólo necesitaba callarla, y el cuello es la tubería de la boca. Admito que después de que se calló la aventé contra la tubería ardiendo de agua caliente sólo para probar mi punto. Demándenme si quieren.

De vuelta en la cocina, puse la cubierta de pastel otra vez en el congelador. Miré por la ventana. Por la calle pasó una chica en su bicicleta y los copos de nieve se posaron sobre su casco rosa encendido. Portland es lo suficientemente helado para atraer la nieve, pero muy cálido para conservarla. Tiene que ver con la corriente japonesa. Charlotte se los explicaría, pero no va a salir del baño por el momento.

La nieve se detiene como dije que lo haría. Me pongo mis Vans y localizo mi pasaporte en el cajón superior de mi escritorio. Afuera, el aire se siente bien en mis brazos. La parte de atrás de mi cuello está fresca. La calefacción de aire era demasiado fuerte para ese lugar. En el estacionamiento le quito las placas a mi camioneta, camino sobre la nieve, y las meto en el basurero detrás de Esparza's. Justo cuando cierro la tapa, escucho el lento deslizar de llantas desnudas sobre la nieve y levanto la vista a tiempo para ver al auto promocional avanzando por la calle. Como decía, siempre he tenido suerte.

En el Aeropuerto Internacional de Portland llamo a la compañía de teléfonos para cancelar mi servicio. Le voy a hacer un favor a Agnessa. Sólo quiero lo mejor para ella y lo mejor es que se vaya con el tipo de las tres televisiones. Luego llamo al 911 y reporto un intruso. Doy mi dirección y les digo que está justo al otro lado del Noble Rot, donde el vino es alimento. Después compro un boleto para el siguiente avión que salga. Como dije antes, soy un tipo sencillo. Tomo la vida como va llegando.

III. Carreteras rabiosas

MULHOLLAND DIVE*
POR MICHAEL CONNELLY
Mulholland Drive, Los Ángeles
TRADUCCIÓN DE BERNARDO FERNÁNDEZ, BEF

DESTELLOS ARDIENTES Y LAS LUCES ROJIAZULES DE LAS TORRETAS rasgaban la noche. Clewiston contó cuatro patrullas mal estacionadas sobre el acotamiento, tan cerca del terraplén como era posible. Frente a ellas había un camión de bomberos y aún más adelante una furgoneta de peritos forenses. Había un policía de tránsito parado en medio de Mulholland Drive listo para detener el tráfico o desviarlo por el único carril que dejaron abierto. Con una muerte involucrada, debieron haber cerrado ambos carriles del camino, pero eso hubiera implicado cerrar un sentido de Mulholland desde Laurel Canyon hasta Coldwater Canyon. La gran molestia que eso podía provocar hubiera atraído las quejas de los ricos residentes de las colinas, deseosos de volver a casa después de otra noche de darse la gran vida. Y ninguno de los que estaban atorados en el turno de medianoche quería lidiar con más molestias.

Clewiston se había encargado de varias muertes en Mulholland. Era el experto. Al que llamaban a casa. Él sabía que, la identidad de la víctima lo requiriera o no, él sería el convocado. Se trataba de Mulholland y todas las llamadas de Mulholland eran para él.

Pero ésta era una muerte especial, por supuesto. La víctima tenía un nombre y el caso requería un cinco-por-cinco.** Eso significaba que todo debía cuadrar y hacerse a la perfección. El comandante a cargo se lo había informado someramente por teléfono.

---

* El título hace un juego de palabras intraducible con *drive* (conducir o vialidad automovilística) y *dive* (sumergir, zambullirse). Dejé el título original debido a que alude al nombre real de la avenida Mulholland Drive o Paseo de Mulholland. (N. del T.)

** En el argot de las radiotransmisiones, cinco-por-cinco alude a una señal clara y fuerte. Por extensión se usa como sinónimo de alta calidad. (N. del T.)

Se estacionó detrás de la última patrulla, encendió las intermitentes y descendió de su auto de civil. De camino a la cajuela tomó su gafete de la parte trasera de la camisa y se lo colgó por delante. Vestía de paisano por haber sido llamado fuera de su horario de servicio, así que debía asegurarse de anunciar que era un detective.

Usó la llave para abrir la cajuela y comenzó a reunir el equipo necesario. El policía de tránsito dejó su puesto sobre la calle y caminó hacia él.

–¿Dónde está el sargento? –preguntó Clewiston.

–Allá arriba. Creo que están a punto de sacar el auto. Se hundió junto con cien mil dólares. ¿Quién es usted?

–El detective Clewinston. El reconstruccionista. El sargento Fairbanks me espera.

–Baje por ahí y se lo va a topar por el... Ah, caray, ¿qué es eso?

Clewinston lo vio observar el rostro que se asomaba desde la cajuela. El muñeco de pruebas de choque estaba parcialmente escondido por todo el equipo que retacaba la cajuela, pero la cara se veía con claridad y los observaba fijamente, inexpresiva. Sus piernas habían sido desprendidas y descansaban bajo el torso. Era la única manera de que esa cosa cupiera en la cajuela.

–Le decimos Arty –dijo Clewinston–. Fue fabricado por una compañía llamada Accident Reconstruction Technologies: ART.

–Parece de verdad a la primera –dijo el oficial–. ¿Por qué va vestido de uniforme militar?

Clewinston tuvo que pensarlo.

–La última vez que usé a Arty fue para estudiar un atropellamiento en una esquina donde el conductor huyó. El muertito era un *marine* de allá por El Toro. Llevaba uniforme y nos preguntábamos si el conductor había alcanzado a verlo –Clewinston se colgó la correa de la mochila de su laptop sobre el hombro–. Sí lo vio. Gracias a Arty resolvimos el caso.

Sacó una tabla sujetapapeles del cofre y luego una cámara digital, su distanciómetro* de confianza y una lámpara Maglite de ocho pilas. Cerró la cajuela y le puso llave.

–Voy abajo para despachar esto –dijo–. Me llamaron a la casa.

---

* Instrumento similar a un monociclo que despliega una cinta métrica, utilizado para tomar medidas sobre terrenos grandes. (N. del T.)

—Sí, me imagino que entre más rápido acabe usted, más pronto me puedo ir. Es muy aburrido nomás estar parado aquí.

—Sé a lo que se refiere.

Clewinston descendió por el carril que iba hacia el poniente, que había sido cerrado a la circulación. La niebla se adhería en la oscuridad a los altos arbustos que flanqueaban ambos lados de la calle. Pero él aún podía ver las luces y el brillo de la ciudad que se encontraba abajo, hacia el sur. El accidente había ocurrido en uno de los pocos sitios a lo largo de Mulholland donde no había casas. Él sabía que al sur del camino el terraplén descendía hasta convertirse en un parque público para perros. Al norte estaba Fryman Canyon y el terraplén se elevaba hasta un punto donde se encontraba una de las estaciones de comunicaciones de la ciudad. Ahí había una torre que permitía retransmitir las señales de comunicaciones por encima de las montañas que cortaban la ciudad a la mitad.

Mulholland era literalmente la columna vertebral de Los Ángeles. Serpenteaba por lo alto de las montañas de Santa Mónica de un extremo de la ciudad al otro. Clewinston conocía lugares donde podías pararte sobre la línea blanca del pavimento y ver hacia el norte a través del valle de San Fernando y luego darte la vuelta y ver a través del lado poniente puntos tan lejanos como el Océano Pacífico y la isla de Catalina. Todo dependía de que el smog cooperara o no. Y de que supieras los lugares correctos donde detenerte a mirar.

Mulholland te daba la sensación de estar en la punta del mundo. Te hacía sentir el príncipe de una ciudad donde las leyes de la naturaleza y la física no funcionaban. El pie se dejaba caer, pesado, sobre el acelerador. Ésa era la contradicción, Mulholland estaba hecho para la velocidad pero no podía sustentarla. La velocidad mataba.

Al dar vuelta a la curva, Clewinston vio otro camión de bomberos y una grúa del taller de la policía de Van Nuys. Su cable estaba desplegado hacia abajo del terraplén y se tensaba mientras jalaba el auto hacia fuera. Por el momento, Mulholland estaba completamente cerrado. Clewinston podía escuchar el esfuerzo del motor de la grúa y el crujir y rozar del auto aún invisible mientras era extraído de los arbustos. La grúa se estremecía mientras jalaba.

Clewinston vio al hombre con la insignia de sargento en su uniforme y se colocó junto a él mientras observaban.

—¿Sigue ahí dentro? —preguntó a Fairbanks.

—No, lo llevaron a St. Joe's. Pero murió al llegar. Usted es Clewinston, ¿no? el reconstruccionista.

—Sí.

—Tenemos que hacer esto bien. En cuanto trascienda su identidad, tendremos a todos los medios cubriendo el caso.

—Me lo dijo el capitán.

—Sí, bueno, se lo digo yo también. En este departamento a los capitanes no les echan la culpa de nada cuando las cosas se descarrilan. Es siempre a los sargentos y esta vez no voy a ser yo.

—Entiendo.

—¿Tiene idea de cuánto vale este sujeto? Estamos hablando de decenas de millones y encima de todo se supone que estaba en medio de un divorcio. Así que vamos cinco-por-cinco-por-cinco en este asunto. *¿Comprende,*[*] reconstruccionista?

—Mi nombre es Clewinston y ya le dije que entiendo.

—Bien. Esto es lo que tenemos. Accidente fatal de un solo auto. Sin testigos. Parece que la víctima iba hacia el oriente cuando su vehículo, un Porsche Carrera comprado hace dos meses, entró a esa última curva de allá y por la razón que sea, no volvió a enderezarse. Hay marcas de las llantas sobre el camino que puede revisar. Como sea, se fue directo a un lado del camino y luego para abajo, *baby.* Heridas mayores en cráneo y torso. El tórax colapsado. Prácticamente se había ahogado en su propia sangre antes de que los bomberos llegaran hasta allá abajo. De todos modos lo treparon a un helicóptero y lo transportaron al hospital. Supongo que tampoco querían represalias.

—¿Le tomaron una muestra de sangre en St. Joe's?

Fairbanks, de unos cuarenta años y oficial de caminos de toda la vida, asintió.

—Me dijeron que estaba limpio.

En ese punto hubo una pausa en la conversación, sugiriendo que Clewinston podía concluir lo que quisiera del análisis de sangre. Podía creerle a Fairbanks o pensar que algún publirrelacionista ya había comenzado a trabajar.

La luz de la luna se reflejaba sobre la carrocería plateada del Porsche a medida que lo jalaban hacia la orilla del camino, como un pez hermoso

[*] En español en el original. (N. del T.)

en el momento de ser izado a un bote. Clewinston se acercó al auto seguido por Fairbanks. Lo primero que notó fue que era un Carrera 4s.

–Hmmm –murmuró.

–¿Qué? –dijo Fairbanks.

–Es uno de los Porsches con tracción en las cuatro llantas. Construido para esta clase de curvas. Diseñado para conservar el control.

–Bueno, evidentemente no está tan bien construido.

Clewinston colocó su equipo sobre la cajuela de una de las patrullas y tomó su lámpara Maglite para iluminar el Porsche. El auto estaba muy dañado por el choque y el frente había recibido lo peor. La carrocería estaba severamente distorsionada por los varios impactos que había sufrido al despeñarse por la empinada pendiente del terraplén. Se acercó para acuclillarse frente al cofre y las luces delanteras del lado del pasajero, que se encontraban hechas pedazos.

Podía sentir a Fairbanks detrás de él, mirando sobre su hombro mientras trabajaba.

–Si no hubo testigos, ¿cómo supieron que se descarriló de lado?

–Alguien allá bajo –dijo Fairbanks–. Hay casas allá. De buenas que este compadre no acabó en la sala de alguien. He visto cuando eso sucede, en otras ocasiones.

También Clewinston. Se levantó y caminó hacia la orilla del camino para mirar hacia abajo. Iluminó la pulpa expuesta de los árboles de acacia y demás follaje que el Porsche había arrancado a su paso.

Volvió al auto. La puerta del conductor estaba botada y Clewinston pudo ver los rayones que dejaron las tenazas utilizadas para extraer al pasajero. La jaló y se inclinó hacia dentro con su lámpara. Había mucha sangre en el volante, el tablero y la consola central. El asiento del conductor estaba húmedo de sangre y orina.

La llave aún estaba en el switch y éste, abierto. Las luces del tablero seguían encendidas. Clewinston se inclinó aún más y revisó el kilometraje en el odómetro. Apenas tenía 1,827 kilómetros.

Satisfecho con su inspección inicial del siniestro, volvió a su equipo. Se colocó la tabla sujetapapeles bajo el brazo y tomó el distanciómetro. Fairbanks se le acercó de nuevo.

–¿Pasa algo? –le preguntó.

Iluminó el asfalto. Encontró las marcas de las llantas y usó el distanciómetro para medir la separación entre ellas. Había cuatro marcas diferentes, dejadas cuando el Porsche intentó aferrarse al camino infructuosamente. Al regresar al punto inicial descubrió rayones sobre el piso en un clásico patrón de zigzag. Habían sido dejados sobre el asfalto cuando el auto dio una vuelta violenta hacia un lado y luego hacia el otro antes del enfrenón.

Apuntó las medidas sobre la tabla sujetapapeles. Luego dirigió la luz hacia los arbustos a ambos lados del camino, donde empezaban los rayones en el piso. Supo que el suceso había empezado ahí y buscaba los indicadores de la causa.

Notó una pequeña abertura entre los arbustos, un pequeño camino que seguía hacia el otro lado de la calle, atravesándolo. Era un cruce. Se acercó y dirigió el haz de luz hacia los arbustos y al piso. Después de unos instantes, cruzó la calle y estudió el otro lado.

Satisfecho con su revisión del sitio, regresó a la patrulla y abrió su laptop. Mientras iniciaba, Fairbanks se aproximó de nuevo.

—¿*Tons*?

—Tengo que echar números.

—Las marcas me parecen muy largas. El tipo debe de haber venido volando.

—Se sorprendería. Hay otros factores que intervienen. Eficiencia de frenos, de la superficie y las propias condiciones del piso… ¿Ve esa niebla que viene bajando? ¿Estaba así hace dos horas cuando el tipo se desbarrancó?

—Así ha estado desde que llegué. Pero los tragahumos llegaron primero. Voy a llamarle a uno.

Clewinston asintió. Fairbanks sacó su radio y le dijo a alguien que mandara a los primeros que llegaron a la escena del choque. Luego volteó hacia Clewinston.

—En camino.

—Gracias. ¿Alguien sabe qué hacía este tipo acá arriba?

—Asumimos que manejaba hacia su casa. Su residencia está en Coldwater e iba para allá.

—¿Desde aquí?

—Eso no lo sabemos.

—¿Ya notificaron a alguien?

—Aún no. Suponemos que su familiar más cercano es la mujer de la que se está divorciando. Mandé una patrulla a su casa pero no ha habido respuesta. Tenemos a alguien en Parker Center intentando localizarla, probablemente a través de su abogado. También tiene hijos grandes de su primer matrimonio. Están localizándolos, también.

Dos bomberos llegaron y se presentaron como Robards y López. Clewinston les preguntó sobre el clima y las condiciones del camino en el momento en que respondieron al reporte de accidente. Ambos describieron la niebla como densa en ese momento. Estaban seguros de ello porque la bruma había entorpecido la localización del lugar donde el vehículo se había estrellado a través del follaje, en el fondo del barranco.

—Si no hubiéramos visto las marcas en el pavimento, nos hubiéramos seguido de frente —dijo López.

Clewinston les dio las gracias y regresó a su computadora. Ya tenía todo lo que necesitaba. Abrió el programa de Accident Reconstruction Technologies y fue directo a la calculadora de velocidad y distancia. Copió los números de sus apuntes. Sintió a Fairbanks aproximarse.

—Computadora, ¿eh? ¿Eso te da todas las respuestas?

—Algunas.

—¿Qué fue de la experiencia y las corazonadas y los instintos?

No era una pregunta que esperara una respuesta. Clewinston añadió la longitud de las cuatro marcas sobre el pavimento que había medido y luego dividió entre cuatro, obteniendo un promedio de veinte metros de largo. Tecleó el número en el formulario de la calculadora.

—¿Dijo que el coche tiene apenas dos meses? —le preguntó a Fairbanks.

—De acuerdo al registro. Lo rentó en enero. Supongo que comenzó a tramitar el divorcio y consiguió el auto deportivo para ayudarse a ligar.

Clewinston ignoró el comentario y tecleó *1.0* en una cajita marcada como *E.F.* en el formulario.

—¿Qué es eso? —preguntó Fairbanks.

—Eficiencia de frenado. Uno punto cero es la máxima posible. Los parámetros pueden cambiar si alguien desmonta los frenos para analizarlos. Pero por ahora calcularé a partir de la máxima porque el auto es nuevo y tiene menos de dos mil kilómetros.

—Me suena lógico.

Finalmente, Clewinston tecleó *9.0* en la cajita marcada con *C.F.* Ésta era la parte subjetiva. Le explicó a Fairbanks qué estaba haciendo antes de que el sargento preguntara.

—Éste es el coeficiente de fricción —indicó—. Básicamente indica condiciones de superficies. Mulholland Drive tiene base de asfalto, que generalmente es un coeficiente alto. Y este tramo fue repavimentado hace nueve meses; eso de nuevo indica un coeficiente alto. Pero le quito un punto por la humedad. Cuando baja la niebla se acumula una capa de humedad que se mezcla con el aceite del camino y vuelve resbaloso el asfalto. El aceite es más pesado en el asfalto nuevo.

—Entiendo.

—Bien. Eso se llama confiar en el instinto, sargento.

Fairbanks asintió. Había sido correctamente refutado.

Clewinston tecleó *enter* y la calculadora arrojó una velocidad estimada en base a la relación entre la longitud de las marcas, la eficiencia de los frenos y las condiciones superficiales. Indicó que el Porsche iba a 66.5 kilómetros por hora al momento de despeñarse.

—Está bromeando —dijo Fairbanks al ver la pantalla—. Su compu dice que el tipo iba despacito. No puede ser.

—Sígame, sargento —dijo Clewinston.

Dejó ahí la computadora y el resto del equipo, excepto la lámpara. Guió a Fairbanks al lugar del camino donde halló los rayones en zigzag y el punto de inicio de las marcas de frenado.

—Okey —dijo—, el accidente empezó aquí. Tenemos un siniestro de un solo auto. No parece haber alcohol involucrado. No iba rápido. Se trata de un auto diseñado para este tipo de camino. ¿Qué falló?

—Exactamente.

Clewinston iluminó las marcas de frenado.

—Bien, tenemos marcas alternadas de frenado aquí, antes de que se descarrilara.

—Okey.

—Las cuerdas de la llanta indican que se jaloneó primero a la derecha y luego a la izquierda tratando de enderezar el auto. Lo llamamos una MEZ, Maniobra para Evitar el Zigzag.

—Una MEZ, muy bien.

—Dio un volantazo para evitar chocar con algo, luego corrigió la ruta. Después se apanicó e hizo lo que casi todo mundo. Pisó los frenos.

—Entiendo.

—Las llantas se detuvieron y se descarriló. No había nada que pudiera hacer en ese punto. No tenía control porque el instinto es apretar más fuerte los frenos, atravesar el piso con ese pedal.

—Y los frenos le quitaban el control.

–Exactamente. Se volteó. La pregunta es por qué. ¿Por qué dio el volantazo en primer lugar? ¿Qué precedió al accidente?

–¿Otro auto?

Clewinston negó con la cabeza.

–Quizá... pero nadie se detuvo. Nadie dio parte.

–A lo mejor... –Fairbanks se encogió de hombros. No estaba entendiendo.

–Eche un vistazo aquí –dijo Clewinston.

Llevó a Fairbanks a la orilla del camino. Iluminó el camino que entraba hacia los arbustos, llevando la mirada del sargento de vuelta a través de Mulholland al camino en el lado opuesto. Fairbanks miró a Clewinston y luego otra vez al camino.

–¿Qué piensa? –preguntó Fairbanks.

–Éste es un sendero de coyotes –dijo Clewinston–. Suben desde Fryman Canyon y cruzan Mulholland por aquí. Es el camino que los lleva al parque y a los perros. Probablemente esperan en el follaje a que algún perro se aventure fuera del parque.

–Es decir, ¿usted piensa que nuestro hombre salía de la curva y se encontró un coyote en el camino?

Clewinston asintió.

–Exacto. Dio un volantazo para evitar al animal, luego intentó enderezarse y perdió el control. Tenemos un zigzag seguido del enfrenón. Por eso se descarriló.

–Un accidente, simple y llano –Fairbanks negó con la cabeza, desilusionado–. ¿Por qué no pudo ser un DUI,* algo tan evidente como eso? –preguntó–. Nadie nos va a creer esto.

–Ésa no es nuestra bronca. Todos los hechos señalan un imponderable. Un accidente.

Fairbanks miró los rayones en el asfalto, asintiendo.

–Supongo que eso es todo.

–La compañía de seguros le dará una segunda opinión de cualquier manera –dijo Clewinston–. Probablemente desmontarán los frenos para probarlos. Un accidente significa doble indemnización. Pero si logran demostrar a través de sus cálculos que iba a exceso de velocidad o sin

---

* DUI: *Driving Under the Influence*, manejar intoxicado por alguna sustancia como alcohol o drogas, en el argot policiaco. (N. del T.)

precaución, ello suaviza el impacto. El pago se vuelve negociable. Pero supongo que llegarán a la misma conclusión que yo.

—Me aseguraré de que los peritos fotografíen todo. Documentaremos todo exhaustivamente y luego los ajustadores lo pueden revisar. ¿Me mandará un reporte?

—Bajo a la oficina de tránsito del Valle ahora mismo y le escribo algo.

—Bien, mándemelo. ¿Qué más?

Clewinston volteó alrededor para ver si olvidaba algo. Negó con la cabeza.

—Eso es todo. Necesito tomar algunas cuantas medidas más y unas fotos y luego me voy a escribir mi reporte. Lo dejo trabajar.

Clewinston lo dejó y caminó de vuelta al camino para tomar su cámara. Sonreía discretamente pero nadie lo notó.

Clewinston manejó hacia el poniente sobre Mulholland, a fin de alejarse del lugar del accidente. Planeaba tomar Coldwater Canyon para descender al Valle y de ahí a la oficina de Tránsito. Esperó a que las luces rojiazules de las torretas se vieran pequeñas en su espejo retrovisor antes de abrir su teléfono. Esperaba captar una señal con ese celular desechable. Mulholland Drive no cooperaba mucho con el servicio de telefonía móvil.

Finalmente captó la señal. Se orilló a un lado mientras conectaba la grabadora digital, la encendió e hizo la llamada. Ella contestó después del primer timbrazo, al tiempo que él retomaba el camino y aceleraba.

—¿Dónde estás? —preguntó él.

—En el departamento.

—Te están buscando. ¿Estás segura de que su abogado sabe dónde estás?

—Lo sabe. ¿Por qué? ¿Pasa algo?

—Te quieren notificar que murió.

La escuchó callar. Alejó el teléfono de su oreja para poder tomar el volante con las dos manos en una de las curvas peligrosas. Luego volvió a la llamada.

—¿Estás ahí? —preguntó.

—Sí, aquí ando. Es sólo que no puedo creerlo, eso es todo. Estoy sin habla. No pensé que sucedería.

"Estás sin habla, sin embargo, conversas", pensó Clewinston. "Sigue así."

–Querías que sucediera, así que sucedió –dijo–. Te dije que yo me haría cargo.

–¿Qué pasó?

–Se descarriló en Mulholland. Fue un accidente y ahora eres una mujer rica.

Ella no dijo nada.

–¿Qué más quieres saber? –preguntó él.

–No estoy segura. Quizá no debería saber nada más. Estaré mejor cuando ellos vengan.

–Eres una actriz. Lo puedes manejar.

–Okey.

Él deseaba que ella dijera más, observaba la grabadora en la consola central para ver que la luz roja siguiera brillando. Así era.

–¿Sufrió mucho? –preguntó ella.

–Es difícil de decir. Probablemente ya estaba muerto cuando lo arrancaron de los restos del auto. Por lo que escuché, será un ataúd cerrado. ¿Por qué quieres saber?

–Supongo que no quiero. Es sólo que es medio surreal que esto esté sucediendo. A veces desearía que nunca hubieras venido con la idea.

–¿Preferirías volver a vivir en un remolque mientras él vive en las colinas?

–No, no sería así. Mi abogado dice que el convenio prenupcial tiene huecos legales.

Clewinston negó con la cabeza. Gente que duda. Contratan sus servicios y luego no pueden vivir con las consecuencias.

–Lo hecho está hecho –dijo él–. Ésta es la última vez que hablamos. En cuanto puedas, tira a la basura el teléfono en el que estás hablando, como te dije.

–¿No quedará ninguna grabación?

–Es un desechable. Como todos los que usan los *dealers*. Ábrelo, aplasta el chip y tira todo a la basura la siguiente vez que vayas a McDonald's.

–No voy a los McDonald's.

–Entonces tíralo en The Ivy*. Me vale madres dónde. Sólo no lo hagas

---

* Lujoso restaurante en la bahía de Santa Mónica. (N. del T.)

en tu casa. Deja que las cosas sigan su cauce. Pronto tendrás todo su dinero. Y doble prima del seguro por el accidente. Me lo puedes agradecer.

Iba aproximándose a la curva cerrada que ofrecía la mejor vista del Valle.

—¿Cómo sabemos que piensan que fue un accidente?

—Porque yo los convencí de eso. Te dije, tengo Mulholland dominado. Pagaste por eso. Nadie va a sospechar nada. La aseguradora vendrá a metichear, pero no podrán cambiar las cosas. Sólo siéntate derechita y mantente fría. No digas nada. No ofrezcas nada. Tal como te indiqué.

Las luces del Valle se extendían frente a la curva. Vio un auto orillado en el mirador informal. Cualquier otra noche se pararía a arrestarlos; probablemente eran adolescentes manoseándose en el asiento trasero. Pero esta noche no. Tenía que llegar a la oficina de tránsito y escribir su reporte.

—Ésta es la última vez que hablamos —le dijo a ella.

Observó la grabadora. Sabía que era su última conversación con ella... hasta que necesitara sacarle más dinero.

—¿Cómo hiciste que se descarrilara?

Sonrió. Siempre preguntan eso.

—Mi amigo Arty lo logró.

—Involucraste un tercero en esto. ¿No te das cuenta de que...?

—Calma. Arty es mudo.

Entró en la curva. Se dio cuenta de que la comunicación se había cortado.

—¿Bueno? ¿Bueno?

Miró la pantalla. No había señal. Estos desechables eran tan confiables como el clima.

Sintió las ruedas morder la orilla del camino y levantó la mirada a tiempo para enderezar el rumbo del auto. Al salir de la curva, revisó de nuevo la pantalla del teléfono para saber si tenía señal. Necesitaba llamarla de nuevo. Hacerle saber cómo iban a ser las cosas.

Aún no había señal.

—¡Maldita sea!

Azotó el teléfono antes de cerrarlo sobre su muslo, luego devolvió la mirada al camino y se quedó helado cuando su mirada captó y se quedó fija en dos ojos brillantes frente a sus luces. Salió del estupor y dio un volantazo para evitar atropellar al coyote. Corrigió el rumbo pero las llantas cayeron en el acotamiento. Dio un volantazo más fuerte y la llanta delantera salió del acotamiento y volvió a la carretera, pero la trasera resbaló y el auto se deslizó.

Clewinston tenía un conocimiento casi clínico de lo que estaba sucediendo. Era como si estuviera observando una de las recreaciones de accidente que había preparado cientos de veces para audiencias en la corte y en los juicios.

El carro se deslizó hacia el precipicio. Sabía que golpearía contra la barda de madera –elegida por el gobierno de la ciudad por razones estéticas por encima de la funcionalidad y la seguridad– y que la atravesaría. Sabía que en ese momento probablemente era un hombre muerto.

El carro dio una vuelta de 180 grados antes de atravesar la barda de seguridad. Luego voló y cayó, con la cajuela trasera hacia el frente. Clewinston se aferró al volante como si fuera el instrumento de su control y destino. Pero sabía que nada lo podía ayudar. No podría recuperar el control.

Vio a través del parabrisas los haces de sus luces apuntando hacia el cielo. "Estoy muerto", dijo en voz alta.

El auto atravesó un conjunto de árboles, arrancando las ramas con un estruendo tan fuerte como el de unos cohetes. Clewinston cerró los ojos para el impacto final. Hubo un estruendo contundente y un choque estremecedor. La bolsa de aire se infló desde el volante y empujó su cuello hacia atrás, contra el asiento.

Clewinston abrió los ojos y sintió líquido rodeándolo y elevando su pecho. Pensó que tenía un desmayo momentáneo o que estaba alucinando. Pero entonces el agua helada alcanzó su cuello y era real. Sólo pudo ver oscuridad. Estaba en aguas oscuras que inundaban su auto.

Alargó la mano hacia la puerta pero no logró abrirla. Supuso que los seguros habían hecho corto. Levantó las piernas para patear alguna de las ventanas astilladas pero el cinturón de seguridad lo mantuvo en su lugar. El agua llegaba hasta su mentón y subía. Rápidamente desabrochó su cinturón e intentó moverse de nuevo para descubrir que ése no era el impedimento. Ambas piernas estaban atoradas bajo la columna del volante, que se había colapsado durante el impacto. Intentó levantarla pero fue incapaz de moverla un centímetro. Trató de escurrir las piernas debajo de todo ese peso pero estaba atorado.

El agua llegaba ya a su boca. Inclinando la cabeza hacia atrás y elevando el mentón ganaba un par de centímetros, pero eso fue rápidamente sumergido por la marea que subía. En menos de treinta segundos se lo tragó el agua mientras él aguantaba su último suspiro.

Pensó en el coyote que lo hizo descarrilarse. No parecía posible que eso hubiera pasado. Una cascada de burbujas escapó de su boca hacia arriba mientras maldecía.

De pronto todo se iluminó. Una luz brillaba frente a él. Se inclinó hacia adelante y miró a través del parabrisas. Vio una figura en bata detrás de la luz, con los brazos a los lados.

Clewinston supo que todo había terminado. Sus pulmones le ardían a medida que se sofocaba. Era su hora. Dejó escapar la última bocanada de aire, dejó que le entrara el agua y se lanzó hacia la luz.

James Crosley terminó de anudarse la bata y miró hacia la alberca de su patio trasero. Era como si literalmente el auto hubiera caído de los cielos. El muro de ladrillo que rodeaba la piscina estaba intacto. El auto tuvo que brincar la pared y aterrizar perfectamente en el centro de la piscina. Pero el auto estaba totalmente sumergido excepto por la orilla de la cajuela, que se había abierto al caer. Flotando sobre la superficie había un maniquí bastante real vestido con jeans viejos y chaqueta militar verde. La escena era estrambótica.

Crosley volteó hacia arriba, hacia donde sabía que Mulholland Drive bordeaba la orilla de la montaña. Se preguntó si alguien habría empujado el coche hacia afuera del camino como una especie de broma pesada.

Entonces miró hacia abajo, a la alberca. La superficie se calmaba y pudo ver más claramente, iluminado por las luces de la piscina. Fue cuando le pareció ver a alguien sentado, inmóvil, detrás del volante.

Crosley se arrancó la bata y se zambulló desnudo en la alberca.

NO PODÍAMOS DEJAR DE MIRARLA
POR MEGAN ABBOTT
Alter Road, Detroit
TRADUCCIÓN DE FERNANDA MELCHOR

SIEMPRE QUERÍA IR Y NO HABÍA FORMA DE DETENERLA UNA VEZ QUE la idea se le metía en la cabeza. Su voz ejercía una gran presión en el auto, el Buick de la madre de Joni, sus asientos esponjosos color vino y el eterno aroma a L'Air du Temps.

Joni le seguía la corriente; creo que todas lo hacíamos, Keri nos caía bien, ¿ves? Admirábamos sus modales suaves y peligrosos. Tan linda con su cabello castaño, lacio, cargado de destellos claros (pasó todo el verano en la piscina Woods exprimiéndose limón en la cabeza), tan linda con sus faldas rectas, sus jeans planchados, sus elegantes broches para el cabello. Venía de Harper Woods pero ella lo trascendía, ¿ves?, por eso la dejamos colarse; la dejábamos juntarse con nosotras, incluso había veces en que la dejábamos mandar, como ésta. Su madre gastaba cada centavo de su salario como enfermera del hospital Hutzel en la ropa de su hija; eso hacía que Keri pareciera de Grosse Pointe, que pasara; y pasaba tan bien que hasta logró echarle una zarpa de uñas pintadas de color de rosa a un rubio jugador de lacrosse, un chico del sur de Grosse Pointe, Kirk Deegan, de cabellos tan claros como los de un polluelo y camisas impecables, de delgadas rayas de colores vivos y mocasines pulcros, las pantorrillas cubiertas de suave pelusa de muchacho. Uy, se sacó la lotería con ese chico. De jugar bien sus cartas, podría llevarlo a donde ella quisiera.

Ninguna de nosotras ni nadie que conociéramos debía cruzar Alter Road,* ni siquiera acercarse a Alter Road; era como desaparecer de la faz

---

* Alter Road es una avenida de aproximadamente 6 kilómetros ubicada al sureste del condado de Wayne, en Michigan, Estados Unidos. Esta vía funciona también como una línea divisora, real y simbólica, entre la ciudad predominantemente "negra" de Detroit y la ciudad predominantemente caucásica de Grosse Pointe Park. (N. de la T.)

de la tierra. Peor que eso. Las cosas que pasaban cuando atravesabas esa franja ardiente de asfalto, esa chica mayor que nosotras —la prima de alguien, no la conocías— que cruzó y terminó allá por los rumbos de Connor, donde la encontraron tres días después en un prado, violada hasta el coma en algún fumadero de crack y después abandonada ahí y dada por muerta; no, no, fue tres semanas después y alguien la vio dándole a la pipa y haciendo la calle en el Cass Corridor. No, no, fue peor, mucho peor... y entonces todo se volvía susurros, horribles susurros; ¿qué podía ser peor?, te preguntabas, y siempre podías imaginarte algo más espantoso.

Pero ahí estaba Keri, recostada en el asiento trasero, los labios brillosos resplandeciendo en la oscuridad del auto, los puños contra el respaldo del asiento del pasajero, diciendo: *Vamos, vamos, vayamos, ¿qué hay aquí? No hay nada aquí. Vayamos.*

Después de todo, ¿cuántas noches podíamos pasar revolviendo con la cuchara larga el interior de las copas de helado de mantequilla de cacahuate en Friendly's? ¿O mirando a los chicos jugar hockey en la arena de Grosse Pointe? ¿O acurrucadas en los asientos del cine Woods, con los dedos y la boca grasientos de palomitas de maíz; o conduciendo por ahí en busca de fiestas, cualquier fiesta en la que pudiéramos conocer nuevos chicos, chicos que nunca antes hubiéramos visto pero que fueran nuestros, chicos con chaquetas universitarias y el mismo cabello echado de lado sobre la frente, astutos como zorros, y la misma conversación, las mismas cinco palabras frente a la boca, detrás de una lata de cerveza, rogando no tener que hablar, que el ímpetu estruendoso de la música se llevara consigo cualquier plática y que la cerveza hiciera su trabajo para que este chico frente a ti pareciera todo lo que no era y hasta más? ¿Cuántas noches de lo mismo, pregunto?

Así que cuando Keri dijo *Vayamos* quizá nosotras nos permitimos bajar de tono, relajar un poco nuestro aspecto estirado; dejamos de torcer los ojos y nos enroscamos en su tranquila urgencia y dijimos *Vamos, vamos, vamos.*

Cuando estaba en casa, el hermano de Joni nos compraba cerveza y botellas de vino y Joni las escondía en el arbusto debajo de la ventana de su cuarto para cuando las necesitáramos. Pero casi siempre el hermano de

Joni estaba en Hillsdale, intentado conseguir los créditos suficientes para graduarse y entrar a trabajar para su padre en Prudential. Así que ahí estaba este lugar llamado Bronco's, junto a la salida de la calzada Outer, donde podías comprar lo que quisieras siempre y cuando estuvieras dispuesta a dejar doce dólares por un paquete de cuatro botellas de Mickey's o una Old Style de a litro; su sabor áspero permanecía en tu boca toda la noche.

Ir a Bronco's era divertido, ver las calles tan vacías y el estallido fluorescente de su letrero en lo alto como un faro, como una estrella fugaz mientras subías la larga cuesta de la Interestatal 94. Verlo a veces hacía que tu corazón palpitara, que tu estómago se retorciera, vibrara, diera vueltas, como cuando el encargado –un tipo blanco de panza enorme y labios grasientos– llevó a Keri a la trastienda, detrás de la cortina ondeante. Pero sólo quiso hacerla dar vueltas, pasarle los dedos cargados de oro sobre su pecho y su trasero. Y a últimas, ¿qué nos importaba a nosotras? Bien valía la pena por la botella extra de Boone's sabor Fresa Campestre que el tipo echó en nuestra bolsa de compra. Caray, siempre hay que pagar un precio, ¿no? Como dijo Keri, desde la oscuridad del asiento trasero, ¿qué tanta diferencia había entre aquello y dejar que los titulares del equipo de los Diablos Azules te metieran mano bajo el sostén para poder entrar a la fiesta de los de último año, en la costa del lago, donde los padres dejaron seis cajas de champaña antes de largarse a pasar el fin de semana en Aruba? ¿Qué tanta diferencia? Muchísima, dijimos, pero sabíamos que no era cierto.

Pero no sólo era Bronco's. En Bronco's fue donde empezó todo, y luego, al salir de aquella fiesta en Windmill Pointe, aceleradas por la cerveza y los cigarrillos y con las piernas erizadas de energía, y Keri diciendo *Vayamos para allá, sí, para allá* y antes de que nos diéramos cuenta ya nos habíamos volado la barda.

Alter Road, maldición, para tener algo qué recordar.

Trepamos la curva cortísima de un puente bajo el que corría un canal fangoso de no más de tres metros de ancho, y ahí estábamos. Pero no era en absoluto como los rumbos de Bronco's. Era igual de solitario pero no lucía para nada como un rincón maltrecho de la ciudad. El olor del agua y esos remolques arrumbados sobre el canal, abandonados, uno tras otro, surcados por el óxido, vibrantes bajo las farolas de la calle; los estrechos pasillos bloqueados por barcas podridas sobre ruedas tambaleantes, y casas rodantes de ventanas rotas, y pasadizos tan angostos que te hacían sentir como dentro del juego ese de la Casa de la Risa, y entonces, de repente, toda esa estrechez daba paso a grandes extensiones de desolación, de baldíos cubiertos de verdor, como praderas. Nunca habíamos visto algo así, ninguna de nosotras. Y dentro del auto, la respiración se nos aceleró porque habíamos encontrado algo nunca antes visto y no podíamos dejar de abrir los ojos.

Pegamos el arrancón, vibrando, hasta pasar los cien kilómetros por hora, ciento diez en las calles secundarias; tomábamos las curvas cerradas y hacíamos que las llantas rechinaran, qué importaba. No había nadie en esas calles, te digo; sólo pilas de basura, gatos tuertos alejándose velozmente. Qué importaba. No quedaba nadie ahí, ¿ves?, era nuestro.

Pero Keri seguía encontrando nuevas calles y su voz, suave y arrulladora, con ese acento de Grosse Pointe que la hacía sonar fastidiada incluso aunque en realidad estuviera emocionada, decía –¿y quiénes éramos nosotras para negarnos?–, decía *A la izquierda, a la izquierda, Joni, allá, allá, Joni.* y así nos fuimos internando cada vez más, cada vez más, río abajo; atrás quedó el fermento viscoso de los canales y las casas tambaleantes que parecían ulular cuando el viento jadeaba a través de las grietas hinchadas, de sus ventanas sin vidrios, de su oscura gloria. Eso es lo que Keri nos mostró. Ella fue la que nos lo mostró.

Es hermoso, dijo, sin siquiera decirlo.

Si hubiéramos estado todas hablando en voz alta jamás habríamos tenido el valor de decirlo nosotras.

Y después de un rato vimos gente.

Primero, un racimo errante de figuras, muchachos que caminaban juntos. Un sujeto solitario que cantaba suavemente; podíamos escucharlo, con la ventana abierta y el radio apagado, queríamos escucharlo, ¿ves?, queríamos escuchar. Cantaba algo acerca de una dama vestida de dorado.

Una mujer de mediana edad palmoteaba en dirección de su perro y lo llamaba mientras el perro cojeaba hacia ella y aullaba, melancólico.

Pero sobre todo vimos pequeños grupos de muchachos, ahí de pie, sin hacer nada más que arrojar las brasas encendidas de sus cigarrillos a la calle.

Al principio Joni aceleraba cuando los veía. Parloteaba con voz aguda, entrecortada, de cómo habían tratado de robar el auto de su madre para llevarlo a una chatarrería –hay cientos de ellas por toda la ciudad, en serio– donde en veinte minutos el Buick Regal de color vino terminaría convertido en un esqueleto metálico. *Así es como funciona,* decía ella. *Así es como lo hacen.*

Ninguna de nosotras decía nada. Sentimos cómo el auto saltaba sobre un bache y nuestros estómagos flotaron como en la montaña rusa de Cedar Pointe.

Y entonces Keri dijo: *Joni, esta vez conduce despacio. Vamos, Joni. Hay que ver qué están haciendo. Hay que ver.* Y Joni, con los dientes castañeándole, barboteaba sobre chicas blancas violadas hasta desangrarse en solares abandonados, y la dejamos decir eso porque Joni lo necesitaba, tenía que expresarlo, y quizá nosotras teníamos que escucharlo; pero sabíamos que bajaría la velocidad, y lo hizo.

Y estábamos muy lejos de Alter Road, más allá de Chalmers incluso, adentro de ese susurro silbante que era Detroit para nosotras. Detroit. Duro en la boca como un pedazo de vidrio que resplandece entre tus dientes. ¿Y quién podía negar que no era aterrador y hermoso al mismo tiempo?

Su voz era grave y suave y sí, lo diré, su piel era tan oscura como el terciopelo negro, con un brillo azulado bajo el farol de la calle. Hablaba con sus amigos en la acera y casi podíamos escucharlos y por Dios que queríamos, y ahí estaba Keri, sus manos apoyadas en el borde de la ventanilla abierta, y él la miraba como si la conociera, pero eso era imposible. No la conocía pero no iba a perderse la vista de esa cascada de largos cabellos que caía de la ventanilla mientras ella estiraba el cuello para ver mejor, para escuchar, para darle sentido.

—¿Estás perdida, dulzura? —dijo él, y era como un vidrio rompiéndose, o como si algo que se hubiera estirado a través de miles de kilómetros de repente cediera y se soltara, se soltara.

—Sí —fue todo lo que alcanzó a murmurar ella antes de que Joni clavara el pie en el acelerador y saliéramos despedidas, con los corazones martilleando...

...Y Keri seguía diciendo: *Sí, sí, sí...*

Mira, tienes que entender: no sabíamos nada de nada. No sabíamos nada sobre las condiciones, la historia, el significado de las cosas. No sabíamos nada. Veíamos castillos en ruinas sacados de algún oscuro cuento de hadas, con un arista de libertinaje, como sucede en las mejores fantasías.

Keri estaba junto a los casilleros, el lunes por la mañana; entre puertas que se azotan y lápices que ruedan por los pasillos de pisos pulidos; se acerca a mí, la mejilla presionada contra el interior de la puerta de mi casillero, haciéndola columpiar, mecerse. Y me dice: *¿Recuerdas cuando Joni condujo muy despacio y nos dejó verlos bien y él me miró y en esos ojos pude ver que él sabía más que cualquiera de nosotros, más que todos los maestros de la escuela y que todos los padres? En un solo segundo supe que él sabía más que el resto del mundo, que toda la gente en este lugar de muros de mármol que no se entera de nada. Lo que vi en sus ojos fue que él era más de lo que yo jamás podría ser.*

Keri nos cuenta su primera cita con Kirk Deegan; él, radiante en su chaqueta universitaria de los Diablos Azules y el collar de conchillas marinas que trajo de su viaje invernal a la isla Sanibel. Vuela todo el camino desde su enorme residencia colonial en Rivard hasta la deslucida casa de un solo piso de ella, en Harper Woods. Puede oler la grasa de pizza del restaurante de la esquina y no quiere entrar.

—Nah —dice, con un pie en el escalón más bajo del porche, los Ray Ban alzados sobre la frente—, ¿dónde encajaría yo ahí?

Debí haberlo visto venir porque, ¿quién quiere hacer lo mismo siempre? Era divertido al principio, pero ¿en qué acabaría todo después? No podías ni bajarte del auto. Lo hacíamos por la emoción y lo hicimos hasta que dejó de emocionarnos. Y todo sucedió así: Joni comenzó a salir con un chico de La Salle que tenía su propio auto, y las tardes ahora se las dedicaba a él, y yo comencé a tomar clases de tenis y había fiestas nuevas y Keri se volvió apenas un revoloteo de pelo largo en el rabillo de nuestros ojos. Casi no la veíamos. Estaba ahí, entre la corte real del baile de Bienvenida, radiante en su vestido de flores, con una sonrisa brillante, saludando con la mano a todo el mundo, bien erguida, con el rostro quieto, perfecto, congelado en dirección de los flashes de las cámaras, hacia los rostros que lanzaban ovaciones, hacia nosotros, hacia todos.

Era el último, ese año; el último de todo. Podías incluso percibirlo, ¿no?, de alguna manera, y hacía que todo fuera más especial, más *algo*, por lo menos.

Y después, en el baile, Keri flotaba en torno a Kirk Deegan, y él se alzaba imponente junto a ella con esa mata de cabello claro, el chaleco y la corbata a cuadros escoceses y esa galanura imperturbable de ojos como hendiduras, y no dejaba que ningún otro chico se le acercara o siquiera tocara su hombro, o pasara junto a ella. ¿Qué chico me había querido a mí tan cerca siempre de él? Ninguno, te digo. Tanto así la quería, como decía todo el mundo. Tanto así la quería.

Se desliza junto a mí en la sala de estudios, los ojos enrojecidos y parpadeantes y su voz cansada se cuela en mi oído: *¿Cómo estuvo la fiesta?*, pregunta. *¿Se enojó Stacey porque no fui?* Yo sólo sonreí porque era obvio que Stacey estaba furiosa porque se suponía que Keri llevaría a Kirk, y que si Kirk iba también iría Matt Tomlin, a quien Stacey se trataba de ligar. Estaba tan ilusionada con él que apenas podía soportarlo.

¿Adónde fueron?, pregunté. Y ella me dirigió una sonrisa vacilante y no respondió nada. Yo le dije: ¿Entonces tú y Kirk…?, pero ella negó con la cabeza muy rápido.

No lo vi a él, no fue eso.

Y me contó que Kirk se puso demasiado borracho como para salir; que había estado alardeando del escocés añejo de su padre y que se tomó la mitad de la botella y se quedó dormido sobre un sillón de cuero, como un anciano. Así que Keri tomó su Audi y se fue a dar una vuelta y antes de darse cuenta ya hacía mucho que había pasado Alter Road, que había pasado todo, hasta la planta de Jefferson y la de tratamiento de aguas. Dijo que estuvo conduciendo por ahí, viendo cosas y que terminó perdiéndose cerca de un ferrocarril abandonado.

Estaba loca por hacer eso; se lo dije y ella asintió como dándome la razón, pero me di cuenta, por la manera en que volvió la mirada, de que no estaba de acuerdo conmigo y que de ahora en adelante ya no se molestaría en contarme nada. Y no dejó de ir a esos lugares. Podías sentirla regodearse en el placer que le producía. Como si fuera tan especial por hacer ciertas cosas que nadie más hacía.

Conocí a un chico hace dos semanas, dijo. *Me invitaron a una fiesta en esta enorme casa vieja, ni siquiera sé bien en dónde. Podías ver la planta Chrysler. Era todo lo que se veía. La casa esta tenía torres como un castillo. Como un castillo de cuento de hadas. Recuerdo que quise subir hasta la cima de la torre y pararme en ella como una princesa perdida, y mirar el río y agitar un pañuelo como esperando a que mi amado volviera del mar.*

No tenía idea de qué estaba hablando. Nunca había escuchado a nadie hablar así. Creo que fue la vez que más la escuché hablar, y lo que decía tenía tanto sentido para mí como la clase de trigonometría.

La casa no estaba vacía, dijo. *El piso estaba roto, levantado. El pie se me metió entre las lajas y un chico tuvo que cargarme, muerto de risa. Tenían música puesta, y bocinas por toda la casa, una incluso estaba incrustada en una vieja baranda, gruesa como el tronco de un árbol, y todo el mundo bailaba y tomaba cerveza y Wild Irish Rose, un licor tan rojo como sus ojos irritados por el humo, y fumaban marihuana y el lugar entero se sentía vivo y yo bailé, uno de ellos bailó conmigo, era muy oscuro y tenía un diamante en la oreja. Dijo que me llevaría a Fox Creek, cerca de los remolques, y que le dispararíamos a los tanques de gasolina viejos, y yo dije que sí y él me cantó al oído y podía sentirlo atravesar mi cuerpo, como en el laboratorio, cuando el señor Muskaluk hizo que la corriente me atravesara frente a toda la clase, así, así, así era esto. Podía hacer lo que yo quisiera, a nadie le importaba. Podía hacer lo que yo quisiera y nadie me detendría.*

—¿Qué hiciste, Keri? —le pregunté. Mi voz sonaba rara. Rápida y atropellada—. ¿Qué hiciste?

Lo que fuera, susurró, la voz jadeante, sucia. *Lo que fuera.*

¿Tenía yo acaso tiempo para eso, para escuchar sus guarradas? ¿No te das cuenta?, dijo Joni. Es de Harper Woods. Podrá verse como alguien de Grosse Pointe y podrá hasta caminar del brazo de uno, pero es una ilusión, un engaño. En el fondo, ella viene de un lugar que está a cinco cuadras de la autopista y eso es algo que siempre saldrá a relucir. Puedes luchar contra ello, pero siempre saldrá a relucir.

Así que la cortamos y estuvo bien porque un montón de cosas sucedían en aquel momento, con el inicio de la temporada de hockey de los chicos y con los padres de todo el mundo yéndose de vacaciones a Florida, así que había más fiestas y pasó aquello de la chica de segundo año con el chico del último y la policía y cosas así de las que todo el mundo hablaba. También sucedieron otras cosas: me salí del tenis pero luego volví a entrar, y anduve con un chico que tenía una mata de pelo café y el cuello largo y una enorme manzana de adán de jugador de baloncesto, lo que de hecho era. Lo llevé al baile de Sadie Hawkins y él me llevó a otras fiestas, a las camas de los padres en los cuartos, escaleras arriba, donde enseguida me metía la lengua en mi boca seca y me toqueteaba con torpeza por todos lados, y su carro olía como él, a colonia Polo y tenis nuevos y cerveza Stroh, y cuando lo nuestro terminó y yo volvía a oler esas cosas, cosas que puedes oler en una decena de chicos cualquiera, pensaba en él de nuevo, y de repente, sin que me diera cuenta, hasta eso terminó. Él se había ido, sí, y el sentimiento se fue con él. Así nada más.

Por favor, por favor, ¿podrías darme un aventón? dijo Keri. Estábamos en el estacionamiento de la escuela y sus ojos vibraban, enormes, y sus dedos se prendían a la parte superior de la puerta del auto.

Está bien, le dije. No la había visto en meses: un hola apresurado en el pasillo, un vistazo en los vestidores, yo entrando, ella saliendo. ¿A casa de Kirk?, le pregunté.

Dijo que no. Dijo que no y sacudió la cabeza, con la mirada perdida al fondo del estacionamiento. Más lejos aún, más lejos.

Y entonces lo supe, y le dije que era el auto de mi padre y que si le hacía un solo rasguño él ya nunca me compraría ese Fiero para la graduación y ella me prometió que no le pasaría nada y yo acepté. A pesar de todo, acepté.

Se acomodó junto a mí. El cielo estaba anaranjado y se fue volviendo rojo mientras el sol se ocultaba detrás del Club de Yates, su reluciente campanario erguido —cuando era niña pensaba que era Disneylandia. Iba a llevarla. De alguna manera sentía que tenía que hacerlo.

¿Adónde vamos?, le pregunté y ella siguió mascando su chicle y miraba por la ventana y la tocaba y su aliento empañaba el cristal. Canturreaba una tonada que yo no conocía. No era una canción que conociéramos, una canción para cantar con la radio o corear a gritos en los autos. Era algo distinto. Quejumbroso y divertido y yo pensé de pronto: ¿Qué se cree ésta que es, cantando melodías que no conozco, en el auto de mi padre, con sus zapatos de tenis blancos y su falda plisada y el cabello cepillado hasta parecer de cera, y esas arracadas de oro colgándole de las orejas? ¿Cree que puede ir adonde quiera, hacer cosas en otros lugares, llegar más allá de la superficie de las cosas y guardárselo todo sin dejar que nadie lo vea, nunca, ni siquiera nosotras?

Puedes dejarme aquí, dijo. Estábamos al pie del puente de Windmill.

¿Quieres que te deje aquí?, le pregunté. Miré a alrededor; no había ni un alma. En Grosse Pointe, especialmente en los tramos más iluminados, las calles estaban siempre vacías. Parecían el decorado de plástico de un ferrocarril de juguete.

Sí, dijo, y agitó la mano para despedirse de mí y comenzó a caminar hacia el agua, hacia el faro centelleante.

Espera, Keri, le dije. Abrí la puerta para que pudiera escucharme. ¿Adónde vas?

Ella se giró a medias y quizá sonrió, quizás hasta dijo algo pero el viento se llevó sus palabras.

Cuando volví a verla en la escuela le pregunté. Le dije: ¿Adónde fuiste? ¿Qué hacías ahí? Se estaba poniendo labial brillante y se arreglaba el cabello. La miré a los ojos desde el espejo de imán pegado en la puerta de su casillero. Pensaba que a lo mejor podría ver algo, percibir algo en ellos.

Me miró de vuelta, los ojos sombreados de maquillaje verde pálido, y supe que tenía que decirle a alguien, ¿no? ¿De qué servía descarriarse si no se lo contabas a nadie? La miré de la forma más simpática que pude fingir, para hacerle ver que podía confiar en mí, que podía contármelo.

Pero no lo hizo. Y ésa fue la última vez, ¿sabes? Fue lo último que me dijo esa chica inquietante.

Su prima la está dejando conducir su Nova, deberías verla, me decía Joni. La vi conducirlo. ¿Crees que ha vuelto allá? Al rato, cuando vayamos a Jefferson a ver un partido de los Alas Rojas, la veremos ahí liada con unos tipos negros. Joni me decía todo esto mientras nos apretujábamos en un sofá de una fiesta, cervezas en mano, la cara de Joni sudorosa y encendida, ambas con los flequillos desgreñados sobre la frente y los pulmones resollando.

Le dije que no creía que ella siguiera yendo. Le dije a Joni que Keri ya jamás iba para allá. No quería que supiera. Era algo entre las dos. Y, la verdad, si Keri me hubiera pedido que fuéramos, habría ido. Pero nunca me lo pidió, ¿ves?

Sucedió durante la helada lacerante de febrero y yo salía de una fiesta en Beaconsfield y la vi pasar. Vi el Nova azul con ella al volante y vi hacia dónde se dirigía, y quizá mi cabeza estaba un poco atontada por las cervezas, porque no pude evitar seguirla hasta Alter Road en el auto de mi padre. Se me había adelantado pero seguí conduciendo y pensé que quizá podría volver a ver su auto, sobre todo cuando alcanzara la cima fantasmagórica del puente de Alter Road y la calle Korte. ¿Cuántas cervezas me había tomado? Pensé que podía escuchar el chirrido de sus neumáticos. Ese ruido era el único que alcanzaba a oír, aparte del ocasional chapoteo del agua contra los muelles crepitantes del canal. Pensé que debía de ser ella y detuve el auto y bajé las ventanillas. Ya no escuchaba nada; me imaginé que se había detenido. ¿Se había detenido realmente? Rodeé las calles laterales y terminé en aquel cascarón que era el patio de remolques, con sus cadáveres de aluminio y madera que parecían barcos a la deriva arrastrados hasta la costa. Y ahí fue cuando pensé que la vi, avanzando con rapidez entre los árboles mustios, como una especie de ninfa en un bosque mágico.

Podía admitirlo, a pesar de mí; que había belleza ahí, si entrecerrabas los ojos e inclinabas la cabeza. Si eras capaz de sacar de tu cabeza todas las ideas de ese tipo de belleza que podías sostener en la palma de tu mano o colgarte al cuello sin sentirte intranquila, una prenda de cachemira, una perla fina, bellezas que cualquiera podía entender, con las que cualquiera se sentiría seguro. Pero yo no podía hacer eso, no podía hacerlo durante más de un segundo, y Keri sí. Era como si este lugar que ella había encontrado fuera Broadway, Hollywood, Shangri La, y ella lo haría suyo.

Estacioné mi auto y salí. El viento atravesaba el lago y cargaba contra mí, pero avancé de todas formas. La cerveza llenaba mi cabeza de espuma pero seguí adelante. ¿Quién iba a detenerme? Estaba a punto de verlo todo, todo. No le iba a contar a nadie pero tenía que verlo por mí misma.

Me abrí paso a través de la mala yerba salpicada de chatarra, de casquillos reventados de fuegos pirotécnicos y suaves girones de fibra aislante. A las cajas de los remolques les escurría óxido; parecían los holanes que asoman por debajo de un vestido. Pero cuando te acercabas no era tan primoroso y había en el aire una sensación de horror. Todo eso me recordaba a esos lugares a los que se supone que no debes ir, que no son para ti, como la vez que fuimos a esa casa, cuando éramos chicas exploradoras, a entregar regalos de Navidad, en Mount Elliot, y todo el mundo nos decía: van a ver cómo esa gente tiene televisiones grandes y hasta videocasetera y no hacen más que pasársela echados, con un montón de niños corriendo por ahí, viviendo de los subsidios sociales, pero eso no fue lo que pasó, para nada, y ¿recuerdas cómo el bebé no dejaba de temblar, y la mirada en los ojos de la madre, como si ya nada le sorprendiera desde hacía mucho tiempo, y el plástico que cubría las ventanas y el refrigerador que chorreaba? Nosotras no tendríamos que haber estado ahí, ¿no?

Esto era como aquello pero diferente, porque aquí había también esta sensación de pérdida, sólo que en vez de tristeza se sentía una corriente tremenda de repulsión, de suciedad, de maldad sudorosa y cochambrosa, de resortes de colchón que chirrían y manchas crecientes. Mis ojos se deslizaban sobre los remolques abandonados; pensaba en las cosas que podían estar sucediendo detrás de aquellos paneles pandeados, del aluminio picado. El cielo estaba todo negro y había un vago sonido de música y yo tenía la sensación de acercarme al borde de algo, algo que se te metía adentro, se alimentaba de ti y te hacía suyo.

Entonces se oyó una risa que logró atravesar la confusa niebla de mi cabeza y azotarme, pero era cálida, ondulante y rompió algo de la repulsión que sentía, aunque no toda.

Venía desde dentro de uno de los remolques, uno rojo y desvaído con el toldo plegadizo enrollado como una lengua. Algo resplandecía dentro y también había música.

Sentí que el tobillo se me torcía por culpa de una botella enterrada en el suelo. Podía escuchar, tum tum, la música del bajo, que me hacía cosquillas y prometía cosas, y me acerqué, simplemente lo hice.

Me acerqué como si pudiera hacerlo, como si tuviera permiso, a pesar de que no era un lugar para mí. La risa inquietante seguía derramándose fuera del vehículo, como largos dedos que repelían mi presencia, mi cuerpo que, caliente y hormigueante bajo el abrigo, anhelaba una ráfaga helada arrancada del agua y no de este canal viscoso, esta zanja desbordada.

Y ahí estaba.

La risa de Keri: tierna, aguda, suave.

Igual que cuando mirábamos alguna película divertida o a Joni haciendo bizcos o cuando bailábamos en nuestras recámaras y cantábamos y cantábamos hasta que creíamos que los pulmones se nos reventarían.

Pero enseguida, como si cambiara de ciclo, la risa se volvió más grave, más gutural. Y podía sentirla enterrándose en mi piel, hundiéndose a través de mí, hacia mis piernas, a través de dolor agudo en mi tobillo torcido, hasta alcanzar el suelo.

Hasta alcanzar la planta de mis pies.

Y en mi mente podía ver su rostro. Yacía en un colchón a rayas, con el cabello esparcido detrás de la cabeza, como las aspas de un molino, y se reía y se retorcía y se sacudía, con la cabeza inclinada hacia atrás, el cuello arqueado, y quién sabe qué era lo que sucedía, lo que la hacía emitir esa risa gutural, lo que coloreaba de rubor sus mejillas, su cara, Keri, por Dios, todas esas manos oscuras sobre ella, Keri en el centro de esa horrible orgía. Todas esas manos tocando su cuerpo blanco de chica blanca. Todo eso fueron cosas que pensé, no diré otra cosa.

Me quedé ahí parada por diez segundos, un minuto, quién sabe. El frío se enroscaba a mi alrededor sin tocarme. Pude haberme quedado ahí plantada, a unos metros del remolque, sólo mirando. Pero entonces... El ruido.

Una bisagra se cerró de golpe, la escuché, ahí estaba; pude ver entonces que no estaban dentro del remolque sino al otro lado de él, y yo me deslicé contra la plancha de metal destrozado en esa dirección, y fue entonces cuando vi la hoguera que producía el resplandor, y me escondí detrás de las ramas como de oropel de un árbol a medias caído y lo miré todo, o pensé que lo hacía.

Había dos chicos negros y uno blanco y una chica negra muy alta que llevaba puesta una chaqueta oscura, y pude ver que tenía letras doradas en ella y entonces me di cuenta de que era la chaqueta del equipo de voleibol de Keri, y la chica trepaba a la mesa de picnic donde Keri bailaba. Bailaba con la música de la radio que llevaban y le decía algo a uno de los chicos negros, y el chico reía y la miraba, y me di cuenta de que él era el que andaba con ella, lo podías ver en los ojos de los dos, algo vibraba ahí en medio.

Estaba ahí, entre la corte real del baile de Bienvenida, radiante en su vestido de flores, con una sonrisa brillante, saludando con la mano a todo el mundo, bien erguida, con el rostro quieto, perfecto.

Y la chica negra alcanzó a Keri; llevaba una lata de cerveza en la mano, y también Keri y los chicos. Gritaban y sacudían la mesa y el chico blanco empinaba una botella frente a su boca y cantaba algo sobre una chica que era su dimensión desconocida, su Al Capone, y podía oler la marihuana y había muchas cosas pasando al mismo tiempo, como en cualquier fiesta, y parecía que hasta más, pero yo miraba a Keri, el rostro de Keri, abrasado por el fuego; un naranja enloquecido inflamaba sus mejillas. Llevaba una larga bufanda de cachemira de Jacobson enrollada en el cuello, y ésta aleteaba en el aire, y ella bailaba y el fuego encendía su cabello y podía ver su rostro y era como si nunca antes lo hubiera visto, como nunca después lo volvería a ver, porque las cosas tienen sentido aun cuando no lo parecen y porque había algo ahí para lo que yo me sentía unos veinte años demasiado joven, o no, no demasiado joven, porque si yo no podía entenderlo era debido a que ella estaba a leguas de profundidad de mí, y en quince minutos yo estaría conduciendo por la calle Kercheval, de regreso a la residencia tipo colonial de mi familia y metiéndome a la cama, deseando que aquel chico me llamara, pensando en la siguiente fiesta, y en cambio aquí estaba Keri, a leguas de profundidad y yo...

No hubiera podido saberlo mientras la miraba ahí, mientras la miraba bailar, luciendo así, sintiéndose así, no hubiera podido saber que para los exámenes finales, incluso antes de la graduación de los de secundaria, ella ya se habría ido. Nunca dije ni una palabra de lo que vi y tampoco le dije a ella que se cuidara, a pesar de que, a mi manera de verlo, se lo estaba jugando todo sin contemplaciones y aquello podía terminar de muchas maneras, sobre todo malas. Pero incluso aunque hubiera tratado de advertirle, de detenerle, no hubiera importado porque yo le habría dicho que se cuidara de las cosas equivocadas, de los lugares equivocados. Yo no hubiera podido saber, mientras la miraba ahí, que dos semanas después ella tendría que llevar al borracho de Kirk Deegan en su Audi a casa, después de una fiesta tras un partido, y que al meter el auto a la cochera de los Deegan le arrancaría un retrovisor al pegarse demasiado a la pared. Yo no podía saber que Kirk Deegan se enfurecería tanto y que la empujaría tan fuerte contra la pared y que su cabeza golpearía esa tubería y que después se giraría y golpearía contra el filo de esa pala que colgaba de la pared, y eso debió haber producido un tronido espantoso, y que ella caería y moriría, moriría ahí en el piso de la cochera. Que se moriría ahí en el piso de la cochera, frente a él, demasiado embrutecido para hablarle a la policía, a una ambulancia, a sus padres, a quien fuera; que permanecería ahí tirada durante media hora, con el cabello esparcido como las aspas de un molino, muerta para siempre. Yo no hubiera podido saber eso. Pero sí, de una manera u otra, sí lo sabía.

TRANSPORTE PÚBLICO
POR LEE CHILD
Chandler, Arizona
TRADUCCIÓN DE IGNACIO PADILLA

DIJO QUE NO HABLARÍA CONMIGO. LE PREGUNTÉ POR QUÉ. DIJO QUE porque él era policía y yo periodista. Le dije que sonaba como un tipo con algo que ocultar. Dijo que no, que no tenía nada que ocultar.

—Cuéntame, entonces —le dije, y supe que lo haría.

Titubeó un instante más, las manos sobre la barra, tamborileando con los dedos, removiéndose un poco sobre el banco. Lo conocía bastante bien. Dejaba atrás el verano de su carrera e iba entrando en el otoño. Sus mejores tiempos habían quedado atrás. Estaba ahora en el valle, frente a diez largos años antes de pensionarse. Le gustaba ganar, aunque perder no le preocupaba demasiado. Era un hombre realista. Pero le gustaba estar seguro. Lo que de veras odiaba era no saber si había ganado o perdido.

—Desde el principio —le dije.

Se encogió de hombros y dio un sorbo a su cerveza y suspiró y sopló la espuma hacia el espejo que había frente a nosotros. Arrancó entonces con la llamada al 911. La casa, más allá de Chandler, al sur y al este de la ciudad. Un rancho largo y bajo, próspero, bardeado, la piscina sin iluminar, la oscuridad. Los padres que volvían a casa de una fiesta. El silencio. La ventana reventada, la cama vacía. El rastro de sangre a lo largo del corredor. El cuerpo de la hija, desgarrado por completo. Catorce años, dañada de un modo que él no estaba dispuesto a comentar.

Le dije:

—Te guardaste algunos detalles.

Él preguntó:

—¿Cómo lo sabes?

—Ustedes siempre hacen eso. Para discriminar las confesiones.

Asintió.

Le pregunté:

—¿Cuántas confesiones obtuvieron?

—Ciento ocho.

—¿Todas falsas?

—Claro.

—¿Qué información te guardaste?

—No te voy a decir.

—¿Por qué no? ¿No estás seguro de haber atrapado al tipo correcto?

No respondió.

—Continúa.

Y lo hizo. La escena del crimen se hallaba aún fresca. Los padres seguramente habían regresado sólo unos instantes después de que escapara el asesino. La respuesta de la policía había sido veloz. La sangre en la alfombra del corredor estaba aún líquida. Rojo oscuro, no negra, por contraste con la tez pálida de la chica. Estaban aún en condiciones de actuar rápido y con firmeza, y así lo harían, y sabían que más tarde se diría que tal presteza se debía a que la chica era blanca, ni negra ni morena. No fue por eso. Era cuestión de suerte y oportunidad. Tenían una escena del crimen fresca, y contaban con un par de pistas. Asentí, como si aceptara su punto de vista. Y así era. Yo era periodista, y las trampas me gustaban tanto como a cualquiera, pero las cosas a veces son evidentes.

—Continúa —dije.

Había fotografías de la chica por toda la casa. Era hija única. Bella y luminosa. Incluso apabullante como sólo suelen serlo las chicas blancas de Arizona.

—Continúa —dije.

La primera pista la dio el clima. Dos días antes había caído una lluvia torrencial, y luego el calor había regresado con ánimo de venganza. La lluvia había espolvoreado la calle con arena y fango, y el calor los había horneado en una película de polvo, y el polvo no mostraba otras huellas que las del vehículo de los padres, de las patrullas de policía y de la ambulancia. El asesino por lo tanto había llegado a pie. Y se había marchado a pie. Había huellas claras en el polvo. Deportivos, talla diez quizá, suelas con un dibujo bastante común. Las huellas fueron fotografiadas y enviadas por correo electrónico, y todos confiaban que con el tiempo alguna base de datos en alguna parte identificaría la marca y el modelo. Pero lo más importante era que tenían un sospechoso recientemente fugado a pie de la escena del crimen, en una zona donde nadie se desplazaba a pie. De modo que los avisos a otras estaciones y los boletines de búsqueda fueron transmitidos en un radio de tres kilómetros. Era medianoche y estaban a más de cien grados y los peatones serían escasos. Sencillamente hacía demasiado calor para ir a pie. Sin duda demasiado calor para correr. Cualquier tipo de actividad física sostenida sería poco menos que un intento de suicidio. Greater Phoenix era ese tipo de lugar, especialmente en verano.

Pasaron diez minutos sin que se hallara al fugitivo.

Entonces obtuvieron la segunda pista. Los padres estaban razonablemente lúcidos. En medio del llanto y la gritería notaron que faltaba el teléfono celular de su hija. El teléfono había sido la niña de sus ojos. Un iPhone, con un contrato de AT&T que le daba minutos ilimitados, que ella aprovechaba al máximo. En ese entonces los iPhones eran algo novedoso y *cool*. La policía dedujo que el asesino lo había robado. Concluyeron que la clase de tipo que careciera de auto en Arizona se habría deslumbrado con un pequeño objeto brillante como un iPhone. O si se trataba de algún tipo de degenerado, coleccionaría souvenires. El álbum de fotografías de los amigos de la chica le habría parecido estimulante. O los mensajes guardados en la memoria.

–Sigue –le dije.

El tercer indicio tenía que ver con padres de clase media con hijas de catorce años. Los padres habían contratado un servicio que les permitía rastrear el chip GPS en el iPhone desde la computadora de casa. No era barato, pero los padres eran el tipo de personas que desean saber si su niña decía la verdad cuando afirmaba que se quedaría a dormir en casa de una amiga o que iba en coche con un amigo rumbo la biblioteca. La policía obtuvo la contraseña y se conectó ahí mismo. Entonces vieron el teléfono moverse lentamente en dirección norte, hacia Tempe. Demasiado aprisa para alguien que iba a pie. Demasiado aprisa para alguien que corriera. Demasiado despacio para tratarse de un automóvil.

–¿Bicicleta? –dijo uno de ellos.

–Demasiado calor –respondió otro–. Además no hay huellas de llantas en la entrada de la cochera.

Quien al fin comprendió todo fue el hombre sentado junto a mí que ahora me contaba la historia.

–Autobús –dijo–. El asesino va en un autobús.

Greater Phoenix tiene muchos autobuses. Están ahí para trabajadores a los que se paga demasiado poco como para que puedan adquirir un auto. Trasladan gente de aquí para allá, especialmente temprano en la mañana y tarde por la noche. La gigantesca ciudad se habría paralizado sin ellos. Las comidas se habrían quedado sin servirse, las piscinas sin limpiar, las camas sin hacer, la basura sin recolectar. Inmediatamente, como uno solo, todo el cuerpo de policía imaginó un perfil burdo. Un hombre de tez oscura, probablemente bajo, probablemente loco, balanceándose en su asiento en un autobús que se dirigía hacia el norte. Jugueteaba con el iPhone, consultaba el archivo musical, miraba las fotos. Quizá con el cuchillo todavía en sus bolsillos, aunque eso seguramente sería mucho pedir.

Un policía se quedó en la casa y vigiló la pantalla y narró la partida como lo haría un comentarista deportivo. Todos los avisos y los boletines de alerta fueron cancelados y todos los carros aullaron en pos del autobús. Tomó diez minutos dar con él. Diez segundos detenerlo. Fue acorralado con un cerco de autos. Las luces relampagueaban y tronaban y los policías se inclinaban detrás de cofres y puertas y cajuelas, y las pistolas apuntaban. Pistolas Glock y otras armas de fuego, docenas de ellas.

A bordo del autobús viajaban el conductor y tres personas más.

El conductor era una mujer. Los tres pasajeros eran mujeres. Las tres eran ancianas. Una de ellas era blanca. La conductora era una latina flacucha de unos treinta años.

—Prosigue —dije.

El tipo junto a mí dio otro sorbo a su cerveza y suspiró. Había llegado al punto donde la investigación se venía abajo. Dedicaron cerca de veinte minutos a interrogar a las cuatro mujeres, revisándolas, haciéndoles andar de un lado a otro de la calle mientras el policía que se había quedado en la casa observaba la actividad del GPS en la pantalla. Buscaron bajo los asientos. Nada. Buscaron dentro de los propios asientos.

Hallaron el teléfono.

El penúltimo asiento en la parte trasera del lado derecho había sido rasgado con un cuchillo. El teléfono había sido introducido lateralmente en la almohadilla de hule espuma. Estaba escondido ahí y su luz languidecía en silencio. Una persecución absurda. Un distractor.

La rasgadura en el asiento estaba bordeada con tenues restos de sangre. Era el mismo cuchillo.

La conductora y las tres pasajeras recordaban a un hombre blanco que había abordado el autobús al sur de Chandler. Se había sentado atrás y había bajado en la parada siguiente. Fue descrito como alguien bien vestido y cercano a los cuarenta. Se le recordó bien porque pertenecía al grupo demográfico equivocado. No era el típico pasajero de autobús.

La policía preguntó:

—¿Vestía zapatos deportivos?

Nadie estaba seguro.

—¿Estaba manchado de sangre?

Nadie se acordaba.

La persecución recomenzó al sur de Chandler. La lógica era que puesto que el distractor había sido colocado para desplazarse hacia el norte, entonces el asesino se dirigía al sur. Una buena teoría, pero no condujo a nada. No encontraron a nadie. Un helicóptero se sumó al esfuerzo. La noche aún estaba oscura pero el helicóptero tenía un equipo de detección térmica. De nada sirvió. Todo lo que veía estaba caliente.

Aterrizó el helicóptero y recargó gasolina y volvió a despegar para realizar un rastreo visual. Y otra vez, y otra vez, durante días. Al final de un largo fin de semana encontró algo.

—Continúa —dije.

Lo que el helicóptero encontró fue un cuerpo. Un hombre blanco, con zapatos deportivos. De escasos veinte años. Fue identificado como un estudiante de universidad, visto por última vez el día previo. Un día después un forense expidió su informe. El tipo había muerto de cansancio y deshidratación.

—¿Es consistente con alguien que huye de una escena del crimen? —preguntó la policía.

—Entre otras posibilidades —respondió el forense.

El perfil toxicológico del tipo era barroco. Éxtasis, mota, alcohol.

—¿Suficiente para desestabilizarlo? —preguntó la policía.

—Suficiente para desestabilizar a un elefante —respondió el forense.

El tipo junto a mí terminó su cerveza. Hice señas para que le sirvieran otra.

Pregunté:

—¿Caso cerrado?

El tipo junto a mí asintió.

—Porque el chico era blanco. Necesitábamos un resultado.

—¿No estás convencido?

—No tenía cuarenta años. No iba bien vestido. La suela de sus zapatillas no correspondía con la que hallamos en la calle. Ni rastro del cuchillo. Además, un tipo lo bastante pacheco para correr hasta matarse de calor no habría pensado en sembrar un distractor con el teléfono.

—Entonces, ¿quién era él?

—Sólo un chico de alguna fraternidad a quien le gustaba festejar demasiado.

—¿Alguien más comparte tu opinión?

—Todos nosotros.

—¿Alguien está haciendo algo al respecto?

—Es caso cerrado.

—Entonces, ¿qué ocurrió en realidad?

—Yo creo que el distractor indica premeditación. Y pienso que fue un doble engaño. Creo que el asesino descendió del camión y siguió hacia el norte, tal vez en un auto que habría estacionado previamente.

Asentí. Eso había hecho el asesino. Justo en ese momento el auto que había usado estaba estacionado en la parte trasera del bar. Sus llaves estaban en mi bolsillo.

—A veces se gana, a veces se pierde —dije.

DE PASEO
POR JAMES W. HALL
Coconut Grove, Miami
TRADUCCIÓN DE CARLOS VELÁZQUEZ

JUMPY TRATABA DE AGARRAR LA MANIJA DE LA PUERTA PARA SALIR cuando Guy lo sostuvo del brazo y le dijo:

—No harás nada extraño esta vez. Prométemelo.

Jumpy se tomó algunos segundos para voltear y mirar a Guy.

—Define extraño.

Un punto a su favor. Ya era suficientemente raro que una pareja de excéntricos como ellos estuviera una mañana de domingo, a las 4 a.m., estacionados en un carril de grava junto a una casa de tablones, con las sulfurantes luces naranja de Douglas Road parpadeando como fuegos artificiales a través de las enormes higueras de Bengala. Tres cuadras al norte se encontraba la cacariza y descarapelada pintura del gueto de Coconut Grove, tres cuadras en dirección opuesta las mansiones emergían como gigantes hibiscos en flor, rosas y amarillos, rodeados por altas murallas, videocámaras y palmeras con cocos. Los que no poseían nada inhalaban el smog de la carretera Dixie, los que lo poseían todo recibían un toque de la dulce y fina brisa del océano.

Nueve metros frente a donde estaba Guy estacionado, de pie junto a un Oldsmobile destartalado, dos negros lucían nerviosos mientras Guy y Jumpy permanecían dentro del Chevy blanco con los faros apagados. Llevaban ahí dos, tres minutos. Hacer tratos con tipos nerviosos no era lo que Guy entendía como una buena estrategia de negocios.

—El tren del alma debe hacer una parada cerca de aquí —dijo Jumpy.

—No digas mamadas, bato. Te lo dije, te friqueas esta vez y se acabó, me largo.

—No me gustan los rastas —dijo Jumpy.

—Sólo es un corte de cabello —le respondió Guy—. Una costumbre rastafari de Jamaica. Lo que para ti sería el corte militar.

—Nunca me gustaron los rastas. Es una reacción visceral.

—De acuerdo, no te agradan los rastas. Pero un pequeño desacuerdo en la moda no va a impedir que hagamos negocios, ¿verdad?

—Se ven sucios —dijo Jumpy—. Alborotados.

—Bueno, sí, entonces olvidémoslo. Prende el carro y vámonos a la chingada.

—¿Te fallan los nervios, profe? ¿Te acercaste al diablo, sentiste su aliento en la cara, y te fuiste?

—No hagas nada extraño, ¿de acuerdo? Es lo único que te pido.

Jumpy medía un metro noventa y dos, era flaco como un galgo y de piel pálida, todo nudillos y manzana de Adán. Tenía el tipo de músculos que eran fáciles de ocultar en su cuerpo de vaina, como la trenza de cables de acero que sostiene al puente unido por la suspensión. Hasta donde Guy sabía, Jumpy había estudiado dos años en la universidad, después se embarcó como *marine* durante dos travesías, luego trabajó como mercenario a sueldo por un tiempo, tanto en Ruanda como en Venezuela, pasó algunos años en una prisión federal en Kansas, y ahora vagabundeaba por Miami. Cualquier mierda inexplicable en la que se hubiera involucrado nunca se mencionó abiertamente. Guy no preguntaba. Jumpy no contaba. Pero ahí estaba, como un mal olor que salía de un cuarto cerrado. Era un tipo peligroso, y eso le encantaba a Guy. Se embriagaba un poco con la proximidad. Tanto que aprender, tanto que traer de vuelta a su mundo seguro. Usando la navaja de la violencia, con cuidado de no cortarse a sí mismo.

Jumpy nunca sacó a relucir su pasado. Era muy discreto, incluso enrevesado. Guy consideraba esto una extrema forma de calma, como esos fisicoculturistas excesivamente musculosos que sólo usaban ropa holgada. Las playeras ajustadas eran sólo para fanfarrones pendejos.

Jumpy no necesitaba alardear. Existía un halo a su alrededor que era visible para todos, una niebla de andrógenos y feromonas que podían hacer voltear a un bar de mala muerte en un parpadeo. Algunas noches Guy vio cómo los malandros hacían turno para enfrentar a Jumpy, el taco de billar en una mano, la navaja automática en la otra: uno a uno se aproximaban hacia él como ramitas frente a una máquina para cortar madera. Avanzaban decididos, pero salían expulsados como aserrín.

En la línea de trabajo de Jumpy, el problema consistía en que la cautela era una mejor estrategia que la fuerza desmesurada. Pero traten de explicárselo a Jumpy. Controlar sus impulsos, incluso para Guy, un elocuente especialista, un hombre que Jumpy respetaba, representaba un reto. No es que Guy se opusiera moralmente a la violencia. En lo abstracto, infligir dolor y hacer brotar sangre era correcto. Había escrito al respecto durante años, incluso lo había descrito con detalles atroces. Pero participar en acciones sangrientas, no, ésa no era su instintiva primera opción —como lo era para Jumpy.

—¿Entonces estamos bien? —dijo Guy—. Haz el trato y regresa. Nada de pláticas tontas, nada de clavarles la mirada. ¿De acuerdo?

Jumpy mantuvo su mirada de rayos x en los dos rastas.

—Necesito alguna señal de aprobación, Jumpy. Un carraspeo sería suficiente.

Jumpy giró la cabeza y parpadeó. Es todo lo que Guy obtendría.

Salieron del auto y Guy intentó emparejarse al paso casual de Jumpy mientras se alejaba del Olds.

Los dos gángsters insistieron en registrar a Guy, y luego de un momento de indecisión, se apresuraron a catear a Jumpy y se alejaron como si les ardieran las manos. El más alto se acercó a la cajuela del Olds y la abrió.

Guy se mantuvo un par de pasos detrás de Jumpy mientras el más alto, que vestía un camiseta negra y shorts holgados, mostraba su M249. Su compañero rastudo se mantuvo observando junto a la puerta del conductor. Su mano derecha tentaleaba el final de su camiseta, listo para desenfundar si las cosas salían mal.

El Primer Rastudo exageraba las cualidades de la M249, también conocida como SAW:* alcance de ochocientos metros, ligera, apenas por encima de los nueve kilos ya cargada con doscientas balas. Hablaba un inglés correcto, con un sonsonete bahamiano, nada de esa mierda hiphopera al estilo nosotros-somos-bien-cabrones.

Cuando el Primer Rastudo se detuvo, Guy dijo:

—¿Quieres sostenerlo, Jumpy? ¿Inspeccionarlo?

Jumpy permaneció callado.

---

* SAW (Squad Automatic Weapon). (N. del T.)

—Uno de ustedes debería revisar esta mierda, no queremos que después se estén quejando y nos molesten.

—Avísenme cuando el discurso de la venta termine —dijo Jumpy—. Conseguiré el dinero.

El Primer Rastudo se movió para tener una mejor visión de Guy.

—¿Qué estás viendo?

—Es lo mismo que me pregunto —dijo.

—¿Cómo dices? —dijo Guy.

—¿Con quién hago negocios? —preguntó el Primer Rastudo—. ¿Con un hombre o con una mujer? Desde lejos pareces hombre; así de cerca podrías ser una perra machorra.

Guy sintió que Jumpy se le acercaba.

—Me pasa todo el tiempo —dijo Guy—. Es el corte de cabello.

Guy tenía pelo rubio hasta los hombros como Jesús, caderas delgadas y elegantes facciones escandinavas. Un hombre tallado en madera. No tan femenino como asexual. Un indeciso. Navegante entre los sexos. Algunas mujeres lo encontraban sexy, y lo mismo algunos hombres.

—Más que tu desconcertante peinado, es toda tu forma de ser, rara como el culo.

Jumpy se interpuso entre Guy y el Primer Rastudo y dijo:

—¿Por qué no le agarras los güevos a mi compañero y lo averiguas?

El Segundo Rastudo se carcajeó, y después soltó una gran sonrisa dorada:

—Sí, Willie, hazlo, tócalo con la mano y aprieta.

—Sólo sentía curiosidad —dijo Willie—. No importa. Olvídenlo.

—No seas tímido —dijo Jumpy—. Acércate, agarra bien, y sírvete. Guy está de acuerdo, ¿verdad, Guy?

Willie miró a Guy a la cara por un par de segundos, luego agitó sus rastas.

Jumpy dio dos pasos rápidamente y agarró la mano de Willie, sujetó la hebilla de Guy, la desabrochó, y embarró los dedos arácnidos del tipo en la bragueta de Guy.

El otro rasta sacó su pistola y le apuntó a Jumpy, ordenándole que se fuera a la chingada y se alejara de su compañero, que lo dejara ir, y que parara esa mierda.

Jumpy soltó la mano de Willie y éste la retiró violentamente de la bragueta de Guy.

–¿Entonces qué soy? –dijo Guy.

Willie no dijo nada. Volteó y observó a su compañero con la pistola desenfundada.

—Baja el arma, bájala.

–¿Entonces qué soy? –dijo Guy–. ¿Tu reconocimiento del terreno te iluminó?

—Dos mil por la SAW. Quinientos por el cargador lleno. Tómalo o déjalo, no se aceptan negociaciones.

—Dos mil por todo el paquete o me largo, en diez, nueve, ocho, siete...

—Dos serán suficientes –dijo Willie.

—Gran regateador –dijo Jumpy–. Un hueso duro de roer.

Jumpy y Guy caminaron de regreso al Chevy robado, y Jumpy ocupó el asiento del copiloto. Estuvo ahí por un minuto, como tantos otros minutos, con Guy de pie frente a la cajuela, a la espera, observador, memorizando.

La puerta de Jumpy estaba abierta por completo, con la luz interior encendida.

Los dos rastudos hablaban cerca de su Olds Ciera, pero después de un rato comenzaron a lanzarles miradas. Willie sostenía la SAW con una mano.

Jumpy esperó, esperó y esperó un poco más hasta que finalmente el rasta corrió hacia ellos. Y el imbécil llevaba la SAW en una mano.

–¿Tienen el dinero o están jugando conmigo?

—Está trabada –dijo Jumpy–. La pinche guantera está trabada.

–¿Trabada?

Jumpy se reclinó en el asiento e hizo el ademán de hurgar en la guantera. Willie se recargó en la puerta y atisbó en las penumbras.

–¿Traes un desarmador? –dijo Jumpy–, ¿algo con que apalancarse para abrirla?

Willie se asomó unos centímetros más y Jumpy agarró la manija acolchada y aprisionó el cuello del rastudo con la puerta. Lo liberó y volvió a golpearlo. Y después lo hizo por tercera vez. Y luego una vez más, para la buena suerte, y empujó al rasta y se estiró hacia la grava, tomó el SAW y desde la puerta del carro y le apuntó al Segundo Rasta, el cual ya avanzaba hacía él con una portentosa y cromada .45 en la mano derecha.

Guy se congeló. Era como si estuviera en una pinche película. Cada desvergonzado, sorprendente segundo de ella. Con los pantalones bajados, y todo.

La SAW pateó el hombro de Jumpy. Jumpy disparó de nuevo sobre la cabeza del Segundo Rastudo, al tiempo que le gritaba que tirara su arma. Y éste lo obedeció. Sin pensarlo un segundo: sólo la dejó caer en la grava.

El Primer Rasta batalló para ponerse de pie. Jumpy le apuntó con la SAW en el pecho.

—¿Entonces qué tendremos aquí? ¿Dos pendejos muertos?

—No, hombre. No hay necesidad. Sólo nos jodemos y nos vamos.

—Me parece un buen plan —dijo Jumpy. Disparó con la SAW hacia el aire y los dos hombres corrieron a toda velocidad hacia el vecindario, donde algunas luces salían de los dormitorios.

Jumpy bajó del Chevy y caminó hacia el Oldsmobile.

—Tenemos unos diez segundos. ¿Vienes? ¿O prefieres quedarte aquí y conocer el punto de vista de la policía al respecto?

Guy trotó hacia el Oldsmobile y lo abordó.

Jumpy lanzó la SAW al asiento trasero. Guy podía oler la aceitosa esencia del arma. Jumpy debió haber hecho cerca de cuarenta disparos. Lo que dejaba ciento sesenta en la recámara.

Guy encendió el auto, puso en la palanca en D, y dio la vuelta en U.

—¿Te sirve algo de eso? —dijo Jumpy cuando habían avanzado cinco cuadras, desplazándose por Douglas Road hacia las elegantes sombras selváticas de Coconut Grove.

—Creo que sí —dijo Guy—. Sí señor. De seguro que sí.

Guy extrajo una pequeña grabadora Sony de su bolsillo delantero, presionó el botón de grabar, y comenzó a hablarle al aparato en miniatura. Jumpy sonrío y manejó al sur, hacia el estacionamiento de los condominios donde había dejado su viejo Civic.

Las sonidos de las sirenas llenaron la noche como los gemidos de las bestias depredadoras acechando su cena.

—¿Qué significa esto? —Jumpy sostenía un fajo de papeles.

Estaba de pie en la entrada de la puerta del pequeño cubículo sin ventana del Dr. Guy Carmichael. El horario de oficina de Guy era de cuatro a seis. A las seis quince comenzaba su taller de ficción para graduados, y continuaba hasta las 9:40. En ese momento eran las cinco y media, así que en el peor de los casos tenía que lidiar con Jumpy por quince minutos más antes de que pudiera alegar que tenía que apurarse para llegar a su clase.

—¿Podrías ser más preciso? ¿Qué significa *qué*?

—De acuerdo —dijo Jumpy—. ¿Qué chingados es esto? ¿Un puto siete en mi cuento?

—¿Leíste mis comentarios? ¿Hay algo que no hayas entendido?

Jumpy oteó el pasillo, después miró hacia la otra dirección. Vestía una camisa blanca abotonada, pantalones de mezclilla y mocasines sin calcetines. Tratando de emular cierta imagen de estudiante universitario adinerado que sobreviviera a su primera aventura en la educación superior a principios de los setenta.

—Escribí lo que sucedió. Estuviste ahí. Lo viste. Esto fue lo que sucedió. ¿Y eso es todo lo que vale? Ni siquiera un puto ocho. ¿Qué tengo que hacer, matar a alguien para sacarme diez?

—Es la prosa —dijo Guy—. No los eventos que describes.

—En las notas tú dices… mierda, ¿dónde está? —Jumpy revisó torpemente las páginas mecanografiadas, en busca del pequeño garabato de Guy.

Jumpy usaba una máquina de escribir Royal maltrecha y blanqueaba sus errores con grandes gotas de corrector del tamaño de un párrafo embadurnadas en su trabajo. Guy admiraba su tenacidad, encorvado sobre esa pequeña máquina, esos dedos enormes taladrando una letra después de la otra sobre la página en blanco. Pero la tenacidad es una cosa. El talento es otra. Guy se había esforzado duramente con Jumpy, hizo de él un proyecto especial, le dedicó horas y horas a sesiones privadas en su oficina y en un bar de Biscayne. Pero después de un minuto o dos de cualquier elogio sin adulterar, Jumpy se cegaba y se deslizaba de vuelta hacia la turbia cueva dentro de su cráneo a prueba de balas.

Jumpy encontró el comentario que buscaba y colocó su dedo sobre las palabras mientras leía.

—*No es creíble que dos hombres tan disímiles se hayan unido para esa actividad.* De eso hablo. *No es creíble.* Pero lo hicimos. Nos unimos. ¿Entonces por qué chingados me pusiste un siete?

—Tienes que convencer al lector de que es creíble.

—Tú eres el lector, Guy. Estuviste ahí. Te measte y te cagaste en tus pinches Dockers. ¿Y no crees lo que sucedió justo enfrente de tus jodidos ojos? Me estoy perdiendo de algo.

Una de las estudiantes de Guy, Mindy Johnston, asomó la cabeza en el pasillo y dijo:

—Oops, no quería interrumpir.

Mindy era poeta, agresivamente etérea. Lucía cabello ralo rojo y unos enormes pechos que vencían todos sus intentos por ocultarlos.

—Sólo vine a dejar mi tarea. No podré asistir a clase esta noche. La migraña comenzó a atacar.

Guy aceptó el trabajo y le dijo a Mindy que esperaba que pronto se sintiera mejor.

—Prueba con un copo de heroína —dijo Jumpy—. Eliminará esa migraña de inmediato.

La mirada de Jumpy estaba fija en el pecho de Mindy. Una sonrisa se dibujó en sus labios.

—¿Heroína? —dijo Mindy.

—Da la orden, y te llevo un par de dosis a tu departamento. Entrega especial. Las dos primeras son gratis.

Mindy retorció el semblante en una mezcla de sonrisa y gritó.

—¿Bromeas, verdad? —Mindy abandonó la oficina y con rapidez se escabulló por el pasillo.

—Qué inapropiado —masculló Guy.

—¿Tienes planes para el sábado en la noche? —dijo Jumpy.

Guy tamborileó con su pluma roja contra el escritorio.

—No más tráfico de armas —dijo Guy—. Ya tuve mi porción de eso.

—Tengo tanta mierda en marcha que debo conseguirme una agenda más grande —dijo Jumpy—. Nombra tu veneno. Algo que me consiga un diez esta vez.

—Recuerdo que alguna vez mencionaste al crimen organizado. Eso llamó mi atención. Hay un lugar que aparece en el libro en el que trabajo, me vendrían bien algunos detalles.

—La mafia —dijo Jumpy. Después se asomó a la oficina de Guy y atisbó los diplomas enmarcados, las fotografías de sus hijos y de su esposa y de dos perritos.

—Quizá pueda organizar una reunión —dijo Jumpy—. Te llamaré.

—Y acerca de ese siete —dijo Guy.

—¿Sí?

—Lo leeré de nuevo. Quizá me perdí de algo la primera vez.

—Bien —dijo Jumpy—. Quizás así fue.

Jumpy recogió a Guy en el estacionamiento de Pink Pussycat el sábado a la 1 a.m. Conducía un Jaguar verde convertible, con la capota abajo. Portaba unos lentes de sol totalmente cromados y una camiseta aloha negra con el estampado de unos lentes martini rojos.

Guy subió, y sin decir una palabra o voltear a verlo, Jumpy salió disparado y se clavó en el tráfico de Biscayne. Una vez que se detuvieron debido al flujo del tráfico, Guy acarició con su mano el asiento de cuero. Su cabello rubio se agitaba con el viento.

–¿Tu carro?

–Por esta noche.

–Un préstamo –dijo Guy, y sonrió, en un intento por responder con la misma jerga.

Jumpy miró a su alrededor. Su expresión estaba gélida esa noche, quizá se estaba esforzando, o estaba nervioso, Guy no podía deducirlo. Ése había sido su mayor reto, tratar de adivinar la vida interior de un hombre como Jumpy. ¿Estaba siempre tan bombardeado por las drogas que en su mente no existía un solo pensamiento coherente? ¿O era tonto, o incapaz de tener sentimientos o ideas refinadas? Basándose en el texto que había revisado, Guy se decantaba por pensar que era tonto. Jumpy era incapaz de unir dos oraciones sin cometer media docena de errores de gramática, sintaxis o lógica. Al final del párrafo, las ideas de Jumpy eran tan insufriblemente revueltas que era imposible encontrarle sentido a la historia.

Guy contaba con información detallada sobre esos paseos, algunos buenos instantes de violencia atemorizante y estúpida, pero después de todo, Jumpy no revelaba mucho acerca de su psicodinámica. "¿Qué lo hacía encenderse? ¿Cómo diablos saberlo?"

Después de esa noche, Guy pensaba alejarse de todo el asunto. Había tenido suficiente calle por un tiempo. Una noche o dos como la compra de armas de la semana pasada podría mantener a Guy saciado por un largo periodo. Su esposa, Shelly, no tenía ni idea de en qué andaba metido. Pero cuando él regresaba podía oler su miedo, una mezcla de peste a sudor, humo de cigarro y la peliaguda extrema esencia del peligro. Y ella carraspeaba en señal de desaprobación.

Así que después de esa noche Guy estaría fuera. Cobraría y se marcharía con sus ganancias. Pasaría el resto del semestre utilizando su breve inmersión en el mundo de los callejones oscuros de Jumpy Swanson para estimular su imaginación y escribir otra novela de crimen.

Ignoraba cómo Jumpy tomaría que lo abandonara. ¿O qué *quid pro quo* esperaba Jumpy? Siete ya era una calificación piadosa. Y Guy no estaba dispuesto a traicionar sus propios principios académicos a cambio de media docena de aventuras en las calles del sur de Florida. Llegaría el día, Guy estaba completamente seguro, en que Jumpy irrumpiría con violencia en su oficina molesto porque Guy había fracasado en proporcionarle los secretos de la fórmula que tan pasional e inmerecidamente deseaba. ¿Jumpy Swanson, un autor? Oh, seamos serios.

Jumpy se dirigió rumbo al norte de Biscayne, hacia vecindarios que Guy no reconocía. Residenciales, de clase media, o quizá rayando en la clase media baja. La mayoría de los carros en la calle eran medianos, modelos recientes. Las casas estaban a oscuras, probablemente pertenecían a jubilados o a miembros de la clase trabajadora que ya habían consumido su ración de películas transmitidas por televisión por la tarde y se encontraban en cama.

No era el tipo de vecindario que Guy imaginaba. Aunque Jumpy sólo había revelado que sus amigos mafiosos estaban ansiosos de conocer a Guy, un escritor profesional. Guy asumió que los gángsters tendrían el típico sentido sobredimensionado de su propio glamour y la consecuente ambición de llevar sus vidas a la pantalla, o a las páginas de un best seller fugitivo.

Guy siempre tenía una reacción ambivalente al ser presentado como escritor. Por un lado lo avergonzaba ser el objeto de admiración de gente que no tenía noción de en qué consistía el oficio de artista. Se sentía ridículo al recibir pequeñas reverencias de cortesía por parte de gente iletrada. Por el otro lado, en una situación como la de esa noche, en la que conocería a hombres cuyo estilo de vida era el crimen, estar vinculado profesionalmente con un mundo más amplio era, desde la perspectiva de Guy, como usar un chaleco antibalas. Por supuesto, él era un soplón. Pero todo se realizaba de manera abierta, y por razones comerciales, no legales. Se aseguraría de que estos hombres recibiesen un ejemplar de su próximo libro, quizás incluiría sus apodos en la página de agradecimientos. Johnny "La Nariz". Fran "Aliento de Hacha" Condilini.

Jumpy rodó hacia el jardín repleto de carros. Estaban estacionados en varias direcciones: autos compactos abollados, un Cadillac blanco nuevecito, un par de BMW, una camioneta modelo 60. Era complicado descifrar su procedencia, pero el caos en el estacionamiento sugería que los conductores habían llegado con prisa y bajo la influencia de algunas sustancias.

Había una mirilla en la puerta. Un cliché que Guy reconoció al instante que sería incapaz de emplear. El hombre que apareció tenía la cara gorda y su piel grasienta brillaba bajo las luces coloridas. Guy podía sentir la pulsación de la música de un bajo desde la acera, un beat que era tan hipnóticamente lento y primitivo como los latidos de un moribundo.

—¿Quién es el maricón?

—Le dije a Philly que lo traería. Éste es el tipo, el escritor.

—¿Y qué escribe? —dijo el matón—. ¿Infracciones de tránsito?

—Abre la pinche puerta, Moon.

La puerta se abrió y la pared de sonido emergió de la casa como un resoplido oscuro. Guy rodeó a Moon. El hombre pesaba al menos ciento ochenta kilos y se movía con un perezoso bamboleo, como un buzo al que se le acaba el aire.

—¿Qué lugar es éste? —Guy habló a unos centímetros del oído de Jumpy, pero no estaba seguro de que lo hubiese escuchado. Jumpy no respondió, sólo continuó guiándolo por la habitación.

La sala ocupaba la mitad del largo de la casa y a través de las puertas corredizas se veía una piscina vacía y un canal oscuro. Las luces estroboscópicas estaban cubiertas con lentes de colores y Guy se sintió mareado de inmediato. No había muebles, no había alfombras en la superficie de la terraza. Media docena de colchones estaban desperdigados por la habitación, donde nódulos de gente desnuda se retorcían bajo la luz intermitente.

—¿Me trajiste a una fiesta sexual, Jump?

La música le impidió concluir la pregunta y la voz de Guy resonó en la habitación. Alguien rio nerviosamente y alguien más contuvo un gemido. Un segundo después, mientras Guy procesaba lo embarazoso de la situación, la música volvió a comenzar, más fuerte y ruidosa, y las luces estroboscópicas aumentaron su ritmo. El aire estaba viciado con olores químicos, bebida y mota y otros componentes que sólo podía imaginar.

Guy siguió a Jumpy al bar improvisado, una larga mesa de picnic con cubetas de hielo llenas de botellas de ginebra y bourbon. Jumpy mezcló ginebra con tónica en un vaso de plástico transparente y se lo extendió a Guy.

—Relájate, ponte en onda.

Se preparó su propia bebida, después elevó el vaso de plástico para brindar.

—Brindo por mejorar mi calificación —dijo Jumpy.

—Por la creación de personajes creíbles.

Guy no pensaba retractarse a cambio de un tour rápido por una vulgar guarida de fumadores de hash.

Jumpy tragó su bebida, y Guy lo imitó, *mano a mano.**

Jumpy condujo a Guy hacia el fondo de la casa, por un largo y angosto pasillo. Ese tipo de arquitectura Guy lo había visto docenas de veces en las casas de las afueras construidas en los sesenta en Florida. Había tres dormitorios tras el pasillo angosto, y un solo baño. Puertas corredizas en los clósets, y superficies duras en cualquier dirección. Nunca se había considerado a sí mismo ajeno a esos espacios, pero dadas las circunstancias Guy se mantuvo algunos pasos detrás de Jumpy, y comenzó a considerar sus posibilidades de escape.

Al final del pasillo, la música se había suavizado y parecía el bramido de una máquina mal aceitada. Jumpy se detuvo ante una puerta cerrada, la golpeó tres veces y una voz respondió desde dentro. Jumpy abrió la puerta, después vio a Guy que se quedaba atrás.

—¿Querías conocer a mi gente, verdad? Caer bajo y ensuciarte. ¿No era ésa la idea?

Guy sintió que su miedo se convertía en pánico. Un nudo oscuro de temor. No estaba dispuesto a ello. Repentinamente se sintió atrapado, arrinconado por Jumpy. Llevado con engaños hacia aguas más profundas que las que había negociado. Una ola de paranoia se elevó y se estrelló en sus entrañas.

—Philly, te presento a Guy. Guy, Philly.

El hombre era calvo y bajo y su panza era dura y perfectamente redonda como una bola de boliche. Usaba unos calzoncillos a rayas o quizás eran los pantaloncillos de una pijama, pero tenía el torso desnudo. El cuarto estaba iluminado con una vaga luz azul como si unos potentes y extraños hongos crecieran en bandejas alargadas en algún lugar cercano. Estaban en la habitación principal, que probablemente medía la mitad

---

* En español en el original. (N. del T)

de lo que medía la sala. Las puertas corredizas de cristal tenían vista hacia el canal, y hacia el patio de una casa donde una pareja de ancianos bailaba lentamente bajo linternas de papel.

Philly estrechó la mano fláccida de Guy y se hizo hacia atrás para escrutarlo.

—¿Éste es don Fabuloso y Asombroso? Discúlpame Jump, pero parece un pobre imbécil.

Guy estaba a punto de irse, de vuelta por donde había venido, correría todo el camino de regreso a su casa de ser necesario, cuando una mano afianzó su tobillo desnudo, los dedos alrededor del hueso, sujetándolo con fuerza.

Bajo la neblina azul vio a una chica en el piso de la habitación, desnuda, con enormes tetas. Su ralo cabello rojo estaba enredado y sucio, y había una torpe sonrisa en su cara como si Mindy Johnson finalmente hubiese atravesado la sutil estratósfera sobre la que siempre escribía.

Guy se alejó pasmado de su contacto y perdió el equilibrio. Extendió una mano para mantenerse en pie, pero la pared se movió. Mientras Guy se tambaleaba hacia ella, la pared volvió a moverse. Agitó los brazos como un torpe gimnasta, y finalmente consiguió mantener el equilibrio.

La ginebra daba vueltas dentro de su cráneo.

—Hijo de la chingada —Guy giró y encaró a Jumpy—. ¿Qué chingados hiciste?

—Vamos, profesor, entre, el agua está rica —era la voz de una mujer que reconoció vagamente.

Volteó hacia el colchón y vio que junto a Mindy estaba Paula Rhodes, una nueva estudiante de posgrado que había luchado muy duro para ganarse un lugar en el programa. Un poco más madura que los demás, una mujer que había escrito para revistas de viaje de Nueva York y que poseía una maestría. Ella, como Mindy, deseaba por alguna razón mundana escribir poesía. Cantar el cuerpo eléctrico.

Se puso de rodillas e intentaba alcanzar a Guy con sus senos sin brasier bamboleándose y con los ojos encendidos por algún entusiasmo químico. Alrededor de la habitación, él vio por lo menos a otros cuatro alumnos del programa, todos ellos moviéndose o quedándose quietos como dentro de un nido de serpientes.

—Hey, quiero agradecerle, profesor —dijo Philly—. Nos ha conectado con una mejor clase de consumidor que con la que veníamos tratando últimamente. Le debo una.

Moon, el portero de cuello de toro, apareció en el umbral de la puerta. Ahora él también andaba en ropa interior. Trusa blanca aguada con los pelos oscuros saliéndose por los lados. En una mano sostenía una bandeja de plata con jeringas y ligas de hule, y un coctel de otros terribles utensilios que Guy no reconoció. En la otra sostenía el cañón de la SAW. Alcance de 800 metros, ligera, y apenas por encima de los nueve kilos cargada con doscientos disparos.

Moon mostró el *hors d'œuvre* a Gay, clavándole la esquina de la bandeja en el esternón.

—¿Obtuviste éxito en tu pesquisa, Guy? —dijo Jumpy.

Las paredes de la habitación inhalaban y exhalaban y las luces habían invadido el interior del pecho de Guy.

—Me usaste. Hijo de la chingada, me usaste para aprovecharte de estos jóvenes.

—¿Te *usé*, Guy? ¿Te putas *usé*?

La mano de Mindy Johnston recorrió la pierna de Guy por dentro del pantalón, sus dedos se deslizaban por su entrepierna. Su voz era un auténtico embeleso.

—Vamos, profesor. Vamos, es divertido. Es tan salvaje.

Guy vio a través del canal a la pareja de ancianos que todavía bailaban foxtrot al ritmo de una melodía que no traspasaba sus muros. Pensó en Shelly, su esposa desde hace diez años, la manera en que ellos bailaban en su propia sala. Pasos lánguidos, dejándose llevar alrededor de la casa vacía por horas en ocasiones.

Jumpy se acercó a la puerta mientras se deslizaba junto a Moon hacia el pasillo. Moon le impidió el paso como si se tratara de los barrotes de una celda que separaran a Guy del mundo conocido.

—Hey, Guy, disfruta. Moon te guiará, ¿verdad que sí, grandulón?

Moon había guardado la bandeja y el arma en algún lado y había tomado a Guy del bíceps derecho y le inyectó una solución cristalina en una vena saltona del brazo. La habitación era más grande de lo que pensó Guy en un principio. El techo no era un techo. Donde debía estar el techo, había estrellas, galaxias enteras expuestas, cometas disparados desde la izquierda y desde la derecha. Un fresco viento solar arremolinándose desde los cielos.

—¿Esto es lo que querías, no? —dijo Jumpy desde la sala—. Una experiencia cercana y personal.

Manos desnudas jalaban sus tobillos hacia el colchón de arenas movedizas, hacía un pozo de carne y luces de colores locos, un mundo sobre el que ya había escrito antes. Pero del que tenía una idea equivocada. Totalmente equivocada.

SEGUNDA OPORTUNIDAD
por Elyssa East
Buzzards Bay, Cape Cod
Traducción de Gilma Luque

Cunningham dijo que puso la escuela correccional de la Isla Penikese para que pudiéramos romper por completo con nuestros pasados. No podíamos marcharnos a casa desde esta nada que es la bahía Buzzards Bay. No podíamos irnos de aventón ni nadando. Hasta los lancheros consideraban que las corrientes eran peligrosas aquí, a veinte kilómetros de Cape, pasando las islas de Nonamesset, Veckatimest, Uncatena, Naushon, las Weepeckets, Pasque y Nashawena, justo al norte de Cuttyhunk. No había Cumbie Farms ni Dunkin' Donuts, no había agua corriente, internet o servicio de celular. Ni siquiera un árbol. Sólo una casa hecha con el casco de un antiguo barco de madera que había encallado. Yo y otros seis chicos, todos menores de edad, los cuales tuvimos la suerte de estar aquí y no en la cárcel, vivíamos con Cunningham y el personal, que en su mayoría también eran nuestros maestros. La escuela tenía una granja, un gallinero, un taller de carpintería y un cobertizo. Además de eso sólo estaban las ruinas de una colonia de leprosos, un par de tumbas que a Cunningham le gustaba llamar "el cementerio", y las aves. Muchas aves. Gaviotas, sobre todo, que rondaban por encima de este lugar como una nube gritona y movediza desde la cual llovía mierda que nos caía en las cabezas durante todo el día.

Éste era nuestro nuevo comienzo, una roca estéril cubierta de caca de gaviota.

Tuvimos que dejar la mayoría de nuestras pertenencias en tierra firme, cuando nos embarcaron hacia aquí en un oxidado barco de pescadores llamado *Second Chance*, pero nuestros respectivos pasados nos siguieron de todos modos. Siempre andábamos volteando por encima de nuestros hombros y ahí los encontrábamos. Dependiendo de la hora del día perseguíamos las sombras de nuestros pasados o ellas a nosotros. Las expulsábamos al agua con nuestras redes de pesca. Nos acompañaban cuando arábamos el huerto, partíamos leña y cambiábamos el aceite para darle mantenimiento al *Second Chance*, el único barco de la escuela. Las mirábamos taclear y chocar y caer al piso junto a nosotros cuando jugábamos futbol y nos partíamos la madre como las olas que golpeaban esta roca eternamente. Yo sólo me preguntaba cuándo empezarían a levantarse nuestros pasados, a quitarse el polvo e irse. Cualquiera podría decir que eso era lo único que todos nosotros queríamos. Al menos era lo que yo quería.

Nunca quise estar en el coche que mató a esa chica. Fue como si yo fuera alguien más, no yo. Como si yo nunca hubiera estado ahí. Pero sí estuve.

El señor Riaf, el abogado que me asignó la corte, dijo que lo más duro aquí en Penikese sería encontrar la manera de ser uno de los chicos sobrevivientes. "Siempre hay uno que revienta", dijo él. "No dejes que seas tú, niño."

Freddi Paterniti contó que cuando el DYS* le dijo que podría ir a la escuela en una isla durante un año en lugar de que lo regresaran al bote, él pensó que se la pasaría todo el día sobre una moto acuática. Todo el mundo le mentó la madre a Freddie por ser tan pendejo aunque todos pensaron lo mismo. En cuanto a mí, yo nunca esperé otra cosa.

En lugar de motos acuáticas, lanchas de carrera y chicas en bikini, nos tocó Cunningham, el fundador de la escuela, un *exmarine* que peleó en Vietnam y que parecía una mezcla entre Jean-Claude Van Damme y Santa Claus. Cunningham creía que nuestra salvación residía en vivir como si estuviéramos en el año 1800, pero no para tomar clases de historia: "Ustedes fueron escogidos para embarcarse en el *Second Chance* porque han demostrado la capacidad de arrepentirse de sus crímenes. Estamos aquí para enseñarles que sus acciones literalmente crean este

---

* DYS, *Department of Youth Services*, equivalente a reformatorio juvenil. (N. de la T.)

mundo que está a su alrededor. Al crear todo lo que necesitan con sus propias manos, pueden volver a formar la persona que son, muy dentro de ustedes. Y pueden aceptar esta segunda oportunidad hasta que ocupe un nuevo lugar en su interior".

Por eso acarreábamos agua, le dábamos de comer a los cerdos, atrapábamos peces, sembrábamos papas, juntábamos huevos y construíamos mesas y sillas, y si no lo hacíamos, no hubiéramos tenido dónde sentarnos ni nada qué comer.

Cortamos un montón de leña que traían desde Woods Hole en el *Second Chance*. Si nos encabronábamos –lo cual sucedía a menudo– nos mandaban a cortar más. Al principio los músculos nos dolían durante días. La sensación del hacha rebotaba en nuestros codos, dentro de nuestros hombros, en nuestros cráneos. Pero nos hacíamos más fuertes. Partíamos leña y soñábamos que repartíamos el botín, que le abríamos los muslos a una chica, que partíamos en pedacitos este lugar, esta vida.

Estábamos constantemente construyendo nuestro mundo en este lugar en medio de la nada, partiéndolo en trozos y volviéndolo a hacer todo de nuevo, pero no podíamos deshacer lo que habíamos hecho para ganarnos nuestro boleto aquí.

"Chicos", diría Tiny Bledsoe cuando hicimos las tablas para picar que se vendieron en una tienda de regalos *nice* de Falmouth a fin de reunir fondos para la escuela, "piensen que están entrenando para Alcatraz. ¡Pronto van a graduarse y podrán hacer placas automotrices y pantalones de mezclilla!" Cada vez que Tiny decía esto Freddie golpeaba el piso de madera, riéndose.

Freddie y Tiny eran una pareja extraña. Freddie tenía dieciséis años: era bajito, meloso, bizco, con un acento sureño en la vocecita más aguda y chillona que uno pueda imaginar. Tiny tenía diecisiete años: era un gigante pesado y con pie equino que venía de East Dennis. Ellos no se parecían en nada a mí y mi hermano mayor, Chad, pero a su manera me recordaban a nosotros. Ambos alardeaban que habían matado gente. Eso era lo suyo. Su lazo especial. Algo que Chad y yo compartíamos también ahora.

La madre de esa chica me mandó una foto de ella, acostada en su ataúd. Parecía una de esas cajitas musicales para joyas, forradas de satén rosa con una bailarina que da vueltas mientras se escucha la música. Todo lo que tienes que hacer es darle cuerda con la llave y la bailarina cobra vida, pero los ataúdes no tienen llave. Sólo un motor en el cementerio que baja la caja en el suelo. Mi hermanita Caroline tenía una de esas cajitas musicales. No tenía nada guardado dentro sino unos anillos que sacó de una de esas maquinitas a las que le echas monedas en los supermercados. Los anillos no valían nada, pero Chad me convenció de que de todos modos le robara su alhajero.

Freddie y Tiny. Nunca era Tiny y Freddie, aunque Tiny le llevara una cabeza. Hasta Cunningham y nuestros maestros lo sabían, siempre decían "Freddie y Tiny" como en "¡Aquí está la tarea de Freddie y Tiny!" "¡Freddie y Tiny nos van a llevar a sacar las trampas del agua!" "Freddie y Tiny…"

Un día, a principios de año, a Ryan Peasely se le estaban poniendo los ojos en blanco en la clase de mecánica y andaba murmurando a espaldas de Cunningham, "Freddie y Tiny me la mamaron. Freddie y Tiny me lamieron el culo". Parecía que nadie más que yo podía escucharlo, pero Tiny tenía un sonar en lugar de oídos. Se aventó sobre Ryan y le hizo una llave de cuello en un dos por tres. Y Freddie le susurró al oído a Ryan que lo iba a matar descargando las baterías del *Second Chance* en su culo.

Ryan es de Wellesley. Sólo porque les vendía droga a sus compañeritos de la escuela privada piensa que es mejor que nosotros, pero Ryan estuvo a punto de cagarse en los pantalones ese día. Cunningham castigó a Freddie y Tiny poniéndolos a limpiar el cobertizo, pero al parecer a Freddie no le importó. Casi le dio un infarto de tanta risa.

Cuando Freddie se ríe, suena como los trenes que atraviesan el bosque por las vías que salen del callejón sin salida donde crecí allá en Pocasset: "A-ju-a-ju-a-ju-a-ju. A-ju-a-ju-a-ju-a-ju".

También fue idea de Chad llevarnos el alhajero de Caroline y ponerlo en las vías del tren. Pedacitos de la muñeca salieron volando por todas partes. Todavía escuchamos la musiquita mucho tiempo después de que el tren se fue.

Caroline lloró tanto después de ver que ya no estaba su alhajero que salí y junté todos los pedacitos de la bailarina que me encontré. Quise dárselos a Caroline para que se sintiera mejor, pero Chad negó con la cabeza y dijo:

—Lo que la gente ignora no la puede lastimar.

Después aventé los pedacitos de la bailarina al campo. Todavía recuerdo cómo vi los pedazos de plástico rosa y de gasa blanca volar desde mi mano.

Esa noche Chad vino al cuarto que compartíamos y dijo:

—Ahora eres un hombre de verdad, ¿lo sabías, niño?

Yo sólo tenía ocho años. Él tenía trece, pero ya se afeitaba. Sabía lo que era ser mayor.

Aprender a ser un hombre es parte de la filosofía parte-leña-acarrea-agua de Penikese. Penikese no es como estar en la cárcel, en una escuela militar y ni siquiera en una escuela normal, aunque podemos obtener el diploma de secundaria y aprender uno que otro oficio como la pesca y la carpintería. Es un poco de todo esto al estilo Abrahamcito-Lincoln-en-una-cabaña-de-madera. Cunningham nos guía en los paseos y nos cuenta anécdotas acerca de la isla y a esto le llama historia. La carpintería es donde el señor Da Cunha nos enseña a hacer muebles, también es su manera de engañarnos para que midamos ángulos, a lo que él le llama hacer geometría. Vamos recortando pedazos de madera junto con el paso del tiempo; estaremos atrapados aquí durante un año a menos que la caguemos, lo cual significa que nos embarcarían al reformatorio para menores, cosa que ninguno de nosotros quiere, aunque hay algo en este lugar que hace que parezca imposible escapar de toda la maldad que hemos cometido. Tal como el hecho de que la casa donde vivimos sea un barco que no va a ninguna parte.

De noche nos sentamos al lado de quinqués de keroseno y hacemos las tareas alrededor de la mesa del comedor o jugamos billar, excepto Bobby Pomeroy, quien pasa mucho tiempo en el cobertizo, donde todos estamos seguros de que se la pasa cortando leña.

Bobby creció en una granja en algún lugar del oeste de Massachusetts, donde lo atraparon por agredir y violar a su novia en una cita. Porque él es un granjerito nos enseña cosas que ni siquiera Cunningham sabe. Cosas útiles. Como hipnotizar a un pollo.

Sólo llevábamos unas cuantas semanas aquí cuando Bobby agarró el pollo más pequeño del gallinero por los pies y lo levantó para que quedara colgando cabeza abajo. El pollo chillaba y cloqueaba, pero en cuanto Bobby empezó a hacerlo girar y girar, se calmó. "Van a ver", dijo Bobby, y luego volvió a poner el pollo en el suelo. Lo siguiente que vimos fue que el pollo andaba caminando en círculos y chocaba con las cosas, como si estuviera borracho. Todos nos cagamos de risa, menos Tiny y DeShawn.

—Esto no es chistoso, carajo —dijo Tiny.

—¿Qué pedo contigo? —dijo Freddie.

—Es sólo un pollito.

—¡Chinga! ¿Mataste a una chica y te encabronas por un pollo que va a terminar en una olla? ¡No mames! —dijo Freddie.

—Haz que se le quite —replicó Tiny. Sus ojos se estaban poniendo rojos, el labio inferior le estaba temblando, pero el pollo seguía dando vueltas y chocando con las cosas. No podíamos evitar la risa.

—¡Ya cállense, pendejos! —gritó Tiny.

Entonces el pollo quedó tendido y dejó de moverse. Los pollos del gallinero se quedaron quietos también. Lo único que podíamos oír era el viento que silbaba como una tetera hirviendo.

—Pinche enfermo —dijo Kevin Monahan—. Eres un enfermo, Tiny. Matas a tu novia y defiendes a un estúpido pollo —Kevin estaba aquí por incendiar un condominio en Springfield mientras cocinaba metanfetaminas con su padre. El gato de una anciana murió en el incendio.

—Provocar incendios no es la gran cosa comparado con matar a una chavita, puto —dijo Freddie.

Bobby chasqueó los dedos encima del ave, que se dio la vuelta, se paró sobre sus pies y volvió a caminar de nuevo.

—Es como vudú o algo así —dijo DeShawn, alejándose de Bobby como si fuera un poseído.

Bobby tenía poder sobre ese pollo como Freddie tenía poder sobre Tiny, y Chad tenía poder sobre mí.

Chad y yo éramos como Freddie y Tiny: inseparables. Yo seguía a Chad a todos lados, hacía cualquier cosa que él hiciera, y cualquier cosa que él quisiera. Ahora él cumple una sentencia de veinte años que le dieron por culpa del accidente. Por mi culpa.

A veces nos daban permisos sabatinos para ir a Woods Hole en tierra firme. Nos la pasábamos bien los sábados en el "Hoyo" hasta que Freddie convenció a Tiny de robarse el *Second Chance* para llevárselo a Osterville, donde ellos decían que iban a meterse a unos barcos porque Ryan Peasely les dijo cuánto dinero obtuvo vaciando la casa de verano de su padre, que está por allá.

Mientras nos embarcamos ese día de finales de septiembre, Tiny dijo:

—Yo no le entro.

Stubby Knowles, nuestro maestro de mecánica y pesca, que también era el capitán del *Second Chance*, estaba en la cabina y no podía escucharnos por el sonido del motor, el viento y los gritos de las gaviotas.

—¿Qué te pasa? ¿Te estás rajando? —preguntó Bobby.

—Chinga tu madre —reviró Tiny.

Bobby no le caía bien a Tiny. Después del incidente del pollito mareado, Tiny pidió encargarse de los pollos: él y nadie más, como si quisiera proteger a las aves de Bobby. Nadie le peleó tal honor.

—¡Gallina! —dijo Bobby. Freddie se carcajeó. Chocaron las manos.

Tiny se le quedó viendo tan duro a Bobby que pudo haberle hecho dos agujeros en el cuerpo con los ojos. Bobby se encogió. Tiny era del doble de su tamaño y podía fácilmente romperlo en dos.

Tiny soltó una de esas risas que suenan como un llanto.

—Cayeron, ¿no? —dijo Tiny. Pero Tiny no había engañado a nadie. Sólo le entró porque no quería que Bobby tomara su lugar como mejor amigo de Freddie.

En cuanto nos bajamos del barco, Freddie dijo:

—Miren, chavos, nos vamos a chingar esta nave y va en serio —como si fuéramos unos negros que se escaparon de Rikers en una balsa de madera y navegaron hasta llegar a Cape para aterrorizar a todos los riquillos.

—DeShawn, maestro, vas a levantar a esa puta por mí.

Freddie siempre le hablaba como un rapero gánster a DeShawn, también Bobby. Dos chicos tan blancos como se puede. Hasta Freddie, aunque él es italiano, tan pálido como la luna. Tiny se quedó aparte, confundido, esperaba que ellos lo superaran y volvieran a hablar como siempre.

Bobby y Freddie adulaban a DeShawn por ser negro y de Dorchester. DeShawn nunca quiso decir por qué había caído aquí, pero uno podía ver la maquinaria trabajando detrás de sus ojos, yendo a alguna parte muy pero muy lejos y atropellándonos a su paso.

Siempre que DeShawn tenía esa mirada, Freddie decía:

—DeShawn, hombre, tú y yo nos llevamos bien, porque tu mierda es real, hermano, como la mía, ¿cierto?

Freddie nunca parecía notar la mirada que invadía los ojos de DeShawn cuando él le hablaba. Aunque, si lo notó, no pareció importarle. Es un poco como cuando Chad dice que lo que ignoras no te puede lastimar, sólo que con Freddie era más bien hacer como que ignoras, como fingir que DeShawn no lo odiaba lo ayudaba a evitar que le partieran su madre por todo el Hoyo.

La noche del accidente, allá en agosto, fingí que todo estaba bien.

—Hermanos —les dijo Chad a unos amigos suyos que se detuvieron junto a nosotros enfrente de Cumbie Farms—, les apuesto mil dólares que mi hermanito y yo podemos robarnos un coche antes que ustedes.

Hacía mucho tiempo que Chad y yo no nos robábamos un auto y yo dudaba que él y sus amigos tuvieran dinero, a menos que vendieran droga, lo cual era probable, pero yo no quise saberlo. Casi no había visto a Chad en los últimos tres años, no desde que había cumplido dieciocho y se había enrolado en el ejército.

—¿Por qué quieres irte a la guerra? —le pregunté antes de que se fuera.

Chad señaló su cabeza y dijo:

—Es más fácil que ganar la guerra que llevo dentro.

No es que Chad fuera malo, es que era bueno en cosas que no debes hacer, como meterte a casas y robar. Y Chad tenía la habilidad de no ser atrapado, lo cual, de una manera perversa, hizo que yo y Caroline pensáramos que le iba a ir bien en el ejército peleando con terroristas. Pero ni siquiera Mamá pudo explicar por qué Chad terminó por ser dado de baja y regresó de Afganistán con excusas para todo, salvo para decir, "Es como si a tu hermano le hubieran disparado varias veces en el corazón, Tommy. En realidad no puedes ver el lugar donde lo lastimaron, pero si pudieras, sabrías todo lo que está sufriendo". Aunque a veces lo podía ver escrito en toda su cara, como esa noche en que estábamos bebiendo en el coche afuera de Cumbie.

—¿Recuerdas cómo era antes? —preguntó Chad—. Tú y yo éramos los más chingones —tomó un trago de cerveza y se limpió la boca.

Por supuesto que sí: no podía olvidar las veces en que Chad me había incitado a meternos a la cochera de alguien, a su coche, a su casa, a huir en sus bicis con sus PlayStations y sus laptops en nuestras mochilas. Era todo lo que yo quería olvidar de mi pasado, de no ser por Chad. Después de que él se fue, traté de enmendarme, pero Chad regresó y pronto tenía mil dólares ajenos escondidos en mi espalda.

—Sip, estuvo genial —dije mientras nos acabamos nuestras cervezas antes de irnos a buscar otro auto para esa noche. Quizá sea porque crecimos sin padre, pero era más fácil mentir que reconocer que yo nunca quise hacer ninguna de esas cosas, yo sólo quería estar con Chad—. Bienvenido a casa, mano —le dije—. Qué bueno que estás de regreso.

Chad me pasó otra botella de cerveza. Mientras él manejaba el coche en esa calle oscura, yo sentía que regresaba a aquel lugar que había tratado de superar, pero en ese momento, cuando Chad estaba de vuelta en casa, supe que nunca había querido dejar todo eso.

Nos estacionamos detrás del puesto de valet parking que está junto a la casa club Golf Pocasset. Chad sacó una media de su bolsa de lona militar y la guardó en su chamarra.

—Ahorita vengo, mano —dijo, y salió del coche y se metió a la caseta.

El puesto estaba ahí, oscuro, sin movimiento, silencioso, con un resplandor azul que pasaba a través de las persianas. Me senté y me bebí otra cerveza, saboreando su amargura, esperé durante quince minutos, quizá más, a que Chad volviera a salir.

Chad se metió al coche y me enseñó las llaves de un Mustang '66.

—¡Guau!, ¿cómo le hiciste? —como si tuviera que preguntarle.

—Sólo un truquito. Ahora tenemos este carrazo, sólo tenemos que llenar el tanque y regresarlo antes de las once. No hubo necesidad de romper ninguna ley.

Chad les mando un sms a sus amigos: *Tenemos nave, chavos. ¿Dónde están?*

Nos reunimos todos a las cinco en el muelle de Woods Hole, como siempre. Stubby gritaba por el celular y caminaba de arriba a abajo. El *Second Chance* se había ido.

Freddie y Tiny nunca llegaron hasta Osterville. Un barco patrulla de la guardia costera los recogió cerca de Popponesset, donde el barco se quedó sin gasolina. Juraron que planeaban estar de vuelta muy pronto y que le iban a llenar el tanque, pero no tenían dinero por la política de la escuela así que no fue su culpa si el *Second Chance* se quedó sin gasolina.

El Mustang del club de golf tenía el tanque lleno. Chad también. Lo que sea que haya hecho en esa caseta le inyectó sangre en los ojos.

Manejamos hasta donde estaban sus amigos metiendo una ganzúa en la puerta de una porquería de Toyota.

—Supongo que ustedes ganaron —dijo uno de sus amigos y luego se quedó viendo nuestra nave.

A Chad y a mí todavía nos quedaban unas cuantas cervezas, pero a sus amigos no, así que Chad pensó que no estaría mal jugar carreras hasta la licorería que está del otro lado del puente Bourne.

—Como la vieja canción: "Bridge Over Troubled Waters",* ja ja ja —dijo su amigo, el que manejaba.

—El que llegue al último paga —ordenó Chad y luego dejó suficiente hule quemado en el piso para dejarlos atrás en una nube de humo.

Entre más retorcida y peligrosa era la idea de Chad, más probable era que tuviera éxito. Eso lo distinguía. Por eso yo lo amaba y le temía al mismo tiempo. Por eso pensaba que regresaría a casa como un héroe. Por eso íbamos a ganarle a sus amigos a cruzar el puente y ellos tendrían que pagarnos un cartón de Bud y una botella de Goldschläger, los idiotas.

Más tarde, la policía no dejaba de preguntarme qué había dicho para tratar de disuadir a Chad de "robar" el Mustang o de cocinar una piedra de Ritalin y Talwin —lo cual, según explicaron, es una mezcla tan buena como la coca y la heroína— en el puesto del valet, o al menos de que se echara medio cartón de cerveza mientras manejaba. Hicieron un gran drama sobre beber y manejar, como si nadie más por aquí lo hiciera nunca. Pero yo nunca dije nada para detener a Chad. No sólo porque sabía que nada lo detendría una vez que tenía algo en mente, ni porque sabía cuánto necesitaba ganar en lo que fuera desde que regresó a casa. Lo que pasa es que yo quería que ganáramos juntos.

---

* Se refiere a la canción de Simon & Garfunkel (N. de la T.)

Cunningham terminó por quitarnos los privilegios de los sábados porque todos sabíamos que Freddie y Tiny habían planeado robarse el barco y nunca dijimos nada.

Bobby trató de hacer entrar en razón a Cunningham:

—Pero si usted se hubiera enterado eso no lo habría hecho enojar, así que no debería castigarnos porque no teníamos razones para denunciarlos. Además, Tiny llevaba semanas jurando que se robaría el *Second Chance*. Hasta el día en que lo hicieron no habían hecho nada malo, así que ¿por qué teníamos que acusarlo?

Como castigo, Freddie y Tiny fueron obligados a cortar más leña. Bobby tuvo que remover mierda con una pala durante una semana.

Todavía recuerdo lo que sentí al pasar por el puente en ese Mustang. Todo lo que podía sentir era la altura inmensa y lo rápido que íbamos, Chad y yo, juntos, liberados de algo dentro de nosotros.

—Destápame otra muerta —dijo Chad.

Me estiré hasta el asiento trasero, agarré una de las cervezas y la destapé justo cuando nos íbamos acercando a la salida. Pero estábamos en el carril izquierdo y la rampa de salida ya estaba a la vista. Los amigos de Chad iban pisándonos los talones. Chad le pisó al Mustang para rebasar una camioneta que estaba cerca de nosotros y alcanzar justito la rampa. Pero la persona que manejaba la camioneta nos sacó el dedo y aceleró también, cortándonos el paso. Chad le pisó a los frenos. Mi cabeza latigueó. La cerveza salió volando de mi mano. La botella se estrelló contra el parabrisas y reventó. Un chorro de cerveza entró a los ojos de Chad. Alzó las manos del volante. Pedazos de vidrio le cortaron la cara, las manos.

Mi hombro golpeó contra la ventana. El cinturón de seguridad me laceró el cuello. Y el Mustang chocó contra la puerta del lado del conductor de un Honda Civic que iba atrás de la camioneta.

Katelyn Robichard, estudiante de primer año de la Universidad Dartmouth de Massachusetts y delantera de los Corsairs, Jugadora Ofensiva del Año 2009 de la liga Little East Conference, estaba al volante del Honda. Su cinturón aguantó, pero su bolsa de aire no se infló. Y la linda Katelyn Robichard salió disparada hacia el frente, a la altura de la cintura, como un muñeco en una caja de sorpresas y colapsó.

Freddie y Tiny estaban afuera cumpliendo con su castigo, cortando un bosque lleno de madera por tercer día consecutivo, cuando una concha de bígaro voló desde las nubes y le cayó a Freddie en la cabeza.

—¡Hijodeputa! —masculló Freddie y lanzó su hacha contra un pedazo de madera.

Otra concha llegó veloz hacia él. Balanceó el hacha hacia las nubes y gritó:

—¡Bájense, putos! ¿Quieren meterse conmigo? Van a ver quién soy, pinches pájaros comemierda.

El cielo se cubrió de cacareos, como si Dios se estuviera carcajeando al ver que Freddie perdía la cabeza.

Otra gaviota le apuntó a la cabeza y le bombardeó el pelo. Freddie se cubrió con la mano libre, chillando, y siguió balanceando el hacha sobre su cabeza. Más gaviotas volaron hacia él mientras Tiny lanzaba pedazos de madera contra el cielo.

Odiábamos esas nubes de pájaros gigantes y hambrientos, pero odiábamos más a Freddie y a Tiny por meternos en problemas.

Excepto Bobby, que estaba en el cobertizo, todos estábamos adentro, supuestamente haciendo tareas y el quehacer. Pero nos detuvimos para ver el espectáculo por la ventana de la cocina. Freddie balanceaba el hacha como un asesino desquiciado.

—¡Estoy hasta la madre de estar acá afuera con estos putos pájaros cagándose sobre mí todo el puto tiempo!

—Los pájaros no son la causa del problema —Cunningham le dijo con calma, sin moverse del porche. Su voz sonaba suave y profunda, como un cuerno a través de la niebla.

Tiny siempre podía adivinar cuando Cunningham estaba a punto de soltar uno de sus discursos estilo vivir-como-un-granjero-es-bueno-para-ustedes. No tardaría en gritar: "¡Popa, popa! ¡Se le van a ir los ojos!", como si una ola salvaje que sólo él podía ver se estuviera moviendo a través de Cunningham. Pero Tiny no dejaba de arrojar pedazos de madera contra el aire, en dirección de las gaviotas. Da Cunha irrumpió por la puerta trasera, se lanzó sobre Tiny, hasta que logró someterlo con una llave en el brazo.

—Eres tú, Freddie —le dijo Cunningham—. Los pájaros sólo son pájaros. Tú eres el que elige ver esto como un ataque. La vida está llena de gente y de cosas, de situaciones que te van a arrojar mierda. Tú no puedes controlar eso. Lo único que puedes controlar es tu reacción ante eso. Tienes que conocer a tus pukwudgies.

–¡Chinguen a su madre tú y tus *fukwudgis*! –gritó Freddie–. Estoy harto de ustedes y sus chingaderas –las gaviotas chillaron y rieron sin dejar de perseguir a Freddie, el cual salió hecho una furia en dirección del agua con el hacha.

Da Cunha todavía tenía agarrado a Tiny, el cual se desplomó al ver que Freddie desaparecía.

–¡No es justo! –sollozó Tiny–. No es justo. Robar el barco no fue mi idea. Yo no quería que nos lo lleváramos. Todo es culpa de Freddie.

Era cierto. Había sido idea de Freddie, pero Bobby había tratado de echarle la culpa a Tiny. Cunningham dijo que no importaba de quién había sido la idea. Ellos se habían robado el *Second Chance* juntos.

Da Cunha soltó a Tiny, y éste rodó por el suelo. Stubby apareció. Él y Da Cunha se fueron hacia el agua, tras Freddie.

–¿Qué es un pukwudgie? –preguntó DeShawn.

–Vengan –dijo Cunningham–. Llegó la hora de una pequeña lección sobre la historia de la isla –Cunningham le dio la mano a Tiny y lo ayudó a pararse. Puso su brazo alrededor de Tiny y nos guio colina arriba. Mientras rodeamos el cementerio, podíamos oír los gritos de Freddie arrastrados por el viento: "¡Chinga tu madre, pinche Tiny soplón!".

Las ruinas de piedra de la colonia de leprosos se veían como los huesos de un gigante que hubiera estado enterrado aquí y poco a poco se asomara. En cuanto los rebasamos por el lado de barlovento de la isla, las gaviotas que nos habían seguido dejaron de hacerlo. El viento se dedicó a aullar y a chillar.

Ryan y Kevin se regresaron porque les tocaba el turno de cocina de la tarde. DeShawn me miró como diciendo que él no quería regresarse con Ryan, que no era más que un mocoso idiota, ni con Kevin, que estaba destinado a hacer algo estúpido, como llevarnos caminando hacia un barranco. Puede ser que también le diera miedo que Freddie siguiera corriendo por ahí con su hacha. No importa. Por la manera en que Cunningham tenía su brazo alrededor de Tiny era obvio que no lo iba a dejar irse a ningún lado. Este paseo era para Tiny. Pero yo sabía que también era para mí.

Me cubrí con las manos cuando chocamos con el coche de esa chica, pero de todos modos pude verle el rostro. Su cuerpo apareció de la caja de sorpresas. Su cabeza y su pecho volaron por encima del volante, hacia el parabrisas.

Lo llaman vidrio templado porque cuando tu cabeza golpea el parabrisas lo estrella, pero se queda en su lugar para que te atrape, como una red. Si esto falla, y sales volando, se desmorona como una galleta para que no te cortes. Pero algunos pedazos de metal salieron volando. Esa chica no tuvo ninguna oportunidad.

A veces siento como si yo estuviera hecho de vidrio templado, como si todo dentro de mí se hubiese astillado pero de alguna manera permaneciera intacto. Sin embargo Chad estaba absolutamente quebrado por dentro, como esa botella de cerveza rota que le rajó la cabeza.

Todo hubiera estado bien si no le hubiera pasado esa cerveza.

Cunningham nos llevó a un patio en ruinas que nos protegía un poco del viento. Tiny, DeShawn y yo nos sentamos en unos bancos de piedra desde los cuales podíamos ver el agua y algunas luces de New Bedford, al otro lado de la bahía. Cunningham se aclaró la garganta, como si estuviera ensayando un discurso previamente preparado.

–Cuando la colonia para leprosos cerró, un guardia se quedó viviendo por aquí con su esposa y sus dos hijos. Eran los únicos habitantes de la isla. Después, uno de los hijos mató al otro. Dijeron que fue un accidente muy raro, pero nadie que conociera este lugar y a esa familia supo la verdad. Fue por culpa de los pukwudgies.

"Los pukwudgies son unos pequeños demonios, del tamaño de una mano, que le hicieron la vida imposible a los indios wampanoags. Rompían sus flechas, perforaban sus canoas y arruinaban sus cosechas. No sería falso afirmar que para los wampanoags eran el equivalente de que una gaviota te cague la cabeza, pero por más pequeños que fueran, tenían un gran poder sobre Moshup, el gigante de los wampanoag, y sus hijos –cuando dijo la palabra *gigante*, Cunningham le lanzó a Tiny una mirada especial.

"Un día, Moshup le declaró la guerra a los pukwudgies. Juntó a sus hijos y se repartieron por toda la isla para cazarlos. Una noche, mientras Moshup y sus chicos dormían, los pukwudgies se acercaron sigilosamente a los hijos de Moshup, los cegaron y los apuñalaron hasta la muerte. Moshup enterró a sus hijos a lo largo de la costa. Estaba tan lastimado que cubrió sus sepulturas con rocas y tierra para crear enormes montículos funerarios. Con el tiempo el océano subió de nivel y arrastró los montículos —y los restos de los chicos— hasta aquí. Todas las islas de por aquí, en la bahía de Buzzards Bay —Naushon, Pasque, Nashawena, Cuttyhunk y Penikese— son lo que queda de los hijos del gran gigante.

El viento se colaba a través de los hoyos de las paredes en ruinas, se curvaba a nuestro alrededor, se deslizaba por nuestras nucas.

—¿Estás diciendo que estamos sentados en una especie de tumba india? —preguntó DeShawn.

Cunningham asintió con la cabeza. DeShawn se estremeció.

A través del silencio, uno podía oír el océano agitarse debajo del viento. Entonces escuché aquella especie de maullido. Miré a mi alrededor. DeShawn captó mi mirada y movió la cabeza hacia Tiny, quien empezó a burbujear como un refresco caliente de dos litros recién abierto.

—Ella-ella-ella…

DeShawn rascó el suelo con una piedra. Olía a tierra mojada.

—Yo no quise lastimarla —gorgoteó Tiny—. La amaba.

Ahora Tiny estaba hecho un verdadero volcán. Yo continué mirando el agua, la oscuridad exterior que no dejaba de moverse y centellaba como la plata a la luz de la luna.

—La quería mucho.

Parecía que DeShawn deseaba escarbar un camino hasta China con esa piedra, lo que fuera con tal de irse de ese lugar. De repente se detuvo, como si recordara que estaba cavando sobre la tumba de alguien. Se sentó sobre sus manos y apartó la mirada.

Tiny se encogió y se tomó la cabeza con las manos, como si tuviera miedo de que lo golpearan. Cunningham lo alzó como Santa Clos levantaría a un niño gordo que llora porque quiere un nuevo camión de bomberos, sólo que no era un camión lo que Tiny quería. Era una vida nueva. Eso era todo lo que Tiny quería. A los diecisiete.

El mundo está lleno de gente como nosotros. Que flota por ahí como estas islas medio hundidas y cubiertas de mierda. Andamos derrapando por tu ciudad, tu pueblo, tomando atajos en tu patio trasero, subiendo por tu escalera de incendios, deslizando una barra metálica entre la puerta y la ventana de tu coche, durmiendo en tus asientos de piel que huele a dinero —a tu dinero. Le hacemos puente a tu sistema de encendido, nos robamos tu radio por satélite, revisamos tus cosas, hacemos a un lado los manuales y el gel de alcohol para las manos, los papeles, las tarjetas de circulación y los pañuelos desechables, hasta que encontramos ese sobre repleto de billetes para emergencias, recién salidos de la imprenta. Navegamos por tus calles, atrapados por algo similar a una corriente, que provoca torbellinos en nosotros, que nos hace cabalgar olas de odio callejero, empujados por el viento. En realidad no queremos tu coche, tu hija, tus joyas, tus cosas. Es sólo que contigo, esa mierda nos ayuda a olvidar cuánto duele estar vivo, aunque sea por un rato.

Nos escabullimos, DeShawn y yo, a fin de que Cunningham siguiera aleccionando a Tiny sobre cómo "cruzar las aguas traidoras", esperar "un nuevo amanecer" y "el viaje llamado Segunda Oportunidad". En algún lugar detrás de nosotros en este sendero oscuro, podíamos oír a Tiny decir que quería cambiar, sólo que no sabía cómo. No sabía cómo, lo repetía una y otra vez, y el viento nos traía el eco de su voz.

Más tarde esa misma noche, escuchamos a Tiny llorar y mecerse sin descanso hasta quedarse dormido. Era como si todos estuviéramos en alta mar, balanceándonos a través de las olas del arrepentimiento que chocaban por todos lados dentro de él.

—Cabrón —le gritó Freddie—, cállate el hocico, puto —Freddie ya se había calmado desde hacía rato. Esa noche estuvo tan tranquilo durante la cena que nos puso la piel de gallina, como si Stubby y Da Cunha lo hubieran transformado en otra persona.

—Cállate —dijo DeShawn—. Estoy harto de ti y de tus pendejadas.

—Oye, compadre —le dijo Freddie—. No era contra ti. Tú y yo estamos a toda madre, ¿o qué?

—No —contestó DeShawn—. Nunca hemos estado a toda madre.

Todos fingíamos dormir, esperando que Tiny se callara, lo cual hizo por fin. Luego la casa se fue quedando en silencio y los otros dejaron de dar vueltas y vueltas hasta quedarse dormidos de verdad. Pero después de todas las lágrimas de Tiny ese silencio me mantuvo despierto.

Miré por la ventana y vi la luna alzarse en lo alto como un ojo gigante que miraba la colina donde estaba el cementerio de leprosos. En medio de todo ese silencio, yo estaba seguro de que había alguien más despierto y me estaba acechando. Y él —o eso— sólo estaba esperando a que me quedara dormido. Me quedé lo más quieto que pude mientras escuchaba las olas azotar esa especie de roca que era nuestra isla. Era como si formáramos parte de algún ciclo de la naturaleza, destinado a chocar contra las cosas para siempre.

En algún momento me quedé dormido.

Al amanecer escuché a Cunningham correr en el piso de abajo. Tiny estaba gritando y había otras voces que provenían de fuera. DeShawn y yo saltamos de la cama al mismo tiempo, nos pusimos nuestros jeans y las botas, y bajamos por las escaleras. Ryan, Kevin y Bobby se apuraron a salir de sus camas detrás de nosotros.

Lo oí en cuanto abrí la puerta. Parecía haber muchas creaturas pequeñas, los pukwudgies quizá, sollozando o riendo —no podría decir exactamente qué hacían— en medio del viento. Miré alrededor, pero no logré verlos. DeShawn apuntó hacia el gallinero.

Cunningham, Da Cunha y Stubby estaban ahí parados, mirando fijamente. Tiny estaba de rodillas, en el gallinero. Nadie decía nada.

Los pollos, que normalmente corrían por todos lados en las mañanas, cantando y quiquiriqueando, estaban tratando de ponerse de pie sobre sus patitas de pollo, pero en cuanto medio se paraban, volvían a caerse. Alguien o algo vino, en medio de la noche, y les rompió todas sus patas, las partió como si fueran ramitas. Los pollitos seguían tratando de pararse inútilmente sin dejar de chillar. Ahí yacían, moribundos pero con ganas de vivir.

Al menos veinte pares de ojitos penetrantes nos miraban en busca de ayuda, y nos miraban en vano porque no había nada que pudiéramos hacer sino ponerle fin a su miseria.

Tiny recorría el polvo con sus dedos, las lágrimas inundaban su rostro. Hasta Bobby parecía como si alguien lo acabara de golpear en las entrañas.

Freddie fue la última persona en salir de la casa. Se dio una vuelta por el gallinero y ni siquiera intentó aguantarse la risa.

Tiny tomó una de las aves más pequeñas. Yo no podría decir si era el mismo pollo que Bobby había hipnotizado. Todos habían crecido bastante en las últimas semanas y de cualquier manera todos se veían igual. Pero Tiny tenía ese pollo cerca de él y lo mecía como si fuera un bebé y él fuera a hacer todo lo posible por salvarlo.

A veces quisiera ser capaz de llorar como lo hizo Tiny. Después de que Chad y yo chocamos ese coche, ni siquiera me había dado cuenta de que las lágrimas corrían por mis mejillas. Había sirenas y luces. Policías y paramédicos cortando las puertas de los coches con sus Mandíbulas de la Vida.

Lo último que recuerdo es que Chad seguía ahí sentado, dándole palmadas al tablero del Mustang y diciendo, "Creo que vamos a tener que llevarnos a éste para dispararle".

Al día siguiente todos miramos la niebla tragarse al *Second Chance* por completo. Freddie estaba a bordo, iban a transferirlo a Plymouth Rock —el reformatorio juvenil del condado de Plymouth, como se podía leer en los libros—, donde mandaban a todos los niños asesinos.

Tiny no volvió a ser el mismo después de eso. Supongo que DeShawn y yo cambiamos también. Le ayudamos a Tiny a cavar una tumba y a enterrar a todos los pollos. Cunningham me mostró algunos libros en la biblioteca de la escuela donde leímos sobre los montículos funerarios indios. Juntamos unas piedras y tierra y cubrimos la tumba de las aves a la manera wampanoag.

Tiny, DeShawn y yo nunca hablamos acerca de los pollos ni de cómo nos hicimos amigos, si es que éramos amigos en realidad. Nunca nos dijimos gran cosa. Hacíamos nuestras tareas o lo que fuera, y nunca dijimos nada, lo cual era lo mismo que decir mucho, porque no era lo mismo que estar con alguien con quien puedes hablar pero no lo haces. Estuvo muy bien.

IV. Seguridad nacional

DESPUÉS DE TREINTA DÍAS
POR DON WINSLOW
Pacific Beach, San Diego
TRADUCCIÓN DE ÁLVARO ENRIGUE

1945

CHARLIE DECKER ES UN CASO DIFÍCIL.

Pregúntale a quien quieras —a sus compañeros en el barco, a su capitán, a la familia que dejó en Davenport, si es que alguien se anima a contarte de él. Todos te van a decir lo mismo.

Charlie no tiene remedio.

Es una bronca y siempre lo ha sido. Embriaguez, faltas sin permiso, pleitos, juego, insubordinación. Tres turnos de servicio en la marina con un montón de arrestos, subidas y bajadas de rango. Ya se habrían deshecho de él si no hubiera una guerra y no estuvieran urgidos de gente capaz de echar a andar un motor. Si le das a Charlie Decker media hora y una llave de tuercas puede arreglar lo que sea, pero descompone lo que sea con la misma facilidad.

La gente se lo dijo a Millie, pero no hacía caso. Sus compañeras de departamento se lo dijeron con claridad meridional. Bastaba con verle los ojos, la sonrisa de gallito, para darte cuenta. Se lo dijeron pero le entró por un oído y le salió por el otro. Ahora abre los ojos, ve el reloj en el buró y le da una nalgada: "Te tienes que levantar, Charlie."

"¿Cómo?", murmura todavía desde la cálida felicidad del sueño. La noche anterior, cuando ella volvió del turno de la noche en Consolidated Aircraft, se habían sentado a beber. Luego habían hecho el amor y se habían puesto a beber de nuevo. Tiene razones para no querer levantarse.

Ella lo sacude: "Ya son treinta *días*".

Millie conoce la marina. Treinta días son ausencia sin autorización, del treinta y uno en adelante, deserción. Él lleva casi un mes acampando en el búngalo que de por si ya estaba repleto con otras cuatro chicas. Dijo que volvería antes de que se cumplieran los treinta días.

Él murmura "A la mierda" y vuelve a cerrar los ojos.

"Va a ser mucho peor si no vuelves hoy", dice Millie. Por la ausencia sin autorización seguro lo castigarían, pero se ahorraría el calabozo porque su barco estaba a punto de zarpar de nuevo. En cambio por desertar le harían una corte marcial, lo mandarían varios años a la cárcel.

"¡Charlie, levántate!"

Él se da la vuelta, la besa y le muestra que también tiene un problema: pueden decir misa sobre Charlie y seguro tienen razón, pero es tan guapo, tan bueno en la cama. La verdad es que ella supo, desde que lo conoció en Eddie's, que no iba a tener modo de cerrar las piernas si él le pedía que las abriera.

Charlie la hace ver fuegos artificiales.

Charlie se separa de ella, alcanza el paquete de Lucky Strikes que siempre deja en el buró y enciende uno con su Zippo.

"Haz el desayuno", dice.

"¿Qué quieres?"

"Huevos."

"Trata de conseguir huevos, Charlie."

"¿Nos queda café?"

"Un poquito."

Como todo lo demás, el café está racionado. El azúcar, la carne, los cigarros, el chocolate, la gasolina también, por supuesto. Las chicas hacen tratos entre ellas con sus vales de racionamiento, pero tampoco es que haya muchas posibilidades y ella prefiere que Charlie no haga negocios en el mercado negro. Le dice que no es patriótico.

A Charlie no le importa. Se imagina que él ha cumplido de sobra con sus deberes patrióticos por todo el Pacífico, recientemente en un destructor durante el acordonamiento de Okinawa. Piensa que se merece un poco de azúcar y café.

El primer cigarro del día es siempre el mejor.

Charlie jala el humo y lo retiene en los pulmones, lo deja salir por la nariz. Lo hace sentir bien, relajado, cómodo con la necesidad de tomar una decisión.

Millie está diciendo:

"Te doy de desayunar y te vas de vuelta."

"Pensé que me amabas", le dice Charlie, mostrando una sonrisa. Es un hombre orgulloso de su sonrisa, de sus dientes blancos y parejos.

"Así es." Ella lo ama a pesar de todo. Es por eso que no quiere verlo metido en un aprieto que no tenga remedio. Millie sabe que siempre se va a meter en problemas, es parte de lo que le encanta de él.

"¿Entonces por qué quieres que me vaya?", le dice Charlie con buen humor. "Zarparemos de inmediato."

"Ya lo sé."

"¿Me vas a esperar?", pregunta.

"Por supuesto."

Él sabe que no lo hará. A Millie le gusta coger, como a la mayoría de las mujeres. La leyenda dice que a los hombres les encanta y las mujeres lidian como pueden con eso, pero Charlie sabe que no es así. A lo mejor cuando son vírgenes no les interesa, pero una vez que lo hacen, quieren más. Y Millie quiere más. Cuesta un par de tragos que se relaje lo suficiente para admitirlo, pero luego no hay modo de pararla.

Si él se embarca, ella encontrará a otro. Sabe que es un hecho porque ya engañó a un pobre tipo cuando se fue a la cama con él. Sabe que no lo va a esperar y se dice a sí mismo que es por eso por lo que no se va a embarcar. Ella encontraría otro hombre para dormir con él, otra espalda para rascar, otro tipo para decirle que está rendida a sus deseos.

Eso es lo que se dice a sí mismo la mayor parte del tiempo, y cuando ese cuento no funciona –generalmente en esas horas frías y grises de la madrugada en que está tan borracho que ya recobró la lucidez– se cuenta a sí mismo otro cuento: que no quiere regresar al calabozo.

Ha sentido el golpe seco de la macana de la GC en los riñones, el sabor metálico de la sangre en la boca cuando piensan que es más divertido pegarle en la cara, y ya no quiere pasar por ahí. En el calabozo te hacen lo que se les da la gana y luego lavan el suelo con una manguera. Treinta días sin permiso oficial significan que el capitán lo puede mandar al calabozo y no se quiere arriesgar a que eso suceda.

O eso es lo que Charlie se dice.

Ahora ve a Millie caminar a la cocina y le gusta cómo se ve en la batita de seda blanca que le regaló.

Está muy buena.

Aquel sábado tenía la noche libre. Fue a Eddie's porque había escuchado que era el bar al que iban las chicas de las fábricas. Acababan de botar el barco recién arreglado, así que tenían un montón de tiempo libre y, después de lo que habían pasado, sentían que se lo merecían. El rumor decía que era a Eddie's a donde había que ir, así que se saltó los antros de siempre en el distrito de Gaslamp y se fue directo a Pacific Beach. El bar estaba lleno de marineros y soldados, todos buscando lo mismo, pero la vio, le sonrió y ella le devolvió la sonrisa.

Charlie se le acercó, hablaron y ella se dejó invitar un trago y otro y siguieron hablando y él le preguntó por su vida y se enteró de que venía de un pueblo chico en Dakota del Norte, de que siempre había querido ver el mar, de que se consideraba una aventurera.

"Escuché que había trabajo en San Diego", dijo, "así que me subí al tren y aquí me tienes."

"Aquí te tengo", sonrió Charlie.

"En Pacific Beach, California", dijo ella.

"¿Te gusta?"

Afirmó con la cabeza. "Me gusta el dinero y casi siempre es muy divertido vivir con las otras chicas."

Platicaron un poco más y entonces él propuso que se fueran de ahí y ella dijo que de acuerdo, pero que adónde quería ir.

"¿Podemos ir a tu casa?", dijo él. "Tienes una casa, ¿no?"

"Sí, pero no quiero ir ahora", respondió ella. "Un poco de romance no hace daño, ¿sabes?"

Vaya que lo sabía. Tenía esperanzas de que fuera distinta, pero por supuesto que sabía, y si no hubiera necesitado romance hubiera sido la primera en la Historia. O la primera de las que no cobran. A las putas no les interesa el romance, lo que quieren es que acabes con el negocio lo más pronto posible para que ellas puedan seguir con lo suyo. Es como comer en un barco: hay que apurarse porque hay un marino esperando tu silla.

Millie lo vio con esos ojos azul oscuro y decidió que una caminata por la playa sería ideal. Generalmente los ojos azules vienen con pelo rubio, pero el de Millie era negro azabache, lo tenía corto, y esos labios tan lindos que te hacían pensar en Betty Boop. Cuando caminaba junto a ella olió a vainilla: conseguir perfume era imposible.

Pero la vainilla olía estupendamente detrás de su oreja y en su pelo. Ella era chiquita —lo que llaman *petite*— y le cabía a la perfección bajo el brazo mientras avanzaban por la arena bajo los muelles. Una radio sonaba en algún lugar y se detuvieron y bailaron muy apretados bajo el atracadero.

"Qué rico", dijo él. Fue lo único que se le ocurrió decir, precisamente porque era verdad.

"Riquísimo", dijo ella.

Ahora recuerda lo bien que olía ella y lo bien que se sentía llevarla bajo el brazo y cómo en ese momento la vida era como él siempre quiso que fuera. Era una noche sin incendios, sin el humo acre que te escuece en la nariz, sin gritos que te perforan el cerebro, y las olas tocaban la playa como si la besaran y para ser francos él se habría quedado ahí para siempre, con ella, en la playa y ni siquiera hubiera tenido que llevársela a su departamento y su cama.

Pero se la llevó e hicieron el amor y él no se despertó a tiempo para reportarse. Planeaba regresar ese mismo día, cuando todavía daba lo mismo si se le había hecho tarde unas horas, pero estaba de maravilla en ese búngalo y en esa compañía.

Millie compartía habitación con otra chica de la fábrica, una chica llamada Audrey, de Ohio. Habían dividido la habitación con un cordón y le habían colgado una cobija para tener un poco de privacidad. A veces Millie no quería hacer el amor si Audrey estaba en casa porque le daba pena que ella estuviera detrás de la cobija. Pero Audry trabajaba en el turno de día y pasaba muchas noches fuera con un piloto, y, a veces, Millie se animaba a hacerlo aunque Audry estuviera ahí. Charlie sospechaba que le gustaba porque la hacía sentir sucia.

El búngalo estaba lleno, pero así estaba todo Pacific Beach desde que construyeron las fábricas y las chicas llegaron de todas partes a trabajar. No quedaba ni una cama disponible —incluso rentaban tiendas en los patios traseros de las casas—, así que Millie se sentía afortunada de tener dónde dormir aun si a veces costaba encontrar libre el baño y dos chicas debían dormir en la sala.

El problema era que a Charlie también le gustaba el sitio, aun si a veces se sentía tan apretado como un barco. Pero en las mañanas el lugar era silencioso con todas las chicas trabajando en la fábrica. Millie y él se levantaban tarde y tenían la cocina para ellos solos y tomaban su café y fumaban en el jardín trasero, disfrutando el sol.

Audrey tenía coche y a veces manejaban a Oscar's para comerse una hamburguesa o iban a Belmont Park y se subían a la montaña rusa. Millie gritaba y se aferraba de su brazo –cosa que a él le encantaba. En una ocasión, cuando le pagaron a Millie, fueron al centro, al Teatro Hollywood a ver un burlesque. Ella le clavó el codo en las costillas mientras miraba boquiabierto a Zena Ray, y se carcajearon con Bozo Lord aun si sus chistes eran cursis. Y después él la obligó a reconocer que las chicas eran muy lindas y esa noche ella estuvo genial en la cama.

En las noches en que ella trabajaba él se quedaba en casa o se iba a los bares de Garnet o Mission Boulevard, manteniendo un ojo atento a la Guardia Costera aun si había un montón de fulanos dando la vuelta, vestidos de civil –los clientes de burdel de siempre, seguro, pero también los que ya habían terminado su servicio o estaban heridos o tenían licencia. Así que la Guardia Costera no le ponía mucha atención porque de todos modos estaban muy ocupados echándole un ojo a los marinos y soldados que iniciaban golpizas en los bares y chorreaban sangre hasta las banquetas.

Charlie se aseguraba de estar en el búngalo cuando ella estuviera de vuelta de la fábrica, cansada pero demasiado excitada para irse a dormir. Pensaba que tenía mucha gracia que esa mujer minúscula estuviera construyendo hidroaviones y bombarderos.

"Probablemente tú hayas matado más japoneses que yo", le dijo una mañana.

"No me gusta pensar en eso", respondió.

Las noches eran divertidas, pero los días eran lo mejor. La mayoría de las veces dormían hasta tarde, entonces desayunaban y caminaban hasta la playa. A veces nadaban, pero a veces sólo se tiraban en la arena a tomar una siesta, o caminaban por el malecón y se paraban a tomar una cerveza, y así los días fueron pasando y julio se convirtió en agosto y él tenía una decisión difícil que tomar.

Charlie entra a la cocina en calzón y camiseta y se sienta a la mesa.

"¿No te vas a vestir?", le pregunta ella.

"Las chicas están en el trabajo, ¿no?", contesta.

Ella le sirve una taza de café y se lo pone enfrente. Entonces pone un poco de margarina en una sartén y espera a que se caliente. Echa dos rebanadas de pan y las fríe.

Él puede sentir su impaciencia e irritación. No ha hecho un carajo en un mes y aun cuando ella dice que no le importa, sabe que no es cierto. Las mujeres no pueden soportar que un hombre deje de trabajar. Así son las cosas: su mamá no soportaba que su papá estuviera todo el día en casa y Millie no soporta que él haga lo mismo. Ella sabe que no puede conseguir un trabajo, que nunca va a poder trabajar si lo dan de baja, así que se pregunta por cuánto tiempo planea vivir a sus costillas y él sabe que es eso lo que ella está pensando.

En honor a la verdad esa tensión ha estado ahí desde hacía un par de semanas, desde la noche en que se despertó porque Millie le sacudía el hombro, diciéndole que tenía un mal sueño.

"No pasa nada, Corazón", le decía, "no pasa nada. Tuve una pesadilla."

Él no le quiso decir que no había sido una pesadilla, sino un recuerdo y ella le preguntó dónde estaba.

"No es tu pedo", fue todo lo que dijo, y sintió que tenía las mejillas mojadas por las lágrimas y se dio cuenta de que había estado llorando y gimiendo, lamentándose una y otra vez, y repitiendo: "No quiero regresar, no quiero regresar..."

Así que ella le preguntó: "¿Adónde, Charlie?, ¿adónde no quieres regresar?"

"Te dije que no es tu pedo", dijo él, y le cruzó una cachetada que le torció la boquita de Betty Boop. Cuando regresó de la cocina tenía una toalla con hielo presionada contra su labio inferior y un hilito de sangre le bajaba por la barbilla. Dijo: "Si me pegas otra vez, llamaré a la GC y te entregaré".

Pero no lo corrió.

Sabía que no tenía adónde ir, ni dinero, y que probablemente lo agarraría la Guardia Costera. Así que apretó el hielo contra el labio y lo dejó quedarse, pero ya nada volvió a ser igual entre ellos después de eso y él sabe que rompió algo que ya no era posible volver a pegar.

Ahora ella pone el plato en la mesa con una pizca de violencia.

"¿Qué?", pregunta él, aunque sabe qué es lo que la irrita.

"¿Qué vas a hacer?", pregunta ella.

"Desayunar", responde.

"¿Y luego?"

Casi responde: *Quita esa jeta*, pero en lugar de hacerlo se mete en la boca un trozo de pan frito y lo mastica con paciencia deliberada. Una mujer debería dejar que un hombre se tomara su café y se acabara su desayuno antes de empezar a joder. Será un día caliente —el sol del verano martillando el concreto en el exterior— y ella debería dejar que las cosas siguieran su curso, que fueran a la playa a disfrutar las olas y la brisa, tal vez dar una caminata hasta el fin de los muelles.

Pero no suelta. Jala su silla, se sienta, cruza los brazos sobre la mesa y dice: "Te tienes que ir, Charlie".

Él se levanta de la mesa, regresa a la habitación y encuentra la botella de la noche anterior. Entonces regresa a la cocina, sirve un chorro de whisky barato en su café, se sienta y empieza a beber.

"Gran idea", dice ella, "presentarte borracho."

Charlie no quiere escuchar sus rollos. Lo que quiere es emborracharse aunque ya sabe que ninguna cantidad de alcohol puede borrar la verdad sobre sí mismo que ningún hombre podría soportar.

Que tiene miedo de volver.

Que tiene miedo desde el momento en que los aviones japoneses se estrellaron contra la cubierta escupiendo combustible y fuego, y vio a sus compañeros correr convertidos en antorchas y olió su carne quemada y nunca pudo sacarse el olor de la nariz. Ni tampoco se lo pudo sacar de la cabeza porque regresa en sus sueños y se despierta temblando y llorando y gimiendo que no quiere regresar, que por favor no lo obliguen a regresar.

Charlie sabe lo que dicen de él, que no tiene remedio, que es un caso difícil, pero sabe que difícil ya no es. Tal vez lo fue, pero ahora ya sabe que está quebrado como la base del barco.

Pero el barco ya está reparado y pronto surcará el Pacífico, esta vez hacia las islas interiores de Japón, y si pensaban que Okinawa fue difícil, no era nada comparado con lo que les esperaba.

No era la idea del calabozo y no era ni siquiera la idea de perderla, porque la verdad es que ya la había perdido. Él podría aguantar el calabozo y podría soportar su ausencia, pero no podría regresar.

Algo se rompió en él y no tiene remedio.

Ahora lo que quiere es emborracharse, seguirse emborrachando y tirarse en la playa, pero ella no se calla.

"Tienes que regresar, Charlie", le dice.

Él mira su taza y toma otro trago.

"Si regresas hoy todo va a estar bien."

Él sacude la cabeza.

Entonces ella lo dice: "No tiene nada de malo tener miedo".

Charlie le arroja la taza. No sabe realmente si lo que quiere es pegarle o no, pero la arroja. La taza le corta una ceja y le salpica café por toda la cara. Ella grita, se levanta. Se limpia el café de los ojos y siente la sangre y entonces lo mira por un segundo y dice: "Hijo de puta".

Charlie no responde.

"Lárgate", dice Millie, "lárgate ya".

Él no se mueve salvo para agarrar la botella, darle un trago a pico y recargarse en el respaldo de la silla.

Millie lo ve y dice: "Está bien, te saco yo".

Y camina hacia la puerta.

Eso lo levanta de la silla: recuerda lo que le dijo que haría si le volvía a pegar, y Millie es el tipo de chica que hace lo que dice que va a hacer y no puede permitir que salga y llame a la Guardia Costera.

Charlie la agarra por la nuca, la jala hacia su pecho y la encierra entre sus brazos para levantarla y llevársela a la habitación: a lo mejor así termina con la discusión. Pero cuando la arroja a la cama ella le escupe en la cara, le clava los ojos y le dice: "Con las mujeres sí eres valiente, ¿eh, Charlie?".

El se harta y le pega en la quijada sólo para callarla, pero ella no se calla, y él le pega una y otra y otra vez hasta que ella se queda quieta.

"¿Ya te vas a comportar?", le pregunta, pero hay sangre por toda la almohada y hasta en la pared y su cuello está doblado como la base rota de un barco y él sabe que no puede arreglarla.

Y es tan chiquita, lo que llaman *petite*.

Charlie se tambalea hasta el baño, empuja las medias que cuelgan de un tendedero y se lava la sangre de las manos bajo el chorro de la llave. Entonces regresa a la habitación, donde Millie está tirada con los ojos abiertos, mirando el techo. Se pone la camisa hawaiana que compró en Pearl, la que le gustaba a Millie, y un par de pantalones de algodón. Se sienta junto a ella para ponerse los zapatos.

Piensa que le debería decir algo, pero no tiene idea de qué, así que se levanta, va a la cocina, encuentra la botella y la vacía de un solo trago. Las manos le tiemblan cuando trata de encender un cigarro, pero lo enciende, le da una jalada larga y camina hacia la puerta.

La luz del sol lo ciega, el concreto arde bajo sus pies.

Charlie no tiene idea de adónde ir, así que camina sin rumbo hasta que se descubre en la playa. Camina por el malecón, que está lleno de gente, principalmente marinos que pasean con sus chicas. Avanza a empujones entre el tumulto hasta que encuentra la escalera que conduce a la arena y baja al muelle en el que Millie y él bailaron apretados una canción de la radio.

Tal vez sea la misma radio la que suena ahora mientras escucha la música ahí parado y mira a la distancia en el océano y se pregunta qué hacer. Pronto empezarán a buscarlo, sabrán que fue él y si lo agarran pasará el resto de su vida en el calabozo, si no lo cuelgan.

Quisiera simplemente haber regresado, como ella le aconsejó.

Pero es demasiado tarde.

Mira el agua, se dice que debería correr, pero de todos modos no hay adónde correr y la música es agradable y piensa en aquella noche y sabe que nunca debieron dejar la playa.

Entonces la música se detiene y sale una voz y la voz suena muy alocada, como el día en que los japoneses bombardearon Pearl Harbor.

Charlie se da media vuelta y mira al malecón y todos están ahí nada más, parados y quietos como si fueran estatuas o fotografías. De pronto se empiezan a mover y a dar de gritos y a abrazarse y a besarse y a bailar y a morirse de risa.

Charlie camina hasta el borde del malecón.

"¿Qué pasa?", le pregunta a un marino que tiene abrazada a una chica. "¿Qué está pasando?"

"¿No oíste?", le contesta el marinero, que balancea a la chica sobre la cadera. "Soltamos una bomba gigante en Japón. Dicen que el bombazo es el final de la guerra. Que se acabó." Entonces él se olvida de Charlie y se dobla sobre ella y la besa otra vez.

Y por todo Pacific Beach la gente se está abrazando y besando, riéndose y llorando, porque se acabó la guerra.

Charlie Decker, el caso difícil, va y se sienta en la arena.

Mira a través del océano hacia una ciudad que ha estallado en llamas, en la que la gente se quema como antorchas y sabe que nunca se podrá sacar el olor de la nariz o las imágenes del cerebro. Sabe que lo van a despertar llorando, que no hay regreso.

Pregúntale a quien quieras —a sus compañeros de barco, a su capitán, a la familia que dejó en Davenport, si es que alguien se anima a hablar de él. Todos te van a decir lo mismo.

Charlie no tiene remedio.

Ahora, quebrado, se hunde de nuevo en Pacific Beach.

EXTRAÑANDO A GENE
POR J. MALCOLM GARCIA
Troost Lake, Kansas City
TRADUCCIÓN DE MIGUEL TAPIA ALCARAZ

POR LA NOCHE

FRAN ESTÁ EN LA ESCUELA NOCTURNA PREPARANDO SU DIPLOMADO. No tengo ganas de ver la tele así que tomo el cuchillo que me dio uno de los intérpretes en Kandahar y comienzo a lanzarlo contra la pared. Dijo que lo obtuvo del cuerpo de un terrorista que se hizo estallar mientras colocaba una bomba casera en el camino, pero yo creo que se lo robó a uno de los nuestros, porque es un Gerber y porque no parece que haya estado en ninguna explosión. El tipo era capaz de lanzarlo y clavarlo sin fallar. Yo no soy tan bueno, pero lo arrojo contra la pared de cualquier forma. Puedo hacerlo durante horas.

Yo era contratista allá en Kandahar. Electricista. Trabajé durante doce meses. Cuando terminé mi año volví a Kansas City y empecé a salir con Fran, y un par de meses más tarde me instalé en su casa. El Milusos, me llamaban los soldados. Hice también algo de plomería. Un tanto fuera de mi terreno, pero por doscientos mil libres de impuestos al año yo estaba dispuesto a decir que hacía de todo. Me acostumbré al ruido: morteros, tiros de francotiradores, fuego enemigo, calibres .50, AKS, generadores crujiendo toda la noche, tipos que vivían hacinados contando chistes sobre maricas y niños muertos. Un silencio horrible ahora que he vuelto. Tras la casa de Fran escucho los autobuses que giran en Prospect sobre la calle 39, pasan zumbando y se deslizan en la noche hasta que no escucho nada de nuevo. El cuchillo ayuda. Me gusta la tranquila repetición del lanzamiento. La precisión. Como la pesca con mosca. Gene me entendía. Él peleó en Corea.

El secreto con el cuchillo, le dije a Gene, es conseguir establecer un ritmo. Si lo logras, el silencio se vuelve parte del flujo y el *cling* que hace el cuchillo cuando entra en la pared interrumpe el silencio; luego viene el pequeño chasquido de succión que hace cuando lo retiras, y de nuevo el silencio hasta que lo vuelves a tirar, una y otra vez.

Claro, dijo Gene.

AL DÍA SIGUIENTE

Hace tres semanas que no veo a Gene en el Mike's Place. De todos los clientes regulares, es el único que falta.

Melissa no está aquí pero todos sabemos dónde está. Abogada de oficio, esta tarde Melissa tiene un juicio en la corte. Ayer escuché que le decía a Lyle que trabajaría hasta tarde. ¿Y Lyle? Debe tener trabajo pintando o instalando un mostrador o un piso nuevo, o arreglando el excusado de alguien. Quiero decir que Lyle anda por aquí. Es bueno arreglando cosas. Vendrá más tarde, como su amigo Tim.

Bill está aquí. Está retirado de su trabajo en la construcción y se la pasa sentado en el bar todo el día bebiéndose su pensión. Y Mike, por supuesto. Es su bar. El piso está hundido y los bancos se tambalean, todos. En la superficie de la mesa de billar hay un gran tajo y alguien se llevó la bola blanca, pero es un buen lugar, barato, y está a sólo un par de cuadras de casa de Fran.

También está Gene. O estaba. Para mí que se subió al coche y se largó. Puso pies en polvorosa, como se dice. Bueno, ya está. Yo también me voy. Montana, es lo que tengo en mente. He estado pensando en moverme por un tiempo. Le mencioné Montana a Gene. Dijo que le parecía una buena idea.

Despejado, sin gente, dijo.

Así es, dije.

Se lo diré a Fran esta noche.

POR LA NOCHE

¿Qué pasan a las siete?

Repiten *Golden Girls.*

Ah.

Tomaste cerveza.

Estaba en el bar de Mike.

Bueno, pues te perdiste a mi madre.

Ah, ¿sí?

Sí. Pero no importa. No la esperaba.

Así es la madre de Fran, se aparece en casa sin avisar. Está divorciada y se aburre. Qué bueno que Fran estaba aquí y no yo. Su madre me atosiga cuando ella no está. Sabe que no he conseguido muchos trabajos. Le dije que estábamos bien. Gané un montón en Afganistán. Ella piensa que debí haberme quedado otro año para ganar más aún.

Me voy a Montana.

¿Montana?

Sí.

¿Cuándo?

No sé.

Ah.

Juego al solitario, extiendo las cartas sobre la sábana de nuestra cama. Le pido a Fran que no mueva las piernas bajo las sábanas porque desordena las cartas, pero de todas formas lo hace.

¿Por qué Montana?

Está despejado.

Fran no levanta la vista de su libro, *El general y el espía.* En la portada un hombre lleva una chaqueta roja abierta y unos pantalones blancos que le aprietan el trasero y que ningún tipo normal usaría nunca. Su piel es del color de una moneda sucia y no tiene pelo en el pecho. Las manos de una mujer se posan sobre su estómago, listas a irrumpir bajo esos pantalones.

Fran dobla la esquina de una página, cierra el libro y enjuga una lágrima de sus ojos.

Nadie llora con esos libros, le digo.

¿Montana?

Lo estoy pensando. Gene está perdido.

¿Quién?

Un tipo que conozco.

Fran dice, Cambiemos el canal. Y luego hablemos.

Adelante, cámbialo.

Yo lo cambié la última vez.

¿Qué quieres ver?, pregunto.

No sé.

Levanta su libro y lo vuelve a bajar. Nos quedamos viendo el televisor, con el control remoto entre nosotros.

AL DÍA SIGUIENTE

Bill está sentado a mi lado en el Mike's, me invita una cerveza. Viejo cabrón y grosero. Es calvo como bola de billar y tiene los ojos saltones. Siempre está encorvado, se mece hacia atrás y adelante y dice bromas sucias como que su cuello es tan largo que puede lamerse las bolas como un perro. Es tan sordo como Steve Wonder es ciego.

Hola, Bill, dice Tim.

¿Qué dices?, pregunta Bill.

Vete a la mierda, Bill, dice Tim.

¿Qué dices?

Tim se ríe. Se ríe y habla fuerte como si todos fuéramos tan sordos como Bill. Se sienta al fondo del bar, donde Gene estaba siempre, se limpia la mano en el suéter y en el jean. Tim trabaja en un almacén en West Bottoms. Partes para refrigeración, o algo así. Llega sucio de grasa y aceite. Comienza a las cinco de la mañana y trabaja todos los días, hasta los fines de semana. Como están los trabajos, ¿va a decir que no si su jefe le ofrece horas extra? No creo. No si tiene que darle a su ex la pensión del niño.

Fue por problemas de dinero que mató a los cachorros de su perra. Al menos así lo explica él. La perra, una cruza extraña color blanco y marrón, tuvo una camada de siete. Él metió seis en una funda de almohada y los arrojó al lago Troost. Luego le disparó a la perra. Más fácil que operarla. Yo dejé de sentarme cerca de Tim cuando supe la historia de los cachorros.

Cada vez que pienso en ellos me acuerdo de unos trabajadores en Kandahar. Una tarde encontraron unos cachorros mientras recolectaban basura. Había una hoguera de basura y ahí los arrojaron. Si quieren escuchar aullidos, escuchen a unos cachorros cocinándose. Todavía los oigo. Levanto el puño y me golpeo la sien una, dos, tres veces, esperando que eso que llamo *alivio del dolor* me envuelva el cráneo y ahuyente esos alaridos de mi cabeza. Tim y Bill me miran. Abro el puño.

Puto mosquito, digo y me golpeo la cara de nuevo.

Gordo, el mosquito, dice Tim, aún mirándome.

Es raro verlo a él en el lugar de Gene, al fondo del bar. Gene nunca se sentaba, se quedaba de pie. Aunque hiciera frío, siempre vestía pantalón corto, camiseta y rompevientos. Zapatos cafés y calcetines blancos. Piernas flacas y pálidas como un pollo desplumado. Usaba una gorra que tenía cosidas las fechas de la guerra en Corea. Me dijo que el invierno en Kansas City no se compara con el invierno coreano.

Vi pilas de cuerpos congelados como maderos cubiertos de nieve, dijo Gene. Yo apilé algunos de ellos.

Yo también tuve frío en Afganistán, dije.

Recuerdo una vez en que un chofer de camión llegó a Kandahar en diciembre. Fresquito. Recién bajado del autobús. Estaba tan desorientado que tuve que decirle dónde estaba el comedor. No dejaba de frotarse las manos y yo le indiqué el almacén donde podría comprarse unos guantes. Salió en su primer convoy una hora más tarde. El tipo se sube al camión y arranca pero se da cuenta de que está en el convoy equivocado. Regresa a la base y se acerca deprisa al portón porque estaba solo allá afuera en tierra de nadie. Uno no se acerca deprisa al portón. Eso no se hace. Pero él estaba asustado. Unos australianos le dispararon cinco veces con un calibre .50. Quedó destrozado, quiero decir. Tuvieron que verificar su ADN para saber de quién se trataba. Menos de dos horas después de que le mostré el comedor, vi cómo ponían en bolsas su cuerpo despedazado.

POR LA NOCHE

Fran dice que lo que estoy planeando se llama un "geográfico". Irse en busca de un nuevo inicio en otra parte con la creencia equivocada de que se dejarán los malos hábitos atrás, así lo explica. Estudió psicología el año pasado y ahora cree que puede descifrar mi mente.

Hablo en serio. Me voy, digo.

Ella dice, Cuando decidas hacerlo, sólo hazlo. No te molestes en decírmelo porque no iré contigo. Ya me han dejado otros hombres antes.

244

Sobreviví. Te sobreviviré a ti. Vete antes de que vuelva a casa. Hazlo más fácil para ambos.

Lo haré, digo. Puedo hacer eso.

Bien, dice, bien.

Al día siguiente

Esta tarde estoy sólo yo aquí.

¿Qué se sabe de Gene?, pregunto a Mike.

No he escuchado nada, dice.

Mike ha sido el dueño del Mike's durante diez años. Tenía un grupo, se casó y tuvo un hijo. Es decir, hora de conseguir un empleo de verdad. Así que compró el bar y le puso su nombre. Ahora está divorciado, ve a su hijo cada dos semanas, toca de vez en cuando y maneja este lugar. Dice que si alguna vez lo vende, el comprador tendrá que dejarle el mismo nombre. Dentro de algunos años nadie sabrá quién diablos era Mike pero su nombre seguirá ahí. Una parte de sí mismo que nadie conocerá pero que no podrán borrar. Es una forma de dejar huella.

Vine por primera vez al Mike's por causalidad. Solía beber en otro bar en el Paseo pero una noche lo encontré lleno a reventar. Después de Kandahar no tolero los tumultos, así que me fui. Camino a casa me detuve en el Mike's. Algunas luces estaban encendidas pero casi no había nadie. Tomé unas cuantas cervezas y volví a la noche siguiente. Dos noche seguidas y Mike supo que tenía un nuevo cliente habitual. Me invitó una cerveza y dijo que se llamaba Mike. Nos dimos la mano. Cerramos el trato, como se dice.

Aquí conocí a Fran. Estaba jugando billar sola. Inclinada sobre la mesa, su trasero se erguía alto y redondo contra sus jeans, y cualquier hombre con dos huevos se habría dicho que si lucía tan bien desde atrás tenía que ser más que pasable de frente. Y si no lo era, qué importaba, con un trasero como aquél. Pero estaba bien por todos lados.

Tenía cabello castaño claro y una mirada decidida. Mi inspección bajó más allá de su barbilla y se detuvo en un par de alegres tetas que se apretaban lo suficiente contra su camiseta como para que no me fuera difícil imaginar lo que revelarían cuando se desvistiera. Me ofrecí a jugar con ella y terminamos charlando. Una cosa llevó a la otra, quiero decir.

No estoy seguro de cuándo me fijé en Gene. Sólo sé que sucedió. Recuerdo que vi a aquel viejo en el extremo de la barra y pensé en lo solitario que parecía, en lo perdido que se veía en su propio mundo. Tenía uno de esos rostros que parecen colapsarse cuando no están hablando, la boca y el mentón fundiéndose en un charco bajo el ceño fruncido. Si se quitaba el sombrero, la luz se reflejaba en su cabeza calva y pecosa. Cuando me iba, dos horas más tarde, él seguía de pie en su lugar con la misma botella de Bud que tenía cuando llegué, medio vacía y estacionada frente a él. Rara vez me dijo algo en esos días. Sólo asentía si nos mirábamos. Pero cuando comencé a venir cada noche él empezó a decirme hola y yo lo saludaba de vuelta.

POR LA NOCHE

Fran y yo dejamos los platos sobre el tapete cubierto de migas para que lo lama nuestro beagle. Corteza de pizza y restos de naranja. Lo sorbe todo en segundos. Barajo de nuevo las cartas.

Me voy a dormir, dice Fran.

¿Cómo dices?

Apaga la tele.

Yo sigo despierto.

Baja el volumen, entonces.

No está fuerte.

Por favor.

Pero no está fuerte.

Shhh.

Apago la tele, salgo a la sala. Me siento en la oscuridad y toqueteo el cuchillo. La forma en que Gene desapareció, un viejo de ochenta años. No puedo evitar notar el espacio vacío en el bar. Como un radiador apagado. Todo ese aire muerto, ese espacio muerto.

Es curioso lo que uno puede escuchar sobre un tipo después de que éste se ha ido. Por ejemplo, Tim y Lyle dijeron que Gene venía al Mike's a las once de la mañana. Se quedaba todo el día y al parecer estaba ya muy borracho a la hora del cierre, cuando se iba. La verdad, nunca me pareció que estuviera tan tomado. Tal vez se activaba y bebía como un caballo después de que yo me iba.

Una noche Gene me dijo que había llevado a la corte al dueño de su departamento. No me quedó claro por qué. Pero le creo, y cualquiera que haya sido el motivo, lo contó como si él hubiera ganado el caso. Después de que desapareció, Bill me dijo que Gene vivía en su carro. Nunca hubo un caso en la corte ni un dueño. Bill lo había alojado en su casa pero no por mucho tiempo. Dijo que Gene se paseaba por la casa en calzones. No podía tolerar eso, dijo Bill. No con mi esposa en la casa y con los nietos de visita. No me importa si es un veterano.

Al día siguiente

Qué tal, Lyle, dice Mike.

Mike, dice Lyle, y se sienta cerca de Tim. Tiene el cabello atado en una cola y lleva una chaqueta militar que le cuelga más allá de las manos. Sus pies se columpian bajo el banco, golpean el aire. Apesta a mariguana.

Me estaba preparando para irme, dice Tim.

No, no es cierto, dice Lyle.

Se gira hacia mí.

¿Qué tal? ¿Trabajando?

Exacto, le digo. Me mantengo ocupado.

Estuviste en Afganistán, ¿no es cierto? ¿Cómo fue eso?

Bien, estuvo bien.

Qué bueno.

De hecho, fue un poco loco.

Loco puede ser bueno, dice Lyle, y él y Tim ríen.

Mike, voy a tomar otra, dice Tim.

Veo a Melissa entrando por la puerta trasera.

Hola, Melissa, dice Mike.

Qué tal, Melissa, dice Lyle.

Melissa, qué hay, dice Tim.

Qué tal, dice Melissa.

Se sienta junto a Lyle y pide una Bud Light y un Jack. Lleva tacones, pantalones grises, chaqueta gris y blusa blanca.

Gané el caso, dice. Me lo saqué de encima.

Como nadie sabe a quién se dirige, todos asentimos a la vez. Melissa sonríe. Comienza a hablar de la primera vez que entró aquí, como hace siempre. No sé por qué tiene que repetirlo. Digo, conozco la historia de memoria. Pero a ella le gusta contarla. Tal vez le da un sentimiento de antigüedad. Después de Lyle, tiene más tiempo viniendo aquí que el resto de nosotros. Como que le da un sentimiento de pertenencia, quiero decir.

Fue justo antes del cierre, dice Melissa. Mike y Lyle jugaban billar. Gene estaba en su lugar de siempre. Ella recuerda que Mike le dijo que estaba a punto de cerrar. Luego la dejó quedarse y los cuatro tomaron cerveza y se drogaron después de que Mike cerró.

¿Gene se drogó?, digo.

Sí, dice Melissa.

No había escuchado esa parte antes.

POR LA NOCHE

Fran me dice que en lugar de hacer un geográfico, debería ir con ella a visitar a su hermana en Saint Louis. Saldría barato, dice. Sin gastos de hotel ni comidas en la calle.

Suena bien, digo.

¿Pediste pizza?

Aún no, digo. Estoy cansado de la pizza.

¿Qué quieres?

No sé. Mierda, ¿qué pasa con tantas preguntas?

Fran va a la cocina. La escucho hacerse un trago. Intento llamar a Gene. Le di a Gene mi número de celular una noche. Me llamó unas cuantas veces antes de desaparecer pero nunca pude descifrar lo que me decía. Tenía una voz como de lija que te llegaba como estática de radio. ¿Qué? ¿Qué dices, Gene? Le decía, y entonces él colgaba. Lo llamaba de vuelta de inmediato pero él nunca contestaba. No contesta ahora. Me sale una de esas voces femeninas hechas por computadora pidiéndome que deje un mensaje. Me gustaría hablar con Gene, digo, y cuelgo.

Al día siguiente

¿Alguien ha escuchado algo de Gene?

Lyle niega con la cabeza. Melissa y Tim miran a Lyle y se encogen de hombros.

Hace ya bastante tiempo, dice Lyle.

Sí, bastante, dice Mike.

Grito en la oreja de Bill y le pregunto si sabe algo. Bueno, dice, hablando como si tuviera la boca llena de algodón, hablé con uno de sus hijos en San Antone. Sí, era San Antone. Gene me dio su número cuando se quedó en mi casa. Un contacto de emergencia, dijo. Bueno, esperemos que esto no sea una emergencia porque el hijo de Gene no quiere saber nada de él. Una situación de ésas, si me entienden. Muchas historias aún por resolver, supongo. En fin, le dije a su hijo, sólo quiero decirle que su padre ha desaparecido. No lo hemos visto en mucho tiempo. Tal vez esté en camino hacia allá. Pero el chico dijo de nuevo que no quería tener nada que ver con él. ¿Qué se le va a hacer?

No espera recibir una respuesta y yo no se la doy porque, bueno, ¿qué se le va a hacer? Melissa, Tim y Lyle salen a fumar. Mike entra en la cocina. Bill se queda mirando su vaso. Le digo que hoy, sin motivo, recordé a una soldado raso, una chica joven. Fuimos atacados con mortero y ella quedó muy jodida. Se acostó en el suelo con el brazo derecho desgarrado como confeti. Unos médicos la colocaron en una camilla y le hicieron una intravenosa; su camisa se levantó y dejó al descubierto un estómago plano y unas tetas rellenas y a pesar de sus gritos pensé que era hermosa. Me acerqué para ver si podía ayudar y ella me miró con los ojos muy abiertos y me preguntó: ¿Voy a morir? No, le dije. Estás bien. Vas a sobrevivir.

¿Sé si lo logró? No, no lo sé. Eso me molesta.

¿Qué dices?, dice Bill.

Por la noche

Llamo a Fran desde la oficina de empleo en el bulevar Admiral. Grito sobre el estruendo de los coches atascados allá arriba, en la maraña que forman la I-70 y la I-29 enredándose sobre sí mismas. Trabajé sólo unas cuantas horas esta tarde, le digo. Me quedé por si surgía algo más pero nada surgió. ¿Puedes pasar por mí?

De acuerdo, dice ella.

Para cuando llega por mí, ya estoy enojado. Enojado porque sólo trabajé cuatro horas hoy, porque no pude conseguir un aventón a casa, porque tuve que esperar hasta que Fran saliera de su trabajo en Walgreens y viniera a buscarme. Estaba enojado a más no poder, quiero decir.

Entro en el carro, cierro la mano en un puño y presiono mis nudillos contra la sien derecha de Fran. Ella ladea la cabeza y yo sigo presionando con el puño hasta que ella queda contra la ventana y yo siento la vena en su sien pulsando contra mis nudillos.

Déjame, me estás lastimando, dice.

Al día siguiente

Mike, voy a tomar una más, dice Melissa.

Está saliendo con una chica, Rhonda, una maestra de escuela. No sé de qué edad. Más joven, diría por como se ve en la foto que Melissa hace circular. No me importa que sea gay. Quiero decir, lesbiana. Me corrigió una vez. Los hombres son gays, las mujeres son lesbianas. De acuerdo. ¿Qué hago yo con ese pedazo de información? Callarme la boca, digo.

Melissa habla de lo bueno que es estar con una mujer que no alucina cuando ella debe trabajar hasta tarde. No hace mil preguntas para asegurarse de que no hay ningún problema. Es bueno estar con alguien que es un adulto, dice Melissa. Esto lo dice a menudo. Estar relacionada con un adulto. Como si estuviera tratando de convencerse a sí misma de que es bueno. Como si, tal vez, la seguridad de su amante hiciera a Melissa preguntarse qué está haciendo.

Me voy a casa, dice Tim. Haré algo de cenar.

¿Qué vas a cenar?, pregunta Lyle.

No sé.

¿Qué dices?, dice Bill.

Vete a la mierda, Bill, dice Tim y él y Lyle ríen. No es tan divertido como la primera vez que lo dijo. El chiste está ya gastado pero no puedo evitar sonreír un poco.

Gene y yo cenamos juntos una noche. Nos vimos en el estacionamiento que está detrás del Sun Fresh Market en Southwest Trafficway. No sabía entonces que él dormía en su coche. Simplemente me lo encontré ahí y él me preguntó si tenía hambre. Ahora que lo pienso, dije.

Un montón de ropa se apilaba en el asiento trasero de su camioneta. Un viejo armatoste con paneles de madera desprendiéndose de las puertas. Había extendido una toalla para reemplazar una ventana que ya no abría. Hoy tocaba lavar ropa, se justificó.

Salimos del estacionamiento y condujimos hacia Mill Street, seguimos la curva hacia Westport hasta un tugurio llamado La Esquina. Unos vagos que podrían haber sido hippies hace años estaban en un semáforo en Broadway limpiando las ventanas de los coches, mientras los conductores los ahuyentaban con la mano. Gene y yo nos sentamos y una camarera limpió nuestra mesa. Yo pedí una hamburguesa. Gene pidió el especial de pastel de carne.

La Esquina cerró al poco tiempo. Un gran cartel que dice "Se renta" cuelga sobre la puerta principal junto al nombre de una compañía de bienes raíces. Pasé por ahí hace poco y vi la mesa en la que Gene y yo nos sentamos, rodeada de otras mesas vacías que parecían aún más vacías en la soledad del lugar.

Por la noche

La madre de Fran se sienta conmigo en la cocina. Su perfume me da dolor de cabeza. Miro su cabello esponjado sobre su cabeza, tan decolorado que es casi blanco. Hace girar la bandeja de la mesa con un dedo, se toca la comisura de los labios y vuelve a hacer girar la bandeja. Su dedo se desliza sobre una película de lápiz labial que se quitó del labio.

¿A qué sabe, su lápiz labial?

¿Para qué quieres saber? ¿Qué clase de pregunta es ésa para un hombre?

No sé, se me ocurrió, quiero decir, pero no lo digo. Una noche estaba caminando hacia el retrete y comenzaron a caer bombas. Siempre nos disparaban morteros. ¡Esto se pone bueno!, gritó alguien. Y entonces los estallidos elevaron por el aire a un soldado raso de dieciocho años, volteándolo sobre la espalda como un trapo entre el ruido, el humo y la suciedad. Su sangre se esparció sobre mi cara. Aún puedo sentir su sabor.

¿Dónde está Fran?, pregunta su madre.

En la escuela, digo.

¿Has pensado en volver a la escuela?

No.

¿Tu plan es dejar que Fran haga todo el trabajo mientras tú te quedas ahí sentado?, dice la madre de Fran. ¿Has pensado en ser algo más que un electricista?

No, señora Lee, no lo he pensado.

Bueno, se nota.

Pongo un poco de cinta Scotch en una esquina sobre los gabinetes, donde el papel tapiz se está desprendiendo.

La madre de Fran se levanta y camina hasta la tarja. Escucho el linóleo crujir bajo sus zapatos.

¿Cuándo piensas limpiar esto?, dice ella refiriéndose a los platos. ¿O estás esperando a que se amontonen hasta el techo?

Arrojo la cinta al suelo y la encaro. Ella retrocede, con una sonrisita de suficiencia que dice "¿verdad que soy lista?", y yo abro el agua caliente sobre la tarja y vierto un poco de jabón. Encuentro una esponja bajo la tarja y comienzo a frotar un plato. La punta de mis dedos se pone blanca de lo fuerte que lo estrujo. Un poco más fuerte y lo rompería. Tengo ganas de sentir cómo se rompe pero me calmo y pongo el plato en el escurridor. Comienzo a limpiar otro plato.

Deberían casarse, dice la madre de Fran.

Sigo lavando el plato.

Están viviendo juntos, dice. No tener trabajo no te lo ha impedido. Casados, al menos sería oficial. Demostraría responsabilidad. ¿No sería algo bueno?

Enjuago el plato, lo coloco en el escurridor. Me inclino sobre la tarja, mis brazos están rígidos.

Me voy, digo.

Te vas. ¿Adónde?

Montana.

¿Montana? ¿Qué vas a hacer en Montana?

Trabajar.

Trabajar. Trabaja aquí, para variar. ¿O crees que una vaquerita te va a aguantar?

Levanto la mano antes de que diga nada más. Su voz tiene un sonido nasal como de termita que me martillea en la cabeza. Presiono los dedos contra mis ojos. Siento la nuca dura como el tronco de un árbol.

La madre de Fran está detrás de mí. La ignoro, limpio otro plato. Pasa un dedo sobre los platos del escurridor y me muestra un blando resto de pizza adherido a su yema.

¿Esto es lo mejor que puedes hacer?, dice.

Estrello el plato contra el borde de la tarja y lanzo el pedazo que queda en mi mano contra la pared. La madre de Fran retrocede, sus ojos reflejan pánico, su dedo acusador está aún alzado y yo lo agarro con una furia que me llena de un calor terrible, lo tuerzo hacia atrás hasta que ella se arrodilla gritando. Un pálido color blancuzco baña su rostro cuando el hueso se rompe, al tiempo que siento algo romperse dentro de mí, y sigo torciendo su dedo destrozado, hasta que el hueso sale rasgando la piel hacia la palma de mi mano. Sus ojos crecen como algo amplio y profundo que surge desde la tierra, burbujeando lágrimas, y sus gritos alcanzan un nuevo nivel.

Suelto su mano, encajo mi rodilla contra su plexo solar y cargo todo mi peso contra su pecho. Se atraganta y vomita lo que sea que haya comido esta mañana. Me levanto y dejo caer mi rodilla sobre su tórax, su cara y cuello se ponen morados, y yo lo hago de nuevo hasta que siento las costillas romperse bajo mi rodilla. Me hundo en su pecho hasta la espina dorsal como si pasara a través de hielo. Su boca arroja sangre a borbotones y entonces sus ojos se vuelven hacia adentro. La lengua cuelga fuera de su boca como una babosa y puedo sentir el olor de sus entrañas. Me pongo de pie, me siento ante la mesa. El silencio es casi tan fuerte como sus gritos. Me concentro en el murmullo del refrigerador. Ruido blanco. Tomo el cuchillo. Mi mano tiembla, al principio mis tiros son fallidos. Luego mi respiración se serena y recupero mi ritmo, arrojo el cuchillo una, dos, tres veces contra el zoclo, con el refrigerador murmurando detrás de mí.

AL DÍA SIGUIENTE

Rhonda no contesta el teléfono, dice Melissa, mirando su iPhone. ¿Por qué no contesta?

La puerta principal se abre.

Hola, Heidi, dice Mike.

Hola, Mike, dice Heidi.

Heidi se deja caer junto a Lyle, sus bucles rojizos caen ostentosamente sobre los hombros. Comenzaron a salir juntos no hace mucho. Ella atiende el bar los fines de semana. Tiene dos hijos. El padre vendía drogas y luego lo agarraron. Lyle vende drogas, pero a él no lo han agarrado. Creo que ella podría conseguir algo mejor. Compré unos libros para su hija de cinco años. Pensé que le agradaría el gesto. Libros con pequeñas imágenes. Pero ella comenzó a salir con Lyle y yo dejé el asunto de los libros. Tal vez no eran libros lo que debí haberle regalado, de cualquier forma. Pero yo estaba con Fran así que los libros parecían una buena idea. Algo neutral. Nada excesivo, quiero decir.

Muestro a Heidi una sonrisa forzada pero no inicio una conversación. No estoy realmente aquí. Ayer parece tan lejano y hoy no se siente como hoy. Escucho a Heidi y a Lyle hablar pero todo es sonido de fondo para la muerte de la madre de Fran. Así es como lo veo. Ella murió. Estaba en el lugar equivocado en el momento equivocado. Algo reventó dentro de mí y ella murió. No fui yo quien la mató, sino algo que actuaba a través mío y que no puedo definir. Después ese algo salió de mí tan repentinamente como había llegado y casi me quedo dormido lanzando el cuchillo en la cocina. Entonces el antiguo yo volvió y supe que tenía que limpiar el desastre que ese algo más había dejado.

Cargué a la madre de Fran hasta el garaje, la puse en el maletero del coche y la cubrí con una sábana. Volví con un trapeador a la cocina y lavé el piso. De vuelta en el garaje, busqué una caja de pesas de cinco, diez y veinte libras que Fran había comprado en una venta de cochera cuando se le metió en la cabeza que iba a hacer ejercicio. Las pesas estaban cubiertas de polvo y telarañas que se adhirieron al vello de mis brazos, y pude sentir cómo cada vello era liberado cuando me sacudí las telarañas de encima.

Metí una cuerda y las pesas en el maletero y conduje hasta el lago Troost. Las nubes cubrían el cielo, de modo que ninguna estrella brillaba. Seguí la avenida Troost hasta la salida al lago, ahí el camino se angostaba y ondulaba alrededor del lago, las luces del coche sobrevolaban la negrura aceitada del agua y el viejo camino de piedra donde los viejos pescan durante el día. Estacioné el coche bajo unos árboles, abrí el maletero y envolví a la madre de Fran con la cuerda. No era muy pesada incluso con las pesas que calcé entre las cuerdas. La sostuve mientras escuchaba lo que me pareció ser un búho. Unas sombras se elevaron y bajaron sobre mi cabeza y luego se alejaron rápidamente y yo supuse que eran murciélagos. Esperé a que el búho dejara de llamar. En el vacío dejado por su silencio, hice rodar a la madre de Fran por una cuesta, el cuerpo cayó al agua y fue absorbido en la oscuridad dejando sólo unas pequeñas ondas que pronto se esparcieron en la nada.

POR LA NOCHE

Cuando estoy con Fran, pienso en su madre. No necesito esto. Me siento en la cocina cuando Fran duerme y me golpeo las sienes hasta sentir que mi cabeza va a estallar y que los pensamientos sobre la señora Lee volarán en pedazos. Pienso en Gene y en lo que diría.

La última vez que lo vi, estaba de pie frente a un restaurante Church's Chicken en Gillham Plaza y la calle 31. Hacía calor, el viento acarreaba basura y algunas servilletas se adherían a las blancas rodillas de Gene. Nos saludamos y él ofreció llevarme pero le dije que tenía mi coche. Voy a buscar algo de café, le dije.

Cuando salí de nuevo, él aún estaba ahí. Lo miré y él hizo un guiño cómplice, como si ambos estuviéramos metidos en algo que nadie más comprendiera. No sé qué hubiera podido ser. Pero ahora pienso que tal vez él hizo cosas horribles en Corea, además de matar amarillos y dejar que sus cuerpos se congelaran, y creo que veía en mí la misma capacidad para hacer cosas horribles, y luego la madre de Fran murió y le dio la razón. Quiero decir, no lo sé. Gene nunca me lo dijo y yo nunca volví a verlo.

AL DÍA SIGUIENTE

Bueno, Mike, me voy, dice Tim. Después de una más.

Yo también tomaré una más, Mike, dice Lyle.

¿Qué dices?

Vete a la mierda, Bill.

Lyle y Tim se ponen de pie y salen a fumar. Melissa los sigue mientras marca un número en su iPhone. Heidi me mira y sonríe. Pide un cigarro

a Mike. Cuida mi bolsa, dice. Y sale ella también. Mike coloca dos botellas de cerveza en el bar para Tim y para Lyle. Le hago una seña con la
mano cuando me mira. Me siento sofocado. La cerveza me congestiona.
Es difícil respirar.

Voy a pagar, Mike, digo.

Por la noche

En la cama Fran se gira dándome la espalda, su cabeza sobre mi brazo
derecho. Aprieto los dientes. Su roce me hace estremecer y me pone nervioso. Me alejo de ella. Dice que ha llamado a su madre varias veces pero
no contesta. No es normal, dice. Su madre no tiene contestadora así que
Fran irá a su casa por la mañana.

Esto lo decide todo. Me largo. Cuando Fran salga al trabajo yo saldré
detrás de ella pero con otra dirección. Aún estará oscuro. Tomaré la calle 39 hasta Broadway y tomaré a la derecha por Walgreens hasta el centro. Unas cuantas cuadras al este, veré el resplandor del Power & Light
District abriendo el cielo como un mortero de iluminación, y cruzaré el
puente Broadway y tomaré la I-29 hacia el norte hasta alcanzar la I-90 y
de ahí es un tramo directo hasta Montana o a donde sea.

Siento mi brazo adormecerse bajo la cabeza de Fran. Lo doblo para
permitir la circulación y me doy cuenta de que podría asfixiarla fácilmente. Dejo caer el brazo y lo saco de bajo su cabeza, golpeo mis sienes
con ambos puños hasta que el dolor se sobrepone a mis pensamientos.

Pateo las mantas, saco las piernas de bajo las sábanas. Necesito aire
fresco. Imagino a la madre de Fran en el fondo del lago Troost. Pienso en
los cachorros de Tim y luego pienso en Kandahar y en otras cosas que he
visto. Mis latidos resuenan en mi cabeza. Cierro los ojos sobre la habitación que me acorrala, me pongo de pie y voy a sentarme en la cocina.
Busco mi cuchillo, las manos me tiemblan. Comienzo a arrojarlo pero no
consigo hacerlo con ritmo.

Dejo el cuchillo, pienso en Gene y en coreanos muertos que lo llaman. Lo imagino sentado en su coche a kilómetros de distancia, estacionado bajo una farola, incapaz de dormir. Las palomillas rebotan contra
las ventanas. Las moscas chocan contra el parabrisas. Los escarabajos se
precipitan sobre el capó. Le cuento que cuando era niño mis amigos y yo

metíamos saltamontes en tambos de basura vacíos y luego gritábamos en la boca de los tambos y escuchábamos nuestras voces rebotar en las paredes como una metralla, destruyendo antenas, alas, patas. Sacábamos los saltamontes casi muertos y los quemábamos. Aún los veo, sus mandíbulas moviéndose con furia, llenándose de porquería. Aún escucho el crujir de sus bocas ávidas succionando el aire.

EL SAQUEO
POR JULIE SMITH
Garden District, Nueva Orleans
Traducción de Magali Velasco

Mathilde se encontraba con su esposo en Carolina del Norte cuando supo del Huracán, aquel que por fin cumpliría la profecía de llenar el tazón de Nueva Orleans. Sí, sí, seguro. Mil veces ha oído esa historia. Casi bosteza.

¿No se supone que siempre es así?, piensa.

"Una tormenta como ninguna antes vista", dice el meteorólogo. "Una tormenta que devastará la ciudad… una tormenta que…"

Bla, bla, bla.

Después de diez minutos más de histeria mediática, finalmente cae en la cuenta de que esta vez podría ir en serio. Su primer pensamiento es la casa en el Garden District, la que por tres generaciones ha pertenecido a la familia de Tony. Sin embargo, reconoce que no hay nada que pueda hacer: si se la lleva la tormenta, que así sea.

Lo segundo que viene a su mente es Cherice Wardell, su sirvienta, y Charles, el esposo.

Mathilde y Cherice han estado juntas desde hace veintidós años. Son como un viejo matrimonio. Han pasado más tiempo juntas que con sus esposos. Se han cuidado mutuamente las enfermedades. Se han cocinado (aunque Cherice bastante más para Mathilde que a la inversa). Han ido de compras, han discutido, han compartido tantos secretos que, si tuvieran plena conciencia de lo dicho, se sentirían incómodas. Sencillamente platican, tal como lo hacen las mujeres, entonces las cosas surgen, incluso aquellas que quizá no deberían ser contadas. Cherice conoce detalles íntimos de la vida sexual de Mathilde, por ejemplo, lo que le gusta hacer con Tony, prácticas que Mathilde jamás le contaría a sus amigas blancas.

Entonces, como Mathilde conoce tan bien a los Wardell, sabe que de ninguna manera obedecerán una orden de evacuación. Nunca se van cuando las tormentas vienen en camino. Tienen dos perros grandes que les dificulta trasladar. Excepto sus dos hijos, uno que estudia en Alabama y otro en California, el resto de su familia vive en Nueva Orleans. Así que no hay otros familiares que habiten cerca y les den refugio, y tampoco consideran los hoteles como una opción por el costo que implicaría (aunque en dos ocasiones, con tal de que se resguardaran, Mathilde se ofreció a pagar el hospedaje). Sólo dos veces porque Mathilde y Tony únicamente dos veces han hecho caso a las advertencias. Años atrás, cuando la gente aún no se preocupaba desmedidamente por la desaparición de los pantanos y por la debilitada infraestructura, capear los huracanes era, para la gente de Nueva Orleans, una cuestión de honor.

Pero Mathilde sabe que éste no es el caso de los Wardell. No significa ningún reto para ellos. Simplemente no le dan importancia. Prefieren jugar a lo que Mathilde nombró la ruleta de Luisiana y que ella misma ha jugado unas cuantas veces. Los Wardell piensan que el tráfico será horrible, que pasarán diecisiete, dieciocho horas en el auto, y aun así, aunque pudieran pagar un hotel, sería inútil porque seguramente desde ahí hasta el reino de Dios, estarían completamente llenos.

—Ni madres que llega la tormenta —dice siempre Cherice—. Ya sabes que nunca llega. ¿Pa' qué voy a meter a los perros y a Charles al carro? ¿Pa' irnos a quién sabe dónde? Ya sabes que Mississippi me da dolor de cabeza. Y ni hablar de Texas.

Ante esta retahíla, Mathilde le dijo un día:

—Es tu vida lo que estás apostando, Cherice.

—Creo que nomás voy a rezar —contestó Cherice.

Pero esta vez Mathilde tendrá que esforzarse más para convencerla, principalmente porque no está allí.

Cherice no se sorprende cuando en su identificador de llamadas se registra el teléfono de Mathilde, en Carolina de Norte. "Mathilde, hola", dice, "¿qué tal el clima en Highlands?"

"Cherice, escúchame bien, éste sí es grande. En serio, te lo juro por Dios, podrías..." "Ay, sí, ya sé, que ando apostando mi vida y la de Charles.

Oye, pero si éste es el grande, quiero estar acá pa' verlo. Por nada en el mundo me lo perdería".

"Escúchame, Cherice. Sé que no te voy a convencer, que eres la mujer más terca que conozco, sólo prométeme una cosa: ve a mi casa. Llévate los perros, cuídalos ahí".

"¿Llevarme los perros?", Cherice no puede creer lo que está oyendo. Mathilde nunca les permitió la entrada a su casa. Odia los perros, les tiene alergia, cree que van a orinarse sobre los muebles. Cherice quiere mucho a Mathilde, pero realmente es una latosa, y se lo dice a quien se deje. Es una melindrosa y consentida y pegajosa. De buen corazón, desde luego, pero es la típica mujer que no tolera que su valiosísima rutina se altere.

Y ahora resulta que esta misma Mathilde Berteau acaba de pedirle que le *prometa* que llevará a los perros a su inmaculada casa. Cherice se siente desconcertada. "Sí que estás preocupada." Y no dice más.

"Cherice, prométemelo."

Cherice percibe el miedo en la voz de Mathilde. *¿Qué más da?*, piensa. La cama en la habitación de invitados en la casa de Mathilde es mucho más cómoda que la suya. Además, si se va la luz, y Cherice está segura de que eso ocurrirá, en cuanto pase la tormenta, de todas formas tendrá que ir a la casa de Mathilde para vaciar el refrigerador.

Mathilde arremete. "Mira, Cherice, *necesito* que vayas. Necesito que vacíes el refrigerador cuando se vaya la luz. Además, nosotros tenemos una estufa de gas y tú no. Puedes cocinar en mi casa. Todavía hay de lo que Tony pescó hace un par de semanas, se va a echar a perder si no estás allí."

Cherice se conmueve. No por lo del pescado, porque así es Mathilde, ofreciéndole lo insignificante cuando desea obtener algo mayor. Eso no es nada. Lo que le afecta es lo del refrigerador: si Mathilde le dice que la necesita, quiere decir que está sacando la artillería pesada. Mathilde es una maestra de la manipulación, y Cherice ha visto mil veces esta táctica, aunque generalmente no la había utilizado con ella. Su patrona recurre a la manipulación cuando todo lo demás falla, y sus instintos son muy buenos: es mucho más fácil rechazar un favor que rehusarse a conceder uno. Cherice la conoce igual que a Charles, o incluso mejor, pero aun así siente el jalón de su endeble ardid.

"Yo limpio tu refri, querida", dice Cherice con cautela. "No te preocupes por nada."

"¡Cherice, estoy preocupada por *ti*, carajo!"

Cherice se rinde. "Ya sé, querida. Y Charles y yo te lo agradecemos, de veras. Mira, para que estés tranquila te voy a decir algo, lo vamos a hacer, pues. Vamos a irnos pa' allá. Te lo prometo." No obstante, no está segura de que logrará convencer a Charles.

Se sorprende cuando le cuenta a su marido lo de los perros y éste acepta. "¿Por qué no?", le dice. "Podemos dormir en esa cama grandota que tienen Mathilde y Tony y ver la tele hasta que se vaya la luz. Tomarnos una cerveza con los perros ahí junto. Ni que tuviéramos que manejar hasta Mississippi, ¿a poco no? Y si el viento se lleva el techo, pues algo rescataremos. Ese refri no es lo único que le debería preocupar."

"*No* vamos a dormir en su cama, Charles. La puta habitación de invitados es como un palacio. ¿Qué te crees?"

Se ríe al escucharla alterada. "Ya sé, nena. Sólo quería ver qué tanto te podía influenciar."

Ese mismo domingo, entonces, empacan dos mudas de ropa, una por día, y meten a los perros en sus jaulas. Las únicas otras cosas que llevan son cerveza y el alimento de las mascotas. No guardan nada de comida porque tendrán que aprovechar la que hay en abundancia en casa de Mathilde.

Las primeras ráfagas de la tormenta se perciben entrada la noche y Charles cumple con su programa: se va a ver tele con una cerveza y con sus perros al pie de la cama. Cuando se queda dormido, Cherice observa la tormenta a través de una ventana en la sala del segundo piso. No hubo corte de luz sino hasta la mañana siguiente, temprano, cuando la lluvia se arremolinaba y las luces destellaban sobre ella. Esa noche el viento aúlla como un sabueso. La casa tiembla a pesar de su tamaño. Por la ventana Cherice observa cómo se colapsa un pequeño café al otro lado de la calle; se da cuenta de qué tan bien construida está la casa de los Berteau. La suya no. Reza para que aguante. No tiene miedo porque es una mujer cristiana y confía en que no sufrirá daño alguno.

Ve en todo esto el poder de Dios. Por primera vez entiende por qué la gente habla de temerle a Dios en lugar de amarlo, algo que creía una extraña paradoja. *Más vale que tengas a Dios de tu lado*, piensa. *Más vale.*

Los arbotantes van fundiéndose uno a uno a lo largo de la calle. Cherice, a tientas, se va a la cama cuando se extingue la luz. Se pregunta en qué realidad va a despertar.

La tormenta sigue bramando cuando se levanta; la espabila el olor a tocino. Charles hizo de desayunar pero no está en la cocina ni en ningún lado. Ronda la casa buscándolo, y los perros ladran para decirle *tercer piso*.

—Cherice —le grita—. Trae unas cubetas.

Intuye lo que ha pasado: fugas. Seguramente el techo perdió algunas tejas.

Entonces el matrimonio trabaja durante horas: colocan cubetas y ollas, sacan los muebles mojados, levantan sábanas y otros blancos, tratan de salvar y secar papeles y libros, vacían ollas, vuelven a ponerlas. Conforme avanza el día, el viento aminora.

A las dos de la tarde, el huracán se ha ido.

—Hay mucho por hacer —dice Charles. Suspira—. Pero antes debería darle una vuelta a la casa a ver cómo está y me regreso rápido para echarte la mano. Hay que quedarnos acá otra noche.

Cherice entiende que probablemente su casa ya no tiene techo, que el daño puede ser mayor que en la casa de los Berteau, tal vez tengan inundaciones. Al ofrecerse a ir solo, Charles pretende ahorrarle la angustia.

—Primero hagamos unas llamadas —sugiere ella.

Intentan comunicarse con aquellos vecinos que decidieron aguantar la tormenta en casa, pero no contestan. Quizás olvidaron comprar cargadores de celular para vehículos, igual que Cherice y Charles. Y en efecto, está por agotarse la pila del celular con el que Cherice logra comunicarse con Mathilde. Las dos mujeres sostienen la plática que ese día entabla todo el mundo en los barrios secos, la plática de haber esquivado el desastre, justo un día antes de que se enteren de que los diques se rompieron.

Aunque aún no saben nada de los diques, Cherice tiene un horrible presentimiento sobre su casa y siente la intensísima necesidad de saber la gravedad del daño. No guarda esperanzas de que las calles estén suficientemente despejadas como para manejar, pero de todas maneras sale al patio con Charles para sacar las ramas quebradas del camino de la entrada.

—Escuchemos la radio en el carro a ver si logramos oír las noticias —dice Clarice. Apenas se percata de que debieron haber hecho esto antes en lugar de andar tan preocupados rescatando las posesiones de los Berteau.

Abre la puerta del carro y está a punto de entrar cuando siente que Charles se paraliza junto a ella. "Cherice", le dice.

Vira el rostro y advierte lo que él está viendo: una banda de jóvenes enfundados en sudaderas con capuchas avanza sobre la calle con las manos metidas en los bolsillos. Buscan pleito.

—Métete en la casa —ordena Charles.

Cherice no espera que se lo digan dos veces. Sabe dónde Tony guarda su pistola. Quiere ir a buscarla, pero está tan preocupada por Charles que regresa a verlo ahí, estático, a un lado del coche, con las manos en los bolsillos y una expresión hosca. Los chicos pasan de largo, Cherice de todos modos va por la pistola.

Al regresar, Charles ya está dentro de la casa y cierra la puerta con llave.

—Malditos ladrones —dice—. Malditos saqueadores —la tristeza en su rostro provoca en Cherice ganas de abrazarlo, aunque la misma carga de rabia que exuda su marido, la ataja—. ¿Por qué tienen que ser así? —dice.

Escuchan la radio de pilas de los Berteau y se enteran de que la ciudad está siendo saqueada sin control alguno.

—No es seguro salir —concluye Charles, enojado—. Ni siquiera para ver lo nuestro.

Cherice sabe que él se arrepiente de haber dejado su casa, de no haberse quedado en el lugar al que pertenecían.

—Voy a hacer algo de comer.

Entonces comen y luego salen al patio y lo limpian lo mejor que pueden. Incluso tratan de sacar algo de los escombros de la alberca, pero es una batalla perdida. Abandonan el proyecto exhaustos, se dan cuenta de que es un día hermoso y tienen a sus perros y están juntos. Aunque su casa haya quedado en ruinas.

Así que deciden vivir en el momento. Intentan olvidar el saqueo, con todo y las constantes sirenas de policías y ambulancias. En lugar del pescado que Tony atrapó, asan unos bifes que están descongelándose rápidamente y Cherice hace una ensalada de papa aprovechando que la mayonesa aún sirve. Como casi no durmieron la noche anterior, y como no se restablece el servicio de luz, se acuestan temprano.

En algún momento de la noche, unos insistentes golpes en la puerta de los Berteau los despiertan.

—Voy —dice adormilado Charles mientras Cherice lo ve guardarse la pistola de Tony en el pantalón de mezclilla.

No puede quedarse en la habitación y esperar. Silenciosa, baja las escaleras detrás del marido.

—¿Sí? —dice Charles a través de la puerta.

—Soy el vecino de al lado —responde un hombre—. Les habla Tony.

Charles abre la puerta y toma el celular que le extiende el hombre. Escucha un rato y entonces comienza a alternar "Putamadres" y "Ay, Dios. No". Cherice se aferra a su brazo y aterrada dice:

—¿Qué?

Pero Charles le da la espalda y la ignora, escuchando todavía, absorbiendo lo que sea que fuera. Finalmente dice:

—Nos vamos a primera hora.

Aún ignorando a su mujer, le devuelve el celular al vecino.

—¿Usted sabe de todo esto? —pregunta. El hombre apenas asiente con la cabeza, y Cherice ve que está llorando. Un hombre grande que parece banquero de Uptown, canoso y serio, con lágrimas recorriéndole los cachetes, mordiéndose el labio como un niño chiquito.

Está desesperada. Vuelve a aferrarse a Charles hasta casi pellizcarlo; intenta llamar su atención para que le diga qué está pasando. Por fin le muestra su rostro, jamás lo había visto así, era como si alguno de sus hijos hubiera muerto.

Sólo dice: "Ay, amor", y la abraza. Cherice siente su cuerpo estremecerse cuando se percata de que Charles también llora sin poder contener el horror de la noticia. ¿Ha muerto uno de sus hijos?

Se recompone lo suficiente para narrarle: se ha inundado la ciudad, su barrio quedó destruido, algunos de sus vecinos probablemente murieron. Sus propios hijos pensaron que *ellos* estaban muertos hasta que lograron comunicarse con Tony y Mathilde.

Cherice no lo puede creer. Intenta hacerlo, pero simplemente no puede.

—¿Ochenta por ciento de la ciudad está sumergido? —repite una y otra vez—. ¿Cómo puede ser?

Viven en una pequeña casa de ladrillo en Nueva Orleans East que compraron trabajando muy duro, una casa que les exigió mucho para mantenerla, pero que valía la pena porque era su casa, un cachito de algo que podían llamar suyo.

Pero ya no, piensa Cherice. *Es probable que ya no exista. Ya no tenemos nada de nada.*

Es imposible acercarse, pese a que entiende la magnitud de la desgracia, cree que un barrio entero no puede destruirse así nomás: tiene que quedar *algo,* y a lo mejor es su casa. Quiere ir y constatarlo con sus propios ojos.

—Cherice, tienes que hacerme caso —dice Charles—. La única manera de ir es nadando. O en lancha. En toda la ciudad hay personas que quedaron como náufragos en sus techos, esperando a que las rescaten. Están saqueando como locos. El alcalde quiere que todos se vayan.

—Eso dijo *antes* de la tormenta.

—Pues ya lo está diciendo otra vez. Mañana nos vamos a Highlands.

—¿*Highlands*?

—¿Y adónde más? Mathilde y Tony tienen espacio para nosotros, dicen que vayamos, nos orientamos y luego vemos. Además, Mathilde quiere que le llevemos algunas cosas.

Ahí está de nuevo: Mathilde y los favores que pide para que vayan hacia ella. Entonces la cosa sí va en serio. Bueno, Cherice más o menos lo sabía, pero su mente mostraba resistencia y cada que lo pensaba volvía a turbarse.

—¿Y cómo nos vamos a ir con todo ese saqueo, eh? —cuestiona—. Capaz que hasta hay francotiradores.

—Tony dice que el mejor camino es por el puente. Podemos irnos por el West Bank, nos iremos a primera hora. Y digo a *primera* hora, antes de que la gente despierte y vuelva a atacar. Tratemos de dormir unas horas más.

Cherice sabe que es imposible descansar, pero accede porque quiere estar cerca de Charles, abrazarlo aunque ninguno de los dos logre dormir.

De La Russe está en el estacionamiento del Wal-Mart de Tchoupitoulas. Reflexiona en cómo todo esto es un mierdero de una magnitud inimaginable, y siente unas potentes ganas de partirle la madre a algunas personas, y no precisamente a los saqueadores. Entonces llega Jack Stevens en su patrulla. El sargento Stevens es un gigante pelirrojo conocido por sus comentarios sabelotodo y su actitud despreocupada. Hoy no es la excepción.

"Oye, Del, ¿crees que ya es el fin del mundo o qué?"

De La Russe no está para pendejadas. "No hay cadena de mando por acá, Jack. Un par de polis entraron y dijeron que les habían dado la orden de permitir que los saqueadores hicieran lo que quisieran. ¿A quién debo creerle? No puedo comunicarme con nadie por radio. Los teléfonos, los malditos celulares", hace una pausa y lanza su propio celular hasta el otro lado del estacionamiento. El golpe en el cemento, en lugar de ser seco, parece un insignificante ratón huyendo de algo.

Quiere continuar con su perorata, pero Stevens lo interrumpe.

—¿Para qué chingados hiciste eso?

—¿Y pa' qué necesito esa chingadera? Nadie me va a contestar, a nadie le importa dónde estoy, nadie está donde debería estar, y no consigo más que el puto tono de ocupado. ¡Ninguna puta cosa *funciona* por acá! ¿O qué parte no entendiste, pendejo?

—Del, mi amigo, te veo un poco estresado.

De La Russe alza su macana.

—Baja esa cosa, tranquilo. Ya llegó Jack. Vamos a superar esto juntos, ¿eh?

Por un instante, De La Russe se siente mejor, como si no estuviera solo en un mundo que se reveló salvaje: saqueadores irrumpiendo en tiendas, declarándolas "abiertas para los negocios"; familias enteras que entran y salen cargando televisores y pulidoras de chorro de arena y herramientas eléctricas (como si la electricidad existiera en algún momento de un futuro próximo), y todo este descontrol ocurría frente a la mitad de los policías del distrito. Claro, De La Russe podría seguir los procedimientos, ordenarles que se fueran, gritarles *¡No se muevan, pendejos!* como en cualquier día normal, pero ¿quién de todos ellos le iba a hacer caso? Al fin y al cabo, ¿qué podía hacer, barrer a tiros el lugar? Ninguno de los oficiales lo respalda y, tal y como se lo acaba de contar a Stevens, es imposible comunicarse con nadie ni por el teléfono, ni por la radio u otro medio.

—Ahora, lo primero que vamos a hacer es meternos ahí y conseguirte otro celular —dice Stevens.

De La Russe interpreta la idea y ni siquiera se escandaliza. Lo que sucede aquí es nada menos que el colapso de la sociedad, y supone que debe seguir la corriente. Resulta tranquilizadora la presencia de Stevens; a fin de cuentas es un sargento. No el sargento de Del, pero de todas maneras, al menos como lo entendió, un sargento en el Departamento de Policía de Nueva Orleans acaba de ordenar que entre al Wal-Mart y se robe un teléfono.

Sólo para estar seguro:

—Robarme uno, quieres decir.

—¡Ni madres! Lo vamos a *decomisar* —y Stevens se desternilla de risa.

Se acomodan los pantalones y se abren camino entre hordas de gente que parecen trabajar industriosamente para proveerse desde alimentos para bebés hasta cañas de pescar. Nadie repara en los uniformados.

—¿Por qué molestarnos por un puto celular? —pregunta De La Russe—. Esas chingaderas ni funcionan de todos modos.

—Así es —dice Stevens—. Pero por si acaso —Stevens identifica un bullicioso grupo de ladrones en el pasillo de electrodomésticos y al azar agarra a alguien, es una mujer. Bruscamente la sujeta por el brazo, la trae hacia él juntando su rostro con el de la chica. De La Russe ve cómo las pupilas de la mujer se dilatan, los globos oculares parecen salir de sus cuencas. Stevens le susurra algo al oído y ella asiente con la cabeza.

Cuando la suelta, ella mete una mano en el bolsillo de su pantalón de mezclilla y luego extrae un celular. Se lo entrega, tan dócil como es de esperarse. Stevens se lo pasa a De La Russe.

—Ya estás —y extendiendo victoriosamente los brazos, pregunta—: ¿Algo más que necesites?

Un sudor frío recorre la frente de De La Russe. El cuero cabelludo le hormiguea, igual que los dedos de sus pies. Su corazón late más rápido. Lo desconcertante y nuevo es que esta situación le provoca una reacción sexual: se le está parando. No se le para por completo, siente una ligera excitación, como cuando ve a una mujer que le gusta, y al encenderle un cigarro distraídamente roza su muslo y eso es todo, sin besos ni nada. Una mujer que no es su esposa y por tanto, se supone, no debería excitarlo. Así se siente ahora, sólo que con sudor y picores. Porque está bastante seguro, por los rumores que circulan, de que la pregunta de Stevens no es retórica. Lo que pasa con Stevens es que hace que las cosas desaparezcan de la sala de bienes, le saca droga a la gente, y otros detalles aparentemente insignificantes.

Todo el mundo sabe que De La Russe tuvo que ser disciplinado, hace tiempo quedó limpio y ahora está por encima de cualquier rumor. Sin embargo, esto que están viviendo es otra historia, es nada menos que la ruptura del contrato social. Sabe que hay gente que va a sacar provecho de esto, y no van a ser solamente los ladrones de Pampers y pasta de dientes. Se decide a hablar con franqueza.

—¿A qué te refieres, sargento?

—Carajo, Del, es el fin del mundo y me estás diciendo sargento, ¿qué pedo con eso? —aunque sabe perfectamente bien por qué.

De La Russe sonríe.

—Sólo me preguntaba si te había escuchado bien —espera una respuesta sin dejar que la sonrisa se disipe. Hay que seguir pelando los dientes.

—¿Te acuerdas del pequeño negocio de eBay que me dijiste que estabas manejando junto con tu mujer? ¿Cómo va a las ventas de garaje, encuentra cosas para venderlas a coleccionistas y luego les saca fotos y las pone en línea? ¿Sigue en ese rollo?

—Sí, ¿por qué?

Stevens se le queda viendo como si estuviera loco.

—¿Por qué? Piénsalo, Del. Uno puede vender casi cualquier cosa en eBay —hace una pausa y alarga los brazos con el mismo gesto de *todo esto podría ser tuyo.*

La mente de De La Russe se acelera, visualiza súbitamente los problemas y se esfuerza en solucionarlos. Se encoge de hombros.

—¿Sí? ¿Y dónde guardaríamos las cosas?

—Qué bueno que preguntaste. Resulta que ya hice el contacto con un teniente que tiene una habitación en el Hyatt —el Hyatt se ha vuelto la sede temporal del Departamento—. Tiene acceso a un par de espacios más que podríamos usar. Y no me refiero a cuartos de hotel. Bodegas, más bien. Y bastante grandes. Ahí guardamos las cosas por lo pronto, y luego, cuando todo vuelva a la normalidad, en el garaje de alguien, a lo mejor.

De La Russe entrecierra los ojos.

—¿Cuál teniente?

—Joe Dougald.

El policía no lo puede creer.

—¿Joe Dougald? No mames, ese tipo es un scout.

Stevens se carcajea.

—¿Ah, sí? ¿Eso crees? Llevo quince años haciendo negocios con Joe. Confía en mí, es de fiar.

De La Russe ni siquiera sabe si puede o debe confiar en Stevens, y en Dougald, ni se diga, pero ya no tiene importancia: las reglas de siempre parecen irrelevantes ahora que el apocalipsis, o la mierda que sea, ha entrado igual que el huracán. Y lo que no va a desparecer son sus dos hijos en escuelas católicas y los compromisos futuros de las universidades. *Eso no va a desaparecer.*

Evalúa la situación.

—Empecemos con lo fácil de cargar: iPods, videojuegos, cosas así. Electrodomésticos, pequeños aparatos. Oye, ¿acá venden joyas? —suelta un gruñido. Joyas del Wal-Mart, aunque existan, no los van a hacer ricos—. ¿Relojes, tal vez?

Stevens sonríe como si gozara la forma en que De La Russe se involucra.

—Ésta no es la única tienda del pueblo, ¿eh? Y los comercios no son nuestra única fuente. Tú eres del Segundo Distrito, ¿verdad? La gente ahí tiene buen gusto.

De La Russe celebra el excelente negocio que acaba de caerle entre manos. ¿Por qué no se le había ocurrido antes? Patrullar su propio distrito, detener unos cuantos saqueadores, los que andan en las calles, recuperar lo que se les antoje mientras todos están fuera de la ciudad. Y aquí están en este momento, él y Stevens, iniciándose en el Wal-Mart y sirviéndose de lo que hay.

A la mañana siguiente, temprano, De La Russe ve a una pareja de negros —ay, *discúlpalo,* de afroamericanos— metiendo objetos en un carro estacionado frente a una de las casas más grandes del Garden District. ¿Qué están pensando esos pendejos?, ¿que no hay polis por acá? Sabe que realmente lo va a disfrutar.

Estaciona el auto y, como si estuviera paseando en un parque, se acerca como quien va a entablar una amistosa charla.

—¿Cómo les va? —se los va a chingar.

La pareja se atemoriza. Reconocen en la mirada del policía el problema por venir.

—Qué andan haciendo, ¿eh?

—Nos vamos —dice el hombre—. Nos vamos de aquí tan rápido como sea posible. ¿Quieres ver nuestra identificación? Mi esposa trabaja aquí y los dueños están en Carolina del Norte. Aquí pasamos la tormenta —apenas desliza su mano en el bolsillo para recuperar su credencial, cuando De La Russe ve el pretexto ideal para empujarlo contra la puerta del carro, como si pensara que el tipo estaba por mostrarle un arma.

Cachea al hombre y, como era de esperar, encuentra una. Qué maravilla, este asunto le va a interesar a unos tipos que conoce.

—¿Tienes licencia para portar esto?

El hombre no contesta, pero la esposa sí.

—No es nuestra. Es de Tony. Mi jefe. Cuando llegaron los saqueadores…

De La Russe sonríe.

—…pensaron que no estaría mal robarle la pistola a su jefe, ¿eh? ¿Saben qué tan patética suena esa historia? ¿Saben quiénes creo yo que son los saqueadores? Sí. Sí, me imagino que sí. A ver qué más traen ahí.

Dice la mujer.

—Mi jefa, Mathilde… me pidió que le llevara…

—Mrs. Berteau —dice el hombre—. Mi esposa trabaja para Mathilde Berteau.

—Seguro —dice De La Russe—. Vámonos, métanse en la patrulla.

—Pero los… —la mujer ya está llorando. Sabe exactamente qué le espera. El policía la agarra del brazo y la obliga a llegar hasta el suelo a empujones, sólo por el gusto de hacerlo.

—¿Pero los qué?

—Nada, sólo…

El esposo levanta la voz.

—Oiga, hábleles a los Berteau. ¡Lo único que tiene que hacer es llamarlos, carajo! Sólo llámelos y deje que le expliquen.

—Como si existiera una mínima esperanza de que lo hiciera —dice Cherice diez meses después. La experiencia los sumió en la indigna miseria de tres días y dos noches de encarcelamiento, más la humillante acusación, la parte más dura de soportar, de ser saqueadores. Pero ella y Charles sobrevivieron para contar la historia en una carne asada, un cuatro de julio.

—¿Sabes por qué desperdiciaba el aliento desgañitándome la garganta? —interrumpe Charles—. Porque el blanquito aquel se la estaba pasando a toda madre y no estaba dispuesto a dejar de divertirse.

Cherice y Charles viven en un Harvey rentado, gracias a Dios, no una casa rodante de FEMA. Aún no deciden qué hacer con su casa destruida. Sus familiares han escuchado el relato repetidas veces; han hecho nuevos amigos aquí, en el West Bank, gente con la que todavía no han intercambiado anécdotas sobre Katrina. Ahora tienen la embelesada atención de Wyvette Johnson y su novio Brandin. Cherice no retuvo su apellido.

Hay lágrimas en los ojos de Wyvette.

—Uyyy. Uyyy. ¿Y los pobres perros?

Esto le fastidia a Cherice, la obliga a adelantar una parte de la historia, tal como la suele relatar. Pero es condescendiente:

—Estuve a punto de avisarle que estaban ahí adentro… antes de que nos llevara. Pero pensé que estarían a salvo si no sabían de ellos. Lo último que quería era que un palurdo policía me robara mis perros —y una sonrisa burlona ilumina su rostro—. Además, sabía que en cuanto Mathilda supiera que seguían en su casa, con mayor razón se apuraría a sacarnos.

—Ni falta hizo —agrega Charles—. Mathilda estaba feliz de la vida al enterarse del arresto y la cárcel, digo, no la cárcel, más bien la jaula de tela metálica donde nos metieron, la verdadera Casa Grande. Acabé en Angola, ¿puedes creerlo? La cárcel se inundó, ¿recuerdas? Entonces adecuaron la estación de tren como reclusorio. Cabrón, ¡eso sí que era algo del tercer mundo! No me dejaron usar el teléfono por nada en el mundo y, como te dije, me encerraron en una jaula. Pero les voy a decir algo: fue la única puta cosa en toda la ciudad durante toda esa semana que medianamente funcionó. Nos tuvieron ahí un par de días, luego a Angola. A las mujeres las separaron de inmediato, Cherice estaba en St. Gabriel —ya sabes dónde es la prisión de mujeres— después de veinticuatro horas, ya no hubo problemas porque los teléfonos por fin funcionaron.

Wyvette niega con la cabeza, sacudiendo sus sedosas rastas.

—Se me hace que hay algo que no estoy entendiendo, ¿dijiste que Mathilde *se alegró* de que estuvieran en la cárcel?

—Bueno, no exactamente —dice Cherice—. Estaba más que *indignada*, porque ya llevaba ahí dos días cuando por fin me dejaron hacer la llamada. Lo que sucede es que la indignación es su estado de ánimo preferido. Mira, Mathilde es —tengo que pasarte su número; toda la Luisiana negra debería de tenerlo registrado para marcarlo en caso de emergencia— Mathilde es la abogada de derechos humanos más cabrona de todo el estado. Es por eso que Charles se aseguró de decir su nombre. Pero ese blanquito sólo dijo: "Seguro", como si no nos creyera. Claro, sabíamos que ella iba a perseguir y freír a ese hijo de la chingada o morir en el intento. Pero eso no nos ayudó entonces. De todas maneras, Mathilde sí nos hizo famosos al final. Yo sabía que lo haría.

—Sí, pero no hubiéramos salido en CNN sin ti —dice Charles y le sonríe—. Tampoco en el *New York Times*.

Wyvette y Brandin los miran con ojos saltones.

—Escuchen lo que pasó —Charles continúa—. Cherice entró a eBay y encontró el anillo de compromiso de la mamá de Mathilde, lo más valioso que quería que le lleváramos. Esos polis fueron tan imbéciles que lo subieron así, ante Dios y todos los demás.

—¿Pero cómo sabías hacer eso? —cuestiona Wyvette, y a Cherice le parece una buena pregunta.

—No sabía —responde—. Sólo que me sentía tan mal por Mathilde que andaba intentando lo que fuera en donde fuera. Total que, en cuanto encontramos las joyas, la policía inició una operación encubierta y descubrió una red criminal: había tres de ellos. Encontraron un garaje lleno de cosas sin vender.

Brandon aferra su cerveza y se lamenta.

—Tiempos sin ley. Vivimos en tiempos sin ley.

Y Cherice se ríe.

—Bueno, ¿saben qué? Al final, nosotros también saqueamos un poco. ¿Alguna vez han escuchado de Priscilla Smith-Fredericks? Es algo así como una productora importante de Hollywood. Llegó y nos preguntó si podía comprar nuestra historia por quince mil dólares, ¿pueden creerlo? Va a hacer una peli para la tele sobre lo que nos pasó. Debería sentirme mal, pero esa gente tiene *mucho* más dinero que cerebro.

Justo después de las vacaciones, Marty Carrera de Producciones Mojo Mart se reúne con una joven productora que tenía, al parecer, una novedosa idea. Priscilla Smith-Fredericks posa una mano sobre la muñeca del productor, cosa que no le agrada en lo más mínimo, pero continúa escuchándola.

—Marty —dice ella—. Yo *creo* en esta historia. Ésta es una historia que es importante contar: una historia sobre corrupción, sobre valentía, sobre la lucha de una sola mujer por la justicia en un mundo injusto. Pero sobre todo, es la historia de dos mujeres, dos mujeres que llevan veintidós años juntas, la sirvienta y la jefa, y sobre el amor que se tienen mutuamente, la manera en que sus vidas están inextricablemente entretejidas y para bien. Quiero hacer esta película para *ellas* y... para todo el estado de Luisiana. ¿Sabes qué? Ese pobre estado se lo han jodido de tantas maneras que podría escribir una secuela al *Kama Sutra*. Lo ha jodido

FEMA, lo ha jodido el Cuerpo de Ingenieros, lo ha jodido la administración, lo han jodido sus propios funcionarios corruptos… *todo el mundo* carroñea con sus huesos. ¡Y los pobres Wardell! Quiero hacer esto por los Wardell. Esa gente tiene que volver a construir su casa. Necesitan el dinero y necesitan el… pues, el ánimo. La *vindicación*.

Marty Carrera mira el papeleo frente a él. Ella propone pagarle a los Wardell una tarifa de $15,000, monto que a él le parece poco. Lo normal sería alrededor de $75,000, más un porcentaje del bruto y tal vez unos honorarios de $10,000 por asesorar como "consultores técnicos". Pero examina los documentos y se pregunta si la mujer ha hecho lo que él supone.

Y sí, claro que sí lo ha hecho. La productora ha inflado su propia tarifa a costo de los Wardell. Ella cree que debería recibir $100,000 como productora asociada, cerca del doble de lo que en realidad vale su trabajo. Y no sólo eso, pretende adscribirse a ella misma la tarifa del "consultor técnico".

Marty se siente sinceramente molesto. Priscilla logró despertar su compasión por la pareja injustamente acusada, y por el estado asediado, y él también cree que la historia de los Wardell –o, mejor dicho, la historia de Mathilde y Cherice– podría ser una gran película.

Sin embargo, piensa que la Srta. Smith-Fredericks es un especie de alimaña.

—Luego de revisar las cifras —le dice—, honestamente creo que pareces calificada para trabajar en un proyecto sobre el saqueo.

Pero ella no capta lo que él quiere decir. Es tan engreída que escucha sólo lo que quiere escuchar. Y extiende la mano para cerrar el trato.

Pues, que así sea, piensa Marty. *Intenté advertirle.*

Su compañía de producción no la necesita. ¿Qué importa si ella encontró la historia y se la llevó? No está obligado a… bueno, sí lo está, pero…

—Marty —le dice ella—, va a ser genial trabajar juntos.

Distraídamente, Marty le estrecha la mano. Ya está pensando en cómo eliminarla del proyecto.

LA PRISIÓN
POR DOMENIC STANSBERRY
North Beach
TRADUCCIÓN DE JULIÁN HERBERT Y JORGE RANGEL

ERA 1946 Y ALCATRAZ ESTABA EN LLAMAS. YO ACABABA DE VOLVER a la ciudad y me encontraba de pie sobre el malecón, entre la multitud, mirando a la isla. El motín en la prisión llevaba ya varios días, ahora se había desatado un incendio y el humo saturaba la bahía. La gente difundía toda clase de rumores. Que los prisioneros habían tomado el control. Que el director Johnston había muerto. Que la pandilla de Capone se había apoderado de un bote patrulla y un grupo de prófugos había desembarcado en Baker Beach. La radio contradecía estos rumores, pero desde el malecón era posible ver que una flota de la marina había rodeado la isla de Alcatraz y que los helicópteros disparaban municiones trazadoras sobre la cárcel. La policía acordonó el muelle pero eso no evitó que los mirones se reunieran. Marineros francos y expresidiarios mezclados con civiles. Secretarias y muchachas chinas. Sicilianos de narices como peces gigantes.

Entre la multitud había personas que yo conocía de los viejos tiempos. No todos me vieron. Mi antiguo colega Johnny Maglie estaba con un grupo a unos diez metros de mí. Me saludó con un movimiento de cabeza, pero no era a él a quien yo miraba. Había una mujer de unos veinticinco años, de cabello negro, que llevaba puesto un suéter rojo de botones. Su nombre era Anne, pero eso yo aún no lo sabía. Sus ojos se toparon con los míos y sentí que en mi interior algo se derrumbaba.

Mi padre me dio una pistola cuando me fui de Reno. Fue una persona destacada en North Beach antes de la guerra; un editor, un hombre de opiniones, y solía llevar un pequeño revólver alemán en el bolsillo de su chaleco. Le confiscaron el arma luego de Pearl Harbor, pero él se había conseguido otra en algún momento y la puso en mi mano en la estación de trenes. Un gesto cortés e insignificante.

–Toma –dijo.

–No necesito una pistola.

–Podrás ser un héroe de guerra –dijo– pero hay personas en North Beach que me odian. Que siempre me han odiado. Y van a ir tras de ti.

Asentí y tomé el arma. En especial porque el viejo estaba enfermo. Él y Sal Fusco me pidieron que fuera a solicitar un préstamo a un pescador de cangrejo llamado Giovanni Pellicano. Pero, además, mi padre quería que fuera a hablar con mi madre. Quería que la trajera conmigo en el tren de regreso a Reno.

Johnny Maglie se separó de su grupo: excombatientes hinchados de orgullo y señoritas de oficina paradas de puntitas, para tratar de echarle un vistazo a la prisión. Ahora Maglie era un civil y se veía bien con su sombrero, su camisa blanca y sus arrugas. Mi viejo amigo extendió su mano y yo pensé en la pistola de mi padre que llevaba en el bolsillo.

A veces tengo ciertos impulsos, ciertos pensamientos.

Tal vez fueron los tres años que pasé en el Pacífico. O tal vez era sólo algo que estaba dentro de mí. Que sigue estando dentro de mí.

Como sea, me imaginé clavando la pistola en el estómago de mi amigo y jalando del gatillo.

–Así que regresaste a la ciudad –dijo Maglie.

–Así es.

Maglie me rodeó con su brazo. Habíamos crecido juntos, en la misma calle. Habíamos servido en el Pacífico, aunque en diferentes divisiones. Él sirvió durante toda la campaña, yo en cambio regresé en el 44 luego de recibir una segunda herida: un poco de metralla en el pecho. Era mi primera vez de vuelta en North Beach. Supuse que Johnny sabía por qué me había mantenido alejado, pero no íbamos a hablar de ello.

–Peleamos con los japoneses, ganamos la maldita guerra… Pero parece que los criminales regresarán a destrozar la ciudad.

Hubo un tiempo en el que Maglie me caía bien pero ahora no estaba seguro de qué sentía al respecto.

–¿Te quedarás mucho tiempo?

–No lo he decidido –dije.

–¿Cómo está tu madre?

–Bien.

No mencionó a mi padre. Nadie mencionaba a mi padre.

–Sabes… –balbuceó, y noté en su rostro una mezcla de vergüenza e incomodidad que había visto más de una vez en los rostros de las personas que conocían a mi familia, que se movían en los mismos círculos. Y eso incluía, prácticamente, a todo North Beach. Algunos, desde luego, se comportaban distinto: levantaban la nariz y sonreían con satisfacción.

–Sabes –dijo–, ayer estaba preparando unos documentos con mi tío y salió a relucir tu nombre…

Se detuvo. Quizá porque notó mi expresión cuando mencionó a su tío, el juez. O tal vez porque los policías estaban arreándonos a otra parte, o porque una rubia que estaba con su grupo original volteó a echarle un vistazo.

–Ven con nosotros –dijo Maglie–. Vamos al Fontana's.

Iba a decir que no. Y tal vez debí hacerlo. Pero la muchacha del suéter rojo de botones era parte de su grupo.

Durante veinte años mi padre dirigió un periódico en lengua italiana: *Il Carnevale*. Tenía oficinas en Columbus, y todos los *culturatti* italianos solían pasar por ahí cuando venían a la ciudad. Enrico Caruso. El gran Marconi. Incluso Vittorio Mussolini, el aviador.

Mi padre era una celebridad. Los viernes iba a la ópera. Los sábados, a Libros Cavelli para detenerse en la banqueta y escuchar el discurso radial de *Il Duce*. Los martes visitaba la escuela salesiana. Los muchachos vestían el uniforme del Fascio Giovanile, y mi padre les daba cátedras sobre la belleza de la lengua italiana.

Me enlisté en diciembre del cuarenta y uno.

Unas semanas después, allanaron la oficina de mi padre. Cerraron su periódico. Lo llamaron a comparecer en audiencias. Mi padre y una docena de personas más fueron enviados a un campo de concentración en Montana. Mi madre no mencionó nada al respecto en sus cartas. En algún punto del cuarenta y tres, el caso fue revisado y liberaron a mi padre bajo la condición de que no se estableciera en ningún estado contiguo al Océano Pacífico. Cuando llegué a casa, con mis heridas y mis cartas de recomendación, mi comandante en Estados Unidos sugirió que sería buena idea, dadas las circunstancias, que yo también me mantuviera alejado de la costa.

Pero no vale la pena mencionar todo esto. Como sea, soy un viejo ahora y hay veces que no sé ni qué día es, o en qué año estamos. O tal vez tan sólo ya no me importa. Volteo a ver el televisor y ese hombre, el del traje elegante, podría ser Mussolini. Podría ser Stalin. Podría ser Missouri Harry, con su sonrisa retadora y su bomba atómica. Este hospital contiene a un millón de viejos como yo, un millón de historias. Agitan sus manos. Dicen cómo vivieron en grande, hicieron sus apuestas, tomaron las decisiones correctas. Si cometieron un error, no fue culpa suya; fue aquel pendejo de la cuadra. Yo prefiero quedarme callado, porque huelo su mierda. Algunas personas son castigadas. Algunos de nosotros asesinamos impunemente.

—¿Estás de licencia?

Anne tenía el cabello negro y los ojos grises y una de esas grandes sonrisas que te atrapan. Había algo raro en su rostro, una simetría irregular, aquel puente nasal plano, sus labios delgados, su sonrisa amplia y torcida. La forma en que te miraba, descarada y recatada al mismo tiempo. Como si fuera hija de un vendedor. Me miró con la cabeza inclinada, viendo hacia arriba. Se entretenía, de modo retorcido. Había algo incontrolable en sus ojos. O casi incontrolable.

—No, no —le dije—, he estado fuera del servicio durante algún tiempo.

Echó un vistazo a mi mano, buscando el anillo. Yo no usaba uno, pero ella sí. Lo llevaba en el dedo de compromiso, que escondió cuando intenté mirarlo. Lo que ello significaba, no lo supe. Algunas chicas usaban anillos de compromiso durante todo el tiempo que sus prometidos estaban fuera, y luego los dejaban en cuanto éstos bajaban del bote. Anne no parecía ese tipo de persona, pero uno nunca sabe.

Yo, como he dicho, no estaba usando anillo a pesar de que había dejado a Julia Fusco, allá en Reno. No estábamos casados, pero...

—Aquí crecí.

—¿En North Beach?

—Sí.

Sonrió como si ya supiera la respuesta y sólo la estuviera corroborando.

—¿Y tú?

—Estuve fuera un tiempo —dijo—. Pero también crecí aquí.

—¿Pero no en North Beach? —pregunté, aunque conocía la respuesta, igual que ella sabía de mí.

—No, no. En Dolores Heights.

En esos días, el área en la Misión era principalmente irlandesa, aunque quedaban algunas familias alemanas en Dolores Heights. Empresarios. Judíos. Llegaron antes que los italianos, antes que los irlandeses. Cuando los barcos aún tenían que rodear el continente.

—¿Dónde serviste?

Aparté la mirada y ella no la siguió. Tal vez porque puse esa mirada melancólica que equivale a decir "no me preguntes más". Vi a un tipo bailando con su novia frente a la rocola y pensé en mi pistola y tuve otro de esos momentos desagradables. Me tomé un trago, a veces eso ayudaba. Maglie y su rubia estaban sentados frente a mí, platicando, pero no pude entender una palabra. Una de las otras chicas dijo algo, y Anne rio. También reí, sin razón alguna.

Me tomé otro trago.

El Fontana's había cambiado. Antes sólo venían italianos, y no veías a ninguna mujer sola. Pero las cosas ya no eran así. Al menos no esa noche. El lugar tenía un aire febril, como si hubiera algo a lo que la gente estuviera tratando de sujetarse. O tal vez era sólo el asunto de la fuga.

Maglie se sentó a mi lado y me rodeó con el brazo otra vez. Siempre había sido así. Un trago y se ponía sentimental.

—La gente no lo sabe —dijo—. Ni siquiera la gente del vecindario lo sabe. Pero aquí Jojo hizo más de lo que debía. En el Pacífico.

—Nadie quiere saber de eso —mi voz adoptó un tono cortante, tal vez más de lo necesario.

—No —dijo Maglie—, pero deberían saber.

Yo sabía lo que Maglie trataba de hacer. Quería hacer las paces conmigo de alguna manera. Hacerme saber que lo que hubiera pasado con mi padre en aquella audiencia no había sido idea suya. Y, para probarlo, yo podía ser el héroe enfrente de esta muchacha de Dolores Heights, con su suéter de botones y sus perlas y el anillo en su dedo.

Volteé a ver a Anne.

—¿Y tú? —pregunté—. ¿Dónde estabas durante la guerra?

Me contó un poco de su historia. Estudiaba en el Este cuando se desató la guerra. A la mitad de ésta se graduó y consiguió un trabajo en el

Departamento de Asuntos de los Veteranos, en un hospital, en el área administrativa. Pero el trabajo había terminado (le dieron su empleo a un soldado que volvió de la guerra) y ella tuvo que volver a casa.

La rocola seguía tocando.

—¿Quieres bailar?

Era un poco más alta que yo, pero no me importó. Sinatra canturreaba en la rocola. Quería estrecharla y tenerla más cerca de mí, pero temí que sintiera la pistola en mi bolsillo. Luego decidí que no me importaba.

Miré el anillo en su dedo, y ella me vio hacerlo.

—¿Dónde está? —pregunté.

—En Berlín.

No dije nada. Frank cantaba a media voz. Recordé a algunos de los padres de mis amigos hablar sobre el Berlín de antes. De los cabarets y las rubias habladoras de voz ronca que provocaban que el bulto en sus pantalones creciera como la nariz de Pinocho.

—Mi prometido es un teniente —dijo—. Y está eso de la reconstrucción. Él pensó que era importante, no sólo ganar la guerra y ya. No sólo vencerlos. Reconstruir.

—Es un idealista.

—Sí.

Me pregunté cómo se había enamorado ella de él. Me pregunté si lo conocería desde hace mucho. O si había sido una de esas veces en que conoces a alguien y ya no puedes escapar. En que caes en un remolino.

En ese mismo momento, dentro de Alcatraz, Bernie Coy y otros cinco convictos se encontraban inmovilizados en el pabellón. Nosotros aún no lo sabíamos y ni siquiera conocíamos sus nombres. Si querías saber lo que pasaba dentro de Alcatraz, lo mejor que podías hacer era subir a echar un vistazo a la azotea y escuchar la radio; pero la isla estaba demasiado lejos como para ver algo, y la radio era censurada por los militares. Como sea, los oficiales de la prisión no soltaban ni una palabra al respecto. Estaban demasiado ocupados. Después se supo que Bernie Coy era la mente detrás de todo. Conocía la rutina de los guardias. Se las arregló para forzar las rejas y guiar a un puñado de reos hacia la armería. Él y sus compañeros habían aporreado a los guardias, tomado sus llaves y bajado por el pasillo hasta el patio principal; pero la última de la larga fila de puertas no se abrió. Esas llaves no estaban en el llavero. Tenían todas las municiones del mundo, pero no podían atravesar la puerta. Estaban inmovilizados, atrapados por el fuego de un lado y por los guardias del otro. Así que pelearon, pelearon como pelean los hombres en las trincheras. Como lo hicieron nuestros muchachos en Normandía. Los japoneses en aquellas malditas cuevas. Los reflectores barrían la costa, las balas trazadoras iluminaban el cielo, y ellos pelearon como pelean los hombres desesperados, arrastrándose sobre sus vientres.

Sinatra cantaba con más aliento, y estreché a Anne un poco más fuerte. En ese momento noté que un hombre nos miraba. Estaba sentado a la misma mesa que Maglie y los demás. Seguía mirándonos cuando Anne y yo caminamos de vuelta a la mesa.

Entonces puso su brazo alrededor de Anne. Parecían conocerse mejor de lo que me hubiera gustado.

—Éste es Davey —dijo Anne.

—El mejor amigo de Mike —dijo él.

Al principio no sabía de qué hablaba, pero luego comprendí. Mike era el prometido de Anne, y Davey la estaba cuidando.

Davey tenía ojos azules y cabello amarillo. Lo primero que pensé cuando habló fue que era británico, pero estaba equivocado.

—¿Eres de Londres? —pregunté.

—No, de California —sonrió—. De Palo Alto. Estudié en el extranjero.

Había servido con el prometido de Anne en Alemania. Pero, a diferencia de Mike, no se había vuelto a enlistar. Al parecer no era tan idealista.

—Parte de mis deberes, en lo que a mi mejor amigo respecta —dijo—, es asegurarme de que nada le pase a Anne.

El británico se carcajeó. Seguía siendo británico para mí. Un hombre grande, con una risa grande; era difícil que no te cayera bien, pero no puedo decir que me importara. Se unió a nuestro grupo. Comimos y bebimos. Comimos antipastos. Cangrejo y camarones. Mejillones y linguini. De vez en cuando llegaba alguien de la calle con noticias. "En el Puerto de Yates... tres hombres en un bote de remos... la marina está dentro, celda por celda, disparándoles en sus catres." En algún momento, Ellen Paglione, cuñada de Fontana, salió de la cocina para armar un escándalo al verme.

—No sabía que estabas de vuelta en la ciudad —presionó su mejilla contra la mía—. Este muchacho es mi favorito —dijo—. Mi favorito.

En parte me gustaba la atención, lo admito, pero otra parte de mí era más lista. A Ellen Paglione nunca le había caído bien mi padre. Aunque tal vez no estaba de acuerdo con lo que le había pasado y se sentía mal al respecto. O tal vez ella misma había señalado a mi padre. Como fuera, ahora me quería. Todos en North Beach nos queríamos ahora.

Anne sonrió. Era una muchacha y se lo creía todo.

Un poco después, se inclinó hacia mí. Tal vez había bebido demasiado. Sus mejillas estaban sonrojadas.

—Quiero llevarte a mi casa.

Y se volteó hacia otro lado. Yo me preguntaba si había escuchado bien. Había mucho ruido en la mesa. El británico levantó su vaso mientras todos reían.

Después de la cena, Johnny Maglie se me acercó en el bar. Yo temblaba por dentro, no sé por qué. Johnny quería invitarme una cerveza y acepté, aunque ya había bebido suficiente. La bebida consigue ocultar ciertas cosas, pero llega un momento en que esas cosas saltan y se liberan de golpe, y no puedes hacer nada para detenerlas. En ese momento no me importaba. Eché un vistazo a Anne. Algunos de los otros ya se habían ido, pero ella seguía en la mesa. También el británico seguía ahí.

—¿Cómo está tu madre?

Era la misma pregunta que me había hecho antes, afuera, en la calle. Tal vez lo había olvidado.

—Conserva su dignidad —dije.

—Muy bien. Tu mamá siempre con la frente en alto.

Estaba un poco borracho y una sonrisa se dibujaba en su rostro.

Yo sabía lo que se decía de mi madre. O podía imaginarlo, al menos. Ella era del norte de Italia, como mi padre: de Génova. Para ella la elegancia era algo importante. No éramos ricos, pero ese no era el punto. Mi padre había sido un simple periodista, pero el suyo fue un periódico de ideas, y los *prominenti* lo habían respetado. O eso pensábamos. Mi madre intentó vivir en Montana por un tiempo, cerca del campo donde la tuvieron prisionera. Pero Montana estaba lejos y era demasiado brutal. Ahora que la guerra había terminado y las restricciones fueron suprimidas, mi padre no regresaría. Había sido deshonrado, después de todo. Y aquellos que pudieron ayudarlo, la personas que él había defendido frente al juez Molinari, el tío de Maglie, no habían hecho nada por él. Menos que nada.

–¿Vas a quedarte en North Beach? –preguntó Johnny.

No contesté. Ahora mi padre trabajaba en uno de los casinos de Reno, repartiendo barajas. Vivía en una casa de tablas con Sal Fusco y la hija de Sal, Julia. Julia los cuidaba a ambos.

Dos meses antes, algo había ocurrido entre Julia y yo. La clase de cosas que ocurren a veces. Para ser honestos, no sentía nada hacia ella aparte de lealtad.

–¿Entonces qué vas a hacer?

Le lancé una mirada a Anne. El británico la había acercado aún más a su cuerpo, con esa orgullosa forma suya de hacer las cosas.

–No sé.

Pero sí sabía. Había un antro a las afueras de Reno, con tragamonedas y mesas de baraja. Sal Fusco quería que mi padre y yo entráramos al negocio con él. Para conseguir el préstamo tenía que llegar a un acuerdo con Pellicano, el pescador de cangrejo. Sin embargo, yo sabía que a mi padre no le importaba el antro. Lo único que quería era que mi madre regresara a Reno.

Había hablado con mi madre unas horas antes.

–Si eso es lo que quieres, lo haré –dijo.

–No es por mí. Es por él.

–Tu padre podría regresar. Ya terminó la guerra.

– Es orgulloso.

–Todos hemos pasado vergüenzas. Te acostumbras. Al menos aquí puedo usar mink para ir a la ópera.

–Ya no hay ópera.

–Pronto volverá a haber–dijo–. Pero si eso es lo que quieres, iré a Reno. Si eso es lo que mi hijo quiere…

Entonces comprendí. Ella culpaba a mi padre. Alguien debía asumir la culpa, y mi padre lo haría. Una parte de mí comprendió: había una parte de mí que tampoco quería regresar a Reno.

–Eso es lo que quiero –dije.

Johnny Maglie me miró con ojos grandes. Quería algo de mí. Igual que Ellen Pagione. Igual que mi padre. Igual que Julia Fusco. Por un momento los odié a todos.

—Sé que querías estudiar leyes —dijo Johnny—. Antes de todo este asunto.

—¿Antes de qué asunto?

—Antes de la guerra —murmuró—. Eso quise decir. Sé que querías ser abogado.

—Las cosas cambiaron.

—Mi tío… dijo que podía hacerte una carta. No para cualquier escuela. Para Stanford. O Columbia. Su recomendación tiene peso.

Mentiría si dijera que no sentí una oleada de emoción, que no sentí una puerta abrirse y una oportunidad de caminar hacia una nueva vida.

—¿Lo hace porque se siente culpable? —pregunté—. ¿Por lo que pasó con mi padre?… Él estaba en la audiencia, ¿verdad?

Johnny me miró como si no entendiera.

—Vi a Jake ayer.

Jake era el niño del juez Molinari. Un chico de rostro dulce. El orgullo y la alegría de su padre. Por lo que escuché, hizo su carrera a través de Sicilia y se distinguió.

—¿Cómo está?

—Se casa.

—Lo felicito.

De vuelta en la mesa, el británico levantó otra vez el vaso. A su lado, Anne lucía hermosa. Por la forma en que el británico la miraba, no creo que tuviera en mente a su amigo en el extranjero.

Nací alrededor de 1921. Los registros son inexactos. Qué importa. Como dije, hay veces en que no sé en qué fecha estamos. Quizás es 1998. O 2008. La enfermera que me cuida, que me limpia el culo y vacía mi bacinica, nació en Saigón justo antes del otoño. Creo que en 1971. Es mitad vietnamita y mitad francesa. Pero la parte francesa no importa aquí en Estados Unidos. Como sea, a ella no le importo. Afuera, la luz del sol es blanca y puedo ver los aviones descender. Tenemos un nuevo aeropuerto, un nuevo centro de convenciones. En estos días hay centros de convenciones nuevos por todas partes. A donde quiera que vayas hay aviones descendiendo y letreros anunciando que hay un casino en las afueras de la ciudad.

Cierro los ojos. El británico se levanta de repente, sale del bar y se pierde en la noche. Veo a Anne sola en la mesa. Veo a mi padre repartiendo cartas en Reno. Veo a Julia Fusco en la cocina de mi padre con los dedos sobre su vientre hinchado.

Mi niño. Mi hijo.

Hace unos días, con fines recreativos, nos llevaron al centro de convenciones. Pudo haber sido cualquier lugar. Chicago. Toronto. Vi a una pareja en el bar del hotel y no había que ser un genio para darse cuenta de lo que pasaba.

Puedes ganarte la vida cogiendo. O echando la suerte. Puedes correr por el largo pasillo y encontrar que la puerta al final está cerrada y te encuentras tirado en el suelo, arrastrándote a través del humo.

Nadie escapa.

Viene la enfermera, me da la vuelta.

"Duérmete", dice. "Duérmete, carajo."

—Me hallaba en Guam —Anne y yo nos encontrábamos juntos afuera, los dos solos. La noche estaba por terminar—. Los japoneses estaban arriba de una colina. Tenían un puesto de ametralladoras.

Uno de los helicópteros de la marina sobrevolaba el lugar, en círculos cada vez más grandes. El viento había cambiado de dirección y se podía oler el humo de la prisión.

—¿Es difícil?

—¿Qué cosa?

—Recordar todo eso.

—La guerra, quieres decir.

—Sí, la guerra.

No supe qué responder.

—Mucha gente de ambos bandos… —hice una seña ambigua—. Eran ellos o nosotros. A veces no veo la diferencia.

Sentí que la confusión se apoderaba de mí. Vi a los japoneses muertos en aquel puesto.

—No sé qué es lo que hace que la gente continúe.

Entonces me miró. Y sonrió.

—El amor.

—¿Qué?

Parecía un poco más tímida que antes.

—Algo más grande que ellos mismos. Dedicarse a alguien a quien aman. O a algo.

—¿A una idea?

—Sí —dijo—. A una idea.

Lo que me contó no explicaba nada en realidad, pero es la clase de cosas que la gente decía en esos días, luego de la matanza. Sentí que me enamoraba de la idea, como te enamoras de la actriz de una película. Por un momento ella dejó de ser Anne, la muchacha de Dolores Heights. Era algo más. Su rostro parecía esculpido por la luz.

Sonrió.

—Estoy hecha a la antigua —dijo—. ¿Me consigues un taxi?

Entonces tuve una idea. No tenía que ir a Reno. Podía ir a Columbus con Anne. Podíamos tomar un taxi. Podíamos seguir. No a Dolores Heights o Liberty Heights o a donde fuera que viviese; más allá de los vecindarios, más allá de la ciudad... A los campos oscuros... Atravesar un río de luz.

Detrás de nosotros se escuchó una voz fuerte. Le pertenecía al británico y retumbó a través de mí.

—Anne —dijo—. He conseguido un taxi para nosotros.

Sentí que me estudiaba, que leía mi rostro. Sentí su mano en mi espalda. El británico abrió la puerta del taxi.

Me temblaban las piernas al caminar por el callejón. Todavía podía escuchar los helicópteros y las sirenas a lo largo de la costa. Al entrar en el vecindario escuché viejos sonidos. Un aria a través de una ventana abierta. Viejos relinchando. Cabras en una ladera. Estaba borracho. En algún punto, saqué del bolsillo la pistola de mi padre. Era una hermosa pistolita. Pude haber abordado el taxi, pensé. O podría encontrar a Anne al día siguiente. Pero sabía que eso no iba a suceder. Tenía otras responsabilidades. Hacía tiempo que no visitaba North Beach y estaba desorientado. El callejón me resultaba familiar y ajeno. Parecía Roma, tal vez. Calabria. Un callejón de comerciantes, a lo mejor un contador o dos, en las oficinas sobre la calle. Más adelante vi una figura saliendo de una puerta y reconocí la esquina. El juez Molinari tenía sus oficinas arriba. Las había tenido durante años. Pero el hombre que se encontraba allí era joven. Cerró la puerta con llave. Ve hacia el otro lado, pensé. No vengas hacia mí. Pero vino hacia mí. Era Jake Molinari, el hijo del juez. Había regresado de la guerra y tenía una novia esperándolo. Yo no planeé estar ahí, pero ahí estaba. Hay cosas de las que no escapas. Vi que sonreía en la oscuridad. O eso imaginé. Levantó los ojos. Me miró. Miró la pistola en mi mano y su boca se abrió. Pensé en mi padre y en Julia Fusco y le disparé. Cayó en el callejón. Entonces todo lo que pude ver fue a Anne. Su rostro era una luz cegadora. Un destello en el desierto. El hombre yacía a mis pies. Le disparé de nuevo.

Cuando llegué arriba de la colina hice una pausa para mirar atrás. Sabía cómo era, pero miré de todos modos. El cielo sobre la bahía se había pintado de color rojo. Alcatraz seguía en llamas.

EL AYUDANTE
POR JOSEPH BRUCHAC
Adirondacks, Nueva York
TRADUCCIÓN DE GENEY BELTRÁN FÉLIX

UN TIPO SIN LOS DIENTES DE ADELANTE. ÉL FUE QUIEN ME DISPARÓ. Antes de que le faltaran los dientes.

Que me dispararan fue, en algún sentido, mi culpa. Los oí venir cuando estaban todavía a un kilómetro de distancia. Podría haber corrido. Pero correr nunca ha sido mi estilo, ni siquiera antes de tener este pedazo de acero alemán en la cadera. Mi Ayudante. Además, había estado calentando las piedras para la cabaña desde que el sol era una mano alta sobre el cerro. Si yo escapaba, el fuego podría apagarse, y ellas, quedarse frías. No habría sido respetuoso con las piedras.

Fíjate qué quieren, pensé. Quizá son cazadores de ciervos que conocen mi reputación. Quizá quieren un trofeo: contratar al Indio Charley.

Ajá, eso debía de ser. Un par de hombres del llano que venían a contratarme como guía por el fin de semana. Chavos que habrían visto mi foto en el periódico, posando con esos dos tipos de Brooklyn y el venado de doce puntas que cazaron. Una buena foto mía, de hecho. Demasiado buena, me di cuenta después. Pero en ese entonces no era eso en lo que estaba pensando. Sólo en clientes potenciales. No que necesitara dinero. Pero un hombre debe mantenerse ocupado. Y en general me iba mejor cuando la gente me veía sólo como un típico indio. Uno que sobrevive, que no parece muy educado, que no representa una amenaza. El buen y viejo Indio Charley.

Que me den un billete de diez dólares o dos, y yo les consigo un ciervo o dos. Un buen negocio.

Iba a proponerles esto a los visitantes. Lo había ensayado en mi cabeza. Por uno de diez, o dos, les consigo un ciervo o dos. Un buen negocio. Humor indio. Lo suficientemente chistoso como para hacerme matar.

Debí haberme esfumado cuando escuché las voces con suficiente claridad para entender lo que decía el gordo. O cuando sentí la primera punzada de advertencia en la cadera. Esos dos venían peleándose desde las últimas doscientas yardas del camino. En ese momento tendría que haberme ido. No correr, pero sí retroceder hasta ocultarme tras las matas de hierba venenosa.

Indio hijo de puta, decía el más gordo. Y repitió la misma frase con su respiración entrecortada y el sonido de sus pies tan pesados, a medida que resbalaba y se desbarrancaba sobre las rocas. El otro, que no era tan torpe pero aun así hacía más ruido que un alce rengo, no decía una palabra.

Imaginé que Pie Pesado estaba molesto conmigo porque yo había situado mi campamento a tres kilómetros de la carretera, y era lo último que podías encontrar, si avanzabas en línea recta y hacia arriba. Eso habría desalentado a cualquiera que me quisiera contratar. Pero así eliminaba a lo más débil de la clientela. Después de mí el panorama empeoraba: sólo quedaban los cerros que desembocaban en el río, tan brillante bajo el sol como una pulsera de plata, y el pueblo en el otro extremo, una constelación de luces artificiales que imitaba a las estrellas en lo alto del cielo nocturno.

El pedazo de metal con forma de arco que tengo incrustado en mi cuerpo lanzó otro pequeño temblor hacia abajo, por la parte de afuera de mi muslo. Por segunda ocasión lo ignoré. Lo cual no fue muy inteligente, pero sentía curiosidad por mis visitantes.

La curiosidad mató a los chippewa, bromeaba mi abuelo, que también había ido a Carlisle.

Por alguna razón recordé la cara tan larga que tenía el director el último día que lo vi. Veinte años atrás. Estaba sentado detrás de su escritorio, con esa cara pálida que se fue poniendo tan colorada como las remolachas que cultivé en la granja a la que me enviaron para que trabajara como esclavo durante dos veranos seguidos, igual que a cualquier otro chico indio de la escuela. Él obtuvo su tajada de ello, por supuesto. ¿Cuántos pares de brazos y cuántas empleadas domésticas necesita? Tenemos cientos en Carlisle.

Eso fue antes de que diera el estirón y Pop Warner me descubriera y me convirtiera en uno de sus muchachos atléticos. Antes de que nos dieran habitaciones especiales, buena comida y en gran cantidad, una cuenta de gastos en la tienda Blumenthal, una parte de la recaudación. Más la posibilidad de llevarme tantas conmociones cerebrales como las que podría acumular cualquier joven guerrero, o cabezazos contra los delanteros de Harvard y Syracuse y el ejército. Y antes de que conociera a varios de mis mejores amigos en ese equipo de futbol.

Gracias a uno de ellos fui capaz de llegar a esta cumbre, que, tal como afirma mi nombre en un pedazo de papel archivado en los registros del condado, me pertenecía. Tanto como esos doscientos acres del camino que baja hasta el río. Trabajé muy duro por el dinero que hizo posible que mi nombre apareciera en ese papel. Pero esa es otra historia que contaré en otro momento.

Mientras Pie Pesado y su compañero silencioso se esforzaban por subir la última franja delgada de la senda, la que pasaba a través del matorral de cicuta y salía hacia la cara abierta del peñasco, yo aún recordaba la escena en la oficina del director.

Aquí no puede entrar de ese modo.

Pero yo simplemente lo hice.

Tendré que expulsarlo.

Eso casi me hizo reír. ¿Expulsar a un indio de Carlisle? ¿Del lugar al que trajeron encadenados a algunos niños? ¿Donde nos cortaron el pelo, nos robaron la excelente joyería con la que nuestros padres nos habían ataviado, nos quitaron la ropa, nos cambiaron el nombre, nos vistieron con uniformes militares y nos convirtieron en soldaditos? ¿Del lugar donde eran más los niños que escapaban que los que se graduaban?

No lo hará. Y alcé mi puño.

El director se encogió y dio un paso hacia atrás. Supongo que cuando tienes manos que parecen garras de oso, como las mías, éstas pueden asustar un poco a aquel que tiene la conciencia culpable.

Levanté el menique. En primer lugar, dije, no vine solo. Miré hacia atrás, por encima del hombro, hacia el salón donde los chicos del equipo de futbol americano de Carlisle me estaban esperando.

Levanté el anular. En segundo lugar, yo hablo y usted escucha.

Luego el dedo cordial. En tercer lugar, él se va. Fuera. Hoy mismo.

El director sabía a quién me refería. Al prefecto de la escuela. El señor Morissey. Que ya estaba recogiendo sus cosas con la ayuda de dos tacleadores. Morissey necesitaba ayuda porque tenía el hombro dislocado y la mandíbula rota.

El director intentó decir algo. Pero el sonido de mi otra mano al golpear con fuerza sobre el escritorio hizo que se callara exactamente igual que cuando se mete un corcho en una botella. Sus ojos nerviosos se concentraron por un segundo en mis nudillos callosos.

En cuarto lugar, extendí el índice, no enviará a nadie a esa granja nunca más. No, no diga una palabra. Ya sabe a cuál me refiero. Limítese a asentir si me entiende. Muy bien.

Y por último, mi pulgar se extendió tanto hacia adelante que tocó su nariz. Nunca mencionará mi nombre. No contacte al agente de mi reserva ni a ninguna otra autoridad. Bórreme de los registros. Soy un indio violento. Quizá ya he matado a alguien. No me quiere volver a ver nunca. Limítese a asentir. El director asintió.

Muy bien, dije. Ahora, mi mano se movió en el aire como si le diera órdenes a un perro, ¡se queda quieto!

Y él se quedó quieto. Caminé hasta el pasillo donde esperaban los del equipo de futbol, incluido nuestro entrenador indio, excepto los dos tacleadores. El director se quedó en su oficina mientras todos me daban la mano y me palmeaban la espalda. Nadie se despidió. No hay palabra para el adiós. Que el viaje sea bueno. Quizá nos encontremos más adelante en el camino.

El director ni siquiera salió mientras me acompañaban a la reja de la escuela, una vez pasada la mansión construida con el dinero de las ventas de los boletos del futbol, en la que había vivido Pop Warner. Mientras me dirigía a la estación de tren sin mirar atrás, el director continuaba en su asiento. Sus piernas estaban demasiado débiles por el miedo como para ponerse de pie. Según lo que oí después en Francia —en boca de Gus Welch, quien era mi capitán y había sido nuestro mariscal de campo en Carlisle— el director se quedó ahí sentado el resto del día, sin moverse. Al final, los chicos del equipo de futbol se apiadaron de él y mandaron a una de las chicas de la clase de costura para que le dijera que Charles, el indio grande y peligroso, se había ido, y que él ya podía salir.

Gus se echó a reír. ¿Sabes qué respondió el director cuando ella dijo eso? Que no volviera a mencionar ese nombre. Eso dijo.

Quizá sonreía mientras recordaba el incidente, en el momento en que los dos hombres aparecieron en mi horizonte, pero los recuerdos no se detuvieron ahí. Me habían acompañado más allá de la reja de Carlisle, y por la carretera, hasta las vías del tranvía. Me llevaron al viaje que hice hace tanto tiempo, en tren, en carreta y a pie, hasta que llegué a los oscuros cerros que rodeaban la granja. Aquella de la que los chicos de Carlisle se habían escapado más que de ninguna otra. O al menos se dijo que se habían escapado, a la mayoría no se los volvió a ver.

Esa fue la primera vez que obedecí la voz que oía dentro de mí. Una voz madura y con ideas claras. Me senté en la cuesta bajo un viejo manzano y me quedé mirando el lugar, y sentí la maldad que se concentraba en el sitio. Esperé hasta que se hizo tarde y la cara del Viajero Nocturno me miraba con tristeza desde el cielo. Entonces bajé al lugar al que Thomas Goodwaters, que tenía once años, me había ido a buscar porque sabía que no me negaría a ayudarlo luego de contarme lo que le sucedió. Después de que el prefecto de la escuela le diera una paliza por huir de la tarea que le impusieron en la granja Bullweather. Pero las marcas viejas y a medio curar de su espalda no venían de la vara del prefecto.

Eso fue sólo el principio, me dijo, y su voz sonaba tranquila a pesar de todo, mientras hablaba en chippewa. Me hicieron cosas peores. Oí lo que le hicieron. Yo conocí a su familia, allá en nuestro pueblo natal. Eran mis primos. Buena gente, dedicada a hacer canoas. Una familia tranquila por naturaleza que compartía sus posesiones con todos y que esperaba que al hijo, que se habían llevado a la escuela a la fuerza, le enseñaran cosas que pudiera ser de utilidad. Por ejemplo, cómo fregar el suelo de la cocina de alguien. Pero su hijo rompió la ventanita del cuarto donde lo encerraban todas las noches. Era una ventana minúscula, pero él se había puesto tan delgado por no comer que pudo escurrirse y salir. Además, su familia formaba parte de la Gente Anguila, conocida por su habilidad para escabullirse por cualquier espacio posible, por más estrecho que fuera.

Había dos perros, dijo él. Malos. De los que no ladran. Solo se te lanzan encima.

Pero él había planeado su huida a conciencia. Tan pronto saltó al patio sacó de sus pantalones la bolsa que llenó con pimienta negra de la cocina. Dejó a los dos perros tosiendo y estornudando mientras él corría y corría.

Como yo era su familiar más cercano, fue a buscarme antes de que Morissey lo atrapara.

Tienes que hacer algo, dijo Tommy Goodwaters. No era una pregunta. Tienes que ayudarme.

Yo ya iba por la mitad del cerro y había saltado la cerca de alambre de púas cuando los perros me alcanzaron. Los oí acercarse: sus patas golpeando sordamente el suelo, sus jadeos ansiosos. Nada parecido a la quietud de los lobos, aunque los lobos no atacarían a un hombre. Por eso estaba listo cuando el primero saltó y apretó sus grandes mandíbulas alrededor de mi antebrazo derecho. Sus largos colmillos no atravesaron las almohadillas del uniforme de futbol y la cinta que me había enrollado en los brazos. Al otro, que me atacó por detrás, y gruñía como un zorro, también le estaba costando llegar a mi pierna izquierda, protegida de la misma manera. Eran perros grandes, de unos treinta kilos cada uno. Pero yo pesaba noventa kilos más. Levanté al primero mientras seguía enganchado de mi brazo con desesperación y lo golpeé con fuerza con mi otro antebrazo, hasta que le rompí el cuello. El otro me soltó cuando le di una patada en el estómago tan fuerte como para anotar un gol de campo de cincuenta yardas. Su corazón se detuvo cuando le puse la rodilla y todo el peso de mi cuerpo en el pecho.

Exacto, eran sólo unos perros. Pero no mostré compasión. Si estaban comiendo lo que Tommy dijo que comían, y no tengo motivos para dudar de Tommy, no había razón para que esos animales caminaran en la tierra junto a los humanos.

Después avancé por detrás del establo. Encontré una pala apoyada en la pared. Usada, pero muy apropiada. No tuve que buscar mucho. No me refiero tan sólo a la tierra blanda, sino a lo que percibí. La llamada que hace el espíritu de una persona que murió asesinada cuando su cuerpo ha sido escondido en un lugar como ese. Un lugar al que no pertenece.

Pero allí había más de un espíritu pidiendo ayuda. Para cuando la noche casi había llegado a su fin, ya los había encontrado a todos. O a lo que quedaba de cinco chavos y chavas de Carlisle a los que nunca más verían vivos sus deudos. En general, sólo quedaban huesos. Tan limpios como si les hubieran separado la carne, luego de hervirla. Algunos estaban roídos. Habría sido imposible distinguirlos si no fuera por lo que encontré en cada una de las tumbas sin lápidas en las que estaban. No sé por qué, pero había un saco grueso por cada uno. Cada saco tenía una etiqueta de madera con el nombre y, por el amor de Dios, hasta la tribu del niño. Esa gente, si es que la puedo llamar así, sabía a quién se enfrentaba. Cinco sacos de ropa, sus posesiones exiguas y sus huesos. Ninguno era chippewa, pero aun así todos eran mis hermanitos y hermanitas. Si conservaba el aliento después de esa noche, sus huesos y posesiones, al menos, volverían a sus casas. Cuando miré la luna, incluso su cara parecía colorada. Sentía que estaba en una historia vieja y dolorosa.

No diré lo que hice después. Sólo que cuando salió el sol, hacía rato que ya me había ido y que todo lo que quedaba de la casa y los edificios era madera quemada. Pensé que nadie me había visto salir del valle con esas cinco bolsas. Pero estaba equivocado. Si al día siguiente hubiera visto los periódicos del pueblo más cercano —y no me estuviera dirigiendo hacia el oeste, a las agencias de los sac & fox y osage de Oklahoma, a la reserva Wind River en Wyoming, a las tierras de los cuervos y los cheyennes en Montana, de los cahuilla de California—, habría leído sobre la trágica muerte en un incendio de una familia que murió casi por completo. Casi.

Parpadeé para borrar ese recuerdo y me concentré en los dos hombres que se detuvieron por un instante en la cima del camino antes de dirigirse hacia donde yo me encontraba, de cuclillas junto a los restos de la fogata. Tan pronto los distinguí, no dudé ni un segundo en escuchar la señal que me daba mi Ayudante. Sabía que ellos significaban problemas.

Es curioso todo lo que puedes pensar durante un parpadeo. Me refiero a la vez que estuve en el hospital, después de ser impactado por la metralla. El doctor alto, delgado y con mascarilla que se inclinaba sobre mí con un bisturí en una mano y algún tipo de instrumento de metal brillante y curvo en la otra.

Mi mano izquierda le agarró la muñeca al cirujano antes de que el bisturí me tocara la piel.

Deténgase.

Traigan el éter —tenía un acento francés—. Se supone que este hombre debería de estar inconsciente.

Pues no lo estoy.

Oui. Ya lo veo. ¿Podría soltar mi muñeca?, me está lastimando.

Disculpe. Pero no lo soltaré.

¿Por qué?

Es lo que sugiere mi Ayudante. Es él quien me está aconsejando.

Deben de haberme dado más éter, y entonces Gus Welch entró en la tienda de campaña. Había oído todo.

Gus habló en francés con el doctor, más rápido de lo que yo podía seguirlo. Lo que sea que le haya dicho funcionó.

El doctor se dio media vuelta hacia mí, sin bisturí esta vez.

Eres un indio rojo.

Mais oui.

La sonrisa era visible incluso bajo la mascarilla. La cabeza que asentía. *Bien*. Entonces lo cosemos y ya.

Otro parpadeo me regresó ante los dos hombres armados que se acercaban. La complexión del más alto y desgarbado era un poco como la de ese doctor al que vi por última vez en 1918. Pero sin la máscara. Podía ver que él tenía una de esas caras, como la de Abraham Lincoln, angulosa y de mandíbula ancha, aunque sin esa compasión de la que carecen los presidentes desde hace tiempo. Llevaba una Remington .303. El gordo de labios gruesos y ojos pequeños, Pie Pesado, seguro, llevaba una Winchester 30-06 de palanca. Lo escuché cargar un cartucho justo antes de que aparecieran.

Eran buenas pistolas, en las manos de tipos malos.

Ambos vestían el uniforme completo. Sombrero de copa alta, botas negras y todo lo que hacía falta. No esas ropas de soldado con las que yo alguna vez me había visto tan elegante. Sus uniformes estropeados tenían la palabra *Guardia* bordada en los bolsillos del pecho.

Se detuvieron a diez metros de mí.

Charley Bear, el que era igualito a Lincoln, dijo con una voz plana, tenemos una orden de detención contra usted, por allanamiento. Levántese.

Yo me quedé en cuclillas. Me quedaba claro que no sabían que esas tierras eran mías. No mucha gente de por ahí lo sabía. Al fin y al cabo, estaban registradas bajo mi nombre oficial de blanco: Charles B. Island. Si de verdad tuvieran una orden de un juez, habrían sabido eso. Y había otra cosa que estaba mal.

Nunca envían a los guardias a presentar órdenes, dije.

Dijeron que era listo, Luth, gruñó Pie Pesado.

Demasiado listo para su bien.

Mi Ayudante me envió una ráfaga de fuego que circuló como advertencia a lo largo de mi pierna y salté de lado tan pronto vi que Luth levantaba su pistola y apretaba el gatillo. Bastante bueno para ser un disparo tan repentino. La mayor parte del plomo caliente pasó zumbando cerca de mi cara, salvo un poco que me arrancó parte de la mejilla izquierda, y me dejó una herida tan ancha, de casi dos pulgadas, que parecía hecha por la garra de un águila.

Mientras rodaba, le lancé una piedra del tamaño de una pelota de beisbol que agarré de la parte externa de la fogata. No voló tan rápido como cuando le atiné a Jim Thorpe, dos veces, en la escuela india. Pero lo suficientemente fuerte y preciso como para dar en el centro de la cara de Luth. Hasta nunca, dientes delanteros.

Pie Pesado dudó antes de colocarse el arma en el hombro. Para entonces yo ya balanceaba una segunda piedra en mi mano más hábil. Me enderecé sobre una rodilla e hice volar la piedra. Golpeó al gordo justo en ese punto débil que hay encima de la barriga.

¡Uf!

Su pistola salió volando a un costado y él cayó hacia atrás, agarrándose la barriga.

Luth había perdido su .303 con el primer golpe de la piedra. Se retorcía en el piso, la cara cubierta con las manos.

Lo primero que hice fue tomar las dos armas. Les saqué los cartuchos y después, a pesar de que aborrecí hacerlo, puesto que las armas son inocentes de toda mala intención, las arrojé al acantilado y las vi volar en círculos. Para cuando tocaron fondo, yo ya había volteado a Pie Pesado y le había sacado el cinturón de un jalón. Se lo até a la altura de los codos, los cuales le amarré por detrás de la espalda, tan ajustados para que él protestara con un gemido.

Le quité a Luth las manos de la cara, las pasé detrás de su espalda y le hice lo mismo que a su amigo gordo. Después, agarré las dos correas y, con una en cada mano, los arrastré al borde del acantilado.

Para ese entonces, Luth se había repuesto lo suficiente, a pesar de la sangre y los dientes rotos, como para mirarme con rabia. Pero Pie Pesado sollozaba como un bebé cuando los coloqué de pie frente a el borde, donde solo bastaba un pequeño empujón para hacerlos caer.

Cállate, Braddie, dijo Luth con sus labios sangrantes, su voz plana como una piedra. Entonces me miró fijamente. He matado a tipos peores que tú.

Pero no mejores, contesté.

A veces, usar el sentido del humor con algunas personas es una pérdida de tiempo. Luth sólo volvió a clavarme su mirada con mayor intensidad.

Era un caso difícil. Pero no podía decirse lo mismo de Braddie.

¿Extrañas tu pistola?, le pregunté. Puedes ir a recogerla.

Levanté el pie.

No, berreó Braddie. ¿Qué quieres? Cualquier cosa.

Un nombre.

Y Braddie me lo dio.

Los dejé en el borde del acantilado, cada uno atado a una roca enorme que les acerqué. La cuerda que traje de mi choza aseguraba que no se soltarían por sí mismos.

No se vayan, chicos. Deséenme suerte.

Vete a la mierda, gruñó Luth del modo más rudo que pudo.

Pero se vio menos rudo cuando le expliqué que sí, que era mejor que me deseara buena suerte. De otra forma, era improbable que alguien viniese a liberarlos. También señalé que si intentaban zafarse existían muchas posibilidades de que esas piedras grandes que los mantenían en equilibrio, y que yo había acercado delicadamente, rodaran hacia el precipicio. Con ellos, por supuesto.

Me tomé mi tiempo al bajar de la montaña, y no lo hice por el camino principal. Siempre existía la posibilidad de que Luth y Braddie estuviesen acompañados. Pero su camioneta, una relumbrante Ford '34, estaba vacía. Una hora de cautelosa vigilancia desde el refugio que me proporcionaban los pinos me permitió cerciorarme de que no había nadie más. Con mucha consideración, habían dejado las llaves puestas. Me hizo sentir mejor que fueran tan confiados y estuvieran dispuestos a compartir sus propiedades.

Mientras conducía al pueblo, tuve más tiempo para pensar. No en qué hacer. Sino en cómo hacerlo. Y averiguar si mi corazonada era atinada o no.

Estacioné el coche en una arboleda de arces a medio kilómetro del sitio, en los límites del pueblo. Los ojos de los buenos ciudadanos de Corinth nunca habrían imaginado al Indio Charley al volante de una camioneta nueva. De hecho, aparte de Will, a la mayoría le habría sorprendido ver que yo sabía conducir. Entonces entré en la oficina de Will.

Wyllis Dunham, abogado, decía el cartel en la modesta puerta, que daba a la avenida principal. Entré sin tocar y asentí mientras miraba a la mujer joven y menuda que vestía con mucho estilo y que estaba sentada detrás del escritorio con una revista en las manos que lucían un estupendo *manicure*.

Maud, dije, y me llevé los nudillos a la frente para saludarla.

Charles, ella arrastró las palabras mientras pronunciaba mi nombre con sarcasmo, ¿en qué tipo de problemas nos vas a meter hoy?

Nada que no sepamos manejar.

¿Por qué tu respuesta no me deja tranquila?

Entonces ambos reímos y yo volví a pensar que si no fuera la esposa de Will, seguramente le propondría matrimonio.

¿Qué te pasó en la mejilla? Maud se levantó, tomó un pedazo de tela de su bolsa, lo mojó con los labios y lo frotó en el lugar cubierto de sangre seca donde la bala me había lastimado. Esperé pacientemente hasta que ella terminó.

Gracias, enfermera.

Te mando el recibo.

¿Está?

Para ti, sí. Me hizo un gesto de que pasara y volvió a concentrarse en su *Ladies' Home Journal*.

Entré en la habitación del fondo, donde Will estaba sentado con sus piernas, extremadamente largas, subidas en el escritorio, la cabeza echada hacia atrás sobre un cojín del sillón, los ojos cerrados.

Antes de que preguntes, no estoy durmiendo en el trabajo. Estoy pensando. Ser el abogado en una metrópolis ajetreada como esta tiende a desgastar a cualquiera.

No dejes que Maud te vea con los pies sobre el escritorio.

Los ojos se le abrieron cuando dije eso y, mientras bajaba los pies al suelo rápidamente, miró hacia la puerta, de un modo un tanto furtivo, antes de recobrar la compostura. Aunque Will tenía el título de abogado y era el doble de grande que ella, era Maud quien imponía la ley en esa casa.

Colocó los codos sobre el escritorio y formó una pirámide con los dedos. Lo cual indicaría el intelecto superior y la alta posición de cualquier abogado, pero que en el caso de Will, revelaba gran ironía. Desde que los ayudé con un problemita dos años atrás, teníamos una relación especial que incluía un despiadado juego de canasta todas las noches de los jueves.

¿Entonceees?, preguntó.

Dos consultas.

¿Es ahora cuando debo apelar a la Quinta Enmienda?

Levanté el menique.

Primera pregunta: ¿Se jubiló George Good de guardia, y sabes si el Departamento de Conservación ahora usa uniformes nuevos color café que parecen salidos de una tienda de disfraces, y si han enviado aquí, desde el sur del estado, a dos hombres nuevos como reemplazo?

En teoría, Charles, eso son tres preguntas. Pero todas tienen una sola respuesta.

¿No?

Lotería. Chasqueó los dedos.

Lo sospechaba. Mis dos amigos bien amarrados en la cima del cerro eran tan falsos como su orden judicial.

Dos. Levanté el anular: ¿Alguien en el pueblo ha preguntado por mí desde que salió aquel artículo en el periódico de Albany, con mi foto?

Will no podía quitarse la sonrisa de la cara. Si había un imán para la información, en este pueblo, ese era Will Dunham. Se enorgullecía de enterarse de todo lo que ocurría sin tener que moverse de su sitio: antes de que nadie lo supiera, él se enteraba de todo, lo público y lo privado. Con otro chasquido ruidoso de sus largos dedos, sacó una tarjeta de presentación del bolsillo y me la dio con el ostentoso ademán de un mago.

Voilà!

La dirección pertenecía a una oficina pública. El nombre no era exactamente el que esperaba, pero aun así sentí un escalofrío que me recorrió la espalda y sentí que me clavaban una punta de lanza metálica en el músculo de la cadera. Aún no terminaba de resolver mis problemas.

Me di cuenta de que Will seguía hablando. Tuve que esforzarme para captar sus palabras a mitad de la frase.

…así que Avery se dio cuenta de que debía darme la tarjeta a mí, al ver que tú eras nuestro ayudante habitual y aceptabas de nosotros trabajos inusuales de tanto en tanto. Arreglos, cortar leña… y cosas así. Por supuesto, para cuando se le ocurrió pasármela a mí, Avery ya la tenía desde hacía dos semanas, justo cuando el hombre llegó a su gasolinera preguntando por ti y buscaba que lo llamaras. Entonces, dime: ¿se cansó de esperar y decidió buscarte él mismo?

Por decirlo así.

¿Qué dijiste?

Hasta luego, Will.

Lo maravilloso del sistema estadunidense de tranvías consiste en que un hombre puede ir desde Nueva York hasta Boston con tan sólo cambiar de coche una vez que llega al final del pueblo y a una línea que acaba donde empieza la siguiente. Así que el tiempo que me llevó correr los quince kilómetros hasta Middle Grove, donde empezaba la línea, fue más que lo que me llevó recorrer los sesenta restantes hasta Albany y me costó no más que la mitad de las monedas que traía en el bolsillo.

No me molesté en volver a casa a ponerme una ropa mejor. Mi vestimenta anodina y raída era perfecta para lo que tenía en mente. Nadie repara en los obreros. La gorra blanca de pintor, la brocha y la cubeta color hueso de Putnam que había pedido prestadas de la camioneta frente al edificio era todo lo que necesitaba para caminar sin apuros ni obstáculos, y tomar el elevador hasta el piso dieciséis.

El nombre de la puerta coincidía con el membrete de las tarjetas, igual de extravagante y en caracteres grandes y dorados, más grandes que la palabra INVERSIONES debajo del nombre. Giré la manija y abrí la puerta con el hombro, entré tímidamente y de espaldas, sosteniendo la cubeta de pintura y la brocha como prueba de mi identidad y propósito. Nadie dijo nada, y cuando me di vuelta, vi que el escritorio de la recepcionista estaba vacío, justo como yo esperaba. Las cinco en punto. Hora de irse. Pero la puerta no estaba cerrada con llave, había luz todavía en la oficina del jefe.

Me quité la gorra, dejé la cubeta y la brocha, y entré.

Él estaba de pie junto a la ventana, mirando hacia abajo, a la calle.

Déjelo en el escritorio, dijo.

Lo que eso sea yo no lo traigo, contesté.

Se giró más rápido de lo que yo habría esperado. Pero lo que fuera que estaba pensando se le olvidó cuando saqué de mi camisa la mano derecha y le mostré el cuchillo para desollar con mango de hueso que desenvainé de la funda bajo el brazo izquierdo. Se quedó pasmado.

¿Tú?, dijo.

Sólo una palabra, pero era tan buena como un libro entero. Ahora no quedaba duda. Mi Ayudante parecía carbón ardiendo.

Soy yo, asentí.

¿Dónde?, preguntó. Tenía que reconocérselo. Era muy bueno con las preguntas de una palabra que, en realidad, decían mucho.

¿Te refieres a Mutt y Jeff? No van a venir. Se les atoró algo.

Deberías estar muerto.

Me decepcionó. Sus frases más largas me informaban de cosas que yo ya sabía, aunque pensándolo bien, esas palabras también se le podían aplicar. Parecería que con el estado actual del mercado, comenté, habría sido mejor dejar el Bull al principio de su apellido, Sr. Weathers. Así le habría dado a los inversionistas más confianza.

Mi segundo intento de conversación no tuvo ningún efecto, al igual que el primero. Como respuesta solo abrió la boca. Pongámonos serios.

No lo voy a matar aquí, dije. Aunque lo merezca por lo que usted y su familia hicieron en el pasado. ¿Cuántos años tenía usted? Dieciocho, ¿no? Pero participó tanto como ellos. Es usted un cobarde. ¿Lo presenció todo sin siquiera intentar salvarlos de mí? ¿Dónde estaba usted?

En el cerro, dijo. Se le tensaron los labios. Ahora le sudaba la frente.

Entonces, aparte de las inversiones, ¿qué ha estado haciendo desde esa época? ¿Manteniendo los pasatiempos de la familia?

Miré la caja fuerte de la pared. ¿Tiene un par de recuerdos ahí? No, no la abra para mostrármelos. La gente suele guardar revólveres en las cajas fuertes. Siéntese. En el escritorio no. Aquí, en el borde de la ventana.

¿Qué me va a hacer?

Entregarlo a la policía. Junto con una confesión. Tomé un cuaderno y una pluma de su escritorio. Escríbala ahora, comenzando por lo que usted y su familia hicieron en su granja, e incluyendo a cualquier otra persona a la que haya herido desde entonces.

Mantuvo una mirada impaciente mezclada con un gesto de malicia mientras me quitaba el papel y la pluma de las manos. Esa mirada se hizo más sosegada y arrogante conforme escribía. Estaba claro que se sabía un ser de nivel diferente al resto de los mortales. Tan por encima de nosotros como esos científicos egocéntricos que dicen que el hombre moderno está por encima de los chimpancés. Como los políticos que enviaron a las tropas federales a luchar contra el ejército de veteranos acampados en Washington, D.C., el verano pasado, y que pedían se les pagase el bono prometido por su labor. Los sobrevivientes, que yo conocía, de las trincheras de Bélgica y Francia habían muerto en tierra estadunidense en manos de las tropas del general MacArthur.

Afuera, la luz se atenuaba con la puesta del sol mientras él escribía. Cuando terminó había llenado veinte páginas, todas numeradas en la parte de abajo, unas cuantas con algunos complicados dibujos explicativos.

Tomé la confesión y la pluma. Puse el cuaderno en el escritorio, mantuve la mirada en el hombre en tanto pasaba las páginas con la punta de la pluma. No se había guardado nada. Aunque había ido más allá de niños indios, todavía le gustaban los niños, los débiles, aquellos lo suficientemente indefensos como para que la autoridad correspondiente no los extrañe ni llore. No así como el bebé Lindbergh, cuyo secuestro y muerte habían llenado las noticias la primavera pasada. Ningún hijo de famosos ni de los más o menos ricos. Sólo aquellos sobre los que nadie escribiría. Indios, trabajadores, hijos de negros, inmigrantes…

Se contuvo para no sonreír cuando levanté la cabeza de esas palabras que me asqueaban.

¿Está listo para llevarme?

Yo sabía qué estaba pensando. Una confesión como esta, forzada a punta de cuchillo por… una persona que no era más que un indio ignorante y loco… Y él, un hombre de dinero y posición respetable, temeroso por su vida, dispuesto a escribir cualquier cosa sin importar qué tan ridícula fuera. Al llegar a cualquier comisaría, lo único que él tenía que hacer era pedir ayuda a gritos y sería yo el que terminaría preso.

Una cosa más, dije.

Tú tienes el cuchillo, dijo. Su voz era racional, afable.

Le devolví el cuaderno y la pluma.

En la última página, escribe "lo siento" con letras grandes, y fírmalo.

Claro que no lo sentía, pero claro que lo firmó.

Gracias, dije, tomando el cuaderno. Miré por encima de su hombro, por la ventana hacia abajo, a la acera vacía.

Allí, dije, señalando la oscuridad.

Él movió la cabeza para mirar. Entonces lo empujé.

No mentí, dije, aunque dudo que pudiera oírme mientras el viento le soplaba en la cara a medida que se precipitaba hacia el piso. Yo no te maté. El suelo, sí.

Y lo entregué a la policía, para que lo despegara de la acera.

Con la gorra en la cabeza de nuevo y la brocha y la cubeta de pintura en la mano, bajé hasta el sótano, y entonces subí por las escaleras traseras para salir del edificio por el lado contrario al que pronto llegarían los carros de la policía.

Dormí en el parque esa noche y en la mañana tomé el primer tranvía hacia el norte. Era ya el final de la tarde cuando llegué a la cima del sendero.

Tan sólo una roca y su compañero humano seguían junto al borde del acantilado. Luth había aguantado bien, supuse. Pero fue demasiado rudo como para conservar el sentido común y quedarse quieto y sentado. Aunque no resultó tan rudo como esas rocas con las que se encontró sesenta metros más abajo. Por la mañana decidiría si había que bajar a enterrarlo, lejos de cualquier sendero, o simplemente dejar sus restos a los cuervos.

Apoyé la mano en la roca a la que todavía estaba atado el cuerpo inerte del gordo. Dejé que mi mirada vagara por la pendiente con vegetación, por los campos abiertos, por la sinuosa ese que formaba el río, por el pueblo cuyas luces estaban a punto de encenderse. Había una nube flotando al oeste del cielo, casi con la forma de una punta de flecha. Al poniente, el borde inferior del sol se estaba volviendo carmesí. Respiré hondo.

Entonces desaté a Braddie. Aunque cojeaba y olía mal, todavía respiraba. Le eché un poco de agua en los labios partidos. Dejé que bebiera un poco.

No me mates, graznó. Por favor. No era mi intención. Nunca le he hecho daño a nadie. Nunca. Luth me obligó a ayudarlo. Lo odiaba.

Entonces vi cuán joven era.

Okay, dije. Vamos a bajar de nuevo. Su camioneta está allí. Hasta donde sé, es tuya. Sólo conduce hacia el sur y no mires atrás.

Ok. Nunca miraré atrás. Lo juro por Dios.

Le tomé la palabra. Llega un momento para eso, así como llega un momento en el que las palabras se acaban.

SENCILLO COMO EL ABC
POR LAURA LIPPMAN
Locust Point, Baltimore
TRADUCCIÓN DE LUIS CARLOS FUENTES

HOY SE DERRUMBÓ OTRA CASA. SUCEDE CADA VEZ MÁS SEGUIDO, CON todos esos mojados que hay por ahí. No me malinterpreten. Yo también uso gente de México y Centroamérica, y son muy buenos trabajadores, sobre todo para la jardinería. Pero otros contratistas no son tan cuidadosos como yo. Buscan la mano de obra más barata que puedan encontrar, y lo barato sale caro, especialmente cuando estás cavando un sótano, lo que se ha puesto de moda por aquí. Supongo que ya no basta con adquirir casas de tres pisos y cuatro habitaciones y destriparlas de arriba abajo para hacer cocinas amplias, ventiladas, donde alguna vez las abuelas ahumaron el tapiz con grasa de tocino y *sour beef*. Ya no basta con construir cuartos de baño tipo máster suite en las diminutas habitaciones que siempre les tocaban a los niños más pequeños. No, esta gente también debe tener la gran sala de estar, lo que significa escarbar entre los viejos cimientos de tierra, lanzar un río de lodo a la calle y poner pisos y paredes nuevas. Pero si calculas mal, aunque sea por una pulgada, bum. Destruyes la cimentación de la casa. No queda más que derribar la chingadera y empezar a acarrear el escombro.

Es raro entrar a esas casas que conocí de niño, sabiendo lo que la gente pagó por estructuras sólidas que consideran simples cascarones, sólo para tener un pedacito de vista del mar desde una ventana o desde la ubicua terraza. Sí, no se asombren. Conozco palabras como *ubicua*. Cualquiera puede aprender las cosas que vienen en los libros. Lo único que hace falta es tiempo, curiosidad y la credencial de una biblioteca, y puedes apantallar a cualquiera en una conversación. El trabajo que hago, el equipo que superviso, ahí sí no puedes fingir porque podrías matar personas, literalmente matarlas. Me dan lástima los hombres que me contratan, blandengues que disculpan su debilidad gimoteando: "Ojalá tuviera tiempo". Dales mil años a esos tipos y no podrían cablear un foco o instalar una secadora de gas. ¿Sabes lo primero que recomiendo cuando veo un lugar donde "el hombre de la casa" ha hecho algún trabajo? Un detector de monóxido de carbono. Yo no podía estar a gusto en casa de mi cuñado hasta que le instalé uno, sobre todo porque mi hermana se la pasaba jactándose de lo hábil que era.

El boom en South Baltimore comenzó hace veinticinco años en Federal Hill, antes de mi época, se detuvo un rato durante los noventa, pero ahora está de nuevo a todo lo que da, propagándose hacia el sur de Federal Hill y Riverside Park y por todo Fort Avenue y Locust Point, donde vivió mi familia hasta que cumplí diez años, y donde mis abuelos se quedaron hasta el día en que murieron los dos, lado a lado. Mi abuela duró años enferma y todo ese tiempo mi abuelo, según descubrimos después, le estuvo robando de las pastillas para el dolor que le recetaban, preparándose. Ella murió durante el sueño, y él, técnicamente, también. Un sueño autoinducido, farmacéutico, pero sueño al fin. Los encontramos en su cama matrimonial, y la avanzada rigidez hizo que fuera casi imposible separar su manos entrelazadas. Literalmente no podía vivir sin ella. Fue difícil para mi mamá perderlos de esa manera, pero yo no pude evitar sentir que había sido algo puro y honesto. El abue no quería vivir solo ni venirse con nosotros a la casa de Linthicum. Tampoco tenía muchos amigos que digamos. Buelita había sido su razón para vivir, y él había sido feliz cuidándola a lo largo de toda su enfermedad y su dolor. Hubiera podido hacerlo para siempre. Pero en cuanto ese trabajo estuvo acabado, él estuvo acabado también.

Mi madre vendió la casa por 75,000 dólares. Eso fue hace unos doce años, y vaya que pensamos que habíamos embaucado a los compradores. ¡Setenta y cinco mil! Por una casa en Decatur Street, en Locust Point. Y todo el dinero para mi mamá, porque la casa ya se había terminado de pagar hacía años. Fuimos al Hausner la noche de la venta y brindamos por nuestra buena fortuna. En ese entonces el viejo restaurante alemán todavía estaba abierto, atestado de todo ese arte y esa basura. Comimos ternera, pay de fresa, bebimos un buen licor y brindamos por el abuelo, por habernos dejado semejante regalo.

Así que imagínense cómo me sentí cuando me encargaron una remodelación completa del antiguo domicilio de mis abuelos y el agente inmobiliario me dice:

–Como le costó sólo $225,000, la dueña está dispuesta a meterle otros cien, pero te apuesto que ni va a chistar si la obra se eleva a $150,000.

–Hum –fue todo lo que se me ocurrió decir. Monetariamente hablando, la chamba no era lo máximo, pero bueno, la casa de mis abuelos, de sólo dos pisos, era muy pequeña incluso para los estándares del barrio. Aunque para ser una casa adosada tenía un patio trasero de buen tamaño. Mi abuela había sembrado tomates y hierbas de olor y calabacitas en ese pedazo de tierra.

–Lo primero que quiero es hacer un estacionamiento acá atrás –dijo mi clienta extendiendo la mano sobre lo que ahora era un montón de mala hierba rodeada por una alicaída reja de malla–. Me dijeron que con eso aumentará el valor de la propiedad en unos diez mil o veinte mil.

–¿Es una especuladora? –le pregunté. Cada vez más amateurs que pensaban que la bolsa de valores no era para ellos se estaban metiendo a los bienes raíces. Ésos eran los peores que pudieran existir, poniéndose histéricos por cada centavo del presupuesto e hinchándome la bolas. Si quieres arreglar una propiedad para venderla y tener ganancias, necesitas hacer el trabajo tú mismo. O comprarla y esperar. Esta mujer no parecía ser muy paciente. Era joven, vestía bien y andaba entre la maleza con las botas mas imprácticas que jamás hubiera visto.

–No, planeo vivir aquí. De hecho quiero cambiarme tan pronto como sea posible, así que me importa más el tiempo que el dinero. Me dijeron que eres rápido.

–No me gusta perder el tiempo, pero tampoco lo hago al aventón –le dije–. Básicamente, me gusta tener contentos a mis clientes.

Ella inclinó la cabeza, mirándome a través de sus pestañas, negras y gruesas, completamente naturales. Era la mirada ensayada de una mujer que durante toda su vida ha visto a los hombres desde abajo de esas pestañas, segura de encantarlos. Y sí, okey, yo lo estaba. El pelo oscuro, con uno de esos cortes casuales, revueltos, los ojos todavía más oscuros que me hacían pensar en las aceitunas Kalamata, que supongo que no es muy romántico que digamos. Pero a mí de verdad me gustan las aceitunas Kalamata. Su piel blanca hacía un contraste magnífico.

–Estoy segura de que a mí me vas a tener muy contenta –fue todo lo que dijo.

Creo que aquí es donde debería mencionar que soy casado, ya voy para dieciocho años, y bastante feliz, además. Sé que es un concepto difícil de entender, en especial para muchas mujeres, que puedas ser perfectamente feliz, seguir enamorado de tu esposa, quizá más enamorado de tu esposa de lo que nunca has estado, pero que después de dieciocho años una joven de carnes firmes te mire a través de sus pestañas y no sea un crimen pensar: *Me gusta*. Y no: *Me gustaría cogérmela*, que es lo que escucho que dicen mis empleados. Sólo: *Me gusta, está linda, si la vida fuera diferente a lo mejor le dedicaría un poco de tiempo*. Pero tengo dos hijos y una dulce esposa, Angeline, quien nada más ha subido unos kilitos y todavía conserva ese pelo largo y rubio, y que de veras aprecia la vida que mi trabajo nos ha dado a los dos. Así que no tenía planes ni intenciones. Tan sólo fui débil.

Y es que parte del encanto de Deirdre era lo mucho que parecía amar las mismas cosas que estaba destruyendo, aun antes de que le dijera que la casa había pertenecido a mis abuelos. No paró de elogiar el tapiz de la recámara, un diseño de diminutas rosas amarillas, incluso mientras lo desprendían de las paredes con vapor. Deslizó la mano con amor por el barandal de la escalera, desgastado por mis manos de niño y una o dos veces por mi trasero, y al día siguiente ya no estaba, arrancado desde sus balaustres por mis trabajadores. Casi le compuso una oda al azulejo blanco y negro del baño, pero eso no le impidió ir a Acabados Charles y escoger un popurrí de motivos toscanos para lo que sería el baño máster suite. (Popurrí fue su palabra, no mía. Yo nada más los coloqué.)

Había dicho que quería el trabajo rápido, lo que me dolió un poco, porque entre más rápido terminara, más pronto saldría de su mundo. Pero resulta que dejó de preocuparse por la velocidad en cuanto pudo habitar la casa, aunque la obra siguiera, y en cuanto sus inspecciones diarias terminaron con nosotros dos en su habitación vacía, sin acabar. Ella era más salvaje de lo que esperaba, proponía hacer cosas que Angeline nunca hubiera tolerado, mucho menos pedido. En el fondo siempre supe que su entrega se debía al hecho de que nunca perdió de vista el final. El trabajo quedaría concluido, y concluido quedaría esto también. Que igual es lo que yo quería, supongo. No deseaba dejar a Angeline o causarles un sufrimiento a mis hijos. Deirdre y yo fuimos muy cuidadosos a fin de guardar el secreto, y ni siquiera mis empleados de más tiempo, los que me conocían mejor, se olieron que algo pasaba. Yo me quejaba de ella como de cualquier otro cliente, tal vez hasta más.

–¿Molduras? –preguntaba mi carpintero–. ¿Ahora quiere molduras? –yo torcía los ojos, me encogía de hombros y decía:

–Mujeres.

–¿Molduras? –preguntó ella cuando se las propuse.

–No te preocupes –le dije–, no te las voy a cobrar. Me di cuenta de cómo te les quedaste viendo.

Y así pasó también con los aparatos eléctricos, las encimeras, las ventanas de triple panel. Compraba lo que ella quería, le cobraba lo que ella pudiera pagar. De algún modo, en mi mente, era como si yo hubiera vendido la casa por $225,000, como si toda esa ganancia hubiera sido para mí y no para el especulador que la compró a mi madre y la abandonó hasta decaer. Acabé poniendo unos diez mil de mi bolsillo en todas esas mejoras, ya considerando los descuentos que consigo en el material, y mi tiempo, que era gratis. Algunos hombres le dan a las mujeres rosas y joyas. Yo le di a Deirdre un baño de mármol y una hermosa manta antigua para la chimenea de la sala, la cual restauré para ser el fogón de leña que nunca había sido. Mis abuelos tenían una de esas viejas chimeneas de gas, pero Deirdre dijo que eran de mal gusto, y creo que tenía razón.

Ve tú a saber por qué, pero nunca tuve un trabajo con menos complicaciones. El clima se mantuvo estable y no aparecieron sorpresitas enterradas en la vieja casa, que resultó ser tan sólida como el dólar. "Una terraza", le decía, "vas a necesitar una terraza en la azotea para ver los fuegos artificiales." Y no cualquier terraza, desde luego. Yo mismo la construí, usando teca con unos acabados de cobre, le ayudé a comprar los muebles apropiados, rudos para el exterior pero al mismo tiempo femeninos, con líneas curvas y esa pátina gris verdosa que le encantaba tanto. Le enseñé a cultivar hierbas y plantas vivaces en macetas, pero no en las típicas de madera. No, éstas eran de hierro para combinar con la decoración. Si tuviera que ponerle un nombre a su estilo, yo diría Nouvelle New Orleans –florido, pero no demasiado, con un equilibrio entre piezas originales del siglo diecinueve y piezas contemporáneas. Me parece que tenía buen gusto. Ella, desde luego, estaba convencida, y me lo decía a cada rato.

"Si tan sólo tuviera el presupuesto para darle rienda suelta al gusto", decía con un suspiro y otra de aquellas miraditas de soslayo, y antes de darme cuenta ya estaba instalándole alguna lámpara de pared que ella simplemente tenía que tener.

Una noche –casi siempre nos encontrábamos a la hora del ocaso, lo más temprano que ella podía salir del trabajo, lo más tarde que yo podía estar fuera de casa– trajo una botella de vino a la cama, después de que terminamos de hacerlo. Estaba tomando un curso de catamiento de vinos en un restaurante de la antigua fundidora. Era un edificio de ladrillo, un lugar donde alguna vez hombres como mi padre ganaron salarios decentes y que ahora albergaba este restaurante pretencioso, una galería, un gimnasio y un spa. Eso está pasando por todo Locust Point. La antigua planta de P&G ahora es algo llamado Tide Point, que se supone sería la meca de la tecnología, y están construyendo condominios en el viejo muelle de granos. Los únicos trabajos reales que quedan en Locust Point son en Domino and Phillips, donde el cangrejo de neón rojo todavía trepa de arriba abajo por el tiro de la chimenea.

–Rico –dije yo, aunque la verdad es que no me interesa mucho el vino blanco, y éste en particular era demasiado dulce para mi gusto.

–Vigonier –dijo ella–. Veintiséis dólares la botella.

–Con eso puedes comprarte un buen bourbon y te dura mucho más.

–No se puede tomar bourbon con la cena –dijo con una carcajada, como si le hubiera contado un chiste–. Además, el vino puede ser una inversión. Y es más barato por caja. Me gustaría meterme a eso, pero si vas a hacerlo, tienes que hacerlo bien, en un refrigerador especial, con el clima controlado.

–Tu sótano podría servir.

Y así es como me puse a construir una cava, al costo. Afortunadamente no se necesitaba excavar más en el sótano, aunque yo siempre me estaba pegando en la cabeza cuando me paraba derecho. Pero yo mido 1.90, y ella es una cosita de 1.58 y apenas 45 kilos. Yo acostumbraba cargarla a la cama y, bueno, mostrarle de qué otras maneras podía manipular su cuerpo. Le gustaba que la sentara en la repisa de mármol del baño, muy cerca del borde, de manera que yo cargara casi todo su peso. Por la manera como estaban colocados los espejos, ambos podíamos mirar, y producía una sensación de vertiginosa infinitud clavar nuestros ojos en nuestros propios ojos y en los del otro a la vez. Conozco tipos que a una cogida en el lavabo le llaman *el clásico estándar americano*,* pero a mí nunca se me

---

* *The Old American Standard*, en el original. American Standard es una marca estadunidense muy popular de muebles para baño. (N. del T.)

ocurrió verlo así. Para empezar, no había un solo mueble American Standard en todo el baño, y el retrete era un modelo canadiense, importado de contrabando para que ella pudiera tener el tanque más grande, prohibido por las leyes que fomentan el ahorro de agua. Su regadera también era potente, una fuerza aguijoneadora que llegué a conocer muy bien mientras me tallaba para que Angeline no pudiera oler dónde había estado.

La cava me dio otro mes —colocar el piso, aplanar y pintar el viejo revoco de las paredes. Mis abuelos utilizaban el sótano como bodega y los primos jugábamos a las escondidas en la oscuridad, una versión modificada, particularmente emocionante, en la que te movías en silencio, tratando de acercarte lo suficiente para agarrar a los escondidos y regresar corriendo a las escaleras, que eran la base. Como suele pasar, el sótano parecía más grande cuando estaba lleno de los tiliches de mis abuelos. Pintado y vacío era tan pequeño. Pero era lo suficientemente grande para contener la unidad de refrigeración y la estantería, hecha a medida con una bonita madera de nogal para los vinos que ella compró siguiendo los consejos del tipo que daba el curso.

Había terminado. Ya no quedaban mejoras por hacer a la casa, tan cambiada que era como si mi familia y su historia hubieran sido borradas. Deirdre y yo nos habíamos ido acercando precipitadamente a este día durante meses y por fin había llegado. Yo tenía que seguir con otros proyectos donde sí pudiera tener ganancias. Además, la gente empezaba a sospechar. No atendía tanto las otras obras, y tampoco estaba sacando tanto dinero como para justificar ante Angeline la cantidad de horas extra que estaba trabajando. Era hora de terminar con esto.

En nuestra última noche pasé a la fundidora y me gasté casi cuarenta dólares en una botella de vino que la joven de la tienda me recomendó ciegamente. Cakebread, se llamaba. Y era blanco, porque yo sabía que a Deirdre le encantaba el vino blanco.

—Chardonnay —dijo, arrugando la nariz.

—Sé que te gusta el vino blanco.

—Pero el Chardonnay no tanto. Soy una chica ABC: *Anything But Chardonnay.** Dennis dice que el Chardonnay es banal.

---

* Todo Excepto Chardonnay. (N. del T.)

–¿Dennis?

No contestó. Y se suponía que tenía que contestar, tenía que decir: *Oh, ya sabes, el mariconete de mi clase de vinos, el que huele como si usara perfume de fresa.* O: *Ese tipo tan molesto de mi oficina.* O incluso: *Un vecino raro. Me asusta. ¿Por qué no vienes de vez en cuando a mi casa a acompañarme?* Pero no dijo nada de eso.

Dijo:

–Nunca íbamos a andar en serio, amor.

Vaya. Yo lo sabía. Yo era el que tenía una esposa y una casa y dos niños. Yo era el que tenía todo que perder. Yo era el que estaba feliz de poderme zafar antes de que las cosas se me complicaran. Yo era el que había tenido cuidado de no usar la palabra *amor*, ni siquiera de esa manera tan ligera en que ella acababa de usarla. Casi sarcástica. Me hizo pensar que no había sido mi situación marital la que nos había cerrado esa posibilidad, sino que era algo más profundo. Yo no era diferente al tapiz, al barandal, al jardín. Tenía que ser retirado de la casa para que ésta fuera verdaderamente suya.

Los padres de mi abuela habían pensado que ella era demasiado buena para mi abuelo. Eran irlandeses, trabajadores de los barcos que se habían largado de Locust Point para mudarse a Charles Village, donde las casas eran mucho más grandes. Menospreciaban a mi abuelo sólo porque estaba donde ellos alguna vez habían estado. Les enfermaba la idea de que su preciosa hijita pudiera volver al barrio y, para colmo, a vivir con un italiano. Todos tienen que despreciar a alguien. Si no hay nadie debajo de ti, ¿cómo sabes que has avanzado en la vida? Para la generación de mi padre se trataba de los negros. No estoy diciendo que fuera lo correcto, sólo que así era, y persistió porque era una gran diferencia, muy evidente. Pero las reglas han cambiado otra vez. Ahora son los jóvenes con dinero y ambiciones los que están comprando casas en Locust Point, y la gente de lugares como Linthicum y Catonsville es con la que hay que ser piadosos y condescendientes. Es difícil seguir el ritmo.

Mi mano rodeó con fuerza el cuello de la botella.

Pero la coloqué en su lugar en el refrigerador especial, suavemente, como si estuviera acostando a un recién nacido en su cuna.

–¿Una última vez? –le pregunté.

–Desde luego –dijo.

Ella pensaba que sería en la cama, romántico y definitivo, pero yo preferí el baño. Quería verla desde todos los ángulos. Quería que me viera, que atestiguara, que recordara lo ancho de mis hombros, lo blanca y pequeña que se veía cuando la apretaba contra mi pecho.

Cuando moví mis manos de sus caderas a su cabeza pensó que estaba tratando de colocar su boca sobre la mía. Le tomó un segundo darse cuenta de que mis manos estaban en su garganta, no en su cabeza, apretando, apretando, apretando. Se resistió, si podemos llamarlo así, pero todo lo que sus manos encontraron fue el mármol, suave e inmutable. Sí, es otra palabra que conozco. Inmutable. Quizá sí me dejó algunos rasguños, pero alguien que hace el trabajo que yo hago se está lastimando todo el tiempo. Nadie notaría una costra en el dorso de mi mano, ni siquiera en la mejilla.

Metí su cuerpo en una bolsa de basura y lo cubrí con cal que había sobrado de un trabajo de jardinería. Afortunadamente no había estado tan loca como para querer una chimenea en el sótano, así que sólo tuve que quitar el falso muro que había puesto sobre el viejo tiro, emparedarla, y volver a colocarlo en su lugar. No estaba planeado, para nada, pero cuando pasó, sabía qué hacer, como sé que hacer cuando un piso no está nivelado o la parte inferior de una cornisa debe ser modificada para que los pájaros no se metan.

Su computadora estaba prendida, como siempre, y su cuenta de e-mail abierta porque tenía internet por cable, un sistema que yo mismo había instalado. Leí algunos de los mensajes que ella había enviado, sólo para asegurarme de captar su estilo, y escribí un mail a su oficina explicando el problema familiar que me habría obligado a salir de la ciudad por algunos días. Luego le envié uno a "Dennis", enojado y lleno de odio, acusándolo de todo tipo de cosas, diciéndole que no me llamara ni me escribiera. Finalmente limpié la casa lo mejor que pude, especialmente el baño, aunque sabía que no tenía por qué ser tan exhaustivo. Yo era el contratista. Obviamente mis huellas digitales estarían por todos lados. Lo último que hice fue agarrar la botella de Chardonnay y llevársela a Angeline, a quien le encantó, aunque se hubiera desmayado de haber sabido lo que costó.

Unas semanas después, cuando Deirdre estaba oficialmente desaparecida y prácticamente considerada muerta, según los artículos que leí en el *Sunpapers*, le envié una factura por los trabajos que le había hecho al costo, marcándolos como "Tercer y último aviso" en grandes letras rojas, como si no supiera lo que estaba ocurriendo. Para mí era sólo una dirección, una más entre otra docena de cuentas pendientes. Sus padres la liquidaron, incluso se disculparon por la irresponsabilidad de su hija al comprar tantas cosas que no podía pagar. Yo les dije que entendía, que tenía un hijo, Joseph chico, que estaba por entrar a la universidad. Les dije que sentía lo que estaba pasando y que esperaba que la encontraran pronto. Me dan lástima. No han podido pagar la primera mensualidad de la casa, y seguramente perderán la hipoteca. El banco va a sacar una buena ganancia, siempre y cuando los agentes de ventas no mencionen el motivo de la venta; a la gente no le gusta comprar una casa que tenga el mínimo rastro de una historia sórdida.

Ahora me alegro de haber construido la cava. Hace menos probable que el nuevo dueño quiera escarbar en el sótano. Lo que significa que es menos probable que haya un colapso, y que encuentren esa pequeña bolsa de huesos en la chimenea.

EL FRASCO ROJO COMO LA ROSA
POR PIR ROTHENBERG
Museum District, Richmond
TRADUCCIÓN DE ALBERTO CHIMAL

AL ENTRAR LA LLAMÉ POR SU NOMBRE. MI CASA ESTABA SILENCIOSA y a oscuras, y aunque nada parecía alterado sentí que algo había ocurrido desde mi partida a la gala veraniega del museo. Había una nota en la mesa de la cocina. La revisé y no tenía sentido. La guardé en mi bolsillo, tomé un trago de whisky y caminé por el estrecho pasillo hasta la sala. Pensé en la nota; las palabras iban a tener sentido en un momento. Estaba seguro de eso, y tuve una sensación tan auténtica de ser un globo que se inflaba sin pausa que contuve el aliento e hice una mueca ante la explosión inevitable.

Un mes antes, en un almacén de la Sociedad Histórica de Virginia, estaba sentado ante una vitrina de cristal, vacía, preparando las lámparas que iba a poner en los estantes. Iba a haber seis objetos de *memorabilia* de Edgar Allan Poe, incluyendo un mechón de pelo negro cortado de la cabeza del poeta después de su muerte; la llave del baúl que había acompañado a Poe a Baltimore, donde había pasado los últimos días de su vida, y un bastón que Poe había dejado aquí, en Richmond, diez días antes de su muerte. Estos objetos eran préstamos del Museo Poe al otro lado de la ciudad para la celebración del bicentenario del poeta, para la que aún faltaban siete meses.

Tomé un trago de la pequeña botella de metal que guardo en mi cinturón de herramientas. Cuando me di cuenta de que no estaba solo era demasiado tarde para esconderla. Era la nueva pasante, una chica de pelo oscuro con una pequeña cicatriz que le cruzaba el labio inferior.

—Lo siento —dijo—. No quise asustarlo.

—No lo hiciste —dije, y tomé otro sorbo antes de volver a tapar la botella.

Ella había empezado a trabajar el lunes en el museo, pero la había visto el fin de semana anterior en el patio de mis vecinos. Los Hamlin habían instalado una cerca de un metro ochenta de alto años antes, pero desde una ventana del primer piso había podido ver a la joven, de pie. Era el vivo retrato del aburrimiento, con una mano en el borde de su cadera mientras Barb Hamlin señalaba la glicinia trepadora y las mimosas sensitivas de su jardín. La chica tenía una pierna extendida y alumbrada por una banda de luz de sol cuando miró hacia arriba y me vio.

Regresé a trabajar en las lámparas.

—¿Te dan algo que hacer aquí?

—Rebecca —dijo, mientras caminaba por los pasillos improvisados entre cajas y contenedores. Su cabello oscuro caía en ángulos sobre su cara y ella vestía un vestido blanco de verano inapropiado para los deberes de una pasantía—. Y desearía que me dieran algo. Este cuarto es la razón por la que estoy aquí.

—Fan de Poe, ¿eh?

—Usted también —dijo ella—. O eso me ha dicho el Tío Lou.

Me reí suavemente pero no levanté la vista. Conocía bien al "Tío Lou", antiguo capitán del Tercer Distrito, famoso por sus supuestos modales "paternales" de policía. En realidad nunca había sido más que un tirano viejo y chaparro. Habíamos sido vecinos por diez años pero lo único que nos había mantenido en paz había sido esa cerca de un metro ochenta. Ahora debía aceptar con humildad que "Tío" no era un sobrenombre tan inapropiado: Lou, que no había tenido hijos, tenía una hermosa sobrina venida de Cincinnati.

—Tal vez usted podría pedirles que me dieran alguna tarea aquí —dijo Rebecca.

Le dije que yo sólo era un técnico de iluminación a sueldo: ni siquiera pertenecía al personal del museo.

—Pero usted conoce a John —dijo ella. John era el curador en jefe—. Son amigos.

Pensé que ella debía preguntarle a Lou, un patrono del museo cuyas conexiones probablemente le habían permitido conseguir la pasantía. Pero accedí a hablar en su favor, cuando menos para terminar la conversación: nada bueno podía salir de asociarse con parientes de los

Hamlin... y menos de molestar a alguno rehusándome a hacer lo que me pedía. Por otra parte también me emocionaba pensar en la cara de desagrado de Lou si descubría que Rebecca y yo hacíamos migas en el museo. *Desagrado* era un eufemismo: me clavaría las tijeras de jardinero de su mujer en el cráneo.

Con todo, cuando ella me pidió un trago, le pasé la botella.

Al atardecer ella estaba frente a mi puerta. Miré hacia la casa de Lou y Barb. Rebecca me dijo que no me preocupara: se habían ido a jugar bridge con unos amigos.

—Bueno —dijo, mientras entraba en mi sala—, ¿tiene alguna primera edición?

—¿Qué?

—De Poe —dijo.

—¿Tu tío también te dijo eso?

Luego de mirar cada esquina y de pasar los dedos por los alféizares de las ventanas, sonrió.

—Esperaba que un aficionado de Poe, que además trabaja nada menos que en un museo, tuviera alguna reliquia por ahí.

—¿Por ahí? —dije—. ¿Como un montón de sobres de correo basura?

—No sea malo —dijo, y levantó un cenicero de vidrio verde—. Como esto —dijo, mientras lo sostenía ante la luz—. Sería grandioso si usted pudiera decir "Y éste es el cenicero de Poe, recobrado de su escritorio en su último lugar de residencia en Fordham".

—Era de mi abuelo.

Ella devolvió el cenicero a su sitio.

—A Lou le gustaría. Es un fanático de la historia.

Claro, pensé. Le costaba mucho dejarla atrás.

—Tiene toda clase de objetos de la Guerra Civil por todas partes. ¿Alguna vez ha entrado a la casa?

Esto empezaba a parecer un juego.

—¿Tú qué crees?

—¿Cómo voy a saberlo?

Le dije que sería mejor que Lou no nos viera juntos.

—¿Juntos? —dijo, al tiempo que reprimía una sonrisa.

—Sabes a qué me refiero.

–¿Por qué? ¿Usted no le cae bien?

Ahora sólo me recargué en el respaldo de mi asiento y me dediqué a mirarla.

–Ya sé –sonrió–. Me dijo que me mantuviera lejos de usted.

Entonces pidió otro trago, a pesar de que, por la mueca que hizo antes, supe que no le había gustado. Me sentí decepcionado. Ella estaba conmigo sólo para rebelarse un poco contra sus estirados tíos.

Que así fuera. Fui por el whisky.

Hablé con John. Le debía mi trabajo en la SHV –la posibilidad de vivir en esta ciudad– exclusivamente a él. Para el fin de semana Rebecca sería mi asistente temporal para preparar la iluminación de más de 1,500 objetos para las exhibiciones del bicentenario. John y su personal desempacaban nuevos objetos cada día y hacían planos de distribución. Mi trabajo era determinar el mejor modo de alumbrar los libros, pinturas y curiosidades que tenían en cajas, sea que estuviesen fijos a las paredes o sobre los podios. Rebecca era feliz durante la hora o el par de horas que trabajaba conmigo…, o más bien con los objetos, a los que dedicaba toda su atención. Se veía extática al mirar cómo salían las piezas de sus contenedores, o cuando ya estaban en sus exhibidores, con las luces instaladas, perfectamente iluminadas antes de volver a guardarlas por seguridad. Las luces le daban de lleno en la cara, o desde abajo como una linterna, o de lado como en una pintura de Rembrandt. Yo deseaba hacer que posara y arreglar las luces para revelar cada molécula de su sencilla belleza.

Tras de mí, mientras tenía la cabeza metida en un contenedor, oí a Rebecca ahogar un grito.

–Guau –dijo–. ¿Ya vio esto?

Cuando me puse de pie Rebecca estaba en cuclillas ante un exhibidor en el que John y yo habíamos trabajado esa mañana y que aún debíamos terminar. Se hizo a un lado y me miró, dejando un dedo apretado contra el vidrio.

–¿El perfume? –dije.

Era un frasquito rojo, desportillado en el borde…, como Rebecca, que también tenía un surco a lo ancho de sus labios. El tapón de corcho se había desintegrado tiempo atrás y lo habían reemplazado con una copia de plástico.

Rebecca leyó la cédula:

−*Esencia de rosa. Se cree que Poe se la dio a Virginia en el año de su matrimonio. 1836* −me miró de nuevo, esta vez con una especie de deseo−. ¿Puede abrir el exhibidor?

Aunque técnicamente no estaba autorizado, por no ser un miembro del personal, tenía una llave. John me la había dado porque era más práctico, y porque confiaba en mí. Pero no me pude quitar de encima su mirada y pensé: Qué diablos, es mejor que el museo la deje tocar lo que quiera si les agrada el dinero de su tío. Abrí el exhibidor y tomé el frasco entre mis palmas.

−Si se rompe −le dije, solemnemente−, es el fin. De los dos.

Sentí el calor de sus dedos cuando me quitaron el frasco de las manos. Vi la luz del exhibidor sobre su nariz estrecha y sus mejillas delgadas: una luz fría y estéril, que había que corregir. Entonces, con un movimiento de su pulgar, retiró el tapón y mi corazón empezó a patear como un caballo.

−Rosa −estaba extática, con el frasco bajo su nariz.

Olí un poco.

−Sí. Ahora, ten cuida…

Volteó el frasco sobre su dedo y pasó el aroma sobre su cuello, desesperadamente, hacia arriba y hacia abajo. Palidecí. Tomé el frasco con toda la firmeza de que fui capaz, volví a taparlo y lo guardé. Ella estaba sonriendo, con sus dedos sobre su vestido.

−¡Por Dios, Rebecca!

−Emery −dijo, suavemente, casi con piedad−, tú sabías que iba a hacer eso.

La oí llamarme en el estacionamiento detrás de la Sociedad Histórica. No me detuve pero reduje mi velocidad. Caminamos juntos hacia un parque largo y delgado de árboles de magnolia que bordeaban la calle Sheppard. La humedad era palpable: un viento pesado ganaba fuerza. Di vuelta en un callejón y Rebecca me siguió, mirando la botella en cuanto la desprendí de mi cinturón.

−Ni siquiera te gusta −dije con brusquedad.

La luz nocturna en su cara me recordaba la que brilla sobre ángeles o generales en las pinturas clásicas: los amarillos y naranjas, exultantes, que se derramaban a través de los racimos de nubes. Le recordé lo rápido que me despedirían si alguien descubría lo que había pasado y le puse la botella en la mano.

Para evitar que nos vieran juntos, nos quedamos en los callejones, saltando de calle en calle —Stuart, Patterson, Park— y cortando en diagonal por el vecindario. Bajo nuestros pies, los adoquines se juntaban como dientes torcidos, y a cada lado se veían garajes estrechos y llenos, cercas de madera, arbustos y paredes de ladrillo antiguo. Follaje verde, lleno de flores y frutos, avivado por el sonido frenético de los sinsontes, cubría todo como una rica cortina. Las ramas de enormes tuliperos de Virginia, cubiertas de hiedra, se entrelazaban sobre nosotros como los suaves brazos de unos gigantes. Me sorprendió lo salvaje y vivaz que podía ser la espesura en esos caminos sin nombre. Era difícil imaginar que una ciudad existía más allá de las casas tras las que caminábamos.

—*A través de un titánico paseo de cipreses* —recitó Rebecca— *vagaba yo en soledad con mi alma; de cipreses, con Psiquis, mi alma.*

Me miró, esperando una reacción.

—Es Poe —me dijo, como a un niño retrasado.

Los árboles sonaban con el viento y capté el preciso olor a rosas.

—Tienes que lavarte en cuanto llegues a la casa.

—Nadie se va a enterar, Emery.

La miré con ira. Empezó a caer una lluvia pesada que hizo sonar las hojas de magnolia.

—Lo siento —dijo—. No pensé que fuera para tanto. Me lavaré esta noche —entonces pasó un brazo alrededor de mi cuello y tiró de mí hacia ella—. Pero huele. ¿No es agradable?

Tenso, me resistí por un momento, y entonces aspiré los aromas —la rosa profunda, la piel cálida y pegajosa de su cuello, la lluvia— y me estremecí. Ella se apartó y gritó con alegría en dirección de la tormenta, y corrió por todo el callejón hacia su casa. Yo no me apresuré. Cuando llegué a mi puerta trasera, vi la figura borrosa de Lou por la ventana de su cocina, mirando hacia fuera.

Esa noche soñé que Rebecca se metía en mi casa por una ventana mal cerrada. Estaba oscuro pero un reflector la alumbraba. Estaba desnuda. Pasé la mañana distraído, preparándome para trabajar y deseando verla. Verla bajo una luz particular.

De camino al museo encontré a Lou en el callejón. Estaba rompiendo ramas caídas para tirarlas a la basura. Era un hombre bajo, nervudo, de cabello y bigote blancos, con un cigarro grueso y maloliente en la boca y humo azul sobre su cara. Rompió una rama sobre su rodilla e imaginé mis propios huesos haciendo un sonido similar. Me sentí seguro de que me había visto en el callejón la noche anterior, de que ya sospechaba algo. Pero no dijo nada y no hizo más que inclinar bruscamente la cabeza.

En el museo, Rebecca y otro pasante pulían paredes en una sala de exhibición vacía. Cuando nuestros caminos se cruzaron —Rebecca sudorosa, cubierta de polvo blanco, con aspecto infeliz— olí el perfume de rosas. La miré pero ella no dijo nada. La falta de reacción de Lou me tenía en guardia, probablemente más aún que si me hubiera golpeado. Al menos, eso hubiera sido congruente con su carácter.

Cuando nos quedamos solos, le pregunté si se había bañado y pensé en la imagen de su cuerpo delgado entre vapor.

Fingió estar indignada y luego se rio.

—Tal vez es mi aroma natural.

Volví a oler rosas al día siguiente. El aroma se había quedado en la réplica de una cabaña de madera donde Rebecca había trabajado. Y lo seguí a través de la exhibición de Historia de Virginia, a lo largo de miles de años, desde los Cazadores Tempranos de 14000 a. C. hasta los indios powhatan y el tranvía Belmont. ¿Era un juego? ¿Habría comprado un spray barato en una farmacia para molestarme? Pero el olor de una imitación habría sido como el de una manzana de caramelo comparado con el de la fruta madura que había olido en ella bajo la lluvia. Fui al almacén. Encontré la caja donde el perfume había sido vuelto a guardar, pero el frasco no estaba adentro. Hasta la cédula había desaparecido. Tomé un trago de mi botella y noté que no estaba muy sorprendido.

La tarde del sábado Rebecca llamó a mi puerta. Le había dicho a su tío que estaría con Trina, otra pasante con la que a veces iba a comer.

—¿Qué harán Trina y tú?

—No sé —dijo ella, encogiendo los hombros—. Pintarnos las uñas. Hablar de los chicos.

—¿Ponerse perfume?

Se dio vuelta, juró que el perfume simplemente no se desvanecía, que tenía otro, que yo estaba imaginando cosas. No había alertado a John del robo porque necesitaba recobrar el perfume yo mismo. A pesar de lo mucho que deseaba saber cómo lo había hecho, ya había decidido que confrontarla no me llevaría a nada. Pero ahora ella estaba parpadeando. Quería desarmarme con sus grandes ojos. Me enfureció esa exhibición de inocencia cuando el aroma de rosas era tan potente que casi hacía que mis ojos lloraran.

—Perfumado por un incensario invisible —alzó una ceja.

—Poe —dije—. Ya lo sé —entonces la tomé del brazo y tiré de ella para subir las escaleras. Ella se hacía la indiferente pero podía sentir que sus piernas se resistían. La metí en el baño y la senté en el borde de la bañera.

—¿Qué *carajo* estás haciendo? —dijo.

Abrí el agua caliente del lavabo y mojé una toalla de agua jabonosa. Si tanto le costaba quitarse el aroma del cuello, le dije, yo la ayudaría. La mirada furiosa de Rebecca se volvió retadora, juguetona. Me arrodillé, puse la tela sobre su piel y empecé a lavar.

—Está caliente —dijo, pero se dejó hacer e inclinó la cabeza.

Exprimí la toalla, la volví a enjabonar y volví a empezar del otro lado, tomándola por la nuca para mantenerla en su sitio. Esto era una tarea, esto era trabajo…, o eso me decía mientras miraba los riachuelos de agua jabonosa que recorrían su piel. Sentí su mirada sobre mí, fría y calmada ahora, y no la miré antes de besarla. Sentí un sabor a rosas y a jabón, algo parecido al gis, y vi un color rojo tras mis párpados, que pulsaba al mismo ritmo que mi pecho.

Rebecca estaba hecha un ovillo en un lado del sofá. Dormía. El whisky la había noqueado. La cubrí con una manta y me senté en el lado opuesto, mirando las sombras. Una brisa movió mi cabello y tocó el bolso de Rebecca. Vi sus llaves en el interior. Las tomé, salí descalzo hacia el patio de los Hamlin y entré en su casa.

Hice todo esto como en un solo movimiento, sin pensar, y sólo cuando escuché ronquidos noté el golpear de mi propio corazón. Para Lou, dispararle a un intruso era apenas un detalle del que se podía hablar en la cena. Encontré el dormitorio de Rebecca. La ropa estaba dispersa en montones, y las cobijas enredadas sobre su cama formaban una impresión fosilizada de su cuerpo. En un tocador rebusqué entre chucherías, algo de dinero y cartas, y luego abrí el cajón superior. Allí encontré la ropa interior de la chica, que, tal vez para la posteridad, eran los únicos objetos que había colocado fuera de la vista. Pasé mis manos por la tela sedosa, inhalé su aroma de detergente y rosas. Tanteando en las esquinas hallé un objeto pequeño y liso: el frasco rojo con el borde desportillado. Salí de la casa, lleno de emoción y placer.

Era sábado. No vi a Rebecca de nuevo hasta la tarde del lunes, cuando llegué para un turno de medio día. Ella leía una revista en el cuarto de descanso, con una taza de té bajo su barbilla.

–¿Pétalos de rosa? –dije, con una chispa en mi voz.

–Manzanilla.

–Sí –dije–. No huele a rosas.

Sonrió levemente pero no levantó la vista. Me fui y caminé al almacén. El frasco de vidrio estaba en mi bolsillo. Cuando llegué la puerta estaba ya abierta y John estaba adentro con otros miembros del personal. Estaban abriendo cajas. El cuarto era un desastre.

–Ah –dijo John–. Justo la persona a quien quería ver.

Mi estómago dio un vuelco. John explicó: había estado trabajando en el almacén con Rebecca aquella mañana cuando ella había notado una cédula suelta. Al tratar de ponerla otra vez con el objeto al que describía –el frasco rojo de perfume, por supuesto– habían descubierto que no estaba allí. ¿No lo recordaba? ¿No sabía nada de él? Hice una serie de ruidos que no querían decir ni sí ni no. Era difícil pensar con claridad y no digamos decir algo astuto. La pequeña sonrisa de Rebecca danzaba vívidamente en mis pensamientos.

–Estaremos metidos aquí hasta el culo para asegurarnos de que realmente está perdida y no sólo cambiada de sitio –me ofrecía a ayudar; podría sacar el frasco de la primera caja que abriera y *voilà!*, caso cerrado. Pero John se negó. Por ahora, sólo personal–. Ya sabes –dijo–, para evitar cualquier confusión.

–¿Por qué hiciste eso? –casi le grité.

–¿Por qué te metiste en mi cuarto y lo robaste?

Resoplé.

–¡Tú me acusas a *mí* de robar!

Nos quedamos de pie, mirándonos, bajo las magnolias. Rebecca apartó la mirada, petulante.

Respiré profundamente un par de veces.

—¿Quieres saber por qué no le caigo bien a tu "Tío Lou"?

Los labios de Rebecca se separaron, como para hablar, pero no dijo nada. Quería ver primero qué decía yo, la muy hábil. En ese momento no me importó, así que le dije.

—Cree que robé una pintura —me reí—. De un museo, nada menos.

—*Frances Keeling Valentine Allan* —contestó Rebecca—. El retrato de Thomas Sully. Robado en 2000 del Museo Valentine. Ya sé.

La miré fijamente. Para el final de esta revelación, sus ojos se habían apartado hacia la fila de magnolias, y su mirada era ligera y airosa.

Continuó:

—Poe decía que ella lo amaba como a su propio hijo. Es una hermosa pintura, además, aunque no la he visto en persona.

—¿Lou te llegó a decir también que él y un escuadrón de policías rompieron mi puerta y mi casa hace ocho años? ¿Que si John no hubiera confiado en mí me habrían puesto en la lista negra en todos los museos de esta ciudad para siempre?

Rebecca me devolvió la mirada. Parecía lista para jugar rudo.

—Me dijo que te vio con una pintura, cubierta con una sábana. La vio en tus manos la noche del robo. Estabas tratando de moverla de tu coche a tu puerta trasera. Él te *vio*, Emery.

Agité mi cabeza y me reí.

—¿Entonces eres la pequeña espía de Lou? ¿Buscas tesoros perdidos?

—Lou es un pendejo —dijo ella—. En todo caso, ¿la encontraría?

—Era un cubreventanas, por Dios. Varios días antes, un niño rompió uno que tenía instalado con una pelota de beisbol. Una vez que los policías terminaron de demoler mi casa, fueron lo bastante amables para investigar eso. Tu tío me odia porque hizo el ridículo al final de su carrera. Se retiró convertido en un hazmerreír.

Rebecca encogió los hombros.

—Todavía cree que la tienes.

—¿Y tú crees que la tengo?

—Tú tienes mi perfume —dijo—. Y lo quiero de vuelta.

Rebecca me evitó los siguientes días, lo que estaba bien: las restricciones puestas sobre trabajadores ajenos al personal ya hacían mi trabajo bastante difícil. Ya no tenía mi llave de los almacenes y los exhibidores; se habían acabado los días en que podía trabajar sin que alguien del personal me observara por encima del hombro. Rebecca había sellado su destino también: ahora se dedicaba a pulir paredes todo el día. John no había declarado un robo, pero tampoco creía que el perfume perdido fuera un error en el inventario. Simplemente lo llamó "Extraviado". Yo podía sentir cómo crecía el peso en su mirada cuando me veía.

Lou supo del perfume a través de sus contactos en el museo. Eso me dijo Rebecca una semana después, cuando volvió a aparecer ante mi puerta. Había oído a Lou hablar del tema por teléfono, invocando mi nombre más de una vez a John y a otros que ella no conocía. La escuché, sopesando la veracidad de lo que me decía. Dudaba que Rebecca fuera a decirle a Lou o a John que yo tenía el perfume: lo quería para ella, y no lo iba a obtener delatándome. No: si tenía la oportunidad, se robaría de nuevo el perfume. Probablemente ésa era la única razón por la que estaba allí hoy. Así se lo dije.

—No tendré que recurrir a eso —se me acercó—. Creo que me lo devolverás.

—¿Por qué? ¿Porque John y tu tío me siguen de cerca? —dije con arrogancia.

Ella lo pensó un momento.

—¿Tal vez porque te gusto?

La miré buscando el sarcasmo en sus ojos, pero ella los cerró y puso la cara contra mi cuello. Me recorrió un escalofrío.

—Y porque tú me gustas —agregó.

Algo me molestaba: si Lou había hablado con John y se había enterado de lo del perfume, ¿no era probable que también hubiera sabido que Rebecca trabajaba conmigo en el almacén? El tío Lou conocía a muchos colegas del personal; ¿alguno le habría contado de su sobrina y de mí? Éramos cuidadosos, pero uno no puede preverlo todo. La ciudad es pequeña. Según Rebecca, Lou no tenía idea de nosotros.

Hicimos el amor en la cama. Se apretó contra mí y me dijo:

—Huele. No es tan agradable, ¿o sí?

Olí a rosas, pero era un olor dulzón y barato. Ella quería el aroma verdadero: sólo una gota, una molécula.

Cuando tomé el perfume del cajón de mi tocador, ella dijo:

—Muy mal escondite.

—Eso pensé yo del tuyo.

Ella quiso tomar el frasco. Me aferré a él y volvimos a caer en la cama. Daba una buena pelea: me mordía las costillas, me jalaba el pelo. Cuando quedamos exhaustos mojé mi dedo con el frasco y lo puse en su cuello. Nos quedamos en la cama hasta entrada la noche, con el perfume sobre el tocador. Ella estaba en mis brazos y yo sabía que tendría que esconder el frasco antes de quedarme dormido. Entonces oí su voz, baja, hipnótica.

—Te voy a entregar.

Me removí y apreté mi abrazo, como si aquélla fuera cualquier charla de amantes.

—No puedes. Yo no lo robé.

—Pero tú lo tienes.

—Cariño —le dije—, si me entregas les contaré la verdadera historia. John sabrá que eres una ladrona, y tu lindo tío sabrá que has estado retozando con tipos como yo. Pierdes con uno, pierdes con el otro, y no te quedas con el perfume.

—Si te entrego, tu vida se volverá un infierno.

La inmovilicé: tomé su cuello entre mis manos.

—Te podría matar ahora —le dije—. Ése sería el fin de estas tonterías.

Hubo un destello de miedo en sus ojos, pero sólo un destello: algo se le había ocurrido.

—Se supone que estoy con Trina —dijo—. Si no llego a casa, Lou la llamará.

—¿Y?

—Y Trina le contará de ti.

De pronto me sentí muy complacido con su previsión y su astucia, su tenacidad. Bajé mi cabeza para besarla, mientras sentía que me estaba entregando a ella, que iba a darle algo que ni siquiera había pedido. Tomé el perfume y la llevé al sótano, donde moví varias cajas lejos de la pared. Cuando quité un panel de madera falsa con un destornillador, ella se rio y dijo:

—Así que me vas a emparedar allí. Debí imaginarlo.

Entonces vio la caja fuerte. Se quedó allí, con los ojos muy abiertos. Las sábanas con que la cubrí se deslizaron de sus hombros. La combinación giró deprisa entre mis dedos, izquierda, derecha, derecha, izquierda, y entonces se oyó el clic limpio, frío, de la cerradura que cedía. La gran puerta se abrió sin ruido. Metí la mano en la oscuridad y saqué lo que había allí.

—¡Lo sabía! —gritó ella—. ¡Cabrón! —me lanzó una cadena de obscenidades llenas de gozo y luego tendió la mano para tocar la pintura. La sostuvo mientras yo encendía una serie de luces que se juntaron en la pared opuesta. Colgué el retrato en esa zona radiante: ahora estaba vivo. La mujer que había criado a Edgar Allan Poe. La habían retratado de joven, y tenía la nariz y la boca pequeñas, grandes ojos oscuros y mejillas rojizas; su cabello negro estaba recogido, y largos mechones serpenteaban a los lados de sus ojos y en dirección de su mandíbula. Había una luz fantasmal alrededor de su largo cuello y su vestido blanco, como de gasa.

Perdí la noción de cuánto tiempo nos quedamos mirándolo.

Al fin Rebecca dijo:

—¿Qué caso tiene? Es decir, lo tienes aquí. En la oscuridad.

—¿Qué debería hacer? —dije—. ¿Ponerlo en la sala? Rebecca, tener este cuadro en esa caja fuerte ya es bastante peligroso. Pero vale la pena. Me afecta. Cada mañana despierto y recuerdo que está aquí, en mi casa. Vivo sobre un gran secreto y eso hace que todo... vibre. Pero es un *delito* —llevé mis dedos a su cuello—. Y uno no va por ahí luciendo sus delitos.

Volví a guardar la pintura y agregué el frasco de perfume. Ahora no podía denunciarme sin exponerse a sí misma como una cómplice, que sabía dónde estaba la caja fuerte secreta. Cerré la puerta y devolví a Rebecca su mirada de desprecio. Al parecer, había entendido.

—Quiero confiar en ti, Rebecca. Y que tú confíes en mí. Esto asegura esa confianza.

—Esto no es confianza —dijo—. Es destrucción mutuamente asegurada.

Mientras más tiempo seguía perdido el perfume, más se reducían mis horas. Los técnicos auxiliares del museo estaban a mi alrededor con más y más frecuencia, asignados a proyectos que normalmente se me hubieran encargado a mí. No había sido oficialmente expulsado, sino más bien puesto en el rincón, como un niño. La nube de sospecha que había flotado sobre mí por ocho años estaba otra vez allí, y era negra.

Cuando confronté a John me dijo:

—Emery, muchos están hablando.

—¿Desde cuándo crees en las habladurías?

—Dejemos pasar algo de tiempo —dijo él—. Que todo esto pase.

—¿Es Hamlin? ¿Estás haciéndole caso a Hamlin?

—Emery —dijo él, cortante—, tú fuiste el último que tuvo el... La gente sospecha.

Cristo, pensé, me defiende cuando soy culpable y me acusa cuando no lo soy. O no del todo.

El único brillo en mi vida era la fuente de mis problemas. Me parecía extraño que el tío de Rebecca no intentara frenarla. ¿Era tan fácil de engañar? ¿Creía que pasaba todas las noches con Trina? En el sótano, yo sacaba el perfume de la caja fuerte y trazaba sus curvas con el aceite. Dormíamos en la cama entre un olor a rosas y a sudor. Para mi sorpresa, Rebecca aceptaba bien la situación, y se lavaba el perfume obedientemente antes de dejar mi casa cada mañana, sin discutir cuando volvía a meter el frasco en la caja fuerte. Si no hacíamos el amor, o estudiábamos la pintura, Rebecca posaba y yo manipulaba las luces hasta que podía jurar que flotaba en ellas, mi tesoro.

La pasantía de Rebecca estaba a punto de terminar; se iría a Cincinnati en unos días. Era un duro golpe para mí, y tal vez para ella también, pero ninguno de los dos habló del tema. Tras mi primera jornada de trabajo en cuatro días, Rebecca, de camino a casa conmigo por los callejones, me propuso una idea.

—¿Estarían mejor las cosas para ti si encontraran el perfume?

Suponía que sí, pero el frasquito rojo había estado tanto tiempo en nuestro poder, y se había vuelto tan importante para nosotros, que no podría imaginar estar sin él.

—Quiero que me des el perfume —dijo, sin emoción—. Lo plantaré en una caja de los almacenes.

Su cara estaba confiada y serena, y yo quise besar la pequeña hendidura de su boca por haber hecho esa oferta. Pero era demasiado peligroso. Además, ninguno de los dos tenía acceso a esos cuartos. Entonces me dio un sobre. Adentro estaba una llave que ella había robado, hecho copiar y devuelto el día anterior.

Sostuve la llave.

—Es peligroso, Rebecca. Si te atrapan...

—¿Qué? ¿Me mandan a casa?

—O a la cárcel.

La Gala Veraniega sería la siguiente noche: una fiesta de recaudación de fondos para miembros, personal y pasantes. Yo podría hacerlo entonces: entrar y volver a salir entre la multitud.

—¿Por qué de pronto quieres deshacerte de él?

—Por ti.

Miré a mi alrededor al callejón en el que estábamos: uno de un millar de venas a través de las que corría la sangre de nuestra ciudad hacia su corazón, donde una historia grande y misteriosa parecía preservada para nosotros.

—Poe debió haber muerto aquí —dije—, en estos callejones. No en una banca de Baltimore.

Ésa fue nuestra última noche con el perfume.

Tomamos mi auto. En el museo, la Sala Memorial estaba llena de ropa vistosa de verano, de cantineros de esmoquin, de bandejas coloridas de canapés, de jazz en vivo. Rebecca y yo pasamos juntos sólo unos minutos —los Hamlin estaban a punto de llegar— y bebimos nuestro vino en un rincón. Ella se veía especialmente atractiva, tras haber pasado tanto tiempo con su espejo compacto mientras nos vestíamos en el sótano, pintándose los ojos oscuros, haciendo que su cara luciese radiante.

—Rebecca...

—Debes hacerlo —dijo—. No puedes perderlo todo por mí.

—No, quiero decir, ¿aún irás a...?

Tenía un conflicto: temía que devolver el perfume fuera tirar la única carta que tenía, cortar mi único nexo con Rebecca. No pude terminar, pero ella pareció entender lo que quería decir, pues me atrajo hacia ella por la cintura y me dio un beso lento, de corazón.

—Hazlo pronto —dijo—. Te veré luego. Adiós —y desapareció entre la multitud.

Esperé, puse galletas en mi boca seca, dije rápidos "Holas" y entré en acción. Impulsado por el vino, me deslicé por los corredores de servicio, lleno de amor por Rebecca. No era justo que no pudiéramos conservarlo: yo no había sido justo al mantenerlo lejos de ella. ¿No se enfriarían las cosas, tarde o temprano? El viejo caso del perfume perdido, igual que el de la pintura, que ahora era sólo una vieja página en un sitio web del FBI. Al entrar al almacén me quedé de pie, sintiendo el peso del frasco en el bolsillo de mi saco, y las manos de Rebecca todavía alrededor de mi cintura. Tenía *mi* tesoro: ya no la pintura, sino a Rebecca. Y ella, tan devota estudiante de Poe, merecía tener el perfume. Si era hora de devolver algo, era la pintura. Con un estallido salvaje de claridad y de alegría, me reuní con la multitud, que había comenzado a bailar como para emular mi gozo. No podía esperar para decirle a Rebecca, para ver su cara; había querido ver la de su tío también, sólo para enseñarle mi placer y mi confianza. Pero no encontré a ninguno de los dos. Alguien tiró de mi codo. Era Trina.

—¿Busca a Rebecca, señor Vance? Se fue hace poco rato.

Me quedé mirándola, sorprendido, y entonces dije:

—No, Trina. No estoy buscando a Rebecca.

El camino de las magnolias estaba vacío, así que volví a la rampa del estacionamiento. Ella estaría esperándome: mi conductora para la fuga. En mi lugar de estacionamiento descubrí tres cosas casi simultáneamente: Rebecca no estaba allí, mi auto tampoco, y mis llaves ya no estaban en el bolsillo de mi saco. Corrí a casa por los callejones tratando de mantener mi mente en blanco, tratando de no recordar el último abrazo de Rebecca, sus manos serpenteando por mi cintura. La casa de Lou estaba a oscuras, como la mía. Mi puerta no estaba cerrada con llave. Al entrar la llamé por su nombre.

Entonces leí la nota:

Por favor perdóname. Pero debes ver el lado positivo. La nube de sospecha sobre ti no volverá... Nunca más.

R.

Tomé mi trago de whisky, sentí el temblor de mi cuerpo, y entonces sucedió, el golpear de puños contra mi puerta y la ola de uniformes azules a través de los pasillos. Oí mi nombre de labios de un oficial, un joven sargento, que explicó su orden de cateo. Vi a John de traje, venido directamente de la gala, y a Lou Hamlin de negro, como un merodeador.

El joven sargento dijo, solemnemente:

–¿Hay una caja fuerte en su sótano, señor Vance?

Pude preguntar si eso era ilegal.

–Lo que tienes en ella lo es –dijo Lou, burlón.

Me condujeron a mi sótano y Lou reía tanto que empezó a toser cuando vio la caja fuerte, a plena vista. El sargento tiró de la manija.

–Ábrela, pedazo de mierda –dijo Lou.

El sargento levantó un dedo para callar a Lou –eso me gustó– y dijo:

–Tiene que abrir la caja, señor Vance, o la abrirán en el laboratorio.

Sentía que mi cuerpo, helado, se levantaba y caía con mi respiración; esperé, pero nada me vino a la cabeza: ninguna idea ni plan de escape. Estaba acabado.

–No será necesario –dije, y fui a abrirla.

–No –dijo el sargento, interponiéndose–. Sólo diga la combinación.

Era un conjunto de números muy poco original, el cumpleaños del poeta: 19-01-18-09. Mientras los recitaba recordé haber dado vuelta al dial antes esa misma noche para recobrar el perfume, y a Rebecca tras de mí maquillándose en la cama, con el espejo en la mano. El clic de la cerradura me despertó. Las linternas aparecieron como espadas y sus haces penetraron en la oscuridad, pero donde la luz debía haber mostrado el cabello negro, la nariz delgada, los ojos tranquilos, no había nada salvo más oscuridad, y más luz entrando hasta que los rayos golpearon la pared posterior de la caja.

Todos los ojos, y los haces de las linternas, voltearon hacia mí.

–¿Dónde está la pintura, señor Vance?

Miré la cara de Lou, blanca, como de pez, y mantuve mis ojos en él cuando dije:

–¿Cuál pintura?

Se oyó débil, poco convincente, pero ¿qué más daba? La caja vacía era la prueba: la caja vacía ocultaría mi delito. Sólo John tocaba los soportes del muro opuesto, y miraba las luces.

Lou estalló, me agarró del cuello y me empujó contra la pared para darme un poco de su trato policiaco paternal. Logró golpearme una vez en la cara antes de que los oficiales lo frenaran. También peleó contra ellos, y cuando finalmente lo echaron al piso y lo esposaron casi echaba espuma bajo el bigote blanco.

–¡Ella la vio! –escupió Lou–. ¡Dijo que la pintura estaba aquí! ¡Ella la vio!

Rebecca. Su espía desde el principio. Dejé que esto se asentara en mis pensamientos, como el que estudia qué tanto puede sostener un carbón encendido.

El sargento se veía derrotado. Meneó su cabeza en dirección de Lou. Entonces su cara se iluminó.

—Señor Hamlin, ¿dónde está su sobrina?

—Ella no la tiene —dijo él—. ¡Ella solamente la vio!

¡Ah, traicionera Rebecca! Pero ya empezaba a entender su nota. Me había engañado, pero también se había esforzado por engañar a su tío, y dejarme protegido.

El sargento me miró.

—¿Dónde está Rebecca? ¿Ella tiene la pintura?

No dije nada.

Entonces escuché a John:

—Rosas. Huelo rosas.

De pronto pude olerlo también, como si hubiera explotado en mi bolsillo: estaba sobre mí, sobre la cama y los muros y la caja. Aparté la vista de John.

—Señor Vance —continuó el sargento—, si puede ayudarnos será bueno para usted.

John me miraba.

—El perfume está aquí. Lo huelo. ¡Huelo el perfume de rosas!

El sargento me cacheó y encontró el frasco. Lo olió sin interés, se lo dio a John y volvió conmigo.

—Ahora tenemos esto —dijo, como un padre cansado—. Podemos olvidar esto por completo si usted coopera.

Miré al sargento y a Lou y saboreé mi oportunidad de voltear la situación contra ella, de ganarle en su propio terreno. Y la dejé pasar.

—Sargento —dije—, señor Hamlin. Con todo respeto no sé dónde está Rebecca y no tengo idea de a qué pintura se refieren.

—Arréstenlo —ladró Lou, apretado entre dos oficiales—. ¡Arréstenlo por el perfume!

Y podrían haberlo hecho. Pero ahí estaba John otra vez, con el frasco en la mano.

—Éste no es.

—¿Qué? —grité, incapaz de contenerme.

John levantó el frasco y señaló su borde, perfecto.

–No está desportillado –dijo–. Y además, huélanlo. ¡Asqueroso! –puso el frasco en un gabinete y se aseguró de que yo viera la gran decepción en sus ojos.

Fui reprendido durante otra hora por los oficiales. ¿A qué estás jugando con nosotros? ¿Crees que te has salido con la tuya? ¿No sabes que es cuestión de tiempo? ¿Crees que esto va a acabar aquí, esta noche? Yo sólo miraba a un rincón y apenas escuchaba. Me imaginaba a Rebecca conduciendo por la carretera 64 hacia el oeste, acelerando mi auto hacia la noche. Todas esas preguntas no eran para mí: eran para ella. Y cuando la encontrara, me aseguraría de que las escuchara.

Cuando al fin me quedé solo, encontré el frasco falso donde John lo había dejado. Rebecca debía haber hecho el cambio durante la última noche que pasamos juntos. El frasco rodó en mi palma. Era tal mi decepción de que ella hubiese olvidado desportillar el frasco, que no tuve corazón para destaparlo y oler el aroma dulce y barato que se tomó la molestia de rociar en el interior.

V. Bajo influencia de las drogas

AMAPOLA
POR LUIS ALBERTO URREA
Paradise Valley, Phoenix
TRADUCCIÓN DE CÉSAR SILVA MÁRQUEZ

NUNCA EN MI VIDA HE CONSUMIDO DROGAS, LO JURO. POR OTRO LADO, nadie se acabó tantos barriles de cerveza como yo. Yo y el Papa. Éramos de ésos que exigían: "¡Traigan la Corona y el Jäger!". ¿Quién no lo fue? Pero nunca fumé hierba, mucho menos usé de las duras. Hasta que conocí a la hermana menor del Papa. Y cuando la conocí ella se convirtió en mi droga. Y la consumía y consumía, y cuando la consumía nada más me importaba. Toda la sangre y todas las balas en el mundo no podían penetrar tanto y tan adentro.

La ironía fue que nunca me hubiera acercado a ella si su familia no hubiera creído que yo era gay. Fue fácil para ellos pensar que un niño gringo con cabello de emo y delineador en los ojos era *joto.** Cuando supieron la verdad, fue demasiado tarde para hacer algo al respecto. Lo único que podían hacer era ponerme a prueba para ver si era valiente. Eso o matarme.

No es broma.

Al principio, ni siquiera sabía que ella existía. Yo era amigo de Popo. Nos conocimos en el último año de la preparatoria en Camelback. La vieja y prehistórica escuela de Alice Cooper; nuestro único motivo de celebridad, aunque los de primer año no tenían ni idea de quién era Alice Cooper. Decían que VH1 era para las abuelas. Si les preguntabas podían jurar que Alice era la esposa de un presidente o algo por el estilo.

Uno pensaría que el factor de extravagancia se mantendría alto, ¿no? Pero tan sólo era otro espacio caliente, donde podías encontrar

---

* Todas las palabras en cursivas están en español en el original. (N. del T.)

republicanos de Arizona y futuros presidentes de grandes compañías y el inframundo de los mecánicos en apuros y jugadores de futbol sin esperanza y aún inconscientes de que terminarían gordos y calvos y viviendo en un dúplex muy lejano, bebiendo demasiado y pagando la pensión alimenticia a porristas que nunca se imaginaron que llegarían a pesar 135 kilos y a fumar tanto humo como una planta de carbón.

Nada que ver con Popo. El Papa. Para empezar tenía más dinero que Dios. Bueno, su papá y su tía Cuca tenían todo el dinero, pero a él le caía a torrentes, como las primeras lluvias de Navidad. Siempre era él quien compraba la cerveza, pagaba la gasolina y los boletos del cine y los viajes de medianoche a Taco Bell. "Buena comida americana", le llamaba.

Llegó a la escuela durante mi último año. Para él era un exilio. La primera vez que lo vi fue en la clase de inglés. Nos esforzábamos por mantenernos despiertos durante las interminables conversaciones acerca de *Una paz sólo nuestra*. Él no decía mucho al respecto. Sólo se la pasaba sentado, le hacía ojitos a las muchachas y se reía de los chistes del profesor. Nunca había visto un frijolero con el cabello tan largo. A decir verdad, se veía como una especie de guerrero apache. Llevaba doble aro en su oreja izquierda. Cuando se sentía fuera de lugar se delineaba un ojo y las chavas calenturientas perdían la cabeza por su look de chico perverso.

El día en que comenzamos a llevarnos traía puesta una camiseta de Cradle of Filth. Él me miró. Nuestros ojos se engancharon por un segundo, asintió con la cabeza una vez y nos reímos. Yo llevaba una camisa de Fields of the Nephilim. Ese día, seguro, fuimos los hermanos Pentagrama. Todos los demás debían de haber pensado que éramos los psicópatas góticos de la escuela. Creo que era bueno que en Phoenix hiciera demasiado puto calor como para usar gabardinas negras.

Más tarde, terminé sentado fuera de la oficina del subdirector: Ray Hülsebus, el esquinero del equipo de futbol, me había llamado maricón y nos peleamos en la cafetería. Popo se encontraba en el banco de madera del pasillo.

—Buena pelea —me dijo, asintiendo con la cabeza una vez.

Me senté a su lado.

—¿Por qué te agarraron? —le pregunté.

Él miró su camisa. Originalmente negra, pero lavada tantas veces que ya era gris. Las letras VU en púrpura y encerradas en un círculo. Por encima de ellas, en blanco, una palabra: *HEROIN*.

–Chido –le dije–. Velvet Underground.

–Mi canción favorita.

Chocamos las manos.

–Al director no le gusta el rock clásico –señaló–. Piensa que estoy... apoyando las drogas.

Nos reímos.

–¿Te gusta *Berlin*? –me preguntó.

–¿Berlin? ¿La vieja banda de VH1?

–¡Por supuesto que no! ¡El mejor álbum de Lou Reed, carnal!

Entonces pidieron que entrara.

–Te lo voy a poner –dijo, y entró en la oficina.

Y así comenzó todo.

La casa de Tía Cuca era la onda. Estaba casada con algún tipo de comerciante libanés. En Paradise Valley. El lugar tenía mosaicos agradables y sofás de gamuza. La piscina daba a las luces de la ciudad y al atardecer se podían ver los correcaminos en la terraza en busca de serpientes de cascabel. Honestamente, no sé por qué el Papa no estaba en alguna escuela privada como Brophy o Phoenix Country Day, pero al parecer sus antecedentes escolares eran "irregulares", como se dice. Todavía no sé cómo acabó en la pobre Camelback, pero sí sé que le debió dar bastantes dolores de cabeza a su familia. Para cuando nos graduamos éramos inseparables. Él fue a la Universidad Estatal de Arizona. Yo no tenía esa cantidad de dinero. Así que terminé en una escuela técnica.

La habitación del Papa era lo más chido que jamás había visto. La tía Cuca le había regalado un garaje pequeño en el otro extremo de la casa. Le instalaron un cuarto de baño y un tapanco para su cama en la parte superior. El Papa tenía una *king size* allá arriba, una pared de discos compactos y una bocina Bose para su iPod, todo conectado por Wi-Fi a su computadora portátil. Había un enorme cartel de Bowie en la pared junto a la puerta, en plena gloria del *Aladdin Sane*, incluyendo la pequeña y brillante plasta de semen en su clavícula. Era tan retro. Mi socio tenía televisión por satélite en su pantalla plana y montones de DVD alrededor de su pequeño y muy reclinado sofá en la planta baja. No sabía por qué perdía la cabeza por las películas de criminales –*Cara Cortada* y *El Padrino*. ¡Yo estaba harto de Tony Montana y Michael Corleone! Y tenía un reloj de Elvis, tú sabes, ése con las piernas del Rey bailando de un lado a otro en lugar de un péndulo.

—Bienvenido —el Papa me dijo en esa primera visita— a Desgracialandia. Así era de chistoso cuando llegabas a conocerlo.

Me inició en todas esas buenas cosas clásicas: Iggy, T. Rex, Roxy Music. Él no era muy aficionado a la música nueva, a excepción de lo darkwave. De cualquier manera, ahí estábamos, con el *glam* lo más alto posible y se hacía tarde y me quedaba a dormir en su gran cama a un lado suyo. ¡No era de extrañarse que pensaran que yo era gay! Ja. Bebíamos Buds y leíamos revistas Hustler que le robábamos a su tío Abdullah o como se llamara. La tía Cuca una vez me preguntó: "¿Es que nunca te vas a tu casa?". Pero no hablaba en serio. Una broma, diría yo. Pero le dije: "No, desde el divorcio, mi mamá está muy ocupada para preocuparse por mí". Y durante esos días y noches de hombres, mientras merodeaba por su escritorio, mirando los muñecos de *Alien* y los Godzillas, echándole un vistazo al nuevo número de *El Topo* que había recibido por correo, checando sus grandes cristales y su daga antigua, vi la foto de Amapola detrás de la pila de libros escolares. Sí, era una niña. Pero qué niña.

—¿Quién es? —le dije.

Tomó la foto enmarcada de mi mano y la regresó a su lugar:

—No te preocupes por eso.

Día de Acción de Gracias. El Papa había planeado una gran gran *fiesta* para todos sus amigos y esbirros. Oh, sí. Él había tomado en serio la cosa *goth-gansta*, y tenía "auténticos sicarios" (los llamaba así) que hacían diligencias para él, que llevaban la seguridad en sus conciertos. Tocaba la guitarra para los New Nouveau Nuevos, quizá los recuerden. Uno de sus "soldados" era un gran chavo irlandés que había sido botado del equipo de futbol, Andy el Tanque. Andy apareció en nuestro apartamento con una invitación a la fiesta, estábamos por celebrar el nuevo año de los Nuevos y trazar el curso del futuro. Yo escribía letras para el Papa, copiando de Roxy Music y del álbum *The Man Who Sold the World* de Bowie. La invitación había sido impresa sobre pergamino enrollado y atado con una cinta roja. El Papa tenía estilo.

Esa vez fui temprano a casa de la tía Cuca y allí estaba ella, Amapola. Había llegado de Nogales para la fiesta pues el Papa se negaba a volver a casa por ningún motivo. No quería tener nada que ver con su padre, que había declarado que sólo los gays llevaban el pelo largo y maquillaje y tocaban en una banda que usaba botas de plumas y pantalones plateados. Y cantaban en inglés.

Yo estaba por cumplir 18 y ella tenía 15, casi 16. Era más pálida que Popo. Tenía un manto de pecas en la nariz y las mejillas, y sus ojos eran color marrón claro, casi dorado. Su pelo era grueso y lacio y brillaba como un líquido. También era callada, incluso se sonrojaba cada vez que hablaba con ella, y su timidez la apartaba de todos nosotros, los hombres.

La comida fue espléndida. Habían cocinado un pavo al estilo mexicano. No estaba relleno de ostras o pan, sino de nueces, piña deshidratada, papaya seca, rebanadas de mango y pasas. Cuca y Amapola vestían ropa tradicional mexicana y, junto con el cocinero de Cuca, nos sirvieron los platillos como si fuéramos miembros de la familia Corleone en la mesa del comedor. El Papa había sentado a Andy el Tanque junto a Franc el Jodido, el baterista de los Nuevos. Un tipo que no conocía, pero que al parecer era dueño de un estudio de sintetizadores igual al de Nine Inch Nails, se sentó junto a Franc. Se me concedió el asiento al final de la mesa, al otro extremo del Papa. A la izquierda se encontraba el resto de los Nuevos, un montón de perdedores.

Trataba de ocultar del Papa mi interés por Amapola. Ni siquiera quería pensar qué haría si me sorprendieran mirándola. Pero ella estaba tan bien. Mi interés no provenía de mi perpetuo estado de calentura. Bueno, un poco. Pero era más que eso. Ella era como una canción. Sus pequeñas sonrisas, su gracia. La forma en que se echaba el cabello sobre el hombro. La manera en que bajaba los ojos y hablaba con suavidad… entonces te atravesaba con su mirada y se burlaba salvajemente de todos los presentes. Sólo querías ser parte de todo lo que ella hiciera.

—Gracias —le decía cada vez que llenaba mi vaso de agua o dejaba tortillas calientes cerca de mi plato. No mucho, es cierto, pero en comparación con el Tanque o Franc el Jodido, yo era tan delicado como Cary Grant.

—De nada —me respondía.

Sentía que estaba en un baile. Era la forma en que lo decíamos, no las palabras. Decíamos más de lo que Cuca o el Papa oían.

Y entonces, algo me hizo saltar un poco en la silla.

Estábamos en el brindis del café con canela y jugo de uva cuando ella se paró detrás de mí, con las manos en la parte superior de la silla. Y sin que nadie lo notara levantó uno de sus dedos y pasó su uña de arriba abajo entre mis omóplatos.

De repente, la cena terminó y mientras nos dábamos las buenas noches, ella desapareció en algún lugar de la gran casa y nunca volvió a salir.

Al poco tiempo, la Navidad llegó y de nuevo el Papa no quiso volver a casa. No sé cómo se tomó Cuca eso de tener al hosco Rey Nouveau al acecho en su garaje, donde tenía un árbol kitsch de aluminio. Con adornos azules. "*Très* Warhol", suspiró.

Mi madre me había regalado cosas padres –una camiseta vintage de Who, cosas así. El papá del Papa le envió regalos –tenis para correr, gafas de sol francesas, una pistola calibre 22 para tirar al blanco. Nos burlamos. Yo era más chido que El Popo mayor. Había ido a Zia Records y le había comprado algunos oscuros discos de los setenta: Captain Beyond, Curved Air, Amon Duul II, Los Groundhogs. No que yo los hubiera oído antes, pero se veían chidos. El Papa me regaló un tocadiscos de época y los primeros cuatro LP de Frank Zappa. Yo no podía escuchar esa mierda. Pero aun así, ¿no era genial?

El Papa no era ningún tonto. Tampoco estaba ciego. Me había preparado un mejor regalo que todo eso. Había preparado todo para que Amapola nos visitara una semana completa. Más tarde me enteré de que había sido ella quien le había rogado.

—Mantén la bragueta arriba —me advirtió–. Te estoy vigilando.

Dios. Me sentía en las nubes. En esos seis días fuimos a todas partes. Los tres, por desgracia. El Papa nos llevó al elegante hotel art déco del centro, el Clarendon. Ése con las locas luces de neón en las paredes exteriores y el oscuro restaurante gourmet en la esquina frontal de la planta baja. Íbamos al cine por las mañanas, nunca por las noches. Se necesitaron dos películas para ganarme el lugar al lado de ella, haciendo al Papa renunciar al asiento central para mantenernos separados. Él sabía que ése había sido un movimiento poderoso, como la separación de los continentes. Ella se inclinaba para mirarme en vez de mirar las películas. Se reía de todo lo que yo decía. Cuando caminábamos se demoraba para terminar a mi lado. Yo trataba de mantener la calma y no encender las alarmas del *Hermano Grande*. Y de repente permitió que me sentara al lado de ella y disfrutara de su aroma. Era toda cabello limpio y piel dulce. Nuestros brazos se tocaron en el descansabrazos y los dejamos pegados, y sudaron uno contra el otro. Nuestra piel formó una fina capa de humedad, un poco de ella y un poco de mí que se combinó y creó algo hecho por los dos. Tuve una erección tan fuerte que hasta me dolía. Podría haber practicado el salto de garrocha ahí mismo en la sala del cine.

Ella cumplió 16 años esa semana. A las tres de la tarde, mientras veíamos *El caballero de la noche*, deslizó su mano sobre el borde del descansabrazos y entrelazó sus dedos con los míos.

Esa vez, antes de que regresara a casa, el Papa nos permitió un minuto a solas en la habitación del garaje. La besé. Era incómodo. Delicioso. Su mano fue a mi rostro y la sostuvo. Ella subió al auto de Cuca y lloró mientras se alejaban.

–Cabrón –dijo Popo.

No podía creer que no tuviera Facebook. Amapola ni siquiera usaba el correo electrónico. Vivía al otro lado de la frontera, en Nogales, México. Así que usar el teléfono estaba fuera de la cuestión, a pesar de que su padre podía pagarlo. Cuando le pregunté al Papa a qué se dedicaba su padre, me dijo que dirigía una empresa de importación-exportación de mercancía libre de impuestos a ambos lados de la frontera, en los dos Nogales. Lo que fuera. Sólo quería hablar con Amapola. Así que me hice de timbres y sobres. Pensaba, ¿o sea, qué es esto, 1980? Pero le escribía y ella me escribía. Antes de esto ni siquiera me había dado cuenta de que los mensajes instantáneos o los emails no podían llevar perfume o traerte las huellas de sus labios en el papel. Nos podíamos haber enviado fotos desnudos por Skype durante la noche, pero Amapola me tenía enganchado por los labios con cada nueva fragancia incluida en el sobre. Incluso ponía mechones de su cabello en los sobres. Eso era más fuerte que cualquier cosa que hubiera vivido antes. Tal vez era vudú.

En Pascua, Cuca y su marido viajaron a St. Thomas para pasar unas vacaciones. De alguna manera, el Papa consiguió que Amapola estuviera en la casa por unos días. Entonces tenía muchas tocadas y salía con tres o cuatro strippers. Tengo que admitir que le tupía demasiado duro al trago. Llegaba a casa hasta las manitas y rebotaba por el baño, golpeándolo todo, como una pelota de pinball. En algún momento pensé que se rompería el cuello en el inodoro o la bañera. Su viejo lo presionaba mucho y yo no tenía idea de lo que podía exigirle al Papa. Con seguridad quería que la tontera del rocanrol terminara.

–¡No tienes ni idea! –el Papa decía, su aliento apestando a tequila–. Si supieras cómo son en realidad. No puedes ni adivinarlo–. Pero, ya sabes, todos los muchachos que usan delineador de ojos y tienen tatuajes del tamaño del brazo dicen lo mismo. Nadie entendía sus problemas. Sólo pensaba que el Papa tenía la misión de ser nuestro Nikki Sixx. Nos dirigíamos a la fama, a giras mundiales. Eso creí.

Y allí estaba ella, toda sonrisas. Vestida de negro. Como una bruja con poderes mágicos. El Papa salía con una chica llamada Demitasse. ¿Puedes creerlo? Porque tenía senos pequeños o algo así. Bailaba en un club de alto nivel que atendía a hombres que conocían palabras como *demitasse*. Lo único que realmente supe sobre ella es que tenía frasquitos de plata llenos de "polvo de estrellas". Que dejaba al Papa aturdido y ciego y eso era lo que yo necesitaba para tener más tiempo a solas con mi amada.

Vimos un par de DVD, y nos tomamos de las manos y nos besamos. Liberé del encaje del sostén su pezón, hinchado y rosado, como un pequeño caramelo. Pensé que iba a ser de color pardo. ¿Qué sabía yo de las muchachas mexicanas? Me empujó cuando me puse encima de ella y me quitó la mano suavemente cuando la deslicé por su muslo.

El Papa llegó a casa caminando de lado. Yo no tenía ni idea de la hora que era. No supe cómo llegó a casa. Mis pantalones estaban completamente húmedos por las horas de retozar con ella. Cuando el Papa dijo arrastrando las palabras: "Mi padre está en la ciudad," ni siquiera le puse atención. Fue al piano de Cuca en la sala y trató de tocar un arreglo improvisado de "Tommy". Luego se hizo un silencio muy largo. Fuimos a buscarlo y lo encontramos dormido en el suelo, debajo del piano.

—Shh —dijo Amapola—. Espérame aquí —me besó en la boca y me mordió el labio.

Cuando regresó, llevaba un camisón que flotaba como niebla alrededor de sus piernas y de su vientre. Me arrodillé a sus pies y pasé las manos por sus piernas. Se hizo a un lado justo cuando mis manos cruzaban el punto medio de sus muslos y mis manos se deslizaron a lo largo de sus caderas. Se había quitado las bragas. Puse mi boca en su ombligo. Podía olerla a través de la fina tela.

—¿Me amas? —susurró. Sus dedos se enredaron en mi cabello.

—Lo que quieras. Tú y yo —yo ni siquiera pensaba—. Nosotros.

Ella tiró de mi pelo.

—¿Tú —dijo—. Me. Amas?

Volvió a tirar. Me dolía.

—Sí —le dije—. ¡Está bien! ¡Dios! ¡Te amo!

Nos fuimos a la recámara.

—¡Levántate! ¡Levántate! ¡Que te levantes, carajo! —Popo me decía, arrancando las sábanas—. ¡Ahora! ¡Ahora! ¡Ahora!

Amapola se cubrió y se alejó con un pequeño grito. La luz entraba en ráfagas a través de la ventana. Pensé que me iba a patear el culo por haberme acostado con ella. Pero estaba en estado de pánico.

—¡Vístete, vístete!

—¿Qué pasa? ¿Qué pasa?

—Mi papá.

Puso los puños en su cabeza.

—¡Mierda! ¡Mi papá!

Ella comenzó a llorar.

Yo estaba en calzoncillos en medio de la habitación.

—Amigos —dije—. ¡Amigos! ¿Hay algún problema?

Amapola arrastró la sábana de la cama y corrió, envuelta, al cuarto de baño.

—No tienes idea —dijo el Papa—. Vístete.

En diez minutos estábamos en el auto. Nos apresuramos en salir de las colinas y la ciudad. Phoenix siempre se ve vacía cuando hace calor, como en una de esas películas de ciencia ficción donde todo el pueblo está muerto y algunos vampiros o zombis se esconden en apartamentos vacíos, esperando la noche. Las calles son demasiado amplias y reflejan el calor como una sartén de teflón. Las palomas pueden arder en llamas por sólo atravesar la calle para escapar del autobús que se derrite.

El Papa decía:

—Eso sí, no digan nada. Sólo muestren respeto. Todo irá bien. ¿Verdad, hermana?

Ella iba en el asiento trasero.

—No le contestes —dijo—. Sólo escucha. Puedes aguantar.

—Sí —dijo el Papa—. Puedes aguantar. Será mejor que aguantes. Ésa es la única manera en que te respetará.

La cabeza me daba vueltas.

Aparentemente, el viejo estaba en la ciudad para ver al Papa y conocerme, pero el Papa, el muy pendejo, estaba tan borracho que se le había olvidado. Pero era peor que eso. El viejo nos había esperado desde hacía rato en un restaurante refinado. Y nadie dejaba al Popo Mayor esperando.

Verán, había encontrado mis cartas. Se había lanzado hacia acá para tratar de evitar lo inevitable. Y ahora estaba furioso, decían, porque el *maricón*, el mejor amigo del Papa, no era un maricón en absoluto y estaba seduciendo a su dulce retoño. El cuero cabelludo aún me dolía de sus salvajes tirones. La miré. Hombre, ella estaba tan fresca como la brisa del mar. Sonreí.

—No es ninguna broma —anunció el Papa.

Estábamos inquietos pero viajamos en silencio.

—Mira —dijo—. Al principio no parecerá, pero Papá haría cualquier cosa por mi hermana. Cualquier cosa. Ella lo controla, hombre. Así que mantén la calma.

Cuando llegamos, el Papa dijo "El bistró". Yo no lo conocía, porque realmente no convivía con gente que comiera comida francesa o comiera en *bistrós*. Su papá nos esperaba fuera. Un hombre delgado y calvo. Bien afeitado. Alrededor de 1.70 de alto. Llevaba gafas de aviador, de las que se oscurecen con el sol. Eran de un gris profundo sobre los ojos. De pie, con un mexicano uniformado, de más de 1.80 de alto y con una buena panza. Lo que el Papa llamaba "embarazo de comida" por aquella película graciosa que a todo el mundo le gustaba.

El viejo y el soldado me miraron. Me dieron ganas de reír. ¿Era todo? ¿Realmente? ¿Un tipo delgaducho y calvo? Con el amor yo me sentía invencible.

Popo Mayor se volvió y entró en el bistro sin decir una palabra. El Papa y Amapola lo siguieron, tomados de la mano. El soldado corpulento apenas me encaró y entró. Me quedé solo en la acera. Los seguí.

Ellos ya estaban sentados. El ambiente estaba frío. Como me gusta. Traté de ignorar los pezones de Amapola. Pero me di cuenta de que su papá los miraba. Y luego el soldado. El papá le dijo: "*Tápate, cabrona*". Traía un pequeño suéter con ella, y ahora sabía por qué. Se cubrió recatadamente.

—Papá... —dijo el Papa.

—Cállate —dijo su padre.

Las gafas sólo estaban medio oscuras. Casi podías ver sus ojos.

Un camarero le trajo una bebida transparente.

—Martini, señor —dijo.

Eran apenas las 11 de la mañana.

El Popo Mayor dijo:

—Llegué ayer por la noche para verlos —tomó un sorbo de su bebida—. Vengo aquí, a este restaurante. Es mi favorito. Comida francesa, ¿entienden? Calidad —otro sorbo. Miró al soldado, el soldado asintió—. Los invito —señaló al Papa. Luego a ella. Luego a mí—. Tú, tú y tú. Aquí mismo. Muy caro —vació el martini y chasqueó los dedos al camarero—. Y me siento y espero —el camarero se apresuró y tomó la copa y se escabulló.

—Yo y mi hermano Arnulfo.

Puso su mano en el brazo del soldado.

—Los esperamos.

—Papá... —dijo Popo.

—*Cállate el hocico, chingado* —su padre inhalaba y exhalaba. Volvió la cabeza hacia mí y sonrió. Parecía una anguila en una pecera. Otro martini aterrizó ante él.

—Tú —dijo—. ¿Por qué te vistes como mujer? —tomó un sorbo—. ¡Te espero, pero no te importa! ¡No! No digas nada. Escucha. Espero, y no apareces en mi cena de lujo. Está bien. No me importa —hizo un gesto con la mano—. Me tomo mi pequeño trago y no me importa —levantó su copa hacia mí. Parecía como si estuviera por saltar, con resortes de acero en su interior. Mi piel se puso de gallina y ni siquiera sabía por qué.

—Te espero —dijo—. El capitán Arnulfo espera. No te importa, ¿verdad? ¡Está bien! Yo estoy contento. Tengo mis martinis, me importa una mierda.

Sonrió.

Sacó un largo puro de su bolsillo interior. Mordió uno de los extremos y lo escupió sobre la mesa. Se llevó el puro a la boca. Arnulfo sacó un encendedor de oro y de un golpe apareció una llama azul.

El camarero se acercó de prisa y murmuró:

—Lo siento, señor, pero éste es un restaurante para no fumadores. Va a tener que fumar afuera.

El viejo ni siquiera lo miró, sólo me miró a través de los lentes grises.

—Afuera hace calor —dijo—. ¿No es así, gringo? ¿Demasiado caliente? —asentí con la cabeza. No sabía qué hacer—. ¿Lo ves? —dijo el viejo.

—Debo insistir —dijo el camarero.

—Trae al chef —dijo el viejo.

—¿Perdón?

–Tráeme al chef. Ahora.

El mesero trajo al chef, quien se inclinó hacia el viejo. Susurros. Sin drama. Pero los dos hombres salieron apurados y el mesero volvió con un cenicero. Arnulfo encendió el puro de El Popo mayor.

Sopló el humo hacia mí y me dijo:

–¿Por qué me tratan tan mal?

–Yo… –dije.

–Cállate.

Chasqueó los dedos otra vez, y llegaron la comida y más martinis. Miré mi plato. Caracoles en mantequilla de ajo. No podía comer, ni siquiera beber agua. El humo llegaba hasta mí. Podía sentir los lentes grises centrarse en mí. El Papa, el cobarde, sólo comió sin despegar la mirada de su plato. Amapola sorbía café helado y miraba por la ventana.

Después de cuarenta minutos de esta pesadilla, El Popo mayor empujó lejos su plato.

–*Oye* –dijo–, *tú*.

Lo miré.

–¿Por qué te quieres coger a mi hijita?

Claro que después de eso me estremecí. Lo entendí todo. De verdad. Pero ¿acaso recuperé la razón? ¿Creen que era posible? Estaba bien metido en el asunto ese de Romeo y Julieta y ella era aún peor. Papás: si quieren asegurarse de que sus hijas se casen jóvenes, prohíbanles que vean a sus novios. Hagan la prueba.

Tío Arnie, como llamaban en casa de Cuca al grande y oscuro capitán Arnulfo, comenzó a ir de visita. Mucho. Yo no era estúpido. Me di cuenta de lo que sucedía, me estaba *calando* (una palabra que me enseñó el Papa). Arnie siempre llegaba con Bass Pale Ale. Se me acercaba y me decía cosas tan estúpidas como: "¿Te gusta el sexy?". El Papa y yo nos reímos toda la noche después de que el tío Arnie se iba. "¿Haces el sexy-sexy en los autos?" Qué tonto, pensábamos.

Mi amada me inundaba con cartas. No tenía forma de saber si las mías le llegaban a ella o no, pero pronto encontró un café Internet en Nogales y comenzó a enviarme ciberamor. Popo trataba de beber menos, no llegó a lo que uno llamaría sobriedad, pero ocasionalmente regresaba a la tierra, entonces comenzó a llamarme "McAmante". Creo que era su manera de tratar de bajar el tono del asunto. "Bájale una rayita, compa", me decía cuando me salía lo lírico al hablar de su hermana.

Era sábado cuando ocurrió. Yo le enviaba mensajes de texto a Amapola. Eso era todo lo que hacía los sábados por la tarde. Nada de tele, ni de paseos en auto, ni películas, ni alberca. Me preparaba un tanque de té y me instalaba en la laptop para platicar con ella. Mamá estaba en el trabajo, siempre estaba en el trabajo o haciendo pendejadas aburridas como jugar boliche. Era sólo yo, la computadora, mi muchachita lejana y el gato frotándose contra mi pierna. Les confieso, no se rían, que lloraba por las noches pensando en ella.

¿Esto explica un poco las cosas? El Papa dijo que yo era un mandilón. Y yo le decía que ésa no era la manera de hablar de su hermana. ¡Es mejor que todos ustedes! Él sólo me miraba con sus ojos entrecerrados de apache. "Tal vez", murmuraba. "Tal vez..." Y yo pensaba en eso todo el sábado, volviéndome cada vez más y más loco deseando ver su dulce rostro cada mañana, su cabello en mi piel cada noche, estaba locamente enamorado de ella, y le escribía que se fuera. Que huyera. Ya casi tenía diecisiete años. Podía tomar un autobús y estar en Phoenix en unas horas y entonces podríamos agarrar la I-10 y manejar hasta Cali. No sé qué estaba pensando —sólo nosotros, enamorados, en una playa. Y de repente, la computadora se apagó. Se fue, sólo quedó la pantalla negra antes de que Amapola me pudiera contestar. Qué raro, pensé. Maldije y di de patadas, entonces tomé un baño y salí a dar la vuelta.

Cuando llegué a casa de la tía Cuca, ella no estaba. Tampoco el Papa. El Tío Arnie, de uniforme, estaba sentado en la sala, tomando café.

—Se fueron de vacaciones —dijo—. Sólo estamos tú y yo.

¿Vacaciones? El Papa no había dicho nada de unas vacaciones. Aunque no era lo que mis profes de inglés llamarían un "narrador confiable".

Arnie hizo un gesto para que me sentara. Me quedé allí.

—¿Café? —me ofreció.

—No, gracias.

—¡Siéntate!

Me senté.

A decir verdad, no recuerdo la conversación con claridad ya que nunca sabía lo que el cabrón de Arnie murmuraba. Su acento era muy de *bandido*. A menudo me limitaba a asentir y sonreír, esperando no ofender al amigo para no asustarlo y que me metiera un plomazo. Lo digo en broma. O no tanto. Pero después me preguntaría qué era lo que acababa de aceptar.

–Amas a Amapola –dijo. No era una pregunta. Sonrió tristemente y puso su mano sobre mi rodilla.

–Sí, señor –le dije.

Él asintió. Suspiró.

–El amor –dijo–. El amor es bueno.

–Sí, señor.

–No vas a desaparecer, ¿verdad?

Negué con la cabeza –de ninguna manera.

–Entonces ¿qué significa? ¿Que te casarás con ella?

Órale, ¿casarnos? Supongo… Nos casaríamos. Algún día.

Claro que uno piensa en eso. Pero decirlo en voz alta… Era difícil. Sin embargo, sentí una especie de revelación. La generación más vieja había enviado un emisario.

–Creo –le dije, reuniendo valor– que sí. Me casaré con Amapola. Algún día, usted entiende.

Se encogió de hombros con tristeza. Me pareció un poco extraño, la verdad. Levantó un dedo y sacó de pronto un celular, pulsó el botón de marcado rápido y murmuró algo en español. Lo cerró. Dio un sorbo a su café.

–Mañana tendremos una gran reunión familiar. Vas a venir. ¿De acuerdo? Arreglaré todo con el papá de Amapola. Verás.

Le sonreí, no creía en el giro que estaban tomando los acontecimientos.

–Un gran rancho mexicano. Caballos. Buena comida. Mariachis –se rio–. ¡Y el amor! ¡Dos muchachos enamorados!

Chocamos las manos. Sonreímos y reímos. Bebí un poco de café.

–Te recojo aquí a las siete de la mañana –dijo–. No llegues tarde.

El desierto de la mañana era púrpura y naranja. El aire estaba casi fresco. Arnie tenía una hielera llena de Dr. Peppers y Coca-colas. Conducía un Mercedes Clase S, muy chingón. Olía a cuero y a colonia para después del afeitado. Mantenía el satélite sintonizado en la BBC Radio 1.

–Te gusta la música maricona, ¿verdad? –preguntó.

–Este… sí.

Era más parecido a volar que a conducir, y cuando pasamos Arivaca ya no me sentía tan preocupado. Pensé que íbamos a Nogales, Arizona. Pero nos deslizamos como un tiburón por ese pequeño pueblo seco y cruzamos a México sin disminuir la velocidad. Él se limitó a levantar un dedo del volante. Íbamos a toda velocidad y dijo: "Te va a gustar esto".

Y luego atravesamos Nogales, del lado mexicano. El negro y dorado desierto. Saguaros y extraños cactus que parecían estar quemados. No sabía lo que eran. Sólo que estaban llenos de espinas.

Tomamos un largo camino de tierra. Estiraba el cuello y miraba las montañas malas y negras que nos rodeaban.

–La suspensión hace que la carretera se sienta como mantequilla –señaló Arnie.

Llegamos a un gran valle. Había un campo de aviación.

Cosas del ejército mexicano, camiones y Humvees. Tres o cuatro hangares o almacenes.

Algunos Cadillacs brillantes y camionetas por ahí.

–Te va a gustar esto –dijo Arnie–. Es una sorpresa.

Ahí estaba el Gran Popo Mayor, el viejo en persona. De pie con las manos en las caderas. Al lado de un gringo muy alto. Los lentes gris oscuro se volvieron hacia nosotros. Aparcamos. Salimos del auto.

–¿Qué está pasando? –le pregunté.

–Cállate –dijo Arnie.

–¿Dónde está el rancho? –le pregunté.

El gringo se carcajeó.

–¡Por Dios, hijo! –gritó. Se volvió hacia el anciano–. Realmente es un pendejo.

Se alejó y se montó en una camioneta blanca. Cerró la puerta de golpe y se internó en el desierto, por el camino que habíamos venido. Nos quedamos allí viendo cómo desaparecía. No voy a mentir, estaba asustado.

–¿Te vas a casar con Amapola? –dijo el viejo.

–Un día. Mire, no sé lo que están haciendo aquí, pero...

–Mira eso –me interrumpió, dándose la vuelta y haciendo un gesto hacia un helicóptero en el campo–. Es un Huey. Cosas viejas de Vietnam. Ahora la fuerza aérea mexicana lo usa para luchar contra las drogas –se volvió hacia mí–. ¿Usas *drogas*?

–¡No! Nunca.

Se rieron.

—Claro, claro —dijo el viejo.

—¡Pregúntele a Amapola —grité—, ella le dirá!

—Ella ya me lo contó todo —replicó.

Arnie puso su brazo alrededor de mis hombros.

—Vamos —dijo, y empezó a caminar hacia el helicóptero. Por un momento me resistí, pero los soldados mexicanos que andaban por ahí de repente se concentraron a nuestro alrededor.

—¿Qué está pasando? —le dije.

—¿Sabes a qué me dedico? —preguntó el viejo.

—¿Negocios? —le dije. Mi mente se estaba quedando en blanco, estaba muy asustado.

—Negocios —él asintió con la cabeza—. Buena respuesta.

Llegamos bajo las hélices del helicóptero. En mi vida había estado cerca de uno. Me cagaba de miedo. Los pilotos me miraban por las ventanas laterales. El viejo palmeó la máquina.

—El presidente Bush —dijo—. La DEA.

Miré a Arnie. Él sonrió y asintió con la cabeza.

—Lucha contra las *drogas* —dijo.

Los motores gimieron ruidosamente y el rotor empezó a girar.

—Es muy secreto lo que hacemos —dijo el viejo—. Pero da un paseo y ve. Es un obsequio especial. Vas con Arnulfo.

—Ven conmigo —dijo Arnie.

—Tienes que subir y ver, entonces hablaremos de amor.

El viejo se alejó deprisa, y sólo quedamos Arnie, yo y los soldados con sus M16 negros.

—Después de ti —dijo Arnie.

Se puso un casco. Luego despegamos. Fue turbulento como la chingada. Cuando los motores aceleraron sentí como si me golpearan el culo y la espalda baja. Y cuando nos elevamos mis entrañas se fueron hasta los pies. Cerré los ojos y apreté el cinturón de seguridad que Arnie había sujetado por mi cintura. "¡Santo Dios!", grité. Era peor cuando nos ladeábamos, las puertas estaban abiertas, y yo gritaba como niña, tan seguro de que iba caer. Los mexicanos se rieron y negaron con la cabeza, pero no me importó.

Arnie estaba de pie junto a la puerta. Descolgó un arma grande del puntal donde se encontraba con el cañón apuntando hacia arriba. La enganchó en la puerta. Se inclinó hacia mí y gritó: "¡Calibre 60!". Introdujo de golpe un cargador, tiró de las palancas y soltó los seguros. Se inclinó hacia mí de nuevo y gritó: "¿Sientes la vibración? ¡Si te acuestas en el suelo hará que te vengas!".

Pensé que lo había escuchado mal.

A bandazos salimos del desierto y entramos en unas colinas bajas. Pude ver nuestra sombra debajo de nosotros, revoloteando como un bicho gigante en el suelo y sobre los matorrales.

Nos comenzamos a elevar.

Arnulfo tomó la pistola de su cinturón y me mostró.

—Amapola —dijo.

Estúpidamente la busqué en derredor. Pero entonces vi lo que estaba debajo de nosotros, en un valle inundado. Flores anaranjadas. Amapola.

—Esto es lo que hacemos —dijo Arnulfo.

Levantó la pistola, disparó tres tiros y se echó a reír. Me tapé los oídos.

—¿Eres DEA? —grité.

Él disparó otra vez.

—La DEA es la competencia —dijo—. Nosotros hacemos negocios.

Dios mío.

Estaba encima de mí, gritándome al oído, y no podía hacer nada al respecto.

—¿Quieres a Amapola? ¿Quieres casarte con mi sobrina? ¿Así nada más? ¿En serio? Pendejo —agarró mi camisa—. ¿Puedes volar, gringo? ¿Puedes volar? —yo temblaba. Quería separarme, pero no podía. Estaba atrapado en mi asiento. Su aliento apestaba y sus labios estaban en mi oído como los de ella podrían haber estado y me gritaba "¿Puedes volar, *chingado*? ¡Porque tienes una alternativa! O vuelas o haces lo que hacemos".

Yo gritaba y gritaba "¿Qué? ¿Qué?". Era como en uno de esos sueños donde nada tiene sentido. "¿Qué?"

—Si haces lo que hacemos, te dejo vivir, *cabrón*.

—¿Qué?

—Te dejo vivir o te vas a volar. Decide.

—¡No quiero morir! —grité. Estaba cerca de mojar mis pantalones. El Huey se encontraba con la nariz hacia abajo y volando en círculos. Podía ver a la gente debajo de nosotros, corriendo. Algunas chozas pequeñas. Caballos o mulas. Una camioneta comenzó a alejarse a toda velocidad del gran campo de amapolas. Arnulfo habló por el micrófono y el helicóptero se lanzó tras ella. Oh no, oh no. Tomó la calibre .60 y se preparó. Me llevé los dedos a los oídos. Y disparó una larga lluvia de balas. Fue la cosa más ruidosa que jamás haya oído. Lo más ruidoso que puedas imaginar. Tan ruidoso que sientes tus tripas vibrando. Un interminable ruido desgarrador, como un trueno retumbando dentro de tu vejiga y dañando los dientes de tanto apretarlos.

La camioneta sólo se hizo jirones, si es que el metal se puede hacer jirones. El techo de la cabina voló en pedazos y la ruina humeante que era el vehículo se alejó de nosotros y desapareció en polvo, humo y vapor.

Yo lloraba.

–¡Sé hombre! –gritó Arnulfo.

Nos desplazábamos por el aire. La tripulación no me quitaba los ojos de encima. Arnie desabrochó mi cinturón de seguridad.

–Elige –dijo.

–Quiero vivir.

–Elige.

Ya saben lo que pasa en las películas de *Duro de matar*. Cómo el héroe lanza al malo por la puerta y rocía a la tripulación con la calibre .60 y sobrevive a un aterrizaje forzoso. Pero eso no es lo que en realidad pasa. Eso ni siquiera se me hubiera ocurrido. Ni siquiera un poco. No, cuando me levanté, las piernas me temblaban tanto que podría haberme aventado yo solo al vacío para descubrir que no podía, en efecto, volar. Le dije "¿Qué hago?", y el artillero me agarró y empujó hasta el arma caliente. El suelo oscilaba muy por debajo de nosotros y yo podía ver a los trabajadores por allí. Seis hombres y una mujer. Corrían. Yo estaba rezando: le pedía a Dios que me sacara de ahí de alguna manera y pensaba en mi hermosa novia y me dije que no sabía cómo había terminado allí y el artillero se acercó por detrás y se embarró contra mí y dijo: "Espera, apóyate en ella. Va a patear, ¿de acuerdo? El dedo en el gatillo. Yo te sujeto". Y tomé la calibre .60 y traté de cerrar los ojos y recé por que fallara y me repetía: Amapola, Amapola, una y otra vez en mi mente, y sentí el pene del artillero, su erección en mis nalgas. "¡Hazlo por amor!", me gritó y disparé.

LA ZONA NEUTRAL
POR KATE BRAVERMAN
Fisherman's Wharf
TRADUCCIÓN DE RAQUEL CASTRO

ZOË Y CLARISSA SE ENCUENTRAN A INTERVALOS IRREGULARES EN Fisherman's Wharf. Ésta es la zona neutral. El paisaje de la infancia perpetua y sin perturbaciones. El carrusel gira en órbitas predecibles y el primitivo alfabeto de neón original no cambia. Estos jeroglíficos son permanentes e inteligibles en todos los hemisferios y dialectos. No es necesario traducir. El carrusel no requiere cálculos, desintoxicación ni absolución. No hay complicaciones con Inmigración o con el ISR. Sólo hay que comprar un boleto.

—Aquí estoy —dice Zoë desde su teléfono celular.

—¿En el muelle? —Clarissa debe aclarar las condiciones.

—Olitas anémicas a mis pies. Banderillas que dan cáncer. Ancianos pescando percas con tanto mercurio adentro que explotan cuando tiran de ellas —reporta Zoë.

—¿De qué color es el agua?

—Azul de fluido intravenoso para leucemia tipo IV, de los de último recurso —decide Zoë.

—Media hora —le asegura Clarissa—. Allá voy.

A Zoë no le interesa quién será abandonado o plantado por Clarissa en una sala de conferencias, un café o un gimnasio. No me llamen, emergencia médica, cancelen todo, informará Clarissa a su personal. Es un día de viaje experimental por el tiempo.

Se encuentran episódicamente. La amistad convencional, con su trama de compromisos y comportamientos consensuados, resultó ser demasiado íntima y exigente. Entre las dos hay cosas nunca vistas, esposos muertos o divorciados, conocidos sólo por anécdotas o fotografías. Estratos enteros de sus vidas son menos que notas de pie de página. Por años no supieron sus direcciones ni qué apellidos utilizaban. Décadas durante las cuales podrían haber sido como restos flotando en el mar la una para la otra, barcos que se cruzan en la noche. Una desconocida que aparece ahogada, tal vez. ¿Qué más daba?

—Esta letanía de culpas se está volviendo tediosa —reconoció Zöe una vez.

—Los perímetros humanos son un fondo colectivo de tela de alambre —dijo Clarissa—. Somos demasiado cool para esas mierdas. Es estática residual de una transmisión de radio bautista del Mississippi. Es irrelevante y obsoleta.

—Cortaremos el alambre con los dientes —propuso Zoë—. Le echaremos napalm. Lanzagranadas y M-16s. Tec-9s. Tendremos nuestra propia Revolución Cultural. Nos volveremos posmodernas, pero bien armadas.

—Inventaremos rituales apropiados a nuestras circunstancias. Murmuraremos palabras tiernas mientras recorramos los campos de la muerte —Clarissa estaba entusiasmada—. Nos arrastraremos por nuestro camino de Ho Chi Minh, de la mano, y cada una confiará su vida a la otra.

—Pero respetaremos la Convención de Ginebra —señaló Zoë—. A pesar de nuestros residuos emocionales.

—Evolución psicológica dirigida. Será más salvaje que hacer entrenamiento con pesas —coincidió Clarissa—. Pero nos hará mejores seres humanos.

—Nos redefiniremos y trascenderemos nuestro ser —dijo Zoë.

Era el inicio del otoño en Fisherman's Wharf. El mar estaba más azul que en Maui, la bahía tachonada de cobalto electrizado, modificado tecnológicamente. Zoë había vivido dos años sin energía eléctrica en una cabaña a la orilla de un río sin nombre. Lleno de orquídeas rojas, en la jungla cerca de Hana. No había tenido contacto con Clarissa en esa época. Clarissa probablemente ignoraba también que en Maui había estaciones: un ligero enrojecimiento, un poco más de humedad y los mosquitos en remisión temporal.

—Conceptualmente me gusta. Pero vayamos más lejos —sugirió Clarissa—. Seamos moleculares: tan sólo hilos de luz de una radiancia a otra.

—¿Tendríamos que rechazar por completo la linealidad? —preguntó Zoë—. ¿Momentos esporádicos de iluminación en altitudes tan extremas que necesitemos máscaras de oxígeno?

—Reuniones discretas e impredecibles con un voltaje espectacular. Nos comunicaremos no con señales de humo: con soplete —replicó Clarissa—. Usaremos trajes de asbesto.

Ambas estuvieron de acuerdo en que era posible un proceso de adaptación y evolución. Cierto, habían fracasado en las estrategias tradicionales de dar y recibir; pero los métodos estándar mediante los cuales se registra reconocimiento y arrepentimiento no regían para ellas. Podrían establecer un pacto, un armisticio como una improvisada cirugía radical agresiva. Sus psiquiatras se mostrarían cautamente optimistas. La posibilidad de complicaciones malignas era un riesgo aceptable. Entonces habían estrechado sus manos.

Ahora Zoë ve a Clarissa. Está saliendo de un sedán Lincoln negro y viste su ropa típica de negocios: pants de aerobics y saco, gafas Gucci y una gorra de los Giants. Es el look de estrella de cine camuflada diseñado para crear la impresión de que se intenta ir de incógnito. Clarissa no lleva una bolsa de gimnasio, lo que sería apropiado pero predecible, sino un bolso Chanel con parches de cuero y asa trenzada y dorada. Es el uniforme que dicta el desorden narcisista de la personalidad.

Se besan en ambas mejillas.

—Olvidaste mi cumpleaños —dice Clarissa antes que nada y con un ademán le indica a su chofer que se vaya.

—No soy una señora florero. No decoro la casa en los festivos. No horneo pastelitos ni mando notas de agradecimiento. Ni siquiera contesto el teléfono. Tiro sin abrir la correspondencia personal. Tú lo sabes —le recuerda Zoë.

—¿Te vas a la cama antes de Acción de Gracias y te levantas hasta después de San Valentín? —la voz de Clarissa es suave.

—Ésa era mi madre —dice Zoë—. Yo simplemente salgo del país en los momentos apropiados.

En realidad, a Zoë le gusta la navidad en el sureste asiático. Pinos adornados en los vestíbulos de hoteles con aire acondicionado, como vestigios de otro planeta. Balcones de bambú forrados en brocados antiguos, terciopelos verdes y coronas navideñas. Más fetiches. Y villancicos en versiones casi tolerables de tan vapuleadas por la distancia y las traducciones erróneas. Ríos con olor a vegetales podridos, gasolina, fogatas y hambre. El aire compuesto por capas de plegarias fermentadas que la hacen pensar en un satélite que pierde órbita y cae, no como un trozo de metal sino como tiras de origami. En Bangkok, en diciembre, la temperatura es de 40 °C.

—Quedémonos aquí por el momento —dice Clarissa—. Sabemos las reglas. Es hora de jugar.

Su boca brilla con un labial rojo que parece tener estrellas incrustadas. Hay implicaciones en el fulgor que Zoë no quiere considerar.

El muelle está casi desierto. Es mediodía, a media semana, en una estación indiferenciada. Es otro noviembre temprano barrido por el viento. Ellas caminan tomadas de la mano por el embarcadero y dejan atrás ocasionales inmigrantes pescando y adolescentes callejeros que parecen ansiosos de ser corrompidos. Zoë y Clarissa saben dónde viven esos chicos. Ellas, también, crecieron en vecindades diseñadas para estar de paso, ya de aspecto miserable desde hacía décadas, infectándose como llagas expuestas al sol. Ellas, Clarissa y Zoë, eran una parte integral de los planos de los barrios marginales: eran los muñecos de palitos dibujados a lápiz en los diagramas.

—No los mires —advierte Clarissa—. Son contagiosos. Nos dará un flashback psicótico de contacto.

El Last Edge Saloon está encaramado en el borde más lejano del muelle. Sus reuniones empiezan ahí. Ellas eligen un gabinete que da a la bahía por tres de sus lados. Podrían tomar café, quizá con dexedrina. O emborracharse con algo festivo, como rusos blancos o champaña. Dado que Zoë está técnicamente en AA, decide dejar que Clarissa ponga el ritmo. Clarissa ordena bloody marys. Pensando en las calorías, es la opción obvia.

—Todavía pareces hippy —observa Clarissa y le regala una sonrisa falsamente conciliatoria, probablemente incluso condescendiente. Zoë la interpreta como inquietante. La ansiedad está en el aire, imposible separarla de él. Está en las moléculas de oxígeno y la bioquímica de ambas mujeres fracasa al tratar de procesarla: es una perpetua tregua inquieta.

—Es mi estilo personal bohemio —responde Zoë—. Y quiero formalizar nuestra alianza.

—¿Quieres que nos casemos? —pregunta Clarissa.

—Quiero un documento con términos y especificaciones precisos —reconoce Zoë—. Y quiero un control de armas.

—Los contratos no sirven para nada —señala Clarissa—. Son una cartita a Santa Claus.

Ella es abogada, después de todo. Ella sabe de eso.

–Podríamos ser primas –sugiere Zoë. La idea le resulta atractiva.

Los sobrevivientes de infancias cataclísmicas definidas por la pobreza y el aislamiento suelen buscar validación de forma compulsiva. Saben que carecen de documentación emocional. Ser primas evoca una conexión sanguínea que podría, a la vez, confirmar y obviar ciertas complejidades, los altibajos, sequías y monzones de su relación. Un mecanismo así podría resaltar y justificar su conjunción errática y patológicamente intensa. En regiones de bambú y pétalos podridos al sol, el viento impulsa la arena como pequeñas balas, y hay siempre demasiado pocos artefactos. Ser primas es una inspiración.

–Yo podría redactar los papeles –Clarissa se entusiasma–, pero la adopción sería mucho mejor.

Zoë llegó a San Francisco cuando tenía siete años. Su padre, Marvin, tenía cáncer terminal. Su madre tenía una enfermedad mental. La familia estaba en bancarrota. Ella solía pensar que un hogar temporal debía ser el paraíso. Si Marvin se moría de una vez por todas, a lo mejor incluso podría ser dada en adopción.

–Te he extrañado como a un primer amor –dice Zoë.

–Yo *fui* tu primer amor –le recuerda Clarissa–. Y tú el mío.

Las dos se inclinan sobre la mesa de madera falsa, cuya superficie está llena de dibujos a cuchillo de insignias de pandillas y logos de bandas de metal. Se besan de nuevo. Las dos están en fase maniaca este día de otoño. Zoë y Clarissa comparten numerosos desórdenes de la personalidad. Ambas son bipolares tipo 2 con características borderline. El abuso de sustancias es un irritante permanente. Recientemente, ambas han sido diagnosticadas con síndrome de estrés postraumático.

Hoy, el sol convierte la bahía de San Francisco en moradas corolas de los jardines campestres en julio. Para articular semejante faceta, para articularla y cartografiarla, haría falta el espasmo de un trueno interno, un nacimiento pequeñito, del tamaño de la boca de una violeta. Si pudiera extraer esta entidad de su cuerpo, podría dársela a Clarissa como un bebé.

Zoë examina los ojos de su casi prima. Incluso a través de los lentes oscuros, brillan extraordinariamente. Zoë siente que ella, también, está resplandeciendo. Sí: sus ojos son corredores de bronce que reflejan luz fluorescente. Las dos son velas hoy, inusuales en su sincronía, radiantes de claridad y energía. Clarissa trae puesta una mascada de seda de un color morado vívido, que implica movimiento. Podría contener olas verticales.

–¿Te gusta? –le pregunta Clarissa–. Es Hermès. Tómala. La acabo de robar en Maiden Lane.

–¿Sigues robando en tiendas? –Zoë se pone la mascada. Se siente húmeda y santificada, un abrazo alrededor de su cuello.

–Hay que tomar una actitud como de guerrillera –le explica Clarissa. Han terminado la segunda ronda de bebidas–. El adrenalinazo requiere de disciplina mental. Te la pones y sigues caminando. "Ay, ¿ésta? Es viejísima. La compré en los Campos Elíseos. Estaba lloviendo. Estaba en la Georges V." Me acuerdo de todos los detalles. Nadie se atrevería a cuestionarme. Y nadie lo hace. Vamos al carrusel.

Llevan sus bebidas a través de las planchas de madera sucia del puerto. El carrusel está cerrado. Clarissa hace una llamada por su celular y aparece un hombre. Ella hace aparecer tres billetes de cien dólares. Ambas esperan por los asientos correctos: escogen dos caballos gemelos, recién pintados, blancos con intricados decorados similares a los de la porcelana. Cabalgan por media hora. Clarissa vomita dos veces.

Zoë busca en su arsenal teórico: ¿será tiempo para una granada de mano? ¿Debería llamar un helicóptero con doctores? Entonces recuerda su misión:

–¿Está bien? –logra decir.

–Ahora entiendo cómo las niñas descubren la bulimia –responde, excitada, Clarissa–. Es un milagro accidental.

–Quizás obtengas algunos puntos de lucidez psiquiátrica retroactiva –le dice Zoë.

A pesar de su camuflaje de gimnasio, es notorio que Clarissa ha ganado peso. Pero incluso ellas tienen sus tabús. Los desórdenes alimenticios son un tema prohibido. Sí, se encuentran en terreno neutral, pero aun así hay zonas prohibidas, áreas de bombas de fragmentación y minas terrestres. La metralla es una constante.

Clarissa toma prestada la mascada púrpura para limpiarse la boca. Ha contaminado la seda, pero a pesar de ello Zoë quiere la prenda de vuelta. Piensa, de pronto, en ramilletes de flores y su inutilidad.

Los arreglos florales de su vida han sido excesivos e insuficientes. Los pétalos manchados.

–Si un contrato no basta, ¿qué podemos hacer? –se pregunta Zoë.

Están de pie en el muelle donde el carrusel ha dejado de operar. Los círculos que inscribían en el delgado aire color agua se han diluido ya. El cuerpo de Zoë esculpía la tarde mientras daban de vueltas y giraban, grabando rastros de tinta azul medianoche como marcas de aletas. En algún lado, estos aguafuertes estarían flotando en un río sinuoso hacia una bahía, más origami invisible.

–Podríamos hacernos un tatuaje –propone Clarissa–. Nuestros nombres juntos dentro de un corazón.

–¿Un tatuaje? –repite Zoë, encantada–. ¿No será peligroso? ¿No irá a doler? ¿Y las posibilidades de infección, de sida?

–Si te encantan las agujas –Clarissa está molesta–. Eres una yonqui profesional.

–Estoy en remisión –responde Zoë con rapidez, inesperadamente a la defensiva.

En realidad, durante una vuelta especialmente brusca del carrusel, empezó a pensar en un vendedor de drogas de North Beach, conocido suyo. Está a distancia caminable, sobre una secuencia empinada de escalinatas de piedra y colinas, más allá de un portón inesperado. Hay una cerradura de combinación. Adentro, un arroyo embalsado y atrapado, el agua color verde estancado con limo y excremento de pato. Ella conoce esta casa victoriana, el grano en cada duela del piso y el modo en que el atardecer se muestra a través de cada vidrio de cada cuarto. Hay geometría en cómo el sol empala y diseca el puente Golden Gate. Quien comprenda esta matemática podrá construir naves espaciales y máquinas del tiempo con materiales caseros. Podrá escuchar la radio y hablar con cualquier dios. Ésta es información encriptada con la que Zoë será enterrada.

–Siempre recaes –observa Clarissa, como si mencionara una fecha histórica o una fórmula química–. Además, ya tienes sida, ¿no?

Zoë está estupefacta. Mira fijamente a Clarissa. Incluso con las gafas de sol Gucci, es notoria una línea más suave alrededor de la barbilla, una pérdida de definición en las mejillas.

–No, querida prima potencial. Tengo hepatitis C. Y necesitas una estiradita en la cara.

–¿En qué parte? –Clarissa se preocupa.

Están caminando del puerto hacia un local de tatuajes en Columbus Avenue. Las tiendas ofrecen pilas de estatuillas de yeso, figuras de santos y niños, enanos y ranas. Alguien comprará y pintará estos objetos, los pondrá en exhibición, los dará como regalos. También hay réplicas de plástico de Alcatraz y camisetas que dicen *Prisionero* y *Pabellón Psiquiátrico*.

—¿Qué parte? —repite Zoë—. No es un maldito contrato. Es una composición. Simplemente dale al fulano un cheque en blanco. Y no uses un cirujano de Pacific Heights o de Marina. Acabarás pareciéndote a todo mundo. Yo encontré uno italiano en Pittsburgh.

—Noté que finalmente te quitaste a tu papá de la cara —admite despacio Clarissa.

—Bueno, la policía no pudo hacerlo —dice Zoë—. Y mamá estaba muy ocupada.

Lentas hinchazones están bajo el embarcadero ahora. La bahía es una representación líquida del otoño. Es una transición continua. Es una forma de traición. Todos los cuerpos líquidos son otoñales y prometen artería. Eso es lo que el cambio de color de las hojas significa, los rojos y ocres, los amarillos como linternas. Tiene que ver con empacar y desaparecer. Es una temporada de cesión. Es el imperativo fundamental que los vientos insinúan. Tiempo de poner fin. Ése es el subtexto obvio. Y se le ocurre a Zoë que su alegría podría disiparse. Las emociones tienen sus propias estaciones, corrientes inexplicables y tormentas aleatorias.

Zoë sigue a Clarissa al interior del negocio de tatuajes.

—A rocanrolear —dice Clarissa—. ¡Presenten armas!

Están sonando los Eagles. Es "Hotel California", desde luego. Un hombre bronceado con una cola de caballo rubia, que parece un instructor de yoga, abre un libro de diseños. Dragones. Mariposas. Demonios. Flores. Guitarras. Arañas. Zoë recuerda vagamente negociaciones que incluyen el conseguir una botella de vodka, jugo de tomate y una complicada discusión acerca de las implicaciones estéticas de elegir una fuente. Finalmente eligieron un tipo de letra gótica. Entonces ella puede haber perdido el conocimiento.

Zoë se da cuenta de que están en un negocio de juegos en el muelle 39. Han pasado tres horas y seis Bloody Marys. Tienen gasa y cinta adhesiva en sus hombros, donde sus nombres han sido tallados sobre la parte superior de sus brazos en el mismo color azul marino. Decidieron dejar la envoltura de un corazón en rojo para su siguiente reunión. Consolas de videojuegos en colores chillantes las rodean; música hip hop truena desde altavoces en el techo y las paredes. Muchachos que se ven todos medio asiáticos o medio mexicanos están armados con palancas láser y ametralladoras de plástico. Guardan las Glocks de verdad en sus bolsillos.

—Ésta no es la aldea global que yo preveía —dice Zoë.

—Decir eso sería lo bastante políticamente incorrecto para que me sacaran de la barra de abogados —murmura Clarissa. Pone dos dedos contra sus labios laqueados de rojo en un gesto de falso miedo.

La cabina de fotos está en el lado lejano del local de juegos. Cuatro tiros. Se han tomado fotos aquí desde que viajaban en autobús y caminaban desde Daly City en el séptimo grado. Zoë recuerda cuando costaban 25 centavos. Ahora cuestan varios dólares. Esta sesión fotográfica es un elemento ritual en cada una de sus reuniones. Es su sacramento. Cuando salen de la cabina, cortan la tira de fotos a la mitad. Zoë guarda sus fotografías en una caja de zapatos en la que tiene también su pasaporte y su acta de nacimiento. Supone que Clarissa guardará las suyas en la caja fuerte de sus joyas. O tal vez sólo las tira.

Las fotografías son un componente necesario de su liturgia. Zoë sabe que sólo pueden verse la una a la otra por medio de representaciones enmicadas. Sería demasiado perturbador e intrusivo si pudieran realmente percibirse sin una mediación artificial. Se comunican por correo electrónico, fax y recortes de periódico. El teléfono es insoportable. Sólo lo usan para arreglar reuniones inminentes e imprevistas.

—La mandíbula de Marvin definitivamente ha desaparecido —Clarissa estudia la tira delgada de cuatro imágenes de rostros—. Tienes pómulos. ¿Éstos son implantes? Jesús. Eres preciosa. Nunca te viste tan bien. Ni a los dieciséis. Cirugía estética a estas alturas.

—Estamos rozando los cuarenta —dice Zoë, desconcertada. De seguro Clarissa comprende la necesidad de procedimientos faciales proactivos. Esto es San Francisco y Clarissa es una abogada en el negocio del entretenimiento con una oficina en un penthouse encima de un banco chino. ¿Estará en negación? ¿Sus medicinas interfieren con su funcionamiento en un nivel tan obvio y rudimentario?

—Pensé que debías esperar lo más posible —Clarissa arrastra las palabras.

—Después de remover psicológicamente la bofetada de la cara, y sus resonancias verbales más dañinas… —comienza Zoë.

—Y eso tarda décadas y cuesta ¿cuánto? ¿Un cuarto de millón? —Clarissa sigue mirando la tira de fotografías.

—Entonces el siguiente paso es la auténtica remoción quirúrgica. Es una progresión natural. Así es como se trata el cáncer emocional. Consérvalas —dice Zoë—. Te pueden servir de referencia.

Se sientan en una banca en el lado sur del muelle, domadas y restringidas por el sol. El agua se está agitando. Olas blancas como bocas que se abren y enseñan los dientes. La bahía hace pensar a Zoë en las mujeres en otoño en una clínica de diagnósticos. Primero el casillero, la bata de papel, la rubia parlanchina y con tableta que lleva a las pacientes al cuarto donde están los aparatos para la mamografía. Luego la espera mientras se leen las placas de rayos x. Sí, la bahía está esperando sus resultados. Amapolas manchadas de residuos o de sangre flotan como ofrendas de oración en las aguas peligrosas y tóxicas.

—Solíamos caminar por aquí. ¿Qué edad teníamos? ¿Once, doce? —pregunta Clarissa. Su humor también está cambiando. Las dos siguen borrachas.

Zoë y Clarissa, con gasa y vendajes en sus hombros, se toman de la mano. La infancia de Zoë es secuencias de amarillos, compuestas de gabinetes de cocina en parques de casas rodantes y los venenos invisibles que se fugan de los poros de padres sometidos a quimioterapia. Respira un poco de limón rancio. Has visto el Pacífico, has llegado al final de la ruta. No te quedes demasiado tiempo en el borde de la muerte. Había una puntuación final para eso. Se llamaba el pulmón de hierro.

—Aún no inventaban un vocabulario para nosotros —dice Clarissa a las olas—. Familias disfuncionales. Niños que crecen sin supervisión. ¿Recuerdas cuando perdí mi llave? ¿Lo que hizo mi padre? Jerry me ató en el espacio de estacionamiento, vestida de pijama, por una semana.

—Yo te llevaba una cantimplora con jugo de naranja. Una botella de vitaminas —recuerda Zoë—. Y unos cuantos carrujos. Corté en pedacitos una calabaza. Estabas esposada. Te daba de comer como a un pájaro enfermo.

—¿De dónde sacaste una cantimplora? —pregunta Clarissa.

—La tomé del armario de pacientes ambulatorios de un hospital —dice Zoë. Le pulsa la cabeza.

Mira el mar de fondo, que es el proceso por el que el otoño se convierte en agua. Si se entiende la bahía, huele a cedro que arde lentamente. Las corrientes de medianoche son en realidad hojas que rascan el océano y dejan marcas bermejas y ambarinas. Sólo los adeptos se dan cuenta de esto. Las olas responden a la luna y a las leyes inmutables de la rotación y la caída. No les dan su cena en la mesa a la hora señalada. No comparten coche para ir al trabajo, no tienen las mancuernillas y las invitaciones preparadas.

—Sólo tú lo sabes —dice Clarissa. Parece que podría vomitar otra vez.

Zoë asiente: "Sí, sólo yo estaba en el punto cero cuando sucedió. Por eso nos hemos tatuado". ¿Quién más podría comprender la adolescencia en los márgenes de un pueblo de mala muerte en las latitudes conceptuales? Al final de los cincuenta su aldea era de casas de madera subdivididas y búngalos de estuco puestos en filas como los árboles frutales puestos sobre las aberturas de los callejones, ésos que daban naranjas y limones tan amargos que quemaban la boca.

—Nos sentamos una al lado de la otra a la hora de pasar lista —dice Zoë.

Era el séptimo grado y las dos aprendían sobre ciudades. Sus nombres eran Sherry y Judy entonces, pero ellas no lo mencionan jamás.

—Tomábamos autobuses y tratábamos de hallar la ciudad —recuerda Clarissa—. Teníamos credenciales de la biblioteca.

Cierto, piensa Zoë, pero no pudieron encontrar su geografía o sus circunstancias en la literatura. La naturaleza era robles y arces, y no un tumulto de bugambilias de color magenta ni un estallido de cañas amarillas y rojas por entre cercas de bambú cubiertas de adelfas rosas. Las familias tenían dos padres y casas color pastel tras bardas blancas, en las que los personajes sufrían por angustia más que por hambre o por rabia. Esos niños de los libros no rebuscaban entre botes de basura en callejones al atardecer en busca de botellas de refresco canjeables por dos centavos cada una. Si se reunía suficiente vidrio se podía pagar un boleto de autobús. En una búsqueda afortunada se podían conseguir suficientes monedas para una comida.

—¿Recuerdas desenterrar botellas para obtener dinero y comer? —pregunta Zoë.

—Recuerdo lo que decías —sonríe Clarissa—. Decías que Holden Caulfield habría tomado un taxi.

Zoë ríe.

—¿Recuerdas nuestras boinas negras? Queríamos conocer a Ginsberg y a Kerouac. Llevábamos esas boinas todo el día. Nos salieron piojos.

Clarissa se encoge de hombros.

—Buscábamos a los beatniks aquí, en este muelle. Chicos con guitarras y libretas para dibujo. Decíamos ser francesas. Practicábamos el acento en los recesos.

Receso en la región de las familias rotas, de las divorciadas y las madres solteras, del estigma y las palabras que no podían decirse en voz alta. Alcoholismo. Cáncer. Abuso infantil. Ilegitimidad. Violencia doméstica. El olor especial y amarillo de las tardes de domingo cuando las madres que trabajaban de secretarias se echaban peróxido en el cabello. Las pequeñas implicaciones de la iluminación de la única lámpara que se te permitía encender. La electricidad era una extravagancia. Su San Francisco era un oasis medieval, el océano en su cara, el desierto a su espalda. Había caciques en las compañías de servicios públicos con habilidades y poderes incomprensibles. Los teléfonos eran instrumentos de terror. Costaban dinero cada vez que se les tocaba. Las llamadas de larga distancia estaban racionadas como el chocolate en tiempos de guerra. El mundo como era, antes de los números directos que podían llevar a un padre a la prisión.

—Todavía sueño pesadillas con el departamento de Daly City —revela Clarissa—. En cada St. Regis, en cada Ritz, desde Pekín hasta Buenos Aires, despierto temblando. En el hotel resort Bora Bora Lagoon. En el Palazzo Sasso en Ravello, por Dios. Las complicaciones de la trama varían pero siempre, de alguna manera, estoy de nuevo ahí.

—¿Te acuerdas de los vecinos? —pregunta Zoë. Ellas vivían puerta con puerta, con sólo un pasillo de cemento en medio. Está mareada. Su brazo arde.

—¿Los espaldas mojadas y los hillbillies? ¿Las rubias idénticas que ceceaban? —Clarissa está inusualmente brillante—. Todavía era la Depresión. Tuve una amiga una vez... otra amiga, no tú, Zoë. Una hillbilly. Jerry nos encontró escuchando la radio. Era Elvis. Jerry empezó a gritar: *¿Estás escuchando música de color? ¿Estás poniendo música de color en mi casa?* Me aventó el radio a la cara y me tiró un diente de enfrente. Así fue como conocí las coronas dentales.

—Eso me pasó a mí —la corrige Zoë—. Fue Marvin, no Jerry. Y usó la palabra con "n".

—Tuvimos el mismo padre, metafóricamente hablando. Un bárbaro con mala gramática que pensaba que un kipá era un boleto a la cárcel. Un tipo que sólo sabía poner cemento y sellador de pintura en las paredes. Eran pintores de casas. Cuando tenían trabajo. Pintores de casas —Clarissa mira fijamente la bahía.

—Como Hitler —señala Zoë. Y luego—: ¿Ya había escapado tu madre para entonces?

—¿Rachel? Estaba a punto. Se estaba convirtiendo en River o Rainbow o algo así, pero en secreto. Preparándose para su primera comuna. Después de Jerry, una bolsa de dormir y una vela eran pura diversión.

Zoë se acuerda de la madre de Clarissa. Una mujer enfundada en ropas negras, hundida en las sombras, con la espalda pegada siempre a la pared, en su propia periferia, callada la mayor parte del tiempo. Jerry la aventó de un auto en movimiento. La pateó en las costillas y la tuvieron que enyesar. La madre de Clarissa, una mujer maltratada, en proceso de metamorfosis. Sí, cambiando de piel como el hibisco y el jazmín de noche junto a los callejones, envuelta en faldas largas, chales y kimonos. En ese entonces era más joven de lo que ellas son ahora.

Entonces la familia de Clarissa se redujo. Zoë la envidiaba. Todos los vecinos tenían familias incompletas. Hermanos en el tutelar de menores. Hermanas desaparecidas. Pronto, si Marvin dejaba de demorarse, si simplemente se moría, ella podría tener una reducción similar. Quizá podría escapar de la casta anómala consignada a vecindades de estuco, con puertas mosquiteras desgarradas y lotes baldíos detrás de alambradas sin cercas de madera pintadas de blanco. Y madres y tías que se movían en autobús y trabajaban como archivistas entre un ataque de nervios y otro. Incluso los coches de segunda mano eran una aberración. Si la ponían en un hogar temporal, podía seguir la adopción. Sacaría puros dieces y ganaría las competencias de poesía y ciencias. Tal vez le pondrían un nombre nuevo, con sílabas que formaran agujas de iglesia en los labios, como las mujeres en los libros. Una madre ama de casa de las que hornean galletas vestidas con un delantal con holanes la llamaría Elizabeth o Margaret o Christine.

—¿Estabas consciente de que éramos judías? —pregunta Zoë.

—Me habían enseñado a nunca revelarlo. Los hillbillies pensaban que los judíos éramos los asesinos de Cristo y dueños de los bancos —responde Clarissa—. Y Jerry decía que nos deportarían. Que nos mandarían de vuelta a Polonia.

—Yo quería un bat mitzvah —recuerda súbitamente Zoë—. Ni siquiera sé de dónde saqué la palabra. Marvin decía: *¿Quieres una cosa judía? Cuesta un dineral entrar a ese club. Te inspeccionan primero. Tienes que rasurarte la cabeza y enseñarles el pene.*

—Hablando del pene de Marvin, ¿te acuerdas del escándalo de Polanski, cuando sodomizó a una niña de 13 años? —pregunta Clarissa.

Sucedió en California. Fue noticia de primera plana en una era en la que los periódicos se leían y se discutían. Los detalles eran gráficos y detallados, indelebles como una mutilación personal.

–Jerry dijo *Yo conocí a ese tipo en Varsovia. Mide menos de 1.60. Tiene un pito de siete centímetros.* Y hacía el ademán con los dedos para mostrar el tamaño –Clarissa repite la demostración para Zoë–. Entonces dijo: *¿Por qué es titular del periódico? ¿Qué daño puedes hacer con una verga tan chiquita?* –Clarissa da la espalda a la bahía.

–¿Eso es lo que pasó? ¿Cuando te mudaste? Desapareciste. El teléfono estaba desconectado. No pude encontrarte como por un año –Zoë trata de armar una cronología.

–Brillstein dice que no fue una violación. Que fue una apropiación inevitable. Jerry pensaba que en la guerra cualquier zanja es trinchera. Yo era un objeto para él. Rachel se fue y él simplemente me mudó a su dormitorio. Llegué de la escuela y mi ropa estaba ya colgada en su clóset. Mi pijama estaba doblada en su cama. Entonces nos mudamos a un departamento en Oakland. Él me dejó elegir nuestras cortinas –explica Clarissa–. Oye, fui la primera esposa trofeo de la cuadra. Es a mi madre a quien odio. Ella sabía que eso iba a pasar. Yo era prescindible.

–Pero ella regresó por ti –dice Zoë–. Te llevó a su comuna. Fuiste a la universidad. Saliste de ahí.

–Una no sale de ahí, por Dios –Clarissa está enojada–. Se sobrevive por suerte.

Zoë examina la bahía. Hay menos agitación, el oleaje es más suave. Una bruma cubre lo que era amatista. El diagnóstico ha llegado. La bahía tuvo su biopsia. Este estrecho de océano está en etapa terminal.

–¿Marvin te rompió la muñeca? –pregunta Clarissa de repente–. Anduviste vendada todo el verano. Tenías que quedarte en el muelle, leyendo.

–De hecho fue mi mamá. Estaba entre un hospital mental y el siguiente ese mes. O con un pase de fin de semana. Su mirada despectiva. Se abría paso a través de la quimioterapia y los antipsicóticos. Ella me acusaba de todo. Decía: *Marvin, mira, esa niña está hablando con ademanes otra vez. ¿No sabes que sólo los judíos y los gitanos mueven así las manos al hablar?* Me acuerdo perfecto. Me dijo: *¿Te crees que eres un neurocirujano? ¿Te piensas que eres un director de orquesta? Ni siquiera eres humana.* Y entonces atrapó mi mano. Quedé con tres dedos fracturados y a ella se la llevaron en la ambulancia.

Las dos mujeres están calladas. La bahía, también, está quieta. A través de la bruma, el sol se refleja color amarillo limón en las aguas. Hay huertos flotantes enraizados en la arena. El romper de las olas y los ladridos de los perros son un lenguaje. La precisión es un requisito necesario de la civilización. Papá te tira un diente. Mamá te rompe los dedos. Hay una matemática elegante en esto, en estas coordenadas y en la relación entre ambas. La acumulación de desaires. El peso de los insultos. La resurrección azarosa de la coherencia. El modo en que ya no se está más ciega, aterida, desolada. Luego la vulgaridad indeleble que al fin tienes el vocabulario para nombrar.

Los dedos de Zoë y Clarissa se entrelazan. Clarissa trae puesto un juego de diamantes Tiffany de al menos cuatro quilates. Y un Rolex Oyster de oro con diamantes incrustados. Ella retira la mano.

—Tú sabes cómo es esto —Clarissa descarta la implicación—. Mientras otras mujeres evalúan sus terciopelos negros y sus sacos de seda roja, yo pienso en un buen juego de navajas de afeitar.

—¿O sea que trascendiste el género? —Zoë está enfurecida.

—¿Qué género sería? ¿Sobrevivientes de adolescencias escuálidas? Mejor aberración de la clase más repugnante —Clarissa la mira fija, duramente. Su labial rojo con las estrellas incrustadas que son como pequeños estoperoles metálicos o ganchitos que ayudan a despedazar la carne.

Zoë reflexiona sobre su infancia compartida en la ya tambaleante ciudad sin estaciones. Sus padres eran judíos que habían sido descastados por generaciones; preurbanos y desprevenidos en un pueblo remoto posado en la orilla del Pacífico inverosímil. El drenaje y los electrodomésticos los maravillaban. El triturador de basura no debía ser tocado nunca. ¿Qué tal si se rompía? El refrigerador debía ser abierto estratégicamente y cerrado de inmediato. ¿Qué tal si se fundía? Y luego su prole, que se quedó muda del impacto, ahí, en la ciudad secreta y sucia, en las entrañas de un coloso hecho de hibiscos amarillos y bugambilias magenta, detrás de bancos de espantados geranios rojos y cañas quebradizas.

—Somos lo que se fundió al final de la estela. Después de los bandidos, cactus y coyotes. Somos la descendencia autóctona de este santo. Sus hijas bastardas —se percata Zoë.

—Fuimos un derrame —responde Clarissa—. No idealices.

Se levantan y todo se suspende. La bahía apenas respira. Tal vez acaba de salir de una quinta ronda de quimioterapia. Quizás está con resaca. O en coma. Necesita un respirador. Vamos, código azul. Necesita resucitación cardiopulmonar.

—Pero tenemos instintos —Zoë está exhausta. Su brazo con la gasa en el hombro se extiende. Ahora sí puede hacer ademanes al hablar. Marvin y su madre están muertos. Hace ademanes con sus dedos, un movimiento que incluye la bahía, el crecimiento urbano de Marin y Sonoma y la sugerencia de algo más allá.

—Entendemos las emboscadas y la guerra no convencional. Somos expertas en camuflaje —asiente Clarissa, ofreciendo apoyo.

—Nunca nos tomarán por sorpresa —se ríe Zoë. Siente una absoluta falta de convicción y un súbito, intenso deseo de que le hagan la manicura.

Silencio. Las palmeras se mecen descaradas, barridas por el viento. Súbitas sombras verticales de sus hojas aparecen sin aviso, lanzas aleatorias. Están más allá de cualquier coreografía conocida. Uno debe improvisar incesantemente. Holden Caulfield sólo habría logrado un cuchillo en las entrañas.

—Me tengo que ir ya —anuncia abruptamente Clarissa—. Pero te ves sensacional. Estoy impresionada. ¿Has considerado una actualización de guardarropa? Tus garras demuestran que eres una artista. Mira, compré algunas cosas de Prada que no me quedan bien. Están mal puestas las tallas. Los demandaría si tuviera tiempo. Están en mi coche.

—Está bien —se las arregla para decir Zoë. *Esto son aerobics emocionales para los tullidos*, piensa. Y agrega—: Aprecio tu gesto.

—No tengo un impulso generoso en mi repertorio —Clarissa se nota cansada—. Esto es un *busca-y-destruye* de tercer nivel. Pero debemos seguir intentándolo. Y debemos terminar nuestra reunión con una bendición celebratoria.

Éste es su ritual de conclusión. Intercambian símbolos de mutua aceptación. Así es como demuestran su capacidad de trascenderse a sí mismas. Es el equivalente de la carrera de cinco millas en lodo y con obstáculos en un campo de entrenamiento militar.

—Te traje una postal que me mandaste de Fiji hace dieciséis años —Zoë la saca de su mochila. La lee en voz alta—: *En la playa al pie de verdes acantilados, percibo el aliento desnudo de Dios. Hago sonreír a mi hija. Ella ríe como una orquesta de campanas y aves marinas alimentadas*

con frutas frescas. Su cabello es musgo contra mis labios. Qué rosadas son
las uñas infantiles. Te deseo un mar de perlas como éste –Zoë le ofrece la
postal a Clarissa.

–La había olvidado por completo –Clarissa no suena sorprendida–.
Era Anna. Ya no nos dirigimos la palabra. No sé dónde vive. Un tipo con
nombre de reptil, Serpiente o Alacrán, algo así, se la llevó en una Harley
a Arizona.

Zoë vuelve a tomar la postal. Está convencida de que sus reuniones
están conceptualmente bien intencionadas. Pero también las sanguijue-
las y sangrías eran consideradas purificadoras y curativas. Lo mismo que
hacer barbacoa de mujer en la hoguera. Y el ajo para protección contra
los vampiros.

Hay una pausa larga en la que piensa en envenenamiento radiactivo,
Madame Curie y el punto de su fatiga. Entonces Zoë dice:

–¿Todavía haces eso de especular con capitales? ¿Aviones privados?
¿Yates a playas demasiado chic como para aparecer en los mapas? ¿Todo
mundo pierde menos tú?

–Cuando el dinero israelí se secó, pensé que estaba acabada. Entonces llegaron los persas. Nada de sensiblerías y miles de millones, todo en
efectivo. Una raza entera con una pasión innata por baratijas. Lotería
–Clarissa está más alerta–. Luego la distensión. Comenzó la derrama de
dinero de la mafia rusa. Cosacos con dinero al contado. ¿Quién lo hubiera pensado?

Clarissa pone la tira de fotografías en su bolso Chanel. Y de último
momento pregunta:

–¿Y qué hay contigo?

–Me voy a casar –dice Zoë–. Me mudo a Pensilvania.

–Dios. El gran final. ¿Una sobredosis en un establo con una estufa de
leña? ¿Diez grados bajo cero sin contar el viento helado? ¿Tus faldas
de la clínica de rehabilitación en un armario de escobas? ¿Ahora qué?
¿Otro pintor alcohólico luchando por volver a exponer en el Whitney? ¿O
un candente genio con una gran novela y un pequeño problema de narcóticos? –Clarissa saca su celular.

–Púdrete –Zoë está colérica.

–Me disculpo. Fue completamente inapropiado –dice Clarissa de inmediato–. Perdóname, por favor. Es la ansiedad de la separación. Tenemos una individualización extremadamente difícil. Las despedidas son

turbulentas. La superposición y sus resonancias. No se puede hablar de esto. Pero Brillstein dice que estamos mejorando.

—¿Todavía vas con Brillstein? ¿El psiquiatra de Jerry? ¿El freudiano con hidroterapia del colon y baños de lodo los fines de semana? —Zoë se la queda mirando, tan sorprendida que casi está sobria.

—Es ecléctico, yo sé. Pero es como un plan familiar. Tengo renta congelada con el precio original —dice Clarissa.

El moderno teléfono se abre, el teclado brilla como los paneles de un avión. Es el tercer milenio y tenemos cabinas de pilotaje en nuestras muñecas y en los bolsillos. El teléfono de Clarissa se activa por voz. Ella dice:

—Chofer —y luego—: Puerto 39. Ahora.

—¿Te duele el brazo? —cuestiona Zoë. Su propio hombro se siente como al rojo vivo.

—Tortura por hermosura. Querida prima —Clarissa sonríe—, mantén tu dedo en el gatillo. Debemos cerrar filas. La causa es justa.

Zoë se percata de que Clarissa ya está en otra cosa. La asamblea ha terminado. Los documentos serán estudiados. Discusiones posteriores serán programadas. Mi gente calendarizará con la tuya. Nos sincronizaremos por agenda electrónica.

De pronto Zoë se siente como en una pausa interminable. Es como la navidad anterior en India, otra vez. Empezó con un taxi descompuesto a cinco horas de distancia de Goa. Luego un retraso de seis horas en el aeropuerto y la carrera a la pista para el último y totalmente inesperado milagroso vuelo a Bombay. Un día de hospedaje para usarlo siete horas. El vuelo a Fráncfort y otro día de hospedaje y retraso. Finalmente, el vuelo de catorce horas a Nueva York. Setenta horas de viaje continuo y ella apenas estaba encontrando su ritmo. Habría podido continuar por semanas o meses, en un montaje perpetuo de entradas y salidas estancadas, corredores y escaleras, túneles y vestíbulos de vértigo en caída libre en donde no aplican las zonas horarias.

Clarissa y Zoë ya no están de la mano. Una distancia de textura e intenciones se forma entre ellas. La geometría es calculada. Ni siquiera sus sombras convergen.

—Otra reunión agridulce a la que apenas sobrevivimos —dice Clarissa—. Mi amada prima.

—Y tú, mi primer y más grande amor —dice Zoë—. Otra incursión de alto riesgo por la que merecemos un corazón púrpura.

—Nos haremos los corazones rojos alrededor de nuestros nombres la próxima vez. Nuestro próximo tatuaje —sonríe Clarissa.

Se besan en ambas mejillas. El brillo ha abandonado sus ojos. Se han deslizado a un interminable filme extranjero en el que ninguna de las dos tiene interés. Ella sabe ahora el nombre del labial de Clarissa. Se llama Khmer Rouge.

Hay una pausa justo antes de la puesta de sol, en la que la bahía se cubre con un velo celeste.

Es el momento de redimirse o ahogarse. Tierra adentro, autopistas con vallas de malla ciclónica esculpen cicatrices de cemento entre búngalos con balcones miniatura donde geranios secos se pudren en aire sucio del humo de las fábricas y las heridas humanas. La bahía es un azul vencido y mudo, subyugado y contenido. De noche, recibe su dosis de antidepresivos. O tal vez hay suficiente prozac y cerveza en las alcantarillas. La polución pinta la puesta de sol con estratos de brandy y espeluznante claret, con manchas de curry y yodo. Parece una masacre.

—Te llevo en el coche a donde vayas —ofrece Clarissa.

El chofer de Clarissa tiene cabello corto, un cuello grueso, lentes oscuros con un audífono que ella imagina usan los agentes de la CIA. Clarissa le señala la puerta del coche. Está abierta como una boca oscura a la que le hubieran tirado los dientes. Y ella está agitando la mascada morada como un pendón. Zoë se niega a admitir que no sabe a dónde va. Se da la vuelta y comienza a caminar. Si son palabras lo que sale de la boca de Clarissa, quien necesita atención quirúrgica inmediata, Zoë no las escucha. Ahora hay sombras a lo largo del malecón, en los callejones y a los lados de las calles residenciales con ridículos e insípidos nombres costeros. Bay Street. Marine Drive. North Point View. ¿A quién creen que engañan?

Sigue caminando y las sombras te encontrarán. Son la esencia destilada de los puertos y las bahías. Semejantes sombras saben como un jerez herido que puedes beber o verter en tus cortadas. Úsalas como aceite para el baño y vuélvete inmune a las infecciones. Las sombras son gráciles y no requieren explicaciones. Saben que eres más peligrosa de lo que imaginan. No pueden llenar tus espacios en blanco. Simplemente se rinden y hacen todo.

No existen las zonas neutrales. Son una ilusión, un constructo delirante, como las películas y los contratos de bienes raíces. Los satélites mapean cada código postal e intervienen cada teléfono. Las ciudades son enclaves entre arenas de combate. Nacemos con armas de destrucción masiva. Están en nuestros genes, pasan de generación en generación, como herencia envenenada. Es la zona cero ahora y siempre. Zoë percibe el coche alejándose a sus espaldas, y se siente agradecida. No quiere volver a ver nunca a Clarissa.

EL TIK
POR JOHN O'BRIEN
Scotch 80s, Las Vegas
TRADUCCIÓN DE YUSSEL DARDÓN

UNA PARTE DE MÍ QUISO PEDIRLE AL TAXI QUE NO SE FUERA. NO LO hice. Miré la enorme puerta, maltratada por el sol del desierto, sí, pero aún tan imponente que me hizo esperar que un guardia musculoso apareciera frente a mí cuando se abriera de par en par. El timbre no servía. En realidad nunca lo había hecho. Sentí un temblor familiar en la parte posterior de mi cuello cuando toqué la puerta con la aldaba de hierro negro y con forma de cruz invertida. Miré por encima de mi espalda para ver si el automóvil seguía a la vista. La larga calle estaba vacía.

A pesar de la inminente caída de la noche me di cuenta de que el pastor alemán dormía; su rostro blanco destacaba de entre el césped oscuro. Yo conocía al perro y me pregunté si él se acordaba de mí. Me acerqué a él para despertarlo.

La última vez que estuve en esta casa, hace más de diez años, estaba seguro de que ese mal capítulo de mi vida había llegado a su fin, pero cuando me agaché a acariciar al animal supe que no era así; más bien, como el perro, estaba al acecho, listo para atacar. El pastor levantó la cabeza y gruñó, pero no supe si el gruñido era para mí o para alguien más. Seguí su mirada y me sorprendí al descubrir que una figura alta y delgada me observaba, de pie junto a la puerta que momentos antes estaba cerrada.

—Timmers, volviste —dijo ella, como si no estuviera sorprendida de verme. Me llamó la atención la manera tan sencilla y meticulosa como pronunció mi sobrenombre, esa forma desinteresada de mirarme, como si yo acabara de regresar de un simple paseo. El encuentro con ella casi me mata.

—Melinda, yo... No te escuché llegar. Me asustaste... —de hecho no recordaba lo que pensaba decirle—. Suenas como si me hubieras estado esperando —pero ella ignoró mis palabras.

—Vamos adentro —propuso.

Mientras caminaba detrás de ella, a través del vestíbulo y hasta el corazón de la casa, empecé a sentir cierta resignación, la sospecha de que, ahora que algunas cosas ya estaban en marcha, podía sentarme y relajarme, libre de la carga de tomar la iniciativa. Después de todo no era una idea tan desagradable.

—Cristo —le dije mientras caminábamos hacia la sala, un lugar que del piso al techo con ventanal medía seis metros—. Había olvidado lo enorme que es este lugar.

—Lo dudo —respondió—. ¿Aún bebes whisky?

—Por fin una pregunta. Al parecer hay al menos una cosa de la que no estás segura —lo dije con un poco de soberbia. ¿Cómo no hacerlo? Vine de tan lejos hasta la casa, hacia mi pasado. Entre menos pensara al respecto, mejor. Me sentía cómodo. Melinda me entendía como nadie.

—En realidad no, Timmers —metió la mano en una vieja cantina española y sacó una botella de Wild Turkey cubierta de polvo.

—La marca que bebo. Me impresionas —entrecerré los ojos y le sonreí. Su presencia me hacía sentir nervioso. Estaba excitado, así de fácil. Ella sabía por qué estaba aquí. Era como estar en un burdel, sin lugar a dudas: uno pide sexo y alguien se lo da. Aunque un burdel parecería una iglesia junto a este lugar.

—En realidad, es una de tus botellas —dijo.

—¡A la mierda! Podemos beber todo lo que queramos más tarde —le dije.

Sin perder un segundo dejó la botella, tomó mi mano y me llevó en silencio hacia las escaleras. Sin resistirme seguí sus pasos seguros y el movimiento delicado de su bata de seda. Éste fue el principio del fin de diez años de espera. Parecía como si mi ausencia no importara. En este momento ya no importaba el tiempo que estuvimos separados.

Sin embargo estuve lejos, y tenía que recordarlo; recordar los años inútiles en que quise olvidar mi vida con Melinda, borrar de mi mente esta casa, lo que sucedía en ella… Cuando más bien tenía que recordar por qué estaba aquí.

¿Por qué estaba aquí?

¿Qué tal si me gusta esto?, me pregunté. Cuánto me gustaba hacerlo había sido el motor de este viaje. Estaba de regreso y era tiempo de olvidarme de la compasión.

Subimos las escaleras hasta el dormitorio; hace diez años había sido nuestro y, sin embargo, estaba exactamente igual. Tal vez siempre sería nuestra habitación. Melinda soltó mi mano y me examinó. Dio un paso atrás y me miró directo a los ojos mientras se quitaba la bata y la dejaba caer al suelo.

Me quedé sorprendido de lo perfecta que era. Aunque a mí la vida me había dejado muchas cicatrices, ella era tal y como la recordaba: impecable, con la piel y las curvas de una bailarina de diecinueve años.

Me desabotonó la camisa y en un instante yo también estaba desnudo. Me cubrió con sus brazos. La cargué hasta la cama mientras mi cuerpo se envolvía poco a poco con su calor. Era justo como la recordaba. Pasé mis manos por sus muslos, sin llegar a su entrepierna. Sus pezones de color marrón se pusieron duros. Tomé uno entre mis dientes, el otro entre el pulgar y el índice, y mordí y pellizqué con precisión. Melinda gritó pero no me detuvo. Ella estaba abierta debajo de mí, lista. Había llegado el momento. La lamí y la probé hasta que sus piernas temblaron. Me detuve antes de que se viniera y me eché encima de ella, jadeando en el trayecto. Finalmente, entré de golpe. Ella se movía como las olas mientras explotaba de placer. Yo estaba a punto de terminar.

Melinda se dio cuenta, como lo supuse, y dejó de moverse. De inmediato estaba bajo su control. Se deslizó debajo de mí y se sentó en el borde de la cama. Abrió el cajón del buró. Esperé, temblando, mientras ella sacaba una bandeja de acero inoxidable, y con gran habilidad preparó una inyección. Un líquido negro y brillante llenó la jeringa. Mi erección pulsaba. Tragué saliva por mi garganta seca.

En ese momento era imposible para mí entender cómo me había mantenido al margen de esta droga —el tik— durante todos estos años. Nunca había oído hablar de él fuera de esta habitación y nunca lo había buscado en otra parte. De alguna manera sabía que no existía fuera de aquí. El tik pertenecía a este lugar tanto como yo, momentos antes, le pertenecí a Melinda. Con él, ella era un oasis en medio del desierto, y se transformaban en una gran, indivisible, seductora realidad para mí. Alguna vez creí que podía alejarme. Pero ahora estaba de vuelta, así que tendría que buscar otra manera de escapar.

Melinda golpeó la jeringa con su uña de color rojo. La tensión sexual y mi ansiedad por la droga provocaban que mi corazón estuviera a punto de reventarme el pecho. Mi sangre estaba lista para llevar la droga hasta el cerebro. Melinda se volvió hacia mí con la aguja lista. Cerré los ojos y le ofrecí mi brazo.

La hermosa inyección.

Mientras el fluido caliente corría por mis venas, Melinda preparó otra dosis y se la inyectó. Luego dejó caer la jeringa en la bandeja y la alejó de una patada; después se abalanzó sobre mí. Melinda me tomó por la cintura y me atrajo a su boca. El calor del tik dentro de mí y el calor de la lengua de Melinda recorriéndome se combinaron en esa euforia perfecta que sólo había conocido dentro de las paredes de esta casa. Me mantuvo al borde todo el tiempo que pudo. Entonces grité y terminé dentro de ella.

La sensación de estar vivo me atrapó, de manera elemental y singular. Estábamos juntos otra vez.

El tik.

Parpadeamos durante unos instantes para comprobar que todo era real. Me recosté en la cama. Melinda puso su cabeza en mi estómago. Luego se levantó y me dio una mordida juguetona. Reí y la empujé. Lleno de nuevas energías, salté de la cama y bajé las escaleras; volví con la botella de whisky. Melinda ya tenía las pantaletas puestas y estaba colocándose las medias de red. Le di un trago a la botella mientras la veía vestirse. Me arrebató el whisky y le dio un trago largo.

—Tengo una sorpresa para ti —dijo. Me devolvió la botella y luego abrió la puerta de lo que había sido mi armario. Quedé sorprendido. Tenía toda mi ropa, tal y como la había dejado antes de irme. Reí.

—¡Carajo, es increíble! ¿Aún conservas el Jaguar?

—Está en el garaje —dijo.

Nada había cambiado.

Melinda y la droga trabajaban en perfecta armonía. La cabeza me daba vueltas de satisfacción. Sonreí y sacudí con fuerza la chamarra de cuero que utilizaba como si fuera una segunda piel. Aún lo era. Mis botas, mis jeans, todo estaba en su lugar. Bebí un poco más de whisky y me abalancé sobre Melinda.

Ya en la cama le arranqué el brasier de encaje negro que se había puesto hacía unos instantes. Ella rio mientras me subía el cierre de la chamarra. Cogimos una vez más, de una manera más superficial, y luego se vistió.

Después de terminar la botella fuimos al garaje. El Jaguar de Melinda, un 1967 XKE negro, todavía estaba en perfectas condiciones, tal como esperaba encontrarlo. También el auto me quedaba a la medida. Me senté en el lugar del conductor y puse mi mano en la palanca de velocidades. El perfume de Melinda se mezcló con el olor del cuero y el aire nocturno. Sacamos el auto y condujimos por la calle. La capota estaba abajo, por lo que el viento revoloteó entre el cabello de Melinda. Me pasé un alto. Desaparecimos en la oscuridad de la noche.

Nos dirigimos hacia la avenida principal, La Franja, luchando con el tráfico. No me importó. Yo disfrutaba de las miradas que esta hermosa mujer y el coche capturaban debajo de la luz de las farolas y del neón de la noche.

—Vamos al Barbary Coast —le dije.

—¿Al Barbary Coast? ¿Es una broma? —dijo Melinda—. ¿Por qué?

—No sé —respondí y me encogí de hombros—. Vamos a cenar costillas a tres dólares con noventa y nueve centavos.

Melinda se rio al tiempo que echaba la cabeza hacia atrás.

—¡Oh, Timmers! Había olvidado cuánto me haces reír.

Nos estacionamos en La Franja y caminamos de la mano entre la muchedumbre. El tik y el whisky se mezclaron. Melinda me tomó del brazo. Sentí como si tuviera diez metros de altura.

Dos gordos del Medio Oeste nos miraron, llenos de envidia. Éramos su idea de Las Vegas. Un hombre de mediana edad observó las largas piernas de Melinda.

—Las más abiertas de La Franja —le dije y le guiñé un ojo. Él me miró con desconcierto y extrañeza. Melinda y yo reímos a carcajadas, luego salimos corriendo.

Después de unos minutos, Melinda se detuvo, sin aliento, y me volteó a ver. Me apretó la mano con tanta fuerza que me enterró las uñas:

—Me siento tan bien de tenerte de vuelta, Tim.

La empujé contra la fría pared de ladrillo y la besé al tiempo que ponía mi muslo entre sus piernas.

—Te amo —susurré. Mi mano tenía algunas manchas de sangre.

Me devolvió el beso. Nuestras lenguas se recorrieron y de repente Melinda se apartó.

—¿Entonces por qué me quieres llevar ahí? —e inclinó la cabeza en dirección del casino.

—¡Vamos! Me siento muy bien, tengo ganas de bajos fondos. Si no encontramos nada interesante allí —señalé el lugar que estaba frente a mí, con un movimiento grandilocuente de mi brazo–, toda La Franja nos espera –caminamos a través del aire acondicionado hasta el ambiente venenoso del casino.

Una rubia más o menos atractiva con pechos muy grandes me llamó la atención. Estaba sentada, sola, en una mesa de blackjack.

–Voy al baño –gritó Melinda por encima del tintineo constante de las ruletas y las máquinas tragamonedas–. Te alcanzo en un par de minutos.

Asentí con la cabeza y la vi alejarse, al igual que la mayoría de la gente que pasaba. Las medias de red tenían ese efecto.

Me senté junto a la rubia y arrojé cien dólares sobre la mesa.

El crupier puso algunas fichas frente a mí, mientras una camarera con un mal disfraz de pirata me ofrecía un trago.

–Un *bullshot* doble –le dije, colocando una ficha en su charola.

–¿Qué es eso? –interrumpió la rubia mientras le daba un trago a una bebida espumosa.

–Caldo de carne y vodka –respondí, sin perder de vista mis cartas.

Ella arrugó la nariz.

–¡Qué asco! ¿Por qué pides *eso*? –el popote se manchó con su lápiz labial color naranja.

–Tengo hambre –le respondí. Lo cual era verdad. Asentí con la cabeza a una señal del crupier.

–Es asqueroso –dijo.

–Vete a la mierda –contesté. Decir que era más o menos atractiva era demasiado generoso de mi parte, aun con esas tetas. La mala iluminación del casino tampoco le ayudaba mucho que digamos–. Cállate y termina tu helado, o lo que sea que estés tomando.

–Está bien, lo haré –dijo–. Entonces tú podrás…

–¿Podré qué? –le dije, mirándola de reojo. La camarera trajo mi bebida en el momento justo. Puse otra ficha en su charola y volteé a ver a la rubia.

–Puedes acostarte conmigo –dijo al tiempo que el crupier arrojó un par de cartas a la mesa: la jota y el as.

–¿Quién diablos es usted?

Con su característica puntualidad y con una morena hermosa tomada de la mano, Melinda intervino. La rubia la miró de arriba abajo y le dio un trago a su bebida.

–De todos modos soy más de lo que podrías tener –dijo, luego recogió sus fichas y se largó.

–Tim, ella es Teena –dijo Melinda, a quien no pareció importarle lo sucedido con la rubia–. Es nueva en la ciudad. Acaba de encontrar trabajo como camarera en el Peppermill.

–Después de terminar el curso de inducción, por supuesto –añadió Teena, riéndose de su propio chiste.

–Correcto, después de terminar el curso de inducción –dijo Melinda después de tomar por la cintura a Teena y luego me miró–. Va a venir a casa con nosotros a tomar una copa –con tan sólo observar el rostro de Teena pude ver que Melinda la había sobornado con algo de la coca que siempre llevaba en el bolso.

–Hola, Tim. Desde que entraste me di cuenta de lo atractivo que eres. Me da tanto gusto conocerte –dijo Teena. Parecía un corderito dispuesto, ingenuo y muy sexy. Justo lo que necesitaba.

–Con esa actitud alegre, estoy seguro de que pasarás sin problemas ese curso –le dije. Teena me sonrió como si fuera la reina del baile. Hasta ahora todo iba perfecto.

–Entonces, ¿qué dices, Tim, pijamada en casa? –preguntó Melinda, aunque ya sabía la respuesta.

Sí, nuestra casa.

–Eso suena muy bien –le dije–. Tomemos algo para el camino y listo, nos vamos –le di una ficha al crupier y encaminé a las muchachas hacia la barra–. ¿Te vas con nosotros, Teena, o tienes tu propio automóvil?

–Teena nos seguirá –interrumpió Melinda, levantando una ceja mientras veía la barra.

Le sonreí a Teena.

–¿Qué te ofrezco? –dijo el camarero, con un ojo eclipsado por un falso parche negro.

Melinda me miró.

–Pide un deseo.

Le hice una señal a Teena para que metiera su auto al garaje y se estacionara junto al Jaguar. Melinda la llevó adentro de la casa para mostrarle el lugar mientras yo observaba su Honda; luego cerré el garaje. Entré por la puerta trasera de la casa y las descubrí besándose en la cocina. No les molestó la interrupción.

—Guárdame un poco, Mel —le dije—. ¿Alguien quiere un trago?

—Tequila —dijo Melinda.

—¿Tienes champán? —preguntó Teena.

Me dirigí hacia la cantina y abrí una botella nueva de whisky.

—Alcánzanos arriba cuando estés listo, Timmers —Melinda gritó desde el pasillo. Estaba ansiosa, aunque no lo pareciera. También había pasado mucho tiempo para ella. Yo estaba impaciente por estar con Teena, pero algo parecía impedírmelo. *Al diablo*, pensé, y di al whisky el trago más largo de mi vida.

Cuando llegué a la habitación, el rostro de Melinda estaba enterrado en la entrepierna de Teena, quien parecía un poco aturdida; sin embargo, se contenía bastante bien, sin duda gracias a la coca que estaba sobre la mesa de noche. Melinda me vio y se sentó de golpe. Estaba cubierta de sudor.

—Cógetela, Tim —me ordenó—. Cógetela bien.

Teena dio la vuelta e hizo una línea de coca, luego se recostó en la cama.

—Sí, cógeme —dijo.

Lo hice, y lo hice duro. Ella no se quejó. Cuando salí, algunos moretones comenzaron a formarse en sus muslos. Tomé whisky mientras ella y Melinda comenzaron a besarse y tocarse. Me sentía extraño. El tik aún corría por mi cuerpo, aunque ahora de manera más estable. Le di un trago más a la botella.

Bebí un largo rato.

Melinda gritó y le enterró las uñas a Teena, quien echó atrás la cabeza y la apoyó sobre la almohada. Melinda se dio la vuelta y me hizo una señal. La cabeza me daba vueltas. Puse mis manos sobre las rodillas de Teena y se las separé mientras Melinda se dirigía a la mesa de noche. Me enfoqué en Teena. Concentré toda mi energía en mi boca, y mi boca en ella. Melinda se movía con lentitud en la cama. Oí un susurro veloz. Teena se puso rígida y se sacudió. Un brisa tibia cayó en mi espalda. Algo chocó contra la pared. Apreté la cintura de Teena con todas mis fuerzas. Algunas lágrimas se asomaron en mis ojos. El cuerpo de Teena quedó sin vida.

Me recosté junto a ella y la abracé, respirando de manera agitada. La habitación quedó en silencio. Después de un rato observé a Melinda. Ella sonrió y se limpió la sangre del rostro. Se levantó de la cama y recogió la navaja de afeitar que segundos antes había lanzado contra la pared. Luego la puso sobre el buró.

—¿Estás bien, Timmers? —preguntó—. Ha pasado bastante tiempo desde la última vez —hizo una pausa y luego dirigió la mirada al cajón, donde había guardado la jeringa—. Quizás es momento de una inyección más.

—No —dije—. Aún no.

Tomé el whisky y le di un trago. Melinda cerró el cajón y entró al baño.

—Haz lo que quieras, pero no hay que esperar mucho tiempo. Me voy a limpiar. ¿Vas a hacerte cargo de eso? —ella hizo un gesto con la cabeza para indicarme la cama empapada de sangre y el cuerpo inmóvil, desnudo y con los ojos abiertos de Teena.

—Claro que sí —le dije—. Siempre lo hago, ¿no?

Melinda cerró la puerta del baño. Me bebí lo que quedaba del whisky.

Por la ventana, el amanecer se anunciaba con timidez, con un cambio de color apenas perceptible. Un coche arrancó a la distancia; miré hacia la puerta del garaje de manera instintiva. Aún estaba cerrada. En realidad no tenía de qué preocuparme. Siempre habíamos llevado una vida privilegiada. Suspiré y me puse los pantalones.

—Lávame la espalda, Tim —Melinda me llamó desde la regadera cuando me escuchó entrar al baño. Corrí la cortina y me puse jabón en las manos. Le di un masaje mientras la enjabonaba.

—Ahhh, eso se siente bien —dijo—. Ven aquí. Estoy lista para una buena cogida.

Puso su mejilla contra la pared y cerró los ojos. En ese instante saqué la navaja que tenía guardada en el bolsillo trasero del pantalón. La tomé por el pelo y de un solo movimiento le corté la garganta. Melinda estiró su cuello y expuso la cortada aún más; luego se dejó caer en silencio hasta el fondo de la bañera. Cerré la llave del agua, regresé a la habitación y devolví la navaja al buró.

Limpié y terminé de vestirme con la ropa que había dejado el día anterior. Besé la frente de Teena. También besé durante un rato la mano de Melinda.

Ya en la planta baja, arrojé un fósforo en el sofá, luego fui a la cocina y abrí las llaves del gas. Al salir del garaje me detuve y, antes de partir, tomé mi chaqueta de cuero.

Puse en reversa el Jaguar y salí; busqué con la mirada al pastor alemán, pero no lo encontré. De repente pensé en lo viejo que era ese perro.

Al poner en marcha el Jaguar, mis ojos observaron el buzón del correo, un testigo sin importancia de lo sucedido. Me alejé y, ya en la carretera, vi desaparecer todo en el espejo retrovisor. Pensé en lo mucho que me hacía falta dormir.

LIGHTHOUSE
POR S. J. ROZAN
St. George, Staten Island
TRADUCCIÓN DE RAFAEL LEMUS

ERA UNA JODA SER ÉL.

Paul soplaba y resoplaba cuesta arriba por Lighthouse Avenue, bombeando sus piernas huesudas y limpiándose el sudor de la cara. Los muslos le ardían y su aliento chirriaba, pero sabía que no tenía sentido preguntar si podía parar. Una cuadra más, pensaba, y entonces daría media vuelta y volvería. Eso sería suficiente. Eso lo llevaría otra vez más allá de la marca, aunque no había mucho que ver desde la calle. Una pared con un par de puertas, una reja de alambre, brillantes banderines ondeando en la brisa de otoño. El edificio en sí, el pequeño museo, enclavado en la ladera justo debajo. En realidad Paul no tenía que verlo. A decir verdad, no tenía que hacer este recorrido en absoluto. Había estado allí un montón de veces, dentro, en esa habitación de losetas cuadradas. Solía ir allí sólo para estar en la fresca y extraña quietud, sólo para ver esas peculiares estatuas con todos sus brazos y sus feroces ojos. Hacía mucho tiempo de eso, por supuesto, antes de que los Chicos llegaran, pero el lugar no había cambiado y él sabía todo lo que tenía que saber. Alarma, sí; perro, no. Más importante: gente en casa, no.

Paul siguió subiendo, acercándose al final de la cuadra. Le gustaba estar ahí. Lighthouse Hill era una presa fácil.

Siempre lo había sido, desde que era niño. En su primer robo se había llevado una laptop de la casa rosa en Edinboro. Hacía años, pero lo recordaba bien. La planeación, el asalto, su corazón palpitante. El botín. Todo.

Era bueno que lo recordara, porque a los Chicos les gustaba oír hablar de ello. Mientras planeaba un trabajo, a ellos les gustaba ayudar, y una vez que el trabajo estaba hecho les gustaba oír la historia una y otra vez. Incluso si habían estado allí. Querían que Paul comparara cada trabajo con los anteriores, para así señalar las tonterías que había hecho y también las cosas que salieron bien. Eso molestaba a Paul: cómo lo hacían volver sobre todo un millón de veces. Resultaba, sin embargo, que valía la pena escucharlos, aun si al principio se preguntaba qué podía saber sobre robos un grupo de estúpidos extranjeros. Tenía razón sobre Roman. Roman era en verdad estúpido. Nunca sabía nada de nada. Paul debía tener cuidado de dónde y cuándo decía eso, e incluso de sólo pensarlo, porque si Roman lo oía podía darle uno de esos golpes y provocarle uno de esos jodidos dolores de cabeza. Había encontrado una manera de pensar sobre cualquier cosa, como de refilón y sin palabras, de la que los Chicos no se daban cuenta. Pero la cosa era que si Roman descubría a Paul pensando acerca de lo estúpido que era, tampoco importaba; de todos modos era cierto.

Larry y Stoom, por otra parte, eran bastante listos. "¿Para ser extranjeros, querrás decir?", preguntó una vez Stoom, con esa mueca burlona que siempre hacía. Paul estaba seguro de que enrollaba los labios, como en las caricaturas. Fue así como supo que debían tener labios, a causa de la mueca de Stoom. Stoom era el único que todavía usaba su nombre extranjero, y era el más violento (aunque no tan vil como Roman). Siempre estaba jodiendo a Paul diciéndole lo perdedor que era.

"¿Entonces por qué me escogiste?", gritó una vez Paul, hace mucho tiempo. "Yo no te invité. ¿Por qué no te vas de regreso a la mierda de donde viniste?"

Stoom dijo que no era asunto suyo y de pronto, boom, el dolor de cabeza.

En cuanto al asunto ese de lo inteligentes-que-eran-para-ser-extranjeros, la verdad es que Stoom y Larry eran bastante listos. Fue Larry el que le sugirió hacer exploraciones preliminares en pants ("¡Bordear el lugar!", gritó Roman. "¡Llámalo bordear el lugar!"), trotando alrededor del sitio un par de veces, a diferentes horas. Era buena idea por un montón de razones. Para empezar, Larry tenía razón: nadie nota a un corredor, sólo otros corredores, interesados sólo en evaluarte y descubrir si son mejores que tú o tú eres mejor que ellos. Si podían vencerte. Por supuesto, tratándose de él, cualquiera podía vencerlo, y lo sabía. Los corredores de verdad eran puro músculo y tendones. Paul se parecía a ellos, desgarbado, el cabello corto y las mejillas hundidas, pero se había como chupado, drenado por la heroína. Como si las agujas en el brazo le hubieran estado sacando, y no metiendo, algo día tras día.

De cualquier modo Paul se ataba los tenis y se obligaba a correr por el barrio que tocaba, cada vez que estaba listo para planear un robo. Lo cual era casi siempre que el pago de la renta se acercaba o la heroína se acababa. Incluso si tenía el trabajo claro en la cabeza y no necesitaba hacerlo, como esta vez, de todos modos corría por las calles alrededor del sitio. Para empezar, a los Chicos les gustaba que lo hiciera, y a pesar de lo terribles que eran sus jadeos y del fuego en sus piernas, los dolores de cabeza cuando ellos se enojaban eran mucho peores.

Otra cosa: andar por el lugar un par de veces durante un par de días extendía la parte de la planeación. Ésa era la parte favorita de Paul. Le gustaba aprender cosas sobre sus blancos: quiénes eran, cómo vivían, qué les gustaba hacer.

"Oh, por favor", dijo Stoom. Sonaba como si estuviera volteando los ojos, aunque Paul no sabía si tenían ojos, tampoco. Una vez había preguntado cómo eran ellos, pero resultó que ésa era otra cosa que no era asunto suyo. "Eres un ladrón", continúo Stoom. "Eres un adicto. Eres un perdedor con extranjeros en la cabeza. Todo lo que tienes que saber acerca de las personas es qué tienen y cuándo no estarán en casa."

"A lo mejor quiere escribir un libro sobre ellos", sugirió Larry, con una voz aburrida y burlona. "A lo mejor va a ser todo un best seller", eso molestó de veras a Paul porque eso era exactamente lo que quería ser antes de que aparecieran los Chicos. Siempre tuvo buena imaginación; iba a crecer y ser escritor.

No hablaba ya de los Chicos. Lo había hecho, al principio. Le llevó un buen tiempo darse cuenta de que nadie más podía oírlos y que todo mundo pensaba que estaba loco. "No son extranjeros, Paul. Todo está en tu cabeza. Necesitas conseguir ayuda." Cosas como ésa.

Bueno, el primer punto era completamente falso. Paul solía discutir, decir cosas obvias como: "Tampoco puedes ver el tiempo, y nadie dice que no esté ahí". Todo lo que la gente hacía era mirarlo fijamente y alejarse, así que dejó de decir cualquier cosa.

El segundo punto, sin embargo, era completamente cierto. Ahí era donde vivían los Chicos: en la cabeza de Paul. Ahí eran donde habían aterrizado cuando llegaron a la Tierra en una suerte de misión exploratoria, Paul no sabía para qué. Nunca le dijeron por qué, pero Stoom le había dicho de dónde venían. Es sólo, era sólo un planeta del que nunca había oído, orbitando una estrella de la que nunca había oído en una galaxia muy lejana. Magribke: eso era lo más cerca que Paul había estado de pronunciarlo bien. Los Chicos se reían de él cuando lo decía de ese modo, pero no le explicaban cómo debía pronunciarlo. No hablaban mucho de su planeta. Casi siempre sólo le decían a Paul el Perdedor qué hacer.

Aparecieron por primera vez cuando tenía catorce años. Él suponía que en ese entonces debió de haber sido un niño peculiar —Dios sabe que su madre siempre pensó eso— pero no todavía un perdedor. ("Oh, claro que lo eras", decía Stoom, pero Paul sabía que no era cierto.) Eran ellos, obligándolo a hacer cosas extrañas, distrayéndolo para que empezara a reprobar, provocándole esos malditos dolores de cabeza —eran ellos los que lo habían jodido.

¿Y el tercer punto? ¿Buscar ayuda? Lo había intentado. ¿Qué pensaba la gente? ¿Que le gustaba estar así, con esos bastardos dándole órdenes y lastimándolo cuando no hacía lo que ellos decían? Cuando tenía dieciséis y estaba ya seguro de que los Chicos no iban a irse, buscó a alguien que pudiera decirle qué hacer. Alguien en la NASA o algo. Pero la NASA no respondió sus correos electrónicos y su mamá lo arrastró a una loquera. La loquera le dijo que le creía acerca de los Chicos, pero no le creía. Le recetó medicamentos, pero los medicamentos volvían el mundo gris y sofocante y no conseguían que los Chicos se fueran, sólo lograban que Paul no los oyera. Ellos seguían ahí, sin embargo, y él sabía que estaban cada vez más y más enojados y que cuando los medicamentos dejaran de funcionar estaría en grandes aprietos. Así que dejó de tomar los medicamentos, y los Chicos estaban tan complacidos de que lo hubiera hecho por sí solo que nada más le dieron un dolor de cabeza, ni siquiera de todo un día.

Lo que más le gustaba a los Chicos era que Paul entrara a lugares y se llevara cosas, y entonces eso es lo que empezó a hacer.

No vivía ya en casa, no desde que dejó de ver a la loquera y tomar sus medicamentos. Sabía que su mamá se había sentido aliviada cuando él se marchó, incluso si fingió que quería que se quedara. Todavía iba a verla de vez en cuando a la casa. Mientras estaba ahí, ella actuaba nerviosamente, cosa que intentaba ocultar, pero él se daba cuenta. Se ponía especialmente nerviosa cuando él hablaba con los Chicos. Les pedía que se callaran por favor mientras estaba con su mamá, pero por supuesto no lo hacían. Así que siguió yendo, pero ya no tan frecuentemente.

Tenía su departamento en un sótano en St. George. Había insectos y olía a humedad, pero era barato, nadie lo molestaba y era fácil llegar a cualquier barrio que los Chicos quisieran que asaltara. Era también fácil llegar con su díler, y era un lugar oscuro, perfecto para inyectarse.

El primer año después de que se mudó fue el peor de su vida. Los Chicos nada más no se callaban y anduvieron con lo de los dolores de cabeza todo el año. Era parte de un experimento que estaban haciendo para su planeta. Incluso cuando Paul hacía exactamente lo que decían, ellos lo golpeaban. A veces creía que querían sacarle el cerebro a patadas.

A veces deseaba que lo hicieran.

Ese año en especial fue una joda ser él –hasta que descubrió la heroína.

¡Carajo, carajo, carajo, qué descubrimiento! La única cosa mala: no haber pensado en eso años antes. Inyectarse no era como tomar los medicamentos de la loquera. A los Chicos les gustaba. Una aguja, y todo mundo relajado, todo tranquilo. Le hizo reír la primera vez: la idea de un puñado de extranjeros drogados desmayándose dentro de su cabeza. Se asustó un poco justo después de reír, pero mientras estuvieran drogados nada les importaba a los Chicos, no se enojaban, estaban tan silenciosos que bien pudiera ser que no estuvieran ahí.

Ése era ya el único momento en que las cosas eran así, el único momento en que Paul podía fingir que las cosas eran como antes de que aparecieran los Chicos, cuando podía hacer lo que quisiera y no lo que le decían que debía hacer.

Paul llegó a la punta de la colina y dio media vuelta. Le alivió ver sus largas zancadas cuesta abajo después de que el dolor en la subida casi lo había hecho llorar. Supuso que ésa era otra de las cosas en las que Larry tenía razón, sin embargo. De no obligarlo los Chicos a hacer esto, no sería sino otro adicto muerto en un colchón apestoso, con una aguja en el brazo. No robaría ni estafaría a viejitas cuando anduviera desesperado por conseguir unos cuantos dólares para la próxima dosis. Correr lo mantenía en cierta forma, mantenía sus músculos trabajando y despejaba su mente para planear sus trabajos.

"Bueno, claro. Contento de ayudar. Porque no creo que quieras ir a prisión, ¿verdad?", preguntó Larry mientras Paul atravesaba una vez más la brillante línea de banderines. Paul no respondió. Las preguntas de Larry nunca exigían una respuesta. "No hay heroína en la cárcel, ¿sabes?"

Paul lo sabía, y eso era suficiente para volver atemorizante la idea de la cárcel. Nada de heroína, y de seguro los Chicos vendrían con él. ¿Qué tan mierda sería eso? Si creyera que ellos no lo iban a acompañar, dejaría que atraparan su culo en un minuto, pero no tenía tanta suerte, y lo sabía.

De cualquier modo en sus malos días —¿y qué día no era un mal día, en realidad?— se preguntaba cuánto tiempo más sería capaz de mantenerse libre. Tenía ya antecedentes penales, había sido detenido un par de veces por asalto, pero era bueno ("Somos buenos", decía Stoom, "¿de quién fue la idea de los guantes de cirujano?"), los policías estaban siempre saturados y nadie había salido lastimado ninguna de las dos veces, así que lo dejaban libre. Pero últimamente había un nuevo problema.

Últimamente los Chicos habían empezado a querer que gente saliera lastimada.

La primera vez que lastimó a alguien fue accidentalmente. Bueno, las tres veces había sido así. Esa primera vez fue hace un año, y vaya si Paul no estaba tan asustado como ella. Se deslizó por la ventana del garaje de una casa de ladrillos en Huguenot, y tal como había supuesto, el coche no estaba, y tal como esperaba, la puerta de la cocina tenía una vieja, ridícula cerradura. ("Hasta tú puedes abrir eso", dijo Stoom. Roman gimoteó: "Anda, vamos, dale una patada", pero Paul no lo hizo. No tenía que hacer lo que Roman decía si los otros decían algo diferente.) La mujer que vivía ahí nunca llegaba a casa los martes antes de la medianoche. Paul se preguntaba adónde iría: ¿al gimnasio, a una clase o algo, y si era una clase, qué le gustaría aprender? Los Chicos se burlaron de sus preguntas, pero nadie lo golpeó, así que deslizó una tarjeta por el quicio de la puerta y entró.

La chica en la barra de la cocina tiró la cafetera y gritó.

Paul casi se orina. No la había visto antes. No vivía ahí. Pelo rizado castaño, ojos cafés, se parecía a la mujer, tal vez una hermana o algo, tal vez de visita, mierda, ¿qué importaba eso? Buena cosa que llevaba el pasamontañas. Retrocedió hacia la puerta, intentado huir, pero ella le aventó un plato, que le dio en la cabeza, y él cayó, resbalándose con todo ese café derramado. Intentó levantarse, pero ella lo apaleaba con una escoba, así que tuvo que tomar ésta y jalarla, pero ella no la dejaba ir. Finalmente la jaló tan fuerte que ella también resbaló, cayó con un ruido sordo, y después emitió un fuerte gemido y muchos "¡Ow-ow-ow!" mientras rodaba en el piso agarrándose el brazo. Paul se escabulló por la ventana y corrió cuesta abajo por la calle, arrancándose la máscara y los guantes mientras se alejaba, y tirándolos en un basurero detrás de la tienda de bagels en la que se paró a vomitar.

Mientras se limpiaba la boca se dio cuenta, con un escalofrío, de que los Chicos se estaban riendo.

No de él; hacían eso todo el tiempo y él ya estaba acostumbrado. Se reían unos con otros, como él y sus amigos solían hacerlo (cuando era niño y tenía amigos) cuando tocaban el timbre de la casa de la vieja señora Miller y huían, o cuando robaban un par de chocolates de la tienda Rifkin. No era la cosa, el evento en sí: era la adrenalina. Por eso lo hacían y se reían endemoniadamente después, por el alivio de no haber sido atrapados, y por la adrenalina. Ése era el tipo de risa de los Chicos ahora.

"Me alegra que piensen que eso fue gracioso", dijo mientras se enderezaba. "¿Les gustó que me diera una paliza, eh?"

"¿En serio? ¿A quién le importa un carajo?", Roman se meó de risa de nuevo. "¿La escuchaste gritar? ¡Ow-ow-ow! ¡Apuesto que le rompiste el brazo!"

"¡La cara que hizo!", dijo Larry. "Cuando gritó. No sabía que las bocas de las personas se pudieran abrir tanto. Fue muy interesante."

Incluso Stoom se carcajeaba, a pesar de que no tenía nada que decir. Paul no podía esperar a llegar a casa, tomar sus cosas e inyectarse.

Pasaron seis meses antes de que la siguiente persona saliera herida. Otro accidente, el mismo tipo de situación, un hombre llegando temprano a su casa, Paul escapando apenas, los Chicos a un paso de la histeria. El otro que le siguió, apenas el mes pasado: lo mismo pero no lo mismo. Paul tuvo un mal presentimiento esa vez. Le gustaba la casa, llena de pequeñas cosas que podía vender; le gustaba el diseño de la casa —montones de árboles y arbustos, tantos que una vez que llegabas a la puerta trasera estabas totalmente oculto—, pero la mujer que vivía ahí tenía un horario curioso, no podías estar seguro de que no llegaría de pronto a casa. Empezó a pensar que tal vez debería buscar otro lugar, pero Larry metió su cuchara. Los Chicos no habían tenido antes una opinión sobre el lugar al que tenía que entrar —o al menos no la habían expresado—, pero esa vez Larry dijo que Paul debía sencillamente seguir adelante y hacerlo. Paul quiso explicar por qué no debía hacerlo, pero Roman empezó a corear "¡Hazlo! ¡Hazlo! ¡Hazlo!", y cuando Stoom dijo: "Yo también creo que es una buena idea", Paul supo que estaba perdido. Hizo todo lo que pudo por asegurarse de que la mujer estaría afuera, y lo estaba cuando entró en la casa, y seguía estándolo cuando vació la caja de joyería dentro de su mochila y se llevó una laptop consigo y una pequeña y bonita fotografía colgada en la pared que podría costar algunos dólares. Pero antes de que pudiera volver al pasillo camino a las escaleras escuchó cómo un carro aplastaba grava en la entrada. Se le ocurrieron distintas ideas –esconderse en el armario, salir por la ventana–, pero todas eran estúpidas y corrió por el pasillo y voló por las escaleras esperando salir en lo que ella pelaba los ojos y pensaba "¿Qué diablos?". No hizo eso, sin embargo. Era como la chica de la primera vez, esta mujer, y fue directo hacia él, gritando y maldiciendo, golpeándolo con su bolsa, sus puños, como una mujer enloquecida. "¡Sólo muévete!", gritó Paul. "¡Sólo déjame salir de aquí!" Pero no lo dejó, y entonces la empujó. Ella se tambaleó, se cayó y golpeó su cabeza contra el suelo. Emitió un sonido largo, grave, triste y enojado. Intentó levantarse, pero no pudo. Se impulsó en el suelo y cayó de nuevo, mirándolo con unos ojos llenos de odio. Cuando intentó levantarse y él creyó que podía lograrlo, tomó algo del perchero, sólo un paraguas pero grande y pesado, y lo levantó por encima de su cabeza.

Pasaron dos cosas.

Una: los ojos de la mujer se abrieron completamente, su cara se puso pálida y toda ella se congeló como una estatua.

Y dos: Larry dijo tranquilamente: "Golpéala".

Paul se congeló también. Dos estatuas congeladas mirándose una a la otra. Tiró el paraguas y retrocedió; pasó tropezando a la señora, abrió de un tirón la puerta y corrió. Los Chicos empezaron a golpearlo incluso antes de que pudiera quitarse el pasamontañas. Para cuando volvió a casa la cabeza le palpitaba, también la nariz y las mejillas, como si estuvieran intentado destruirle la cara. Era uno de sus peores dolores de cabeza y tardó mucho tiempo en irse, en parte porque era tan fuerte que no podía encender un cerillo y disolver su goma.

Cuando el viaje terminó, los Chicos lo golpearon otro poco –estaban de veras enojados porque Paul no había hecho lo que Larry había dicho–, así que tuvo que meterse otra dosis. Después de eso se calmaron por un rato. En la noche Paul fue capaz de sacar su tembloroso yo del departamento y conseguir una taza de café y una rebanada.

El día siguiente se sintió lo suficientemente bien como para hacer algunas cosas. Empeñó bastante bien las joyas de la señora y vendió la laptop por unos buenos dólares. La fotografía, resultó, no valía un carajo, pero su contacto le dio un poco por el marco, y durante un par de semanas Paul pudo pasar los días corriendo, comiendo pizza y comida china y drogándose. Los Chicos permanecieron bastante tranquilos; no es que no estuvieran ahí, sólo decían un montón de mierda para molestarlo, sin dolores de cabeza, sin ideas estúpidas, como aquella vez que le dijeron que saltara del ferry y él tuvo que apretar el pasamanos con tal fuerza que pensó que se rompería los dedos.

Aquella vez finalmente le dijeron que estaba bien, que no tenía que hacerlo, y luego rieron y rieron. Nada como eso ahora, y él se relajó un poco y entró en ritmo. Visitó a su mamá, y las cosas estuvieron cerca de estar tan bien como antes, como antes de que llegaran los Chicos.

Eventualmente, sin embargo, fue tiempo de planear otro trabajo.

Paul tuvo una idea, pensando en ello sin palabras para que los Chicos no se enteraran. El pequeño museo en Lighthouse Avenue, el Museo Tibetano, tenía mucho arte dentro de él, pequeñas estatuas, algunas hechas de oro o plata, algunas incluso con joyas. Le contó a los Chicos sobre ellas, sobre lo fácil que sería robarlas y lo mucho que podría obtener con ellas, siempre y cuando las llevara a Manhattan. Sabía que a los Chicos les gustaría la idea, les gustaba ese viaje, que a veces Paul hacía para conseguir heroína cuando su díler estaba en la cárcel o algo.

Les contó sobre el tragaluz en la habitación de las losas cuadradas y sobre la alarma; aun si se activaba —y no creía que el cubo de luz estuviera cableado, pero incluso si lo estaba—, nadie vivía ahí y el precinto de la policía estaba al menos a cinco minutos. Paul podía meter en su mochila media docena, tal vez más, de esas extrañas estatuas y estar fuera del lugar, deslizándose por la espesa colina detrás, antes de que siquiera llegara el coche de la policía al frente del edificio. La policía se pasearía un rato con sus lámparas, además. Intentarían abrir las puertas en las paredes, y cuando al fin alguien los dejara entrar, Paul estaría ya en casa, escondiendo las estatuas debajo de la cama y preparándose su próxima dosis.

La mejor parte del plan era la que estaba pensando sin palabras. Nadie vivía en el museo. Nadie lo detendría. Nadie estaría ahí para ser lastimado.

Hace mucho tiempo algunas personas solían vivir ahí. Hace mucho, mucho tiempo la señora que construyó el museo vivía en la casa de al lado, y los jardines estaban conectados, y ella hubiera venido corriendo. Pero ahora había una pared ahí y a las personas que vivían en la casa ni siquiera les gustaba mucho el museo. No le preocupaban. Y en la ladera había dos pequeñas cuevas para que los monjes y las monjas meditaran. Cuando Paul era niño y acostumbraba venir aquí, a veces había alguno de ellos o de ellas en la cueva, sentado y pensando con los ojos cerrados. Solían dejar las puertas abiertas y Paul caminaba de puntillas y se escondía detrás de los arbustos y los espiaba. Una vez una de las monjas abrió los ojos y lo vio, y él pensó que ella se enojaría pero más bien le sonrió, asintió como si dijera hola, como si lo conociera ya, y volvió a cerrar los ojos. Las monjas no se parecían a las que él estaba acostumbrado. Nunca había visto monjes verdaderos, sólo en las caricaturas de Robin Hood, y no se parecían a ellos tampoco. Estos monjes tenían las cabezas rasuradas –todos, también las monjas–, mantos grises y grandes cuentas cafés, como rosarios pero no. Le gustaba que parecían estar tranquilos y en paz. Por eso le gustaba verlos. Ni siquiera cuando era niño, antes de que aparecieran los Chicos, había estado así de tranquilo y en paz.

Pero eso fue hace mucho tiempo. Nadie había usado esas cuevas desde hacía diez años, o tal vez más. El museo dejó de tener monjes, y monjas iban y venían, y nadie estuvo ahí cuando el lugar cerró; y pensando sin palabras Paul supo que era una buena idea.

Aunque también sabía que no tenía una buena idea para la siguiente vez.

Pero no podía preocuparse de eso ahora que terminaba su carrera y se montaba en un camión hacia St. George. No podía. Necesitaba controlarse. Le hubiera encantado drogarse, pero no había modo de hacerlo ahora y estar listo para el trabajo cuando oscureciera. Así que regresó a su sótano y movió algunas cajas de pizza y cartones de comida para encontrar su camisa negra y sus pantalones. Tomó un baño, a pesar de que la ropa estaba asquerosa, y luego se acostó, se envolvió en la sábana y se durmió. Esperaba que los Chicos le dieran un descanso; a veces les gustaba gritar y gritar y despertarlo justo cuando estaba a punto de dormirse. Estaba preparado para ello, pero no lo hicieron y se desvaneció.

Cuando despertó era casi el atardecer. Excelente. Tomó su mochila negra y metió ahí su pasamontañas y sus guantes, además de una cuerda y un martillo y una barra de palanca para el cubo de luz. Metió también una sudadera azul clara, para cuando estuvieran buscando a un tipo vestido todo de negro. Eso en caso de que alguien lo viera y describiera a la policía. Pero nadie lo vería; ésa era la belleza de su plan.

En la tienda compró dos cafés, mucha crema y azúcar, y se los tomó antes de llegar a la parada de camión. Ahora estaba alerta; bien. Bajó del camión una esquina más allá del museo y caminó de regreso. Estaba oscuro, y pequeños cuadros de luz amarilla resplandecían en las ventanas de la gente, el tipo de gente que tiene vidas normales y no extranjeros en la cabeza. Excepto por alguien que paseaba a su perro, no había nadie afuera. El tipo que paseaba al perro había ya doblado la esquina para el momento en que Paul se acercó a la reja. La trepó fácilmente, intentando esquivar las banderas. No sabía mucho sobre ellas salvo que eran llamadas banderas de plegaria, así que pensó que quizá sería mala idea pisarlas. Se patinó un poco con las hojas húmedas del lado norte del edificio, pero ya estaba enteramente oculto ahí, tanto de la calle como de la casa de al lado. Como el edificio estaba enterrado en la ladera, él estaba sólo unos tres metros debajo del techo, y la cuerda atada alrededor de un conducto de aire se encargó de resolver eso. ("Suerte que eres un jodido flaco o ese tubo se hubiera roto", señaló Stoom. Paul no respondió.) El cubo de luz, como había imaginado, era de cierto tipo de plástico, y los paneles eran todavía más fáciles de zafar de lo que había imaginado. Levantó un panel, lo puso a un lado y esperó. Correcto también acerca de eso: ninguna alarma. Se colgó del borde, se dejó caer y estaba dentro.

Cayó suavemente en el centro del cuarto de las losetas cuadradas, casi en el mismo punto en el que solía sentarse cuando era niño y venía a mirar. La vendedora de boletos pensaba que era fantástico que un niño pequeño viniera seguido y no lo obligaba a pagar. A veces, si había robado algunos dulces, le traía uno, y ella lo tomaba siempre con un gracias y una gran sonrisa. Encendió la lámpara de su casco y giró lentamente, viendo cómo el haz de luz jugaba alrededor del cuarto. El lugar no había cambiado mucho, tal vez nada. En el lado construido en la colina había un par de cornisas de piedra. La mayoría de las estatuas descansaba sobre ellas, alineadas en filas. Un puñado más estaba dentro de vitrinas colocadas en las otras tres paredes. Dos de las vitrinas estaban a cada uno de los lados de la puerta que daba al balcón. El espacio olía a humedad, como si fuera una de esas cuevas en las que las monjas y los monjes solían estar. Todo estaba tranquilo y en silencio, no el pesado silencio provocado por los medicamentos de la loquera o la heroína. Ésos le hacían sentir como si todo estuviera todavía ahí y él sencillamente estuviera desenchufándose. Esto era una tranquilidad como si todo se hubiera detenido a descansar.

"Qué bello viaje a través del tiempo", dijo ácidamente Larry. "¿Podemos ponernos a trabajar ya?"

Paul se descolgó la mochila, la abrió y se montó a las cornisas, reclinándose sobre cada una de las estatuas. Las quería todas, quería tomarlas y ponerlas en su cuarto en el sótano nada más para contemplarlas, pero no era por eso por lo que estaba aquí y, sin importar cuántas tomara, no era para eso que iban a servir. Se estiró un poco. Ésta era de oro. La sostuvo y dejó que la lámpara la iluminara. Después, a la mochila. Esa otra era hermosa, pero de fierro. Déjala. Aquellas dos allá, con joyas y coral, a la mochila. La de plata. Aquel pequeño candelero, también. Eso era lo mejor de las cornisas. Ahora las vitrinas en las paredes. Paul volteó su cabeza, irradiando luz alrededor.

Allí estaba.

Como la primera vez, la chica en la cocina, Paul casi se orina. Una monja, con un manto gris y grandes cuentas cafés alrededor del cuello. Le sonrió amablemente; Paul abrió la boca. Era la misma monja, la de la cueva, sonriendo la misma sonrisa.

"¿To-to-todavía está aquí?", se las arregló para tartamudear.

"Siempre he estado aquí", respondió. Sus ojos parpadeaban y permanecía con las manos cruzadas en frente de ella. Cuando sonreía se parecía a la vendedora a la que él solía regalarle dulces. No lo había notado antes, que se parecían. "Paul", dijo ella, "sabes que no puedes llevarte eso."

La voz de él había vibrado extrañamente entre las paredes de piedra. La de ella no había alterado la sensación de que todo estaba descansando.

"¿Cómo sabe mi nombre?" Esta vez susurró para no provocar el mismo eco.

"Venías aquí cuando eras niño."

Asintió. "Solía verla a usted sentada ahí. Meditando."

"Lo sé. Pensaba que tal vez algún día te me unirías."

"Yo..."

Larry lo interrumpió, ladrando: "¡Paul! ¡A trabajar!".

Paul dijo: "Sólo dame..."

"¡No!"

Ése era Roman. El golpe también había sido suyo. La cabeza de Paul casi explotaba. El dolor lo aturdía, y apenas si pudo oír a la monja decir tranquilamente: "Roman, deja de hacer eso".

Los golpes se detuvieron de inmediato. Paul miró a la monja. "¿Puede escucharlos?"

Sonrió. "No tienes que hacer lo que ellos dicen, lo sabes."

Paul tragó saliva. "Sí, tengo que hacerlo."

"Sí, tiene que", dijo Larry.

"¡Sí! ¡Tiene que hacerlo!", gritó Roman.

"No", dijo la monja.

"No puedo hacer que se vayan." Paul se avergonzó de lo desamparado que sonaba. Como un perdedor de verdad. Oyó a Larry reírse.

"De cualquier modo", dijo ella.

No estaba seguro de cómo responder, pero no tuvo siquiera oportunidad. "¿Paul?" Era Stoom, que sonaba molesto. Cuando Stoom se enojaba, las cosas se ponían mal, realmente mal. "Haz lo que viniste a hacer, y hazlo ya. Recuerda, Paul: sin robo no hay goma." Era una de esas veces en que Paul podía escuchar a Stoom gesticular.

Paul miró a la monja y luego, lentamente, toda la habitación. La lámpara encendió rostros feroces, ojos hechos de joyas. "Hay muchos lugares que podría robar", les dijo a los Chicos. "No tiene que ser éste. Fue una tonta idea. Ustedes saben, como siempre son mis ideas. Qué tal si sólo..."

"No", dijo Stoom.

"No", dijo Larry.

Y Roman empezó a golpearlo, cantando: "¡Sin robo no hay goma! ¡Sin robo no hay goma!". Después ya los tres cantaban y golpeaban, cantaban y golpeaban. Paul se tambaleó hacia delante, hacia la estatua de una persona sentada con las piernas cruzadas, como solía sentarse la monja. Perlas y coral salpicaban su manto dorado. Se estiró para alcanzarla pero la monja se deslizó suavemente frente a él. No dijo nada, sólo sonrió.

"No", Paul se escuchó gruñir. "Por favor. Debe dejarme."

Ella sacudió la cabeza.

"¡Paul!", reventó Stoom. "Maldito perdedor. Quítala del camino."

"No. Tomaré otra diferente."

"¡Quiero ÉSA!", chilló Roman.

Paul giró la cabeza. La lámpara iluminó una brillante estatua con muchos brazos en una vitrina cerca de la puerta. Le dio la espalda a la monja y se tambaleó hacia la pieza. Para cuando llegó allí la monja ya estaba frente a la estatua, las manos cruzadas, sonriendo. No la había visto moverse.

"Paul", dijo, "esta vida ha sido difícil para ti. No sé por qué; pienso, sin embargo, que la próxima vuelta de la rueda será mucho mejor." No entendía de qué estaba hablando. ¿Rueda, qué rueda? Los tres Chicos lo estaban golpeando ahora, Roman con más fuerza, intentando botarle el ojo derecho. "Por favor", dijo, "quítese de mi camino."

Ella no dijo nada, sólo sonrió esa sonrisa de la vendedora y se mantuvo ahí.

Paul dio dos pasos hacia el siguiente gabinete.

Allí estaba ella.

"¡Por favor!", le gritó Paul. "¡Deténgase!" La cabeza le martilleaba, el dolor era tan agudo que pensó que vomitaría. Con trabajos podía ver, pero sabía que ella seguía allí, entre él y las estatuas. "¡Por favor!"

"Pégale." Era Larry. Paul apenas si podía escucharlo a través del dolor. Intentó fingir que no lo había oído, pero Larry se rio. "Pégale. Con una estatua."

Las manos de Paul temblaron cuando tomó la mochila y sacó la estatua de oro. "Por favor", le susurró a la monja-vendedora de boletos. "Por favor, muévase."

Ella se mantuvo ahí y sonrió.

Paul levantó la estatua muy alto. Mientras la bajaba contra la cabeza rasurada de la monja, se dio cuenta de que él gritaba.

Sintió el impacto contra el cráneo, lo sintió en sus hombros, en su espalda. La monja se desplomó en el suelo sin provocar ruido alguno. Corrió sangre, empezando a encharcarse debajo de la cara de ella. Paul soltó la estatua, y ésta chapoteó en el charco de sangre. "Oh Dios", susurró Paul. "Oh Dios mío oh Dios mío oh Dios mío."

"¡Oh Dios mío está bien!", rugió Larry con una risa triunfante. "¡La mataste!"

"¡La mataste! ¡La mataste!", gritó Roman.

"Sabes lo que sigue ahora, ¿no?", dijo Larry. "Vas a la cárcel. ¡A prisión, perdedor! ¡Te vas a prisión, donde no hay heroína y nosotros nos vamos contigo! ¡Oh, eso será divertido!"

"No." Paul apenas si pudo decir la palabra. "No lo haré. No está muerta."

"¿De verdad?, dijo Stoom. "¿Puedes despertarla?"

Paul se arrodilló, estiró su mano, sacudió gentilmente a la monja. Todavía tenía esa pequeña sonrisa, la sonrisa de la vendedora de boletos, pero no respondía más.

"Mira toda esa sangre", dijo Stoom. "Estás idiota si crees que alguien puede estar todavía vivo con toda esa sangre en el suelo. Eres idiota, de cualquier modo, pero ella está muerta y tú la mataste."

"¡A la cárcel!", gritó Roman. "¡La mataste! ¡A la cárcel!"

"No." Paul se puso de pie lentamente, sacudiendo la cabeza. "No."

"Oh, sí, sí", dijo Larry. "Oh, sí."

Paul le echó otro vistazo a la monja, después se tambaleó hacia la puerta de la salida. Una alarma estalló tan pronto como intentó abrirla. Corrió por la terraza, resbalándose con las hojas otoñales. Cuando llegó al balcón miró hacia abajo; la lámpara alumbró ramas y yerbas que crecían en la pared debajo de él pero no alcanzó a iluminar la calle hasta allá abajo.

Agarró el barandal, listo para saltar.

"No", dijo Stoom con esa voz tan fuerte. "No, te quedas aquí."

Paul sintió que su puño se aferraba al barandal, como si los Chicos controlaran sus dedos. Oyó una sirena. Debían de ser los policías, a causa de la alarma de la puerta. Si seguía aquí cuando ellos llegaran, seguramente iría a la cárcel.

"Es cierto", dijo Larry con satisfacción. "Seguramente a la cárcel."

Paul respiró lenta, profundamente. "No", susurró. "Ella me dijo que no tengo que hacer lo que ustedes digan."

Los Chicos gritaron, gritaron y golpearon, pero Paul liberó sus dedos uno a uno. Se trepó en el barandal, se mantuvo un minuto sobre él. Después se lanzó. Su último pensamiento fue que ojalá los Chicos no tuvieran tiempo de escapar de su cabeza antes de que se estrellara contra el pavimento.

El impacto, el ruido sordo de un cuerpo cayendo quince metros, no se coló muy lejos en el cuarto de las losetas cuadradas. Apenas si alteró la silenciosa quietud, no provocó eco alguno más allá del Buda dorado colocado en el suelo a la mitad del cuarto. La estatua cayó de lado en una pulida baldosa de piedra, junto a una mochila llena de otras estatuas. Salvo por la estatua y la mochila, y el panel removido del cubo de luz, nada estaba fuera de su lugar. El tranquilo silencio continuaba, y continuaría una vez que las estatuas fueran devueltas a sus sitios correspondientes por la nueva directora del museo.

A ella le complacería saber que algo había ahuyentado al ladrón, pero le entristecería enormemente saber que éste se había arrojado desde la terraza. Tal como le había sugerido la policía, debía haber puesto una alarma en el cubo de luz. Pero tenía mucho que hacer, ella era todo el equipo del museo. Guiaba a los visitantes y vendía los boletos, ya que la señora que solía venderlos se había retirado hacía años. No le importaba tener tanto trabajo. Incluso pensaba reabrir pronto las cuevas, hacer tal vez del museo no sólo un lugar sereno sino útil, como alguna vez lo había sido: un faro para las pobres almas con mentes atormentadas.

MENDIGOS
POR WILLIAM KENT KRUEGER
West Side, St. Paul
TRADUCCIÓN DE L. M. OLIVEIRA

KID SE APARECIÓ EN EL RÍO, BAJO EL HIGH BRIDGE, CON UNA GRAN sonrisa en el rostro, una botella de Cutty Sark en la mano y veinte dólares en el bolsillo. Era común ver a Kid de buen humor, pero nunca lo había visto tan contento. Ni tan sonrojado. Tampoco pude recordar la última vez que tuve ante mis ojos una botella de buen whisky.

Oscurecía. Yo calentaba en la fogata una olla de estofado muy diluido –básicamente arroz y algunos vegetales imposibles de reconocer; los saqué del basurero que está atrás de un supermercado asiático.

Puse el Cutty a la luz del fuego y vi cómo los reflejos de las llamas lamían la botella. "¿Asaltaste un banco?"

"Mejor aún." Kid se inclinó sobre la olla y olió el estofado. "Conseguí trabajo."

"¿Trabajo?, ¿tú?"

"Un tipo aceptó mi oferta."

Casi todos los días Kid se paraba en el semáforo que está sobre la Calle Marion, a la salida de la carretera I-94; tiene una luz roja que dura bastante. Llevaba un letrero escrito a mano que decía "Cambio trabajo por comida". Algunas veces le dieron algo de comer, pero nunca le había ocurrido que alguien aceptara su oferta.

"¿Qué tipo de trabajo?"

"Desenterrar unos arbustos marchitos y plantar otros nuevos. Pero déjeme que le cuente, Profesor, ese jardín es tan grande como un maldito parque. Y la casa, Dios mío."

Me decía *Profesor* porque tengo una pequeña libreta con espiral en la que de vez en cuando hago mis garabatos. Ahora, cuál es el motivo de que eso lo llevara a pensar que soy un catedrático, es algo que nunca sabré.

Yo moría por romperle el sello a la botella, pero no me correspondía hacerlo.

Kid se sentó en la arena de la orilla del río con las piernas cruzadas. Me sonrió desde abajo. "Y otra cosa, Profesor: tiene esposa. Una escultura. Y mientras estoy ahí, ella me mira desde la ventana."

"Seguramente tiene miedo de que te robes algo."

"No, me refiero a que me mira como si yo fuera un caballo semental y ella... ya sabe, una joven caballa."

"Potranca."

"Exacto, como si ella fuera una potranca. Una potranca en celo."

Vi el brillo en los ojos de Kid, el fuego que bailaba en ellos. "¿Ya tienes unos tragos encima?"

"Es la verdad, lo juro por Dios. Además el tipo quiere que vaya otra vez mañana."

"Y qué, ¿sólo vamos a admirar esta botella?", le pregunté por fin.

"Destápela, Profesor, vamos a celebrar."

Kid y yo no éramos amigos exactamente, pero habíamos compartido el fuego bajo el High Bridge durante un tiempo, y confiábamos el uno en el otro. La confianza es importante. Incluso si todo lo que tienes cabe en una bolsa vieja del gimnasio, sigue siendo todo lo que tienes. Cuando cierras los ojos en la noche es bueno saber que el tipo que está del otro lado de la fogata no está ahí esperando a que te quedes dormido. Kid tenía sus defectos. Para ser un mendigo se creía mucho. Principalmente porque era joven y creía que su situación social era culpa de las circunstancias. Yo traté de hacerle ver que mucha gente se topa con la adversidad y sin embargo no termina viviendo en las orillas de un río, ni comiendo de los botes de basura de otros ni tampoco vistiendo la ropa que tiran los demás. Era guapo, aunque tenía el cerebro un poco vacío. Su físico era del tipo que podía resultar atractivo para una mujer rica y aburrida de la vida. Para mí era una buena compañía, siempre ávido y sonriente, casi como tener un cachorrito. No sabía su verdadero nombre, simplemente lo llamada *Kid*.

La tarde siguiente, cuando regresó de trabajar en el jardín del hombre rico, me explicó los planes que tenía para la esposa del tipo.

"Tiene el cabello negro y largo, muy brilloso, le cuelga hasta las caderas. Cuando camina se sacude gentilmente sobre su culo. Se pinta las uñas de rojo, como si fueran pequeñas manchas de sangre al final de los dedos de sus manos y de sus pies. Habla con acento, no sé de dónde, pero es muy sexy. Y se derrite por mí, Profesor. Dios: se me tira encima."

La cena esa noche fue pescado, un pez gato enorme que logré sacar del río usando como anzuelo un pedazo de queso enmohecido. Lo freí en la sartén que usaba para todo.

"Si esta mujer es como dices, podría tener a cualquier hombre que quisiera, Kid. ¿Por qué querría a un mendigo?"

Eso lo ofendió.

"Yo no soy como usted, Profesor. El trago no me tiene agarrado por el pescuezo. A la primera oportunidad que aparezca me largo de aquí."

"¿Coqueteando con una mujer rica y aburrida de la vida? Dime si eso va a cambiar tu suerte."

Kid dejó de ver cómo se freía el pescado y volteó a verme. "Hoy entré y le eché un ojo al lugar. Tienen cantidad de mierda cara tirada por ahí."

"¿Y qué? ¿Así, sin más, te vas a colar y a robar lo que te haga falta?"

Evadió mi mirada. "Hoy me dejó entrar cuando el tipo se fue a recoger plantas al vivero. Me preguntó si quería un poco de limonada fría. Y platicamos amablemente de tonterías, ya sabe. Que de dónde soy, que si tengo familia, ese tipo de cosas. Luego, no me lo va a creer, me dijo que su esposo no le cumple. Que ya no le funciona el puente levadizo, ¿sabe? Le contesté que era una maldita lástima, toda su belleza desperdiciada. Ella me dijo, '¿Te parece que soy guapa?'. Le contesté que es la cosa más putamadremente guapa que he visto. Y ¿sabe qué, Profesor? Me invitó para que regrese por ahí esta noche. El tipo saldrá de viaje y ella estará solita. Y no quiere sentirse abandonada. ¿Sabe a lo que me refiero? En cuanto oscurezca me iré para allá."

"¿Pasarás la noche ahí?"

"No toda la noche. Ella no quiere que esté ahí por la mañana, ni que los vecinos me vean escabullirme."

"¿Seguro que no te metiste algo?"

"Pruebas, Profesor", sonrió levemente. "Tengo pruebas."

Entonces sacó de los bolsillos de su pantalón una pequeña bola negra de tela. La extendió con las dos manos para mostrármela, como si sujetara diamantes. "Su tanga."

Una tanga de hilo dental, apenas el material suficiente para cubrir a un canario.

"¿Ella te la dio?"

"La agarró bajo su falda y se la quitó sin moverse de su lugar, la deslizó hacia abajo. Dijo que era para hacerme pensar en ella hasta que se hiciera de noche."

Fue hacia donde se encontraban sus cosas y enrolló la tanga en su sábana.

"¿Tienes hambre?", pregunté.

"*Na*. Voy a colarme a la YMCA para bañarme. Quiero oler bien esta noche. No me esperes despierto, papá." Dijo con una sonrisa y se marchó silbando.

No volvió esa noche. Me imaginé que había obtenido lo que quería de la mujer del rico y de la casa del rico, y que no lo vería nunca más. ¿Qué me importaba? La gente entra a tu vida y también se va. No puedes llorar por todos los que se marchan.

Pero si Kid no me importaba, ¿por qué me sentía tan deprimido al día siguiente? Lo único que quería era emborracharme. Finalmente fui al centro de plasma sanguíneo de la universidad, los dejé chuparme un poco de mi precioso fluido corporal y salí de ahí con dinero. Me dirigí al bar Gopher para pasar una tarde de chispeante conversación con quien fuera que estuviese dentro. Era un lugar en el que Kid y yo pasábamos el rato juntos de vez en cuando, y tenía la esperanza de que estuviera ahí.

Laci atendía la barra. Una mujer dura y poco agraciada, de mente rápida. Me escrutó con la mirada mientras me sentaba en el banco. "¿Empezando el luto, Profesor?"

"No te entiendo", le dije.

Se puso un trapo sobre el hombro y vino hacia mí. "Me imaginé que venía a tomarse unos tragos a la memoria de su amigo. Aunque una mierda como él no se lo merecía."

"¿Kid una mierda? ¿De qué hablas?"

"¿Qué, no se ha enterado?"

"¿De qué?"

Ella se dio la vuelta, tomó una botella de Old Grandad y me sirvió un par de dedos. "Ésta la invita la casa."

Entonces me contó lo de Kid. Estaba en todos los noticieros.

La noche anterior lo mataron a balazos en la casa del tipo rico, pero no antes de que Kid matara a palos a la mujer del hombre.

"Qué curioso", sacudió la cabeza. "Nunca pensé que fuera de los violentos. Pero cualquiera que mata a palos a una mujer se merece ese final. Lo siento, Profesor, pero así veo las cosas."

Me bebí el whisky que me había servido y en lugar de permanecer ahí para emborracharme caminé de regreso.

Esa noche no me molesté en encender la fogata, sólo me senté a la orilla del río, debajo del High Bridge, y escuché el sonido del ocasional tráfico lejano mientras pensaba en Kid. En algún momento saqué mi libreta con la intención de escribir. No sé qué. Quizás una alabanza, algo para dejar constancia de su fallecimiento. En lugar de ello, tomé una vara y escribí en la arena. Unos minutos después pasó una barcaza y el oleaje que provocó borró lo que había escrito. Terminé llorando un poquito, algo que casi nunca me ocurre cuando me encuentro sobrio.

Hace dos años tenía mujer, un buen trabajo como reportero del *Star Tribune*, una casa y un coche. Entonces Deborah me dejó. Dijo que era la bebida, pero era yo, que no era alguien confiable. Y la bebida sólo me empeoró. Poco después perdí mi trabajo porque me hacía más feliz estar en la barra de un bar que frente a mi escritorio, tratando de acabar a tiempo una nota. Y a partir de entonces todo se fue a pique. Hay quienes dicen que beben porque son unos fracasados. Pero no es así. Son unos fracasados porque beben. Y beben porque es muy difícil no hacerlo. Pero mientras tengan una botella que no esté vacía, nunca se sienten lejos de la felicidad.

Así soy yo.

Cerca del amanecer dejé atrás la larga noche de llorar a Kid. Tenía hambre. Caminé por las calles vacías del centro de St. Paul hacia la fonda de Mickey. Llegué cuando despuntaba el sol y ordené huevos, pan y café. Tomé un periódico matutino que estaba en el banco junto a mí. Kid y lo que hizo aún eran nota de primera plana.

Él tenía un nombre: Lester Greene. Tenía antecedentes, pasó un tiempo en la penitenciaría de St. Cloud por robar coches. No tenía dirección permanente. Era un mendigo. Y se había convertido en asesino.

La mujer que había matado se llamaba Christine Coyer, presidenta y directora ejecutiva de Cosméticos Coyer. Deborah solía pedir cosas de Coyer para navidad. Lo único que recuerdo de la marca es que era cara. De acuerdo con el periódico, la mujer regresaba de visitar a su familia en Nueva York. Su esposo la recogió en el aeropuerto, la llevó a casa, y mientras él se estacionaba en el garaje, ella entró en la residencia. Aparentemente sorprendió a Kid, que había entrado luego de romper una ventana con una barra de acero, la misma que luego usó para romperle el cráneo. También atacó al esposo, pero el tipo corrió al segundo piso, donde guardaba una pistola. Kid lo siguió y el ricachón le clavó cuatro balas, cuando ya entraba en la habitación. Estaba muerto cuando los policías llegaron a la escena. El esposo conocía al asaltante. Un mendigo al que le tuvo compasión. Un error del que se arrepentía.

La historia continuaba en la página 5A, con fotografías. Era obvio que la cosa olía mal, pero cuando puse atención a las fotos casi me caigo del banco. Ahí estaba la mujer muerta. Una cincuentona, bien arreglada, pero sin ese pelo largo y negro que le llegaba al trasero. Estaba llenita y madura. Para nada tenía la figura necesaria para lucir fenomenal en una tanga de hilo dental.

Además, si el artículo estaba en lo correcto, ella se encontraba en la Gran Manzana cuando Kid recibió ese pequeño y delicado aperitivo sexual. Pero si Christine Coyer no se lo dio, ¿entonces quién fue?

Durante mis días de universitario, compraba mi ropa en el Ejército de Salvación, en protesta contra el consumismo y la apatía. Hoy compro ahí por necesidad. Por diez dólares encontré un traje gris decente, una camisa casi blanca y una corbata horrible pero aceptable. Me lavé como pude en el baño de una gasolinera en la calle 7, me puse el traje y me encaminé a la dirección de Summit Avenue que daban en la nota del periódico.

Kid describió el lugar como un *gran parque.* Su perspectiva era limitada. Eran los malditos jardines de las Tullerías, una gran extensión de flores bien cuidadas y arbustos esculpidos con un castillo en el centro. El negocio de los cosméticos, sin duda, resultó jugoso para la señora Coyer. Y también para su esposo. Tan bueno, de hecho, que uno tendría que preguntarse por qué un hombre en su situación haría con sus propias manos el trabajo sucio del paisajismo. O por qué contrataría a alguien como Kid para que lo ayudara.

Toqué la puerta fríamente, algo que solía hacer en mis días de periodista. Tenía mi libreta y mi pluma a la vista, en caso de que debiera fingir que era reportero.

Una mujer abrió. "¿Sí?"

Le dije que estaba buscando al esposo de Christine Coyer.

"Él no se encuentra", me informó. "¿Tiene usted cita?"

"No, sólo esperaba tener suerte", le dije.

"¿Quiere dejarle un mensaje?"

No quería. Le agradecí y me fui.

Me dirigí de vuelta al río pensando que el acento de la mujer era francés, pero no demasiado marcado. Quizá de Quebec. Me pareció que su pelo suelto fácilmente alcanzaba su culo. E imaginar ese cuerpo en tanga sería suficiente para llevar a cualquier hombre a cometer un asesinato.

¿Qué hacer?

Podría ir a la policía. Pero ¿me creerían? Quizá si les mostrara la tanga se inclinarían a ser más escépticos con la historia del ricachón.

Podría acudir a un viejo colega. Todavía conocía a suficiente gente de prensa que tomaría la historia y hurgaría en ella.

Pero la influencia del dinero nunca debe subestimarse. Si le llegan al precio, la integridad de cualquiera se pone a la venta. Por ello sabía que era arriesgado entregar la información y la tanga, a quien fuera.

Me di cuenta de que yo era la única posibilidad de justicia que le quedaba a Kid.

Me senté a orillas del río, oliendo el lodo que se removía desde el fondo hasta la superficie. También olía el perfume de la mujer de cabello negro, como si me llegara desde el interior de aquella casa, flotando a través del aire fresco de esa tarde. No podía dejar de imaginarme qué llevaba puesto debajo de su vestido. Entendía perfectamente por qué Kid estaba suficientemente ansioso como para no prestar atención a los peligros evidentes del caso.

Por mucho tiempo me pareció que necesitaba muy poco para ser feliz. Me bastaba con una bolsa de dormir y un lugar para extenderla, una comida decente de vez en cuando, y unos cuantos dólares para comprar una botella, nada más.

Pero las circunstancias de la muerte de Kid abrieron repentinamente una posibilidad muy atractiva.

Pensé en la linda casa y sus jardines.

Pensé en esa delicada y hermosa mujer que estaba adentro.

Pensé en la difunta Christine Coyer y todo el dinero que dejó tras de sí.

Pensé en todo lo que no tenía, en todo aquello que con engaños me hice creer que no me importaba —un conjunto de ropa nueva, un colchón blando, algo tan simple como un corte de pelo, Dios santo, nada pretencioso y, sin embargo, fuera de mi alcance.

Era un muerto de hambre contemplando la posibilidad de un festín. Al final la elección era sencilla. Después de todo, ¿qué bien podía hacerle a los muertos la justicia?

Conseguí el número telefónico a través de un amigo que aún trabajaba en el negocio de los periódicos. Seguí llamando hasta que el rico contestó.

Me identifiqué –no con mi nombre verdadero– y le dije que era amigo de Lester Greene.

Montó un numerito de indignación. "No puedo imaginarme que tengamos algo de que hablar usted y yo."

"Un regalo", le dije. "Uno que tu mujer le dio. Sólo que no era realmente tu esposa. Únicamente se hizo pasar por ella para atraer a Lester a tu casa y así poder asesinarlo."

"Voy a colgar", dijo. Pero no lo hizo.

"Pregúntale a la mujer de pelo largo y negro", lo exhorté. "Pregúntale del regalo que le dio a Lester. Te doy una pista. Es negro y sedoso y suficientemente pequeño para cubrir el ojo de un pigmeo. Pregúntale a tu bella amiga. Te llamaré más tarde."

Colgué sin darle oportunidad para replicar.

Cuando llamé de nuevo, no nos preocupamos por la etiqueta.

"¿Qué quieres?"

Justicia para Kid, es lo que le debí haber dicho. Lo que salió de mi boca fue, "Cien grandes"

"Y por cien mil dólares ¿qué obtengo?"

Sonaba como un tipo acostumbrado a regatear. Según el periódico era asesor financiero. Le respondí: "Mi silencio" y dejé que la frase se mantuviera en el aire por un instante. "Y la tanga."

"La tanga la pudiste conseguir en cualquier lugar", contraatacó.

"Tu querida es hermosa. Y, por cierto, ¿quién es?, ¿tu secretaria?"

"La asistente personal de Christine. No es que eso sea relevante."

"Pero sí es relevante que no sea muy lista. Se quitó la tanga que traía puesta y se la dio a Lester. Un examen de ADN de los residuos de vellos púbicos verificará que la tanga es suya. Estoy seguro de que la policía estará más que dispuesta a ver todas las posibilidades de cerca. ¿Quieres tomar ese riesgo?"

"Ven a mi casa", sugirió, "y salgamos a dar una vuelta".

"Me parece que no. Tu último encuentro ahí no terminó nada bien para Lester. Nos veremos en el High Bridge", le dije. "Yo me quedo con el dinero y tú con la tanga".

"De la tanga me puedo cerciorar, pero ¿qué me asegura que contaré con tu silencio?"

"Si hablo me acusarían de extorsión. La cárcel no me resulta más atractiva que a ti. La verdad es que no tienes otra opción que confiar en mí".

"¿Cuándo?"

"Hagamos el intercambio en cuanto caiga la noche. Digamos, a las nueve".

No estaba seguro de que pudiera reunir el dinero tan rápido, pero no objetó.

"¿Cómo nos reconoceremos?", preguntó.

No tendremos problemas, pensé. Seremos las únicas cucarachas sobre el puente.

El High Bridge está construido en un ángulo inclinado que conecta los acantilados de Cherokee Heights con las planicies del río, pasando Summit Avenue. Pese a que ya había anochecido, las lámparas de vapor de sodio del puente hacían que todo brillara de modo muy llamativo. Esperé en el extremo elevado. Viniendo del otro lado del río el rico tendría que subir la cuesta para encontrarse conmigo. Me pareció buena idea.

Las luces del centro de St. Paul se extendían frente a mí. Al final de ese resplandor corría el Mississippi, deslizándose como una larga serpiente negra hacia la noche. El aire que bañaba el puente traía el olor del río que corría por debajo, un olor a limo, a agua empantanada y a algo más, o eso me parecía. Sonará cursi, pero es lo que pensaba en ese momento. El río tenía el olor de mis sueños. El sueño de volver a la senda adecuada. De recomponer mi vida. De tener ropa nueva, un buen trabajo y, claro, de dejar de una vez por todas la bebida. No sabía exactamente cómo ayudaría el dinero en esto último, pero no parecía imposible.

La noche era cálida y húmeda. Algunos coches cruzaban el puente cada tanto. No había transeúntes. Por un rato pensé que él había decidido que yo estaba blofeando y que no valía la pena prestarme atención. Lo que, en algún sentido, era un alivio. Significaba que tendría que hacer lo correcto y llevar la evidencia a la policía, dejarlos lidiar con el asunto. Todavía podría hacer justicia para Kid.

Entonces vi a alguien pisar el puente en el otro extremo y caminar hacia mí. Yo estaba unos buenos cuatrocientos metros alejado y al principio no podía saber si era él. Cuando la figura llegó a la mitad del puente, me di cuenta de que no era el rico. Era la asistente personal. Ella se detuvo ahí y esperó, mirando hacia la orilla en la que yo me encontraba, luego hacia las planicies. Con la incertidumbre de no saber de qué lado vendría yo.

¿Qué demonios era todo eso? Sólo había una forma de averiguarlo. Caminé para encontrarme con ella.

No llevaba puesto el traje gris, pero me reconoció de todas formas.

"Tú estuviste en la casa esta mañana", dijo con ese acento que, entonces lo supe, sí era francés canadiense. Su pelo le caía hasta el culo, y ondulaba como una cortina de terciopelo. Llevaba puesto un vestido de verano muy aireado. Su dobladillo se levantaba con la brisa y mostraba sus piernas hasta la mitad de los muslos. Unas piernas asesinas. Ante ellas Kid no tuvo ninguna oportunidad.

"Y él, ¿dónde está?", pregunté.

"¿Qué importa si yo traigo tu dinero?" Sus labios eran gruesos y rojos y sus dientes blancos como el azúcar. Olí su delicado perfume, la misma esencia que me había bañado esa mañana. Parecía multiplicar la fragancia del río.

"Muéstrame el dinero", le dije.

"¿Dónde está mi ropa interior?"

Metí la mano en mi bolsillo y se la mostré. "¿Dónde está mi dinero?"

De la bolsa que llevaba en el hombro, sacó un grueso sobre color manila. "Mi ropa."

"Primero el sobre."

Sopesó las alternativas un momento y me lo dio. Miré en su interior. Cuatro paquetes de billetes de cien dólares sujetados con ligas.

"¿Quieres contarlo?", dijo ella.

Yo sólo quería terminar con todo el asunto. "Confío en ti", dije.

Ella tomó la tanga y la tiró al río. La vi caer, henchirse con la brisa y empinarse hacia el agua en un vuelo entrecortado, parecido al de un murciélago.

"Se fue para siempre", sonrió.

"Ni siquiera revisaste que fuera la tuya. Perfectamente pude comprar otra en Marshall Field's."

"Nunca dejarían entrar a un pordiosero como tú en Marshall Field's." Se dio la vuelta seguida de un latigazo de su largo y perfumado cabello y se marchó. Su vestido se levantaba con la brisa.

La vi hasta que se hizo pequeña y se fundió con el brillo de la ciudad. Entonces di media vuelta y caminé hacia la cumbre.

Estaba a tres metros de una nueva vida cuando él me habló desde la sombra de unos pinos, que estaban al final del puente.

"Dame el dinero."

Seguramente él cruzó el puente en uno de los coches que pasaron mientras yo hablaba con la mujer. No pude ver su cara, pero desde la sombra me apuntó con una pistola que brillaba bajo la luz de la calle como si el metal estuviera en llamas.

"Si te lo doy, estoy perdido", le dije.

Su voz escupió desde la sombra. "Estabas perdido desde el principio."

Le aventé el sobre como un frisbee y le pegó en el pecho. La boca de la pistola centelleó. Sentí un golpe en mi barriga. Di una vuelta y tropecé delante de un autobús que logró desviarse mientras tocaba la bocina. Huí hacia la oscuridad, lejos de las luces de la calle. Cuando el autobús se alejó, él me siguió a pie. Una figura negra que destacaba contra la explosión de luz que era el puente. Corrí por donde pude. Me metí en un callejón, crucé otra callé y traté de escabullirme por un nuevo callejón.

De pronto, inexplicablemente, mis piernas cedieron. Simplemente flaquearon. Caí cuan largo era sobre la grava de un viejo garaje. Un farol arrojaba suficiente luz sobre mí como para ser visto con facilidad. Logré arrastrarme hasta la sombra que había entre dos botes de basura. Ahí esperé, poniendo especial atención a lo que escuchaba. Oí pasos fuertes y veloces por la entrada del callejón. Pasaron de largo. Después todo fue silencio.

Mi camisa estaba bañada en sangre. Mis piernas no daban más. Tenía la esperanza de alcanzar el río, pero era imposible. El final llegaría en una cama de hierba dentro de un callejón anónimo. No había nada que pudiera hacer para evitarlo.

Pero con respecto a la mujer y al hombre que mataron a Kid, todavía era posible hacer algo.

Saqué la tanga de mi bolsillo, la que ella le había dado a Kid y cuya copia compré esa mañana en Marshall Field's con el dinero que me dieron por mi sangre. Tomé mi pluma y cuaderno de notas y escribí una breve explicación, con la esperanza de que quien encontrara mi cadáver notificara a la policía.

Estaba cerca del río, aunque nunca me sentaría otra vez en la orilla. Cerré los ojos. Por un rato todo lo que olí fue la basura de los botes. Después olí el río. Cuando abrí los ojos vi a Kid, sonreía desde el otro lado. Como si lo entendiera. Como si me hubiera perdonado. Me dirigí hacia allá. El agua, fría y negra, trepó por mis piernas. La corriente jaló mi cuerpo y me arrastró en un instante.

VI. Justicia callejera

VIC PRIMEVAL
POR T. JEFFERSON PARKER
Kearny Mesa, San Diego
TRADUCCIÓN DE DANIEL ESPARTACO

—YA SABES CÓMO EMPIEZAN ESTAS COSAS, ROBBIE. LA MIRAS POR primera vez. Tu corazón salta y te tiemblan los dedos. No puedes quitarle los ojos de encima. Y cuando la ves, ella sabe. No hay manera de ocultarlo. Así que dejas de mirar. Usas toda tu voluntad para no verla. Pero ella aun así lo sabe. Y todo mundo alrededor también.

—Me ha pasado, Vic —dije.

Caminamos por el *Embarcadero,* donde los cruceros van y vienen. Es lo que pasa por invierno, aquí en San Diego, fresco y quebradizo con una rígida claridad en la luz del sol. Una vez a la semana me reúno con Vic en el café de Higher Grounds y pedimos tragos caros y caminamos por la ciudad. Era un tipo grande, exluchador profesional. Vic Primeval era su nombre artístico hasta que le quitaron su licencia de la WWF por ser demasiado agresivo en sus peleas. Lastimó a algunas personas. Paso unos minutos a la semana con Vic porque él cree que me debe la vida. Y porque está solo en el mundo y probablemente loco.

—Como sea —dijo Vic—, su nombre es Farrel White y quiero que la conozcas.

—¿Por qué?

—Porque estoy orgulloso de tenerte como amigo. Y eres en realidad todo lo que tengo en ese departamento.

—¿Eso presumes, Vic? ¿Nuestro pasado de fenómenos de feria?

Se sonrojó.

—No. Pero me haces quedar bien.

---

* En español en el original. (N. del T.)

Vic iba dando tumbos hacia el Skin, un club de baile exótico: strippers, bebidas adulteradas, entrada gratis con identificación militar.

—No me gusta ese lugar —le dije.

—Robbie, ¿qué es lo que no te gusta de ver mujeres hermosas bailando casi desnudas?

—Los pervertidos que van a verlas.

—Tal vez tengas suerte. Tienes suerte con las mujeres.

—¿Tú qué sabes de mi suerte con las mujeres, Vic?

—Vamos, hombre. Tienes suerte. Todo el mundo lo sabe.

Más suerte de la que merezco. ¿Pero eso es bueno o malo? Por ejemplo, siete años atrás Vic me arrojó por la ventana del sexto piso de un hotel al que prendió fuego, en Las Palmas, en el centro de San Diego. Yo intentaba salvar algunas vidas y Vic estaba angustiado por tener revocada su licencia de la World Wrestling Federation. Este incidente pudo ser razonablemente llamado mala suerte.

Debieron ver el video de mí cayendo a lo que tenía que ser mi muerte. Pero me estrellé contra un toldo antes de golpear la banqueta y salvé mi vida. Esta suerte era claramente buena. Por una corta temporada me volví casi famoso: el detective que cae. El incidente desacomodó mi cerebro un poco pero en realidad ayudó a mi carrera en el Departamento de Policía de San Diego. En el video incluso me veía con gracia al caer. El mundo necesita héroes, aunque se trate sólo de un tipo que se desmaya en lo que él cree que son los últimos segundos de su vida.

—Sólo conócela, Robbie. Esta noche va a estar en el escenario a las ocho, así que va a andar por ahí desde las siete y media. Yo también empiezo a las ocho. Así que podemos esperarla atrás, donde entran y salen los que se presentan. Ni siquiera tienes que poner un pie en el club. Pero si quieres te puedo conseguir el descuento para familia y amigos. ¿Qué otra cosa mejor tienes que hacer?

Estábamos en el estacionamiento para empleados de la parte trasera, bajo la oscuridad invernal. Yo miraba los autos correr por la autopista 163. La música resonaba a lo lejos, dentro del club, y cuando alguien salió por la puerta de empleados la música aumentó en intensidad y vi formas coloreadas flotar en el aire a medio camino entre la puerta y yo.

Veo esos objetos coloridos desde que Vic me arrojó a aquella acera.

Son geométricos, de colores variantes, entre dos y diez centímetros de longitud, anchura y profundidad. Flotan y se mueven de arriba hacia abajo. Puedo moverlos con un dedo. O con una fuerte exhalación, como cuando soplas las velas de un pastel de cumpleaños. Con frecuencia vienen acompañados de música pero algunas veces aparecen cuando alguien me está hablando. Entre más fuerte es la emoción de una persona más grandes y vívidos son los objetos. Permanecen brevemente y luego desaparecen.

En los meses después de mi caída comprendí que estas formas venían no tanto de las palabras dichas sino de las emociones detrás de ellas. Cada forma y color denotaban una emoción diferente. Para mí, las formas son recordatorios visuales de que la gente no siempre siente lo que dice. Mi condición es llamada sinestesia, viene del griego y traducido libremente significa "confusión de los sentidos". Pertenezco a la Sociedad Sinestésica de San Diego, nos reunimos una vez al mes en el Seven Seas, del Hotel Circle.

Farrel tenía una redonda y bonita cara, ojos oscuros, cabello castaño, cortado con flequillo y un hoyuelo en la mejilla cuando sonreía. Sus labios eran redondos y pequeños. Su apretón de manos fue suave. Era pequeña de estatura incluso con botas de tacón alto. Llevaba un abrigo largo para protegerse del frío y húmedo invierno.

—Vic me dice que eres policía. Mi papa era policía. Center Springs, Arkansas. No aparece en la mayoría de los mapas.

—¿Desde cuándo vives en San Diego? —le pregunté.

—Casi un año. Trabajé de mesera, pero ahora hago esto. Pagan mejor.

—¿Cuántos años tienes?

—Tengo veinticuatro.

Tenía una forma de sostenerte la mirada, directa pero sin imponerse.

—Vic me contó lo que pasó. Es bueno que se volvieran amigos. Todos necesitamos cuando menos un buen amigo… Bien, muchachos, tengo que irme. Los invitaría a entrar y les ofrecería un trago, pero se supone que debe ser al revés.

Miré de reojo a Vic y vi la adoración en sus ojos. Esto iluminó su cara, la volvió más inteligente, más suave y mejor. Farrel le sonrió y puso las manos en sus mangas.

—Está bien, Vic.

—Es sólo que me alegro de verte, Farrel.

—Vic me acompaña todas las noches al entrar y al salir. Y a cualquiera de las otras bailarinas que lo piden. Tú eres policía, así que ya sabes que siempre hay alguien merodeando por aquí para molestar a las muchachas. Pero no cuando Vic Primeval está en el corral.

—En realidad no me gusta ese nombre —dijo Vic.

—Lo dije en un buen sentido.

—Significa primitivo.

—Es sólo un nombre artístico, Vic. Como para una bailarina lo es Chastity o Desire.

Pude ver el conflicto interno minar el gesto de Vic. Luego sus pensamientos se sobrepusieron de alguna forma y la luz regresó a sus ojos. Sonrío y miró hacia el suelo.

Una mirada severa vino al rostro de Farrel mientras un BMW 750i entró por la puerta del estacionamiento para empleados y se detuvo junto a nosotros. La ventana del conductor descendió.

—Oye, cariño. Te he estado buscando —tenía treinta, tal vez, y los aparentaba con estilo: cabello muy corto, chaqueta y camisa que parecían costosas. La cara delgada, acento de Jersey. Desvió la mirada de Farrel a Vic, y luego a mí—. ¿Cuál es tu problema, imbécil?

Me abrí la chaqueta para que pudiera ver mi .45.

El tipo levantó las manos como si yo fuera a esposarlo:

—Por Dios, Farrel, ¿quieres que me deshaga de estos gordos? No tienen nada que ver contigo y conmigo, nena.

—Quiero que ellos se deshagan de ti. Ya te lo dije, Sal. No hay un contigo y conmigo. No hay más. Se acabo. Me fui.

—Pero no te has ido, nena. Estás aquí. Súbete al carro. Lo que vayas a ganar un mes ahí dentro, yo te lo pago de mi bolsillo. Ahora mismo.

—Sal de esta propiedad —dijo Vic—, o voy a sacarte a rastras de tu pequeño y lindo coche y aventarte por esa cerca.

Vic me miró de reojo e hizo una mueca después de decir esto. Cuando se pone loco con las cosas las arroja muy lejos. La gente también.

Sal chasqueó la lengua como si fuera un palurdo, luego miró a Vic como si éste fuera un retrasado mental divertido.

—No más "nosotros" —dijo Farrel—, ya hemos terminado.

—Todavía me debes ocho mil dólares, nena. Nada se ha terminado hasta que me pagues.

Vi rombos negros agitarse en el aire, entre nosotros. Los rombos negros significan ira.

—Voy a pagarte en cuanto pueda. ¿Crees que estoy bailando aquí sólo por diversión?

—Vete de aquí —dije—, ya.

—O me vas a arrestar...

—Rápido. Te costará 48 largas horas baratas, o dos muy caras y cortas. Tú escoges.

—Quiero lo mío —le dijo Sal a Farrel—. Quiero lo que pagué.

—Ésas son dos cosas muy diferentes.

—Tal vez lo sean en ese agujero pueblerino de donde saliste.

La ventana subió y el automóvil dio vuelta y salió del estacionamiento, las grandes llantas dejando un rechinido de caucho en el asfalto.

—Voy a entrar un rato —dije.

Tomé una cerveza y miré a Farrel y a las otras muchachas hacer sus presentaciones. Eran desinhibidas y rítmicas, por decir algo. Algunas eran bonitas y otras eran sosas. Algunas actuaban insinuantes, otras con lujuria y otras distantes. Farrel parecía casi tímida y por lo que puedo decir nunca volteó a vernos a Vic o a mí. Tenía un cuerpo pequeño y atractivo. Vic se mantuvo en la parte trasera del cuarto, perdido en la exuberante cortina púrpura, con los pies abiertos y los brazos cruzados, como una piedra.

Pasó una hora y Sal no regresó, hice un gesto en señal de buenas noches a Vic y me fui a casa.

Dos días después Vic me dejó un mensaje para verlo a las afueras del centro de convenciones. Había un espectáculo de reptiles en progreso y mucha gente entraba y salía del edificio con boas constrictor alrededor del cuello e iguanas con correas en sus brazos y contenedores de plástico llenos de brillantes y coloridas serpientes.

—Mira esta cosa —me dijo. Buscó dentro del bolsillo de su camisa hawaiana y saco un enorme escorpión negro—: No pican.

Vic Malic tenía manos gigantescas pero ese escorpión se estiró desde la punta de su pulgar hasta la uña de su dedo meñique. Parecía que podía hundir aquel aguijón media pulgada en cualquier momento con tan sólo desearlo. En su otra mano sostenía una bolsa de plástico transparente llena de grillos. Estaban blancos por algún tipo de polvo. Saltaban de un lado a otro como hacen los grillos.

–¿Comida para escorpiones? –pregunté.

–Sí. Y los espolvorean con vitaminas por 30 centavos.

Miró abajo, hacia la criatura, y la volvió a deslizar dentro del bolsillo de su camisa.

–Ese hijo de puta de Sal está acosando a Farrel. Es la tercera vez que me lo encuentro. Aparece dondequiera que ella vaya.

–Pídele que vaya a presentar una denuncia. No podemos hacer nada hasta que lo haga.

–No confía en los policías.

–Parecía muy orgullosa de su papá.

–Sólo te estoy contando lo que ella me dijo. Sal le prestó 10 mil porque ella destrozó su automóvil sin seguro y su bebé necesitaba quimioterapia. Un hermoso bebé, lo he visto. Hermoso pero con cáncer.

–Es una lástima.

–Sí, y él era todo un encanto al principio. Sal. A ella le gustaba. Empezó a pagarle con favores, tú sabes, pero él había arreglado las cosas para obtener lo que quisiera durante dos años y que aun así siguiera debiéndole la mitad. Además, le gustaba rudo y le pegaba. Entonces le dijo que él tenía amigos. Que podía presentárselos si quería, tú sabes. Él es un tipo listo de Jersey, con conexiones por todos lados. Es lo que él dice. Tú lo escuchaste. Dice que quiere lo suyo y por lo que pagó.

Conozco quiénes son todos los que tienen contactos con la mafia aquí en la ciudad más elegante de Norteamérica. Y Sal no era uno de ellos. Hemos tenido nuestros tipos listos durante décadas, la gran mayoría conectados con los trajeados de L. A. Hay un restaurante al que van todos. Llegas a conocer quiénes son. Me pregunté si Sal sólo era un pariente de visita buscando algo de acción al sureste de California. O tal vez un nuevo tipo que ellos trajeron. O alguien tratando de abrirse paso por la fuerza en un nuevo territorio. Si lo último era verdad, es seguro que iba a haber algunos problemas.

Vi al escorpión retorcerse dentro del bolsillo de su camisa. El bolsillo estaba estampado con una chica hawaiana y parecía como si unas tenazas salieran de su cabeza.

–Voy a conseguir esos ocho mil para ella –dijo Vic.

–¿De dónde?

–Voy a empezar con la venta de libros.

Vic había estado vendiendo copias de *¡Caer a tu vida!*, libro que escribió y publicó él mismo. Trataba sobre cómo "el caso de Robbie Brownlaw", siete años atrás en el hotel Las Palmas, había cambiado su vida. Le iba bastante bien con el libro, más que nada con los turistas. Lo había visto algunas veces, bajo el Star of India o en el Horton Plaza, o ahí, en la estación Amtrak, sobre su pequeña mesa con copias del libro y una caja llena de morralla. Vestía su viejo traje de luchador Vic Primeval de falsa piel, cosido como si fuera una especie de leotardo. Es increíblemente feo, pero al cliente parece gustarle. Para atraer compradores consiguió un viejo cartel de mi persona cayendo a través del cielo. Acostumbraba vender a cinco dólares la copia del libro pero el año pasado subió a diez. Me sigue dando una tajada de la venta cada mes, 25 por ciento. Acepto el dinero porque hace a Vic sentirse honrado y después lo entrego al almacén de alimentos en el centro ASPCA* y a otras asociaciones de caridad.

Hice un cálculo rápido basado en lo que Vic me pagó por regalías en julio, tradicionalmente el mejor mes con los turistas. Mi resultado fue como de 500 dólares, lo que quería decir que Vic se había embolsado 1,500 más algo de cambio.

–Te tomará por lo menos seis meses para juntar ocho mil –dije–. Además, el invierno se acerca y tienes tus propios gastos.

Vic se inquietó.

–¿Tienes algo ahorrado, Vic?

–Puedo conseguir el dinero.

–¿Para que ella se lo dé a él? No le des nada. Que presente una queja con nosotros a ver si es tan rudo. Puede conseguir una orden de restricción. No la conoces a ella y no lo conoces a él. Aléjate, Vic. Es el mejor consejo que te puedo dar.

–¿Qué quieres decir?

–¿Qué tal si todo esto está preparado?

–¿Una trampa? ¿Por qué tenderle una trampa a un sujeto que no tiene dinero? Ella no me ha pedido un solo centavo. Ella es de verdad, Robbie. Ese pequeño bebé. No tengo un cerebro de clase mundial, pero mi corazón siempre ve la verdad. Farrel ha pasado la prueba del corazón de Vic Malic.

–Lo mejor que puedes hacer es pedirle que presente una denuncia.

–No lo hará, ya se lo he pedido. Dice que los policías no harán nada

---

* Asociación Americana para la Prevención de la Crueldad hacia los Animales. (N. del T.)

hasta que lo encuentren cometiendo un delito. Tiene miedo de que sea demasiado tarde cuando eso suceda.

Lo cual casi siempre es verdad.

—Pero Robbie, ¿qué tal si tú se lo pides? Viniendo de ti le importará más que si viniera de mí.

Los de la mafia de San Diego poseen y frecuentan un restaurante llamado Napoli. Es un edificio poco llamativo de dos pisos no muy lejos del cuartel de policía. Tienen participaciones mayoritarias en un par de comederos lujosos, pero sólo les gusta reunirse en el Napoli.

—Mira, es Robbie Brownlaw —dijo Dom, el dueño.

—Dom, necesito hablar contigo.

—Entonces hablemos. Vamos atrás. ¿Cómo está el detective más famoso de San Diego?

Es un tipo alegre de cara redonda, cercano a los sesenta, nieto de una de las figuras históricas más importantes de la mafia de San Diego. Leo *El León* Gagnas. Leo y sus amigos de L. A. controlaron las extorsiones y apuestas de esta ciudad allá por los cincuenta. Dos hombres de Yellowstone trataron de meterse en los asuntos de Gagnas y aparecieron en Glorieta Bay una mañana con la cabeza llena de plomo. Leo y compañía abrieron el Napoli en 1953. Era muy cercano a Bebe Rebozo, quien fue un gran recaudador de donativos para Nixon. A principios de 1966 a Leo lo sentenciaron dos años por evasión de impuestos y eso fue todo. Nunca vio una prisión antes o después de eso.

Nos sentamos en su oscura y pequeña oficina. No había ninguna ventana y olía fuertemente a humo de habano y colonia. Los libreros estaban atestados de novelas policiacas de bolsillo, mucho Whit Masterson y Erle Stanley Gardner y Mickey Spillane. Una caja fuerte en una esquina y las paredes cubiertas de fotografías enmarcadas, retratos de los antepasados de Dom y la gente que frecuentaba el Napoli: Sinatra, Joey Bishop, John Wayne, Nixon, Ted Williams.

Miré hacia las fotografías:

—¿Dónde están las nuevas celebridades, Dom?

Él también miró hacia las fotografías.

—Ya no vienen tan seguido por aquí. Hay un tiempo para todo, ¿sabes? Está bien. El negocio es bueno. ¿Qué necesitas, Robbie?

Le conté sobre Sal y sus supuestas conexiones con Nueva Jersey, su mala actitud y su BMW negro y pulido, su arreglo con una joven bailarina llamada Farrel, en el Skin.

Dom se inquietó.

—Sí, algo he escuchado. Mi sobrino es gerente del Skin. Tengo algunos amigos vigilando los movimientos de este tipo.

—¿Has tenido algún problema en Jersey?

—Nunca. Ningún problema, Robbie. Esos días se acabaron. Lo sabes.

—¿Y qué tal si es lo que dice ser y quiere mudarse para acá?

—¿Mudarse?

—Mudar el negocio, Dom.

—No sé a qué te refieres con negocio. Pero alguien ha llegado a la ciudad y ha estado alardeando y diciendo que es un hombre importante con contactos de la mafia en Jersey y todo eso, bueno, aquí hay tontos y allá hay tontos también, Robbie. Nadie que conozca habla de esa manera. ¿Me entiendes?

—Me pregunto si estará recibiendo ayuda.

—Será mejor que tenga ayuda si no quiere cerrar la bocota. Te diré lo que averigüe. Y Robbie, este tipo, dile que no está haciendo muchos amigos por aquí. Si es lo que dice ser, entonces eso es una cosa. Si no lo es, entonces sólo está haciendo encabronar a todos. Hay algunas puertas que deben mantenerse cerradas. Dile eso. Tal vez le ahorres algún pequeño inconveniente. ¿Cómo está esa linda pelirroja esposa tuya, Gina?

—Nos divorciamos hace siete años.

—Yo me divorcié una vez. No, tres veces. ¿Sabes por qué es tan caro?

—Porque lo vale.

—Así es.

—Ya me habías dicho eso antes, Dom.

—Y tenía razón, ¿verdad?

Esa noche me encontré con Farrel en el Skin, antes de su presentación. Nos sentamos en la barra y recibimos un buen trato de los cantineros. El sobrino de Dom, un joven espigado llamado Joey Morra, vino a saludarnos, dijo a Farrel que a los clientes les estaba gustando. Conseguí el número telefónico de Farrel, su dirección, el nombre de su hija, sus padres y su ciudad natal. También todo lo que ella pudo decirme sobre Sal Tessola, dónde vivían, cómo se conocieron, qué hacía ella por él, la historia completa. Le dije que necesitaba toda la información para presentar una denuncia convincente. Hablamos durante una buena hora hasta que ella consultó su reloj.

—¿Te vas a quedar para verme bailar?

—No esta noche.

—¿Entonces no te gustó?

—Estuviste bien, Farrel.

Me miró fijamente:

—No quiero que Vic me consiga el dinero. No se lo pedí. Le pedí que *no* lo hiciera. No es el tipo más brillante, Robbie. Pero es tal vez uno de los más testarudos.

—Ahí tienes un buen punto.

—¿Cómo es que no estás casado? Debes estar en la edad apropiada.

—Lo estuve una vez.

—Yo encontraría una manera de mantenerte conmigo.

—Ahora me estás coqueteando.

—¿Por qué no me regresas el cumplido?

—Center Springs sufrió una gran pérdida cuando te marchaste.

Ella me miró de arriba abajo de aquella manera directa y no comprometedora.

—Estoy segura de que sí. Y no hay poder suficiente en la tierra o el cielo para hacerme volver.

Vi los triángulos negros del terror y los triángulos amarillos del miedo flotando en el aire entre nosotros.

La seguí a la salida del Skin. No soy sospechoso por naturaleza pero me ayuda a hacer mi trabajo. La noche se acercaba, húmeda, y me mantuve un poco atrás. Ella conducía un Dodge de principios de los noventa que era lento y pesado y fácil de seguir. Se dirigió a una pequeña casa en las vías, en La Mesa, al este del centro. Bajé la velocidad y la vi estacionarse en la entrada. Pasé de largo, di la vuelta a la cuadra, después regresé y me estacioné cruzando la calle, a una casa de distancia. La casa era de los años cincuenta, una de cientos construidas en La Mesa poco después de la Segunda Guerra Mundial. Construidas por muchos de esos hombres y mujeres de la marina que sirvieron y volvieron a San Diego buscando un lugar para vivir en su soleada y despreocupada ciudad.

La luz de la sala estaba prendida y las cortinas extendidas casualmente, con un buen hueco en el centro y en el extremo. Alguien se movió dentro de la sala y entonces se vio la luz de una lámpara por la parte de atrás, a través de la ventana de la habitación del lado que podía ver. Pasaron unos minutos y pensé que ella podía estar bañándose, así que salí a caminar por la acera. Entonces di media vuelta y atravesé por el pequeño jardín y me detuve bajo un colorín. Me acerqué a la ventana de la sala y eché un vistazo a través del agujero del centro.

La habitación estaba escasamente amueblada con lo que parecían ser muebles de segunda mano, una alfombra tejida sobre el oscuro y manchado piso de madera, una mesa de café de la época de la colonia, un sofá a cuadros amarillo-naranja al que le faltaba relleno. Había una pila de carpetas negras de tres anillos sobre la mesa de café. Justo enfrente de mí estaba la parte trasera de un televisor, no una pantalla plana, sino uno de esos viejos con el trasero grande y montones de alambres y cable coaxial saliendo por todos lados.

Me moví alrededor del perímetro de la casa y me introduje por un portón chirriante, ningún perro ladró y pronto llegué al lado oscuro de la ventana lateral. Las persianas estaban echadas pero eran viejas y algunas estaban rotas y muchas de ellas dobladas. A través de un hoyo pude divisar un pequeño dormitorio. Todo lo que tenía era una cómoda y una carriola con un bebé dormido dentro. No tuve que mirar mucho tiempo ese bebé para darme cuenta de que era un muñeco.

Farrel atravesó el cuarto con lo que parecía una bata de baño blanca y algo en la cabeza. Espere un poco y luego regresé por el patio de los vecinos hasta mi automóvil. Me senté tras el volante y eché mano de los binoculares y pude ver a Farrel en el sofá a cuadros, el cabello en una toalla, ambas manos sobre una lata de cerveza de medio litro entre sus piernas. Se inclinó hacia adelante y recogió una de las carpetas negras, la miró como si la hubiera visto cientos de veces antes, y luego la dejó a su lado. Parecía cansada pero llena de paz con la luz del televisor proyectándose en su rostro.

Veinte minutos después un Mustang maltratado subió por la avenida, se estacionó detrás del Dodge y Sal descendió de él. Atrás habían quedado la ropa radiante y en su lugar aparecieron los pantalones vaqueros, una chaqueta de mezclilla y un par de botas de arnés sin brillo que rechinaron y se encorvaron mientras él abría la puerta con llave y se metía en la casa.

Dirigí los binoculares hacia el hueco en las cortinas de la sala y el rostro de Farrel quedó en dirección hacia mí. Dijo algo sin mirar a Sal. Él estaba frente a ella, su espalda hacia mí, dijo algo y se encogió de hombros. Le quitó la lata de cerveza y le dio un trago largo, después la puso de nuevo entre las piernas de ella. Vestía una camiseta azul con el logotipo de una pizzería. Se la quitó al mismo tiempo que se dirigía a la habitación trasera.

Salió después de unos minutos vistiendo vaqueros y camisa de tirantes, su cabello mojado y peinado hacia atrás. Era un hombre delgado, de hombros anchos, alto. Por primera vez me di cuenta de que era guapo. Pasó de largo a Farrel rumbo a la cocina y regresó con una lata de cerveza para sentarse no muy lejos ni muy cerca de ella. Apretó una vez la bata donde debería estar la rodilla y después dejó caer la mano en el sofá.

Hablaron sin mirarse pero yo no sé leer los labios. Parecía una conversación del tipo "¿cómo te fue en el día?", o tal vez algo acerca del programa de televisión que arrojaba luz azul sobre ellos como si fueran peces bajo el agua.

Después de un rato dejaron de hablar y tras unos minutos Farrel levantó el control remoto y la luz azul desapareció, luego tomó una de las carpetas negras en la pila al final del sillón.

La abrió y leyó en voz alta. No tenía nada escrito ni título o etiqueta en la portada.

Agitó la carpeta en dirección a él y señaló una página con el dedo y leyó una línea.

Ella la repitió. Estoy bastante seguro.

Ella la leyó una vez más y la repitió. Estoy bastante seguro de nuevo.

Ambos se rieron.

Después otra línea. Todas en voz alta, fueran lo que fueran. Sal se inclinó hacía ella y la señaló con un dedo en el rostro y dijo la línea de nuevo. Ella se inclinó y se quitó la toalla de la cabeza y dijo algo y ambos se rieron de nuevo.

Él se levantó y trajo dos latas más de cerveza de la cocina y abrió una para ella cambiándola por la que ya se encontraba vacía. Arrojó la toalla que estaba en su regazo y se sentó junto a ella, puso sus pies descalzos sobre la mesa de café junto a las carpetas y se encogió en el sillón por lo que su cabeza quedó al nivel de ella. Ella encendió de nuevo el televisor.

Esperé por una hora. Otra cerveza. No mucha plática. Ambos se quedaron dormidos.

Eran cerca de las tres y media de la madrugada cuando Farrel se despertó, se rascó la nuca y luego apretó el cinturón de su bata. Caminó adentro de la casa y fuera de mi vista.

Unos minutos más tarde Sal se levantó y apagó las luces. Por el resplandor del televisor pude verlo estirarse en el sofá, poner una mano sobre sus ojos y bostezar para dormirse de nuevo lentamente.

Dos días después, más o menos a la misma hora oscura, estaba en el cuartel general escribiendo el reporte de la escena de un crimen. Sufro de insomnio ocasionalmente y me gusta terminar de hacer el papeleo durante esas largas y atormentadas horas. Claro que escucho la radio de la oficina, manteniendo un oído a medias en los cientos de llamadas que llegan cada vez.

Así que cuando escuché que había un posible 187 en el club nocturno Skin salí por la puerta del despacho a toda velocidad.

Dos patrullas estaban en el lugar y dos más llegaron al estacionamiento mientras yo salía del automóvil.

—El conserje llamó al 911 —dijo uno de los uniformados—. Fui el primero en llegar a la escena y me dejó entrar. Hay un hombre muerto allá atrás en la cocina. Creo que es uno de los gerentes. Traté de tomarle el pulso pero no pude llegar hasta él. Ya lo verá.

Pedí al patrullero que sellara ambas entradas, la trasera y la de enfrente, y comenzara a llenar el papeleo. Siempre es una buena idea si no quieres que tu escena del crimen descienda en espiral hacia el caos. Les sorprendería saber cuántas personas irrumpen en ellas y arruinan evidencia, la mayoría son policías.

Caminé hacia dentro, pasé la barra y las mesas y el escenario, luego entré en una pequeña cocina, mal iluminada y oscurecida por la grasa. Otro uniformado estaba parado cerca del cuarto refrigerador, hablaba con un hombre joven que vestía una camiseta azul cielo con nombre parchado.

Vi la automática tirada en el piso frente a mí. Entonces el policía miró arriba y yo seguí su mirada hasta el techo descubierto. En lo alto había grandes ventiladores y rejillas de ventilación y ductos y conductos eléctricos y colgantes lámparas de tubos fluorescentes. Un cuerpo yacía doblado a la mitad sobre una viga de acero. Sus brazos colgaban por un lado y sus piernas por el otro. Si hubiera quedado una pulgada más atrás o más adelante, el cuerpo simplemente se hubiera deslizado de la viga hasta el suelo. Caminé alrededor de la pistola y me encontré mirando el rostro de Joey. Tenía un tono purpura de urgencia en el rostro y sus ojos estaban abiertos.

—La caja fuerte en la oficina —dijo el uniformado apuntando a la parte trasera de la cocina.

La puerta de la oficina estaba abierta y entré. Había un escritorio y un sillón de cuero y un pequeño refrigerador y microondas, fotografías de bailarinas semidesnudas en las paredes junto a un calendario de los Chargers y estandartes de los Padres de San Diego.

También había una gran caja fuerte, abierta pero no vacía. Me agaché frente a ella y vi las pilas de dinero y algunos sobres.

El oficial y el conserje me miraban desde la entrada de la oficina.

—¿Por qué matar a un hombre por su dinero y no tomarlo todo? —preguntó el uniformado. Su identificación tenía escrito *Peabody*.

—Tal vez se asustó y huyó —dijo el conserje, cuyo parche estampado tenía escrito *Carlos*.

—Está bien —dijo Peabody—, entonces dígame cómo es que Joey subió tres metros en el aire y acabó allá arriba colgando de una viga. No me diga que lo hizo él mismo.

Carlos miró el cuerpo y se encogió de hombros pero yo tenía una opinión al respecto.

—¿A qué hora entró a trabajar? —le pregunté.

—A las dos. Es cuando cierran.

—¿Joey generalmente anda por aquí?

—Siempre está uno de los gerentes. Cuentan el dinero cada tercera noche. Después lo llevan al banco.

—¿Así que hoy era noche de banco?

—Se supone que debía serlo.

Conduje rápidamente hacia el cuarto de hotel de Vic en el centro, pero nadie abrió la puerta. En la recepción el gerente nocturno detrás de una ventana reforzada me contó que Vic se había marchado alrededor de las ocho y media –siete horas antes– y no había regresado.

Llegué a casa de Farrel once minutos después. No había autos en la entrada pero las luces estaban encendidas. Toqué el timbre y la puerta, que no estaba cerrada con llave. Así que la abrí y entré.

La sala lucía exactamente como dos días atrás, excepto por que las latas de cerveza habían desaparecido y la pila de carpetas negras se había reducido a sólo una. En la pequeña habitación trasera la carriola seguía en su lugar y el muñeco de plástico seguía envuelto en su cobija justo como antes. Fui al dormitorio principal. La cama no tenía sábanas y la cómoda yacía abierta y prácticamente vacía. Tampoco habían dejado rastro en el baño: sin toallas, nada en la regadera o el botiquín o sobre el lavamanos. El refrigerador tenía leche y pepinillos y eso era todo. La cesta de basura bajo el lavabo tenía latas de cerveza vacías, un empaque sin pretzels, varios residuos de comida rápida bañados en cátsup, un recibo de un supermercado y un contrato de arrendamiento de Rent-a-Dream –un negocio de renta de automóviles cerca del aeropuerto–, por un BMW negro 750i, por supuesto.

De regreso en el comedor tomé la carpeta negra de la mesita de café y la abrí en la primera página:

LOS SOPRANO
Temporada cuatro / Episodio tres

Salté entre las páginas. Diálogos y breves descripciones. Cuatro episodios en total.

Las líneas de Sal, pensé.

Vic no se presentó a trabajar durante tres noches seguidas. Pasé por el Skin un par de veces por la noche, sólo en caso de que apareciera, y toqué en su habitación dos veces al día más o menos. El gerente no lo había visto en cuatro días. Me dijo que el alquiler de Vic se debía desde el primero.

Por supuesto Farrel también había desaparecido. Pasé por su casa en La Mesa pero algo me decía que no iba a regresar por ahí, y no lo hizo.

Al cuarto día del asesinato de Joey Morra, Vic me llamó al teléfono celular.

—¿Puedes alimentar a mi escorpión? Dale seis grillos. Los tengo bajo el lavamanos. El gerente te dará la llave.

—Claro. Pero necesitamos hablar, Vic. Cara a cara.

—Yo no lo hice.

—¿Quién más podría aventar a Joey de esa manera?

Vic no respondió.

—Dom y su gente andan buscándote, Vic. No tendrás un juicio con ellos. Sólo obtendrás una sentencia y no será indulgente.

—Sólo tomé lo que ella necesitaba.

—Y mataste a Joey.

—Sacó una pistola, Robbie. No supe qué otra cosa hacer. Le di un abrazo de oso y se desmayó. Fue como un reflejo. Como cuando te arrojé.

—Te veo afuera del Higher Ground en diez minutos.

—Ella me estaba esperando en Rainwater, Robbie. Caminé hacia Rainwater y allí estaba ella. Esa joven y hermosa mujer, esperándome ahí. Debiste ver la luz en su rostro cuando le di el dinero. Allá en el estacionamiento, quiero decir.

—Estoy seguro de que sí —dije—. Nos vemos afuera del Higher Ground en diez minutos.

—No, estoy en un lugar seguro. Voy a relajarme un par de días, sabiendo que hice algo bueno por una buena mujer. Mi escorpión, le puse Rudy. Oh. Mierda, Robbie...

Incluso viniendo de un satélite orbitando en el espacio alrededor de la tierra, y a través de los kilómetros que le tomó viajar hasta mi oído, el sonido de la descarga de una escopeta fue inconfundible. Así como el de la segunda descarga y la tercera.

Unos días después volé hacía Little Rock y alquilé un automóvil, entonces conduje hacía el noreste hasta Center Springs. Farrel tenía razón: ni siquiera aparecía en el mapa de la compañía de alquiler de autos, pero sí en la unidad de navegación GPS que venía con el vehículo.

Las montañas Ozark eran empinadas y boscosas y el río Arkansas parecía correr sin prisa. Pude ver finos hilos de humo provenientes de estufas de leña de las cabañas en las hondonadas y un lienzo grisáceo cubría el cielo.

El encargado de la estación de gasolina dijo que encontraría la casa del padre de Farrel White una milla más adelante, justo antes de Persimmon Holler. Dijo que había un lote de remolques al pie de la colina y que los vería desde la carretera si no conducía muy deprisa. Billy White vivía en el de molduras de madera con todas esas antenas satelitales en el techo.

El camino hacia allá estaba lodoso y lleno de baches por las recientes lluvias estacionales. Conduje hasta los últimos remolques entre unos bloques de hormigón. Estaban atascados y carcomidos por el sol y algunos tenían cubiertas y otros sólo tenían más bloques de hormigón como escaleras de entrada.

Los perros me vieron pasar sin siquiera levantarse. Había gatos y arena y una pila de bloques de motor afuera, parecía como si hubieran sido arrojados allí por algún niño gigantesco.

Billy atendió a mi llamado con un repentino tirón de la puerta para después estudiarme a través de la malla. Pesado y de cincuenta y tantos años, no se parecía en nada a su hija. Vestía una chaqueta verde y blanca abotonada hasta el cuello.

—Soy de la policía de San Diego y busco a su hija. Pensé que tal vez ella habría regresado a casa.

—¿Usted lo haría?

—¿Hacer qué?

—¿Venir a esta casa desde San Diego?

—Pues.

—¿Ella está bien?

—Eso creo.

—Pase.

El remolque era pequeño y estrecho, lleno de muebles mullidos y esponjosos.

—¿Está en problemas?

—Farrel y su novio estafaron a un tipo por dinero. Pero él tuvo que tomar el dinero de alguien más.

Billy me alcanzó una cerveza y se dejó caer en un sillón de vinil frente a mí. Tenía la cara redonda y un brillo de picardía en los ojos.

—No es su novio. Es su hermano.

–Nunca me pasó por la mente.

–No se parecen en nada. Pero siempre han sido cercanos. La gente creía que demasiado cercanos, pero nunca ha sido de esa manera. Sólo cercanos. Se entienden el uno al otro. Ambos son buenos chicos. Su único objetivo en la vida era salir de Center Springs y lo han logrado. Estoy orgulloso de ellos.

–¿Cuál es el nombre de él?

–Preston.

–¿Los crio en este remolque?

–Demonios, no. Teníamos una casa en Persimmon pero tuve que venderla durante el divorcio. Hazel se fue a Little Rock con un tabaquero. El resto de la historia es tan patética como suena.

–¿Cuándo se marcharon Farrel y Preston?

–Hace un par de meses. El plan era San Diego, después Hollywood. Gente bonita con cultura y dinero para gastar. Iban a estudiar televisión, tal vez a crear un programa. San Diego era para practicar.

–Los libretos.

–Los sacaron de la biblioteca, allá en Fayetteville. Hicieron copias de los que querían. Una y otra vez. Memorizaron esos libretos y todas sus palabras. Fueron al Ejército de Salvación y compraron un montón de ropa vieja. Hicieron juntos algunas obras para la preparatoria, pero no les agradaban mucho. Les gustaba otro tipo de historias.

–¿Qué tipo de historias?

–Historias de criminales. Chicos malos. Mafia. Eso más que nada a Preston. Farrel, ella podía actuar de lo que fuera, desde la reina de Inglaterra hasta la chica del tiempo y nunca sabrías cuándo estaba actuando y cuándo no.

–¿Han llamado hace poco?

–Hace una semana.

–¿Dónde cree que están?

–Bueno, Center Springs es el único lugar donde estoy seguro que no están. No espero volver a verlos.

Hice el cálculo simple y el no tan simple. Ocho mil por dos meses de trabajo. Las propinas de Farrel por bailar. Preston entregando pizzas y trabajando en su estafa. Vic atrapado entre la buena actuación de Farrel y su propio corazón hambriento. Y por supuesto traicionado, final y fatalmente, por su mal genio.

Terminé la cerveza y me levanté.

–Dos hombres murieron por su culpa. Murieron por ocho mil dólares. Así que la próxima vez que hable con Farrel y Preston, dígales que hay sangre de verdad en sus manos. No es sangre falsa de televisión. Dígales que Vic fue asesinado por tomar esos ocho mil dólares.

–Lo haré.

–Gracias por su tiempo.

–Puedo juntar unos cientos. No es mucho, pero...

Vi triángulos anaranjados en el aire balanceándose entre nosotros. Pensé en aquellos triángulos mientras conducía de regreso. Triángulos naranja significan compasión y algunas veces incluso empatía. Todo esto por Vic Primeval, como se lo relaté a un hombre que nunca lo conoció desde su sillón de vinil en su desvencijada casa en las Ozarks. Algunas veces encuentras un pequeño resquicio de bondad donde menos lo esperas. Un diamante en bruto escondido en lo profundo. Y entonces te das cuenta de que la oscuridad no puede poseerte más de una noche a la vez.

PROMESA DE TULIPANES
POR BHARTI KIRCHNER
Wallingford, Seattle
TRADUCCIÓN DE LUIS JORGE BOONE

FLOTO ENTRE EL SUEÑO Y LA VIGILIA, ESTOY EN MI CONFORTABLE CASA del árbol, al abrigo del alto follaje de una selva neblinosa, y entonces lo escucho decir en voz baja:

—Te ves tan hermosa cuando tu cabello cae sobre tu rostro...

Sonrío y lo saludo con un *Guten morgen*. Ulrich. Me gusta la intensa sensación de ese nombre alemán en mi boca, su melodiosa cadencia y, desde luego, me encanta su cálido cuerpo masculino, la esculpida dureza que se dibuja bajo las sábanas. Estira un brazo hacia mí, como si fuera a decir o a hacer algo íntimo, pero cierra los ojos y lo deja caer. Me acurruco junto a él, saboreo su piel almizclada y fresca; ésta es una mañana distinta a todas. Acostumbro levantarme al amanecer, meterme en el invernadero y evaluar los progresos nocturnos de las plántulas.

Si mi madre viniera a fisgonear en este momento, seguro se cubriría la boca con el sari para ahogar un grito.

—¡Pecado! –diría–. ¡Mi hijita soltera de veinticinco años vive en pecado!

Por suerte, ella se encuentra a medio mundo de distancia, en India.

Y no estoy en mi casa del árbol, sino en la recámara de mi búngalo, en Wallingford, un barrio conocido como la Zona Arbolada de Seattle.

El perdiguero de labrador ladra en la habitación contigua. Nunca antes había traído a un hombre a casa en la primera cita y la osadía me tiene nerviosa. Si mis amigos pudieran verme ahora, exclamarían incrédulos: *Pero cómo, tú, si eres tan tímida...*

Las sedosas sábanas de nailon con estampado de lirios están todas revueltas. El sueño de Ulrich es más inquieto que el mío, pero disfruto contemplando ese desorden. No diría que hicimos el amor precisamente, con todas esas sacudidas y caricias violentas, pero el acoplamiento de anoche me hizo establecer una profunda conexión con mi cuerpo, y al mismo tiempo me sacó un poco de mí misma. Mis labios están secos e hinchados por la sobredosis de besos.

El hombre debajo de las cobijas gira su rubia cabeza y restriega su cara contra la almohada. Me observa con sus ojos verdes y luego voltea a ver el reloj en la mesita de noche.

—¿Las ocho y media? —arroja la cobija a un lado y sale disparado de la cama—. *Ach*, debía estar en el trabajo desde las siete.

Se graduó de ingeniería pero trabaja en la construcción, decisión que tomó para mantenerse alejado de "regodeos mentales". Así que se la pasa todo el día, feliz, martilleando clavos para arreglar techos, patios, cocinas y sótanos. Siegfried, su pastor alemán, lo acompaña siempre.

Le señalo el baño, cruzando el pasillo. Se precipita en esa dirección mientras murmura para sí en su lengua nativa. Una astilla de sol se hace visible a través de una abertura en las cortinas. Por su inclinación puedo afirmar que la mañana ya dejó atrás su infancia, que la galaxia se ha movido poco a poco hacia un nuevo acomodo, y que para estas horas ya me he perdido de un par de cosas.

Alzo el vuelo y abandono mi nido. Los dedos de mis pies se curvan en protesta al primer contacto con el piso frío de madera. Me detengo para recuperar de debajo del buró un par de pantuflas de lana.

Busco mi ropa. El vestido estampado de manga larga que usé anoche —un berrinche de flores silvestres, la verdad— está tirado en el piso, revuelto con mi sostén y mis calzones y los jeans grises de Ulrich. Voy al otro lado de la habitación. Revuelvo el closet para sacar una bata color gris metálico y enredarme en ella.

Mientras sacudo las almohadas escucho el ruido del agua salpicando el lavabo, y retazos de una canción alemana. Hago a un lado las cortinas y percibo un rápido cambio de clima: ahora el cielo de abril está cargado y magullado.

El repiqueteo del teléfono me sobresalta. Qué intromisión tan injusta. Si es Kareena le diré en voz baja: *Anoche conocí a un alemán que es la onda… Acabamos de levantarnos. Lo sé, lo sé, pero es que es… Oye, te llamo más tarde, ¿está bien?*

Mechones de cabello revuelto me enturbian la vista. Alcanzo el auricular. Así deben de sentirse las plantas al ser arrancadas.

—Paleta de Color. Habla Mitra Basu, ¿puedo ayudarlo? —las plantas son mi refugio, mi salvación y, casualmente, mi vocación.

—Habla Veen —advertí cierta pesadumbre en su voz. Veenati, vivaz y bien conectada, es arquitecta de profesión, y parte importante de mi círculo social—. ¿Has sabido algo de Kareena en los últimos días?

—Desde hace como una semana, nada. ¿Por qué? ¿Le pasó algo?

—Íbamos a tomar juntas un café esta mañana y no se presentó. Llamé a su casa. Adi me dijo que desapareció.

—¿Desapareció? ¿Cuándo?

—Hace dos noches. Sólo quería confirmar si no se había puesto en contacto contigo. Voy tarde al trabajo. Te hablo en una hora.

—Espera...

Clic. Veena colgó. Esto se parece al espantoso tráiler de una hiperquinética película de acción. ¿Cómo podría Kareena estar perdida? Es una persona sociable, muy respetada en nuestra comunidad por su trabajo con mujeres maltratadas. Aunque no tenemos parentesco, Kareena es mi única "familia" en este lugar, además de la más cercana confidente que he tenido desde que salí de casa. Una palabra de mi juventud, *shoee*, amigas del corazón, resuena en mi interior. Necesito una explicación o empezaré a imaginar cosas sin sentido.

Un florero con ramas deshidratadas de eucalipto reposa en la mesa esquinera. A Kareena le gustó ese arreglo aromático; adora todos los objetos bellos. Ahora, ella, un alma hermosa, ha sido reportada como desaparecida. Desearía haberla forzado a tomar más en serio los riesgos de su profesión. No uses tu apellido. Vuelve a casa por un camino distinto todos los días. Deja que una persona sepa dónde estás a cada momento.

Ulrich ha regresado.

—¿Todo está bien?

—Una amiga está desaparecida.

Digo esto como un funcionario que hace una declaración oficial, mientras me asomo a la ventana y espero que él no quiera saber más del asunto. Soy de una idea: la intimidad tiene sus límites. En la fría claridad de la mañana me incomoda que yo, una ciudadana particular, haya compartido ya tanto con él.

Se para cerca de mí, tan cerca que puedo oler la dulzura de la noche en su piel, y se viste rápidamente. Detengo la vista en sus músculos. Sus largos dedos titubean entre los botones de la camisa azul pálido. Su delgado labio inferior hace una mueca cuando forcejea para meter un testarudo botón en su ojal. Se mete en sus jeans y se echa encima su saco de espiguilla. Entonces, con expresión entusiasta me atrae hacia sí y acuna mi cara en sus manos. Me vuelvo tan alta como nunca en mi vida. Un pequeño y cálido beso en la mejilla enternece todo mi vientre. Pareciera que el temblor que recorre el aire lo provocan chispas de electricidad estática.

¿Lo veré de nuevo alguna vez? Sin venir al caso, el aciago pensamiento se estrella en mi frente, pero me recupero con rapidez y de nuevo centro mi atención en Kareena. Pudo irse a cualquier parte, en busca de un respiro de la diaria batalla que libra en nombre de sus clientes.

—Me gustaría quedarme aquí contigo —dice Ulrich—, pero…

Modulada por su acento, la palabra gustaría, o *gustarría*, insinúa deliciosas posibilidades que se quedan para otro momento. Alzo la mirada y busco su rostro, pálido y redondo. En serio tengo que alzarla, es veinte centímetros más alto que yo. Lucho con las palabras e intento expresar mis sentimientos, trato de contener mi preocupación por Kareena y permanezco en silencio.

—Te veo en la noche —dice en voz baja.

Mientras caminamos a la puerta, abrazados, siento ganas de persuadirlo para que se quede. Ahogo el impulso. El autocontrol es una cualidad que heredé de mi madre. (Ella suele negarse toda clase de gustos: rechaza el chai en un viaje largo en tren, e incluso regresa a las tiendas los cupones que le dan de más.)

Ulrich voltea a verme por última vez y luego me besa. Alarga ese momento de comunión, como un hechicero ante una audiencia cautiva. Mientras baja los escalones del frente voltea a ver los incipientes tulipanes que acabo de sembrar —un exuberante saludo amarillo a la primavera por llegar—, y no les quita la vista sino hasta el último momento. El color favorito de Kareena es el amarillo y cultivo esos tulipanes para ella. Va a gritar de alegría cuando vea lo preciosos que son.

Desde su sitio habitual arriba de una cerca baja de ladrillo, un gato siamés de por aquí observa a Ulrich dar zancadas hacia el Saab gris acero estacionado al otro lado de la calle.

Cierro la puerta, la paz regresa a la sala, abro las cortinas. El auto de Ulrich ya no está. Siento una corriente de aire y ajusto el cinto de mi bata de baño. Kareena y yo compramos batas iguales en una barata en

Nordstrom. A pesar de la diferencia de tallas —ella es mediana y yo chica— parecemos gemelas, o al menos hermanas.

Veo mis pantuflas y también me recuerdan a Kareena. Ella es abogada, se especializa en asuntos de violencia doméstica, y las compró en la boutique de una cliente víctima de abuso conyugal. Mientras yo trabajo en un universo de color, plenitud, florecimiento y optimismo, Kareena lidia con "turbulencias familiares". El suyo es un mundo de moretones, ojos inyectados de sangre y corazones rotos acurrucados en un refugio público.

Me asomo para ver la larga hilera de ventanas al otro lado de la calle. Un Volvo deportivo azul marino pasa veloz y rompe la simetría. Me recuerda a Adi, el esposo de Kareena. Todo lo que se dice un premio mayor.

Conocí a los dos, Adi (así le decimos a Aditya, que se pronuncia *Adiita*) y Kareena, en una fiesta en casa de ambos. Antes de extendernos en la plática empezamos a comentar de dónde es cada quien. Kareena creció en Bombay y Nueva Deli, en tanto Adi, igual que yo, nació en Bengala Occidental, en India oriental. A pesar de que lo saludé diciendo *Parichay korte bhalo laglo* ("Qué gran placer conocerte", en la lengua bengalí que compartimos), el nombre de Adi me recordó otra palabra, *dhurta*: criminal. En bengalí, riman. Pasé por alto ese hecho, pero no pude ignorar la indiferencia con la que manipulaba su encendedor de oro, el desfachatado ángulo con que el Marlboro se balanceaba entre sus labios, el desdén con que trataba al resto de los invitados.

Su metro ochenta de estatura se veía fuera de lugar en el salón abarrotado, como un rascacielos en un valle de casas de barro. Era obvio que para él su sombra era más larga que la de cualquiera. En los primeros diez minutos me contó que el proyecto que acababa de empezar, Guha Software Services, estaba en números negros, que sus antepasados habían establecido grandes plantas manufactureras en India, que recientemente había comprado una casa de lujo en la playa, en Olympic Peninsula. Luego se alejó sin darme tiempo siquiera de decirle que hacía yo para vivir.

Un frío distanciamiento se instaló entre nosotros desde entonces. "Dos personalidades fuertes", Kareena lo ha repetido durante todos estos años, pero se trata de algo más. No me consta que Adi tenga corazón, y en caso de que sí, no estoy segura de que Kareena viva en él. Su sonrisa de suficiencia indica que él sabe que yo pienso que no la merece, pero lo más seguro es que lo tenga sin cuidado. Para ser honestos, tienen intereses comunes. Ambos guardan un amor inquebrantable por las canciones *ghazal* indias; ambos sobresalen en el tenis de mesa, cuando se dan el tiempo de jugarlo; ambos detestan el pimiento verde en cualquier presentación. Juntos forman lo que se puede considerar un matrimonio perfecto: jóvenes, guapos, exitosos, hábiles en sociedad y de estilo cosmopolita. Se ven felices juntos, o más bien, él se ve feliz. Su atención hacia ella es total, como si su mujer fuera un *objet d'art* que le ha costado una suma nada despreciable. Él afirma estar "intensa, apasionada, dolorosamente" enamorado de ella. *Cada milisegundo, pienso en ti y solamente en ti*, escribió en una ardiente tarjeta de cumpleaños que una vez vi clavada en el tablero de la cocina.

¿Los moretones que vi en el brazo de Kareena serían el testimonio de un cariño tan grande? Mis dientes rechinan ahora, igual que en el momento en que los noté.

Adi no contesta el teléfono. Pienso en marcarle a otro amigo, pero un vistazo a los rojos dígitos del reloj de mesa me detiene. Lo mejor es posponer la llamada y darme un baño antes. Lo mejor es calibrar lo que en realidad pasó antes de preocupar a todo el mundo.

Mis nervios están tan alterados que el baño resulta un bálsamo demasiado superficial. Me seco con la toalla, pero no pierdo el tiempo con la pistola para el cabello. Lo tengo demasiado largo, hasta los hombros.

En el espejo, mis tupidas cejas destacan sobre mi piel aceitunada. Mi nariz es pequeña, como si se tratara de un agregado de último minuto.

Estoy en forma, saludable, tengo las mejillas rosadas y el pelo largo y brillante, pero aun así, ni para los estándares indios ni para los norteamericanos soy lo que se dice hermosa. Mis amigos afirman que tengo ojos atractivos. Nunca he tenido que ocultar la cicatriz debajo del ojo izquierdo que me hice en la infancia, producto de la rama demasiado baja de un árbol. No me gusta exagerar con el maquillaje.

Vestida con una chaqueta azul de tejido cruzado, unos pantalones que combinan y tenis de correr, me dirijo a la cocina. El desayuno consiste en un gran vaso de agua del filtro. Entro al invernadero y aspiro el aroma a bosque. El sol brilla a través del techo y las paredes de cristal. Ojalá que mis temores estén equivocados.

Las plantas claman por agua. Tomo un espray y rocío las bandejas, suministro humedad vivificante a las semillas en germinación y a los frágiles retoños que se asoman entre la tierra. Una abeja zumba sobre una bandeja de simientes.

A mi alrededor triunfa la fuerza de la vida: seguramente eso mismo pasará con Kareena. Sin importar qué la haya ocasionado, su desaparición será temporal, explicable, y se arreglará.

Una hora después llamo a Veen.

–Según Adi, Kareena fue vista por última vez en compañía de un extraño –dice–. Estaban en Toute La Soirée, un viernes alrededor de las once de la mañana. Una mesera los vio y se lo dijo a la policía. Me pareció raro que Adi pareciera un poco celoso pero no terriblemente preocupado al referirse al extraño.

He estado en ese café muchas veces. Kareena, quien no guarda fidelidad por ningún sitio, adoptó la costumbre de encontrarse ahí conmigo. ¿Pudo ese hombre vendarle los ojos a Kareena y taparle la boca para arrastrarla hasta su auto?

No, pensándolo bien, es absurdo. Resulta imposible mantener prisionera a una persona de tantos bríos. ¿Será que ella huyó con ese hombre a causa de los abusos de Adi? Eso es más probable. Le pregunto a Veen cómo era el extraño.

–Negro, altura promedio, bien parecido y bien vestido. Llevaba un morral de yute colgado al hombro.

–Oh, una *jhola*.

En India, hace unos años, las *jholas* eran la moda entre los intelectuales varones. El flacucho de mi vecino, que se consideraba a sí mismo un hombre de letras pero en realidad era un aficionado al cine, cargaba libros en su *jhola*. Con frecuencia se le podía ver corriendo para tomar el camión con la pesada bolsa colgándole del hombro, chocando con su cadera. ¿Novelas de Tagore? ¿Libros de cuentos de Chéjov? ¿Poemas de Shelley? La única cosa que lo vi sacar de la bolsa, cuando él pensaba que nadie lo veía, fue una caja blanca de galletas de colores.

–Pero las once es muy temprano para comer –aclaro–, y Kareena nunca toma un descanso a media mañana. ¿Por qué estaría ahí a esa hora?

–No sé. ¿Puedes deducir algo de todo esto? La otra noche pasé por Umberto's y alcancé a ver a Adi con una rubia. Bebían vino y charlaban.

–Parece que se lo está tomando con excesiva tranquilidad –le recuerdo a Veen que Adi posee la típica fijación del hombre asiático por el cabello rubio. Según Kareena, la asistente de Adi es una rubia hecha a mano instalada en un cubículo afuera de su oficina. Veen y yo discutimos si Adi podría estar teniendo una aventura, pero no llegamos a ninguna conclusión.

Apenas cuelgo, mi mirada se enfoca en el teléfono celular, ese pequeño y mudo accesorio sobre la mesita de café que está frente al sofá. Kareena y yo nos encontramos casi todos los viernes después del trabajo, ella suele llamarme en el último momento. No hay por qué preocuparse, pensé para tranquilizarme cuando dejé un mensaje en el buzón de voz de Kareena y ella no me respondió.

En silencio, recuerdo mi último encuentro con Kareena en Toute La Soirée. Esa tarde de hace dos semanas, yo la esperaba en una mesa cerca de la esquina. Mientras, leía con detenimiento el *Seattle Globe* y me deleitaba con los aromas de lima, jengibre y menta. Me puso furiosa leer una historia que ocupaba la mitad de la página. Era sobre una mujer en India a quien su aldea culpaba por el fracaso de las cosechas, acusándola de brujería. Pensé en compartir ese relato con Kareena.

Sentí un rumor en el ambiente y alcé la vista. De pie, apenas pasando la puerta de entrada, Kareena buscó por encima de los comensales y sonrió al verme. Vestía un traje sastre guinda (la sombra del follaje de un arce, en mi vocabulario; Bordeaux, en el suyo) que compramos juntas en Nordstrom. Meciendo con soltura sus largos brazos, trazó un zigzag entre las mesas. Su muñeca izquierda ostentaba un brazalete tachonado de perlas que también era reloj.

Mientras se acercaba, una mujer de vestido verde amarillento que estaba sentada al otro lado del pasillo la saludó. Kareena se detuvo e intercambiaron un par de comentarios amables. La mujer volteó a mirarme y le preguntó:

—¿Es tu hermana?

Kareena me guiñó el ojo. Nos habían hecho la misma pregunta en incontables ocasiones, usando el mismo tono de expectación. ¿En realidad nos parecíamos, o era que habíamos adoptado gestos la una de la otra al pasar tanto tiempo juntas? Con mi uno cincuenta y siete de estatura, soy siete centímetros más bajita que ella, y también más delgada. Nuestros estilos de vestir se encuentran en los extremos del espectro de la moda. Le eché un vistazo a mi jumper azul pálido de trabajo, mi práctico reloj con correas de plástico y mis zapatillas de piso. Mi atuendo no seguía los caprichos actuales de la moda, pero era sencillo y cómodo, lo indispensable para que una persona salga a la calle. Por suerte, Seattle tenía lugar para ambos estilos.

—¿*Kemon acho*? —Kareena me saludó con un cumplido bengalí que yo misma le enseñé—. Perdón por llegar tarde. Primero tuve cita con el ginecólogo y luego un caso de VD difícil de concluir.

Empujé el periódico al lado contrario de la mesa. VD —violencia doméstica— es una abreviatura que suena más a enfermedad aterradora que a tara social. A Kareena le gusta ayudar a mujeres que padecen relaciones violentas y además desconocen sus derechos legales. La nombraron la mejor abogada de VD de la oficina y sus esfuerzos son bien reconocidos.

—En serio creo que trabajas demasiado —toqué su mano—. ¿En realidad necesitas ese dinero? ¿Necesitas comprar tantas cosas?

Ella deslizó sus dedos por el brazalete.

—No estás enfadada por mi forma de gastar, ¿verdad que no?

Negué con la cabeza, pero luego lo pensé un momento. Bueno, en honor a la verdad, en algunas ocasiones. Le gusta comprar en Nordstrom, Restoration Hardware y Williams-Sonoma, lugares que están fuera de mis posibilidades, pero Kareena insiste en que la acompañe. Ella dice que tengo buen ojo para las cosas de calidad.

Regresé al tema inicial.

—¿El caso de hoy sucedió en nuestra comunidad? ¿Otro que se resuelve por debajo del agua?

—Desafortunadamente sí —ella imitó un acento británico—. Un asunto familiar, un accidente en la cocina —se detuvo. El mesero se asomaba por encima de su hombro. Ordenamos.

No era la primera vez que me angustiaban las amenazas que Kareena recibía por su trabajo. Ha habido muchas señales. Con frecuencia le dicen que odia a los hombres y, al menos en una ocasión en el último mes, la siguieron desde el trabajo hasta su casa. Incluso el marido de una clienta se atrevió a cuestionar públicamente su orientación sexual.

—Eres la única persona en quien confío lo suficiente como para hablar de este caso —continuó Kareena—. La mujer tiene una visa H-4,* estaba tan asustada que no pudo hilar dos frases coherentes seguidas. Le hablé un poco en punjabi y eso la calmó. Su esposo la golpea con frecuencia.

---

* Visa que se expide a quien depende económicamente de una persona que tiene una visa H-1B, y que sí puede trabajar legalmente en los Estados Unidos. (N. del T.)

Observé el rostro de Kareena. ¿Cómo podía absorber la desesperación de tantas almas traumatizadas, escuchar esas canciones que no se terminan? Últimamente el color de su labial se había movido del prudente rosa de costumbre a un rojo atrevido. Círculos oscuros debajo de sus ojos delataban fatiga o, quizá, tensión, y sospeché que el tono más brillante de sus labios tenía la misión de desviar las miradas.

—¿Viste si tenía moretones? —le pregunté mientras la miraba con atención.

Tenía fresca en mi memoria la última fiesta que Kareena había ofrecido, un par de semanas atrás, así como las marcas tumefactas, muy recientes, entre azules y negras, en la parte de arriba de su brazo. En un momento de descuido, el chal estampado de cachemira resbaló de sus hombros. Por las finas y holgadas mangas de su vestido de seda alcancé a ver el azul oscuro, casi negro, de las marcas de unos dedos sobre un brazo que antes estaba intacto. La hinchazón se extendía por un área bastante grande. Casi grité. Adi debió de atacarla. En cuanto se percató de lo que yo había notado, se reacomodó el chal. En ese momento, un amigo se aproximó, la invitó a bailar, la tomó del brazo y se alejaron como si flotaran.

—Sí, de hecho tenía moretones en la frente —respondió Kareena—. Se meterá en un problema peor si su marido sospecha que salió en busca de ayuda.

—La ley está de su parte, ¿o no? —me permití hacer una pausa—. Pero tú de ninguna manera tienes problemas en casa, ¿o sí?

—¿Adónde quieres llegar?

—Bueno, sucede que alcancé a verte unos moretones en el brazo durante tu última fiesta. ¿Quién fue?

Pude notar el tono malva de la vergüenza extenderse por su cara.

—No quiero hablar de eso —dijo.

—Perdón por entrometerme en tus asuntos privados, pero si alguna vez tienes ganas de hablar…

Nuestras bebidas llegaron. La mía, un té de jengibre helado, y la suya, un elixir de jugo de coco y leche de almendra. Alzó la barbilla y elevó su vaso para chocarlo con el mío, aceptando mi disculpa.

Tomé un sorbo de mi bebida. Ella vació la suya con tragos tan apresurados que no creo que haya podido apreciar todos los sabores. La Kareena de siempre. Las apariencias deben mantenerse. Ambas miramos por la ventana y advertimos el canal de navegación que reflejaba los colores del cielo. En él, un barco pesquero hacía su camino rumbo a los diques secos que pautan la orilla norte del Lake Union. Pensé que tarde o temprano sabría la verdad acerca de esos moretones.

Cuando las olas plateadas se extinguieron en el canal, Kareena habló de nuevo:

—¡Basta de temas depresivos! ¿Cómo estuvo tu día?

La puse al tanto de lo más interesante: asesoré a un hombre parapléjico.

—Lo creas o no —dije—, el tipo quiere deshierbar él mismo y hacer el trabajo de riego. Será un reto, pero voy a diseñar un jardín de acuerdo a sus necesidades.

—Vives una vida tan sensata y tienes un brillo tan saludable en la cara. Parece que sólo con escucharte voy a robarte un poco —me sonrió—. Anda, Mitra, déjame invitarte otra bebida.

Llamó al mesero. El lugar estaba un poco más vacío para entonces, los ruidos se habían acallado y una agradable brisa soplaba a través de una ventana apenas abierta. Pedimos una segunda ronda.

—Antes de que la alarma sonara esta mañana —dijo después de un rato—, mi sobrino me llamó desde Nueva Deli. Tiene siete años.

—¿Quiere que lo visites?

Asintió y aplastó su servilleta hasta hacerla una bola. Supuse que padecía uno de esos periódicos episodios de nostalgia por India, el país que ambas dejamos atrás. También yo experimento el mismo anhelo de visitar a las personas que he perdido en mi vida. Pero mientras ella puede darse el lujo de volver cada año, yo no.

Cambié el doloroso tema por uno más ligero y señalé la caricatura que se asomaba desde debajo del vidrio que cubría nuestra mesa. Un niño estira el cuello mientras le dice a su ceñudo padre: *¿Me arriesgaré a preguntarte qué día de la semana es hoy, antes de que tomes tu acostumbrado expreso grande con leche descremada?*

Eso provocó en Kareena una carcajada tan sincera que elevó mi ánimo. No tuve oportunidad de comentar con ella la historia del periódico. Bueno, sería en la próxima.

Regreso a la sala de estar. La tranquilidad del aire se ha transformado en una vacuidad turbia, como si una conocida y enorme pieza de mobiliario hubiera sido retirada, pero no sustituida. Siento la urgencia de hablar en confianza con alguien, pero ¿en quién? La única persona que me viene a la mente ha desaparecido.

En la cocina voy de aquí para allá, abro y cierro la alacena, reacomodo las cosas del refrigerador y pongo agua en la tetera. Con una taza de té Assam y una rebanada tostada de pan multigrano me siento en la mesa circular. Los plátanos sobresalen de un alegre tazón de cerámica al alcance de mis brazos. Me distraigo con mi iPod.

El té se pone tibio, la tostada se ablanda, los plátanos permanecen intactos. Es difícil para mí tolerar demasiada comida por las mañanas, y estas noticias dispersaron el hambre que pudiera haber tenido. Contemplo el póster de *Los árboles no son poca cosa* de la pared azul marino. Incluso la silla acojinada no se siente acogedora. Estoy muy ansiosa.

¿Alguien pudo matarla?

Me asomo por la ventana que da al poniente. Las Olympic Mountains lucen estables, azules y eternas. Por alguna razón dudo que Kareena pueda ser víctima de un crimen mortal.

¿Cómo puedo ayudar a encontrarla? Mi carrera se enfoca en el arte y el paisajismo —el estudio de la fisiología de los brotes nuevos, la conciencia del color y la luz, la armonía en la disposición y los arreglos— y no me preparó para lidiar con una situación como ésta.

Camino hacia el jardín lateral. Las flores de jacinto empujan desde debajo del suelo endurecido por el invierno. Noto la presencia de una babosa, la recojo con una hoja y la pongo en un lugar seguro. La primavera se deja sentir de nuevo en el aire templado. Miro hacia el cielo, pero no como suelen hacerlo los jardineros para verificar el clima. Me ayuda a ver más allá de lo inmediato.

De vuelta en la sala de estar me siento en el escritorio, tomo un bloc de notas y hago una lista de amigos y conocidos a quienes acudir. La página se llena rápidamente. La población india en el área de Puget Sound, descrita hace poco en un artículo del *Seattle Globe* como una comunidad "modelo", asciende a unos veinticinco mil individuos. Los logros académicos y profesionales de la comunidad son "tan altos como el Mount Rainier", proclamaba el texto. Tales frases laudatorias me ponen en conflicto en tanto soy consciente de la justa proporción que tenemos de defectos e imperfecciones.

Según Kareena, la tasa de violencia doméstica entre nuestros solemnes doctores, selectos ingenieros y poderosos recolectores de fondos para la beneficencia, iguala, y quizás excede, la media nacional.

Veo mi reloj. Son las diez de la mañana, una hora en la que todo el mundo ya está levantado, pero a la que las desilusiones del día aún no han minado los ánimos. Éste será buen momento para llamar a Adi y ver qué puedo averiguar. Le gusta tanto hablar de sí mismo, con su acento de Oxford, su discurso burbujeante y atropellado, que tendría oportunidad de sacarle alguna información, sin importar qué tan desagradable pueda ser el proceso, ni cuán potencialmente peligroso. Kareena es mi mejor amiga. Cuando estamos juntas me siento dueña de mí, y mi voz suena más libre. El día da paso a la noche mientras nos relajamos entre tragos, conversaciones, risas e intercambios de opiniones, y nos olvidamos del tiempo. No cuestionamos nuestra amistad. Es tal cual. Repartimos con libertad las joyas de nuestras horas, para luego recogerlas siendo más valiosas aún.

Con el teléfono en la oreja me paseo de un lado a otro frente la ventana de la sala. Adi, del otro lado, ignora los timbrazos.

La imagen del Emperador viene con claridad a mi mente. Traje impecable, sin calcetines (parte de su concepto de la moda), los ojos enrojecidos, enfocados con exasperación en un desafortunado subalterno encargado de un proyecto o sobre el cambiante cielo de Seattle. Adi toma cualquier probable molestia como una ofensa personal. Cuando el teléfono suena no lo arranca de su base sino hasta el último momento. El mundo puede esperar. Siempre lo hace, si se trata de Adi Guha.

El calendario que está sobre el mantel de la mesa me atosiga con la fecha de entrega, que es mañana, de la columna para un periódico de jardinería. Sin embargo, mientras camino de nuevo por el piso frío con el teléfono pegado a la oreja, me doy cuenta de que tal encomienda ha dejado de ser una prioridad. Mi amiga perdida se ha vuelto el centro de mi órbita. Todo lo demás se desdibujó y pasó a segundo plano.

Adi contesta, respira profundo cuando reconoce mi voz. Le menciono la llamada de Veen y entonces voy directo al grano.

—¿A qué hora llegaste a casa esa noche?

—Tu zona de autoridad es la jardinería, Mitra. No digo que sea un trabajo de poca importancia, pero tampoco se trata de física nuclear o investigación privada. Vuelve a tu jardín y deja esta situación en manos más competentes, como las mías.

Pasé por alto la ofensa.

—¿Tiene la policía alguna pista? ¿Ya fueron a la casa?

—Les di una foto y le echaron un vistazo, luego se abalanzaron sobre mí con preguntas. Me dieron un sermón acerca de cuánta gente desaparece a diario en la ciudad. Asignaron a un agente que lucía bastante despreocupado, pero era el único que tenían disponible. Es obvio que no les interesa, a menos que se tratara de una heredera rubia y hubiera cámaras de televisión por todas partes.

—¿Y el extraño con el que se vio en el Soirée?

—Eso no me preocupa. Ya está grandecita. Puede cuidarse sola.

—¿Has hablado con su ginecólogo?

Adi murmuró que no.

—¿Crees que necesitaba un descanso y decidió escaparse por unos días? Ha habido ocasiones, como en tu fiesta de cumpleaños, que parecía necesitar un descanso.

—Todo está bien entre nosotros, Mitra. Muy bien.

¿Todo está muy bien? Qué risa. Hace como un año, Kareena y yo pasábamos una velada en el Soirée cuando una mujer bastante embarazada pasó cerca de nuestra mesa, caminando con dificultad. Moví mi silla para dejarla pasar. Kareena bajó su tenedor y se le quedó viendo a la mujer.

En tono de broma pregunté:

—¿Ésa podrías ser tú?

—Adi no quiere hijos —y regresó a su voluptuoso pay de ciruela y almendra.

Se oye un ruido de fondo, como un estruendo en estacato, un coche que pasa. Qué descaro el de Adi al decirme que todo está bien con Kareena. El todo de Kareena y el todo de Adi obviamente no son el mismo.

—¿Revisaste su clóset? —pregunté.

—Parece que toda su ropa sigue ahí.

¿Podría siquiera reconocer su bolsa de cocodrilo, sus zapatillas con pedrería, los chales que ella prefiere por encima de la tiesa sensación de un abrigo, o la nueva pañoleta de camelias? ¿Sería capaz de percibir el matiz de su perfume? Pienso que él sólo recuerda los aspectos más superficiales de su presencia.

—¿Has ido a la caja de seguridad para ver si su pasaporte sigue ahí?

—No, ayer tuve que presidir una reunión fuera de agenda que duró tres horas. El mercado no está tan tranquilo como el año pasado. Debemos tener bajo control nuestros niveles de consumo de capital. Quizá sea necesario descontratar a algunas personas.

Casi me atraganto por la expresión con que se refiere a un despido de personal. Luego empieza a divagar acerca de mercados compartidos, de desventajas competitivas y de cotizar en la bolsa para recabar dinero nuevo. Su discurso de negocios no tarda mucho en molestarme, hasta que lo interrumpo:

—Es una situación de vida o muerte, Adi.

—Seguro que sí —declara—. Esta mañana, como a las cinco, recibí una llamada de la policía. Me pidieron que fuera a la morgue a identificar un cuerpo.

Mi visión se vuelve borrosa.

—¿Qué?

—Encontraron el cuerpo de una mujer en Lake Washington. No era ella.

—¡Oh, Dios mío! —sacudo la cabeza—. Debe de haber sido difícil para ti. Yo no sabría qué hacer si… —trato de calmarme—. ¿Es posible que nos veamos esta mañana? ¿Que sumemos esfuerzos? Entre más pronto, mejor. Necesitamos movilizar a nuestra comunidad. Estaría encantada de aparecerme en tu oficina.

—Espera, Mitra. *No* deseo siquiera que mis amigos se enteren de esto, mucho menos la comunidad entera. Tú mejor que nadie sabe que las cosas se salen de toda proporción cuando el molino de los rumores comienza a girar.

Me hundo en el sillón. Para él es más importante perder prestigio frente a sus colegas indios que buscar ayuda para encontrar a su esposa. Por una parte, lo entiendo. Nuestra comunidad es pequeña. A lo mucho hay dos grados de separación entre las personas, en lugar de los hipotéticos seis que se manejan en el ámbito nacional. Las noticias se propagan con rapidez y el rumor aparece en cualquier charla. Aun así, qué absurdo, qué fuera de lugar resulta el orgullo de Adi en esta oscura situación.

Y eso lo convierte en sospechoso.

A veces pienso que Adi continúa siendo un adolescente mal portado que necesita una patada en el trasero. Kareena me dijo que es hijo único. Siempre fue muy inteligente y acaparó numerosos reconocimientos académicos. Pero nunca tuvo buen comportamiento. Su madre lo malcrió. Incluso el día en que golpeó a un compañero de clase bastante debilucho, ella lo premió con *besan ladoos* caseras.

Finalmente, Adi sugiere encontrarnos en el Soirée a las siete de la tarde.

El lugar se verá tan vacío si voy sin Kareena. Pero no quiero arriesgarme a proponerle a Adi un cambio. Le daría una excusa para evitar el encuentro.

Me pregunto por qué es tan difícil. Hay rumores que dicen que su familia de Nueva Deli lo repudió cuando se casó con Kareena en contra de la voluntad de todos. Y no sólo eso: su tío saboteó su intento de obtener un codiciado puesto en una compañía de electrónica tomando el trabajo él mismo. Adi resistió toda esa humillación durante un año antes de darse por vencido. Hace ocho años, él y su nueva esposa dejaron India y volaron al lado opuesto del mundo, tan lejos de su familia como pudieron ir.

Aterrizó en Seattle, donde encontró una plétora de oportunidades y nadie que frustrara sus monstruosas ambiciones. Antes de marcharse, formó su propio grupo de software. Hubo un precio que pagar: largas jornadas, viajes constantes y una herida en el corazón. A pesar de todo, persistió en su esfuerzo y al final tuvo éxito. Actualmente vuela con frecuencia a India para atender sus negocios. Siempre llama por teléfono a su familia desde la habitación del hotel, pero su madre nunca contesta las llamadas.

¿Qué está haciendo Adi para localizar a la mujer en cuyo nombre sacrificó el amor de su familia?

¿De verdad aparecerá en el Soirée esta noche?

Voy al estudio y marco el número de la oficina de Kareena. Una vez que me transfieren a la línea privada del director de la agencia, le dejo un mensaje para que me responda lo más pronto posible.

Me meto en la recámara, enfrento la cama sin hacer, las sábanas cruzadas por olas que erigen un crescendo de deseo. Herr Ulrich flota en mi mente, un hombre que parece tan enérgico e inflexible, pero que en el fondo es tierno y dócil. Justo ahora, su cuerpo firme aplica su fuerza, se levanta y se agacha en el pardo y empolvado desorden de una obra, con los ángulos de su cara marcados por el esfuerzo. ¿Será que se detiene por medio segundo, mira en la distancia y vuelve a sentir mis labios, mi piel, mi ser?

Es demasiado pronto para perderme en fantasías a causa de un hombre, como dirían mis amigos.

De todas formas, sólo con imaginar a Ulrich mi cuerpo se altera. No se trata únicamente del cosquilleo eléctrico del sexo, sino de cierta comunión.

Llega una ligera música de piano, es el Tudor que está cruzando la calle. Mientras alcanzo el teléfono con una mano ilusionada, mis ojos se enfocan en la mesita de noche. El bloc de post-it para notas permanece intacto. Ulrich no anotó su número de teléfono ni su apellido. Prometió que lo haría, pero no.

Mi intermedio de ensoñaciones se interrumpe con brusquedad. Con un mal sabor en la boca, me doy cuenta de que una promesa es una ilusión, lo mismo que hablar de una "próxima vez". Es lo mismo que creer que tus padres no morirán, que tus amigos estarán siempre a tu lado y que tus tulipanes retoñarán el siguiente año. Esta mañana he aprendido qué tan falsas pueden ser mis suposiciones.

En estos días siento que habito un pueblo fantasma. No sé adónde ir, con quién hablar, qué más hacer y ni siquiera qué creer. Los últimos cinco días se han fusionado en un interminable y sombrío paisaje. Mis esfuerzos por encontrar a Kareena han llegado a un punto muerto. A última hora, Adi canceló nuestra reunión en el Soirée. De nuestras constantes conversaciones telefónicas, puedo deducir que el pasaporte de Kareena no está; un indicio de que se marchó de forma deliberada. Me parece sumamente extraño que Adi esté tan contento con el hecho de que ella haya estado ausente tanto tiempo. Incluso tiene el descaro de bromear con el tema.

–¿Sabes qué? Creo que voló a algún lado para tomarse unas vacaciones repentinas. Me está castigando por no haberla llevado a Acapulco en febrero. No te preocupes. La voy a regañar en serio cuando vuelva.

¿Adónde pudo ir?

Contacté a la policía y les conté de los moretones que Kareena tenía en el brazo. El detective Yoshihama me aseguró que harían lo necesario y me dio el número de su teléfono celular. Esta mañana le marqué de nuevo, pero no me regresó la llamada. ¿Qué tan arriba está este caso en su lista de prioridades? Para él, Kareena no es más que otro perfil en la computadora de un alma perdida, un póster más de *Se busca persona desaparecida* que debe imprimir, mientras que para mí y nuestros amigos en común se trata de alguien importante.

No puedo darme por vencida. Llamé a la Unidad de Personas Desaparecidas de la Patrulla Estatal de Washington, pero me aconsejaron esperar treinta días.

También extraño a Ulrich, a pesar de que para mí es prácticamente un extraño. A dondequiera que vaya veo su rostro firme, su pulcro corte de cabello, sus desconfiados ojos verdes. Apareció en mi vida más o menos cuando Kareena desapareció. No he vuelto a saber nada de él desde aquella mañana fatídica en que dejó mi cama.

No tengo otra opción que continuar con mi vida, a excepción de las labores diarias que solía cumplir con agrado y ahora carecen de sentido. Pospongo la visita al supermercado, pierdo las llaves del coche e ignoro los correos electrónicos de la biblioteca sobre los tres libros vencidos.

Hoy, entrada la mañana, revisé la parcela de tulipanes. Los capullos siguen cerrados y un poco pálidos, a pesar de que la tierra, el sol y la temperatura son ideales para que florezcan, e incluso había gotas de rocío colgando de las plantas. Cualquiera que pueda ser la conexión, no puedo hacer nada y me limito a pensar en Kareena. ¿Por qué no confió en mí?

Lo que más me preocupa es el vacío, la ausencia de respuesta, sentir que la explicación de todo está fuera de mi alcance.

Decido darme una vuelta por Toute La Soirée esta noche. Una voz dentro de mí ha estado molestándome para que lo haga, sin mencionar que tengo antojo del coctel de kéfir y bayas que hacen. No hace mucho Kareena me confió que pensaba tomarse una copa de Riesling, que es un poco caro, en la siguiente ocasión especial. ¿Alguna vez podrá cumplir su deseo?

El café está en la atareada calle 34. Para mi sorpresa, encontré lugar para estacionarme a una cuadra del lugar. Percibo la humedad del aire mientras camino hacia la entrada. No hay estrellas en el cielo. Reviso mi reloj. A pesar de su conocido y bastante pegajoso nombre –que significa "toda la noche"–, el lugar cierra a las nueve, y falta menos de una hora.

Dentro del café el ambiente es animado, reina la camaradería posterior a la jornada de trabajo. Casi está lleno. Un hombre maduro me dirige una fija mirada apreciativa por encima de su tarro de cerveza oscura. Lo ignoro y observo el interior del lugar: la decoración ha cambiado desde la última vez que vine. Las elegantes paredes negras ostentan una colección de abanicos de mano. Hechos de encaje y bambú, están plegados de forma exquisita. El nuevo ambiente incluye una estantería de madera en la que relucen revistas manchadas y bolsas de yute con granos de café recargadas contra la pared. La redecoración no me ofrece ningún consuelo.

Mientras me desplazo, una semilla de nerviosismo crece dentro de mí. Alcanzo a escuchar fragmentos de un debate sobre la clonación humana. Cualquier otro día pude haber caminado un poco más lento para aprender algo nuevo, pero justo ahora mi atención se centra en localizar un lugar desocupado.

Hay alguien en la mesa que Kareena y yo acostumbramos tomar. ¿Podía ser de otra manera a esta hora tan complicada? Por alguna razón esperaba un pequeño milagro, pero parece que encontrar un lugar de estacionamiento agotó mi cuota por esta noche. "Nuestra" mesa está ocupada por una pareja cuyas cabezas se inclinan sobre una rebanada extragrande de pastel de fresa. En este momento, la idea de tal exceso de azúcar me parece asquerosa; y el jugo de fresa color sangre, atemorizante.

Algo en la pareja me pone alerta y los miro de nuevo. Oh no, es Adi con una rubia. Él se ve un poco molesto. Las luces ambientales iluminan su larga figura. Viste una camiseta polo de cuello redondo de un desfavorecedor color óxido oscuro. Él carece del buen gusto que Kareena tiene para los colores. La rubia usa unos aretes con cristales que parecen candelabros y le rozan los hombros. En lo personal, nunca soportaría el peso de unos aretes tan largos, a menos de que se tratara de una ocasión especial. ¿Para ellos ésta es una ocasión especial?

Su presencia me pone tan nerviosa que decido marcharme. Además, Adi podría descubrirme y acercarse a reclamar que lo estoy espiando.

De camino a la salida me pego con una silla y la acomodo en su lugar. Luego, casi choco mi cabeza con la de un hombre indio que acaba de entrar al local. Aunque es joven, moreno y devastadoramente guapo, por alguna razón siento que no es mi tipo. Vestido de forma elegante con un chaleco de lana, el príncipe va directo al mostrador donde se pide para llevar. Su impresionante porte y sus ardientes pupilas causan conmoción entre las mujeres que están sentadas cerca. Una pelirroja intenta acaparar su mirada. Él sujeta la bolsa de yute que cuelga de su hombro, se trata de una *jhola* estilo indio. Incluso Adi se le queda viendo.

Salgo deslizándome por la puerta. Demasiado agotada como para asimilar nada más, me detengo en la acera y respiro profundamente varias veces para despejar mi cabeza. Por favor, diosa Durga, no más intrigas esta noche.

Empieza a lloviznar, pero por fortuna las calles estás despejadas. En pocos minutos entro a mi cochera y bajo del Honda. Mientras cierro la puerta del garaje, recuerdo al encantador príncipe del café. ¿No dijo Veen que Kareena fue vista por última vez en ese mismo lugar con un hombre que cargaba una *jhola*?

Un golpe de adrenalina me atraviesa el cuerpo. ¿Por qué no estuve más alerta? ¿Por qué no me quedé más tiempo para estudiar a otro sospechoso potencial y sus pertenencias?

¿Debo regresar?

Reviso mi reloj: son las nueve. El Soirée acaba de cerrar.

Agitada y nerviosa, entro a la casa. Ni siquiera un baño caliente o una taza de té de albahaca morada logran templar la duda que recorre mi cabeza: ¿qué le pasó a Kareena en realidad?

Necesito restablecer mi espíritu y me acuesto temprano. Mientras estoy en la cama, no puedo hacer otra cosa que repasar los eventos del día, siendo el principal de todos la aparición pública de Adi en compañía de una rubia. Dentro de mi cabeza hay conjeturas que revolotean como un montón de hojas secas en el viento. Eventualmente, la atmósfera se asienta; mi mente se despeja.

Me estoy preocupando demasiado por Kareena. La preocupación es un castillo de arena. Carece de cimientos.

¿Mis sospechas sobre Adi estarán equivocadas también?

Las conjeturas, lo mismo que las apariencias, pueden engañar, me digo. La fachada alegre de Adi y su falta de preocupación acerca de la inexplicable ausencia de su esposa pueden ser castillos de arena que yo misma he construido. Quizás interpreto de la peor manera una situación que es perfectamente plausible e inocente.

Has sido una tonta, Mitra, una tonta. No tienes razón para preocuparte. Cúbrete con la cobija y bríndate un sueño apacible. Todo estará bien. La mañana vendrá, el sol saldrá y Kareena regresará, con su radiante sonrisa intacta, tan cierto como el cambio de las estaciones.

Me despierto, repuesta y animada. La llovizna de anoche se ha evaporado, dejando tras de sí una mañana resplandeciente. El sol se cuela por la gran abertura de las persianas. Una araña construye su nido afuera de la ventana, intrincado pero frágil.

Tengo la tarea perfecta para llenar este día. Me ocuparé de la parcela de tulipanes de Kareena. Pronto, las plantas liberarán sus flores como emblemas de belleza y renovación, y ella acunará amorosamente un ramillete en sus brazos. Me pongo mi ropa de jardinería –jeans desteñidos y una chaqueta desgastada–, junto mis herramientas y me apresuro a salir. La luz de la mañana brilla con fuerza sobre la parcela de flores del frente. La errática rama de una camelia necesita ser podada. Su sombra cae sobre los tulipanes. Me acerco para revisarla y siento un dolor en el vientre. Todos los capullos de tulipán se pintaron de marrón y se marchitaron, como si la plaga los hubiera quemado. Sus tallos languidecen antes de retornar a la oscura tierra.

¿Por qué se murieron tan pronto? Caigo de rodillas y atiendo los tulipanes, levanto las plantas y aprieto sus quebradizos tallos y sus hojas marchitas. Tomo cada capullo estropeado entre mis manos, pero no hay ni uno solo que tenga esperanzas.

Mientras sujeto con fuerza un tallo roto, recuerdo a Kareena, tan diligente, tan llena de vida, y pienso desconsolada en estos tulipanes que tanto prometían.

SI NO PUEDES CON EL CALOR…
POR LAWRENCE BLOCK
Clinton, Manhattan
TRADUCCIÓN DE JUAN JOSÉ RODRÍGUEZ

SINTIÓ SUS OJOS JUSTO SOBRE SU CUERPO CUANDO EL CAMARERO colocaba un portavasos de cerveza Beck's sobre la barra y posaba encima su coctel Rob Roy. Quiso volverse y averiguar quién la estaba mirando, pero permaneció inmóvil, tratando de analizar exactamente qué había sentido. No podría precisarlo en términos corporales, no podía detectar ese específico hormigueo que había sentido a veces en los nervios de la nuca. Ella sólo sabía que era observada y que el observador era un hombre.

Era, sin duda, una sensación familiar. Los hombres siempre la habían observado. ¿Desde la adolescencia, desde que su cuerpo comenzó la transformación de niña a mujer? No, hacía más tiempo aún. Incluso diría que empezó en su infancia, cuando algunos hombres la observaban con admiración y, a menudo, con algo más allá de la admiración.

En Hawley, Minnesota, 50 kilómetros al este de la carretera de Dakota del Norte, los hombres la observaron de esa manera. Las miradas la siguieron a su paso por Red Cloud y Minneapolis, y ahora, en Nueva York, no era una sorpresa, los hombres continuaban mirándola.

Levantó su copa, bebió un sorbo y una voz masculina le dijo: "Oye, ¿ese es un Rob Roy?".

Él se hallaba de pie a su izquierda: un hombre alto, delgado, bien arreglado con su chaqueta azul marino y su pantalón gris. El cuello de su camisa tenía un botón al final de cada solapa; su corbata, líneas en diagonal. Tenía un rostro atractivo, pero no era guapo; a primera vista parecía joven, aunque ella pudo ver unas líneas muy vivas cerca de sus ojos. Y su cabello oscuro estaba ligeramente invadido de gris.

—Un Rob Roy seco —dijo ella—. ¿Por qué?

—En un mundo donde todos piden Cosmopolitans –dijo él–, hay algo agradable y muy *old-fashion* en una chica que pide un Rob Roy. En una dama, digo.

Ella bajó los ojos para ver qué bebía él.

—Todavía no he ordenado –le dijo–. Acabo de llegar. Me tomaría un trago de esos, pero los viejos hábitos tardan en morir…

Cuando el barman se puso frente a él, ordenó un Jameson en las rocas.

—Whisky irlandés –prosiguió–. Este barrio ante solía ser en su mayoría irlandés. Y así se quedó. Hace unos años era un lugar peligroso. Una mujer joven como usted no se sentiría cómoda entrando en un bar como éste sin compañía, no en esta parte de la ciudad. Incluso acompañada, éste no era lugar para una dama.

—Eso ha cambiado mucho.

—Hasta el rumbo cambió de nombre.

Cuando su bebida llegó, él tomó el vaso y lo acercó a la luz, para admirar el color ámbar.

—Ahora lo llaman Clinton. En memoria de DeWitt Clinton, no de Bill. DeWitt era el gobernador tiempo atrás, fue él quien cavó el canal de Erie. No personalmente, claro, pero fue quien logró abrirlo. George Clinton fue gobernador también durante siete periodos antes de la aprobación de la Constitución. Y luego tuvo un mandato como vicepresidente. Pero esto sería antes de tu nacimiento…

—Por unos cuantos años –concedió ella.

—Fue incluso antes que el mío –dijo él–, pero yo crecí aquí, a unas cuantas cuadras, y te puedo decir que entonces a este lugar nadie lo llamaba Clinton. Probablemente tú sabes cómo lo nombraban.

—La Cocina del Infierno –dijo ella–. Todavía lo llaman así de vez en cuando.

—Bueno, es un nombre más interesante. Fue la especulación inmobiliaria quien la rebautizó como Clinton: nadie querría mudarse a un barrio llamado La Cocina del Infierno. La gente recuerda que éste era un mal vecindario, pero ahora se ha engalanado y aburguesado, se volvió atractivo de la noche a la mañana, y el nombre antiguo le da cierto caché. Un toque de elegancia gangsteril, si entiendes lo que quiero decir.

—Si no puedes con el calor…

–...no te metas a la cocina –el hombre completó el refrán–. Cuando yo me criaba aquí, la banda de los Westies controlaba el sitio. No eran tan altamente eficientes como la mafia italiana, pero eran intensos y bastante sanguinarios para compensarlo. A dos puertas de mi casa, bajando por mi calle, desapareció un hombre y nunca hallaron su cuerpo, excepto una de sus manos, la cual apareció en el refrigerador de alguien en la calle 53 y la Avenida 11. Supongo que sus huellas dactilares les seguían siendo útiles, mucho después de que el tipo ya estaba muerto y desaparecido.

–¿Funcionaría eso?

–Con suerte –le dijo él– nunca lo sabremos. Ahora los Westies en su mayoría se han ido, y los apartamentos en que vivían están todos en remodelación, con corredores de bolsa y abogados listos para alquilarlos. ¿Qué eres tú?

–¿Yo?

–¿Corredora de bolsa o abogada?

Ella sonrió.

–Me temo que ninguna de las dos cosas. Soy actriz.

–Aún mejor.

–Lo cual significa que tomo una clase dos veces por semana. Y corro a los llamados de casting y las audiciones.

–¿Y sirves mesas?

–Fui mesera en las Ciudades. Supongo que tendré que hacerlo de nuevo aquí, cuando vuelva a quedarme sin dinero.

–¿Las Ciudades?

–En las ciudades gemelas, Minneapolis y Saint Paul.

Le preguntó de dónde era ella, y de paso le comentó que su nombre era Jim. Ella dijo que el suyo era Jennifer. Él le contó otra historia del vecindario –era realmente un buen narrador– y para entonces su Rob Roy y su Jameson se habían terminado.

–Permíteme invitarte otra ronda –dijo él–. ¿Por qué no tomamos nuestros tragos en la mesa? Estaremos más cómodos, más tranquilos.

Él, por supuesto, siguió hablando del barrio.

–Un barrio irlandés, de acuerdo, pero sólo en parte. Tenía cuadras que eran inexpugnables fortalezas italianas, y había polacos y otros europeos orientales. Muchos franceses también, trabajaban en los restaurantes de los distritos teatrales. Teníamos de todo, ¿entiendes? Las

Naciones Unidas están al otro lado del río, pero aquí teníamos nuestra propia Asamblea General en la Cocina. La calle Cincuenta y siete era la línea divisoria, al norte de ahí estaba la Avenida San Juan Hill y veías una gran cantidad de negros que vivían allí. Fue un lugar interesante para crecer, si tenías que criarte aquí… pero no lo sería para una dulce jovencita de Minnesota que desee mudarse acá.

Ella arqueó sus cejas, como si él le hubiera dicho "Adiós, guapa" en medio de la calle, y le sonrió. Entonces los ojos de él se pusieron serios y le dijo:

—Tengo una confesión que hacerte.

—¿Ah, sí?

—Te seguí hasta aquí.

—¿Quieres decir que te fijaste en mí aun antes de que ordenara un Rob Roy?

—Te vi en la calle. Y por un momento pensé…

—¿Qué?

—Bueno, tú estabas en la calle…

—¡Ah! Tú pensaste que…

—…que eras una chica que desempeñaba un oficio. No iba a confesarte esto, y no quiero que me lo tomes mal…

—¿Cómo podría tomarlo bien?

—…porque me llamó la atención tu forma de revisar el área, y que vistieras como las chicas que están allá afuera. Mira, el vecindario puede haber cambiado mucho, pero eso no significa que sus costumbres hayan desaparecido.

—Ya me di cuenta.

—Era más bien tu manera de caminar: no cómo balanceabas las caderas, no tu caminar, *per se*. Había una sensación que de que no tenías prisa por llegar a ninguna parte, e incluso, de que estabas muy segura de adónde te dirigías.

—Yo pensé en detenerme por un trago y no estaba segura de si iba a hacerlo o si sería mejor irme derecho a casa.

—Te entiendo.

—Y nunca había estado aquí antes. Me pregunté si sería un sitio decente.

—Bueno, es bastante decente ahora. Hace algunos años no lo era, e incluso hoy, una mujer sola…

—Ya veo —ella tomó un sorbo de su bebida—. ¿Así que pensaste que podría ser una prostituta, y por eso te metiste? Bueno, odio decepcionarte.

—Lo que me trajo aquí —dijo él— fue la idea de que podrías serlo y la esperanza de que no lo fueras.

—No lo soy.

—Lo sé.

—Soy una actriz.

—Y apuesto que una buena.

—Supongo que el tiempo lo dirá.

—Generalmente así es. ¿Puedo invitarte otro trago de éstos?

Ella negó con la cabeza.

—Oh, no lo creo. Yo sólo venía por una sola bebida, y ni siquiera estaba segura de beber. Ya llevo dos, y con eso es suficiente.

—¿Estás segura?

—Me temo que sí. No es sólo el alcohol, es el tiempo. Tengo que irme a casa.

—Te acompañaré.

—Oh, no es necesario.

—Sí lo es. Ya sea La Cocina del Infierno o Clinton, es necesario.

—Bueno...

—Insisto. El barrio es más seguro ahora, pero estás muy lejos de Minnesota. Y supongo que tú atraes a todo tipo de gente rara, sea en Minnesota o dondequiera que estés.

—Bueno, tienes razón en eso.

Ya en la puerta añadió:

—No quiero que pienses que debes acompañarme a casa porque soy una dama.

—No te estoy acompañando a tu casa porque seas una dama. Te estoy acompañando porque yo soy un caballero.

La caminata hasta la puerta de su casa fue interesante. Él tenía historias que contar acerca de la mitad de los edificios a su paso. Aquí hubo un asesinato; allá vivía un famoso borracho. Y aunque algunas de las historias eran inquietantes, ella se sintió completamente segura caminando a su lado.

Ya frente a la puerta, él le dijo:

—¿Podríamos tomar una taza de café?

—Ojalá —dijo ella.

—Ya veo.

—Tengo una compañera de cuarto verdaderamente imposible, realmente lo es. Mi idea del éxito no es actuar en Broadway: es ganar dinero suficiente para tener mi propio departamento. Simplemente no hay privacidad cuando mi compañera está en casa y la muy ingrata siempre está.

—Es una pena.

Ella respiró.

—Jim: ¿tienes compañero de cuarto?

Él no tenía compañero y, aunque así hubiera sido, el lugar era lo suficientemente espacioso para permitirles privacidad. Una gran sala de estar, una recámara grande, una cocina de buen tamaño.

—Renta congelada —le dijo—; si no, nunca podría costearlo.

Él le mostró todo el departamento antes de tomarla en sus brazos y besarla.

—Quizá… —dijo ella mientras se separaba del abrazo— quizá deberíamos tomar un trago más después de todo.

Ella soñaba algo confuso y desconcertante, y entonces sus ojos se abrieron de golpe. Por un momento no sabía dónde estaba, y entonces cayó en cuenta de que estaba en Nueva York, y descubrió que el sueño había sido un recuerdo o una invención de su infancia en Hawley.

En Nueva York, y en el departamento de Jim.

Y en la cama de él. Ella se dio la vuelta, lo vio inmóvil a su lado y se levantó con cautela instintiva. Salió en silencio de la habitación y encontró el baño. Lo usó y echó una ojeada detrás de la cortina de la ducha.

La tina estaba sorprendentemente limpia para ser un departamento de soltero y el lugar era agradable. Ella no se sentía sucia, no exactamente eso, pero algo parecido. Incómoda, algo rancia o pasada. Sí, pasada, ella decidió que era eso. Pasada y con mucha necesidad de refrescarse. Corrió a la ducha, ajustó la temperatura, y se metió bajo el chorro de agua. No tenía la intención de pasar ahí la noche: se había quedado dormida en contra de sus intenciones.

Rohypnol, pensó. *Roofies*, la droga de la violación. Te pone a dormir, o lo más parecido a eso, y te deja sin memoria de lo que sucedió.

Quizás eso fue. Quizá se había drogado por contagio.

Salió de la bañera, secándose, y regresó a la recamara por su ropa. Él no se había movido durante su ausencia y seguía recostado boca arriba bajo las sábanas.

Se vistió, se miró en el espejo, encontró su bolsa, se puso lápiz labial pero ningún otro maquillaje, y quedó satisfecha con los resultados. Entonces, después de otra mirada reflexiva sobre la cama, comenzó a revisar el departamento.

De la cartera −en los pantalones grises que él había arrojado sobre el respaldo de la silla−, tomó casi trescientos dólares en efectivo pero dejó las tarjetas de crédito y todo lo demás. Encontró poco más de mil dólares en el cajón de los calcetines y también los tomó, pero dejó ahí el frasco de mayonesa lleno de monedas sueltas. Revisó el refrigerador, y el juego de recipientes de aluminio pulido sobre la barra de la cocina, pero en el congelador sólo encontró alimento y bebidas, así como un recipiente de bolsas de té, mientras que los otros dos estaban vacíos.

Decidió que probablemente eso sería todo. Podría buscar más a fondo y obtener algo más, mas sólo estaría perdiendo su tiempo.

Y ella, realmente, debía salir de ahí.

Pero primero debía regresar a la habitación. Tenía que ir junto a la cama y mirarlo a él. Jim, así dijo que se llamaba. James John O'Rourke, según las tarjetas que había en su cartera.

Cuarenta y siete años de edad. Podría ser su padre, por cierto, aunque el hombre que la había engendrado en Hawley era mayor que él por ocho o nueve años.

Jim no se movía.

Rohypnol, pensó, la píldora del amor.

−Quizá... −había dicho ella− quizá deberíamos tomarnos un trago más después de todo.

Me tomo lo que tú tomes, ella le había dicho, y fue un juego de niños añadir la droga a su propia bebida y luego intercambiar las copas.

Su única preocupación después de eso fue que él se desmayara antes de quitarse la ropa, pero no, se besaron y acariciaron y encontraron el camino a su cama, se quitaron la ropa en los brazos del otro, y todo fue muy bonito hasta que él bostezó y sus músculos se aflojaron y cayó inerte en sus brazos.

Lo tendió de espaldas y lo observó dormir. Luego lo tocó y lo acarició, tratando de provocar una respuesta, pero tardó en despertar al gigante dormido.

Rohypnol, la droga maravillosa, facilitaba la violación para cualquier sexo. Ella lo llevó a su boca, lo montó y lo cabalgó. Su orgasmo fue intenso, y fue sólo suyo. Él no lo disfrutó y cuando ella desmontó, su pene cayó flácido sobre su muslo.

En Hawley su padre solía visitarla en su recamara por la noche. "¿Jenny? Estás durmiendo?" Si ella contestaba, él la besaba en la frente y le decía "Vuelve a dormir".

Media hora después, él regresaba de nuevo. Si ella estaba adormilada, y si no lo escuchaba cuando pronunciaba su nombre, él se deslizaba en la cama con ella. Y la tocaba y la besaba, pero esta vez no sobre la frente.

Ella se despertaba cuando esto sucedía, pero de alguna manera aprendió que debía fingir que estaba dormida. Y que él haría eso.

Ella fingía estar dormida cuando él entraba a su cuarto.

Ella escuchaba cuando le preguntaba si estaba dormida, y luego se recostaba ahí, en silencio, mientras ella se quedaba quieta. A ella eso le gustaba y no le gustaba a la vez. Lo amaba y lo odiaba.

Eventualmente dejaron de simular. Eventualmente, él le enseñó cómo tocarlo y cómo usar su boca sobre su cuerpo. Eventualmente, con el tiempo, había muy pocas cosas que ellos no hicieron.

Le costó un poco de trabajo, pero consiguió que Jim se pusiera muy duro y lo hizo alcanzar un orgasmo. Él gimió audiblemente al final, y luego se hundió en un sueño profundo, casi de inmediato.

Estaba agotada, se sentía como si fuera ella quien había tomado la droga, pero hizo un esfuerzo por ir al baño y buscar Listerine. No pudo encontrarlo, y terminó haciendo gárgaras con la boca llena de whisky irlandés.

Se detuvo en la cocina, y luego regresó a la habitación. Cuando había hecho lo que necesitaba hacer, decidió que no estaría mal recostarse a su lado y cerrar los ojos. Sólo por un minuto...

Y ahora había amanecido, era hora de largarse de ahí. Se quedó mirándolo de pie, y por un instante le pareció que su pecho subía y bajaba con lentitud, incluso su respiración, pero eso era sólo su mente que le jugaba un truco, porque su pecho estaba de hecho bastante inmóvil y no respiraba en lo absoluto. Su respiración se había detenido para siempre cuando deslizó el cuchillo de la cocina entre las dos costillas y en el corazón.

Él había muerto sin hacer ruido. *La petite mort*, se le dice en francés al orgasmo. La pequeña muerte... Bueno la pequeña muerte le había sacado un gemido a Jim, pero nunca podría volver a gemir. Su respiración se detuvo, y nunca se reanudó.

Ella le puso una mano en el brazo, y al sentir el frío de su carne, se le ocurrió que él ya descansaba en paz. Pensó, casi con nostalgia, cuán sereno se veía.

En cierto sentido, no había ninguna necesidad de matar a este hombre. Podría haberle robado con la misma eficacia, mientras él dormía, y la droga se encargaría de que no despertara hasta que ella saliera por la puerta.

Había usado el cuchillo para obedecer a una necesidad interior, y la necesidad era urgente; satisfacerla fue algo tan intenso que la llevó a dormirse.

Nunca había usado un cuchillo o algo parecido en Hawley. Aunque lo consideró más de una vez. Pero al final lo único que hizo fue irse. Ninguna escena final, ninguna nota, nada de eso. Tomó el primer autobús que pasó y eso fue todo.

Quizá su vida sería diferente si ella hubiera puesto a descansar en paz a su padre tal como lo hizo con James John O'Rourke. Pero ¿aquello habría sido posible? ¿De verdad lo hubiera hecho?

Probablemente no.

Salió del departamento, presionó bien la puerta al cerrarla y se cercioró de activar el seguro. El edificio era alto, con cuatro departamentos por piso. Bajó tres niveles y salió sin encontrarse con nadie.

Pronto tendría que mudarse.

No era que ella hubiera establecido un patrón. Al hombre de la semana pasada, en el lujoso loft cercano al Javits Center, lo había asfixiado hasta la muerte. Era un tipo enorme, construido como un luchador, pero la droga lo dejó indefenso y todo lo que ella tuvo que hacer fue sostener la almohada contra su cara. Él no recobró nunca la suficiente conciencia para luchar. Y antes de eso, el otro hombre, el ejecutivo de publicidad, le había mostrado el motivo que le hacía sentirse seguro en cualquier vecindario, aburguesado o no. Tenía una pistola cargada en la mesita de noche: si algún ladrón tenía la mala suerte de meterse a su casa, pues bien… Cuando ella término con él, tomó el arma, la envolvió con la mano del hombre, le puso el cañón en la boca y disparó. Podrían calificarlo como suicidio, y el caso del luchador podría ser visto como un ataque al corazón, si no analizaban con demasiada precisión. O podrían pensar que los tres casos eran asesinatos, sin sospechar jamás que eran obra de la misma persona.

Aun así, no le haría mal mudarse. Encontrar otro lugar para vivir antes de que la gente empezara a fijarse en ella por las calles y los bares. Le gustaba estar en Clinton, o en la Cocina del Infierno, o como fuera que se llamara el lugar. Era un barrio agradable para vivir, sin importar lo que hubiera sido hace tiempo. Pero, como ella y Jim habían concluido, todo Manhattan era un lugar agradable para vivir. Ya ni quedaba ningún barrio malo. De veras que no.

Adonde fuera, estaba bastante segura de que estaría a salvo.

EL PRIMER CASO DE PHELAN
por Lisa Sandlin

Beaumont, Texas

TRADUCCIÓN DE AUGUSTO CRUZ

LAS OCHO Y CINCO. PHELAN SE RECARGÓ EN LA SILLA DEL ESCRITORIO para comprobar la efectividad del *Beaumont Enterprise*. Habían publicado en los clasificados el aviso de su nuevo despacho, y lo habían resaltado con un cuadro de color negro, dentro del cual se hallaba su nombre correctamente escrito. El anuncio del día anterior había convocado a dos chicas. Por su cabeza pasaba contratar a la morena con las uñas pintadas y la voz muy sensual, pero justo en ese momento fue interrumpido por una llamada de Joe Ford, su viejo amigo de la escuela, quien ahora era un oficial de libertad condicional. Cuando se lo proponía, Joe podía ser tan convincente como un vendedor.

"Sabe escribir a máquina, tomar dictado, ¿qué más necesitas? Lo aprendió en prisión mientras pagaba su deuda con la sociedad. ¿Por qué no la entrevistas?"

"Busca a otro incauto. ¿Desde cuándo eres la Agencia Acme de colocaciones?"

"¿Desde cuándo eres detective privado?"

"Desde que me indemnizaron con suficiente pasta como para prescindir de un empleo fijo."

"¿Por ese insignificante dedo que perdiste? Pensé que te gustaban las torres petroleras."

"Todavía me quedan nueve. Trato de conservarlos."

"Sólo habla con esta chica, Tommy. Es buena en lo que hace."

"¿Por qué la ayudas?"

"Diablos, los teléfonos no van a contestarse solos, ¿verdad?"

"¿No han inventado una máquina que...?"

Joe perdió los estribos en el teléfono.

"¿Sabes qué? Te la voy mandar. Estará allá en un dos por tres."

"No."

"Voy a decir esto sólo una vez. ¿Quién te cuidó la espalda la noche que te ibas a pelear con Narlan Pugh y todos sus primos?"

"Fue una vez sola vez, mierda. Me lo has cobrado tres veces. Tarde o temprano te darás cuenta de que la gratitud se termina, como una bolsa de donas."

Joe esperó. Phelan bufó.

"Maldita sea, no prometo nada."

"¡Na, claro que no! Dejémoslo a su suerte. Gracias por la oportunidad, esto la animará."

Phelan quiso conocer los antecedentes penales de la chica, pero la respuesta que obtuvo fue el tono de llamada terminada.

Tamborileando con los dedos, miró por la ventana la flama de metano de la refinería Mobil, que se alzaba sobre la ciudad de Beaumont como una Estrella de Belén. Mucho más abajo corría un canal plomizo del río Neches, con los rizos de agua revestidos por la luz del sol. Buques de cascos ennegrecidos y cubiertas de color banco estaban anclados en el puerto, con sus banderas a rayas ondeando en sentido contrario al paso de las nubes de primavera.

A decir verdad, eso es lo que miraría por la ventana desde el séptimo piso del edificio San Jacinto, entre paredes de caoba y ascensores con decorados de bronce… una vez que su negocio tuviera éxito. En cambio, ahora tenía vista hacia el Hotel New Rosemont, que anunciaba habitaciones a partir de un dólar, donde una vez cayó un ventilador de techo sobre la propietaria. La oficina de la secretaria también tenía una ventana, que daba a la escalera de incendios del Rosemont, descarapelada por el sol y la humedad.

A las 8:32 se escucharon pasos en el segundo piso. ¿Quién se habrá escabullido hasta acá arriba? Su andar era pausado. El golpeteo en la puerta recientemente rotulada *Thomas Phelan, Investigaciones* no era rápido ni lento, estrepitoso ni suave.

Phelan abrió. Bueno, no era precisamente una jovencita. Un par de patas de gallo habían dejado huella en las comisuras de sus ojos; se le formaba un leve pliegue de amargura en el lado izquierdo de sus labios ligeramente pintados. Su cabello era marrón cenizo, la mandíbula alargada, y vestía amplia blusa blanca y falda azul marino. Los ojos eran de color azul grisáceo, un poco nublados, distantes, como una tormenta cruzando el golfo. Y tenía el bronceado de prisión. No parecía la clase de chica que se sentaba detrás del escritorio a soplar el esmalte de sus uñas, pues la mano que lo saludaba las tenía cortadas hasta la carne viva.

"Tom Phelan."

"Delpha Wade." El tono de su voz era bajo y seco.

Delpha Wade. El engranaje de un recuerdo que pretendía emerger en su cerebro se detuvo sin completar el proceso, como cuando una barra de chocolate se atora en la máquina expendedora.

Se sentaron en la oficina, él en una giratoria renga detrás de un gran escritorio de metal –ambos incluidos en el alquiler. Ella en una de las sillas nuevas de cuero acolchado con respaldos majestuosamente altos, para los clientes.

"Tengo que ser honesto con usted, señorita Wade. Creo que ya encontré a una secretaria."

No había decepción en esos ojos azules, tampoco esperanza. Ella colocó en el escritorio un diploma con un sello dorado. El documento certificaba que escribía setenta palabras por minuto, sabía taquigrafía y podía llevar libros contables. La morena con las uñas pintadas y la voz sensual también sabía hacer todo eso, pero ella lo respaldaba con una risita, y no con un diploma de la correccional para mujeres de Gatesville.

"¿La oficina de un investigador privado fue su primera opción de trabajo?"

"Mi primera opción es un trabajo."

Touché. "¿Qué número de entrevista es ésta?"

"La número uno."

"Me siento halagado. Se bajó del autobús y vino para acá."

Los ojos azules dejaron ver una pizca de luz. "Por supuesto eso no cuenta las docenas de solicitudes que llené antes de que me mostraran la puerta de salida."

No era extraño que Joe la estuviera ayudando. "Si pudiera usted elegir… ¿en dónde le gustaría trabajar, señorita Wade?"

"En la biblioteca. Me gustan las bibliotecas. Es lo que hice *allí*."

Allí era Gatesville. Ahora que había sacado el tema, decidió preguntar. "¿Cuántos años le dieron?"

"Catorce."

Phelan sofocó un silbido. Eso dejaba fuera fraude, falsificación, malversación, y probablemente droga. Estaba a punto de preguntarle la parte delicada cuando ella se lo entregó en bandeja de plata. "Homicidio calificado."

"¿Y le dieron catorce años?"

"Él estaba bastante muerto, señor Phelan."

Su cerebro completó el proceso y la imagen cayó en la ranura. Phelan era un adolescente cuando escuchó esta historia que los periodistas adoraron desde el principio. Ella era camarera en un bar de mala muerte del Bayou,* que esperaba al propietario para entregarle las ventas del día. Estaba sola. Dos individuos a los cuales había echado previamente del lugar regresaron. La chica fue golpeada, violada y herida con cuchillo. Ellos eran padre e hijo. El hijo se entretuvo golpeándola antes de que fueran por la caja registradora, pero… sorpresa. De alguna manera el cuchillo había cambiado de manos. El padre fue picado y el hijo herido a cuchilladas. Cuando fueron sorprendidos por los faros del automóvil del propietario, el bueno de Papi, corrió hacia su vetusto auto y salió disparado. Delpha Wade no había dejado que la naturaleza siguiera su curso. Salió a buscar a Junior para rematarlo en el estacionamiento pavimentado con conchas de moluscos.

El certificado de Gatesville descansaba en una cartera de cuero negro, descolorida y pasada de moda. Parecía que iba a levantarse cuando juntó sus pies, pero no lo hizo. Aquellos ojos lo miraron sin esperanza ni desesperación. Sólo un nubarrón de regreso en el horizonte azul.

Entonces se abrió la puerta principal. Se escuchó un zapateo vacilante, como si hubiera entrado un ratón. "'Discúlpeme", dijo Phelan y se levantó. El asiento de madera de su silla dio un respingo, como si su próximo ocupante fuera a caer del cielo raso y Phelan forcejeó hasta que logró acomodarlo. "Tengo que arreglarlo", murmuró.

Cuando levantó la vista, vio la espalda recta de Delpha Wade saliendo de su despacho. Es curioso, había tenido la impresión de que no se rendiría tan fácilmente.

"Ha olvidado su bolso, señorita Wade."

---

* Extensa zona pantanosa que va desde Houston (Texas) a Mobile (Alabama), con su centro en Nueva Orleans (Louisiana), (N. del T.)

"No, no lo olvidé." Cerró silenciosamente la puerta que separaba su oficina de la recepción y escuchó: "Buenos días, señora. ¿Tiene una cita para ver al señor Phelan?". Su voz era tan suave como una cerradura.

Phelan sonrió. *Me arrepentiré.* Inclinó el asiento de la silla y se sentó como lo haría un verdadero jefe.

Seguían los murmullos: "¿Puedo preguntar el motivo de su visita?".

Más murmullos, demasiados. Entonces –Phelan odiaba este sonido–, vinieron los sollozos. No es que no se hubiera preparado para eso. Había comprado en la tienda de baratijas una caja de Kleenex para las esposas con el corazón roto. La escondió en el cajón inferior del escritorio al lado de la botella de bourbon de Kentucky que guardaba para los maridos. Tenía el permiso para portar su arma calibre .38 en la cartera, la licencia de investigador privado colgada en la pared, una caja de tarjetas de presentación recién impresas sobre el escritorio, y a una exconvicta como secretaria.

Delpha Wade entró y cerró la puerta tras de sí. "¿Puede ver a una cliente, señor Phelan?"

"Hágala pasar." Esperaba ver a una respetable mujer engañada que usaría zapatos de tacón de piel de cocodrilo y guardaba su chequera en un bolso que hacía juego con los zapatos.

"Puede pasar, señora Toups."

Una mujer esquelética con el maquillaje del día anterior y una blusa sin planchar cruzó el umbral de la puerta. Cargaba un bolso de piel sintética y una pequeña identificación dorada en el pecho izquierdo, como las que usan los cajeros de banco. Dos grietas marcaban su ceño endurecido. "Es un poco joven. Yo estaba buscando..."

"¿Un viejo policía jubilado?", dijo Delpha Wade. Su tono neutro cambió para enfatizar la palabra *policía*. "El señor Phelan tiene una nueva forma de ver el oficio."

Lo único nuevo que tenía el señor Phelan era su bloc de notas. Blandió un bolígrafo sobre él. "Por favor, siéntese, señora Toups. Dígame qué puedo hacer por usted."

Delpha Wade la tomó del codo y la depositó en la silla del cliente, al tiempo que decía: "¿Puedo traerle un poco de café? ¿Lo toma con crema y azúcar?".

Phelan frunció el ceño, tratando de desarrollar algunas arrugas. *Café,* y pensó: *¿Qué café y dónde va a conseguirlo?*

"Tomaré una Coca-Cola, si tiene."

La puerta interior se cerró detrás de Delpha Wade, y oyó la puerta de la entrada también cerrarse. Su primera cliente tartamudeó su historia mientras el bolígrafo de Phelan estrenaba el cuaderno. La caja de Kleenex se quedó en su cajón. Caroleen Toups tenía su propio pañuelo.

Cuando su no-secretaria regresó con una botella escarchada de Coca-Cola, Phelan conocía la historia. Los Toups vivían en el lado norte, no lejos de Concord, nada parecido a lo que pudiera llamarse un barrio, era más bien una serie de viejas casas de madera ensambladas individualmente a la entrada del bosque. Su hijo Richard andaba metido en algo y a ella no le gustaba. Había estado faltando a la escuela. Corriendo a todas horas. Lo malo es que Richard no había regresado anoche.

Phelan le preguntó con amabilidad: "¿Lo reportó a la policía?".

"A las siete de esta mañana. Dijeron que los chicos se escapan todo el tiempo, que ha habido un montón escapándose últimamente. Cuatro o cinco. Como si fuera un club."

Phelan aceptó en silencio, pensando en la ocasión que se despertó con dos o tres amigos en una banqueta de Nueva Orleans, mugriento, pintarrajeado y convencido de que alguien había doblado barras de hierro con su frente. "¿Qué piensa su esposo?"

"Falleció el otoño pasado. Una infección viral en el corazón." Ofreció sus ojos enrojecidos para compartir ese dolor con él, pero Phelan inclinó la cabeza y continuó.

"¿Tiene Richard una ropa favorita?"

"Unos zapatos tontos que lo hacen ver más alto. Y una camiseta de Johnny Winter que compró en un concierto en Port Arthur."

"¿Sabe si tiene todavía estos objetos en su habitación?"

"Lo sabría, señor Phelan." Tras lograr fácilmente conceder al semblante inexperto de T. Phelan ese título de respeto, la señora Toups lo miró esperanzada. "No están."

"¿Tiene una alcancía?"

Ella escarbó en la bolsa abierta y sacó un rollo, con un retrato de Andrew Jackson* en la parte superior.

---

* El billete de 20 dólares tiene la imagen del presidente Andrew Jackson en el anverso. (N. del T.)

"Cerca de la medianoche", dijo ella, "leí el *Enterprise*. Ahí es donde vi su anuncio. Después de la medianoche examiné cuidadosamente la habitación de mi hijo. Hallé esto dentro de una caja de puros debajo de su cama, junto con algunas tarjetas de beisbol y cigarrillos retorcidos. Hay cuatrocientos diez dólares aquí. Ricky estudia la preparatoria, señor Phelan. No tiene trabajo."

Sonó el teléfono de la recepción, seguido del ligero clic de la máquina de escribir IBM Selectric, recién reparada. "¿Trajo una foto de él?"

La Señora Toups hurgó dentro de la bolsa de piel sintética y le entregó una foto escolar. Limpio y con cara de niño, con el pelo largo como lo usa un montón de niños en estos días. Sonriendo como si estuviera en la silla de un pony navideño. Ricky Toups cuando aún tenía papá.

Los cansados ojos de la madre reprimieron el llanto. "¿Por qué quería que usted pareciera grande y fuerte?… Encuentre a Ricky, dele un buen susto. Ya no puedo soportar esto."

A Phelan lo estremeció una corazonada, un pacto que lo conectaba a esa madre demacrada. Él no se lo esperaba. "Está bien", dijo rápidamente. Mientras la señora Toups bebía un sorbo de Coca-Cola, él garabateó su dirección y número de teléfono, y luego anotó una lista de los amigos de Ricky. Más bien una amiga, la vecina Georgia Watson. ¿Escuela? El Instituto Francés, el alma mater de Phelan, una expansión urbana de ladrillos naranja con un campo de futbol mal trazado. El bloc de notas había sido estrenado por fin.

Escribió el nombre de ella en un contrato estándar y se lo pasó. Había practicado la parte siguiente de modo que pudiera decirla a boca de jarro sin parpadear. "La tarifa es de setenta y cinco al día. Más gastos."

Nadie estaba parpadeando aquí. La Sra. Toups cogió cinco Jacksons. "¿Podría empezar ahora mismo?"

"El primer día es crucial en caso de un menor desaparecido", dijo Phelan, como si tuviera toda la experiencia. "Usted es la primera en mi agenda."

Acompañó a la señora Toups por la recepción hasta la puerta de salida. A su derecha, Delpha Wade se hallaba sentada detrás del escritorio de la secretaria, el auricular apoyado en su cuello, escribiendo. ¿Escribiendo qué? ¿Y dónde había conseguido el papel?

"A la señora Lloyd Elliott le gustaría hablar con usted acerca de un asunto confidencial. Dice que su marido es abogado." La voz seca de Delpha

Wade era serena, y se frotaba el pulgar y los dedos juntos para reproducir el signo universal de dinero.

Había acertado. Según el *Enterprise*, Lloyd Elliott acababa de ganar un caso judicial que le pagó 30 por ciento de un ¡Bravo-nunca-tendré-que-trabajar-otra vez!

La señora Toups asomó su cara enrojecida de nuevo por la puerta, con una última súplica, pero al ver a Phelan tomar el teléfono, agachó la cabeza y se fue.

"Tom Phelan", dijo. Sucinta, sin un *um* o un *este*, la mujer en el teléfono le dijo que quería que su marido fuera seguido, saber adónde iba y por qué. Enviaría un anticipo. En efectivo.

"Me haré cargo. La contactaré a la brevedad. Por favor, deje toda la información que considere importante con mi... con la señorita Wade. Puede confiar en ella."

Y no estoy seguro de que eso sea cierto, pensó, mientras bajaba ruidosamente por las escaleras.

La banda de música tocaba cuando Phelan se detuvo en el Instituto Francés. Dios, se acordó de ese estacionamiento: casa club, teatro y salón de fumadores. Encendió un cigarro por nostalgia.

Un pequeño vaquero encaramado en el capó de un Mustang echó hacia atrás su sombrero Resistol. Tenía las botas apoyadas en la defensa y flexionaba la rodilla lo suficientemente fuerte para que el coche temblara. Phelan le ofreció un cigarrillo.

Altaneramente, el chico fabricó y enrolló su propio cigarro. "¿Quieres lumbre?", Phelan se sintió obligado a ofrecerle:

"¿Conoces a Georgia Watson?"

"Por allá. Georgia está con las Belles." El chico levantó la barbilla hacia el campo pegado al estacionamiento.

"¿Y a Ricky Toups?"

El chico se jaló el sombrero hacia abajo y dejó escapar el humo. "¿No está un poco viejo para meterse hierba?"

"¿Es por eso que los demás buscan a Ricky?"

El intento de Hombre Marlboro apagó el cigarrillo postizo y lo colocó detrás de su oreja. Bajó del capó y se fue.

Phelan volteó hacia el campo de futbol, donde la banda tocaba una versión desganada de "Grazing in the Grass". Las Buffalo Belles alzaban sus piernas de coristas, trabadas hombro con hombro. Una hilera blanca, negra y café *au lait* de caras sonrientes, cabellos y pechos brincando, 120 piernas adolescentes, pateando alto. Recordó con cariño un par de esas botas blancas enganchadas sobre sus hombros después del partido, y se dirigió hacia esa provocadora visión.

Después de la rutina, las chicas se arremolinaron por la línea lateral mientras la banda avanzaba a paso marcial. Phelan preguntó por Georgia y dijo que quería hablar con ella.

¿A esta chica Ricky Toups prometió bajarle la luna y las estrellas? De acuerdo, el brasier de Georgia Watson era de talla generosa, y ella usaba unos shorts tejanos tan cortos que la ropa interior parecía asomar por el dobladillo. Era una chica de cara cóncava, con el pelo rizado y cautos ojos marrones. Usaba una cadena de oro trenzado metida en el cuello de una camisa blanca entallada.

Ella lo condujo lejos del chismorreo de las demás chicas. Su sonrisa proyectó una tenue luz en sus ojos marrones. Había manchas negras debajo de ellos por los grumos de su rímel.

Él le entregó su tarjeta. "La madre de Ricky Toups me pidió que investigara su paradero. ¿Sabes si tenía amigos en problemas?"

Ella desechó la sonrisa y se encogió de hombros.

"Vamos, Georgia. Ricky cree que eres su amiga."

Ella produjo susurros en serie: "Ricky estaba ayudando a este tipo con un asunto, pero creo que ya terminó".

"¿Un asunto?"

"Un asunto", dijo entre dientes. Ella trató de atraer la atención de las otras chicas mirándolas abiertamente y haciendo con sus dedos una señal. Pero nadie le devolvió el saludo.

"¿Quién es este tipo? ¿Por qué Ricky ya no lo ayuda?"

Georgia movió su cabeza y miró por encima del hombro de Phelan, como si negara a alguien que no estaba allí. "Al principio fue divertido, luego se volvió alarmante. Ricky ya no quería verlo, a pesar de lo que eso implicaba…" Y se calló.

"Renunciar al dinero", finalizó Phelan. Su dedo meñique le dio un golpecito a la cadena trenzada alrededor del cuello de la chica. Una lujosa G de veinticuatro quilates. "¿Por cuánto tiempo se relacionaron con este aterrador amigo?"

La cabeza no dejaba de temblarle, en una especie de tic nervioso.

Phelan se acercó lo suficiente hasta incomodarla. "Dame su nombre. Y dime dónde vive ese tipo."

La chica retrocedió. "No lo sé, su nombre empieza con D: Don o Darrell o algo así. Me tengo que ir."

Phelan la tomó del brazo. "Ricky no regresó a su casa ayer por la noche."

Los ojos marrones palidecieron. Mientras la presionaba, ella escupió una frase e incluyó su número de teléfono, y luego se zafó de un tirón y se fue corriendo hacia las otras chicas en la línea lateral del campo. Practicaban pasos de baile grupales, reían y perdían el tiempo. Pero Georgia se mantuvo aparte y se mordía el labio inferior, con la tarjeta de Phelan apretada entre sus dedos.

A las 11:22 condujo de vuelta a la oficina y subió los escalones de dos en dos. Delpha le entregó los detalles de la señora Lloyd Elliott claramente escritos en el reverso de una hoja de papel. Phelan los leyó y silbó. "Tan pronto traiga el anticipo, será mejor que Lloyd comience a cavar su propia trinchera."

Dio vuelta a la hoja. La hoja de liberación de Delpha Wade de Gatesville: *Abril 7, 1973. 1.68 metros, 55 kilos. Pelo castaño, ojos azules. Treinta y cuatro años. Homicidio calificado.*

"Fue el único papel que encontré", dijo.

Phelan puso un billete de diez en el escritorio. "Consiga algo para escribir. Después averigüe qué ha sucedido en el barrio de Toups, digamos, en los últimos tres meses. Pensé que se trataba de un chico que aceptó distribuir hierba a cambio de dinero fácil, pero podría ser algo más turbio." Le dijo lo que Georgia Watson le había dado: el nombre con D, Don o Darrell, y que Ricky trajo otros chicos a la casa del tipo para divertirse. "Supongo que Georgia participó en ello."

Delpha lo miró a los ojos por un segundo. Luego, sin hacer ningún comentario, se puso a hojear el directorio telefónico mientras él iba a su oficina, tomaba la .38 del cajón y la cargaba. Miró por la ventana a la antigua propietaria del New Rosemont, a la que el ventilador le cayó en la cabeza, con el trapo en la mano, embarrando círculos sucios en una ventana.

Cuando salió, Delpha tenía la guía telefónica abierta en la sección que muestra el mapa de la ciudad. "¿Tiene un directorio por nombre de calles?" preguntó.

Phelan regresó y lo trajo de su oficina. "No estaría mal que vieras…"

"Las notas policiacas del periódico."

"Exacto. Que se encuentran en la…"

"Biblioteca", agregó. Y salió con los dos libros abrazados contra su pecho.

Como otra chica rumbo a la escuela.

La oficina de libertad condicional estaba cerca de los tribunales. Su amigo Joe Ford se hallaba ocupado. Phelan tomó un par de donas de una caja abierta: un almuerzo tempranero. Joe leía un documento a dos sujetos que Phelan conocía. Uno tomaba notas en una pequeña libreta. Phelan, que llevaba consigo su bloc grande de notas, se dio cuenta de que debería tener una de ésas, de bolsillo, en la chaqueta. Más profesional. Joe cerró la carpeta y siguió hablando. Uno de los hombres dio un silbido, y el otro se rio.

Joe se puso de pie y tuvo una reacción tardía. "Hey, hablando del rey de Roma. Tommy, acompáñanos."

Phelan estrechó la mano a Fred Abels, el detective. Y tendió la mano al otro, pero el hombre le dio un abrazo de oso. "Hola, tío Louie", dijo Phelan. Louie Reaud era un hombre de papada y piel aceitunada, con sienes plateadas, casado con la tía de Phelan. Louie tronó en francés: *Bougre, t'es fou ouais toi! T'as engagé un prisonnier.* "¡Estás loco! ¿A quién se le ocurre contratar a una convicta?" ¿Quién dijo que ya había contratado a alguien?

Abels, con bigote y patillas a la Burt Reynolds, sólo que sin el atractivo de Reynolds, estudió a Phelan como si fuera un elemento más en la escena del crimen.

Phelan se concentró en Joe, quien levantaba las cejas, echaba abajo los labios y negaba con la cabeza para indicar la pureza que impregnaba su alma.

"Está bien." Phelan puso las manos en sus caderas y abrió el compás. "Muy bien. Mi amigo aquí presente apeló a mi famoso corazón de oro, así que entrevisté a su chica. ¿Y qué?"

"Lo cosió a cuchilladas, me consta. Yo investigué ese caso." Louie movió un dedo. "Voy a darte un consejo, *cher*, pon el abrecartas bajo llave." Apretó el brazo de su sobrino, asintió a Joe, y él y Abels se retiraron sin prisa, entre risas.

"Infame bocón", dijo Phelan a Joe. "Dame lo que tengas sobre los drogadictos y los pervertidos de la zona norte." Luego de apoderarse de la silla de Joe, Phelan recitó de memoria algunos nombres callejeros.

"Eso es confidencial."

"Podría enviarte a mi secretaria."

"Eres una mano llena de 'Dame' y una boca llena de 'Muchas gracias.'" Joe entrecerró los ojos. "No es mi territorio, pero el viejo Parker no sale del baño." Joe husmeó sobre el escritorio desocupado de Parker, al lado del suyo, y repasó los cajones de su archivo.

Phelan telefoneó a la Biblioteca Pública Tyrrell. En otro tiempo el edificio fue una iglesia —de allí los arcos y vitrales—, que destacaba en el centro de la ciudad: un castillo de arena cubierto de piedra gris de estilo medieval. Le pidió a la bibliotecaria que lo comunicara con la señorita Wade, quien debería estar en la sección de documentos de consulta, revisando los periódicos.

"Esta no es la estación de autobuses para vocear a las personas, señor." *Me temo*, pensó Phelan mientras preparaba su voz más amable y lastimera, *que un cangrejo echado a perder siempre se cuela en el caldo.*

"No puedo estar más apenado, señora. Pero ¿no podría llamar a mi hermana? Estamos en la funeraria, y nuestro papá la necesita."

Phelan escuchó el auricular al caer contra el escritorio. Entretanto Joe seguía examinando los archivos.

Luego escuchó pasos, y Delpha se puso al teléfono. "Dime, Bubba."

Phelan sonrió.

Ella le dijo que lo volvería a llamar desde un teléfono público. "Llama a Joe," dijo él y le dio el número.

Tres minutos más tarde, Delpha le resumió lo que había encontrado. "Éste de anoche parece probable." Un tal Marvin Carter, dieciocho años, que vagaba por la calle Delaware, aparentemente fue víctima de un asalto y fue trasladado a un hospital. Luego, si descontamos las discusiones de marido y mujer, hurtos, más una queja por bailar tap sobre el techo de un Duster Dodge, Delpha había encontrado reportes sobre siete drogadictos golpeados y dos chicos perdidos, y además le dio los nombres, direcciones y números de teléfono que había tomado del directorio.

Joe arrojó unos cuantos archivos en su escritorio y le dijo: "Desaloja mi silla, hijo." Phelan lo ignoró y revisó con aburrimiento cada ficha policial a medida que escribía los nombres en su poco profesional bloc de notas.

Uno de los nombres era de un tal Don Henry, liberado de la correccional de Huntsville dos meses atrás.

Un nombre con D: Don o Darrell.

Ahí lo tienes. Así de fácil.

Sin lodo, manchas de grasa, tubos de 200 kilos, ni partes mutiladas del cuerpo. Vaya, debió dejar el petróleo cuando aún tenía diez dedos.

A las 2:01 condujo de vuelta a la oficina y pulsó el teléfono. Un niño contestó en el número de Henry y preguntó por su madre.

"Se fue a la tienda. Aléjate, Dwight, estoy en el teléfono." Se oyó un gemido a lo lejos.

"¿Querido, está tu papá?"

El niño regañado se llamaba Dwight. Se suponía que Dwight se callara, mientras que el chico tenía su turno al teléfono. Pero el pequeño Dwight no se había retirado: lanzaba un contraataque.

"¿Querido? ¡Hey, niño!" Phelan gritó en el teléfono.

"¡Cállate, Dwight! No me puedo escuchar mientras gritas. Se llevaron de nuevo a papá el *chábado.*"

"¿Sábado? ¿Adónde, hijo?"

"Adonde estaba antes. ¿Eres tú, tío Merle?" El segundo niño gritó. Ahora eran dos lamentos mezclados en el otro extremo de la línea.

Una voz áspera de mujer ladró en el teléfono: "Maldito Merle, ¿cómo te atreves a exprimir a los niños? Revocaron la libertad condicional de Don, ¿es lo que querías averiguar? ¿Estás contento ahora? ¿Vas a decirme 'Te lo dije'? Tú y Ma pueden besarme el culo." Y colgaron con furia.

El sábado fue hace seis días. Phelan frunció el ceño y tachó la D de Don Henry. A continuación, teniendo en cuenta a los voluntarios de pelo gris en batas cortas de color rosa en el extremo de la fila, llamó al Hospital Bautista y preguntó conmovedoramente por su primo Marvin Carter. Se llevó su primer strike. El siguiente fue el Hospital Santa Isabel, donde sufrió una larga espera y su segundo strike. Finalmente en el Hotel Dieu conectó un sencillo que lo llevó a primera base.

Se estacionó en el lugar reservado para los médicos frente al hospital de ladrillo rojo cerca de la entrada, frente a los muros de azulejo pulido y olor a desinfectante. Una monja le dio el número de habitación.

El rostro sobre la almohada tenía patillas blancas, apenas tenía dientes y roncaba. Una mujer voluminosa con un vestido holgado de flores rojas estaba sentada junto a la cabecera. Phelan verificó el número de habitación. "¿Marvin Carter?"

La mujer suspiró. "El nombre de mi esposo es Mar-tin. ¿Qué no pueden hacer nada bien?"

Phelan se dio la vuelta para regresar a la recepción y se formó detrás de una robusta mujer negra y un adolescente con una radio de transistores, que transmitía la cifra de muertos en una jungla al otro lado del mundo. El rostro del muchacho estaba desproporcionado: la parte de abajo, muy ancha, se coronaba con una frente demasiado estrecha. Cambió de frecuencia y alguien berreó: "Kung Fu Fighting". La mujer cerró de golpe una chequera, arrebató la radio y sintonizó de nuevo al locutor de voz cascada que vomitaba números y nombres de ciudades asiáticas.

"Quiero que sigas escuchando. Porque si sigues parrandeando, ahí vas a terminar, en esa guerra que nunca termina, ¿me oyes, Marvin? ¿Qué estás viendo?", y le frunció el ceño a Phelan.

El muchacho giró, así que Phelan verificó que la asimetría se debía a una hinchazón. Se aventuró: "¿Marvin Carter?".

Los ojos de la mujer se entornaron mientras le preguntaba quién era. Mientras mantenía sus ojos en el muchacho, Phelan le dijo que estaba buscando a Ricky Toups, e hizo hincapié en que no era policía. El chico dio un respingo. Bingo.

"Vamos." La mujer empujó al adolescente hacia las puertas de cristal.

Phelan los persiguió. "Si te hizo eso, Marvin, ¿qué crees que le va a hacer a Ricky, eh? ¿Quieres que te acusen también por eso? Podría ser mucho peor que sólo un asunto menor de drogas."

El muchacho intentó la mirada de cazador con Phelan, pero no pudo sostenerla.

"¿A qué droga se refiere?" La mujer por poco cayó congelada: "Me mentiste, Marvin Carter." Su mano estuvo a punto de abofetear la mandíbula hinchada.

Marvin gruñó algo como: "No lo hagas, mamá", lo suficiente como para que Phelan se diera cuenta que su mandíbula estaba cosida con alambre.

"Ricky te prometió droga", dijo Phelan, "pero eso no fue todo lo que conseguiste, ¿verdad?"

El muchacho cerró los ojos.

"¿No fueron muchachos blancos los que te hicieron esto? ¿Fue un hombre adulto?" La madre se aferró a la cintura esbelta de su hijo.

"Escucha", Phelan se inclinó, "si él dijo que le haría daño a tu mamá, me haré cargo de eso. Es sólo una amenaza, pero lo de Ricky es real. Tú lo sabes, y ahora Ricky se encuentra donde tú estuviste anoche. Ayúdame a encontrarlo, Marvin."

"Avy", dijo el muchacho.

"¿Avie? ¿La calle cerca del canal de desagüe?"

Un movimiento de Marvin dijo que no. Y murmuró otra vez: "Avy".

"¿Davy? ¿Ése es su nombre?"

Un estremecimiento recorrió al adolescente.

Phelan escudriñó su lista de personas en libertad condicional. No tenía que ser uno de ellos, pero tenía un presentimiento. "¿Dave Deeterman? ¿En la calle Concord?"

Un movimiento de Marvin confirmó sus sospechas. Marvin murmuró direcciones sin muchas consonantes. La madre ahuyentó a Phelan con la mirada, y Marvin se inclinó y se puso a temblar en brazos de ella.

Phelan se precipitó de nuevo a los dos teléfonos públicos del hospital, llamó a Delpha, le dijo adónde se dirigía, y que si no sabía de él en una hora, llamara a Louis Reaud en la comisaría. "Se escribe R-E-"

"Sé cómo se escribe," dijo ella. "Supongo que su segundo cliente trajo el anticipo. Alguien dejó una caja envuelta en la puerta."

"Maldición. ¿Por qué no se la dio a usted?"

"No lo sé. No la escuché subir las escaleras. ¿Quiere que abra la caja?"

"No hay tiempo. Sólo guárdela, a menos que haga tic-tac."

"¿Tiene tiempo para una pregunta, señor Phelan?"

"Dispare."

Carraspeó. "¿Me va a contratar?"

"Señorita Wade, usted fue contratada desde el momento en que me llamó Bubba." Colgó y salió de inmediato.

A las 3:15 comprendió que la casa con el buzón naranja, que Marvin le describió a duras penas, era esa sórdida cabaña blanca. Estaba ubicada al fondo del solar, se hallaba protegida por pinos altos, robles, magnolias y matas de maleza. El suelo estaba cubierto por agujas de pino enmohecidas y hojas secas de magnolias, como grandes lenguas cafés. Con el petróleo a doce dólares el barril, alguien seguramente estaría aquí pronto, para sustituirla por departamentos de cartón, pero por el momento la vida silvestre podía apreciarse en estos restos parchados de la reserva boscosa.

No había ningún auto, pero sí un par de surcos en la hierba donde un vehículo se había estacionado.

Phelan llamó a la puerta y esperó. Probó con la perilla pero no tuvo suerte. Se fue por la parte trasera a un pórtico que parecía ser un agregado de la casa. O que había sido un pórtico antes de que alguien clavara esos tablones de madera laminada en sus grandes ventanales. Una de dos por cuatro había sido clavada en la puerta, el martillo tendido en la suciedad sugería que Dave Deeterman podría haber estado ahí hace poco. Phelan podía oír algo. Golpeó a la puerta. "Ricky. Ricky Toups, ¿estás ahí?"

Pegó el oído a la puerta. Escuchó algo. Phelan golpeó de nuevo, más fuerte. "¿Ricky Toups?".

Escuchó un crujido bajo y rítmico, que parecía provenir de una mecedora bastante oxidada.

Corrió hacia su coche, tomó una linterna y una barreta. Arrancó la madera en un instante y entró por la puerta principal. Pronto se topó con la puerta que conducía a una habitación. Desenfundó su .38, dio un paso hacia delante y zarandeó la perilla: estaba cerrada con llave. Se sentía el olor a orina en el aire seco, un aire sin vida. Había hierbas y cigarrillos y predominaba un hedor similar al que expelen los peces muertos en el pantano. El ruido chirriante venía de la parte izquierda, en lo alto. Encontró un interruptor al lado de la puerta cerrada y lo presionó. No salió ni un destello.

Alumbró con su lámpara hacia arriba.

Cristo Todopoderoso.

En la parte superior de los estantes de metal estaba una gárgola desnuda y agazapada, o más bien aferrada allí. Su contorno trasero lucía liso y radiante, la cabeza giró abruptamente hacia Phelan. Sus ojos parpadearon y la boca se curvó hacia abajo y jadeó.

"¿Tienes asma?"

"Sí", contestó el muchacho, con una voz casi imperceptible.

"¿Va a volver Deeterman?"

La cabeza de Ricky Toups se movía débilmente, escurriendo sudor por el pelo oscuro que había sido rubio deslavado.

"¿Hace cuánto se fue?"

"Una hora, o…" El chico estiró una mano y apuntó hacia algo que se movía.

Phelan zigzagueó con la lámpara sobre el brazo de un sofá de bambú, después sobre una alfombra anaranjada, sobre la cual se veían restos de hierba y latas de cerveza, y siguió girando. El rayo de luz que entraba por la puerta reveló una cosa negra que se meneaba en la oscuridad. ¿Qué? ¡Mierda! Para la mayor parte de su ser no podía tener sentido lo que estaba ocurriendo. Pero no para sus testículos, que se apresuraron a trepar al norte del escroto.

La cosa se desplazó y desapareció en la oscuridad.

La mayoría de las serpientes se largan a las colinas al ver a los humanos. Pero las serpientes conocidas como boca de algodón son altamente venenosas y vienen directo hacia ti.

Phelan se acercó a los estantes y jaló a Ricky hacia abajo, alumbró hasta que la luz dio con el sofá de bambú, y arrojó al chico sobre él. "Mantén tus pies fuera del piso."

Recorrió la alfombra con la linterna. ¿Dónde diablos estaba? Vio más cenizas de cigarro. Un cenicero derramado, y más cenizas.

El haz de luz alumbró una sección de la sinuosa cosa negra. Allí estaba. Dirigiéndose hacia él, lista para lanzar contra él su cabeza triangular.

Phelan disparó.

La serpiente negra se convulsionó, pero siguió avanzando.

Volvió a disparar. La forma negra se retorcía sobre la alfombra anaranjada pero no dejaba de avanzar. Su cabeza sólo estalló con la tercera descarga.

Phelan se acercó con prudencia a la temblorosa serpiente; en su opinión no estaba lo suficientemente muerta para ser inofensiva. Luego de barrer la zona con la luz de la linterna, rodeó con el brazo al chico y lo arrastró fuera de ahí.

Mientras lo cubría con su propia chaqueta y la manta que llevaba en la cajuela vio los moretones azules del tamaño de un pulgar sobre los hombros del muchacho, más una raya de sangre en la parte posterior de su muslo. "Al hospital, Ricky, a menos que tengas un inhalador en tu casa."

"A mi casa", el chico jadeaba, pero dirigió el túnel negro de sus ojos hacia Phelan. "El libro."

"¿Cuál libro?"

Pero el chico se dobló, luchando por respirar.

Phelan sonó el claxon cuando se estacionó a toda velocidad frente a la casa de los Toups. En dos segundos, Caroleen Toups salía de la casa con la cara tan iluminada como las luces de un estadio.

Phelan fumaba en la sala de los Toups. Aunque no había logrado averiguar nada sobre el libro, hasta ese momento Phelan había logrado comprobar que Deeterman obsequiaba a Ricky dinero y drogas, y Ricky lo ayudaba a atraer chicos. Demasiado tonto para saber que Deeterman terminaría actuando contra él. Una pregunta daba vueltas en su cabeza: *¿A cuántas personas enganchaste, Ricky? ¿Cuántas fueron?*

Después de un rato, cuando por fin logró respirar normalmente y ya vestía pantalones vaqueros, Ricky Toups volvió tambaleándose hasta la sala, seguido por su desconcertada madre, sus manos cruzadas a la altura del pecho. "Está buscando un libro… Le dije que yo no lo tenía. No le importó, y dijo que regresaría por mí."

"¿Qué clase de libro?"

"Una especie de diario. Tiene que ayudar a Georgia." Ricky se agitó tanto que debió aplicarse de nuevo el inhalador.

"¿Ella tiene el libro?"

Los agrietados labios azulosos de Ricky temblaron un poco: "Ella dijo que podríamos sacarle mucho dinero. Creo que él iba a su casa".

Phelan se levantó de un salto: "Llámala".

Ricky murmuró algo en el teléfono de la pared de la cocina y luego bajó la cabeza para escuchar mejor. El receptor cayó a su lado. "Ella se encuentra bien. Deeterman fue a su casa, pero Georgia ya había pasado a dejarlo a la oficina de usted."

Phelan sintió otra vez ese temblor en su estómago.

Ricky se apoyó en la pared y se deslizó hasta quedar en cuclillas. Georgia le había dicho a Deeterman que podía ir a buscar el libro en la oficina de cierto detective privado. El tipo no estaría allí, pues estaba buscando a Ricky. Ella había hablado con Deeterman a través de una puerta de tela metálica que tenía el pasador puesto y en la cual estaba pegada con cinta adhesiva la tarjeta de Phelan.

A las 4:55, Phelan devoró los kilómetros de la carretera I-10. Esquivó camioneros que creaban el caos de camino hacia Nueva Orleans y se maldijo por gastar tres balas contra una boca de algodón de la que podría haber escapado.

Subió las escaleras con precaución. Dio vuelta a la perilla de la puerta tan silenciosamente como pudo, con la esperanza de que Deeterman estuviera aún en la I-10, y no sentado en la recepción, aguardando su llegada. Phelan entró con la .38 desenfundada.

La silla de Delpha se encontraba tras el escritorio. Sobre él, los datos de su segundo cliente escritos sobre el documento que certificaba la liberación de su secretaria.

Pero la puerta de su despacho estaba entreabierta.

Phelan la empujó y ésta se abrió con suavidad.

Había un olor a bourbon en el aire, oleadas de él, una sobre otra, apacibles oleadas de alcohol. Y algo que se parecía a la calma.

Hasta que un vidrio crujió bajo su zapato.

La silla del cliente había caído de lado.

Oyó la voz de Delpha: "Puse el paquete en el cajón, bajo la botella de whisky".

Phelan dejó la pistola sobre el escritorio y se agachó sobre ella.

La mano derecha de Delpha colgaba sobre el brazo de la silla, pero su mano izquierda sostenía un pequeño libro de cuentas desgastado, que destacaba sobre su falda. Y en ésta había manchas de diferentes tamaños que subían y trepaban por su blusa blanca, como si alguien hubiera rociado y salpicado un sendero escarlata.

"Antes de que pudiera darle la caja, me empujó y me la arrebató. Hubiera podido irse en ese momento. Pensé que lo haría. Pero tuvo que intentar una de esas cosas que ellos siempre pretenden hacer." Meneó la cabeza, mientras miraba hacia el suelo: "Como si no pudieran resistirlo".

En ese momento Phelan sólo veía las piernas del tipo en el suelo; el resto del cuerpo se hallaba oculto por el amplio escritorio metálico. Necesitaba que Louie viniera de inmediato, pero antes debía pedir una ambulancia. Sin embargo, se sentía incapaz de tomar el teléfono, o de reaccionar del todo mientras escuchaba esa voz que parecía flotar sobre un oleaje que la mecía de modo imperturbable y la deslizaba sobre olas de calma, provenientes del mismísimo Bayou: casi podía escuchar el canto de bichos y ranas, el oleaje que iba y venía, la agitación del agua pantanosa, y esa voz aterciopelada. Escuchó cómo ella tomó la botella cuando el hombre lamió el cuchillo antes de herirla, y en cuanto pudo rompió la botella en la orilla del escritorio y la empujó hacia arriba, a lo largo de su garganta. Luego le quitó el libro y se sentó a esperarlo.

"Va a encontrar algunos nombres aquí."

"Delpha", susurró Phelan. La mitad de su cara brillaba por el sudor. Phelan pasó sus dedos por ese pelo marrón, para consolarla.

No había una sola nube en esos ojos de color azul grisáceo que encontraron los suyos. El horizonte se había despejado.

UN BONITO LUGAR PARA IR DE VISITA
POR JEFFERY DEAVER
Hell's Kitchen, Manhattan
TRADUCCIÓN DE DANIEL KRAUZE

ES FÁCIL ENCONTRAR OPORTUNIDADES CUANDO ERES UN ESTAFADOR consumado, y eso es justo lo que Ricky Kelleher buscaba mientras veía a dos tipos dentro de un bar lleno de humo, cerca de una ventana grasienta que aún contaba con el agujero de una bala que alguien había disparado cinco años antes.

Quién sabe de qué discutían, pero ninguno de los dos lucía contento.

Ricky siguió mirando. Ya había visto a uno de ellos adentro de Hanny's en otra ocasión: el traje y la corbata que llevaba lo hacían descollar entre la multitud. El otro, con chamarra de cuero y jeans entallados, cabello al ras, cortado a máquina, como un chico de Nueva Jersey, le daba la impresión de ser un *wannabe* de los Gambino. O de los Soprano, más bien. Sí, pensó Ricky, tiene pinta de ser el tipo de mierda que empeñaría a su mujer a cambio de una televisión de plasma. Y estaba enojado, sacudiendo la cabeza frente a todo lo que el Trajeado le decía. En un momento golpeó la barra con su puño tan fuerte que los vasos alrededor dieron un brinco. Pero nadie se dio cuenta. Hanny's era ese tipo de lugar.

Ricky estaba en la parte de atrás, en la pequeña pata de la "L" que formaba el tugurio, sentado en su trono habitual. El cantinero, un vejestorio polvoso, negro o blanco, quién sabe, veía con ojos de angustia a los dos hombres que discutían. "No te preocupes", le dijo Ricky para tranquilizarlo. "Yo me encargo."

El Trajeado tenía un portafolio abierto, lleno de papeles. La mayoría de los negocios que se fraguaban en este bar de Hell's Kitchen maloliente y oscuro consistían en transacciones de plantas machacadas y cajas de Johnnie Walker que se habían caído de algún camión; los negocios se cerraban en el baño de hombres o en el callejón trasero. Pero esto era

diferente. Ricky, flacucho, de apenas 1.60 de estatura, no sabía exactamente qué estaba pasando, pero su instinto le sugirió que no dejara de prestar atención.

"Pues a la mierda", espetó el Wannabe.

"Lo siento", le dijo el Trajeado, encogiéndose de hombros.

"Sí, ya te oí." El Wannabe se deslizó hacia abajo del banco. "Pero no
suenas tan arrepentido. ¿Y sabes por qué? Porque *yo* soy el que perdió
toda su lana."

"No jodas. Se acaba de hundir todo mi puto negocio."

Ricky sabía que enterarte de que otros han perdido dinero no es suficiente para que no duela el hecho de que *tú* también perdiste dinero.
Así es la vida.

El Wannabe parecía cada vez más agitado. "Escúchame, cabrón. Voy
a hacer unas llamadas. Conozco gente en el sur. Créeme, no te quieres
meter con estos tipos."

El Trajeado señaló un artículo en uno de los periódicos dentro de su
portafolio. "¿Y qué piensas hacer?" Bajó la voz y le susurró algo al oído al
Wannabe, quien frunció el ceño, asqueado. "Vete a tu casa, no te metas
en problemas y mantén un ojo en la nuca. Y ruega para que ellos no…"
Volvió a bajar la voz, de tal suerte que Ricky no pudo escuchar lo que
"ellos" iban a hacer.

Wannabe azotó la barra con la palma de su mano. "Ésta no te va a
salir, pendejo. Ahora…"

"Caballeros", dijo Ricky. "Bájenle al volumen, ¿no?"

"¿Y tú quién eres, enano?", escupió el Wannabe. El Trajeado le tocó el
brazo para callarlo, pero él se alejó y siguió observando a Ricky con mirada penetrante.

Ricky peinó su rubia, opaca y grasosa cabellera. Se bajó del banco con
suavidad y caminó hacia ellos, con los tacones de sus botas golpeteando,
ruidosas, el piso ajado. El Wannabe le sacaba medio metro y quince kilos,
pero Ricky había aprendido desde niño que la locura atemoriza mucho
más que el peso o el músculo. Así que hizo lo que siempre hacía cuando
se encontraba uno contra uno: arrojar una mirada indescifrable y acercarse a milímetros del rostro de su oponente. Le gritó: "Soy el cabrón que
te va a arrastrar al callejón a partirte la madre a menos que te salgas de
aquí en este instante".

El tipo se alejó, parpadeando, y le espetó de vuelta: "Jódete, pendejo".

Ricky se quedó donde estaba, medio sonriendo y medio no, y dejó que este pobre imbécil se imaginara lo que iba a ocurrir ahora que accidentalmente le había escupido en la frente.

Pasaron unos segundos.

Finalmente, el Wannabe se bebió lo que quedaba de su cerveza con manos trémulas y, aferrado a su último resquicio de dignidad, caminó con tranquilidad hacia la puerta, mientras reía y mascullaba la misma palabra, "pendejo", como si Ricky hubiera sido el que decidió no liarse a golpes.

"Disculpa", dijo el Trajeado, de pie, sacando dinero para pagar sus tragos.

"No. Tú te quedas", le ordenó Ricky.

"¿Yo?"

"Sí. Tú."

El hombre lo dudó por un instante y después volvió a sentarse.

Ricky observó el portafolio de soslayo y encontró fotos de varios botes lujosos. "Sólo hay que mantener tranquila a la banda, ¿sabes?"

El Trajeado cerró su maletín y observó los anuncios deslucidos de cerveza, los pósters deportivos llenos de manchas, las telarañas a su alrededor. "¿Éste es tu bar?"

El cantinero no podía escucharlo; estaba del otro lado de la barra. Así que Ricky asintió. "Más o menos."

"Es de Nueva Jersey." El Trajeado señaló la puerta a través de la que acababa de salir el Wannabe. Como si eso explicara todo.

La hermana de Ricky vivía en Jersey, así que no supo si debía molestarse por el insulto. Era un tipo leal. Pero después decidió que la lealtad tenía poco que ver con estados, ciudades y estupideces como ésas. "¿Y qué? ¿Perdió dinero?"

"Le salió mal el negocio."

"Ya veo. ¿Cuánto?"

"No sé."

"Otra cerveza", le pidió Ricky al cantinero, y después volvió a prestarle atención al Trajeado. "No entiendo. ¿Los dos estaban en el mismo negocio y no sabes cuánto dinero perdió?"

"Lo que no sé", dijo el tipo, con sus ojos oscuros clavados en Ricky, "es por qué putas debería de decírtelo a ti."

Éste es el momento en el que la cosa se podría poner fea. Hubo un momento incómodo de silencio. Después, Ricky se echó a reír. "No hay bronca."

Llegaron las cervezas.

"Ricky Kelleher", se presentó, levantando su vaso.

"Bob Gardino."

"Creo que ya te he visto antes. ¿Vives por acá?"

"Vivo en Florida la mayor parte del año. Vengo acá a hacer negocios. A Delaware, también. Baltimore, la costa de Jersey, Maryland."

"¿En serio? Tengo una casa de verano a la que voy muy seguido."

"¿Dónde?"

"En Ocean City. Cuatro camas, al lado del mar." Ricky olvidó mencionar que la casa le pertenecía a T. G. y no a él.

"Órale." El hombre asintió, impresionado.

"No está mal. Estoy viendo si compro otra."

"A nadie le sobran propiedades. Los bienes raíces rinden mucho más que las acciones."

"Wall Street me trata bien", dijo Ricky. "Tienes que saber qué buscar. No puedes comprar acciones sólo porque crees que es sexy." Ricky había escuchado esa frase en un programa de televisión.

"Bien dicho", dijo Gardino, y ahora fue él quien chocó su vaso contra el de Ricky.

"Qué bonitos barcos, eh." Ricky apuntó hacia el portafolio con la frente. "¿En eso trabajas?"

"Entre otras cosas. ¿Tú qué haces?"

"Tengo la mano metida en muchos negocios. Por todo el barrio. Y por otros lugares, claro. Maryland, como ya te dije. Hay dinero ahí, si tienes buen ojo."

"¿Y tú tienes buen ojo?"

"Creo que sí. ¿Quieres saber qué estoy viendo ahorita?"

"A ver."

"A un ladrón."

"¿A un qué?"

"Un estafador."

"Te entendí a la primera", dijo Gardino. "¿Qué te hace pensar que soy un ladrón?"

"Bueno, para empezar, nadie entra a Hanny's…"

"¿Hanny's?"

"Aquí. Hanrahan's."

"Ah."

"...a venderle un bote a cualquier imbécil. ¿Me puedes decir qué pasó con el tipo que acaba de salir?"

Gardino rio y después guardó silencio.

"Mira", susurró Ricky, "conmigo no hay bronca. Pregúntale a cualquiera."

"No hay nada que contar. No nos salió el negocio. Así pasa."

"No soy policía, si es que eso estás pensando." Ricky volteó a su alrededor, metió la mano en la bolsa de su pantalón y blandió una bolsa llena de hachís que muy pronto le daría a T. G. "¿Crees que traería esto si fuera policía?"

"Nah, no creo que seas policía. Estoy seguro de que eres buena persona. Pero no necesito contarle mi vida a cualquier buena persona que me topo de frente."

"Entiendo. Sólo quería ver si había posibilidad de trabajar juntos."

Gardino le dio un trago más a su cerveza. "¿Por qué trabajaría contigo?"

"Dime cómo funciona tu estafa."

"Ya te dije que no lo estafé. Le iba a vender un bote. No me salió. Fin del cuento."

"A ver, esto es lo que estoy pensando", dijo Ricky, engolando la voz y adoptando el tono de estafador consumado. "He visto a gente encabronarse porque no consigue el coche que quería, o la casa, o la vieja. Pero ese cabrón no estaba enojado por no haber conseguido un bote. Estaba encabronado porque no consiguió su pago de vuelta. ¿Sí o no?"

Gardino se encogió de hombros.

Ricky intentó de nuevo. "¿Qué tal si jugamos un juego? Yo te pregunto algo y tú me dices si le doy al clavo. ¿Cómo ves?"

"Veinte preguntas."

"Como lo quieras ver. Bien. Okey. Tú pides *prestado*", dijo, y levantó dos dedos de cada mano para entrecomillar su enunciado, "un bote. Se lo vendes a cualquier asno. Pero en el camino a Nueva York se *hunde*." Otra vez las comillas. "Y no hay nada que tu comprador pueda hacer al respecto. Pierde el enganche. Ni modo. Mala pata, pero ¿con quién se va a quejar? Era mercancía robada."

Gardino contempló el fondo de su cerveza. El hijo de puta seguía sin soltar la sopa.

Ricky añadió: "Pero nunca hubo ningún bote. Nunca te robaste nada. Lo único que hiciste fue enseñarle fotos que tomaste en la marina y un reporte policiaco falso o algo así."

Gardino volvió a reír. Y nada más.

"Tu único riesgo es que algún tipo te grite después de perder su dinero. No es mala estafa, eh."

"Vendo botes", dijo Gardino. "Y ya."

"Ok. Vendes botes." Ricky inspeccionó el rostro de Gardino. Decidió tomar una ruta distinta. "Me imagino que estás buscando compradores. ¿Por qué no me dejas encontrar uno para ti?"

"¿Tú conoces a alguien que esté interesado en comprar botes?"

"Conozco a alguien. Quizás esté interesado."

Gardino meditó la oferta por un momento. "¿Un amigo tuyo?"

"No lo habría traído a cuento si fuera mi amigo."

El sol se asomó detrás de unas nubes sobre la Octava Avenida y golpeó la cerveza de Gardino, emitiendo una refulgencia sobre la barra, amarillenta como el ojo de un hombre enfermo. Finalmente, Gardino le pidió a Ricky que se alzara la camisa.

"¿Qué me alce...?"

"La camisa. Álzala y date la vuelta."

"¿Crees que estoy grabando la conversación o qué?"

"Si quieres nos acabamos nuestras cervezas, platicamos sobre los Knicks y cada quien se va por su lado. Tú decide."

Ricky dudó, avergonzado de su torso menudo. Pero se puso de pie, jaló su chamarra de cuero y su camiseta sucia hacia arriba, y se dio la vuelta.

"Ahora te toca a ti."

Gardino soltó una risilla burlona. Aunque Ricky creyó que se estaba burlando de él, contuvo su molestia.

El estafador levantó su saco y su camisa, mientras la mirada del cantinero reparaba en los dos sujetos, sin indicio alguno de sorpresa. Después de todo, estaban adentro de Hanny's.

Volvieron a tomar asiento y Ricky pidió más cerveza.

Gardino susurró: "Okey, ahí te va, pero pon atención. Primero, tengo dos cosas que decirte si tienes ganas de ir a rajar. Uno: lo que hago no es exactamente legal, pero tampoco he matado a nadie ni le he vendido crack a niños de diez años. Así que aunque vayas con la policía, lo más que vas a conseguir es que me levanten algún cargo pendejo como falsificación de identidad. Y se van a cagar de risa."

"A ver, espérate..."

Gardino levantó su dedo índice. "Y número dos: si rajas, tengo socios en Florida que te encontrarían en dos patadas y te harían sangrar por una semana." El estafador sonrió. "¿Nos entendemos?"

"Tú no te preocupes, compadre. Lo único que quiero es hacer dinero."

"Okey, aquí está el secreto: nada de enganches. Los compradores pagan por el bote completo de un solo golpe. Cien, a veces hasta ciento cincuenta mil dólares."

"¿En serio?"

"Lo que le digo al comprador para convencerlo es que mis contactos saben dónde encontrar barcos confiscados. Esta parte es cierta. La DEA o la policía estatal los confisca después de que agarran al dueño navegando borracho, alrededor del golfo. Después los subastan. Pero aquí la cosa es que hay tantos botes en Florida que no les da tiempo de archivarlos todos. Les digo a los compradores que mis socios entran al corralón, en secreto, a las tres de la mañana y se llevan el bote antes de que la policía lo haya registrado en su computadora. Lo mandamos a Delaware o Nueva Jersey, le cambiamos el número de licencia, las placas, y listo: por cien mil dólares te llevas un bote que, en la tienda, te costaría medio millón.

"Después recibo la lana y les doy las malas noticias. Como acabo de hacer con tu amigo de Jersey." Gardino abrió su portafolio y sacó un artículo de periódico. "Tres arrestados por la Guardia Costera tras robo a depósito."

El artículo hablaba de una serie de robos de barcos confiscados en un muelle policial. Más adelante mencionaba que la seguridad había incrementado en estos depósitos y que tanto el FBI como la policía de Florida estaban en proceso de investigar al comprador de esa media docena de botes desaparecidos. Por lo pronto, decía la nota, ya habían arrestado a los principales perpetradores y recuperado casi un millón de dólares en efectivo que, se sospechaba, pertenecía a compradores de la costa este de Estados Unidos.

Ricky analizó el artículo. "¿Qué? ¿Tú lo imprimiste?"

"Procesador de palabras. Le arranqué los bordes para que pareciera una página del periódico y después lo fotocopié. Y así los mantienes cagados de miedo de que un policía encuentre su nombre o sepa que ellos eran los compradores. Váyanse a su casa, mantengan bajo perfil y abran bien los ojos. Algunos la arman de pedo durante uno o dos días, pero generalmente desaparecen y se callan la boca."

Eso merece otro brindis, pensó Ricky. "Puta madre, qué maravilla."

"Gracias."

"¿Cuánto me toca si te consigo a un comprador?"

Gardino dudó. "Venticinco por ciento."

"Dame cincuenta por ciento". Ricky lo miró con su famosa mirada loca. Gardino la toleró sin ningún problema. Se ganaba el respeto de Ricky.

"Te doy veinticinco por ciento si el comprador paga menos de cien mil. Treinta por ciento si es más que eso."

Ricky dijo: "Si es más de ciento cincuenta quiero la mitad".

Finalmente, Gardino dijo: "Hecho. ¿De veras conoces a alguien que tenga esa cantidad de lana?".

Ricky se acabó la cerveza y, sin pagar, arrancó rumbo a la puerta. "Eso es exactamente lo que voy a ver en este instante."

Ricky entró a Mack's.

Era básicamente como Hanrahan's, a cuatro cuadras, pero dado que estaba cerca del centro de convenciones, donde decenas de electricistas sindicados y carpinteros se tomaban descansos de quince minutos que duraban dos horas, había más gente adentro. El barrio alrededor de Mack's también era mejor: residenciales renovados y algunos edificios nuevos, carísimos, y hasta un Starbucks. Nada que ver con la lúgubre, riesgosa zona de combate que era Hell's Kitchen en la década de los setenta.

T. G., un irlandés obeso de treintaitantos, estaba sentado en la mesa de la esquina con tres, cuatro amigos suyos.

"¡Miren! Es el buen Ricky Limón", gritó T. G., no precisamente borracho, no precisamente sobrio, como siempre sonaba. El tipo era un fanático de los apodos. Le parecían hilarantes, aunque siempre molestaran a su interlocutor en turno, no tanto por el apodo en sí sino por el tono de voz que usaba al pronunciarlos. Ejemplo: Ricky no tenía ni la menor idea de qué diablos significaba Ricky Limón, si era una alusión a una bebida o a la fruta. Le molestaba el tono condescendiente en la voz de T. G., pero se requerían auténticos güevos para quejarse en su cara.

"Hey", dijo Ricky, caminando hacia esa mesa que era como la oficina de T. G.

"¿Dónde putas has estado?", preguntó T. G. y después tiró su cigarrillo al piso y lo aplastó con el talón de su bota.

"Hanny's."

"¿Haciendo qué, Ricky Limón?" T. G. prolongó las últimas vocales.

"Fornicando", respondió Ricky, con falso acento irlandés. Siempre decía cosas así, tirándose al piso frente a T. G. y su banda. No es que quisiera hacerlo. Aunque no le gustaba, no podía evitarlo. Siempre se preguntaba por qué.

"¿Fornicando con un monaguillo?", rugió T. G. de vuelta. Los sobrios de su equipo soltaron carcajadas.

Ricky pidió una Guinness. No le gustaba. Sin embargo, una vez escuchó a T. G. decir que los verdaderos hombres sólo beben Guinness o whisky y, como la cerveza formaba parte de la familia de las robustas, pensó que tal vez le ayudaría a empacar unos kilos. Toda su vida intentando embarnecer. Sin éxito.

Ricky se sentó a la mesa, cuya superficie estaba repleta de rayones de cuchillos y quemaduras de cigarros. Saludó al equipo de T. G., media docena de perdedores que se la pasaban entre bodegas y bares, con una leve reverencia. Uno estaba tan borracho que no podía concentrarse lo suficiente para terminar de contar un chiste, que parecía olvidar a medio camino. Ricky esperaba que el tipo no vomitara antes de llegar al baño, como había ocurrido el día anterior.

T. G. no paraba de hablar a gritos. Insultaba a algunas de las personas en su mesa, aferrado a su tono alegre y malintencionado, amenazando a tipos que ni siquiera se encontraban en el bar.

Ricky comía cacahuates, succionando el sabor empalagoso de su cerveza robusta y tolerando todos los insultos que iban dirigidos a él. No dejaba de pensar en Gardino y los botes.

T. G. usó sus dedos para tallarse la cara ovalada y los rizos rojos y marrones de su cabellera. Después espetó: "Y que se me escapa el maldito negro".

Ricky se preguntó de cuál negro hablaba. Pensó que estaba poniendo atención, pero había veces en que las diatribas de T. G. avanzaban demasiado rápido y te dejaban atrás.

Vio que T. G. estaba molesto, así que soltó un empático "qué hijo de puta" entre dientes.

"Cabrón, si lo veo, te juro que lo mato antes de que pueda darse la vuelta." T. G. aplaudió tan fuerte que un par de sus empleados parpadearon del susto. El más borracho de ellos se puso de pie y caminó, tambaleante, hacia el baño de hombres. Quizás hoy sí llegaría antes de vomitar.

"¿Lo has visto por aquí?", preguntó Ricky.

T. G. escupió de vuelta. "Qué va. El negro putito se fue a Buffalo. Te lo acabo de decir. ¿Para qué mierda preguntas si lo he visto por aquí?"

"No me refería a aquí *aquí*", respondió Ricky, rápido como gacela, "dije *por* aquí".

"Ah, ya", dijo T. G., y asintió como si apenas hubiera entendido un significado oculto en la conversación. "¿Y eso qué? Si lo veo es negro muerto."

"Buffalo", dijo Ricky y sacudió la cabeza. "Carajo." Intentó escuchar con más atención, pero no dejaba de pensar en la estafa de los botes. A ese tal Gardino se le había ocurrido una genialidad. Y, puta madre, clavarte cien mil dólares en una sola operación. Ni T. G. se había acercado a esa suma.

Ricky sacudió la cabeza de nueva cuenta y suspiró. "Hasta estoy pensando en ir a Buffalo y chingarme a ese negro yo solito."

"Eso es todo, Ricky Limón. Tú sí eres de los buenos." Y, otra vez, T. G. empezó a despotricar contra el mundo.

Sin dejar de asentir, con la vista clavada en los ojos medio borrachos y medio sobrios de T. G., Ricky pensó en cuánto dinero le costaría salirse para siempre de Hell's Kitchen. Alejarse de las exesposas jodonas, del malagradecido de su hijo y de T. G. y todos los imbéciles como él. Tal vez se iría a Florida, junto con Gardino. Tal vez ése era el lugar indicado para él. Tenía ahorrados casi treinta mil dólares gracias a las diversas estafas que había llevado a cabo con ayuda de T. G. Nada mal. Pero si conseguía a dos o tres tipos que quisieran comprar un bote podría irse de Nueva York con cinco veces más dinero.

Eventualmente necesitaría más, pero algo era algo. Además, Florida estaba llena de vejetes millonarios e idiotas, esperando darle lana al tipo indicado.

Un puño le golpeó el brazo y destruyó su sueño diurno. Ricky se mordió el interior del cachete y frunció el ceño. Le soltó una mirada aprehensiva a T. G., que sólo reía. "¿Entonces, Ricky Limón? Vas a visitar a Leon el sábado, ¿o qué?"

"No sé."

La puerta del bar se abrió y un fuereño deambuló hacia la barra. Tenía más de cincuenta años e iba vestido con pantalones sin cinturón, camisa blanca, saco azul y un cordón alrededor de su cuello, del que pendía uno de esos gafetes que usan todos los que van a convenciones. Atrás del plástico aparecían las siglas AOVH. Quién sabe a qué compañía pertenecían.

Asociación de... Ricky entrecerró los ojos. Asociación de obesos violadores de hurones.

Ricky se rio de su propio chiste. Nadie se dio cuenta, de manera que su mirada volvió a reparar en el turista. Esto de ver a ñoños anteojudos en bares de Hell's Kitchen era un fenómeno nuevo. Pero, después de todo, el centro de convenciones se extendía un par de cuadras al sur y más allá estaba esa versión de Disneylandia en la que se había convertido Times Square, después de que los años noventa le rebanaran los huevos al corazón de la Gran Manzana. De repente, Hell's Kitchen se había convertido en White Plains o Paramus, y los putos yupis y turistas se habían adueñado del barrio.

El hombre parpadeó mientras sus ojos se acostumbraban a la oscuridad. Pidió una copa de vino –T. G. se burló, ¿vino en Mack's?– y se bebió la mitad de un trago. El tipo seguro tenía dinero. Traía un Rolex y su ropa era de diseñador. Para Ricky, la manera en la que el hombre observaba a los clientes del bar le remitía a cómo la gente veía a los animales en los zoológicos. Se molestó y brevemente fantaseó con arrastrar a este tipo afuera y golpearlo hasta que le diera su reloj y su cartera.

Pero claro que no lo haría. T. G. y Ricky no eran así; no les gustaba partir madres. Bueno, algunas veces alguien acababa jodido. Hace poco habían tundido a un universitario que intentó pegarle a T. G. durante una estafa y, sí, Ricky le cortó la cara a un italianito que les robó algo de dinero. Sin embargo, la regla era evitar hacer sangrar a alguien si podías evitarlo. Si uno de sus blancos perdía dinero, la mayoría de las veces se quedaba callado para no hacerlo público y quedar como un imbécil. Pero si terminaba lastimado generalmente visitaba a la policía.

"¿Sigues aquí, Ricky Limón?", le preguntó T. G. "Parece como si estuvieras perdido no sé dónde."

"Estoy pensando."

"Ah, estás pensando. Qué bien. Está pensando. ¿En el monaguillo que te presta las nalgas?"

Ricky simuló masturbarse. Tirándose al piso otra vez. ¿Por qué hacía eso? Volteó a ver al turista. El hombre le susurró algo al cantinero, que miró a Ricky y levantó la cabeza. Ricky se alejó de la mesa de T. G. y caminó hacia la barra, con sus botas repiqueteando ruidosas sobre el piso de madera.

"¿Qué onda?"

"Éste no es de por acá."

El turista volteó a ver a Ricky y después desvió su mirada hacia el piso.

"No me digas", Ricky le respondió al cantinero en tono sarcástico.

"Iowa", dijo el hombre.

¿Dónde putas estaba Iowa? Ricky estuvo cerca de acabar la preparatoria, le había ido bien en algunas materias, pero la geografía siempre le aburrió y nunca puso atención en clase.

El cantinero dijo: "Me estaba diciendo que vino para una conferencia en el centro Javits."

Con los violadores de hurones…

"Y…" La voz del cantinero se esfumó mientras giraba el cuello y miraba al turista. "Bueno, ¿por qué no le dices tú?"

El hombre tomó otro trago de su vino. Ricky observó su mano. No sólo traía un Rolex sino un anillo de oro con un diamante inmenso en el meñique.

"Sí, platícame."

El turista obedeció, en un susurro trastabillante.

Ricky escuchó con atención. Cuando el viejo terminó, Ricky sonrió y dijo: "Hoy es tu día de suerte, compadre."

Y pensó: también el mío.

Media hora después, Ricky y el turista de Iowa estaban parados en el mugriento vestíbulo del Bradford Arms, junto a una bodega de la Undécima Avenida y la calle 50.

Ricky se encargó de presentarlos. "Ella es Darla", dijo.

"Hola, Darla."

Un diente dorado brilló como una estrella desde dentro de la amplia sonrisa de Darla. "¿Cómo estás, precioso? ¿Cómo te llamas?"

"Eh, me llamo Jack."

Ricky sintió que el tipo había estado a punto de inventar que su nombre era "John". Habría sido chistoso, tomando en cuenta la circunstancia.

"Un gusto conocerte, Jack." Darla, cuyo verdadero nombre era Sha'quette Greeley, tenía cuerpo de supermodelo: bella, de 1.85 de estatura. También había sido hombre hasta tres años antes. El turista de Iowa no cayó en la cuenta de esto, o tal vez sí y eso sólo lo prendió más. De cualquier manera, su mirada parecía lamerle el cuerpo de arriba abajo.

Jack los registró en el hotel y pagó tres horas por adelantado.

¿Tres horas?, pensó Ricky. ¿Este vejete se va a echar tres horas? Dios lo cuide.

"Diviértanse", dijo Ricky, con el tono de voz que usaría un sureño. La explicación era sencilla: después de un rato de deliberar, decidió que Iowa estaba al sur del país.

El detective Robert Schaeffer podría haber sido el anfitrión de uno de esos programas policiales que transmite FOX o la cadena A&E. Era alto, de cabello platinado, bien parecido, con el rostro un poco largo, quizás. Había sido detective del NYPD por casi veinte años.

Schaeffer y otro detective caminaban por un pasillo sucio que olía a sudor y desinfectante. El otro detective señaló una puerta y susurró: "Aquí es." Después sacó un artefacto parecido a un estetoscopio electrónico y puso el sensor sobre la madera ajada.

"¿Escuchas algo?", preguntó Schaeffer, también en voz baja.

Joey Bernbaum, el otro detective, afirmó con lentitud, con un dedo arriba. Le pedía que lo esperara un segundo.

Y asintió. "Vamos."

Schaeffer sacó una llave maestra de su bolsillo y, desenfundando su pistola, abrió la puerta y la empujó hacia adentro.

"¡Alto! ¡Policía!"

Bernbaum lo siguió, con pistola automática en mano.

Los rostros de las dos personas en la recámara hicieron la misma mueca de asombro al registrar la entrada abrupta de los policías, pero sólo el cincuentón regordete, sentado sin camisa sobre la cama, parecía aterrado. Tenía un tatuaje de los marines estadunidenses en su gordo bíceps. Probablemente había sido rudo de joven, pero ahora sus hombros angostos y pálidos se derrumbaron. Parecía estar a punto de llorar. "No, no, no..."

"Carajo", dijo Darla.

"Quédate aquí y cállate, reina."

"¿Cómo me encontraste? Fue el pendejo del conserje, ¿verdad? Estoy segura. Lo voy a mear la próxima vez que lo vea. Lo voy a..."

"No vas a hacer nada más que cerrar el hocico", le espetó Bernbaum. Y con un acento de Harlem añadió: "¿Me entendiste, amiga?"

"Puta madre." Darla intentó intimidarlo con la mirada. Él sólo se echó a reír y la esposó.

Schaeffer enfundó su pistola y le pidió al hombre que le mostrara una identificación.

"Oficial, por favor, le juro que no..."

"Tu identificación", le dijo Schaeffer. Amable, como siempre. Con placa y pistola cualquiera podía darse el lujo de ser civilizado.

El hombre sacó su cartera gorda de la bolsa trasera de su pantalón y se la entregó al policía, que leyó la información en la primera credencial que encontró. "¿Ésta es su dirección, Sr. Shelby? ¿Des Moines?"

El hombre respondió con voz trémula: "Sí, señor."

"Bien, pues queda usted arrestado por solicitar a una prostituta." Sacó sus esposas.

"No hice nada ilegal. De veras. Era... estábamos en una cita."

"¿En serio? ¿Y eso qué es?" El detective recogió un fajo de billetes que descansaban sobre una mesa de noche. Cuatrocientos dólares.

"Pensé... pensé qué..."

La mente del viejo iba a mil por hora, eso quedaba claro. Schaeffer se preguntó con cuál excusa saldría ahora. Las había escuchado todas.

"Eso era para pedir algo de comer y algo de tomar."

Ésa sí no la había escuchado nunca. Schaeffer contuvo la risa. Si puedes gastarte cuatrocientos dólares en comida y alcohol en este barrio, mejor arma un fiestón y contrata a cincuenta Darlas.

"¿Te pagó por sexo?" Schaeffer le preguntó a Darla.

Ella frunció el ceño.

"Miénteme, reina, y ya sabes adónde vas a parar. Sé honesta conmigo y te echo la mano."

"Tú también eres un pendejo", le gritó ella. "Está bien, sí, me pagó pa' que hiciéramos de todo."

"No…" Protestó Shelby por un instante, pero inmediatamente después se rindió y se dejó caer sobre su asiento aún más. "Dios santo, ¿qué voy a hacer? Mi esposa se va a morir… y mis hijos…" Levantó la mirada, llena de pánico. "¿Voy a acabar en la cárcel?"

"Eso depende del abogado y del juez."

"¿Para qué diablos hice esto?", mugió Shelby.

Schaeffer lo observó con detenimiento. Después de una larga pausa dijo: "Llévatela para abajo".

Darla reviró: "Pérate, gordo de mierda, quítame tus putas manos de encima".

Bernbaum volvió a reír. "¿Esto significa que ya no eres mi novia?" Le apretó el brazo y la llevó hacia afuera. La puerta se cerró.

"Mire, detective, no le robé dinero a nadie. Fue algo inofensivo. Ya sabe, un crimen sin víctima."

"Sigue siendo un crimen. ¿Que no sabes del sida y la hepatitis?"

Shelby volvió a ver el piso. Asintió. "Sí, señor", susurró.

Todavía con las esposas en las manos, Schaeffer observó al hombre de nuevo y tomó asiento en una silla, que rechinó al sentir el contacto de sus nalgas. "¿Qué tan seguido vienes de visita?"

"¿A Nueva York?"

"Sí."

"Una vez al año tengo una conferencia o una junta. Siempre la paso bien. ¿Ya sabe usted lo que dicen? 'Es un bonito lugar para ir de visita.'" Su voz se esfumó, quizá porque pensaba que el resto de ese dicho –"pero no te gustaría vivir ahí"– insultaría al policía.

Schaeffer le preguntó si tenía una conferencia en estos días. Sacó el tarjetón de la bolsa del hombre y lo leyó.

"Es nuestra conferencia anual, señor. En el centro Javits. Hacemos muebles para terrazas y jardines."

"¿A eso te dedicas?"

"Tengo un negocio al mayoreo en Iowa."

"¿Qué tal te va?"

"Es el número uno en el estado. En toda la región, de hecho." Esto último lo dijo con tristeza, sin un ápice de orgullo, quizá pensando en todos los clientes que perdería cuando la gente se enterara de su arresto.

Schaeffer asintió con lentitud. Finalmente guardó las esposas.

Shelby entrecerró los ojos.

"¿Habías hecho esto antes?"

Una duda. El hombre decidió no mentir. "Sí, señor. Lo he hecho antes."

"Tengo el presentimiento de que no lo volverás a hacer."

"Nunca. Se lo prometo. Aprendí la lección."

Una pausa larga.

"Párate."

Shelby parpadeó y después obedeció. Hizo una mueca de disgusto mientras el policía le tentó los pantalones y la chamarra. El tipo no traía camisa, así que Schaeffer estaba casi seguro de que decía la verdad, pero tenía que cerciorarse de que no estuviera grabando la conversación.

El detective apuntó hacia la silla con la frente y Shelby tomó asiento. Los ojos del viejo revelaban que comenzaba a caer en la cuenta de lo que estaba ocurriendo.

"Te tengo una propuesta", dijo Schaeffer.

"¿Una propuesta?"

El policía asintió. "Okey. Estoy convencido de que ésta es la última vez que haces algo similar."

"Así es."

"Te podría dejar ir con una advertencia. La bronca es que ya dimos aviso de tu detención."

"¿Ya dieron aviso?"

"Otro policía te vio entrar al hotel con Darla. Todos sabemos a qué se dedica, así que lo reportó y me mandaron aquí. Ya hay papeleo del incidente."

"¿Con mi nombre?"

"No, te tenemos anotado como Juan Pérez. Pero sí hay un reporte. Podría hacer que desaparezca, pero eso toma tiempo y es riesgoso."

Shelby suspiró, afirmando con una mueca de desilusión, y después comenzó la subasta.

Duró poco. Shelby lanzó números y números, mientras Schaeffer seguía apuntando hacia arriba, una y otra vez, hasta que finalmente el viejo, sacudido y cansado, llegó a 150 mil dólares y Schaeffer le dio el visto bueno.

"Caray."

Cuando T. G. y Ricky Kelleher le hablaron para decirle que habían hallado a un turista perfecto para una estafa, Ricky le aseguró que la cifra podía llegar a seis dígitos, una cantidad de dinero astronómica para ese par de irlandeses idiotas. Pero no podía dejar de reconocer la habilidad de Ricky: le escogió un blanco perfecto.

"¿Te puedo dar un cheque?", preguntó Shelby, con voz derrotada.

Schaeffer se echó a reír.

"Okey, okey… pero dame unas horas."

"Hoy. A las ocho." Concordaron en un lugar dónde verse. "Me voy a quedar con tu licencia de conducir. Y con la evidencia", dijo, y recogió el dinero de la mesa. "Intentas soltar la sopa e inmediatamente ordeno tu arresto y mando la orden de detención a Des Moines. Te extraditarían y ahí sí estaríamos hablando de un delito serio. Irías a la cárcel por un buen rato."

"No, señor. Yo le consigo el dinero, se lo prometo. Hasta el último centavo." Shelby se vistió con prisa.

"Sal por la puerta de servicio. No sé dónde esté mi compañero."

El turista asintió y escapó de la recámara.

El detective se topó con Bernbaum y Darla, quienes fumaban en el vestíbulo, al lado del elevador.

"¿Y mi lana?", preguntó la prostituta.

Schaeffer le entregó la mitad del dinero confiscado. Él y Bernbaum se dividieron el resto, 150 para Schaeffer y 50 para su compañero.

"¿Te vas a tomar la tarde, reina?", le preguntó Bernbaum a Darla.

"¿Yo? ¿De qué hablas? Tengo que trabajar." Vio de soslayo el dinero que Schaeffer le había entregado. "A menos de que ustedes dos cabrones me empiecen a pagar por no coger como gano *por* coger."

Schaeffer entró tan abruptamente a Mack's que detuvo la mitad de las conversaciones del bar. Era un policía chueco, sí, pero un policía al fin y al cabo, y la plática en el lugar dejó de gravitar en torno a atracos y estafas para concentrarse en deportes, mujeres y trabajo. Schaeffer soltó una carcajada y caminó con pausa a lo largo del lugar. Se dejó caer sobre una silla frente a la mesa rasgada y le pidió a T. G., musitando, que le trajera una cerveza. Schaeffer era la única persona en el mundo que podía hacer algo similar sin acabar hecho pedazos en la banqueta.

Cuando llegó la bebida, Schaeffer brindó por Ricky. "Pescaste a uno bueno. Nos quiere dar 150."

"No jodas", dijo T. G., alzando una ceja pelirroja. El trato era que Schaeffer se llevara la mitad y después T. G. y Ricky se dividirían el resto. "¿De dónde va a sacar esa cantidad de dinero?"

"No sé. Es su problema."

Ricky entrecerró los ojos. "Pérate. Yo quiero el reloj."

"¿Cuál reloj?"

"El reloj del viejo. Un Rolex. Lo quiero."

En casa, Schaeffer tenía una docena de Rolexes que le había quitado a sospechosos durante toda su carrera, así que no necesitaba otro. "Quieres el reloj, te doy el reloj. Todo lo que a este tipo le importa es que su esposa y sus clientes pueblerinos no se enteren de lo que estaba haciendo."

"¿Qué es eso de pueblerinos?", preguntó Ricky.

"Momento", gruñó T. G. "Si alguien se va a quedar con el Rolex voy a ser yo."

"Yo lo vi primero. Yo me acerqué a él."

"Es mi reloj", interrumpió el irlandés obeso. "Igual y tiene un clip para guardar lana. Con eso te puedes quedar. Pero el puto Rolex es mío."

"Nadie tiene clips para guardar dinero", dijo Ricky. "Ni siquiera yo quiero un clip para guardar dinero."

"Escúchame, pequeño Ricky Limón", musitó T. G. "Lee mis labios: el reloj es mío."

"Puta madre, son como niños", dijo Schaeffer y le dio un trago a su cerveza. "El viejo nos va a ver del otro lado del Muelle 46, hoy a las ocho." Aunque los tres ya habían llevado a cabo esta operación por un par de años, aún no confiaban uno en el otro. El trato era que todos fueran a recolectar el dinero juntos.

Schaeffer se acabó la cerveza. "Los veo al rato, niños."

El detective se fue y se pusieron a ver el juego en la tele. T. G. molestaba a unos cuantos clientes, intentando hacerlos apostar, aunque era el cuarto tiempo y no había manera de que Chicago ganara. Finalmente, Ricky se despidió. "Voy a salir un rato."

"Ahora resulta que soy tu niñera. Si te quieres ir, vete."

T. G. no perdió la oportunidad de que Ricky se sintiera como un imbécil por perderse los últimos ocho minutos de un juego que ya estaba decidido. Justo cuando Ricky abría la puerta, T. G. le gritó: "Oye, Ricky Limón, ¿mi Rolex es de oro?"

Sólo para joder.

Bob Schaeffer era un tipo bien vivido. Había investigado decenas de delitos y llevado a cabo miles de estafas en Manhattan y Brooklyn. Sabía moverse por las calles de Nueva York.

Y ahora presentía una amenaza.

Iba en camino a comprarle un gramo de coca a un chico que vendía en un puesto de revistas entre la Novena y la 55 cuando se dio cuenta de que llevaba cinco o seis minutos escuchando las mismas pisadas detrás de él. Un extraño rasgueo de la suela contra el piso. Alguien lo seguía. Se detuvo para prender un cigarrillo bajo la sombra de un edificio y le echó un ojo a su reflejo en el cristal de la entrada. Y, en efecto, se topó con un hombre en un traje gris y barato, con guantes, unos diez metros detrás de él. El tipo también se detuvo y fingió estar interesado en algo dentro de un escaparate.

Schaeffer no reconoció al hombre que lo seguía. Tenía muchos enemigos, acumulados a lo largo de los años. El hecho de ser policía lo protegía un poco; todo el mundo sabe que es peligroso dispararle a un policía, aunque sea uno chueco, pero la ciudad estaba llena de locos.

Reanudó el camino. El del rasgueo continuó detrás de él. Un vistazo al espejo retrovisor de un auto estacionado reveló que el hombre se acercaba, con las manos a un costado, sin intención alguna de sacar una pistola. Schaeffer tomó su teléfono celular y fingió hacer una llamada, en busca de un pretexto para alentar el paso y que el tipo no sospechara de él. Introdujo la otra mano dentro de su chamarra y rozó la cacha de su Sig Sauer cromada, automática, de 9 mm.

Esta vez el tipo no empezó a andar más pausado.

Schaeffer comenzó a desenfundar.

Y después: "Detective, ¿podría colgar el teléfono, por favor?"

Schaeffer volteó, parpadeando. El hombre blandió una placa dorada del NYPD.

¿Qué vergas está pasando?, pensó Schaeffer. Se relajó, pero no demasiado. Depositó su teléfono en la bolsa de su pantalón y guardó la pistola.

"¿Quién eres?"

El hombre, observando a Schaeffer con frialdad, lo dejó que viera el carnet de identificación junto a la placa.

Estoy jodido, pensó Schaeffer. El tipo era parte del Departamento de Asuntos Internos, la gente encargada de arrestar a policías corruptos.

Schaeffer siguió a la ofensiva. "¿Por qué me estás siguiendo?"

"Quiero hacerte unas preguntas."

"¿Sobre qué?"

"Es una investigación que estamos haciendo."

"Pues sí", dijo Schaeffer, sarcástico, "de eso me di cuenta. Dame algún detalle".

"Estamos revisando tus conexiones con ciertos individuos."

"*Ciertos individuos...* No todos los policías tenemos que hablar como policías, ¿sabes?"

No hubo respuesta.

Schaeffer se encogió de hombros. "Tengo *conexiones* con muchas personas. Quizás estás pensando en los *individuos* que trabajan para mí, infiltrados en ciertos grupos. Es gente con la que estoy en contacto. Me dan buena información."

"Ajá, sí, pero lo que nosotros pensamos es que esos infiltrados te están dando otro tipo de cosas además de información. Cosas *valiosas*." El hombre arrojó un vistazo a la cadera de Schaeffer. "Dame tu pistola, por favor."

"Estás pendejo."

"Estoy intentando mantener bajo perfil. Pero no veo que estés cooperando. No me obligues a reportarlo y arrestarte. Es mejor que se quede entre nosotros."

Finalmente, Schaeffer entendió. Era una estafa, sólo que esta vez él era el estafado. Y lo estaba transando el Departamento de Asuntos Internos, no cualquier grupo de idiotas. Esto casi era cómico: el DAI metido en negocios sucios.

Schaeffer le entregó su pistola.

"Hablemos en privado."

¿Cuánto me costará?, se preguntó.

El policía del DAI señaló hacia el río Hudson. "Por acá."

"Habla conmigo", dijo Schaeffer. "Tengo derecho a saber de qué se trata esto. Si alguien te dijo que yo recibo una lana está muy equivocado. El que te haya dicho eso está buscando algo por su cuenta." No estaba tan preocupado como sonaba; todo era parte de la negociación.

El policía del DAI sólo abrió la boca para pedirle que siguiera caminando. Sacó y encendió un cigarrillo. Le ofreció uno a Schaeffer, que lo tomó mientras el hombre le regalaba fuego.

Schaeffer se detuvo en seco. Observó los cerillos y parpadeó sorprendido. El nombre inscrito en el papel decía MacDougall's Tavern. El nombre oficial de Mack's, el lugar en el que T. G. siempre estaba. Volteó a ver los ojos del hombre, ensanchándose tras caer en la cuenta de su error. Carajo, este tipo no era policía. La identificación y la placa eran falsas. Era un asesino a sueldo, trabajando para T. G., que estaba a punto de acabar con él para quedarse con cada centavo de los 150 mil dólares del turista.

"Mierda", dijo el falso policía. Sacó un revólver y empujó a Schaeffer dentro del primer callejón que encontró.

"Espérate un segundo", susurró Schaeffer. "Tengo dinero. Lo que sea que te estén pagando."

"Cállate." El tipo intercambió pistolas a la fuerza con Schaeffer y después encañonó al detective con su propia arma cromada. Después, el policía sacó un trozo de papel y lo colocó adentro de la chamarra de Schaeffer. Se acercó y le dijo: "Aquí está el mensaje, cabrón: por dos años, T. G. se ha hecho cargo de todo el trabajo y tú te llevas la mitad del dinero. Te metiste con el tipo equivocado".

"Ésas son pendejadas", gritó Schaeffer, desesperado. "¡Me necesita! ¡Su negocio no funciona sin un policía del otro lado! Por favor."

"Hasta luego." El hombre levantó la pistola y apuntó a la sien de Schaeffer.

"¡No! ¡Por favor!"

Escucharon un grito desde la entrada del callejón. "¡Dios mío!" Una mujer estaba parada a cinco metros de ellos, viendo al hombre que sostenía una pistola. Se tapaba la boca con las manos. "¡Alguien llámele a la policía!"

El matón se concentró en la mujer y Schaeffer lo empujó contra la pared de ladrillos. Antes de que pudiera reincorporarse y dispararle, el detective corrió hacia fuera del callejón.

Escuchó al hombre gritar y arrancar detrás de él a toda velocidad. Pero Bob Schaeffer conocía Hell's Kitchen como la palma de su mano, y le bastaron cinco minutos para zigzaguear a través de docenas de callejones y callejuelas, sin dejar rastro que el matón pudiera seguir.

En la calle, Schaeffer se detuvo, sacó su pistola de repuesto, escondida en un arnés alrededor del tobillo, y la guardó en la bolsa del pantalón. Sintió el crujir del papel que el hombre había colocado en su chamarra. Era una nota de suicidio, hechiza, en la que Schaeffer confesaba haber recibido dinero de la mafia por años, para después aceptar que no podía cargar con la culpa un minuto más. Tenía que acabar con todo.

Bueno, pensó, algo tenía de razón.

Una cosa sí iba a acabar.

Fumando, guarecido debajo de las sombras del callejón, Schaeffer esperó por quince minutos afuera de Mack's hasta que salió T. G. Reilly. El hombre robusto, que caminaba como un oso mareado, estaba solo. Volteó a su alrededor y, sin haber visto al policía, giró hacia el oeste.

Schaeffer le dio media cuadra de ventaja y después comenzó a seguirlo.

Guardó su distancia. Cuando llegaron a una parte desierta de la calle, se puso unos guantes y metió las manos en las bolsas, en busca de la pistola que acababa de tomar de su escritorio. La había comprado en la calle años antes: una pistola sin número de fábrica. Apretando el arma, Schaeffer se apresuró para alcanzar al enorme irlandés.

El error que muchos tiradores cometen durante un tiroteo es sentir que deben hablarle al blanco. Schaeffer recordó un viejo *western* en el que un chico rastrea al pistolero que mató a su padre. El muchacho encañona al matón, le explica por qué va a morir, mataste a mi papá, blablablá, y el pistolero pone cara de aburrimiento, saca una pistola escondida y le vuela la cabeza al chico. Después voltea a ver el cuerpo y le dice: "Si vas a hablar, habla. Si vas a disparar, dispara".

Y eso fue exactamente lo que Robert Schaeffer hizo.

T. G. debió haber escuchado algo. Empezó a dar la vuelta. Pero, antes de que pudiera clavarle la mirada al detective, Schaeffer le metió dos tiros en la nuca. El gordo cayó como costal de arena. El policía arrojó la pistola en el pavimento —jamás la había tocado con manos desnudas— y, bajando la cabeza, caminó al lado del cuerpo de T. G. rumbo a la Décima Avenida y, de ahí, hacia el norte.

Si vas a disparar, dispara...

Amén.

Le tomó una mirada.

Con la vista fija en los ojos de Ricky Kelleher, Schaeffer decidió que el joven no tenía idea de que T. G. había mandado matarlo unas horas antes.

El pequeño y torpe tipo, de cabello sucio y semblante confianzudo, caminó con largas zancadas adonde Schaeffer estaba, con la espalda contra una pared y la mano dentro de su abrigo, muy cerca de su nueva pistola automática. El perdedor no parpadeaba ni parecía sorprendido de ver que el detective seguía vivo. Schaeffer había entrevistado sospechosos por años; concluyó que el imbécil de Ricky no sabía nada del plan de T. G.

Ricky asintió, "¿Qué onda?", y echando un ojo a su alrededor preguntó: "¿Dónde está T. G.? Me dijo que vendría temprano."

Con una mueca de disgusto, Schaeffer le preguntó: "¿No sabes?"

"¿Que si no sé qué?"

"Mierda, no sabes. Alguien le disparó."

"¿A T. G.?"

"Sí."

Ricky no le quitó los ojos de encima y sólo sacudió la cabeza. "No me jodas. Nadie me dijo un carajo."

"Acaba de pasar."

"Dios santo", musitó el menudo hombre. "¿Quién?"

"Nadie sabe."

"Igual y fue el negro ese."

"¿Cuál?"

"Un negro de Buffalo. O de Albany. No sé." Ricky susurró: "Muerto. No puedo creerlo. ¿Alguien más del grupo?"

"Creo que sólo a él."

Schaeffer estudió al flacucho con la mirada. En efecto, daba la impresión de que no podía creerlo. Pero tampoco se veía molesto, en realidad. Y tenía sentido. T. G. y Ricky no eran precisamente amigos. El gordo irlandés era un borracho peleonero.

En Hell's Kitchen, los vivos tendían a olvidar a los muertos antes de que sus cuerpos se enfriaran.

Como si quisiera comprobar esto, Ricky dijo: "¿Y esto cómo va a afectar nuestro… tú sabes… arreglo?"

"En nada, por lo que a mí respecta."

"Voy a querer más."

"Puedo bajar mi cuota a una tercera parte."

"Una tercera parte tu puta madre. Quiero la mitad."

"No puedo. Ahora es más riesgoso."

"¿Por qué más riesgoso?"

"Porque va a haber una investigación. Algún policía puede encontrar algo con mi nombre en casa de T. G. Voy a tener que engrasar más manos." Schaeffer se encogió de hombros. "O tú puedes encontrar a otro policía con quien trabajar."

Como si la Sección Amarilla tuviera una sección de "Policías corruptos".

El detective añadió: "Dale unos meses. Cuando las cosas se calmen te subo tu porcentaje".

"¿A cuarenta?"

"Ándale, a cuarenta."

"¿Me puedo quedar con el Rolex?"

"¿El del tipo ese? ¿Hoy?"

"Sí."

"¿Tú lo quieres?"

"Sí."

"Okey, es tuyo."

Ricky giró hacia el río y Schaeffer creyó ver una ligera sonrisa cruzar por su rostro.

Se quedaron en silencio por unos minutos hasta que, justo a la hora que había dicho, llegó Shelby, el turista. Se veía aterrado y herido y molesto: una puta combinación difícil para poner en un solo rostro.

"Lo tengo", musitó. No había nada en sus manos —ni un maletín o una bolsa—, pero Schaeffer llevaba suficiente tiempo recibiendo sobornos para saber que una buena cantidad de dinero podía caber en los más pequeños sobres.

Y eso fue lo que sacó Shelby. El turista, de rostro lúgubre, se lo dio a Schaeffer, que contó los billetes cuidadosamente.

"El reloj también." Ricky señaló, entusiasta, la muñeca del hombre.

"¿Mi reloj?" Shelby dudó y, frunciendo el ceño, se lo entregó a Ricky.

Schaeffer le regresó su licencia al turista. El hombre la metió en su bolsa con prisa y después corrió hacia el este, sin duda en busca de un taxi que lo llevara directo al aeropuerto.

El detective se echó a reír para sus adentros. Así que Nueva York no es un lugar tan bonito para visitar, después de todo.

Se dividieron el dinero. Ricky se puso el reloj, pero la banda de metal le quedó demasiado grande y colgaba de su muñeca cómicamente. "La voy a ajustar", dijo, mientras ponía el reloj en su bolsa. "Las bandas se pueden acortar, ¿sabes? No hay bronca."

Decidieron celebrar con un trago y Ricky sugirió Hanny's; tenía que ver a alguien en el bar.

Mientras caminaban por la avenida, azul y grisácea a la luz nocturna, Ricky observó la placidez del río Hudson. "Mira eso."

Un enorme yate se deslizaba hacia el sur a través del agua oscura.

"Lindo", dijo Schaeffer, admirando las hermosas líneas del bote.

Ricky le preguntó: "¿Por qué no le entraste?"

"¿Por qué no le entré?"

"A lo de los botes."

"¿Eh?"

"A lo que te platicó T. G. Me dijo que no te interesó."

"¿De qué carajos estás hablando?"

"De los botes. El tipo ese de Florida."

"A mí nunca me dijo nada."

"Hijo de puta." Ricky sacudió la cabeza. "Hace unos días. Un tipo adentro de Hanny's. Es al que voy a ver ahora. Tiene contactos en Florida. Su equipo consigue estos botes confiscados antes de que los registre el muelle aduanal."

"¿La DEA?"

"Y la Guardia Costera."

Schaeffer asintió, impresionado por el plan. "Desaparecen *antes* de que los registren. Nada mal."

"Estoy pensando en comprar uno. Me dijo que si le pago como veinte mil me consigue un barco que vale tres veces más. Pensé que te interesaría."

"Sí me interesa." Bob Schaeffer tenía algunos botes pequeños. Siempre había querido uno más bonito. Le preguntó: "¿Algo más grande?"

"Creo que acaba de vender uno de quince metros. Lo vi en Battery Park. Increíble."

"¿Quince metros? Un bote así cuesta un millón de dólares."

"Me dijo que a su amigo le costó 200 mil, más o menos."

"El cabrón de T. G. Nunca me dijo una palabra." El único consuelo de Schaeffer fue saber que esa mierda jamás volvería a decirle *nada* a *nadie*.

Entraron a Hanrahan's. El lugar estaba casi vacío, como siempre. Ricky echó un ojo. El tipo de los botes aparentemente no había llegado.

Pidieron whisky con cerveza. Chocaron vasos. Bebieron.

Ricky le platicaba al viejo cantinero sobre el asesinato de T. G. cuando sonó el teléfono de Schaeffer.

"Habla Malone, del Departamento de Homicidios. ¿Supiste que le dieron un tiro a T. G. Reilly?"

"Sí. ¿Cómo va eso? ¿Algún sospechoso?" Con el corazón latiendo veloz, Schaeffer bajó la cabeza y escuchó atentamente.

"No demasiados. Pero escuchamos algo y estábamos esperando que tú nos pudieras ayudar. Conoces el barrio, ¿no?"

"Muy bien."

"Parece que uno de los chicos de su grupo estaba preparando un robo. Algo de alto nivel. Seis dígitos. No sabemos si tuvo algo que ver con la muerte de Reilly, pero queremos hablar con él. Se llama Ricky Kelleher. ¿Lo conoces?"

Schaeffer vio a Ricky de soslayo. Le habló al teléfono: "No estoy seguro. ¿Cómo es la operación?"

"Este Kelleher trabaja para alguien en Florida. Se les ocurrió un negocio bien armado. Consiguen a un imbécil que quiera barcos confiscados. La cosa es que el barco no existe. Es una trampa. Cuando llega el día de la entrega, le dicen al pobre idiota que la policía les decomisó la mercancía. Y que le conviene olvidar el dinero y mantener el pico cerrado."

Pequeño hijo de puta... la mano de Schaeffer empezó a temblar de ira mientras observaba a Ricky. Al policía de Homicidios le dijo: "No lo he visto en un rato. Déjame preguntar por acá."

"Gracias."

Colgó y se acercó a Ricky, que bebía su segunda cerveza.

"¿A qué hora llega tu amigo?", preguntó Schaeffer, como si nada. "El tipo de los botes."

"En cualquier momento", dijo Ricky.

Schaeffer movió la cabeza de arriba abajo y le dio un trago a su cerveza. Después inclinó la frente y susurró: "¿Viste que contesté una llamada? No sé si te interese, pero era mi proveedor. Acaba de conseguir un cargamento mexicano. Me va a ver en el callejón en unos minutos. Dice que es una mierda espectacular. A buen precio. ¿Te interesa?"

"Pero claro", dijo el flaco.

Los hombres salieron al callejón por la puerta trasera. Schaeffer hizo una nota mental: estrangular al imbécil este y después sacarle la lana del soborno que aún traía en la bolsa del pantalón.

Ah, y el reloj. El detective decidió que, después de todo, uno no podía tener demasiados Rolexes.

El detective Robert Schaeffer disfrutaba de un moca grande en la terraza del Starbucks de la Novena Avenida. Estaba sentado en una mesa de metal, no particularmente cómoda, y se preguntaba si ése era el tipo de muebles para patio y jardín que el rey Shelby les distribuía a sus clientes pobretones.

"Buenas", le dijo una voz masculina.

Schaeffer observó al tipo sentado en la mesa contigua. Su rostro le pareció vagamente conocido y, aunque el detective no lo reconoció, el hombre le regaló una sonrisa, saludándolo.

Una epifanía lo golpeó como balde de agua fría y jaló aire, sorprendido. Era el falso detective de Asuntos Internos, el tipo al que T. G. había contratado para que lo matara.

¡Mierda!

La mano derecha del hombre estaba adentro de una bolsa de papel, donde seguramente había una pistola.

Schaeffer se quedó pasmado.

"Tranquilo", le dijo el tipo, riéndose de la cara del detective. "Todo bien." Sacó su mano de la bolsa. No había pistola, sólo un muffin de pasas. Le dio una mordida. "No soy la persona que crees que soy."

"¿Entonces quién putas eres?"

"No necesitas mi nombre. Soy un investigador privado. Y con eso basta. Ahora escúchame. Te tenemos una propuesta de negocios." El investigador privado alzó la mirada y saludó a alguien con la mano. A Schaeffer le dijo: "Te voy a presentar a unas personas."

Una pareja de cincuentones, también con café en las manos, caminaba afuera del Starbucks. En shock, Schaeffer cayó en la cuenta de que el hombre era Shelby, el turista al que había estafado unos días antes. La mujer también le parecía conocida. Pero no supo de dónde.

"Detective", dijo el hombre, con una fría sonrisa.

La mirada de la mujer también era gélida, y sin sonrisa incluida.

"¿Qué quieres?", le espetó el detective al investigador privado.

"Voy a dejar que ellos te expliquen." Le dio otra buena mordida a su muffin.

Los ojos de Shelby se clavaron en el rostro de Schaeffer con una confianza gigantesca que estaba a millas de distancia del semblante tímido y derrotado con el que lo encontró en ese hotelucho, sentado junto a Darla, la puta que antes era hombre. "Así está la cosa, detective. Hace unos meses, mi hijo vino de vacaciones con unos amigos de la universidad. Salieron a bailar a un lugar por Broadway, y sus socios, T. G. Reilly y Ricky Kelleher, le metieron droga en los bolsillos. Después entraste tú y lo arrestaste por posesión de narcóticos. Y, como hiciste conmigo, le tendiste una trampa y le dijiste que lo dejarías ir a cambio de dinero. Sólo que Michael no dejó que te salieras con la tuya. Intentó golpearte y llamar al 911. Pero tú y T. G. Reilly lo arrastraron al callejón y lo golpearon con tal saña que, ahora, mi hijo tiene daño cerebral permanente y estará en terapia por años."

Schaeffer recordó al chico universitario. Había sido una golpiza dura. Pero dijo: "No sé de qué estás…".

"Shhhh", dijo el investigador privado. "Los Shelby me contrataron para averiguar qué le había sucedido a su hijo. Pasé dos meses en Hell's Kitchen, aprendiendo todo lo que pude sobre ti y esos dos imbéciles con los que trabajabas." Después volteó a ver al turista. "Adelante." El investigador siguió comiendo su muffin.

El esposo dijo: "Decidimos cobrarte lo que debes. Pero no podíamos ir a la policía, sabrá Dios cuántos de ellos trabajan para ti, así que mi esposa y yo y nuestro otro hijo, el hermano de Michael, tuvimos una idea. Decidimos que lo mejor sería que ustedes trabajaran para nosotros; que ustedes se traicionaran entre sí."

"Por favor. Tú…"

La mujer se espabiló agresivamente. "Cállate y escucha." Le explicó cómo habían preparado la escena en Hanny's. El investigador fingió ser un estafador de Florida que vendía botes robados y su hijo más joven interpretó el papel del tipo de Jersey que había perdido todo su dinero. Esto le llamó la atención a Ricky, que no dudó en entrarle a la estafa de los botes. Sin dejar de ver a Schaeffer, la mujer dijo: "Sabíamos que te gustaban los botes. Era obvio que Ricky eventualmente iría contigo."

El esposo añadió: "El problema es que necesitábamos una buena cantidad de efectivo sobre la mesa, para que ustedes tuvieran un verdadero incentivo para clavarse un cuchillo en la espalda."

Así que el hombre fue al bar de T. G. y preguntó por una prostituta, suponiendo que los tres lo extorsionarían.

Contuvo la risa. "Esperaba que tú subieras el monto mientras me chantajeabas. Quería seis dígitos sobre la mesa."

T. G. fue su primer blanco. Esa tarde, el detective fingió ser un asesino contratado por T. G., con la misión de matar a Schaeffer, para que el gordo irlandés se quedara con todo el dinero.

"¡Fuiste tú!", susurró el detective, viendo a la esposa. "Tú fuiste la que gritó en el callejón."

Shelby dijo: "Teníamos que dejarte escapar, para que fueras directo a encargarte de T. G."

Puta madre. La emboscada, el falso policía de Asuntos Internos… una trampa.

"Después, Ricky te llevó a Hanrahan's, donde te iba a presentar al negociante de botes de Florida."

El investigador privado se limpió la boca e inclinó el cuerpo hacia delante. "Bueno", dijo, engolando la voz. "Habla Malone, del Departamento de Homicidios."

"Me lleva la mierda", dijo Schaeffer. "Tú me dijiste que Ricky me quería ver la cara. Para que…" Su voz descendió, hasta desaparecer.

El investigador privado susurró: "Para que también te hicieras cargo de él."

De nuevo con la fría sonrisa en el rostro, Shelby dijo: "Dos responsables menos. Ahora nada más nos queda uno. Tú."

"¿Qué piensan hacer?", musitó el policía.

La esposa dijo: "Nuestro hijo necesita años de terapia. Nunca se recuperará completamente."

Schaeffer sacudió la cabeza. "Me imagino que tienes evidencia."

"Ah, por supuesto. Nuestro hijo mayor estaba afuera de Mack's, esperando a que salieras a matar a T. G. Te tenemos en video, disparándole dos tiros en la cabeza. Asqueroso."

"Y la secuela", dijo el investigador privado. "En el callejón detrás de Hanrahan's. Donde estrangulaste a Ricky." Y añadió: "Ah, y tenemos el número de placa del camión que recogió el cuerpo de Ricky. Lo seguimos hasta Jersey. Podemos implicar a un montón de gente muy desagradable, que no estaría contenta de saber que trae a la policía encima por tu culpa."

"Y, en caso de que no lo hayas pensado", dijo Shelby, "tenemos tres copias del video y, por si acaso, lo mandamos a tres diferentes abogados. Basta que nos pase algo para que vayan directo a la policía."

"Ustedes son iguales que todos los asesinos", dijo Schaeffer. "Me usaron para matar a dos personas."

Shelby se echó a reír. "*Semper Fi…* Estuve en el ejército, en dos guerras. Matar cucarachas como tú no me molesta en lo más mínimo."

"Está bien", dijo el policía en una especie de gruñido displicente, "¿qué quieren?"

"Tienes una casa de campo en Fire Island, dos botes en Oyster Bay, una…"

"No necesito que me den un inventario. Dame una cifra."

"Todo lo que tengas, básicamente. 860 mil dólares. Más mis 150 de regreso. Y lo quiero para la próxima semana. Ah, y que pagues su cuenta, también." Shelby volteó a ver al investigador.

"Soy bueno", dijo el hombre. "Pero cobro caro." Se terminó su muffin y se sacudió las migajas, tirándolas a la acera.

Shelby inclinó el cuerpo. "Y una cosa más. Mi reloj."

Schaeffer se quitó el Rolex y se lo arrojó a Shelby.

La pareja se levantó. "Hasta luego, detective", le dijo el turista.

"Nos encantaría quedarnos y platicar un poquito más", dijo la señora Shelby, "pero vamos a ir a turistear por la isla. Antes de cenar vamos a ir a un recorrido en carroza por Central Park." Se detuvo y bajó la mirada, viendo al policía. "Me encanta esta ciudad. Es cierto lo que dicen, ¿sabes? Nueva York realmente es un bonito lugar para ir de visita."

DEMASIADO CERCA DE LO REAL
POR JONATHAN SAFRAN FOER
Princeton, Nueva Jersey
TRADUCCIÓN DE JORGE VOLPI

EN EL PRIMER DÍA DE MI SABÁTICO FORZOSO, DISTINGUÍ UN COCHE que pasaba por la calle Nassau con un enorme artilugio esférico sobre su techo. Lucía como si proviniese de una visión muy antigua del futuro. Asumí que se trataba de un experimento de meteorología, de física o incluso de psicología —otra contribución a nuestra encantadora atmósfera del campus— y no pensé más en el asunto. Probablemente ni siquiera me hubiese fijado en él si no me encontrase dando mi primer paseo por gusto en años. Sin ningún lugar adónde ir, a la postre estaba donde estaba.

Unas semanas después —exactamente un mes después, como habría de descubrir—, volví a ver el vehículo, esta vez avanzando lentamente por la Avenida Prospect. Me encontraba detenido en una esquina, no porque esperase el cambio de luz en el semáforo, no porque esperase que algo pudiera ocurrir.

—¿Alguna idea de qué es esto? —le pregunté a una estudiante que estaba en la acera junto a mí. Su rápido asentimiento demostró que sí.

—Google —me dijo.

—¿Google qué? —le pregunté, queriendo saber más sobre lo que pensaba de mí y de lo que otros estudiantes del campus decían de mí.

—Street view.

—¿Qué es eso?

Suspiró, como si hubiera alguna duda de su reticencia a hablar conmigo.

—Esa cosa encima del coche es una cámara con nueve lentes. Cada segundo toma fotografías en todas direcciones que luego son incorporadas a un mapa.

—¿Qué clase de mapa?

–En 3-D, y se puede navegar en él.

–Yo pensaba que se usaba un mapa *para* navegar.

–Sí, claro…

Ella había terminado, pero yo no estaba dispuesto a dejarla ir. No es que me importase el mapa –y, si lo hubiera hecho, fácilmente habría podido encontrar respuestas en otra parte–, pero su renuencia a hablar conmigo, e incluso a quedarse a mi lado, me impulsaba a retenerla.

Le pregunté:

–¿A nadie le importa que esas fotografías se tomen todo el tiempo?

–Sí, le importa a mucha gente –dijo, esculcando su bolso sin propósito definido.

–Pero nadie hace nada al respecto.

La luz cambió. No me moví. Mientras la estudiante se alejaba, me pareció escucharla decir: "Maldito cerdo". Estoy casi seguro de que eso fue lo que dijo.

Unos días antes, mientras comía pasta directamente del colador, escuché una noticia en la radio pública sobre algo llamado el "valle inquietante". Aparentemente, cuando estamos frente a una imitación de la vida –una caricatura, un robot que parece un robot– tenemos buena disposición para relacionarnos con ella: para escuchar sus historias, para conversar con ella, incluso para simpatizar con ella. (La cara de Charlie Brown, realizada a partir de unos cuantos trazos, es un buen ejemplo.) Seguimos sintiéndonos cómodos con estas imitaciones conforme más se acercan a la vida. Pero llega un momento –digamos, cuando la imitación es acertada en un 98 por ciento (lo que esto quiera decir)–, en que nos sentimos profundamente incómodos, de una manera interesante. Sentimos cierta repulsión, cierta alienación, cierto reflejo cavernícola semejante a lo que nos sucede cuando alguien rasga un pizarrón con las uñas.

Somos felices frente a las falsificaciones y somos felices frente a la realidad, pero frente a aquello que es casi real –frente a aquello que es casi demasiado real– nos enervamos. (Esto también ha sido demostrado con los monos. Cuando se les presentan cabezas de mono muy parecidas a las reales, se precipitan a las esquinas de sus jaulas y se cubren los rostros.) Una vez que la imitación es completamente creíble –100 por ciento creíble– volvemos a sentirnos bien, incluso si sabemos que se trata de una imitación de la vida. La distancia entre el 98 por ciento y el 100 por ciento es el valle inquietante. Hace apenas unos años que nuestras imitaciones de la vida se han vuelto lo suficientemente buenas —películas con humanos digitalizados, robots con musculaturas altamente articuladas— como para generar este nuevo sentimiento humano.

La experiencia de navegar en el mapa de Google se encontraba, para mí, en el valle inquietante. Esto quizá se deba a que tenía cuarenta y seis y era demasiado mayor para disfrutar la experiencia. Incluso cuando lograba olvidar que estaba frente a una pantalla era consciente de los movimientos que debía hacer con mis dedos para realizar mi viaje. Imagino que para mis estudiantes —mis antiguos estudiantes— navegar sería su segunda naturaleza. O su primera.

Podía recorrer calles enteras, casi como si caminara, pero no exactamente como si caminara. No me deslizaba, ni patinaba. Era algo más cercano a permanecer estático, con el mundo deslizándose o patinando hacia mí. Podía volver la "cabeza", mirar hacia arriba y hacia abajo: el mundo giraba en torno a mi perspectiva fija. Era *demasiado* parecido al mundo.

Google es muy claro sobre cómo se hace el mapa —¿y por qué no habría de serlo?— y me enteré de que las fotos se renuevan con regularidad. (Los usuarios no pueden tolerar la extrañeza de ver la nieve en verano, o el edificio de matemáticas que fue demolido hace meses. Si bien esos errores podrían sacar al mapa del valle inquietante, también le quitarían todo interés, o lo despojarían de su utilidad.) Princeton, como pude comprobar, es fotografiado de nuevo el cuatro de cada mes.

Me hubiera gustado caminar al salón, encontrar a mi mujer en su silla y contarle todo esto.

La investigación nunca obtuvo resultados porque no tenía hacia dónde dirigirse. (Nunca fue claro *qué* era lo que estaban investigando.) Yo había tenido dos relaciones previas con estudiantes de posgrado —relaciones explícitamente permitidas por la universidad—, que fueron mostradas como evidencia. ¿Evidencia de *qué*? Evidencia de que, transcurrida la edad apropiada, yo seguía teniendo apetito sexual. ¿Por qué no podía reprimirlo? ¿Por qué lo tenía, en primer término? La persistencia de mi condición era la debilidad de mi condición.

Todo el asunto era una farsa y, como de costumbre, se derrumbaba al confrontar el recuerdo de los hechos. Pero nadie en un campus universitario se atreve a defender el derecho de un presunto acosador a ser considerado inocente hasta que se demuestre su culpa. La universidad llegó a un arreglo privado con la familia de la chica; yo fui rebajado a una posición considerablemente inferior en el Departamento y me enemisté con la mayoría de mis colegas y amigos. Yo creí que me creían, y no los culpé por alejarse de mí.

Me descubrí sentado en las cafeterías durante horas, leyendo secciones de los periódicos que antes nunca había tocado, comiendo menos y, por primera vez en mi vida adulta, tomando largos paseos sin sentido.

La primera noche de mi libertad forzosa caminé durante horas. Salí de la reunión del comité disciplinario, giré a derecha e izquierda sin preguntarme adónde llegaría, y no volví a casa hasta la madrugada. Los audífonos me protegían de cierta sensación de soledad y caminé tanto que dejé de sintonizar la estación local afiliada a la Radio Nacional Pública y empecé a escuchar música country —como escribir una carta a mano tan larga que la tinta negra se convierte en tinta azul.

En cierto momento me encontré en un prado. Aparentemente yo era la clase de persona que deja el sendero principal, la clase de persona que camina sobre el pasto. Las estrellas eran más claras que nunca. ¿Qué edad tienen?, me pregunté. ¿Cuántas de ustedes están muertas? Pensé, por primera vez en mucho tiempo, en mis padres: en mi padre sentado en el sofá, con el pecho cubierto con las noticias que ya eran viejas cuando las trajeron por la mañana. Me vino la idea de que tal vez había comprado su última camisa. ¿De dónde me vino este pensamiento? ¿Por qué llegó a mí? Pensé en el mapa: como las estrellas, sus imágenes nos llegan del pasado. Y es igual de confuso.

Pensé que tal vez si tomaba una foto de las constelaciones podría enviárselas por correo electrónico a mi esposa con alguna frase de autocompasión —*Ojalá estuvieras aquí*— y, pese a reconocer la rapidez y frivolidad de semejantes palabras, que quizás ella pudiese conmoverse. Quizá dos personas listas que se conocen puedan recogerse en la concha de un gesto vacío y refugiarse allí al menos por un tiempo.

Saqué mi teléfono y tomé una foto, pero el flash borró todas las estrellas. Apagué el flash, pero el obturador permaneció abierto por tanto tiempo, tratando de tomar tanta luz como pudiese, que mis movimientos infinitesimales provocaron que todo quedase borroso. Tomé otra foto, manteniendo mi mano tan firme como pude, pero volví a fracasar. Incluso sostuve una mano con la otra, pero de todas maneras fue un fracaso.

El día 4 del mes siguiente me detuve en la esquina de Nassau y Olden. Cuando pasó el vehículo no me moví y ni siquiera sonreí, sino que me quedé allí como un animal en un diorama. Regresé a casa, abrí mi laptop y me deslicé a la esquina de Nassau y Olden. Hice girar el mundo, para mirar hacia el noreste. Y allí estaba yo.

Había algo excitante en ello. Estaba en el mapa, allí, y cualquiera que navegase en Princeton podría verme. (Hasta que, por supuesto, el vehículo pasara de nuevo cuatro semanas más tarde, y reemplazara el mundo como el Diluvio.) Sentado en la mesa de la cocina, mirando a la pantalla de una laptop que había comprado porque, como a tantos otros, me gustaba su apariencia, me sentí parte del mundo físico. El sentimiento era complicado: vigorizante y castrante a la vez. Era lo que habría sentido aproximadamente una persona incapaz de localizar sus verdaderos sentimientos.

Me pregunté a mí mismo: ¿debería emprender un viaje?

Me pregunté: ¿debería escribir un libro?

¿Debería disculparme? ¿Y *con quién* debería disculparme? Ya me había disculpado con mi esposa de todas las maneras posibles. ¿Con los padres de la chica? ¿Y *por qué* debería pedir disculpas? ¿Una disculpa equivaldría a admitir retrospectivamente un crimen?

Tenía problemas para manejar la vergüenza y la ira; quería evitar y propiciar al mismo tiempo encuentros como el que tuve con la estudiante junto al farol. Necesitaba eludir cualquier juicio y necesitaba que me comprendieran. No había nada que me protegiese. Nunca me ha entusiasmado enseñar, pero había perdido mi entusiasmo hacia *todo*. Me sentía, en el sentido más profundo, falto de inspiración, abatido. Había perdido mi capacidad para sentir toda clase de apremio, como si creyera que era inmortal.

Giré a la izquierda en Chestnut y de pronto escuché algo hermoso. Lo *escuché*, de modo que no estaba en el mapa. Era real. La música provenía de los audífonos de una estudiante. Usaba pants, como los atletas que se han duchado luego de haberse ejercitado. Era una hermosa canción, tan bella que me hizo sentir exultante y deprimido. No sabía cómo me sentía. No sabía cómo preguntar qué canción era aquella. No quería interrumpirla o arriesgarme a una mirada condenatoria. Fijé mi vista en la distancia. Ella entró en un dormitorio. No había nada que hacer.

Temeroso de olvidar la melodía, me llamé a mí mismo y me dejé un mensaje, tarareando el fragmento que podía recordar. De inmediato me olvidé de ella, y de que después de siete días mi teléfono borra automáticamente los mensajes. Y entonces, demasiado tarde, me acordé. Así que llevé el teléfono a la tienda en que lo compré y pregunté si había posibilidad de recuperar un mensaje borrado. El empleado me sugirió enviar la tarjeta SIM al fabricante, lo cual hice, y siete días después recibí un correo electrónico con un archivo digital de cada mensaje que había recibido desde que compré el teléfono. No me pareció asombroso, no sentí el menor escalofrío al confirmar que nada se había perdido. Me enojó o entristeció mi incapacidad para impresionarme.

Éste era el primer mensaje:

Hola. Es Julie. O ya estás oyendo esto y mereces una felicitación por haberte incorporado al mundo moderno, o bien —y esto parece igualmente probable— no tienes idea de lo que significa la lucecita roja que parpadea, y mi voz permanece en una suerte de purgatorio digital... Si no me llamas de vuelta, asumiré que es lo segundo. De cualquier modo, justo acabo de salir de tu oficina y quería agradecer tu generosidad. La aprecio más de lo que puedes imaginarte. Tú sigues diciendo "No es nada", pero claro que es algo. En cuanto a la cena, me parece estupendo. A riesgo de sonar extraña, quizá deberíamos ir a algún sitio fuera del campus, sólo para, no sé, estar lejos de la gente. ¿Extraña? ¿Loca? No me lo dirías. O tal vez sí. Queda implícito que admiro la extrañeza y la locura. Y mientras más hablo de ello, dejo una peor impresión. Así que voy a disminuir mis pérdidas. Llámame de vuelta y hagamos un plan.

Así fue como empezó. La cena fue mi idea, ir fuera del campus la suya. Un patrón del que aprendimos a valernos: yo preguntaba si quería tomar algo, y ella ordenaba vino; quitaba una basurita inexistente de su mejilla, y ella sostenía mi mano contra su rostro; le pedía que permaneciese en el coche para hablar otros minutos...

El mensaje final era mi voz tarareando la canción desconocida para mí mismo.

Viajé a Venecia en el mapa. Dado que nunca he estado en la Venecia real, no podría comparar la experiencia. Obviamente no había olores, ni sonidos, ni el roce de hombros con los venecianos, etcétera. (Sólo es cuestión de tiempo antes de que el mapa nos proporcione tales sensaciones.) Pero caminé por el Puente de los Suspiros y vi la Basílica de San Marcos. Caminé a través de la plaza de San Marcos, leí la inscripción en la tumba de Joseph Brodsky en San Michele, escudriñé las fábricas de cristal de Murano (bulbos de vidrio derretido sostenidos al final de esos largos popotes hasta el mes siguiente). Observé el agua digital, la plácida corriente que mantenía a los vaporetos en el mismo lugar. Intenté seguir caminando, directamente hasta el agua. Y lo hice.

Sólo quien no ha disfrutado la experiencia del mapa podría quejarse de sus deficiencias. Sus deficiencias son lo que permite la plenitud: ofrecer un poco de la vida puede hacer que esta parezca más vívida —como ocurre al cerrar los ojos para oír mejor. No, como cerrar los ojos para recordar cuánto apreciamos el sentido de la vista.

Fui a Río, a Kyoto, a Ciudad del Cabo. Busqué el mercado de pulgas en Jaffa, pegué mi nariz a los escaparates de Champs-Élysées, planeé con los cuervos por las montañas de Fresh Kills.

Fui a Europa del Este y visité, tal como le prometí a ella que lo haría, el pueblo natal de mi abuela. No había nada, ninguna indicación de que eso alguna vez hubiese sido un bullicioso mercado. Busqué alguna marca en el suelo y encontré un trozo de ladrillo. Descargué imágenes del ladrillo desde distintas perspectivas y se las envié a un amigo en el Departamento de Ingeniería. Fue capaz de modelar lo que faltaba y de fabricarlo en una impresora 3-D. Me dio dos ejemplares: uno permanece en mi escritorio, el otro se lo envié a mi madre para que lo pusiese en la tumba de la abuela.

Fui al hospital donde nací. Ha sido reemplazado por un nuevo hospital.

Fui a mi escuela primaria. El patio fue convertido en dormitorios para alojar a más estudiantes. ¿Dónde jugarán los niños ahora?

Fui al barrio en que creció mi padre. Fui a su casa. Mi padre no es nadie conocido. Nunca habrá una placa afuera de su casa para hacerle saber al mundo que él nació allí. Hice tallar una placa, se la envié a mi hermano menor y le pedí que la pegase con velcro el día 16 del mes siguiente. Regresé a su casa esa tarde y allí estaba.

En vez de navegar por Princeton preferí desplazarme en dirección de mi casa. Hubiera sido más rápido navegar por el mapa, donde cada paso puede cubrir una manzana, mientras que el desplazamiento podría tomarme el resto de la noche. No me importó. Eso era lo que buscaba. Tenía que ocuparme en algo. Cuando me encontraba a la mitad del Puente Washington miré hacia abajo.

Nunca sucede nada porque nada *puede* suceder, porque a pesar de que la música, las películas y las novelas nos han llevado a creer que lo extraordinario está a la vuelta de la esquina, la experiencia siempre nos desilusiona. La disonancia entre lo que nos han prometido y lo que nos han dado haría que cualquiera se sintiera confuso y solitario. Yo sólo intentaba acercar mi imitación de la vida a la vida misma.

No puedo recordar la última vez que me detuve a la mitad de un puente y miré hacia abajo. Quería llamar a alguien, ¿pero a quién? Nadie podría oírme porque el sonido no es posible. Yo estaba allí, pero todos a mi alrededor se encontraban en el pasado. Vi con admiración que pude reunir el valor para subir a la cornisa y saltar: el suicidio de mi suicidio.

El día 4 del mes siguiente caminé al lado del vehículo. Fue fácil mantener el paso, pues la claridad de las fotografías depende de que el coche se mueva con bastante lentitud. Giré a la derecha en Harrison cuando lo hizo el coche, y otra vez a la derecha en Patton, y a la izquierda en Broadmead. Tenía las ventanas polarizadas —aparentemente los choferes han sido víctimas de insultos y disputas—, así que no pude saber si alguien advirtió mi presencia. El chofer nunca ajustó su forma de manejar de modo que pudiera llegar a esa conclusión. Caminé a su lado por más de dos horas y sólo me detuve cuando las punzadas en mi talón se volvieron insoportables. Me hubiera gustado seguirlo hasta el final, atraparlo en la pausa para el almuerzo o alinearme con él en la gasolinera. Hubiera sido una victoria, o al menos habríamos alcanzado cierta intimidad. ¿Qué habría podido decirle? ¿Me reconoce?

Regresé a casa y prendí la computadora. Adonde miraras en Princeton, allí estaba yo. Había docenas de yos.

*Hola, soy yo. No debería llamarte, pero no me importa. Estoy triste.
Estoy en problemas. A solas conmigo misma. Tengo problemas conmigo misma. No sé qué hacer y no tengo con quién hablar. Tú solías ser
esa persona, pero ya no hablas conmigo. No voy a arruinarte la vida.
No sé por qué tienes tanto miedo de esto. Nunca he hecho nada para
que pienses que no soy confiable. Pero tengo que decirte que entre más
actúes con miedo a que arruine tu vida, más me siento impulsada a
arruinarla. No soy una gran persona, pero nunca te he hecho nada.
Sé que todo es mi culpa, pero no sé por qué. ¿Qué está pasando? Lo
siento.*

Pasaba cada vez más tiempo dentro del mapa, viajando por el mundo
–Sídney, Reikiavik, Lisboa–, pero sobre todo en torno a Princeton. A
veces pasaba frente a gente que conocía, personas a las que me hubiese
gustado decirles "Hola", o evitarlas. La pizza en la ventana siempre estaba fresca, siempre quería comérmela. Quería abrir todos los libros del
estante que estaba afuera de la librería, pero siempre estaban cerrados.
(Tomé nota de que debía abrirlos el 4 del siguiente mes y así tener algo
que leer dentro del mapa.) Quería que el mundo estuviese más disponible para mí, más al alcance de la mano.

Me asombraba mi dominio del mapa, mi capacidad para explorar
lugares que fácilmente podría haber explorado en el mundo. Entre más
tiempo pasaba en el mapa, más pequeño se hacía el radio de mis viajes.
Si hubiera permanecido allí el tiempo suficiente imagino que habría podido pasar horas mirando a través de mi propia ventana, mirarme a mí
mismo mirando el mapa. La emoción o la calma provenían de mis con-
tinuos reencuentros con lo familiar, como un ciego que explora la escultura de su propio rostro con las manos.

Una noche, incapaz de dormir –era de día en el mapa, como siempre–, decidí revisar el progreso de los dormitorios río abajo. Nada es más
deprimente que las construcciones en el campus: lentas y sin sentido,
una manera de gastar un dinero que si no se gasta se pierde. Pero estábamos hablando de lo depresivo. La visita era parte de mi exilio dentro del
mapa en el interior de mi casa.

Mientras giraba el mundo para ver el tamaño de los andamios, algo
llamó mi atención: un hombre que miraba directamente hacia la cámara. Era aproximadamente de mi edad –quizás unos años más viejo– y

usaba una chaqueta usada y una gorra de los medias rojas de Boston. No había nada inusual en que alguien mirase hacia la cámara: mucha gente descubre el coche y no resiste la tentación de observarlo. Pero yo tenía la extraña sensación de que había visto a esa persona anteriormente. ¿Dónde? En ninguna parte, estaba seguro, y sin embargo también estaba seguro de que lo había visto en alguna parte. No era importante, y por eso importaba.

Me interné de vuelta en Nassau Street, caminé de un lado a otro, varias veces, y finalmente lo encontré, de pie afuera de un banco, mirando de nuevo directamente hacia la cámara. Tampoco había nada extraño en ello —simplemente podría haber caminado de un lugar a otro, y por casualidad se había vuelto a cruzar con el vehículo. Le di la vuelta al mundo a su alrededor, lo examiné desde todos los ángulos, lo aumenté y lo alejé, e incluso incliné el mundo para verlo mejor. ¿Sería un profesor? ¿Un lugareño? Lo que más me intrigaba era mi propia curiosidad hacia él. ¿Por qué me parecía conocida su cara?

Caminé a casa, lo cual se había convertido en un ritual: antes de cerrar el mapa, caminaba hasta mi puerta delantera. Hacerlo de cualquier otro modo me parecía disonante, como abandonar un avión antes de que aterrice. Crucé la avenida Hamilton, bajé por Snowden y, dando un gran paso cada vez, regresé a casa. Pero cuando estaba a unos metros de distancia, volví a verlo. Aguardaba de pie frente a mi casa. Me aproximé, acortando los pasos para que el mundo se deslizara hacia mí. Tenía algo entre las manos, aunque no pude ver qué era hasta que me acerqué a unos centímetros; era un gran pedazo de papel en el que estaba escrito: NO SE SALDRÁ CON LA SUYA.

Corrí hacia la puerta verdadera y la abrí. Él no se encontraba allí. Por supuesto que no.

Conforme la informática prescinda de los objetos y se adentre en nuestros cuerpos, el mapa también lo hará. Eso es lo que dicen por allí. Según la versión menos verosímil, usaremos unos anteojos en los que se proyectará el mapa. Con seguridad, el mapa terminará en lentes de contacto, o entrará directamente a nuestros ojos. Viviremos en el mapa, de manera literal. Será tan visualmente rico como el propio mundo: los árboles no sólo parecerán árboles, sino que se sentirán como árboles. Serán, al menos en lo que concierne a nuestras mentes, árboles. Y los árboles verdaderos, imitaciones.

Continuamente le incorporaremos nuestras experiencias, contribuyendo a la perpetua creación del mapa. No más vehículos: *nosotros* seremos los vehículos.

La información será incorporada al mapa como uno lo desee. Podríamos, al mirar un edificio, añadir imágenes históricas de él; podríamos ver cómo se superponían los ladrillos durante su construcción. Si añoramos la primavera, los retoños podrían florecer de inmediato. Cuando alguien se nos acercase, podríamos ver su nombre y su información vital. Quizá podríamos ver tráilers de nuestros encuentros más importantes con ellos. Quizá podríamos ver sus álbumes fotográficos, oír pequeñas grabaciones con sus voces a diferentes edades, oler su champú. Quizá podríamos tener acceso a sus pensamientos. Y quizás ellos podrían tener acceso a los nuestros.

El 4 del siguiente mes estaba de pie frente a mi puerta, esperando al vehículo, y esperándolo a él. Yo también sostenía un letrero: USTED NO ME CONOCE. El vehículo pasó y miré por los lentes con la confianza del inocente. Nunca llegó. ¿Qué habría hecho si hubiese llegado? No le tenía miedo. ¿Por qué no? Me daba miedo mi falta de miedo, lo que sugería una falta de cuidado. O tenía miedo de que sí me importase, de que en el fondo deseara que ocurriera algo malo.

Extrañaba a mi esposa. Me extrañaba a mí mismo.

Busqué imágenes de la chica. Allí estaba, posando sobre una rodilla con su equipo de la preparatoria de lacrosse. Allí estaba, en un bar en Praga, lanzándole un beso a la cámara —a mí, a la distancia de tres años y medio mundo. Allí estaba, sosteniéndose de una boya. Casi todas las fotos eran la misma foto, la misma que usaron los periódicos. Extraje su obituario, que no me había detenido a leer hasta entonces. No decía nada que no supiera. El penúltimo párrafo mencionaba a los familiares que le sobrevivieron. Busqué una imagen de su padre. Allí estaba.

Entré en el mapa. Lo busqué en Nassau y en el lugar de construcción donde lo vi por primera vez. Chequé en el departamento de inglés y en la cafetería donde yo solía leer. ¿Qué podría decirle? No tenía nada de que disculparme. Y sin embargo sentía pena por él.

Se estaba haciendo tarde. Siempre era mediodía. Me acerqué a mi casa, pero en lugar de verme a mí mismo sosteniendo el letrero, como debía ser, vi mi cuerpo tumbado en el suelo frente a la puerta.

Me dirigí hacia donde estaba yo. Era yo y no era yo. Era mi cuerpo, pero no era yo. Incliné el mundo. No había signos de ninguna pelea: ni sangre ni moretones. (Quizá la foto había sido tomada entre la golpiza y la aparición de los moretones.) No había manera de medir el pulso en el mapa, pero sin duda estaba muerto. Pero yo no podía estar muerto, porque me estaba viendo a mí mismo. No hay manera de estar vivo y muerto a la vez.

Me cargué a mí mismo y me volví a depositar en el suelo. Allí estaba yo todavía. Me elevé todo lo que pude en el espacio, hasta que la Tierra se veía como una canica llenando la pantalla de mi casa vacía. Me zambullí y todo se vino contra mí: América del Norte, Estados Unidos, la Costa Este, Nueva Jersey, el condado de Princeton, el pueblo de Princeton, mi calle, mi cuerpo.

Me dirigí a la Biblioteca Firestone para usar las computadoras públicas. No había estado en la biblioteca desde la investigación y jamás me pregunté si mi tarjeta aún seguía activada. Traté de abrir la puerta, pero no pude extender el brazo. Me di cuenta de que seguía en el mapa.

Dejé mi computadora y salí a la calle. Por supuesto, no encontré mi cuerpo tirado por ninguna parte. Desde luego que no. Cuando me dirigí a Firestone, extendí uno de mis brazos —necesitaba ver mi mano extendiéndose frente a mí— y abrí la puerta. Una vez adentro, deslicé mi tarjeta, pero una luz roja y una alarma surgieron del torniquete.

—¿Le puedo ayudar? —preguntó el guardia de seguridad.

—Soy profesor —le dije, al tiempo que le mostraba mi identificación.

—Déjeme intentar —tomó mi tarjeta y la deslizó de nuevo. Otra vez la luz roja y la alarma.

Iba a escribir mi número de identificación en su computadora, pero yo le dije:

—No se preocupe, está bien así. Gracias de todos modos.

Tomé mi tarjeta y abandoné el edificio.

Corrí a casa. Todos giraban a mi alrededor. Las hojas revoloteaban, como tenía que ser. Era casi perfecto, y sin embargo nada estaba bien. Todo estaba ligeramente fuera de lugar. Era un insulto, o una bendición, o quizá todo estaba bien y era yo quien estaba ligeramente fuera de lugar.

Regresé al mapa y examiné mi cuerpo. ¿Qué me había sucedido? Sentía muchas cosas, y no podría describir lo que estaba sintiendo. Me sentía muy triste por un extraño, y triste por mí mismo de un modo distante, como si me viera a través de los ojos de un extraño. Mi cerebro no me permitiría ser a la vez la persona que veía y la que era vista. Necesitaba salir de allí.

Pensé: debo tomar las píldoras que están en el botiquín. Tenía que tomarme una botella de vodka y salir de allí, como lo había hecho en el mapa. Debía tirarme sobre el pasto, de lado, y esperar. Dejar que me encontrasen. Haría feliz a todo el mundo.

Pensé: debería fingir mi suicidio, como hice en el mapa. Debería dejar abierta una botella de píldoras en la casa, al lado de mi laptop abierta con la imagen de mí mismo muerto en el patio. Debería vaciar una botella de vodka en el desagüe y dejarle a mi mujer un mensaje de voz. Y después debería largarme… a Venezuela, a Europa del Este, a la casa en la que mi padre vivió su infancia. Y, cuando el vehículo se acercase, correr por mi vida.

Pensé: debería dormir, como hago en el mapa. Después debería pensar en mi vida. Cuando era niño, mi padre solía decir que la única manera de deshacerse de una mosca incómoda es cerrando los ojos y contando hasta diez. Sólo que, cuando cierras los ojos, tú también desapareces.

SOBRE LOS AUTORES

MEGAN ABBOTT, que ha sido galardonada con el Edgar Award, es autora de seis novelas, entre las que se incluyen *Dare Me, The End of Everything* y *Bury Me Deep*. Sus relatos han aparecido en *Detroit Noir, Queens Noir, Phoenix Noir*, el *New York Times* y *Los Angeles Times Magazine*. Asimismo, es la autora de *The Streeet Was Mine: White Masculinity and Urban Space in Hardboiled Fiction and Film Noir*, y compiladora de *A Hell of a Woman*, una antología de escritoras de ficción sobre temas de criminalidad. Ha sido nominada a varios premios, entre los que se cuentan el Steel Dagger, el *Los Angeles Times* Book Prize y el Pushcart Prize.

LAWRENCE BLOCK, compilador de *Manhattan Noir* y de *Manhattan Noir 2: The Classics*, lleva medio siglo de escribir ficción de misterio y suspenso. Sus más recientes novelas son *Hit Me*, cuyo personaje principal es Keller, y *A Drop of the Hard Stuff*, donde el protagonista es Matthew Scudder, que será interpretado por Liam Neeson en la película *A Walk Among the Tombstones*. Ha escrito libretos de televisión (*Tilt*) y el guion de la película de Wong Kar-wai *My Blueberry Nights*. Es un hombre modesto y humilde, aunque su ficha biográfica no lo daría a pensar.

KATE BRAVERMAN (Filadelfia, 1950) es autora de cuatro novelas, entre las que destaca *Lithium for Medea*, y de cinco libros de poesía más dos recopilaciones de cuentos. Parte de su obra ha sido traducida a cinco idiomas. Su libro *Frantic Transmissions to and from Los Angeles: An Accidental Memoir* obtuvo el premio Graywolf en 2006.

La obra de JOSEPH BRUCHAC, como el relato incluido en esta antología, suele reflejar su ascendencia de indio abenaki y su profundo interés en la historia de la región de las montañas Adirondack, en el estado de Nueva York, donde nació y aún vive (en la casa donde lo criaron sus abuelos).

Las novelas más recientes de JEROME CHARYN son *The Secret Life of Emily Dickinson* (2010) y *Under the Eye of God* (2012), undécima de sus novelas de Isaac Sidel, que están siendo adaptadas para una serie animada de televisión. En la actualidad se dedica a escribir una novela sobre Abraham Lincoln y un estudio de Emily Dickinson.

LEE CHILD fue despedido de su trabajo, y mientras recibía su compensación de desempleado concibió la descabellada idea de escribir una novela best seller, con la cual salvó de la ruina a su familia. *Killing Floor* fue un éxito internacional. El héroe de la serie, Jack Reacher, además de ser ficticio, es un hombre de buen corazón que deja mucho tiempo libre a Child, lo cual permite al autor dedicarse a leer, escuchar música y prestar atención al equipo de beisbol de los Yankees. Puede visitarse su sitio www.leechild.com para obtener información sobre sus novelas, cuentos y la película *Jack Reacher*, con Tom Cruise en el papel principal.

MICHAEL CONNELLY es autor de veinticinco novelas best seller y un libro de ensayos. Con más de cuarenta y cinco millones de ejemplares vendidos de sus libros en todo el mundo, que han sido traducidos a treinta y seis idiomas, es uno de los escritores de mayor éxito en la actualidad. En 2002, Clint Eastwood dirigió y protagonizó la adaptación cinematográfica de su novela *Blood Work*. En marzo de 2011, la adaptación a la pantalla de su novela *The Lincoln Lawyer* se estrenó en salas cinematográficas de todo el mundo, con la actuación de Matthew McConaughey como Mickey Haller. Connelly divide su tiempo entre California y Florida.

JEFFERY DEAVER fue periodista, cantante folclórico y abogado, antes de convertirse en un autor de best sellers internacionales, cuyos títulos suelen ocupar los primeros lugares de ventas en listas de periódicos como el *New York Times*, el *Times* de Londres, el *Corriere de la Sera* de Italia, el *Sidney Morning Herald* y *Los Angeles Times*. Sus libros se encuentran a la venta en 150 países y se han traducido a veinticinco idiomas. Sus novelas más recientes son *XO*, un relato de suspenso de Kathryn Dance, para el cual compuso un álbum discográfico de canciones del género country-western, y *Carte Blanche*, la más nueva obra de su continuación de narraciones de James Bond.

Barbara DeMarco-Barret es la autora de *Pen on Fire: A Busy Woman's Guide to Igniting the Writer Within*. Ha trabajado como promotora de refacciones automotrices, panadera y terapeuta de intervención de crisis, entre otros oficios. Su obra no narrativa se ha publicado en *Orange Coast, Westways, Los Angeles Times, The Writer, Writer's Digest* y *Poets & Writers*. Imparte la asignatura "Cómo cablear la marcha del motor de la escritura" en el Taller de Escritores de Gotham, y conduce el programa de radio *Writers on Writing*, en KUCI-FM. Hay más información sobre ella en www.penonfire.com.

Elyssa East ha escrito un libro publicado por el *Boston Globe* que ha obtenido un gran éxito de ventas, *Dogtown: Death and Enchantment in a New England Ghost Town*. Como selección de Editor's Choice del *New York Times, Dogtown* fue distinguido con el Premio 2010 para Nueva Inglaterra del L. L. Winship/PEN, otorgado a prosa de no ficción, y fue calificada como "Libro de Lectura Indispensable" por la organización Book Awards del estado de Massachusetts. Los ensayos y reseñas de East se han publicado en la prensa de circulación nacional de diversas ciudades de los Estados Unidos, incluyendo el *New York Times*, el *San Francisco Chronicle*, el *Boston Globe*, el *Kansas City Star* y muchas otras publicaciones.

Maggie Estep lleva siete libros publicados y ha grabado dos álbumes de palabra hablada. Se ha desempeñado profesionalmente como caballerango y bailarina a go-go, y es defensora de los perros pit bull. Los libros de Estep se han traducido a cuatro idiomas, se han negociado los derechos respectivos para cine, y a menudo son robados de las bibliotecas públicas. En la actualidad se dedica a trabajar en dos libros nuevos y un programa de televisión. El cuento incluido en el presente volumen fue transformado en una novela con el mismo nombre: *Alice Fantastic*. Vive en Hudson, Nueva York.

JONATHAN SAFRAN FOER es autor de dos novelas que han sido premiadas y se convirtieron en best sellers: *Everything Is Illuminated* y *Extremely Loud and Incredibly Close*, así como de dos libros de ensayo, *Eating Animals* y *The New American Haggadah*. Sus libros se han publicado en más de treinta idiomas; fue incluido en el número de la revista *Granta* dedicado a "Los mejores novelistas jóvenes estadunidenses", así como en la lista "20 under 40" de la revista *The New Yorker*, que selecciona a los mejores escritores jóvenes de Estados Unidos.

J. MALCOM GARCIA ha escrito los libros *The Khaarijee: A Chronicle of Friendship and War in Kabul* y *Riding through Katrina with the Red Baron's Ghost*. Sus artículos han aparecido en *Best American Travel Writing* y *Best American Nonrequired Reading*.

JAMES W. HALL es autor de cuatro libros de poesía, una colección de cuentos, una colección de ensayos y diecisiete novelas. Su obra más reciente es *Hit List*, un estudio de los doce best sellers de mayor éxito del siglo veinte y las características que tienen en común. Fue profesor Fulbright de literatura en España, y durante veinte años ha impartido cátedras de literatura y escritura en la Universidad Internacional de Florida. Ha sido ganador de los premios Edgar y Shamus. Él y su esposa Evelyn, junto con sus tres perros, dividen su tiempo entre el sur de Florida y las montañas de la parte occidental de Carolina del Norte.

PETE HAMILL es un experimentado periodista y novelista. Ha escrito diecisiete libros, entre ellos el best seller *A Drinking Life* y una nueva colección de relatos, *The Christmas Kid*. Entre sus nueve novelas figuran tres best sellers de las listas del *New York Times*: *Snow in August*, *Tabloid City* y *Forever*. Ha sido reportero de guerra en Vietnam, Nicaragua, Líbano e Irlanda del Norte, y también en los disturbios de ciudades norteamericanas de los años sesenta. Además de llevar muchos años como columnista, se ha desempeñado como editor en jefe del *New York Post* y el *New York Daily News*. Divide su tiempo entre Nueva York y Cuernavaca, México.

KAREN KARBO es autora de tres novelas que han sido destacadas en la lista de "Libros notables del año" del *New York Times* Notable Books of the Year. *The Stuff of Life*, su recuento del último año que pasó con su padre antes de que muriera, ganó el Oregon Book Award. Ha publicado cuentos, ensayos, artículos y reseñas en *Elle, Vogue, Esquire, Outside, O, More, New Republic*, el *New York Times, Salon* y otras publicaciones. Es conocida por su serie de biografías Kick Ass Women, cuyo volumen más reciente es *Julia Child Rules*, publicado en 2013.

BHARTI KIRCHNER es autora de nueve libros: cinco novelas aclamadas por la crítica y cuatro libros de cocina. Su novela más reciente es *Tulip Season: A Mitra Basu Mystery*. Ha publicado sus ensayos en diez antologías, y le han sido otorgados numerosos premios, entre ellos una beca VCCA (Virginia Center for the Creative Arts) y dos becas de literatura de la Comisión para las Artes de Seattle.

WILLIAM KENT KRUEGER ha escrito la serie de narraciones de misterio de Cork O'Connor, incluida entre los best sellers del *New York Times*, que tiene lugar en los bosques del norte de Minnesota. Su obra ha recibido premios que incluyen el Minnesota Book Award, el Loft-McKnight Fiction Award, el Anthony Award, el Barry Award y el Friends of American Writers Literary Award. Escribe toda su obra en un café de St. Paul cuya identidad prefiere mantener secreta.

DENNIS LEHANE es el autor de los libros de misterio de Patrick Kenzie y Angela Gennaro (*A Drink before the War*; *Darkness, Take My Hand*; *Sacred*; *Gone, Baby, Gone*; *Prayers for Rain*, y *Moonlight Mile*), además de *Coronado* (cinco cuentos y una obra de teatro) y las novelas *Mystic River, Shutter Island, The Given Day* y *Live by Night*. Tres de sus novelas han sido adaptadas a películas que han ganado premios. Editó la antología *Boston Noir*, que llegó a las listas de best sellers, y coeditó *Boston Noir 2: The Classics*, para Akashic Books.

LAURA LIPPMAN ha publicado dieciocho novelas, una novela corta y un volumen de cuentos. Además, compiló el libro *Baltimore Noir* para Akashic Books. Su obra ha recibido nominaciones para prácticamente todos los premios de escritura de misterio de Norteamérica, y ha ganado la mayoría de ellos, incluyendo los premios Edgar, Anthony, Quill, Nero Wolfe y Agatha. Lippman vive en Baltimore y Nueva Orleans.

Tim McLoughlin es el editor de *Brooklyn Noir* y los volúmenes que lo acompañan. Su primera novela, *Heart of the Old Country*, sirvió de base para el guion de la película *The Narrows*, protagonizada por Vincent D'Onofrio. Sus libros se han traducido a siete idiomas, y sus textos se han publicado en *New York Quarterly*, el *Huffington Post* y *Best American Short Stories*. Nació y creció en Brooklyn, donde todavía reside.

Joyce Carol Oates, compiladora de *New Jersey Noir* para Akashic Books, es autora de obras de ficción, ensayo y poesía, entre las que se incluyen las novelas *Mudwoman, Little Bird of Heaven* y *Blonde*. Entre sus libros de cuentos figuran los títulos *High Lonesome: New and Selected Short Stories 1966-2006, Black Dahlia & White Rose* y *The Corn Maiden*. Le fue otorgada la medalla presidencial National Humanities de 2011, y en 2012 el conjunto de su obra fue distinguido con el Normal Mailer Prize for Lifetime Achievement y con el PEN Center USA Award for Lifetime Achievement.

John O'Brien nació en 1960 y se crio en el área de Cleveland. Él y su esposa Lisa, casados durante trece años, contrajeron matrimonio en 1979 y terminaron por establecerse en Los Ángeles. En 1990 O'Brien publicó la primera de sus novelas que obtuvo reconocimiento crítico, *Leaving Las Vegas*. Murió en abril de 1994, a consecuencias de una herida de bala infligida por él mismo, unas cuantas semanas después de firmar el contrato de venta de los derechos para la adaptación al cine de *Leaving Las Vegas*. Entre sus obras de publicación póstuma figuran *The Assault on Tony's, Stripper Lessons* y *Better*.

T. Jefferson Parker nació en Los Ángeles y ha vivido siempre en el sur de California. Es autor de diecinueve novelas de misterio, incuidas *Silent Joe* y *California Girl*, merecedoras del Edgar Award. Su primer libro, *Laguna Heat*, fue adaptado como largometraje para HBO. Su novela más reciente es *The Famous and the Dead*. Vive con su familia en el condado de San Diego.

George Pelecanos es autor de diecinueve novelas que transcurren en Washington D.C. y sus alrededores. Trabajó como escritor y productor en las producciones de HBO *The Wire, The Pacific* y, la más reciente,

Treme. Fue compilador para Akashic Books de los volúmenes *DC Noir* y *DC Noir 2: The Classics*.

La obra de PIR ROTHENBERG se ha publicado en *Another Chicago Magazine, Dossier Journal, Harpur Palate, Juked, Makeout Creek, Overtime, Prick of the Spindle, Richmond Noir, River Styx* y *Zahir*. En la actualidad se dedica a preparar su doctorado en la Universidad Estatal de Georgia.

S. J. ROZAN, que nació y se crio en el Bronx, es la autora galardonada de trece novelas y tres docenas de cuentos, y ha editado dos antologías, una de ellas para Akashic Books, *Bronx Noir*.

LISA SANDLIN nació en el pueblo petrolero de Beaumont, Texas, en la costa del Golfo. Ha escrito los libros *The Famous Thing About Death, Message to the Nurse of Dreams, In the River Province* y *You Who Make the Sky Bend*, una colaboración con la santera de Nuevo México Catherine Ferguson. También fue coeditora de *Times of Sorrow, Times of Grace*. Su obra ha recibido numerosos premios, entre los que se incluyen un Pushcart Prize y el Best Book of Fiction del Instituto de Letras de Texas. "El primer caso de Phelan", que se incluye en el presente volumen, fue finalista del premio Shamus en 2011.

JULIE SMITH ha escrito más de veinte novelas de misterio, la mayoría de ellas situadas en Nueva Orleans, y protagonizadas por uno u otro de sus dos héroes detectives, el policía Skip Langdon y la investigadora privada Talba Wallis. Es la compiladora del libro de Akashic Books *New Orleans Noir*. Su libro *New Orleans Mourning* recibió el Edgar Award de mejor novela. Su curso sobre escribir novelas, *Writing Your Way*, ha sido publicado en forma de *e-book*. Su sitio de publicaciones digitales se encuentra en www.booksBnimble.com.

DOMENIC STANSBERRRY es un novelista premiado que se ha dado a conocer mediante sus novelas oscuras e innovadoras sobre temas de crimen. Su serie de misterio de North Beach ha sido elogiada en el *New York Times* y otras publicaciones por su retrato minucioso de las subculturas étnicas y políticas de San Francisco. Una de sus primeras novelas, *The Confession*, recibió un Edgar Award por su controvertido retrato de un psicólogo del condado de Marin acusado de asesinar a su amante.

Johnny Temple es director y editor en jefe de Akashic Books, una editorial independiente radicada en Brooklyn que ha recibido varios premios. Obtuvo el Ellery Queen Award en 2013, conferido por Mystery Writers of America; en 2005, el Miriam Bass Award for Creativity in Independent Publishing, de la American Association of Publishers, y en 2010 el Jay and Dean Kogan Award for Excellence in Noir Literature. Ha colaborado con artículos y ensayos sobre política en varias publicaciones, incluyendo *The Nation, Publishers Weekly, AlterNet, Poets & Writers* y *Bookforum*. Vive en Brooklyn.

Luis Alberto Urrea, finalista del premio Pulitzer y ganador del Edgar Award por su cuento "Amapola" (incluido en el presente volumen), es autor de catorce libros que han alcanzado primeros lugares en ventas, entre los que se incluyen *Queen of America, Into the Beautiful North, The Hummingbird's Daughter* y *The Devil's Highway*. Ha sido honrado con un American Book Award, el Kiriyama Pacific Rim Prize, un Lannan Literary Award y la membresía en el Latino Literary Hall of Fame. Urrea vive con su familia en Naperville, Illinois, donde es profesor distinguido de escritura creativa en la Universidad de Illinois-Chicago.

Don Winslow es autor de más de una docena de novelas, entre las que se cuentan *Savages, The Power of the Dog, The Kings of Cool, California Fire and Life, The Winter of Frankie Machine* y *Satori*, que están incluidas entre los grandes éxitos de ventas por el *New York Times*. La novela *Savages* fue adaptada al cine y producida para Universal Pictures por el ganador de tres premios Oscar, Oliver Stone. La labor literaria de Winslow ha recibido numerosos premios, entre los que figura el prestigioso Raymond Chandler Award como uno de los más importantes escritores de la literatura estadunidense.

PREMIOS, HONORES Y NOMINACIONES DE LA SERIE NOIR DE AKASHIC BOOKS

He aquí una lista de los premios, honores y nominaciones que, hasta ahora, han recibido los cuentos incluidos en las antologías de la serie Akashic Noir.

Boston Noir

FINALISTAS DEL EDGAR AWARD 2010
Dennis Lehane, "Rescate animal"
Dana Cameron, "Femme Sole"

INCLUIDOS EN *THE BEST AMERICAN MYSTERY STORIES 2010*
John Dufresne, "The Cross-Eyed Bear"
Dennis Lehane, "Rescate animal"

FINALISTA DEL SHAMUS AWARD 2010
Brendan DuBois, "The Dark Island"

FINALISTAS DEL ANTHONY AWARD 2010
Dennis Lehane, "Rescate animal"
Dana Cameron, "Femme Sole"

FINALISTA DEL MACAVITY AWARD 2010
Dana Cameron, "Femme Sole"

FINALISTA DEL AGATHA AWARD 2009
Dana Cameron, "Femme Sole"

Bronx Noir

GANADOR DEL NEW ATLANTIC INDEPENDENT BOOKSELLERS ASSOCIATION BOOK OF THE YEAR AWARD, CATEGORÍA ESPECIAL 2008

INCLUIDO EN *THE BEST AMERICAN MYSTERY STORIES 2008*
S.J. Rozan, "Hothouse"

Brooklyn Noir

    Finalista del Edgar Award 2005

        Pete Hamill, "La firma de libros"

    Ganador del Robert L. Fish Memorial Award 2005

        Thomas Morrissey, "Can't Catch Me"

    Ganador del Shamus Award 2005

        Pearl Abraham, "Hasidic Noir"

    Incluidos en *The Best American Mystery Stories 2005*

        Tim McLoughlin, "Cuando esto era Bay Ridge"

        Lou Manfredo, "Case Closed"

    Finalista del Anthony Award 2005

        Arthur Nersesian, "Hunter/Trapper"

    Finalista del Pushcart Prize 2005

        Ellen Miller, "Practicing"

DC Noir

    Incluido en *The Best American Mystery Stories 2005*

        Robert Andrews, "Solomon's Alley"

Detroit Noir

    Finalista del Shamus Award 2008

        Loren D. Estleman, "Kill the Cat"

Kansas City Noir

    Incluido en *The Best American Mystery Stories 2013*

        Nancy Pickard, "Lightbulb"

Las Vegas Noir

    Incluidos en *The Best American Mystery Stories 2009*

        David Corbett, "Pretty Little Parasite"

        Vu Tran, "This or Any Desert"

Lone Star Noir

    Finalista del Shamus Award 2011

        Lisa Sandlin, "El primer caso de Phelan"

    Incluido en *The Best American Mystery Stories 2011*

        David Corbett y Luis Alberto Urrea, "Who Stole My Monkey?"

Long Island Noir

INCLUIDO EN *THE BEST AMERICAN MYSTERY STORIES 2013*
Nick Mamatas, "The Shiny Car in the Night"

Los Angeles Noir

GANADOR DEL SOUTHERN CALIFORNIA INDEPENDENT
BOOKSELLERS ASSOCIATION AWARD 2007
GANADOR DEL EDGAR AWARD 2008
Susan Straight, "The Golden Gopher"
INCLUIDOS EN *THE BEST AMERICAN MYSTERY STORIES 2013*
Michael Connelly, "Mulholland Dive"
Robert Ferrigno, "The Hour When the Ship Comes In"

Manhattan Noir

FINALISTAS DEL EDGAR AWARD 2007
S.J. Rozan, "Building"
Thomas H. Cook, "Rain"
INCLUIDO EN *THE BEST AMERICAN MYSTERY STORIES 2007*
Robert Knightly, "Take the Man's Pay"

Miami Noir

INCLUIDO EN *THE BEST AMERICAN MYSTERY STORIES 2007*
John Bond, "T-bird"

New Jersey Noir

INCLUIDO EN *THE BEST AMERICAN MYSTERY STORIES 2012*
Lou Manfredo, "Soul Anatomy"

New Orleans Noir

FINALISTA DEL SHAMUS AWARD 2008
James Nolan, "Open Mike"

Paris Noir

FINALISTA DEL EDGAR AWARD 2009
Dominique Mainard, "La Vie en Rose"

Philadelphia Noir

FINALISTA DEL MACAVITY AWARD 2011
Keith Gilman, "Devil's Pocket"

Phoenix Noir

GANADOR DEL EDGAR AWARD 2010
Luis Alberto Urrea, "Amapola"
FINALISTA DEL ANTHONY AWARD 2010
Luis Alberto Urrea, "Amapola"
FINALISTA DEL MACAVITY AWARD 2010
Luis Alberto Urrea, "Amapola"
FINALISTA DEL SHAMUS AWARD 2010
Gary Phillips, "Blazin' on Broadway"

Queens Noir

GANADOR DEL ROBERT L. FISH MEMORIAL AWARD 2009
Joe Guglielmelli, "Buckner's Error"

San Diego Noir

FINALISTA DEL SOUTHERN CALIFORNIA INDEPENDENT
BOOKSELLERS ASSOCIATION AWARD 2011
INCLUIDO EN *THE BEST AMERICAN MYSTERY STORIES 2012*
T. Jefferson Parker, "Vic Primeval"

San Francisco Noir

FINALISTA DEL MACAVITY AWARD 2006
David Corbett, "It Can Happen"

Staten Island Noir

GANADOR DEL ROBERT L. FISH MEMORIAL AWARD 2013
Patricia Smith, "When They Are Done with Us"
INCLUIDO EN *THE BEST AMERICAN MYSTERY STORIES 2013*
Patricia Smith, "When They Are Done with Us"

Toronto Noir

GANADOR DEL ARTHUR ELLIS AWARD 2009

Pasha Malla, "Filmsong"

FINALISTA DEL ARTHUR ELLIS AWARD 2009

Peter Robinson, "Walking the Dog"

Twin Cities Noir

FINALISTA DEL SHAMUS AWARD 2007

Bruce Rubenstein, "Smoke Got in My Eyes"

Venice Noir

INCLUIDO EN *THE BEST AMERICAN MYSTERY STORIES 2013*

Emily St. John Mandel, "Drifter"

Wall Street Noir

FINALISTA DEL DERRINGER AWARD 2008

Twist Phelan, "A Trader's Lot"

INCLUIDO EN *THE BEST AMERICAN MYSTERY STORIES 2008*

Stephen Rhodes, "At the Top of His Game"

SOBRE LOS TRADUCTORES

Orfa Alarcón (Linares, 1979) ha publicado las novelas *Perra brava* (Planeta, 2010) y *Bitch Doll* (Ediciones B, 2013). Es egresada de la Facultad de Filosofía y Letras, UANL. Ha sido becaria del Fonca en dos ocasiones y finalista del Primer Premio Iberoamericano de Narrativa Las Américas. Sus textos aparecen en diversas antologías y revistas. Actualmente es la directora editorial de MiaUtopía y editora en 27 Editores.

Geney Beltrán Félix (Culiacán, 1976) es editor, traductor, ensayista, crítico y narrador. Ha publicado *Cartas ajenas* (novela, 2011), *Habla de lo que sabes* (relatos, 2009) y *El sueño no es un refugio sino un arma* (ensayos, 2009). Este año publicó su segunda novela: *Cualquier cadáver* (Cal y Arena, 2014).

Luis Jorge Boone (Monclova, 1977) publicó la novela *Las afueras* (Era, 2011) y los libros de cuento *La noche caníbal* (FCE, 2008) y *Largas filas de gente rara* (FCE, 2012). Parte de su obra está traducida al inglés. Entre otros, ha recibido los premios nacionales de Cuento Inés Arredondo 2005 y de Literatura Gilberto Owen 2013, en la rama de poesía. Es miembro del Sistema Nacional de Creadores de Arte.

Raquel Castro (ciudad de México, 1976) es autora de las novelas *Ojos llenos de sombra* (2012, Premio Gran Angular) y *Lejos de casa* (2013). Ganó en dos ocasiones el Premio Nacional de Periodismo por su trabajo en el programa *Diálogos en confianza* de Canal 11. Más en: www.raxxie.com

Alberto Chimal (Toluca, 1970) es autor de las novelas *La torre y el jardín* (Océano, 2012, finalista del Premio Rómulo Gallegos 2013) y *Los esclavos* (2009), y de los libros de cuento *Grey* (Era, 2006) y *Éstos son los días* (Era, 2004, Premio Nacional de Cuento). Más en: www.lashistorias.com.mx

Augusto Cruz (Tampico, 1971) ha cursado talleres de guion cinematográfico en México y UCLA. Es colaborador de *Etiqueta Negra* y *La Nave*. Ha obtenido premios y becas por parte del Cigcite, del Instituto Tamaulipeco para la Cultura y las Artes, y del Centro de las Artes de Oaxaca. Su primera novela, *Londres después de medianoche* (Océano, 2012) se traduce al francés, holandés y alemán.

Yussel Dardón (Puebla, 1982) es autor de *Maquetas del universo* y *Motel Bates* (Premio Nacional de Cuento Breve Julio Torri 2012). Fue antologado en *Three Messages and a Warning. Contemporary Mexican Stories of the Fantastic* (Small Beer Press) y *Lados B. Narrativa de alto riesgo* (Nitro/Press), así como en el proyecto bilingüe *Palabras errantes*. Actualmente es colaborador de diversos proyectos periodísticos. Más en: @ ydardon

Álvaro Enrigue (ciudad de México, 1969) es autor de *La muerte de un instalador* (Premio de Novela Joaquín Mortiz), *Hipotermia*, *Vidas perpendiculares* y *Muerte súbita*, con la cual ganó el 31º Premio Herralde de Novela. También ha publicado el ensayo *Valiente clase media*. Vive en Nueva York.

Daniel Espartaco (Chihuahua, 1977) es autor, entre otros libros, de la colección de historias *Cosmonauta* (FETA, 2011) y las novelas *Bisontes* (Nitro/Press, 2013) y *Autos usados* (2012), ganadora esta última del Premio Bellas Artes Colima para Obra Publicada 2013. Tiene una bitácora semanal, *Cuaderno Underdog*, en la revista *Letras Libres*.

Bernardo Fernández, *Bef* (ciudad de México, 1972) es un tipo que dibuja cómics y escribe libros para niños y novelas para adultos. Entre los primeros se encuentran *Soy el robot* y *Vacaciones en Marte*; entre las segundas, *Ojos de lagarto*, *Gel azul*, *Ladrón de sueños*, *Tiempo de alacranes*

(Premio Nacional de Novela Negra Otra Vuelta de Tuerca) y *Hielo negro* (Premio Grijalbo de Novela 2011).

Luis Carlos Fuentes (San Luis Potosí, 1978) ha ganado los premios Manuel José Othón de Literatura de San Luis Potosí y el Premio al Largometraje de Terror de Imcine. Ha publicado dos libros de cuentos: *Palma de Negro* y *Mi corazón es la piedra donde afilas tu cuchillo* (Ediciones Era). Es guionista en algunas series de televisión de Canal 11 e imparte clases de guion cinematográfico en el Centro Nacional de las Artes de San Luis Potosí.

Iris García Cuevas (Acapulco, 1977) es periodista, narradora y dramaturga. Ha publicado el libro de cuentos *Ojos que no ven, corazón desierto* (feta, 2009) y la novela *36 toneladas* (Ediciones B, 2011). Más en: www.irisgarciacuevas.blogspot.mx

Julián Herbert (Acapulco, 1971) ha publicado poesía (*El nombre de esta casa*, 1999; *La resistencia*, 2003; *Kubla Khan*, 2005; *Pastilla Camaleón*, 2019), novelas (*Un mundo infiel*, 2004; *Canción de tumba*, 2010), cuentos (*Cocaína, manual de usuario*, 2006) y ensayos (*Caníbal. Apuntes sobre poesía mexicana reciente*, 2010). Obtuvo el Premio Nacional de Literatura Gilberto Owen (2003), la Presea Manuel Acuña (2004), el Premio Nacional de Cuento Juan José Arreola (2006), el Premio Nacional de Cuento Agustín Yáñez (2008), el Premio Jaén de Novela de España (2010) y el Premio Iberoamericano de Novela Elena Poniatowska (2012). Sus libros han sido traducidos al francés, inglés, portugués, alemán, catalán y árabe.

Yuri Herrera (Actopan, 1970) ha publicado cuentos, artículos, crónicas y ensayos en periódicos y revistas de Estados Unidos, Latinoamérica y España, así como en numerosas antologías. Fue editor y fundador de la revista literaria *el perro*. Doctor en Lengua y Literatura Hispánicas por la Universidad de California (Berkeley), actualmente imparte clases en la Universidad de Tulane (Nueva Orleans). En Editorial Periférica ha publicado las novelas *Trabajos del reino* (2008, Premio Binacional de Novela Border of Words y Premio Otras Voces, Otros Ámbitos a la mejor novela en castellano de ese año), *Señales que precederán al fin del mundo* (2009) y *La transmigración de los cuerpos* (2013).

DANIEL KRAUZE (ciudad de México, 1982) estudió la carrera de Comunicación en la Universidad Iberoamericana y la maestría en Escritura Dramática en NYU. Es autor de *Cuervos* (2007), *Fiebre* (2010) y *Fallas de origen* (2012).

RAFAEL LEMUS (ciudad de México, 1977) es autor de la colección de cuentos *Informe* (Tusquets, 2008) y del ensayo *Contra la vida activa* (2009). Fundó la revista *Cuaderno Salmón* (2006-2008) y fue secretario de redacción de *Letras Libres* (2008-2010). Sus ensayos de crítica cultural han sido publicados en diversos diarios y revistas de América Latina y España y recogidos en una decena de libros colectivos. Actualmente estudia el doctorado en Literatura Hispanoamericana en The Graduate Center, CUNY. Vive en Nueva York.

GILMA LUQUE (ciudad de México, 1977) tiene estudios en Filosofía y Creación Literaria. Ha sido becada por el Fonca en los periodos 2006-2007 y 2009-2010. Obtuvo la beca de Residencias Artísticas en 2014. Ha publicado las novelas *Hombre de poca fe* (2010) y *Mar de la memoria* (2013).

ALAIN-PAUL MALLARD (ciudad de México, 1970) es escritor, cineasta, fotógrafo, viajero, coleccionista y dibujante. Ha publicado los libros *Evocación de Matthias Stimmberg, André Pieyre de Mandiargues: pages mexicaines* y *El don de errar*. Entre su obra cinematográfica destacan las películas *Evidencias (ese obscuro deseo del objeto)* y *La adopción*. Ha enseñado la escritura y la dirección de cine documental en distintos puntos del continente africano. Tras dieciocho años de vida en París, reside hoy en la ciudad de Barcelona: mallardalain@gmail.com

ANA MARIMÓN DRIBEN (Córdoba, Argentina, 1976) estudió la licenciatura en Literatura Inglesa por la Universidad Nacional Autónoma de México. Ha hecho investigación, periodismo literario, trabajo editorial y crítica en diversas publicaciones nacionales, entre otras: *Sábado, Hoja por Hoja, Cambio, Milenio* y *La Crónica Semanal*. Ha obtenido diversas becas, entre ellas la de Jóvenes Creadores del Fonca (2004). Con el libro *Lowry y la máquina infernal* obtuvo el Premio Nacional de Ensayo Literario Malcolm Lowry 2004.

FERNANDA MELCHOR (Veracruz, 1982) es autora del libro de crónicas *Aquí no es Miami* (2013) y de la novela *Falsa liebre* (Almadía, 2013). Sus crónicas y relatos se han publicado en medios como *Milenio Semanal, Replicante, Vice México* y *Letras Libres*. En 2007 ganó la primera emisión del *virtuality* literario *Caza de letras*, convocado por la UNAM, y en 2011 el Premio Nacional de Periodismo "Dolores Guerrero" por la crónica *Veracruz se escribe con Z*. Más en: @LynnusTanner

JAIME MESA (Puebla, 1977) es autor del libro de cuentos *(re)Colección* y de las novelas *Rabia* (Alfaguara, 2011) y *Los predilectos* (Alfaguara, 2013). Es responsable del área de Ediciones del Consejo Estatal para la Cultura y las Artes de Puebla. Más en: @jmesa77

DAVID MIKLOS (San Antonio, Texas, 1970) creció en la ciudad de México, donde ahora reside. Miembro del Sistema Nacional de Creadores de Arte, creó y dirigió la revista *Cuaderno Salmón* y es autor de los libros de relatos *La vida triestina* (2010) y *El abrazo de Cthulhu* (2013), así como de las novelas *La piel muerta* (2005), *La gente extraña* (2006), *La hermana falsa* (2008), *Brama* (2012), *No tendrás rostro* (2013) y *Dorada* (2014), todos en Tusquets.

GUADALUPE NETTEL (ciudad de México, 1973) es doctora en Ciencias del Lenguaje por la EHESS de París. Ha publicado cuatro libros de cuentos: *Juegos de artificio, Les Jours fossiles, Pétalos y otras historias incómodas* y *El matrimonio de los peces rojos*, y dos novelas: *El huésped* (finalista del Premio Herralde) y *El cuerpo en que nací*. Ha sido traducida al inglés, francés, holandés, alemán, portugués, italiano y sueco, entre otras lenguas. Ha obtenido el Premio Nacional de Cuento Gilberto Owen, el Prix Radio France International para países no francófonos, el Premio Antonin Artaud, el Premio Anna Seghers y el Premio Internacional Ribera del Duero. Colabora regularmente con diversas revistas literarias de España, Francia, Canadá y América Latina, y vive en la ciudad de México.

L. M. OLIVEIRA (ciudad de México) escribe novelas (*Bloody Mary*, 2011, y *Resaca*, 2014, ambas en Random House Mondadori) y ensayos (*La fragilidad del campamento*, 2013, Almadía). Además es investigador del CIALC de la UNAM.

Ignacio Padilla (ciudad de México, 1968) es maestro en Letras Inglesas por la Universidad de Edimburgo y doctor en Filología por la Universidad de Salamanca. Su obra ha sido traducida a más de veinte idiomas y le ha granjeado numerosos reconocimientos y premios, entre ellos el Juan Rulfo de Cuento y el Gilberto Owen. Entre sus libros destacan *Las fauces del abismo* (Océano, 2014) y *La gruta del Toscano*. Es miembro del SNCA y de la Academia Mexicana de la Lengua.

Abril Posas (Guadalajara, 1982) estudió Letras Hispánicas en la Universidad de Guadalajara. Ha sido becaria de la Fundación para las Letras Mexicanas (2003-2004) y reportera de *Milenio Jalisco*. Uno de sus relatos más recientes fue publicado en la antología de cuento Punto de Partida *Moscas, niñas y otros muertos*.

Jorge Rangel (Región Carbonífera de Coahuila, 1985) es músico y artista multimedia. Ha sido columnista musical, promotor cultural independiente y coordinador de un taller literario. Tiene una banda de electrofunk llamada Los Decadentes de Linares.

Juan José Rodríguez (Mazatlán, 1970) es autor de las novelas *Asesinato en una lavandería china*, *El gran invento del siglo XX* y *La novia de Houdini* (Océano, 2014). Ejerce el periodismo desde hace más de 25 años. Recientemente se estrenó la película *Reencarnación*, basada en su novela *Sangre de familia*.

César Silva Márquez (Ciudad Juárez, 1974) es autor de las novelas *Los cuervos* (2006), *Una isla sin mar* (2009) y *Juárez Whiskey* (2013), así como de los poemarios *ABCdario* (2000 y 2006), *Si fueras en mi sangre un baile de botellas* (2005) y *El caso de la orquídea dorada* (2009), entre otros. Ha recibido los premios Binacional de Novela Joven Frontera de Palabras/Border of Words 2005, Estatal de Ciencias y Artes Chihuahua 2010, Nacional de Cuento INBA San Luis Potosí 2011 y Nacional de Novela INBA José Rubén Romero 2013.

Miguel Tapia Alcaraz (Culiacán, 1972) ha publicado obra narrativa y traducciones del francés y el inglés en antologías y revistas como Punto de Partida, Literal y otros. Publicó el libro de cuentos *Señor de Señores y*

Los Caimanes (Almadía, 2010). En 2009 fue incluido en la antología de cuentistas mexicanos *Des nouvelles du Mexique* de Éditions Métailié. Se ha desempeñado como periodista en México, Barcelona y París. En la actualidad trabaja como profesor adjunto en la Université Sorbonne Nouvelle de París.

MAGALI VELASCO (Xalapa, 1975), narradora y ensayista, es autora de los libros de cuentos *Vientos machos* (2004) y *Tordos sobre lilas* (2009), y del ensayo *El cuento: la casa de lo fantástico* (2007). Recibió en 2003 el Premio Internacional Jóvenes Americanistas por ensayo y el Premio Nacional de Cuento Juan José Arreola en 2004. Es docente en la Universidad Veracruzana y coordinadora general de la Feria Internacional del Libro Universitario.

CARLOS VELÁZQUEZ (Torreón, 1978) es autor de los libros de cuentos *La marrana negra de la literatura rosa* (2010) y *La biblia vaquera* (2011), y del libro de crónicas *El karma de vivir al norte* (2013, Premio Nacional de Testimonio INBA Carlos Montemayor y finalista del Premio Rodolfo Walsh), todos en Sexto Piso. Ha sido antologado en *Un nuevo modo. Antología de narrativa mexicana actual* (2012).

JUAN PABLO VILLALOBOS (Guadalajara, 1973) es autor de *Fiesta en la madriguera, Si viviéramos en un lugar normal* y *Te vendo un perro*, los tres en Anagrama. Ha publicado cuento, crónica, crítica literaria y cinematográfica. Es traductor de literatura brasileña y anglosajona.

JORGE VOLPI (ciudad de México, 1968) es autor de las novelas *La paz de los sepulcros, El temperamento melancólico, El jardín devastado, Oscuro bosque oscuro, En busca de Klingsor* (Premio Biblioteca Breve y Deux-Océans-Grinzane Cavour), *El fin de la locura, No será la Tierra, Días de ira* y *Memorial del engaño*. También ha escrito los ensayos *La imaginación y el poder. Una historia intelectual de 1968, La guerra y las palabras. Una historia intelectual de 1994* y *Leer la mente. El cerebro y el arte de la ficción*. Con *Mentiras contagiosas* obtuvo el Premio Mazatlán al mejor libro del año en 2008. En 2009 le fueron concedidos el II Premio de Ensayo Debate-Casamérica por su libro *El insomnio de Bolívar. Consideraciones intempestivas sobre América Latina a principios del siglo*

XXI y el Premio Iberoamericano José Donoso, de Chile, por el conjunto de su obra. Ha sido becario de la Fundación J. S. Guggenheim, fue nombrado caballero de la Orden de Artes y Letras de Francia y en 2011 recibió la Orden de Isabel la Católica en grado de Cruz Oficial. Sus libros han sido traducidos a más de veinticinco lenguas.

CONTENIDO

"Rescate animal" (Animal Rescue), de Dennis Lehane, publicado en *Boston Noir*, traducción de Orfa Alarcón.

"El informante encubierto" (The Confidential Informant), de George Pelecanos, publicado en *DC Noir*, traducción de Jaime Mesa.

"La firma de libros" (The Book Signing), de Pete Hamill, publicado en *Brooklyn Noir*, traducción de David Miklos.

"Corre y besa a Papá" (Run Kiss Daddy), de Joyce Carol Oates, publicado en *New Jersey Noir*, traducción de Yuri Herrera.

"Escoria" (White Trash), de Jerome Charyn, publicado en *Bronx Noir*, traducción de Juan Pablo Villalobos.

"Fantástica Alicia" (Alice Fantastic), de Maggie Estep, publicado en *Queens Noir*, traducción de Guadalupe Nettel y Ana Marimón.

"Cuando esto era Bay Ridge" (When All This Was Bay Ridge), de Tim McLoughlin, publicado en *Brooklyn Noir*, traducción de Alain-Paul Mallard.

"Loco por ti" (Crazy for You), de Barbara DeMarco-Barrett, publicado en *Orange County Noir*, traducción de Iris García Cuevas.

"Zarigüeya" (The Clown and Bard), de Karen Karbo, publicado en *Portland Noir*, traducción de Abril Posas.

"Mulholland Dive" (Mulholland Dive), de Michael Connelly, publicado en *Los Angeles Noir*, traducción de Bernardo Fernández, *Bef.*

"No podíamos dejar de mirarla" (Our Eyes Couldn't Stop Opening), de Megan Abbott, publicado en *Detroit Noir*, traducción de Fernanda Melchor.

"Transporte público" (Public Transportation), de Lee Child, publicado en *Phoenix Noir*, traducción de Ignacio Padilla.

"De paseo" (Ride Along), de James W. Hall, publicado en *Miami Noir*, traducción de Carlos Velázquez.

"Segunda oportunidad" (Second Chance), de Elyssa East, publicado en *Cape Cod Noir*, traducción de Gilma Luque.

"Después de treinta días" (After Thirty), de Don Winslow, publicado en *San Diego Noir*, traducción de Álvaro Enrigue.

"Extrañando a Gene" (Missing Gene), de J. Malcolm Garcia, publicado en *Kansas City Noir*, traducción de Miguel Tapia Alcaraz.

"El saqueo" (Loot), de Julie Smith, publicado en *New Orleans Noir*, traducción de Magali Velasco.

"La prisión" (The Prison), de Domenic Stansberry, publicado en *San Francisco Noir*, traducción de Julián Herbert y Jorge Rangel.

"El ayudante" (Helper), de Joseph Bruchac, publicado en *Indian Country Noir*, traducción de Geney Beltrán Félix.

"Sencillo como el abc" (Easy As A-B-C), de Laura Lippman, publicado en *Baltimore Noir*, traducción de Luis Carlos Fuentes.

"El frasco rojo como la rosa" (The Rose Red Vial), de Pir Rothenberg, publicado en *Richmond Noir*, traducción de Alberto Chimal.

"Amapola" (Amapola), de Luis Alberto Urrea, publicado en *Phoenix Noir*, traducción de César Silva Márquez.

"La zona neutral" (The Neutral Zone), de Kate Braverman, publicado en *San Francisco Noir*, traducción de Raquel Castro.

"El Tik" (The Tik), de John O'Brien, publicado en *Las Vegas Noir*, traducción de Yussel Dardón.

"Lighthouse" (Lighthouse), de S. J. Rozan, publicado en *Staten Island Noir*, traducción de Rafael Lemus.

"Mendigos" (Bums), de William Kent Krueger, publicado en *Twin Cities Noir*, traducción de L. M. Oliveira.

"Vic Primeval" (Vic Primeval), de T. Jefferson Parker, publicado en *San Diego Noir*, traducción de Daniel Espartaco.

"Promesa de tulipanes" (Promised Tulips), de Bharti Kirchner, publicado en *Seattle Noir*, traducción de Luis Jorge Boone.

"Si no puedes con el calor..." (If You Can't Stand the Heat), de Lawrence Block, publicado en *Manhattan Noir*, traducción de Juan José Rodríguez.

"El primer caso de Phelan" (Phelan's First Case), de Lisa Sandlin, publicado en *Lone Star Noir*, traducción de Augusto Cruz.

"Un bonito lugar para ir de visita" (A Nice Place to Visit), de Jeffery Deaver, publicado en *Manhattan Noir*, traducción de Daniel Krauze.

"Demasiado cerca de lo real" (Too Near Real), de Jonathan Safran Foer, publicado en *New Jersey Noir*, traducción de Jorge Volpi.

LONDRES DESPUÉS DE MEDIANOCHE
Augusto Cruz García-Mora

POLICÍA DE CIUDAD JUÁREZ
Miguel Ángel Chávez Díaz de León

LA MODELO ASESINADA
Óscar Collazos

LA CABEZA DE PANCHO VILLA
Craig McDonald

YO, EL DESTRIPADOR
Alex Scarrow

LA PANTERA
Nelson DeMille

EL INVASOR
Marçal Aquino

MAPUCHE
Caryl Férey

LA PUERTA NEGRA

Esta obra se imprimió y encuadernó
en el mes de septiembre de 2014, en los talleres
de Encuadernaciones Larmor S.A., que se
localizan en la Avda. Cámara de la indústria 36,
Polígono Industrial Arroyomolinos,
28938, Móstoles (España).